# 개념완성

정답과 해설 PDF 파일은 EBS*i* 사이트(www.ebsi.co.kr)에서 내려받으실 수 있습니다.

**교재 내용 문의**
교재 내용 문의는
EBS*i* 사이트(www.ebsi.co.kr)의 학습 Q&A 서비스를
활용하시기 바랍니다.

**교재 정오표 공지**
발행 이후 발견된 정오 사항을
EBS*i* 사이트 정오표 코너에서 알려 드립니다.
교재 → 교재 자료실 → 교재 정오표

**교재 정정 신청**
공지된 정오 내용 외에 발견된 정오 사항이 있다면
EBS*i* 사이트를 통해 알려 주세요.
교재 → 교재 정정 신청

# 개념완성

# 구성과 특징

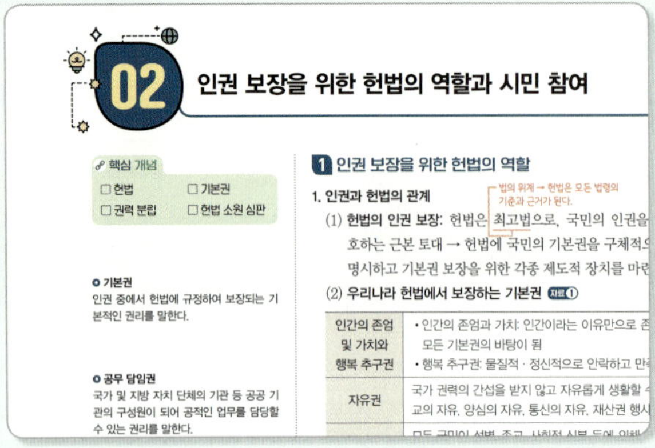

## ✛ 개념 정리

교과서의 핵심 개념을 이해하기 쉽게 체계적으로 정리하였고, 보충 설명이 필요한 내용은 첨삭을 추가하거나 보조단에 관련 자료를 제공하였습니다.

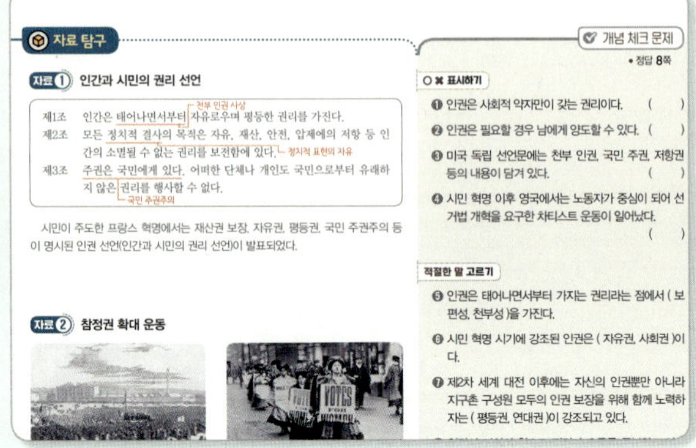

## ✛ 자료 탐구

개념 학습에서 중요하고 꼭 알아 두어야 할 자료는 분석 내용과 함께 자료 탐구에 정리하였습니다.

## ✛ 개념 체크 문제

개념 정리와 자료 탐구에서 학습한 내용을 간단한 확인 문제를 통해 점검할 수 있게 하였습니다.

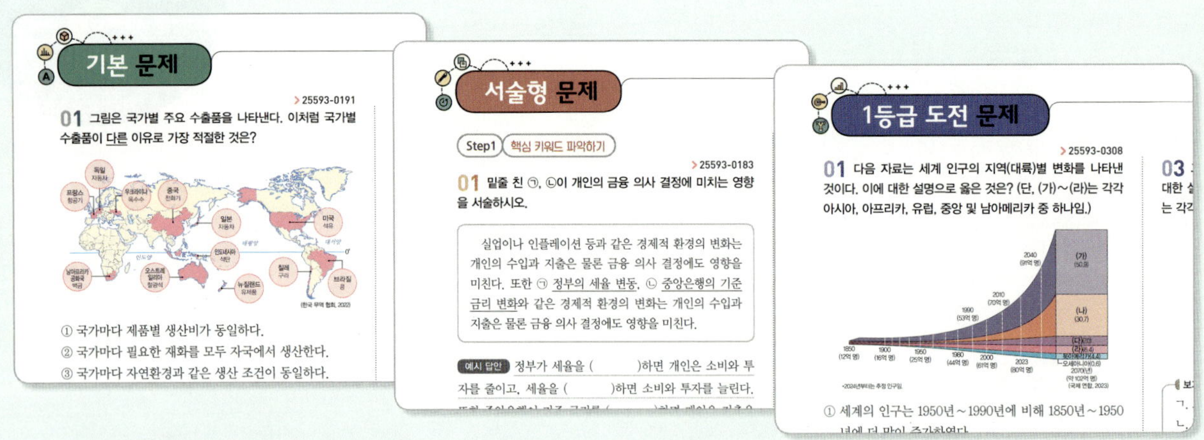

## ✛ 다양한 유형의 단계별 문제 수록

기본 문제부터 서술형 문제, 1등급 대비 고난도 문제까지 다양한 유형의 단계별 문제를 제공하여 학습한 개념을 다시 한번 다지고 학교 내신에 완벽 대비할 수 있도록 하였습니다.

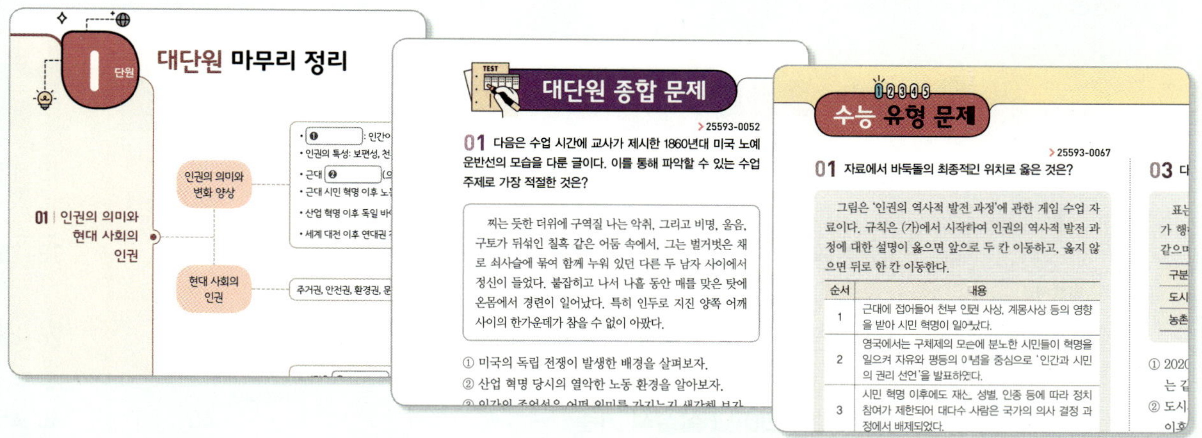

## ╉ 대단원 마무리 정리 & 대단원 종합 문제

앞에서 학습한 내용을 종합하여 정리할 수 있도록 대단원별 마무리 정리를 제공하였습니다. 정리 후 대단원 종합 문제를 풀면서 마무리하세요.

## ╉ 수능 유형 문제

내신뿐만 아니라 수능까지도 대비할 수 있도록 수능 유형 문제를 구성하였습니다.

## ╉ 수행평가 활동지

수업에 활용할 수 있도록 수행평가 활동지를 제공하였고, 수행평가와 유사한 상황의 예시 답을 제시하여 답을 찾아갈 수 있도록 도왔습니다.

# 차례 & 우리 학교 교과서 찾아보기



수행평가 활동지

| 리베르스쿨 | 미래엔 | 비상교육 | 아침나라 | 지학사 | 창비교육 | 천재교과서 |
| --- | --- | --- | --- | --- | --- | --- |
| 10~18 | 10~19 | 8~15 | 8~17 | 12~17 | 8~15 | 8~15 |
| 19~26 | 20~27 | 16~23 | 18~25 | 18~25 | 16~23 | 16~23 |
| 27~35 | 28~35 | 24~31 | 26~33 | 26~31 | 24~31 | 24~31 |
| 40~46 | 40~47 | 36~41 | 38~43 | 40~47 | 38~45 | 36~43 |
| 47~52 | 48~53 | 42~47 | 44~51 | 48~53 | 46~53 | 44~49 |
| 53~59 | 54~61 | 48~55 | 52~59 | 54~61 | 54~61 | 50~59 |
| 64~70 | 68~73 | 60~67 | 66~71 | 70~77 | 68~75 | 64~71 |
| 71~79 | 74~83 | 68~75 | 72~81 | 78~85 | 76~83 | 72~79 |
| 80~87 | 84~89 | 76~83 | 82~87 | 86~91 | 84~91 | 80~87 |
| 88~95 | 90~95 | 84~91 | 88~93 | 92~99 | 92~99 | 88~95 |
| 100~107 | 102~109 | 96~103 | 98~105 | 108~113 | 106~113 | 100~107 |
| 108~113 | 110~115 | 104~111 | 106~111 | 114~119 | 114~121 | 108~115 |
| 114~125 | 116~121 | 112~119 | 112~121 | 120~125 | 122~127 | 116~121 |
| 130~136 | 128~135 | 124~133 | 126~133 | 134~139 | 134~141 | 126~133 |
| 137~143 | 136~145 | 134~141 | 134~141 | 140~145 | 142~149 | 134~141 |
| 144~151 | 146~151 | 142~147 | 142~149 | 146~151 | 150~155 | 142~149 |

# I 인권 보장과 헌법

근대 시민 혁명 이후 확립된 인권이 헌법을 포함한 다양한
제도적 장치와 시민의 노력으로 확장되고 있다는 것을 알고,
오늘날 인권 문제에 대해 생각해 본다.

## 인권의 의미와 현대 사회의 인권

▲ 차티스트 운동

▲ 세계 인권 선언

▲ 안전 신문고(안전권 보장 제도)



## 인권 보장을 위한 헌법의 역할과 시민 참여

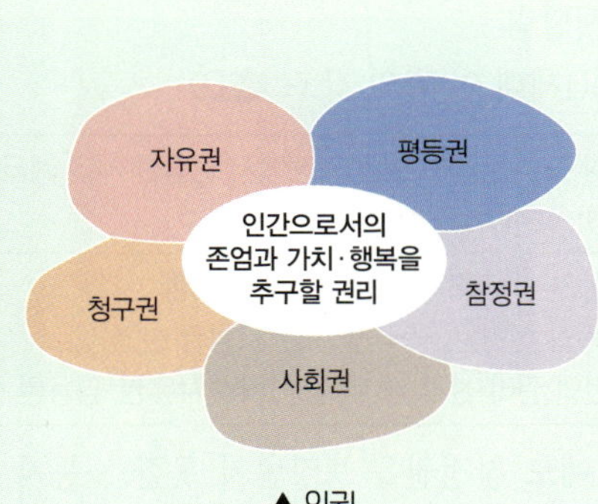


▲ 인권

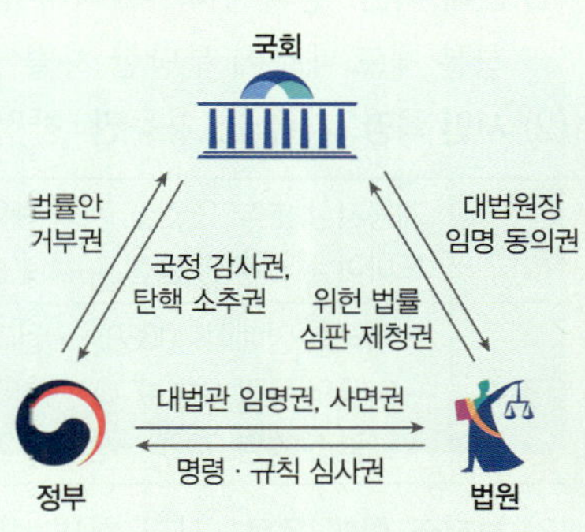


▲ 우리나라의 권력 분립 제도

▲ 시민의 참여(입법 공청회)



## 인권 문제의 양상과 해결 방안

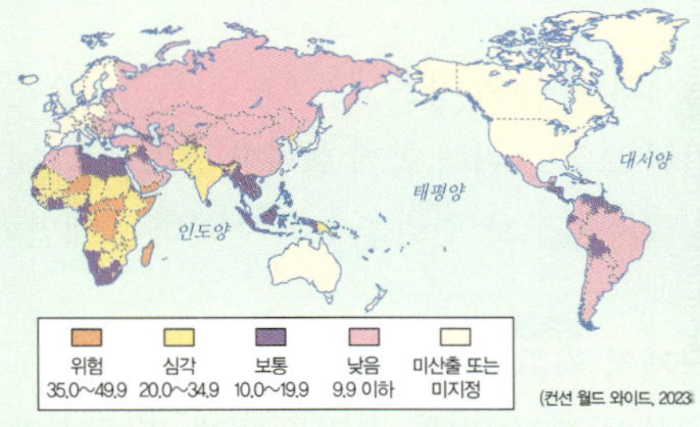


▲ 세계 기아 지수

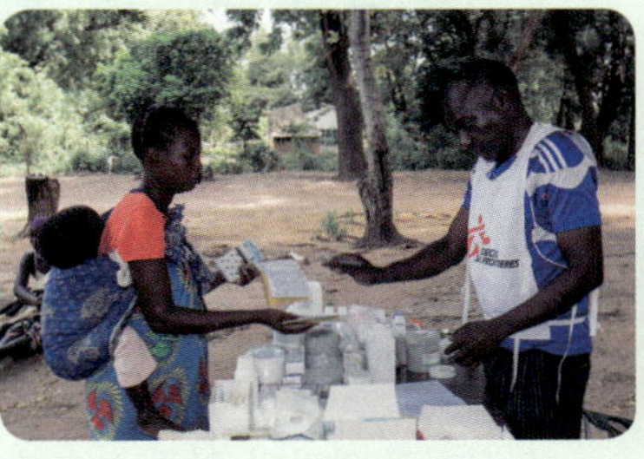

▲ 국경 없는 의사회의 재난 지역 구호 활동

▲ 국제 연합 난민 기구의 난민 구호 활동

# 01 인권의 의미와 현대 사회의 인권



**◎ 계몽사상**
인간이 이성의 힘으로 편견과 오류를 극복하고 사회적 모순과 부조리를 바로잡을 수 있다고 보는 사상이다.

**◎ 사회 계약설**
사회나 국가가 자유롭고 평등한 개인들의 합의나 계약으로 발생하였다는 학설이다.

**◎ 인권의 3세대론**
카렐 바사크가 주장한 인권의 3세대론은 인권이 확장되어 온 흐름에 따라 인권을 1세대 인권, 2세대 인권, 3세대 인권으로 분류한다. 1세대 인권은 자유권 중심의 인권, 2세대 인권은 사회권 중심의 인권, 3세대 인권은 연대권 또는 집단권을 강조한다.

**◎ 독일 바이마르 헌법**

> 제163조 ② 모든 독일 국민은 경제적 노동을 통해 생활비를 마련할 기회를 보장받아야 하며, 적절한 노동의 기회를 갖지 못하는 자에 대하여는 필요한 생계비를 지급한다. ……

제1차 세계 대전 이후 등장한 독일의 민주주의 헌법으로, 최초로 사회권을 규정하였다. 제163조 제2항에서는 국민의 노동할 기회 제공, 생계비 지원 등 국가가 국민의 인간다운 생활 보장을 위해 사회권을 보장해야 함을 규정하였다.

**◎ 연대권**
자신이 소속되어 있는 공동체에서 더 나아가 국제적인 연대와 협력을 중시하는 권리이다. 구체적으로 인종이나 국적과 관계없이 모든 집단이 누릴 수 있는 권리로서 자결권, 평화의 권리, 재난으로부터 구제받을 권리 등을 들 수 있다.

## 1 인권의 의미와 변화 양상

### 1. 인권의 의미와 특징

(1) **의미**: 인간으로서 존엄과 가치를 인정받으며 살아가기 위해 마땅히 누려야 할 기본적인 권리

(2) **특징**

| | |
|---|---|
| 보편성 | 인종·성별·종교·사회적 신분 등과 관계없이 인류 구성원 모두가 가짐 |
| 천부성 | 태어나면서부터 당연히 갖는 권리임 |
| 불가침성 | 국가나 다른 사람에 의해 침해되어서는 안 되는 권리임 |
| 항구성 | 일정 기간에만 한정되는 것이 아니라 영구히 보장됨 |

### 2. 인권의 발달 과정

(1) **근대 이전**: 왕과 귀족, 성직자 등이 권력을 독점함. 대부분의 평민들은 엄격한 신분 제도 때문에 부당한 차별에 시달림

(2) **시민 혁명**: 자유권, 평등권, 참정권(1세대 인권)의 강조 〔자료①〕

| | |
|---|---|
| 배경 | 계몽사상, 천부 인권설, 사회 계약설 → 상공업의 발달 과정에서 성장한 시민 계급이 주도하여 시민 혁명 발생 ┗ 피를 흘리지 않고 정권을 교체한 데서 유래한다. |
| 결과 | • 영국의 명예혁명(1688) → 권리 장전 → 의회가 국왕의 권력을 제한<br>• 미국의 독립 혁명(1776) → 미국 독립 선언문 → 국민 주권, 저항권 선언<br>• 프랑스 혁명(1789) → 인간과 시민의 권리 선언 → 재산권 보장, 자유권, 평등권 선언 |

(3) **참정권 확대 운동**: 시민 혁명 이후에도 참정권을 보장받지 못한 노동자, 여성이 주도함 → 20세기에 이르러 보통 선거가 실시되면서 보편적 인권으로 확립됨 〔자료②〕
┗ 일정 연령 이상의 국민 누구나 선거권을 가지는 제도

(4) **20세기 초**: 사회권(2세대 인권)의 등장

① 산업 혁명 이후 열악한 노동 환경, 빈부 격차 등으로 인간다운 생활이 어려움

② 국민의 생존을 국가가 보장해 줄 것을 요구 → 독일 바이마르 헌법(1919): 사회권이 처음으로 명시됨

(5) **제2차 세계 대전 이후**: 연대권(3세대 인권)의 강조

① 의미: 지구촌 구성원 모두의 인권 보장을 위해 함께 협력할 권리

② 배경: 인종 차별, 국가 간 빈부 격차 등으로 인권을 누리지 못하는 개인과 집단에 대한 각성

③ 세계 인권 선언(1948): 인권의 국제적 기준 제시 〔자료③〕

④ 사회적 약자의 인권 보호를 위한 국제적 연대 → 인종 차별 철폐 협약, 여성 차별 철폐 협약, 아동 권리 협약, 장애인 권리 협약 등
┗ 1965년 국제 연합 총회에서 채택, 피부색, 혈통, 가문, 민족, 종족의 차이에 기원을 둔 어떠한 구별과 차별도 배제한다.

## 자료 ① 인간과 시민의 권리 선언

| 제1조 | 인간은 태어나면서부터 자유로우며 평등한 권리를 가진다. |
| 제2조 | 모든 정치적 결사의 목적은 자유, 재산, 안전, 압제에의 저항 등 인간의 소멸될 수 없는 권리를 보전함에 있다. |
| 제3조 | 주권은 국민에게 있다. 어떠한 단체나 개인도 국민으로부터 유래하지 않은 권리를 행사할 수 없다. |

(제1조 — 천부 인권 사상 / 제2조 — 정치적 표현의 자유 / 제3조 — 국민 주권주의)

시민이 주도한 프랑스 혁명에서는 재산권 보장, 자유권, 평등권, 국민 주권주의 등이 명시된 인권 선언(인간과 시민의 권리 선언)이 발표되었다.

## 자료 ② 참정권 확대 운동

▲ 차티스트 운동

▲ 여성 참정권 운동

시민 혁명 이후에도 재산, 성별, 인종 등에 따라 정치 참여가 제한되어 대다수 사람은 국가의 의사 결정 과정에서 배제되었다. 이러한 차별적인 사회 제도를 바꾸려는 노력이 노동자, 농민, 여성 등을 중심으로 나타나 영국 차티스트 운동, 여성 참정권 운동 등이 전개되었다. 차티스트 운동은 19세기에 영국의 노동자들이 일으킨 참정권 쟁취 운동이다. 이후 여성들도 참정권 쟁취 운동을 전개했는데, 그 과정에서 많은 희생이 있었다. 영국은 노동자, 여성 등의 참정권 쟁취 운동으로 투표권자의 범위를 점차 늘렸으며, 1918년에는 30세 이상 여성에게도 선거권을 인정하였다.

인민헌장을 발표하였다.
· 21세 이상 남성의 보통 선거권 인정
· 비밀 투표 보장
· 의원 출마자의 재산 자격 제한 폐지

## 자료 ③ 세계 인권 선언

| 제1조 | 모든 사람은 태어날 때부터 자유롭고, 존엄하며 평등하다. 모든 사람은 이성과 양심을 가지고 있으므로 서로에게 형제애의 정신으로 대해야 한다. |
| 제28조 | 모든 사람은 이 선언에 규정된 권리와 자유가 완전히 실현될 수 있도록 사회적, 국제적 질서에 대한 권리를 가진다. |

모든 사람이 자유롭고, 평등하고, 존엄하게 살아가기 위해서는 자유와 권리를 보편적으로 보호할 장치가 필요하다는 것에 전 세계가 처음으로 합의한 문서이다. 이 선언문에는 인류 전체의 인권을 인정하는 것이 세계의 자유, 정의, 평화의 기초가 된다는 내용이 담겨 있다.

---



• 정답 **8**쪽

### ○✕ 표시하기

❶ 인권은 사회적 약자만이 갖는 권리이다. (　　)

❷ 인권은 필요할 경우 남에게 양도할 수 있다. (　　)

❸ 미국 독립 선언문에는 천부 인권, 국민 주권, 저항권 등의 내용이 담겨 있다. (　　)

❹ 시민 혁명 이후 영국에서는 노동자가 중심이 되어 선거법 개혁을 요구한 차티스트 운동이 일어났다. (　　)

### 적절한 말 고르기

❺ 인권은 태어나면서부터 가지는 권리라는 점에서 ( 보편성, 천부성 )을 가진다.

❻ 시민 혁명 시기에 강조된 인권은 ( 자유권, 사회권 )이다.

❼ 제2차 세계 대전 이후에는 자신의 인권뿐만 아니라 지구촌 구성원 모두의 인권 보장을 위해 함께 노력하자는 ( 평등권, 연대권 )이 강조되고 있다.

❽ 인간이 이성의 힘으로 편견과 오류를 극복하고 사회적 모순과 부조리를 바로잡을 수 있다고 보는 ( 사회 계약설, 계몽사상 )은 시민 혁명의 사상적 배경이 되었다.

### 빈칸 채우기

❾ 인간은 누구나 인간으로서 존엄과 가치, 자유와 권리를 가지는데, 이러한 권리를 (　　　　)(이)라고 한다.

❿ (　　　　) 혁명에서는 봉건적 구체제를 타도한 혁명 과정에서 인간과 시민의 권리 선언이 선포되었다.

⓫ 1948년 (　　　　)을/를 발표한 이후 국제 연합은 여성 차별 철폐 협약, 아동 권리 협약 등 보편적인 인권 규정을 마련하여 각국이 이를 이행하도록 노력해 왔다.

### <보기>에서 고르기

보기
ㄱ. 권리 장전　　　ㄴ. 인민 헌장
ㄷ. 바이마르 헌법　　ㄹ. 세계 인권 선언

⓬ 인권의 국제적 기준 제시 (　　)

⓭ 영국 명예혁명의 결과 발표된 인권 선언 (　　)

⓮ 사회권을 최초로 명시 (　　)

⓯ 영국 차티스트 운동에서 노동자의 주장이 담긴 문서 (　　)

### 핵심 개념

- ☐ 주거권
- ☐ 안전권
- ☐ 환경권
- ☐ 문화권

**◉ 최저 주거 기준**
국민이 쾌적하고 살기 좋은 생활을 하기 위하여 필요한 최소한의 주거 수준에 관한 지표를 말한다. 「주거 기본법」에 규정되어 있으며, 국토교통부 장관이 정하도록 하고 있다.

**◉ 온실가스**
지구 온난화를 일으키는 원인이 되는 대기 중의 가스 형태 물질로서 이산화 탄소, 메탄, 아산화 질소, 수소 불화 탄소, 과불화 탄소, 육불화황 등이 있다.

**◉ 국제 연합 기후변화 협약**
지구 온난화를 막기 위하여 온실가스 배출량을 규제하도록 한 국제 협약이다. 1992년 6월 리우 회의에서 처음 채택되었고 이후 교토 의정서, 파리 협정을 체결하였다.

**◉ 문화적 정체성**
어떤 공동체에 소속된 정체성이나 감정을 말한다. 문화적 정체성은 사람의 자아 개념과 자기 인식의 부분이며 민족, 민속, 종교, 사회 계급, 세대, 지역 그리고 특징적인 문화를 갖는 공동체와 연결되어 있다.

**◉ 정보 시대와 잊힐 권리**
정보 시대의 도래로 과거에 올린 개인 정보가 자신도 모르는 사이에 인터넷 등에 퍼져 고통을 호소하는 사람들이 증가하자 개인 정보를 삭제할 수 있는 잊힐 권리가 부각되고 있다.

## 2 현대 사회의 인권

### 1. 인권 확장의 배경

(1) 도시의 주택 부족, 집값 상승 등으로 인한 주거의 불안정성 증가 → 주거권

(2) 자연재해 및 안전사고 증가, 감염병 확산 등 → 안전권

(3) 환경 오염의 심화, 지구 온난화로 인한 기후 위기 등 → 환경권

(4) 문화 향유 욕구 증가, 문화 소외 계층 증가, 다문화 사회에서 문화 정체성 보장 필요 증가 등 → 문화권

(5) 정보 사회의 도래로 개인 정보 및 사생활 침해 증가 → 잊힐 권리

### 2. 새롭게 강조되는 인권

#### (1) 주거권 자료 ④

| 의미 | 쾌적하고 안정적인 주거 환경에서 인간다운 주거 생활을 할 권리 |
|---|---|
| 배경 | 인구의 도시 집중으로 인한 주택 부족, 불안정한 주거 생활 등 |
| 보장 노력 | 「주거 기본법」 등을 통해 국민의 주거권 보장, 최저 주거 기준 설정 및 주거비 지원 등으로 주거 안정과 주거 수준 향상을 위해 노력함 |

#### (2) 안전권 자료 ⑤

감염병 예방법, 중대 재해 처벌법 등도 안전권 보장과 관련됨

| 의미 | 각종 위험으로부터 생명, 건강, 재산상의 안전을 보호받을 권리 |
|---|---|
| 배경 | 자연재해, 각종 안전사고, 감염병 대유행 등이 안전을 위협함 |
| 보장 노력 | • 헌법에 국가의 재해 예방 의무를 명시하고 있음<br>• 「재난 및 안전 관리 기본법」에 국가와 지방 자치 단체의 재난 안전 관리에 관한 구체적인 정책 방향을 규정하고 있음 |

#### (3) 환경권

국민 개개인이 안전 생활 수칙을 잘 지키는 것이 가장 중요하다.

| 의미 | 건강하고 쾌적한 생활에 필요한 모든 조건이 충족된 환경을 누리는 권리 |
|---|---|
| 배경 | 산업화와 도시화의 진행으로 인한 환경 문제, 온실가스 증가로 인한 기후변화 등 |
| 보장 노력 | • 「환경 정책 기본법」에 국가, 지방 자치 단체, 기업 등의 환경을 보전할 의무 등을 규정함<br>환경 영향 평가제: 대규모 개발 계획 수립 시 환경에 미치는 영향을 사전에 평가한다.<br>• 국제적으로는 국제 연합(UN) 기후변화 협약 등 환경 관련 회의에서 논의된 내용을 이행하기 위해 노력함 |

#### (4) 문화권 자료 ⑥

| 의미 | 자유롭게 공동체의 문화생활에 참여할 권리, 문화적 삶의 주체로서 자신의 문화적 정체성을 유지할 권리 |
|---|---|
| 배경 | 문화 향유 욕구, 문화적 정체성 존중 요구 대두 |
| 보장 노력 | • 헌법에 전통문화의 계승·발전과 민족 문화의 창달 노력을 국가의 의무로 규정함<br>• 「문화 기본법」, 「문화 다양성의 보호와 증진에 관한 법률」 등을 통해 문화를 향유할 권리를 보장하고, 문화에 관한 이해 증진을 위해 노력함 |

#### (5) 기타

'디지털 장의사'라는 직업이 생김: 사망자 생전에 남긴 인터넷상의 기록을 지워 주는 일을 한다.

| 잊힐 권리 | 개인 정보 주체가 온라인상 자신에 관한 정보의 삭제 및 확산 방지를 요구할 수 있는 권리 |
|---|---|
| 연결되지 않을 권리 | 노동자가 근무 시간 외에 직장에서 업무 관련 연락을 받지 않을 권리 |

## 자료 ④ 주거 기본법

> 제14조 (주거 환경의 정비 등) ① 국가 및 지방 자치 단체는 주거 환경을 정비하고 노후 주택을 개량하여 주민의 삶의 질이 개선될 수 있도록 지원하여야 한다.
>
> 제16조 (주거 약자 지원) ① 국가 및 지방 자치 단체는 장애인·고령자 등 주거 약자가 안전하고 편리한 주거 생활을 영위할 수 있도록 지원하여야 한다.

「주거 기본법」은 주거 복지 등 주거 정책의 수립·추진 등에 관한 사항을 정하고 주거권을 보장함으로써 국민의 주거 안정과 주거 수준의 향상에 이바지하는 것을 목적으로 한다.

'주거권' 규정 → 국민이 물리적·사회적 위험으로부터 벗어나 쾌적하고 안정적인 주거 환경에서 인간다운 주거 생활을 할 권리

## 자료 ⑤ 안전권 보장 제도

▲ 긴급 재난 문자　　　　▲ 안전 신문고

긴급 재난 문자는 재난이 예상되거나 발생했을 때, 정부와 지방 자치 단체가 발송하는 긴급 문자 메시지이다. 지진 등 자연재해부터 기상 특보, 정전, 화재, 바이러스 유행 등의 사회 재난, 민방공 경보 등의 국가 비상 사태에 이르기까지 다양한 재난 관련 정보를 제공한다. 안전 신문고는 국민 누구나 생활 주변의 안전 위험 요인, 재난 또는 그 밖의 사고 등을 발견하면 언제 어디서나 위험 사항을 누리집 또는 앱으로 신고하는 제도이다.

## 자료 ⑥ 문화적 삶의 질 향상을 위한 제도

▲ 문화비 소득 공제　　　　▲ 문화 누리 카드

문화비 소득 공제는 신용 카드 등으로 도서 구입 및 공연을 관람하기 위해 사용한 금액을 연말 정산에서 소득 공제해 줌으로써 국민들의 문화 향유 생활을 촉진하는 제도이다. 문화 누리 카드는 삶의 질 향상과 문화 격차 완화를 위해 기초 생활 수급자, 차상위 계층을 대상으로 문화 예술, 국내 여행, 체육 활동을 지원하는 카드이다. 두 제도 모두 국민의 문화권을 보장하기 위한 것이다.

└ 문화적 생활에서 소외되어 온 사회적 약자의 문화권을 보장하기 위한 정책이다.

---



### ○✗ 표시하기

❶ 오늘날 인구의 도시 집중, 과학 기술의 발달 등으로 자유권과 평등권이 새롭게 강조되고 있다. (　　　)

❷ 우리나라는 국민의 주거권을 보장하고 주거 안정과 주거 수준 향상을 위해 「주거 기본법」을 제정하였다. (　　　)

❸ 우리나라는 문화적 정체성 유지와 다양한 문화에 관한 이해를 증진하기 위해 「문화 다양성의 보호와 증진에 관한 법률」을 제정하였다. (　　　)

### <보기>에서 고르기

> ▪ 보기 ▪
> ㄱ. 주거권　　　　ㄴ. 안전권
> ㄷ. 환경권　　　　ㄹ. 문화권

❹ 산업화와 도시화가 진행되면서 대기 오염, 수질 오염, 쓰레기 문제 등이 발생하고 있다. (　　　)

❺ 오늘날에는 자연재해뿐만 아니라 각종 안전사고, 감염병 대유행 등이 인간의 삶을 위협하고 있다.(　　　)

❻ 오늘날 생활 수준이 높아지고 여가가 늘어나면서 문화적 측면에서 인간다운 생활을 누릴 수 있어야 한다는 요구가 증가하고 있다. (　　　)

❼ 오늘날 도시로 인구가 집중하면서 주택이 부족해지고 각종 개발 사업이나 주거비 증가 등으로 불안정한 주거 생활을 하는 사람이 많다. (　　　)

### 빈칸 채우기

❽ (　　　)은/는 개인이 자유롭게 공동체의 문화생활에 참여하고 예술을 감상하며 이러한 혜택을 나누어 가질 권리이자, 문화적 삶의 주체로서 자신의 문화적 정체성을 유지할 권리이다.

❾ 주거권을 보장하기 위해 국가는 주택 개발 정책 등을 통하여 모든 국민이 쾌적한 (　　　) 생활을 할 수 있도록 노력하여야 한다.

### 서로 관련된 내용 연결하기

❿ 안전권 •　　　　• ㉠ 기후변화 협약

⓫ 주거권 •　　　　• ㉡ 문화 누리 카드

⓬ 문화권 •　　　　• ㉢ 긴급 재난 문자

⓭ 환경권 •　　　　• ㉣ 최저 주거 기준

> 25593-0001

**01** 제시문은 세계 인권 선언의 일부이다. 이를 통해 파악할 수 있는 인권의 특징으로 옳은 것만을 〈보기〉에서 고른 것은?

> 인류 구성원 모두가 원래부터 존엄하고 평등하며 남에게 양도할 수 없는 권리를 가지고 있다는 점을 인정하는 것이 자유롭고 정의로우며 평화로운 세상을 이루는 밑바탕이 된다.

┤ 보기 ├
ㄱ. 사회적 약자만이 갖는다.
ㄴ. 태어나면서부터 당연히 갖는다.
ㄷ. 헌법에 규정되어야 보장받는다.
ㄹ. 어떠한 권력으로도 빼앗을 수 없다.

① ㄱ, ㄴ  ② ㄱ, ㄷ  ③ ㄴ, ㄷ  ④ ㄴ, ㄹ  ⑤ ㄷ, ㄹ

**중요**

> 25593-0002

**02** (가)~(다)는 인권 관련 문서이다. 이에 대한 설명으로 옳은 것은?

> (가) 경제생활의 질서는 모든 사람에게 인간다운 생활을 보장할 것을 목적으로 하는 정의의 원칙에 기초하여야 한다.
> (나) …… 세계 모든 국가에 예외적으로 어려운 여건하에 생활하고 있는 아동들이 있으며, 이 아동들은 특별한 배려를 필요로 함을 인정하고, 아동의 보호와 조화로운 발전을 위하여 ……
> (다) 제1조 인간은 태어나면서부터 자유로우며 평등한 권리를 가진다.
>    제2조 모든 정치적 결사의 목적은 자유, 재산, 안전, 압제에의 저항 등 인간의 소멸될 수 없는 권리를 보전함에 있다.

① (가)에서는 자유권, (나)에서는 사회권을 강조한다.
② (가)와 달리 (나)에서는 2세대 인권이 강조되었다.
③ (나)는 봉건적 신분제, (다)는 세계 대전이 배경이다.
④ (나)는 (가), (다)에 비해 인권 보장을 위한 국제적인 협력을 강조한다.
⑤ 인권 관련 문서의 시대적 순서는 (다)→(나)→(가)이다.

**중요**

> 25593-0003

**03** 다음 사건들의 공통점으로 가장 적절한 것은?

▲ 미국 독립 혁명(1776)

▲ 프랑스 혁명(1789)

① 부정 선거를 규탄했다.
② 노동자의 참정권을 요구했다.
③ 통치자의 권한 강화를 추구했다.
④ 국가의 적극적인 역할을 강조했다.
⑤ 시민의 자유와 권리 보장을 요구했다.

> 25593-0004

**04** 다음은 1830년대 영국의 노동자들이 주장한 내용을 요약한 것이다. 이 자료를 토대로 당시의 정치적 상황을 옳게 추론한 것은?

> • 무기명 투표를 실시할 것
> • 하원 의원의 재산 자격 제도를 폐지할 것
> • 21세 이상의 남자 전체에 의한 보통 선거를 실시할 것

① 재산에 따라 참정권에 제한이 있었다.
② 비밀 선거의 원칙이 지켜지고 있었다.
③ 여성이 선거에 유권자로 참여하고 있었다.
④ 시민들의 정치적 무관심이 사회 문제가 되었다.
⑤ 추첨제와 윤번제를 통해 공직자를 선출하고 있었다.

> 25593-0005

**05** ㉠~㉢에 대한 설명으로 옳은 것은?

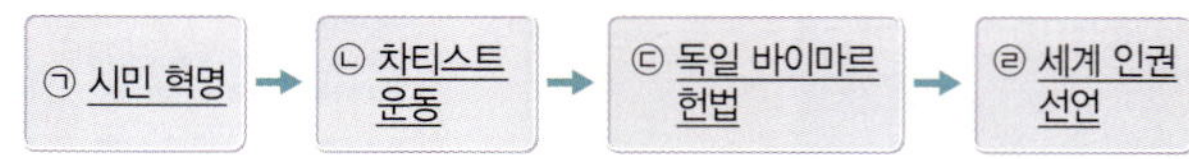


① ㉠에 의해 모든 사람은 정치에 참여하게 되었다.
② ㉡은 참정권이 아닌 자유권의 쟁취를 목적으로 하였다.
③ ㉢에 처음으로 연대권을 명시하였다.
④ ㉣은 인권의 국제적 기준으로 작용한다.
⑤ ㉠에서는 1세대 인권, ㉡에서는 2세대 인권, ㉢과 ㉣에서는 3세대 인권이 강조되었다.

> 25593-0006

**06** 다음 법률 조항을 통해 달성하고자 하는 목표로 가장 적절한 것은?

> ⟨주거 기본법⟩
> 제14조  ① 국가 및 지방 자치 단체는 주거 환경을 정비하고 노후 주택을 개량하여 주민의 삶의 질이 개선될 수 있도록 지원하여야 한다.

① 주거 관련 민원을 행정 기관이 신속히 처리한다.
② 주거 문제로 피해를 입은 사람의 권리를 구제한다.
③ 주거 환경 개선으로 국민의 쾌적한 주거권을 보장한다.
④ 주거 관련 분쟁을 사후에 완벽히 해결할 수 있도록 한다.
⑤ 주거 문제로 인한 피해에 대한 국가의 배상 책임을 강화한다.

**중요**

> 25593-0007

**07** 자료에 나타난 제도와 관련 있는 헌법 규정으로 가장 적절한 것은?

> ⟨안전 신문고 주요 처리 사례⟩
> • 제목: 연못 주변 안전시설 설치 요청
> • 신고 일시: 2024-05-16

> • 처리 내용: 연못 주변 안전 펜스 설치 완료함
> • 처리 기관: □□도 ○○군 관광 복지국

① 재산권의 행사는 공공복리에 적합하도록 하여야 한다.
② 국가는 근로의 의무의 내용과 조건을 민주주의 원칙에 따라 법률로 정한다.
③ 국가는 재해를 예방하고 그 위험으로부터 국민을 보호하기 위하여 노력하여야 한다.
④ 국가는 주택 개발 정책 등을 통하여 모든 국민이 쾌적한 주거 생활을 할 수 있도록 노력하여야 한다.
⑤ 모든 국민은 건강하고 쾌적한 환경에서 생활할 권리를 가지며, 국가와 국민은 환경 보전을 위하여 노력하여야 한다.

> 25593-0008

**08** 다음은 교사가 수업 시간에 제시한 자료이다. 이 자료를 토대로 추론한 수업 주제로 가장 적절한 것은?

> 2019년 폐교한 ○○ 초등학교가 문화 학당으로 탈바꿈한다. ○○ 초등학교에는 예술인 창작 공간과 댄스·음악실, 다목적 교육실, 복도 전시관 등이 조성됐다. ○○군과 ○○ 교육 지원청은 예술인 창작 공간과 주민 자치 프로그램, 작가 및 독서 문화 활동 연계 프로그램을 운영하고 교육실과 전시 공간을 지역 주민들에게 무료로 개방한다. 이에 따라 지역 주민들은 문화적 소외를 극복하고 다양한 문화적 혜택을 누릴 수 있게 되었다.

① 농촌 주민의 고령화 실태를 조사해 보자.
② 농촌 주민의 문화권 보장 사례를 조사해 보자.
③ 도시와 농촌의 문화 교류 활성화 방안을 모색해 보자.
④ 문화권 보장을 위한 개인적 차원의 노력을 알아보자.
⑤ 문화권이 새로운 인권으로 등장하게 된 배경을 알아보자.

> 25593-0009

**09** 다음 글은 현대 사회에서 새롭게 강조되는 인권 A에 대한 내용이다. A의 등장 배경으로 가장 적절한 것은?

> A란 개인이 자신에 대한 가짜 정보나 인신공격·명예 훼손 소지가 있는 디지털 기록 삭제를 요구하는 것이다. 개인 정보 보호 위원회는 "급속한 디지털 전환으로 늘어나는 개인 정보 침해 우려를 해소할 필요가 있다."라며 아동·청소년 세대의 디지털 A 지원 사업(지우개 서비스)에서 법정 대리인의 동의 제도를 개선해 개인 정보 보호를 강화하겠다고 했다.

① 정보 생산자의 신뢰성 문제가 나타나고 있다.
② 개인 정보 유출로 인한 사생활 침해 문제가 확대되고 있다.
③ 비대면 관계의 증가로 인한 인간 소외 현상이 나타나고 있다.
④ 정보 격차로 인한 새로운 사회 불평등 현상이 심화되고 있다.
⑤ 정보 통신 기기의 과다 사용으로 인한 병리 현상이 나타나고 있다.

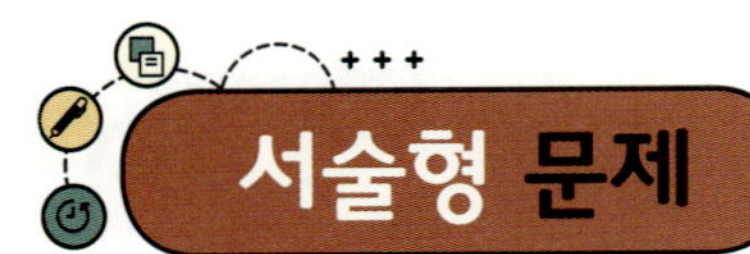

# 서술형 문제

## Step1  핵심 키워드 파악하기

> 25593-0010

**01** 다음은 세계 인권 선언의 일부이다. 이를 통해 파악할 수 있는 인권의 특징을 본문의 내용을 인용하여 서술하시오.

> 제1조　모든 사람은 태어날 때부터 자유롭고, 존엄하며, 평등하다. 모든 사람은 이성과 양심을 가지고 있으므로 서로에게 형제애의 정신으로 대해야 한다.
> 제30조　이 선언에서 말한 어떤 권리와 자유도 다른 사람의 권리와 자유를 짓밟기 위해 사용될 수 없다. 누구에게도 남의 권리를 파괴할 목적으로 자기 권리를 사용할 권리는 없다.

**예시 답안**　인권은 '모든 사람'이 가진 권리라는 점에서 (　　　)을/를 띠고, '태어날 때부터' 가진 권리라는 점에서 (　　　)을/를 띠며, '다른 사람의 권리를 짓밟기 위해 사용될 수 없는 권리'라는 점에서 (　　　)을/를 가진다.

> 25593-0011

**02** (1) (가), (나)에 해당하는 운동을 쓰고, (2) 이러한 운동이 나타나게 된 배경과 이러한 운동으로 얻은 결과를 서술하시오.

> (가) 19세기 영국에서 노동자들이 중심이 되어 21세 이상 남성의 선거권 보장 등을 요구하며 벌인 운동
> (나) 20세기 초 영국에서 결성된 여성 사회 정치 동맹(WSPU)이 여성의 선거권을 요구하며 벌인 운동

(1) (가) – (　　　　　)　(나) – (　　　　　)

(2) **예시 답안**　(　　　) 이후에도 재산, 성별, 인종 등에 따라 정치 참여가 (　　　)되어 대다수 사람은 국가의 의사 결정 과정에서 배제되었다. 이러한 차별적인 사회 제도를 바꾸려는 노력이 노동자, 농민, 여성 등을 중심으로 나타나 영국에서는 (　　　) 운동, 세계적으로 (　　　) 참정권 운동 등이 전개되었다. 그 결과 20세기 이후 대부분의 나라에서는 일정 연령 이상의 모든 사람이 (　　　)을/를 보장받게 되었다.

## Step2  스스로 답안 작성하기

> 25593-0012

**03** (1) 다음 법률에서 강조하는 현대 사회의 인권을 쓰고, (2) 개인적 측면에서 이 인권을 보장하기 위한 노력을 서술하시오.

> 제1조　이 법은 사업 또는 사업장, 공중 이용 시설 및 공중 교통수단을 운영하거나 인체에 해로운 원료나 제조물을 취급하면서 안전·보건 조치 의무를 위반하여 인명 피해를 발생하게 한 사업주, 경영 책임자, 공무원 및 법인의 처벌 등을 규정함으로써 중대 재해를 예방하고 시민과 종사자의 생명과 신체를 보호함을 목적으로 한다.

(1)

(2)

> 25593-0013

**04** 다음 자료와 관련된 현대 사회의 인권이 무엇인지를 쓰고, 이 인권의 의미와 이 인권을 보장하기 위한 정부의 노력을 200자 이내로 서술하시오.

| 기초 생활 수급자, 차상위 계층을 대상으로 문화 예술, 국내 여행, 체육 활동을 지원하는 카드이다. | 영화관이 없는 도서 지역에 국비, 도비를 지원받아서 건립하는 소규모 영화관이다. |

# 1등급 도전 문제

> 25593-0014

**01** 밑줄 친 선언에 대한 설명으로 옳은 것은?

> 교사: 구체제의 모순에 분노한 시민들이 혁명을 일으키고 '인간과 시민의 권리 선언'을 발표하였습니다.
>
> | 제1조 | 인간은 태어나면서부터 자유로우며 평등한 권리를 가진다. |
> | 제2조 | 모든 정치적 결사의 목적은 자유, 재산, 안전, 압제에의 저항 등 인간의 소멸될 수 없는 권리를 보전함에 있다. |

① 사회권이 처음으로 명시되었다.
② 인권 보장의 국제적 기준을 제시하였다.
③ 모든 사회 구성원의 정치 참여를 가져왔다.
④ 영국 명예혁명의 결과 나타난 인권 선언이다.
⑤ 인권은 보편성과 천부성의 특징을 지닌다고 본다.

> 25593-0015

**02** 그림은 인권의 역사적 발전 과정에서 강조된 인권의 유형 A~C를 구분한 것이다. 이에 대한 설명으로 옳은 것은? (단, A~C는 각각 자유권, 사회권, 연대권 중 하나임.)

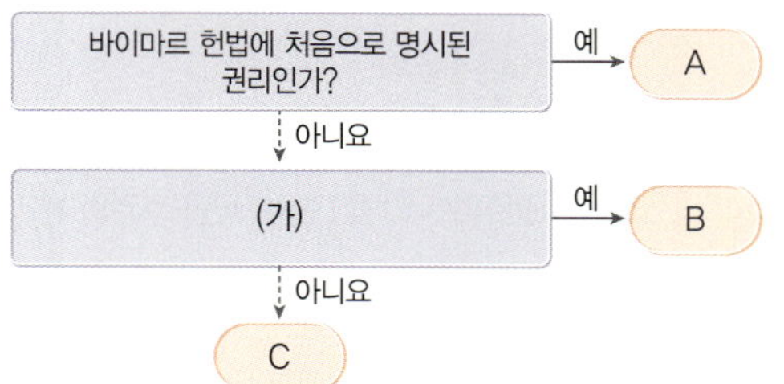


① A는 국가 권력의 간섭에서 벗어나 자유롭게 생활할 수 있는 권리이다.
② A는 B, C와 달리 특정 국가나 지역을 초월하여 강조되는 권리이다.
③ B가 자유권이라면 (가)에 '차티스트 운동에서 강조된 인권인가?'가 들어갈 수 있다.
④ C가 연대권이라면 (가)에 '근대 시민 혁명에서 강조된 인권인가?'가 들어갈 수 있다.
⑤ (가)에 '사회 계약설, 계몽사상의 영향을 받은 것인가?'가 들어가면 B의 사례로는 평화의 권리, 재난으로부터 구제받을 권리 등을 들 수 있다.

> 25593-0016

**03** 다음 사례들에 나타난 인권에 대한 옳은 설명만을 〈보기〉에서 고른 것은?

> • 회사원 갑은 휴일에 어느 섬에서 낚시를 하던 중 조난 당했으나 해양 경찰이 신속히 출동하여 구조되었다.
> • 대학생 을은 대학 측이 기숙사 건물을 추가로 신축한 덕분에 저렴한 가격에 기숙사에 입주하게 되었다.
> • 농촌에 사는 병은 군청의 주관으로 영화, 국악, 공예, 연극 공연 등 문화 행사에 자주 참여하고 있다.

**┤ 보기 ├**

ㄱ. 갑의 사례에 나타난 인권이 보장되려면 국가의 적절한 제도 마련이 중요하다.
ㄴ. 을의 사례에 나타난 인권은 인구의 도시 집중으로 그 필요성이 강조되었다.
ㄷ. 병의 사례에 나타난 인권은 근대 사회에서 강조된 천부 인권적인 성격을 갖는다.
ㄹ. 갑의 사례에 나타난 인권은 을의 사례에 나타난 인권과 달리 근대 시민 혁명에서부터 강조되었다.

① ㄱ, ㄴ ② ㄱ, ㄷ ③ ㄴ, ㄷ ④ ㄴ, ㄹ ⑤ ㄷ, ㄹ

> 25593-0017

**04** 다음 기사의 밑줄 친 부분에 부각된 인권에 대한 설명으로 가장 적절한 것은?

> **○○ 마을 재개발 확정**
>
> □□시는 대표적인 도시 내 낙후 지역이었던 ○○ 마을을 주거 단지로 재개발하기로 결정하였다. 기존에 이 지역에 부족했던 학교, 관공서 등 공공시설을 확충하고 도로를 정비하였으며, 새로 짓는 집의 절반 이상을 국민 임대, 공공 임대 주택으로 배정하였다.

① 역사적으로 가장 오래된 권리이다.
② 국가의 개입이 작을수록 더 많이 보장될 수 있다.
③ 기후 위기와 생태계의 변화 등으로 등장한 권리이다.
④ 여가 생활의 증대와 문화생활 욕구 증가가 배경이다.
⑤ 쾌적하고 안정적인 주거 환경에서 인간다운 주거 생활을 할 권리이다.

# 02 인권 보장을 위한 헌법의 역할과 시민 참여



**○ 기본권**
인권 중에서 헌법에 규정하여 보장되는 기본적인 권리를 말한다.

**○ 공무 담임권**
국가 및 지방 자치 단체의 기관 등 공공 기관의 구성원이 되어 공적인 업무를 담당할 수 있는 권리를 말한다.

**○ 국가 배상 청구권**
공무원의 직무상 불법 행위로 손해를 입은 국민이 국가 또는 공공 단체에 정당한 배상을 요구할 수 있는 권리이다.

**○ 형사 보상 청구권**
형사 피의자 또는 형사 피고인으로 구금되었다가 무죄 취지의 불기소 처분이나 무죄 확정 판결을 받았을 때 정당한 보상을 청구할 수 있는 권리이다.

**○ 기본권의 제한과 한계**
국민의 기본권을 무한정 보장할 경우 다른 사람의 기본권과 충돌할 수도 있고, 공익을 해칠 수도 있다. 따라서 우리나라 헌법에서는 국가 안전 보장, 질서 유지, 공공복리를 위해 필요한 경우에는 기본권을 제한할 수 있도록 규정하고 있다. 다만 국가 권력에 의한 기본권 침해를 막기 위해 제한할 경우에는 반드시 국회가 정한 법률에 의해야 하며, 제한하더라도 기본권의 본질적인 내용을 침해할 수 없도록 하고 있다.

**○ 위헌 법률 심판**
법률의 위헌 여부가 재판의 전제가 된 경우 헌법재판소가 국회에서 정한 법률이 헌법에 위반되는지의 여부를 심사·판단하는 제도이다.

## 1 인권 보장을 위한 헌법의 역할

### 1. 인권과 헌법의 관계

(1) **헌법의 인권 보장**: 헌법은 최고법으로, 국민의 인권을 수호하는 근본 토대 → 헌법에 국민의 기본권을 구체적으로 명시하고 기본권 보장을 위한 각종 제도적 장치를 마련함

> 법의 위계 → 헌법은 모든 법령의 기준과 근거가 된다.

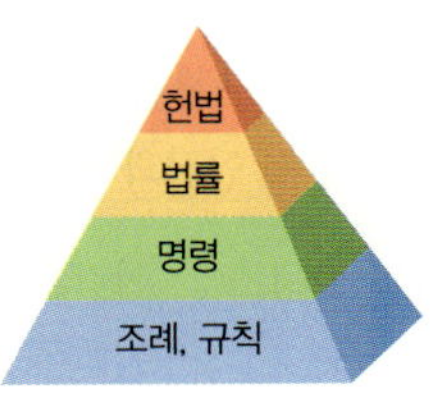


(2) **우리나라 헌법에서 보장하는 기본권** 〔자료①〕

| | |
|---|---|
| 인간의 존엄 및 가치와 행복 추구권 | • 인간의 존엄과 가치: 인간이라는 이유만으로 존엄성과 가치를 존중받을 권리. 모든 기본권의 바탕이 됨<br>• 행복 추구권: 물질적·정신적으로 안락하고 만족스러운 삶을 살 수 있는 권리 |
| 자유권 | 국가 권력의 간섭을 받지 않고 자유롭게 생활할 수 있는 권리로 신체의 자유, 종교의 자유, 양심의 자유, 통신의 자유, 재산권 행사의 자유 등이 있음 |
| 평등권 | 모든 국민이 성별, 종교, 사회적 신분 등에 의해 차별받지 않고 동등하게 대우받을 권리로 법 앞의 평등, 사회적 특수 계급의 불인정 등이 있음 |
| 참정권 | 국가의 의사 결정에 참여할 수 있는 권리로 선거권, 공무 담임권, 국민 투표권이 있음 |
| 사회권 | 국민이 국가에 인간다운 생활의 보장을 요구할 수 있는 권리로 교육을 받을 권리, 근로의 권리, 사회 보장을 받을 권리, 쾌적한 환경에서 생활할 권리 등이 있음 |
| 청구권 | 다른 기본권이 침해되었을 때 이의 구제를 요구할 수 있는 권리로 청원권, 국가 배상 청구권, 형사 보상 청구권, 범죄 피해자 구조 청구권 등이 있음 |

> — 귀족 계급이나 양반 계급 등을 인정하지 않음

> — 일정 요건을 갖춘 범죄 피해자가 국가에 구조금을 청구할 수 있는 권리

### 2. 인권 보장을 위한 제도적 장치 〔자료②〕 〔자료③〕

| | |
|---|---|
| 국민 주권의 원리 | 주권이 국민에게 있다는 원리 → 국민 투표나 선거 등은 국민 주권의 원리를 구체적으로 실현하는 제도임 |
| 법치주의 | 법률에 근거한 공권력의 행사만을 허용하는 원칙 → 국가 권력의 독단적인 행사 예방 |
| 권력 분립 제도 | • 국가 권력을 여러 곳으로 나누어 견제와 균형의 원리가 작동하게 함<br>• 입법권은 국회, 행정권은 정부, 사법권은 법원에 속하는 3권 분립 제도 실시, 각 기관 간 견제 장치 마련 |
| 민주적 선거 제도 | • 국민은 선거를 통해 국가를 운영할 대표자를 선출하여 국민의 의사와 이익을 정치에 반영하도록 함<br>• 일정 나이의 모든 국민에게 선거권 및 공무 담임권 부여 |
| 복수 정당제 | 누구든지 자유롭게 정당을 설립할 수 있고, 두 개 이상의 정당이 자유롭게 활동할 수 있음 → 국민의 정치적 견해가 정치에 잘 반영되어 민주적 기본 질서 유지 |
| 기본권 구제 제도 | • 인권을 침해받은 국민은 사안에 따라 국가의 기본권 구제 기관을 통해 권리를 구제받을 수 있음<br>• 법원의 재판, 헌법재판소의 위헌 법률 심판 및 헌법 소원 심판, 국가 인권 위원회의 인권 침해 구제 등 |

> 권력의 남용을 방지하고자 함 —

## 자료 ① 기본권의 성격 비교

| | |
|---|---|
| 자유권 | 국가 권력에 의한 간섭이나 개입을 배제하는 소극적·방어적 권리 |
| 참정권 | 국민 주권주의를 실현하는 정치적 기본권 |
| 사회권 | 국가의 적극적 노력이 있어야 보장되는 권리 |
| 청구권 | 다른 기본권을 보장하기 위한 수단적·절차적 권리 |

자유권은 시민 혁명 시기에 강조된 권리로서 역사상 가장 오래되었다. 참정권과 사회권, 청구권은 국가의 존재를 전제로 인정되지만 자유권은 국적과 관계없이 모든 사람에게 인정된다. 사회권은 사회 보장이나 교육, 노동 분야에서 국가의 다양한 사회 보장 제도나 정책 마련이 뒷받침되어야 실현되므로 국가의 적극적 노력이 필요하다.

## 자료 ② 권력 분립 제도

| 몽테스키외의 권력 분립 이론 | 우리나라의 권력 분립 제도 |
|---|---|
| 입법권과 행정권으로부터 사법권이 독립되지 않으면 자유는 있을 수 없다. 사법권과 입법권이 결합한다면 재판관이 입법자가 되기 때문에 시민의 자유와 생명이 권력에 의하여 침해될 것이다. 만일 사법권과 행정권이 결합한다면 재판관은 압제자의 권력을 행사할 수 있다. 특정한 한 사람이나 집단이 세 가지 권력을 모두 행사하게 되면 모든 것을 상실하게 될 것이다. | 국회 / 법률안 거부권 / 국정 감사권, 탄핵 소추권 / 대법원장 임명 동의권 / 위헌 법률 심판 제청권 / 대법관 임명권, 사면권 / 명령·규칙 심사권 / 정부(대통령) / 법원 |

그림에서 화살표는 견제의 방향을 나타낸다. 예를 들어 법률안 거부권으로 정부가 국회를 견제한다.

현대적 의미의 권력 분립 이론을 최초로 제시한 사람은 몽테스키외로 알려져 있다. 그는 『법의 정신』이라는 저서를 통해 권력이 분립되어 있지 않으면 시민의 자유와 생명이 권력에 의해 침해당할 것이라고 주장하였다. 우리나라는 국회, 정부, 법원에 각각 입법권, 행정권, 사법권을 부여하고 권력이 남용되지 않도록 다양한 상호 견제 장치를 두고 있다.

## 자료 ③ 헌법 소원 심판

> 이 결정으로 해당 조항은 무효화되므로 국민의 기본권 침해를 구제함

임신 32주 이전까지 의료인이 태아의 성별을 알려 주는 것을 금지한 현행 「의료법」이 헌법에 어긋난다는 헌법재판소 결정이 나왔다. 헌법재판소는 임산부 갑이 청구한 헌법 소원 심판에서 「의료법」 조항이 부모가 태아의 성별 정보에 대한 접근을 방해받지 않을 권리를 필요 이상으로 제약한다고 판단했다.

└ 갑이 침해당한 기본권

– ○○신문, 2024. 2. 28. –

헌법 소원 심판은 공권력에 의해 기본권이 침해된 경우, 헌법재판소에 심판을 청구하여 침해된 권리를 구제받을 수 있도록 한 제도이다. 임산부 갑은 태아의 성별을 알려 주지 못하도록 한 「의료법」 조항이 자신의 기본권을 침해한다고 생각하여 헌법재판소에 헌법 소원 심판을 청구하였고, 헌법재판소는 갑의 손을 들어주었다. 이를 통해 갑은 침해당한 기본권을 구제받게 되었다.

---

☑ **개념 체크 문제**

• 정답 11쪽

**O✗ 표시하기**

❶ 헌법은 국가의 최고법이며, 국민의 인권을 수호하는 근본적 토대이다. ( )

❷ 인간의 존엄과 가치는 인간을 다른 목적을 위한 수단으로 대우해야 함을 의미한다. ( )

❸ 우리나라 헌법은 인권 보장을 위해 서로 다른 정당이 활동할 수 있도록 보장하는 복수 정당제를 규정하고 있다. ( )

❹ 우리나라는 국정 운영의 효율성을 위해 국가 권력의 집중을 헌법에 규정하고 있다. ( )

**적절한 말 고르기**

❺ 국가 권력의 간섭을 받지 않을 권리는 ( 자유권, 사회권 )이다.

❻ 정당하고 합리적인 이유가 없는 차별을 받아서는 안 되는 권리는 ( 참정권, 평등권 )이다.

❼ 국민의 자유와 권리를 제한할 경우에는 반드시 국회가 정한 ( 법률, 명령 )에 의해 가능하다.

**빈칸 채우기**

❽ ( )은/는 국가 권력에 의한 자의적이고 독단적인 지배를 막고 법률에 근거한 공권력 행사만을 허용함으로써 국민의 자유와 권리를 보장하고자 하는 통치 원리이다.

❾ ( ) 심판은 공권력에 의해 기본권이 침해된 경우, 헌법재판소에 심판을 청구하여 침해된 권리를 구제받을 수 있도록 한 제도이다.

❿ ( )의 원리는 국가 의사를 결정하는 최고의 권력인 주권이 국민에게 있음을 의미한다.

**<보기>에서 고르기**

| 보기 | |
|---|---|
| ㄱ. 자유권 | ㄴ. 사회권 |
| ㄷ. 참정권 | ㄹ. 청구권 |

⓫ 신체의 자유, 종교의 자유 ( )

⓬ 청원권, 국가 배상 청구권 ( )

⓭ 교육을 받을 권리, 노동권 ( )

⓮ 선거권, 공무 담임권 ( )

## 2 시민의 권익 보호를 위한 시민 참여

### 1. 시민 참여의 의미와 역할

(1) **의미**: 시민이 국가의 정책이나 사회 문제에 관심을 갖고 의견을 개진하거나 집회를 여는 등 일정한 행동을 하는 것

(2) **역할** 자료④

① 공동체의 이익 증진: 시민 참여를 통해 현실의 문제점을 지적하고 우리 사회를 변화시킴으로써 모든 사회 구성원의 권익을 보호함

② 대의 민주주의의 보완: 대의 민주주의에서는 시민이 선출한 대표자를 통해 간접적으로 주권을 행사하기 때문에 국민의 의사가 잘 반영되지 못할 수 있음 → 시민의 사회 참여로 이를 보완함

> 시민의 의사와 달리 시민의 권익을 무시한 채 정책을 결정·집행할 위험성이 있음

### 2. 시민 참여의 방법 자료⑤

> 최근에는 사회 관계망 서비스(SNS)에 의견을 개진하고, 이를 확산하면서 인권 보장을 위한 사회 변화를 촉진하기도 함

(1) **선거와 투표에 참여**: 정책에 정당성을 부여함

(2) **정당, 시민 단체, 이익 집단 활동**

① 정당: 정치적 견해를 같이 하는 사람들이 모인 집단 → 정책 제안을 위한 여론 형성, 정부에 영향력 행사 등

② 시민 단체: 공익 추구를 위해 시민들이 자발적으로 결성한 집단 → 공공 문제 해결을 위한 여론 형성, 정책 제안 등

③ 이익 집단: 공통의 이해관계를 지닌 사람들이 결성한 집단 → 집단의 이익을 위해 정부에 영향력 행사, 공공의 이익과 충돌하기도 함

> 각종 직업 집단과 같이 구성원의 이익 실현을 목적으로 하는 집단

(3) **공청회, 주민 간담회에 참여**: 공공 문제 해결에 관한 의견 제시

(4) **자원봉사 활동**: 자신의 여가 시간을 활용하여 봉사 활동을 함

(5) **입법 활동에 참여**: 입법 청원이나 주민 조례 청구 등

### 3. 시민 불복종

(1) **의미**: 부정의한 법이나 정책을 바로잡기 위해 의도적으로 법을 위반하는 행위

(2) **주요 사상가**: 소로, 롤스 자료⑥

(3) **주요 사례**

| 간디의 소금법 투쟁 (1930) | 영국 정부의 소금법에 반대하여 인도의 간디가 주도하여 평화적인 행진을 한 비폭력 저항 운동 |
|---|---|
| 몽고메리 버스 승차 거부 운동(1955~1956) | 백인과 흑인 간 버스 좌석을 분리하고 흑인을 차별하는 법에 저항하여 미국의 몽고메리시에 거주하는 흑인들이 벌인 버스 승차 거부 운동 |

(4) **정당화 조건**

> 법이나 정책이 단지 자신의 이익에 반한다는 이유로 불복종하는 것은 목적의 정당성을 갖추지 못한다.

| 목적의 정당성 | 사회 정의를 훼손한 법이나 정책에 항의하는 것이어야 함 |
|---|---|
| 비폭력적인 방법 | 폭력적인 행동을 선동하는 행위는 정당화될 수 없음 |
| 최후의 수단 | 다른 모든 합법적인 방법을 통해 해결되지 않을 때 최후의 수단으로 시도해야 함 |
| 처벌의 감수 | 위법 행위에 대한 처벌을 기꺼이 받아들임으로써 기본적으로는 법을 존중하고 정당한 법체계를 세우려는 운동이어야 함 |

---

**○ 대의 민주주의**
대표를 선출하여 선출된 대표가 모여 의사 결정을 하도록 일임하고, 그 의사 결정에 주권자인 국민이 따르는 정치 형태를 말한다.

**○ 공청회**
국회나 행정 기관, 공공 단체가 중요한 정책의 결정이나 법령 등의 제정 또는 개정안을 심의하기 이전에 이해관계자나 해당 분야의 전문가로부터 공식 석상에서 의견을 듣는 회의를 말한다.

**○ 입법 청원**
국민이 의회에 특정 법률의 제정, 개정 또는 폐지를 문서로 요청하는 행위를 말한다.

**○ 주민 조례 청구**
지역 주민들이 직접 지방 의회에 조례의 제정이나 개정, 폐지를 청구하는 것을 말한다.

**○ 간디의 소금법 투쟁**
인도를 지배하던 영국은 소금법을 시행하여 인도인의 소금 채취를 금지하고 영국이 판매하는 소금에 무거운 세금을 부과하여 인도인들이 비싼 소금을 사먹게 하였다. 1930년 간디는 자신이 사는 아쉬람에서 단디 해변까지, 24일 동안 수백 킬로미터를 걸으면서 소금법의 부당함을 알렸다. 소금 행진을 계기로 간디가 시작한 비폭력 저항 운동은 인도의 많은 시민이 참여하는 시민 운동으로 확대되었다.

### 🔗 핵심 개념
☐ 시민 참여ㅤㅤ☐ 시민 단체
☐ 입법 청원ㅤㅤ☐ 시민 불복종

**자료 ④ 시민 참여의 역할** — 시민이 공공 문제에 무관심할 경우 시민의 이익을 해치는 정책이 결정될 수 있다.

○○시 생활 폐기물 처리 시설 조성 사업과 관련해 주민 감사 청구가 이루어졌다. ○○시 주민 갑 등 215명은 최근 ○○시가 설치하려는 생활 폐기물 처리 시설과 관련해 □□도 감사관실에 감사를 요구했다. 주민들은 생활 폐기물 처리 시설 조성 사업 입지 선정 계획과 관련해 법령 위반과 공익 저해 사실이 있다고 주장했다.

주민 감사 청구는 지방 자치 단체와 그 장의 권한에 속하는 사무의 처리가 법령에 위반되거나 공익을 현저히 해친다고 인정되면 감사를 청구할 수 있는 제도이다. ○○시 주민 갑 등 215명은 ○○시가 추진하려는 생활 폐기물 처리 시설 조성 사업이 법령 위반과 공익 저해 사실이 있다고 주장하면서 감사를 청구했다. 이러한 적극적인 시민 참여는 대표자의 자의적인 권력 행사나 권력 남용을 막고 시민의 의사에 따르는 의사 결정을 하게 함으로써 대의 민주주의를 보완하는 역할을 한다.

**자료 ⑤ 지방 자치에서의 주민 참여 제도**

| | |
|---|---|
| 주민 투표 제도 | 주민에게 과도한 부담을 주거나 중대한 영향을 미치는 주요 정책 등을 주민의 투표로 결정함 |
| 주민 조례 발안 제도 | 주민이 직접 조례안을 제출하여 지방 의회에서 발의가 이루어지게 할 수 있음 |
| 주민 소환 제도 | 선거에 의해 선출된 지방 자치 단체장이나 지방 의회 의원(비례 대표 지방 의회 의원 제외)을 임기 중에 주민의 투표에 의하여 해임할 수 있음 |
| 주민 참여 예산 제도 | 주민이 지방 자치 단체의 예산 편성 과정에 참여하여 사업 제안 등 의견을 제시할 수 있음 |
| 주민 감사 청구 제도 | 지방 자치 단체와 그 장의 권한에 속하는 사무의 처리가 법령에 위반되거나 공익을 현저히 해친다고 인정되면 감사를 청구할 수 있음 |

— 예산을 시민이 통제할 수 있게 되어 지방 자치 단체의 책임성을 높일 수 있다.

우리나라의 지방 자치에서는 주민의 참여를 확대하고, 지방 행정의 민주성과 책임성을 높이기 위해 다양한 주민 참여 제도를 두고 있다.

**자료 ⑥ 시민 불복종 이론** — 소로는 부정의의 판단은 개인의 양심이지만, 롤스는 다수의 공유된 정의관이라고 한다.

| 소로 | 롤스 |
|---|---|
| 우리는 모두 인간이어야 하고, 그다음 국민이어야 한다. 법에 대한 존경심보다는 먼저 정의에 대한 존경심을 지니는 것이 바람직하다. 불의가 당신으로 하여금 다른 사람에게 불의를 행하는 하수인이 되라고 요구한다면 그 법을 어겨라. | 시민 불복종은 어느 정도 정의로운 민주 체제에서 법률이나 정책 또는 명령이 공유된 정의관을 위반하였을 때, 개인의 양심을 넘어 다수에게 이것을 알리기 위한 행위이다. 시민 불복종은 소수자가 다수자의 정의감에 호소하여 정의의 원칙에 따라 법을 바꾸도록 하는 행위이다. |

소로는 양심의 법이 정부의 법보다 한층 고차원적인 법이며, 두 법이 충돌한다면 시민은 정부의 법보다는 양심의 목소리에 복종하는 것이 의무라고 주장하였다. 롤스는 사회적 다수에 의해 공유된 정의관이 불복종의 기준이 되어야 한다고 주장하였다.

---


• 정답 **11**쪽

**○✖ 표시하기**

❶ 시민 참여는 시민 권익을 보호하여 공동체 이익을 증진하는 역할을 한다. ( )

❷ 정보 통신 기술의 발달로 시민은 온라인 공간에서 시공간적 제한을 받지 않고 자신의 견해를 밝힘으로써 여론 형성에 활발하게 참여할 수 있다. ( )

❸ 시민 불복종은 문제 해결을 위해 시도한 여러 합법적인 방식이 실패했을 때 최후의 수단으로만 시행되어야 하며, 상황에 따라서는 폭력적인 방법을 사용할 수 있다. ( )

**〈보기〉에서 고르기**

◀ 보기 ▶
ㄱ. 정당  ㄴ. 시민 단체
ㄷ. 이익 집단  ㄹ. 자원봉사 활동

❹ 자신의 여가 시간을 활용하여 봉사 활동을 한다. ( )

❺ 정치적 견해를 같이 하는 사람들이 모인 집단이다. ( )

❻ 공익 추구를 위해 시민들이 자발적으로 결성한 집단이다. ( )

❼ 공통의 이해관계를 지닌 사람들이 결성한 집단이다. ( )

**빈칸 채우기**

❽ 시민은 국가의 중요 정책을 직접 결정하는 ( )에 참여하여 시민의 권익을 보호할 수 있다.

❾ 부정의한 법이나 정책을 바로잡기 위해 의도적으로 법을 위반하는 행위를 ( )(이)라고 한다.

❿ ( )에서는 대표자를 통해 주권이 간접적으로 행사되기 때문에 국민의 의사가 잘 반영되지 못할 수 있다. 따라서 시민 참여로 사회 문제 해결에 직접 참여할 필요가 있다.

**서로 관련된 내용 연결하기**

⓫ 주민 투표 •   • ㉠ 임기 중 주민의 투표로 대표자를 해임

⓬ 주민 조례 발안 •   • ㉡ 주민이 직접 조례안을 제출

⓭ 주민 소환 •   • ㉢ 주요 정책을 주민의 투표로 결정

**01** 다음 헌법 조항에 대한 설명으로 옳지 <u>않은</u> 것은? ❯25593-0018

> 제10조 모든 국민은 인간으로서의 존엄과 가치를 가지며, 행복을 추구할 권리를 가진다. 국가는 개인이 가지는 불가침의 기본적 인권을 확인하고 이를 보장할 의무를 진다.

① 국가 권력 행사의 한계를 규정하고 있다.
② 우리 헌법이 지향하는 최고의 가치 규범이다.
③ 천부 인권 사상을 헌법의 내용으로 수용하고 있다.
④ 국가의 목적으로 국민의 기본권 수호를 밝히고 있다.
⑤ 권력의 정당성이 국민적 합의에 기초함을 강조하고 있다.

**02** 다음 제도들이 궁극적으로 추구하는 바로 가장 적절한 것은? ❯25593-0019

> • 부당한 차별을 당한 사람은 누구나 국가 인권 위원회를 통해 상담과 구제를 받을 수 있다.
> • 국민은 자신이 지지하는 정당을 선택하여 가입함으로써 자신의 정치적 의사를 정책에 반영할 수 있다.

① 사회 갈등의 해소　　② 인권 보장의 실현
③ 대의 민주 정치 확립　　④ 정책의 효율적 집행
⑤ 국민의 정치 참여 증대

**03** 밑줄 친 '기본권'에 대한 설명으로 옳은 것은? ❯25593-0020

> 국가 인권 위원회는 A 대학이 우선 고용 직종에 직원을 채용할 때 지원 가능 나이를 50세 이상 60세 미만으로 제한한 행위는 다른 연령대의 사람들과 다르게 대우함으로써 고령자의 <u>기본권</u>을 침해한다고 밝혔다. 이에 A 대학은 채용 공고에서 나이 제한을 없앴다.

① 불합리한 이유로 차별받지 않을 권리이다.
② 국가에 의해 인간다운 삶을 보장받을 권리이다.
③ 국가의 의사 결정 과정에 참여할 수 있는 권리이다.
④ 국가로부터 간섭받지 않고 자유롭게 생활할 권리이다.
⑤ 기본권이 침해당했을 때 구제를 청구할 수 있는 권리이다.

**04** 다음 글이 강조하는 내용으로 가장 적절한 것은? ❯25593-0021

> 입법권과 행정권이 한 사람의 손에 있을 때에 난폭한 법률이 시행될 위험이 있고, 입법권과 사법권이 결합될 때에는 재판관이 멋대로 법을 만들어 국민의 생명과 재산을 짓밟을 것이다. 또, 행정권과 사법권이 결합되면 재판관이 폭력으로 국민을 억누르는 정치를 할 것이다.

① 국가 권력은 분산되어야 한다.
② 시민은 정치에 적극 참여해야 한다.
③ 선거에 의해 정치권력이 창출되어야 한다.
④ 행정권보다 입법권이 우위에 있어서는 안 된다.
⑤ 국가의 통치는 헌법을 바탕으로 이루어져야 한다.

**05** 다음 자료를 통해 알 수 있는 헌법의 의의로 가장 적절한 것은? ❯25593-0022

> 변호사 시험을 준비하던 갑은 시험을 몇 달 앞두고 코로나바이러스감염증-19에 걸렸다. 당시 법무부는 변호사 시험을 공고하면서 코로나바이러스감염증-19 확진자의 응시를 금지하였다. 이에 갑은 법무부의 공고가 헌법에 보장된 기본권을 침해한다며 헌법재판소에 헌법 소원 심판을 청구했다. 헌법재판소는 "코로나바이러스감염증-19 확진자라 해서 시험 응시 기회를 금지하는 것은 기본권을 과도하게 제한하므로 헌법에 위반된다."라고 판단했다. 이에 따라 법무부 공고에서 해당 부분의 효력이 상실되었고, 코로나바이러스감염증-19 확진자는 변호사 시험에 응시할 수 있었다.

① 국민의 삶의 질을 향상시키는 수단이다.
② 최고 규범으로서 국민의 기본권을 보장한다.
③ 갈등 해결 기준으로서 사회 통합에 기여한다.
④ 국가 권력 창출과 행사의 정당성을 부여한다.
⑤ 기본권 충돌을 조정하여 사회 질서를 유지한다.

> 25593-0023

**06** 다음과 같은 사고방식이 사회 내에 만연할 때, 나타날 수 있는 현상으로 가장 적절한 것은?

> 시민의 정치적 무관심은 독보다는 약이 된다. 정치적 관심이 희박한 사람들은 오히려 과열된 정치 행동을 흡수하는 완충 역할을 수행할 수도 있다. 또한, 현대 사회의 복잡성으로 인해 정치 영역도 전문적인 식견을 갖춘 사람들에 의해 운영되는 것이 보다 효율적이다.

① 정책 결정 과정이 복잡해질 우려가 있다.
② 쟁점에 대한 과도한 논쟁을 유발할 수 있다.
③ 군소 정당의 난립으로 혼란이 초래될 것이다.
④ 정치 참여 기회를 둘러싼 갈등이 커질 것이다.
⑤ 무책임하고 부패한 정치 체제를 양산할 수 있다.

**중요**

> 25593-0024

**07** 시민 참여의 유형을 그림과 같이 분류할 때, 다음 글에 나타난 문제를 해결하기 위한 참여 행위를 A~D와 옳게 연결한 것만을 〈보기〉에서 있는 대로 고른 것은?

> 최근 젊은이들의 실업률이 심각한 상태이다. 대학 졸업자의 대량 배출, 경기 침체, 일자리 부족 등이 겹쳐서 발생한 현상이다.

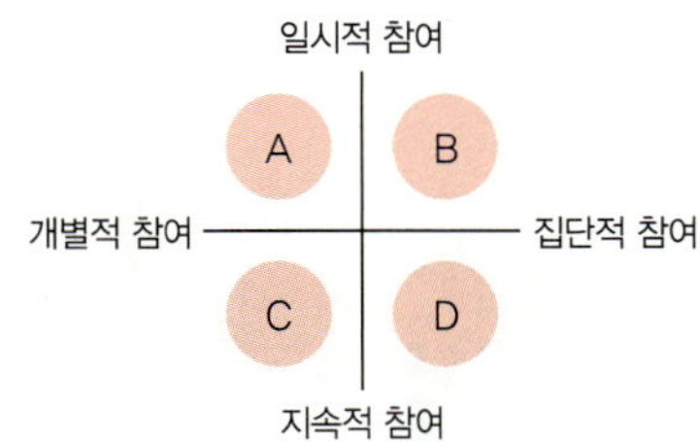


**보기**

ㄱ. A – 실업 해소 대책을 제안하는 독자 투고
ㄴ. B – 시민 단체 회원으로 실업 해소 집회에 매주 참여
ㄷ. C – 일자리 창출을 공약으로 내건 대통령 후보자에게 투표
ㄹ. D – 실업자로 구성된 이익 집단을 만들어 정부에 해결책을 꾸준히 요구

① ㄱ, ㄴ  ② ㄱ, ㄹ  ③ ㄴ, ㄷ
④ ㄱ, ㄷ, ㄹ  ⑤ ㄴ, ㄷ, ㄹ

> 25593-0025

**08** 다음과 같은 제도가 활성화될 때 기대할 수 있는 효과로 볼 수 <u>없는</u> 것은?

온라인 공청회

온라인 공청회 행정 기관 민원 서비스 통합에 따라 국민 권익 위원회에서 운영하는 국민 신문고(www.epeople.go.kr)를 통해 서비스하고 있습니다.
국민 신문고 문의 : 1600 – 8172

「재난 문자 방송 기준 및 운영 규정」 일부 개정안 행정 예고

발제자 : 행정 안전부    토론 기간 : [진행] 2024. 06. 11.~2024. 06. 21.

[안내문]
「재난 문자 방송 기준 및 운영 규정 일부 개정안」 행정 예고를 하는 데 있어, 그 이유와 주요 내용을 국민에게 미리 알려 이에 대한 의견을 듣기 위하여 행정 절차법 제46조에 따라 다음과 같이 공고합니다.

① 행정 기관의 자율성을 신장할 수 있다.
② 대의 정치의 문제점을 보완할 수 있다.
③ 정책 결정에 대한 국민의 영향력이 강화된다.
④ 공개 행정을 통한 행정의 민주화에 기여한다.
⑤ 여론 수렴에 있어 공간적 제약 극복이 가능하다.

> 25593-0026

**09** 다음 사례가 시민 불복종에 해당한다고 할 때 그 근거로 옳은 것만을 〈보기〉에서 고른 것은?

> 1930년, 영국 정부는 '소금법'으로 인도 사람들을 더욱 억압하였다. 소금에 붙는 세금이 너무 높아 가난한 농민은 소금을 사 먹지 못하는 상황이 벌어졌다. 그러자 간디는 영국 정부에게 '소금법'을 폐지하라고 요구했다. 그러나 영국 정부는 간디의 요구를 거부했다. 간디는 '소금법'에 대한 저항의 표시로 제자들을 데리고 24일 동안의 평화적 행진을 시작하게 된다. 이 행진이 끝날 때쯤 간디를 포함한 약 6만여 명의 사람들이 투옥되었다.

**보기**

ㄱ. 폭력을 수반하는 행동을 하지 않았다.
ㄴ. 개별적인 이익 달성을 목적으로 하였다.
ㄷ. 불복종의 결과에 따라 처벌받는 것을 감수하였다.
ㄹ. 합법적인 노력 이전에 최초의 수단으로 사용하였다.

① ㄱ, ㄴ  ② ㄱ, ㄷ  ③ ㄴ, ㄷ
④ ㄴ, ㄹ  ⑤ ㄷ, ㄹ

# 서술형 문제

| Step1 | 핵심 키워드 파악하기 |

> 25593-0027

**01** 다음은 우리나라 헌법의 일부 조항이다. (1) 밑줄 친 부분에 공통적으로 나타난 인권 보장을 위한 제도적 장치를 쓰고, (2) 이 제도적 장치를 통해 실현하려고 하는 목적을 국민의 자유와 권리 측면에서 서술하시오.

제12조 ····· 누구든지 <u>법률에 의하지 아니하고는</u> 체포 · 구속 · 압수 · 수색 또는 심문을 받지 아니하며 ·····

제79조 ① 대통령은 <u>법률이 정하는 바에 의하여</u> 사면 · 감형 또는 복권을 명할 수 있다.

(1) ______________________

(2) 예시 답안 (        )을/를 통해 국가 권력이나 권력자에 의한 (        )적인 지배를 예방하고, 국민의 (        )와/과 권리가 침해되는 것을 (        )할 수 있다.

> 25593-0028

**02** 그림은 인권 보장을 위한 우리나라의 헌법상 제도적 장치의 하나이다. (1) 이 그림이 나타내는 제도를 쓰고, (2) 이 제도를 시행하지 않을 경우에는 어떤 문제점이 있는지 서술하시오.

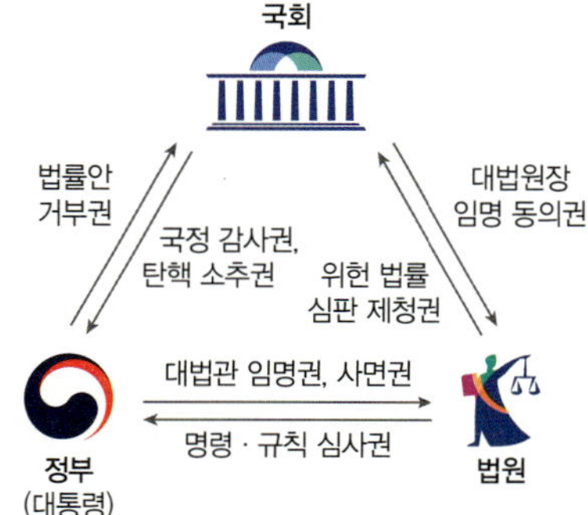


(1) ______________________

(2) 예시 답안 국가 권력이 한 개인이나 일부 집단에 (        )되면 권력이 (        )되기 쉬워 국민의 자유와 권리를 (        )할 수 있다. 따라서 국가 권력을 입법권, 행정권, 사법권으로 나누어 서로 다른 기관이 맡도록 하여 상호 (        )을/를 통해 (        )을/를 이루어야 국민의 (        )을/를 보장할 수 있다.

| Step2 | 스스로 답안 작성하기 |

> 25593-0029

**03** (1) A가 무엇인지 쓰고, (2) A가 정당화되기 위한 요건을 네 가지로 서술하시오.

시민은 시민의 권익을 침해하는 특정 법률이나 권력에 대한 공공의 관심을 모으기 위해 고의적으로 법률을 위반하거나 권력에 대한 복종을 거부하는 A를 전개할 수 있다. A는 기본권을 침해하거나 정의롭지 못한 법 혹은 정책 등에 대항하기 위해 의도적으로 이를 위반하는 행위이다.

(1) ______________________

(2) ______________________
______________________
______________________
______________________
______________________
______________________

> 25593-0030

**04** 다음은 시민 참여의 방법을 나타낸 것이다. 이러한 시민 참여의 의의를 대의 민주주의와 관련하여 200자 이내로 서술하시오.

▲ 입법 공청회

▲ 주민 참여 예산

______________________
______________________
______________________
______________________

**> 25593-0031**

**01** 밑줄 친 ㉠, ㉡이 공통적으로 해당되는 기본권에 대한 설명으로 옳은 것은?

> • 갑은 댐의 붕괴로 토지가 침수되는 피해를 입었다. 조사 결과 댐 관리를 담당하는 공무원의 과실로 드러났다. 이에 갑은 ㉠ 국가를 상대로 손해 배상을 청구하였다.
> • 을은 사기 혐의로 구속되어 재판을 받았다. 재판 과정에서 피해자가 자신을 모함하였음이 드러나면서 무죄 판결이 확정되었다. 이에 을은 ㉡ 국가를 상대로 자신을 구금한 것에 대한 보상을 청구하였다.

① 정치 과정에 참여할 수 있는 능동적 권리이다.
② 국가 권력에 의한 간섭을 배제하는 방어적 권리이다.
③ 다른 기본권 보장을 위한 절차적이고 수단적인 권리이다.
④ 인간다운 생활의 보장을 국가에 요구할 수 있는 적극적 권리이다.
⑤ 자본주의 발달에 따른 빈부 격차 문제를 해결하고자 등장한 현대적 권리이다.

**> 25593-0032**

**02** 다음을 주장한 사상가의 관점에만 모두 '✔'를 표시한 학생은?

> 법이나 정부의 정책에 변화를 가져올 목적으로 행해지는 시민 불복종은 공유된 정의관이라는 틀 안에서 행해져야 할 최후의 수단이다. 시민 불복종은 기존의 법이 보다 상위의 근본 원칙인 정의를 위배할 때 일어나야 하며, 그 방법과 처벌 감수의 부분에 있어서까지 정당성을 가져야 한다.

| 관점 \ 학생 | 갑 | 을 | 병 | 정 | 무 |
|---|---|---|---|---|---|
| 법이 부당한지의 판단은 개인에게 달려 있다. | ✔ | ✔ | | ✔ | |
| 부당한 법을 집행하는 정부가 내리는 처벌을 거부해야 한다. | ✔ | | | | ✔ |
| 불의를 바로잡기 위해서는 비록 불법일지라도 저항을 해야 한다. | | ✔ | ✔ | ✔ | ✔ |
| 시민 불복종은 어떠한 경우에도 폭력적인 수단을 사용하지 않아야 한다. | | | ✔ | ✔ | ✔ |

① 갑　　② 을　　③ 병　　④ 정　　⑤ 무

**> 25593-0033**

**03** 밑줄 친 제도의 시행을 통해 나타날 수 있는 효과로 적절하지 **않은** 것은?

> 주민 참여 예산 제도는 지방 자치 단체의 예산 편성 등 예산 과정에 주민이 직접 참여하여 지역에 필요한 예산에 대한 지역 주민들의 의견을 수렴하여 검토·조정하는 제도를 말한다.

① 주민의 자치 역량이 강화될 것이다.
② 행정에 대한 주민의 관심이 증가할 것이다.
③ 지역 실정에 적합한 정책을 추진할 수 있을 것이다.
④ 정책 결정에서 지방 자치 단체장의 영향력이 커질 것이다.
⑤ 지역 사회의 정치 과정에서 주민의 참여가 확대될 것이다.

**> 25593-0034**

**04** 다음은 A 국의 헌법 조항이다. A 국 상황에 대해 옳지 **않은** 설명을 한 학생은?

> 제1조　납세액이 일정 수준 이상인 모든 국민은 선거권을 가진다.
> 제2조　대통령은 정당과 의회를 해산할 수 있다.
> 제3조　모든 국민은 집회하기 전에 행정 당국의 허가를 받아야 한다.
> 제4조　노동조합 가입자를 제외한 국민은 정당에 가입하거나 정당 활동을 할 수 있다.
> 제5조　모든 국민은 기본권이 침해되었을 때 법원에 재판을 청구할 수 있다. 이 경우 공권력에 의한 기본권 침해는 제외된다.

① 갑: 보통 선거 제도가 확립되어 있지 않습니다.
② 을: 대통령의 권한이 약화될 우려가 매우 큽니다.
③ 병: 국민은 집회의 자유를 보장받지 못하고 있습니다.
④ 정: 정당 가입과 활동에 있어서 불합리한 차별이 존재하고 있습니다.
⑤ 무: 국가 권력에 의해 침해된 기본권을 구제받기가 어렵습니다.

**핵심 개념**

- [ ] 사회적 소수자   [ ] 인권 감수성
- [ ] 청소년 노동권   [ ] 연소 근로자

**◉ 사회적 소수자 집단의 규모**
한 사회에서 사회적 소수자 집단이 차지하는 규모는 상대적으로 작을 수도 있고, 클 수도 있다. 사회적 소수자는 단순히 수가 적은 사람들이 아니라 약자의 위치에 있는 사람들을 말한다.

**◉ 인권 감수성**
일상생활에서 인권 문제를 인식하고 그와 관련된 행동이 미칠 영향을 성찰하며 인권 문제를 해결하려는 의식을 가지는 것이다.

**◉ 연소 근로자**
「근로 기준법」상 18세 미만으로서 근로를 하는 자를 말한다.

**◉ 최저 임금 제도**
국가가 노사 간의 임금 결정 과정에 개입하여 임금의 최저 수준을 정하고, 사용자에게 이 수준 이상의 임금을 지급하도록 법으로 강제함으로써 저임금 근로자를 보호하는 제도이다.

## 1 우리 사회의 인권 문제 양상과 해결 방안

### 1. 사회적 소수자 차별 문제

(1) **사회적 소수자**: 한 사회에서 신체적 또는 문화적 특징 때문에 다른 구성원에게 차별을 받으며 스스로 차별받는 집단에 속해 있다는 의식을 가진 사람

(2) **사회적 소수자의 유형**: 장애인, 이주 외국인(외국인 노동자, 결혼 이민자), 노인, 여성, 북한 이탈 주민 등

(3) **사회적 소수자에 대한 차별 양상** 자료①

경제 협력 개발 기구(OECD) 국가 중 한국의 성별 임금 격차가 가장 큰 편이다. 2022년 남성 근로자의 평균 임금이 100만 원일 경우 여성 근로자는 약 69만 원이다.

| 여성 | 성별 임금 격차가 심함, 직장에서 여성의 승진이 어려움 |
|---|---|
| 노인 | 채용, 해고 등에서 연령을 이유로 차별을 받고 있음 |
| 이주 노동자 | 낮은 임금, 열악한 노동·주거 환경 등에 노출되어 있음 |
| 장애인 | 이동 및 대중교통 수단 이용에서 차별을 가장 많이 겪고 있음 |

(4) **사회적 소수자 차별 문제의 원인**: 다른 집단에 대한 편견, 법이나 제도의 미흡 등

(5) **해결 방안** 자료②

| 개인적 차원 | • 사회적 소수자에 대한 편견을 버릴 것<br>• 인간은 존엄한 존재라는 인식을 가지고 대할 것 → 사회적 소수자가 겪는 고통에 공감하며 배려하는 인권 감수성을 지녀야 함 |
|---|---|
| 사회적 차원 | • 사회적 소수자를 차별하는 정책이나 법률을 정비<br>• 차별 등 인권 침해를 당한 사회적 소수자에 대한 구제 절차 강화 |

### 2. 청소년 노동권 침해 문제 자료③

(1) **청소년 노동권**: 청소년이 인간의 존엄성이 존중되는 근로 조건에서 노동할 수 있는 권리

(2) **청소년 노동권 보호 규정**: 「근로 기준법」, 「청소년 보호법」 등에 규정되어 있음

① 원칙적으로 15세 미만인 사람의 고용 금지

15세 미만자라도 고용 노동부 장관이 발급하는 취직 인허증이 있으면 취업이 가능하다.

② 18세 미만의 연소 근로자는 1일 7시간 이내, 1주 35시간 이내의 근로 가능

③ 연소 근로자는 보호자의 동의를 얻어 스스로 근로 계약 체결

④ 4시간 근로에 30분 이상, 8시간 근로에 1시간 이상의 휴게 시간을 근로 시간 도중에 부여해야 함

보호자가 대리하여 근로 계약을 체결할 수 없다.

⑤ 임금은 매월 1회 이상 일정한 날짜에 현금으로 근로자 본인에게 지급해야 함

(3) **청소년 노동권 침해 실태**: 폭언 및 폭행 등 비인간적인 대우, 최저 임금보다 낮은 임금 지급, 근로 계약서 미작성, 임금 체불 등

(4) **해결 방안**

자신의 부당한 근로 환경을 증명하기 어렵다.

| 국가 | 청소년 노동 기준이나 구제 절차의 보완, 노동 인권 교육 실시 |
|---|---|
| 사용자 | 청소년의 노동권 보장 노력, 청소년을 보호하고 배려하는 자세가 필요함 |
| 청소년 | 관련 노동법을 정확히 숙지, 부당한 대우를 받았을 경우에는 적극적으로 대처 |

## 자료 ① 이주 노동자 차별 실태

> "이삿짐센터에서 일한 적이 있어요. 나중에 집주인한테서 센터로 연락이 왔는데 그릇이 몇 개 깨져 있었나 봐요. 변상하라는 것이죠. 집주인도 그렇고 센터 동료들도 다들 일이 서툰 제가 책임이 있는 것처럼 여기더라고요. 실수한 적이 없는데 한국 사람이 아니라서 내게 책임을 돌리는 것 같아 기분이 나빴습니다." 한 이사 업체에서 일하던 캄보디아 청년 A(26) 씨가 겪었던 불쾌한 경험을 털어놓았다. 다행히도 집주인의 초등학생 아이가 장난감을 뒤지다가 그릇을 깨뜨렸다고 털어놓아 오해가 풀렸지만 A 씨는 마음이 많이 상했다고 했다. – ○○일보, 2021. 5. 8. –

국내 거주 외국인이 점점 늘어남에 따라 이들은 일상생활에서 차별과 혐오의 대상으로 자주 노출된다. A 씨가 겪은 사례는 개인적인 편견에서 비롯되었다. 이러한 편견을 없애는 일이 시급하다.

## 자료 ② 여성, 노인을 보호하기 위한 법률

장애인을 보호하기 위해 「장애인 차별 금지 및 권리 구제 등에 관한 법률」이, 이주 노동자를 보호하기 위해 「외국인 근로자의 고용 등에 관한 법률」이 있다.

| 남녀 고용 평등과 일·가정 양립 지원에 관한 법률 | 고용상 연령 차별 금지 및 고령자 고용 촉진에 관한 법률 |
|---|---|
| 제11조 ① 사업주는 근로자의 정년·퇴직 및 해고에서 남녀를 차별하여서는 아니 된다.<br>② 사업주는 여성 근로자의 혼인, 임신 또는 출산을 퇴직 사유로 예정하는 근로 계약을 체결하여서는 아니 된다. | 제4조의4 ① 사업주는 다음 각 호의 분야에서 합리적인 이유 없이 연령을 이유로 근로자 또는 근로자가 되려는 사람을 차별하여서는 아니 된다.<br>1. 모집·채용 2. 임금, 임금 외의 금품 지급 및 복리 후생 |

「남녀 고용 평등과 일·가정 양립 지원에 관한 법률」은 고용에서 남녀의 평등한 기회와 대우를 보장하고 모성 보호와 여성 고용을 촉진하는 것을 목적으로 한다. 「고용상 연령 차별 금지 및 고령자 고용 촉진에 관한 법률」은 합리적인 이유 없이 연령을 이유로 하는 고용 차별을 금지하고, 고령자가 그 능력에 맞는 직업을 가질 수 있도록 지원하고 촉진하는 것을 목적으로 한다.

## 자료 ③ 근로 계약서 작성

18세 미만의 연소 근로자는 근로 계약서 작성 시 보호자의 동의서와 연령을 증명하는 문서(가족 관계 기록 사항에 관한 증명서 등)를 제출해야 한다.

사용자 갑(40세)과 근로자 을(16세)은 다음과 같이 근로 계약을 체결한다.
1. 근로 기간
2. 근무 장소 및 업무
3. 근로 시간
4. 휴게 시간
5. 근로일 및 휴일
6. 임금 및 지급 방법

근로자 을은 16세로서 「근로 기준법」상 연소 근로자이다. 근로 기간은 근로 시작일과 종료일을 기록한다. 근무 장소 및 업무는 구체적으로 기재해야 한다. 근로 시간은 1일 7시간 이내, 1주 35시간 이내이어야 한다. 휴게 시간은 4시간 근로에 30분 이상, 8시간 근로에 1시간 이상이어야 한다. 근로일은 1주 35시간 이내에서 정해야 한다. 임금은 최저 임금 이상을 명확히 기재해야 하고, 임금은 보호자가 아닌 근로자 본인에게 지급해야 한다.

---



• 정답 15쪽

**O ✘ 표시하기**

❶ 사회적 소수자는 그 사회의 전체 구성원 중 소수를 차지한다. (　　)

❷ 한 사회 안에서 사회적 소수자는 다른 사회에 가서도 사회적 소수자가 된다. (　　)

❸ 사용자는 청소년 노동자에게도 성인과 동일하게 최저 임금을 적용해야 한다. (　　)

❹ 현재 우리나라에는 여성, 노인, 외국인 근로자, 장애인 등을 보호하기 위한 법률이 마련되어 있지 않다. (　　)

**적절한 말 고르기**

❺ 사용자는 근로 시간이 4시간인 경우에는 ( 30분, 1시간 ) 이상의 휴게 시간을 근로 시간 도중에 주어야 한다.

❻ 친권자나 후견인은 미성년자의 근로 계약을 대리할 수 ( 있다, 없다 ).

❼ 15세 이상 18세 미만인 사람의 근로에 대한 임금은 근로자 ( 본인, 보호자 )에게 지급해야 한다.

❽ 18세 미만의 연소 근로자는 1일 7시간 이내, 1주 ( 35, 40 )시간 이내의 근로가 가능하다.

**빈칸 채우기**

❾ (　　　)은/는 한 사회에서 신체적 또는 문화적 특징 때문에 다른 구성원에게 차별을 받으며 스스로 차별받는 집단에 속해 있다는 의식을 가진 사람이다.

❿ 사회 구성원은 사회적 소수자에 대한 편견을 버리고 사회적 소수자가 겪는 고통에 공감하며 배려하는 (　　　)을/를 지녀야 한다.

⓫ 「근로 기준법」에 규정된 권리를 보장받으려면 반드시 (　　　)을/를 작성하는 것이 중요하다.

**〈보기〉에서 고르기**

> 보기
> ㄱ. 여성　　　　ㄴ. 노인
> ㄷ. 장애인　　　ㄹ. 이주 노동자

⓬ 고용상 연령 차별 금지 및 고령자 고용 촉진에 관한 법률 (　　)

⓭ 남녀 고용 평등과 일·가정 양립 지원에 관한 법률 (　　)

⓮ 외국인 근로자의 고용 등에 관한 법률 (　　)

⓯ 장애인 차별 금지 및 권리 구제 등에 관한 법률 (　　)

**○ 세계 기아 지수**

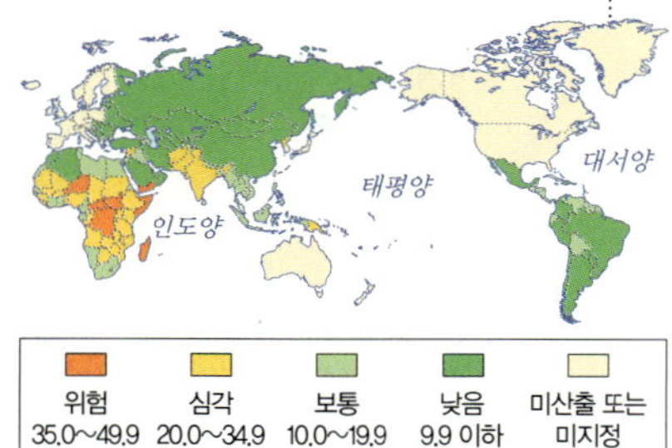



(컨선 월드 와이드, 2023)

2023년 세계 기아 지수를 보면 예멘, 중앙 아프리카 공화국, 콩고 민주 공화국 등은 '위험' 수준의 굶주림을 겪고 있다. 아프가니스탄, 파키스탄, 인도, 아이티 등은 '심각' 수준의 굶주림 상태에 있는 것으로 나타났다.

**○ 난민**

인종, 종교, 국적, 정치적 의견 등이 다르다는 이유로 박해를 받을 위험이 있어 자신의 나라를 떠나 국경을 넘은 사람이나 분쟁 혹은 일반화된 폭력 사태로 고국을 떠나 돌아갈 수 없는 사람들을 말한다. 최근에는 기후위기로 생태계가 파괴되면서 자신이 살던 삶의 터전을 잃은 기후 난민도 발생하고 있다.

**○ 세계시민 의식**

스스로를 지구 공동체의 구성원으로 여기고 세계적 문제에 관한 책임감을 바탕으로 다양한 문화와 배경을 가진 사람들과 더불어 살아가려는 가치와 태도이다.

---

**2 세계 인권 문제의 양상과 해결 방안**

**1. 세계 인권 문제의 양상**

**(1) 빈곤** — 인간의 기본적인 욕구를 충족하는 데 필요한 자원이나 소득의 결핍이 계속되는 상태

| 인권 지수 | 세계 기아 지수: 영양 결핍 인구, 발육 부진 아동, 영유아 사망률 등을 기준으로 측정함 |
| --- | --- |
| 실태 | 기아 수준이 심각한 국가들은 잇따른 자연재해로 식량 생산이 어렵거나 민주주의가 정착되지 못하고 잦은 내전으로 평화로운 삶이 유지되지 못함 |

**(2) 성차별** 자료④

| 인권 지수 | • 성 격차 지수: 남녀의 경제 참여와 기회, 교육적 성취, 정치적 권한 등의 차이를 기준으로 측정함<br>• 성 불평등 지수: 모성 사망비, 중등 이상 교육 인구 비율, 경제 활동 참가율 등을 기준으로 측정함 |
| --- | --- |
| 실태 | 남녀 차별이 심한 국가들은 대체로 종교나 관습, 사회 구조와 편견 등에 의한 여성 차별 관행이 남아 있는 경우가 많음 |

**(3) 아동 인권 침해**

| 인권 지수 | 국제 아동 권리 지표: 국제 연합(UN) 아동 권리 협약을 비준한 국가들을 대상으로 생존권, 건강할 권리, 교육받을 권리, 보호받을 권리 등을 기준으로 측정함 |
| --- | --- |
| 실태 | 아동 인권이 심각하게 위협받는 국가들은 대체로 척박한 자연환경과 빈곤, 내전 등으로 아동이 생존을 위해 과중한 노동을 하고 학교 교육이나 적절한 보호를 받지 못하는 경우가 많음 |

**(4) 기타** 자료⑤

| 난민 문제 | 국가 간 전쟁, 내전, 자연재해 등으로 인해 발생하는 난민은 인간의 존엄성을 누리지 못하는 환경에서 생활하고 있음 |
| --- | --- |
| 언론 통제 | 세계 언론 자유 지수로 측정 → 정부의 언론 통제, 정치적 자유 수준 |
| 국민 자유권 침해 | 세계 자유 지수로 측정 → 정치적 권리의 자유 정도 |

└ 독재 권력이 국가를 장악하여 참정권이 박탈되거나 자유롭게 자신의 의사를 표현하기 어려운 경우가 있다.

**2. 세계 인권 문제의 해결 방안**

**(1) 국제적 차원** 자료⑥ — 인권 문제를 예방하기 위한 국제 협약으로는 국제 연합(UN)에서 제정한 아동 권리 협약, 여성 차별 철폐 협약, 장애인 권리 협약 등이 있다.

① 국제 연합 인권 이사회, 국제 연합 아동 기금(UNICEF), 국제 연합 난민 기구(UNHCR), 국제 연합 개발 계획(UNDP), 세계 식량 계획(WFP) 등의 기구를 통해 각국의 인권 상황을 파악하고 인권 침해 해결에 노력함

② 국제 사면 위원회, 국경 없는 의사회 등과 같은 국제 비정부 기구도 인권 문제 해결을 위해 노력함

└ 국가가 아닌 개인이나 민간단체를 회원으로 하는 국제 사회의 단체를 말한다.

**(2) 국가적 차원**

① 국제기구의 인권 보장 노력을 지원하는 등 국제적 연대에 동참해야 함

② 빈곤, 차별 등의 문제를 겪고 있는 나라에 경제적 지원 등을 할 수 있음

**(3) 개인적 차원**: 세계시민 의식으로 세계 인권 문제 해결을 위해 노력해야 함

### 자료 ④ 성평등 인권 지수의 차이

계량적인 인권 지수를 볼 때는 어떠한 지표가 반영되었는지 살펴보면서 그 나라의 인권 수준을 이해해야 한다.

세계 경제 포럼(WEF)이 발표한 성 격차 지수(2022)에서 한국은 146개국 중 99위로 하위권에 머물렀다. 반면 국제 연합 개발 계획(UNDP)이 발표한 '성 불평등 지수(2022)'에서는 191개국 중 15위를 기록하였다. 뉴질랜드의 성 격차 지수는 4위, 성 불평등 지수는 25위였다.

같은 성평등 통계인데 차이가 나는 이유는 지표의 구성이 다르기 때문이다. 성 격차 지수는 남녀 임금 격차, 출생 성비, 고위직 여성 비율, 기대 수명 등이 포함되지만 성 불평등 지수는 모성 사망비, 중등 이상 교육 인구 비율, 경제 활동 참가율 등을 지표로 쓴다. 따라서 여성의 임금이 남성보다 낮으면 성 격차 지수에는 반영되지만 성 불평등 지수에는 반영되지 않으므로 성 불평등 지수는 상위권이지만 성 격차 지수는 하위권이 될 수 있다.

### 자료 ⑤ 세계 언론 자유 지수

언론 자유 지수는 '좋음', '양호함', '문제 있음', '나쁨', '매우 나쁨'으로 분류하며, 2024년 한국의 언론 자유 지수는 62위로 '문제 있음'에 속한다.

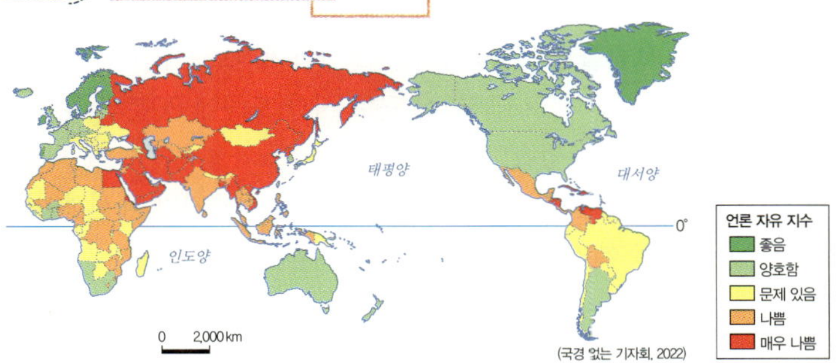


세계 언론 자유 지수는 국경 없는 기자회가 약 180개국을 대상으로 언론 매체의 자유 수준을 측정한다. 다원주의, 정치권력으로부터 미디어의 독립, 취재 및 보도의 투명성 등을 지표로 한다.

### 자료 ⑥ 국제 인권 단체

국제 연합에 소속된 인권 기구로서 각국의 인권 상황을 점검하고 필요한 인권 관련 제도를 권고하며, 그 이행 여부를 검토한다.

- 국제 연합 인권 이사회: 국제 연합 가입국의 인권 상황을 정기적, 체계적으로 검토하고 국제 사회의 인권 상황을 개선하기 위해 노력한다.
- 국제 연합 난민 기구: 난민을 보호하고 난민 문제를 해결하기 위해 국제적인 조치를 주도하고 조정한다.
- 세계 식량 계획: 식량 원조를 통해 개발 도상국의 경제·사회 발전을 도모한다.
- 국제 사면 위원회: 국가 권력에 의한 인권 침해 실태를 고발하고, 각국의 반체제 인사 또는 정치범의 석방 등을 위해 노력한다.
- 국경 없는 의사회: 전염병, 분쟁, 자연재해 등으로 위험에 처한 사람들을 위해 긴급 구호 활동을 펼친다.

국제 인권 문제 해결에 노력하는 국제 인권 단체는 크게 국제기구와 국제 비정부 기구가 있다. 국제기구는 국가를 회원으로 하는 단체로서 국제 연합에 소속된 인권 이사회, 난민 기구, 세계 식량 계획 등을 들 수 있다. 국제 비정부 기구는 국가가 아닌 개인이나 민간단체를 회원으로 하며, 대표적으로 국제 사면 위원회, 국경 없는 의사회 등이 있다.

---

**○ ✖ 표시하기**

❶ 국제 연합은 각국의 모든 인권 현황을 매년 발표한다. (       )

❷ 최근에는 기후 위기로 생태계가 파괴되면서 자신이 살던 삶의 터전을 잃은 기후 난민도 발생하고 있다. (       )

❸ 빈곤 문제는 대개 그 사회의 종교적 관습이 주된 원인이다. (       )

❹ 남녀 차별이 심한 국가들은 대체로 종교나 관습, 사회 구조와 편견 등에 의한 여성 차별 관행이 남아 있는 경우가 많다. (       )

**〈보기〉에서 고르기**

┤ 보기 ├
ㄱ. 세계 기아 지수　　　ㄴ. 세계 성 격차 지수
ㄷ. 세계 언론 자유 지수　ㄹ. 국제 아동 권리 지표

❺ 국제 연합(UN) 아동 권리 협약을 비준한 국가들을 대상으로 건강할 권리, 교육받을 권리, 보호받을 권리, 아동 권리를 위한 환경을 기준으로 측정한다. (       )

❻ 세계 경제 포럼(WEF)이 남녀의 경제 참여와 기회, 교육적 성취, 정치적 권한 등의 차이를 기준으로 측정한다. (       )

❼ 국경 없는 기자회가 180개국을 대상으로 언론 매체의 자유 수준을 측정한다. (       )

❽ 영양 결핍 인구, 발육 부진 아동, 영유아 사망률 등을 기준으로 측정한다. (       )

**빈칸 채우기**

❾ 국제 연합 (        )은/는 국제 연합 가입국의 인권 상황을 정기적, 체계적으로 검토하고 국제 사회의 인권 상황을 개선하기 위해 노력한다.

❿ (        )은/는 식량 원조를 통해 개발 도상국의 경제·사회 발전을 도모하는 국제 연합 기구이다.

⓫ (        )은/는 국가 권력에 의한 인권 침해 실태를 고발하고, 각국의 반체제 인사 또는 정치범의 석방 등을 위해 노력한다.

⓬ (        )은/는 전염병, 분쟁, 자연재해 등으로 위험에 처한 사람들을 위해 긴급 구호 활동을 펼치는 국제 비정부 기구이다.

## 기본 문제

> 25593-0035

**01** 사회적 소수자로 규정되는 조건이 <u>아닌</u> 것은?

① 구성원의 수가 적어야 한다.
② 정치·경제·사회적 권력에서 열세에 있다.
③ 자기가 차별받는 집단의 구성원임을 인식하고 있다.
④ 그 집단의 구성원이라는 이유로 사회적 차별을 받는다.
⑤ 신체 또는 문화적으로 다른 집단과 구별되는 특징이 있다.

> 25593-0036

**중요**

**02** 사회적 소수자 A, B에 대한 설명으로 옳은 것은?

> - 갑국의 A는 어렸을 때 사고로 장애인이 된 후 취업 시장에서 불이익을 받거나 식당 입장에 제한을 받고 있다.
> - 을국의 B는 갑국에서 온 유학생으로 을국 사람들과 다른 피부색에, 낯선 종교 활동을 한다는 이유로 주변 사람들의 따가운 시선을 받고 있다.

① A는 B와 달리 선천적 특성으로 인해 차별받고 있다.
② A는 B와 달리 문화적 특성으로 인해 차별의 대상이 되었다.
③ B는 A와 달리 편견으로 인해 차별의 대상이 되었다.
④ B는 A와 달리 식별 가능성으로 인해 차별의 대상이 되었다.
⑤ A와 B는 모두 권력의 열세로 인해 차별받고 있다.

> 25593-0037

**03** 다음 글에서 강조하는 사회 문제의 해결 방안으로 가장 적절한 것은?

> 여성의 사회 진출이 확대되고 있지만 능력이 부족하지 않은 여성들이 여전히 남자 입사 동기보다 승진에서 뒤처지는 경우가 많다. 또한 출산 휴가를 신청할 때 상사나 동료의 눈치를 보는 경우도 있다. 이로 인해 양성평등을 보장하는 제도가 늘었음에도 불구하고 여성은 사회에서 여전히 보이지 않는 차별을 체감하고 있다.

① 사회 구성원의 양성평등 의식을 확립해야 한다.
② 여성을 사회적 소수자의 범위에서 제외해야 한다.
③ 여성 스스로 능력을 신장하기 위해 노력해야 한다.
④ 남녀의 활동 공간을 제도적으로 명확히 구분해야 한다.
⑤ 여성 우대 조치로 인한 남성의 역차별 문제를 해소해야 한다.

> 25593-0038

**04** 그림의 (가)에 들어갈 내용으로 옳지 <u>않은</u> 것은?

① 최저 임금보다 낮은 임금을 지급하였습니다.
② 근로 계약서를 작성하지 않고 일을 시켰습니다.
③ 임금을 본인 동의 없이 보호자의 계좌로 송금하였습니다.
④ 4시간 근로시키면서 근로 시간 도중에 30분의 휴게 시간을 주었습니다.
⑤ 청소년 본인의 의사와 상관없이 보호자가 대신하여 근로 계약을 체결하였습니다.

> 25593-0039

**05** 다음 자료와 관련한 법적 판단으로 옳지 <u>않은</u> 것은?

> **취업 동의서**
>
> 법정 대리인: 갑    연소 근로자: 을
> 사업장: ○○회사    사용자: 병
>
> 본인은 을의 법정 대리인으로서 을이 ○○회사에서 일하는 것에 동의합니다.
>
> 2024년 6월 4일
> 법정 대리인 갑(서명)

① 갑은 을을 대리하여 병과 근로 계약을 체결할 수 없다.
② 을과 병은 근로 계약서에 근로 시간과 임금을 명시하여야 한다.
③ 을은 갑이 동의하지 않더라도 임금 청구를 독자적으로 할 수 있다.
④ 을의 동의를 얻으면 병은 을에게 하루 1시간의 연장 근로를 시킬 수 있다.
⑤ 을이 17세인 고등학생이라면 고용노동부 장관의 취직 인허증이 추가로 필요하다.

❯ 25593-0040

## 06 다음 자료에 대한 옳은 설명만을 〈보기〉에서 고른 것은?

2023년 세계 기아 지수에 따르면 43개국의 기아 수준이 '심각' 또는 '위험'으로 나타났다. 100점 만점의 국가별 기아 심각도 점수를 산정한 결과, '위험' 수준의 기아를 겪고 있는 9개 국가는 남수단, 니제르, 레소토, 마다가스카르, 부룬디, 소말리아, 예멘, 중앙아프리카 공화국, 콩고 민주 공화국으로 나타났다. 특히 이들 나라들은 최근 심각한 가뭄을 겪었거나 내전 등으로 정세가 불안하다는 공통점이 있었다.

**〈 보기 〉**

ㄱ. 빈곤에서 벗어나는 비율이 크게 늘어나고 있다.
ㄴ. 국제적인 연대를 통한 해결 방안을 모색할 필요가 있다.
ㄷ. 빈곤 위험 국가는 전 세계 여러 대륙에 골고루 분포되어 있다.
ㄹ. 자연재해, 내전, 정치적 갈등 등을 겪은 나라들에서 빈곤 문제가 심각하다.

① ㄱ, ㄴ　② ㄱ, ㄷ　③ ㄴ, ㄷ　④ ㄴ, ㄹ　⑤ ㄷ, ㄹ

**중요**

❯ 25593-0041

## 07 다음 글이 국제 사회의 빈곤 문제에 대해 주는 교훈으로 가장 적절한 것은?

출근길 연못에서 허우적대는 어린아이가 보인다. 주위에는 아무도 없다. 뛰어들어 구하지 않으면 죽고 말 것이다. 물에 들어가기가 어렵지 않고 위험하지도 않지만 새 신발이 더러워지고 양복도 젖고 진흙 투성이가 되리라. 아이를 보호자에게 넘겨주고 옷을 갈아입고 나면 틀림없이 지각이다. 이제 어떻게 할 것인가? 이런 경우에는 사람 목숨보다 소중한 것은 없다. 신발, 양복이 더럽혀지는 것이 문제가 아니다. 그까짓 물건이야 새로 사면 된다. 지각하는 것 전혀 두렵지 않다. 아이 목숨보다 중요하지 않다.

① 빈곤 문제는 개인의 게으름에서 비롯된다.
② 빈곤국을 돕는 것은 선택이 아닌 의무이다.
③ 국가 차원에서 빈곤국의 국민을 도와야 한다.
④ 빈곤국의 국민보다 자국민을 돕는 것이 우선이다.
⑤ 해외 원조는 자국의 이익이 있을 때만 시행되어야 한다.

❯ 25593-0042

## 08 다음 자료를 통해 파악할 수 있는 내용으로 옳지 <u>않은</u> 것은?

국제 연합 난민 기구(UNHCR)에 의하면 2023년 말 기준 전체 난민의 수가 1억 1,730만 명에 도달했다. 전체 난민 규모는 전 세계 인구의 약 1.5%에 해당하며, 10년 전에 비하면 거의 두 배 늘어났다. 난민 증가로 이어진 사건으로는 수단 분쟁, 가자지구 전쟁, 미얀마 쿠데타 이후 혼란, 아프가니스탄 불안정, 우크라이나 전쟁 등을 꼽을 수 있다. 국제 연합 난민 기구 관계자는 난민 문제는 해당 국가가 해결할 수 있는 수준을 이미 넘어섰고 세계 모든 나라가 인권 의식을 가지고 해결책을 모색해야 하며, 국제 연합도 이에 적극 나설 것이라고 말했다.

① 난민 발생의 규모가 확대되었다.
② 난민 문제는 국제적 연대를 통해 해결해야 한다.
③ 난민 문제에서 국제기구의 역할이 증대하고 있다.
④ 난민 문제는 보편적 인권의 관점에서 접근해야 한다.
⑤ 난민 문제는 주로 고수익 추구를 위해 자발적으로 발생한다.

❯ 25593-0043

## 09 교사의 질문에 옳지 <u>않은</u> 답변을 한 학생은?

교사: 전 세계 아동 10명 가운데 1명이 노동 현장에 내몰리고 있다고 합니다. 오늘은 아동 노동 문제에 대해 말해 봅시다.
갑: 아동 노동은 해당 국가의 빈곤 문제에서 발생하는 것이 일반적입니다.
을: 아동 노동은 아동의 교육받을 기회를 박탈하여 아동이 가진 잠재력을 파괴합니다.
병: 아동 노동은 외국 자본의 투자를 유도하여 내국인보다 외국인의 취업을 유리하게 합니다.
정: 국제 연합 아동 권리 협약에서는 아동이 노동으로부터 보호받을 권리가 있음을 규정하고 있습니다.
무: 아동 노동 문제를 해결하기 위해서는 국제기구를 통한 연대와 국가적 차원의 원조, 개인적 후원 등이 필요합니다.

① 갑　　② 을　　③ 병　　④ 정　　⑤ 무

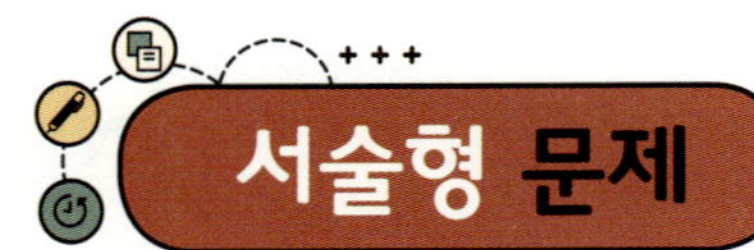

# 서술형 문제

## Step1  핵심 키워드 파악하기

> 25593-0044

**01** 다음 글에서 (1) A에 해당하는 용어를 쓰고, (2) A에 대한 차별을 개선하기 위한 방안을 제도적 측면과 의식적 측면에서 모두 서술하시오.

> A는 한 사회에서 신체적 또는 문화적 특징 때문에 다른 구성원에게 차별을 받으며, 스스로 차별받는 집단에 속해 있다는 의식을 가진 사람을 말한다. 오늘날 우리 사회에서 여성, 노인, 이주 외국인, 장애인 등이 A로서 부당한 대우를 받거나 차별을 받는 경우가 있다.

(1)

(2) 예시 답안 제도적 측면에서는 (          ) 보호를 위한 (          )(이)나 정책에 미흡하거나 개선할 부분은 없는지 살피고 (          )해 나가야 한다. 의식적 측면에서는 사회적 소수자에 대한 (          )을/를 버리고 (          )을/를 바탕으로 이들을 대해야 한다.

> 25593-0045

**02** 다음 자료에 나타난 문제점을 지적하고, 이를 해결하기 위한 국가 차원의 대책을 서술하시오.

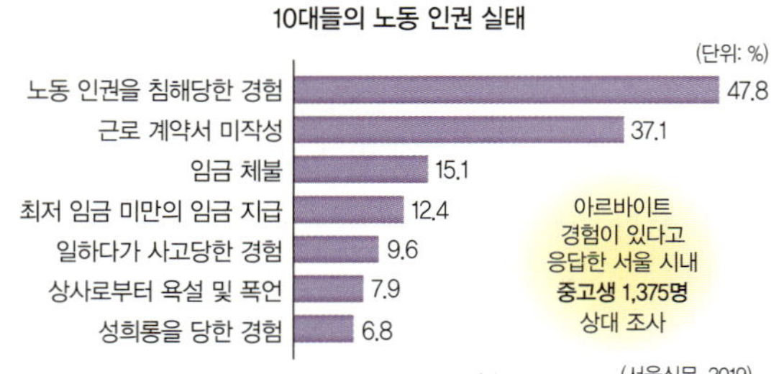


예시 답안 자료에서는 청소년들이 (          )을/를 침해당하고 있음을 보여 준다. 청소년 노동 인권이 침해되는 문제를 해결하기 위해 국가는 관련 법에 규정된 청소년 노동 기준이나 (          ) 절차를 청소년 입장에서 검토하여 미흡한 부분을 (          )해야 한다. 또한 모든 국민을 대상으로 (          ) 교육을 실시하여 청소년 노동 인권에 관한 사회적 인식을 개선해야 한다.

## Step2  스스로 답안 작성하기

> 25593-0046

**03** 그림은 세계 각국의 빈곤 정도를 나타내는 지표로서 컨선 월드 와이드와 독일의 세계 기아 원조가 함께 공동으로 발표하는 지수이다. (1) 이 지수의 명칭을 쓰고, (2) 그림에서 빈곤 정도가 위험에 해당하는 지역의 공통적인 특징을 서술하시오.

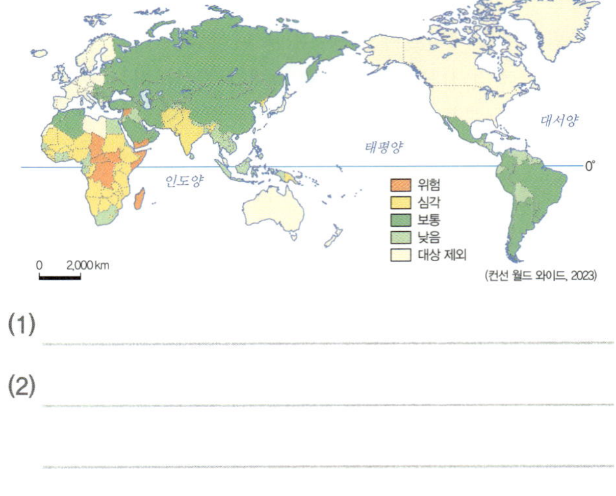


(1)

(2)

> 25593-0047

**04** 다음 자료에 나타난 국제 단체의 성격을 서술하고, 활동의 공통적인 특징을 세계 인권 문제의 해결 방안과 관련하여 200자 이내로 서술하시오.

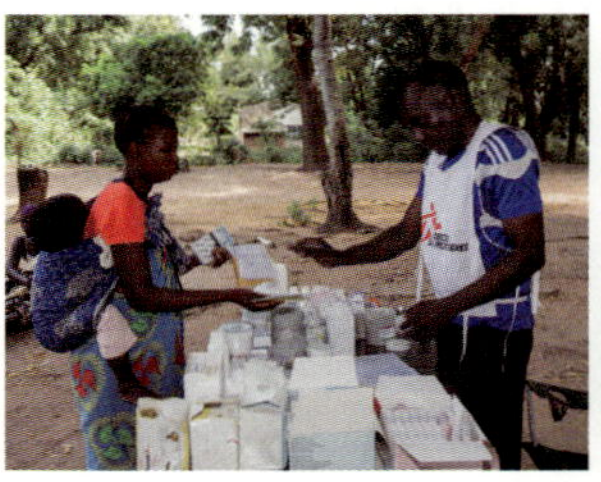
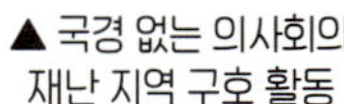

▲ 국경 없는 의사회의 재난 지역 구호 활동

▲ 국제 연합 난민 기구의 난민 구호 활동

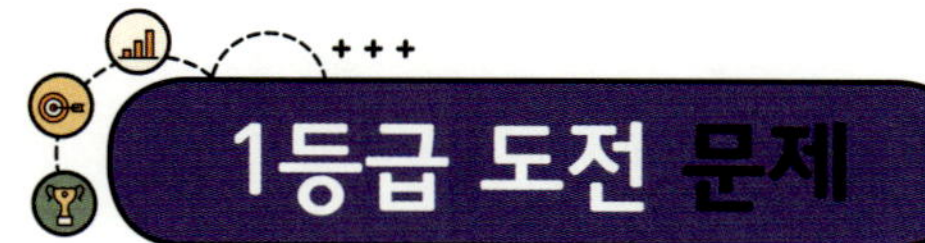


> 25593-0048

**01** 다음 자료에 대한 옳은 설명만을 〈보기〉에서 있는 대로 고른 것은?

〈갑국의 성 불평등 통계〉

| 구분 | t년 | | t+10년 | |
|---|---|---|---|---|
| | 남성 | 여성 | 남성 | 여성 |
| 100대 기업의 임원 중 남녀 비율(%) | 80 | 20 | 40 | 60 |
| 근로자의 월평균 임금(달러) | 4,000 | 2,000 | 6,000 | 5,000 |
| 맞벌이 근로자의 1주 평균 가사 부담 시간(시간) | 10 | 12 | 8 | 12 |

┌ 보기 ┐

ㄱ. t년 대비 t+10년에 남성 임원은 반으로 줄고, 여성 임원은 3배 늘었다.

ㄴ. 근로자의 성별 월평균 임금 격차는 t년 대비 t+10년에 50% 감소하였다.

ㄷ. 갑국의 성 불평등 상황은 3개 지표 모두 t년에 비해 t+10년에 개선되었다.

① ㄱ　　　② ㄴ　　　③ ㄱ, ㄷ

④ ㄴ, ㄷ　　　⑤ ㄱ, ㄴ, ㄷ

> 25593-0049

**02** 다음 자료와 관련하여 학생들이 탐구할 수 있는 수행 과제로 적절하지 <u>않은</u> 것은?

유럽의 골칫거리로 떠오른 난민 문제. 아프리카와 중동 등에서 유럽으로 건너간 난민들은 자국의 전쟁, 굶주림을 피해 무작정 길을 떠난다. 보트에 매달려 가다가, 냉동차에 타고 가다가 죽음을 맞이하기도 한다. 유럽 연합(EU)은 쏟아지는 이주민·난민 때문에 1991년 출범 이후 가장 큰 위기를 맞고 있다. 가뜩이나 경제난 탓에 먹고살기 힘든데 난민들까지 받아 줘야 하느냐는 불만이 팽배하다.

① 난민 유입국의 난민 정책

② 난민의 출신국에서의 사회적 지위

③ 난민 문제와 관련된 국제 협약의 내용

④ 난민에 대한 유입국 국민의 편견 정도

⑤ 난민 문제에 대한 국제 사회의 해결 노력

> 25593-0050

**03** 자료와 관련한 설명으로 옳지 <u>않은</u> 것은? (단, 을은 중학교를 졸업한 17세임.)

**근로 계약서**

갑(사업자)과 을(근로자)은 다음과 같이 근로 계약을 체결한다.
1. 계약 기간: 2025. 3. 1.~2025. 4. 30.
2. 근무 장소/업무 내용: ○○사업장/주차 안내
3. ㉠ 근로 시간: 오전 9시부터 오후 5시까지(휴게 시간 1시간 포함)
4. ㉡ 임금: 시간당 9,000원
5. ㉢ 특약 사항: 근무 태도가 불량하면 임금의 10%를 삭감함

* 2025년 법정 최저 임금은 시간당 10,030원임

① 갑은 위 문서에 근로일과 휴일을 명시해야 한다.

② 을은 보호자의 동의를 얻어 근로 계약을 체결해야 한다.

③ ㉠에서 휴게 시간은 근로 시간 도중에 주어야 한다.

④ ㉡은 당사자가 합의하였으므로 유효하다.

⑤ ㉢은 근로 기준법에 위반되는 내용이다.

> 25593-0051

**04** (가)에 들어갈 내용으로 가장 적절한 것은?

사회자: 장애인이 겪는 어려움을 해소하기 위해서 최근 장애인에 대한 적극적 차별 시정 조치를 강화해야 한다는 여론이 있습니다. 이에 대한 의견을 말씀해 보세요.

갑: 장애인에 대한 특혜는 비장애인들의 기회를 박탈하여 또 다른 차별을 낳을 수 있습니다.

을: 장애인에 대한 적극적 차별 시정 조치를 강화해야 합니다. 왜냐하면 ＿＿＿ (가) ＿＿＿

① 비장애인의 역차별을 해소하는 것이 시급하기 때문입니다.

② 장애인은 우리 사회에서 사회적 소수자가 아니기 때문입니다.

③ 장애인에 대한 차별은 의식 개선으로 해결해야 하기 때문입니다.

④ 개인의 능력만을 재화 분배의 유일한 기준으로 삼아야 하기 때문입니다.

⑤ 장애인이 비장애인과 실질적으로 동등한 수준을 누리지 못하기 때문입니다.

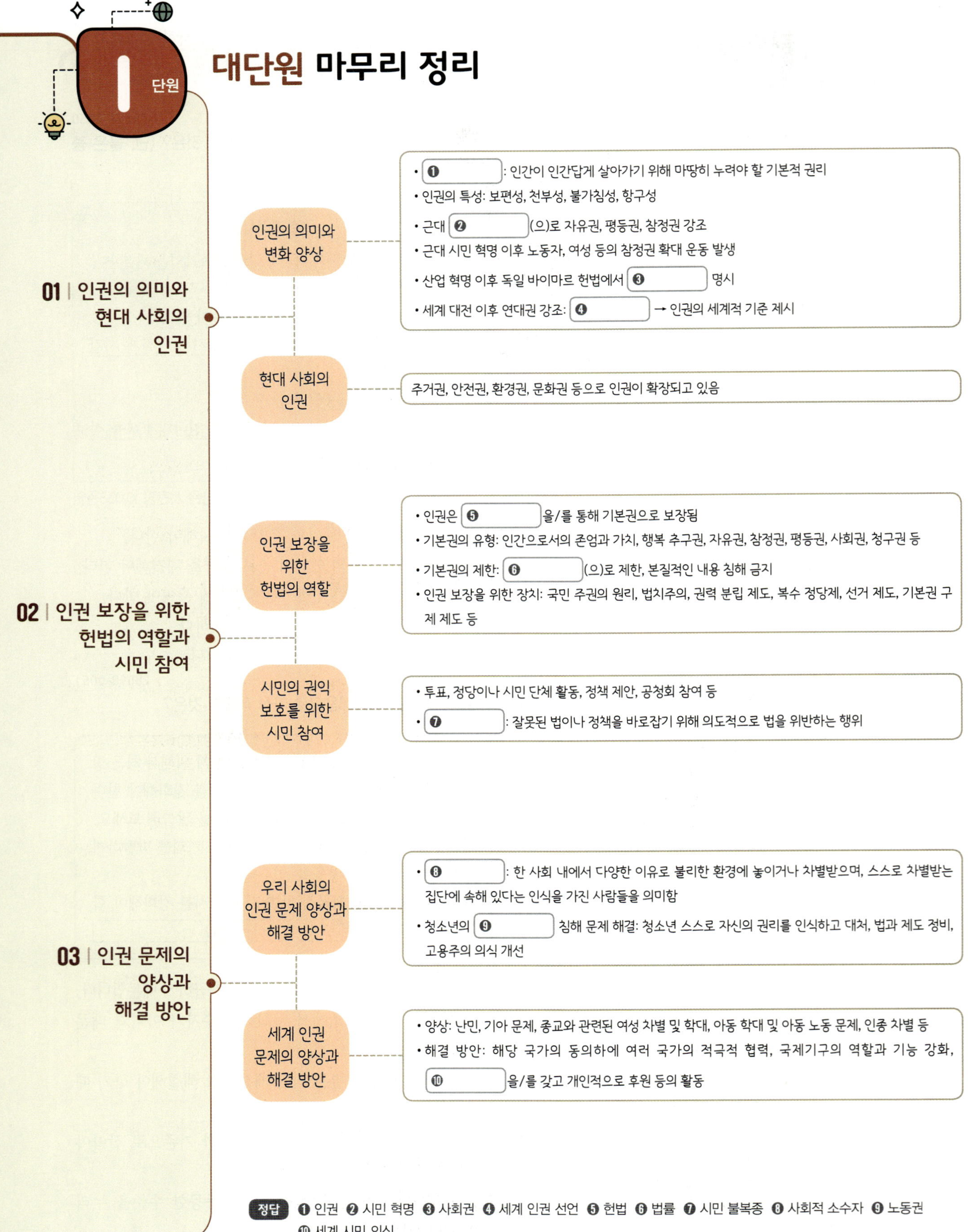



**정답** ❶ 인권 ❷ 시민 혁명 ❸ 사회권 ❹ 세계 인권 선언 ❺ 헌법 ❻ 법률 ❼ 시민 불복종 ❽ 사회적 소수자 ❾ 노동권 ❿ 세계 시민 의식

## 대단원 종합 문제

> 25593-0052

**01** 다음은 수업 시간에 교사가 제시한 1860년대 미국 노예 운반선의 모습을 다룬 글이다. 이를 통해 파악할 수 있는 수업 주제로 가장 적절한 것은?

> 찌는 듯한 더위에 구역질 나는 악취, 그리고 비명, 울음, 구토가 뒤섞인 칠흑 같은 어둠 속에서, 그는 벌거벗은 채로 쇠사슬에 묶여 함께 누워 있던 다른 두 남자 사이에서 정신이 들었다. 붙잡히고 나서 나흘 동안 매를 맞은 탓에 온몸에서 경련이 일어났다. 특히 인두로 지진 양쪽 어깨 사이의 한가운데가 참을 수 없이 아팠다.

① 미국의 독립 전쟁이 발생한 배경을 살펴보자.
② 산업 혁명 당시의 열악한 노동 환경을 알아보자.
③ 인간의 존엄성은 어떤 의미를 가지는지 생각해 보자.
④ 노예가 자본주의 발전에 어떤 기여를 했는지 알아보자.
⑤ 지리적 이동이 어떤 문화 변동을 초래했는지 알아보자.

> 25593-0053

**02** 시민 혁명 (가)~(다)에 대한 옳은 설명만을 〈보기〉에서 고른 것은?

> (가) 영국의 지나친 식민지 통제에 저항하여 미국 시민들이 일으킨 독립 혁명이다.
> (나) 영국 제임스 2세의 폭정에 불만을 품고 일어난 혁명으로 유혈 사태가 없었다.
> (다) 불평등한 사회 체제와 강압적 통치에 불만을 품은 프랑스 시민들이 봉기한 사건이다.

**〈 보기 〉**

ㄱ. (가)의 결과 세계 인권 선언이 발표되었다.
ㄴ. (나) 이후 의회 정치가 자리 잡게 되었다.
ㄷ. (가)~(다)에서는 자유권과 평등권이 강조되었다.
ㄹ. (가)~(다)에 의해 모든 사람이 정치에 참여하게 되었다.

① ㄱ, ㄴ     ② ㄱ, ㄷ     ③ ㄴ, ㄷ
④ ㄴ, ㄹ     ⑤ ㄷ, ㄹ

> 25593-0054

**03** 밑줄 친 ㉠~㉢에 대한 설명으로 옳은 것은?

> 모든 사람은 인권을 가지고 있지만, 누구나 인권을 보장받으며 살았던 것은 아니다. 근대에 접어들면서 천부 인권 사상에 힘입어 시민들의 노력에 의해 인권 보장의 대상과 폭이 점차 확대되었다. 인권 보장의 역사를 보면 크게 ㉠ 1세대 인권, ㉡ 2세대 인권, ㉢ 3세대 인권으로 분류할 수 있다.

① ㉠은 국경을 초월하여 강조되는 연대권을 들 수 있다.
② ㉡에는 신체의 자유, 양심의 자유 등이 있다.
③ ㉢은 산업 혁명으로 인한 부작용에서 부각된 인권이다.
④ ㉠과 달리 ㉡은 근대 시민 혁명에서 강조되었다.
⑤ 복지 국가를 지향할수록 ㉠뿐만 아니라 ㉡도 중시한다.

> 25593-0055

**04** 표는 현대 사회의 인권 (가), (나)를 보장하기 위한 법률을 나타낸 것이다. 이에 대한 설명으로 옳지 <u>않은</u> 것은?

| 구분 | 법률 |
|------|------|
| (가) | 주거 기본법, ㉠ 등 |
| (나) | 재난 및 안전 관리 기본법, ㉡ 등 |

① (가)는 쾌적한 주거 환경을 목적으로 한다.
② (나)는 (가)와 달리 국제적인 연대를 통해 보장될 수 있다.
③ (가), (나) 모두 국가의 존재를 전제로 한다.
④ 최저 주거 기준은 (가), 산업 재해 예방은 (나)와 관련된다.
⑤ ㉠에는 '주택 임대차 보호법', ㉡에는 '산업 안전 보건법'이 들어갈 수 있다.

**서술형**

> 25593-0056

**05** (1) 현대 사회의 인권 (가), (나)의 유형을 쓰고, (2) 그 의미를 각각 서술하시오.

> (가) 오늘날 대기 오염, 수질 오염, 쓰레기 문제 등이 발생하고 최근에는 기후변화에 따른 기상 이변이 증가하면서 중요한 인권으로 등장하였다.
> (나) 오늘날 오랫동안 문화생활에서 소외를 겪었던 사람들의 문화 향유에 대한 요구가 증대하면서 중요한 인권으로 등장하였다.

**06** 다음 사례를 통해 내릴 수 있는 결론으로 가장 적절한 것은?

> 25593-0057

- 등산객에 의한 산불 사고가 급증하자 정부는 등산객의 인화 물질 휴대 여부를 검사하기로 했다.
- □□학교에서 결핵이 발생하자 행정 기관은 확산 방지를 위해 학생의 등교를 전면 중지하였다.

① 기본권은 공공복리를 위하여 제한될 수 있다.
② 기본권이 충돌할 경우 공익을 우선해야 한다.
③ 국가는 기본권의 본질적 내용을 침해할 수 없다.
④ 공공복리는 기본권 제한 사유에 해당하지 않는다.
⑤ 기본권은 헌법에 열거된 것만 국가가 보호해 준다.

**서술형**

**07** (1) 밑줄 친 '이 기본권'을 쓰고, (2) '이 기본권'의 일반적인 특징을 두 가지 서술하시오.

> 25593-0058

　자본주의가 발달하면서 빈부 격차와 같은 부작용이 심해지자, 새로운 기본권 보장에 대한 사회적 요구가 나타났다. 이 기본권은 인간다운 생활을 누릴 수 있는 권리로 교육을 받을 권리, 근로 3권, 깨끗한 환경에서 생활할 권리 등이 포함된다.

**08** 다음 내용을 종합하여 내린 결론으로 가장 적절한 것은?

> 25593-0059

- 국회는 국정을 감사하거나 특정한 국정 사안에 대하여 조사할 수 있다.
- 대통령은 국회에서 의결된 법률안에 이의가 있을 때에는 국회로 환부하고 재의를 요구할 수 있다.

① 국민은 국가의 주인으로서 정치권력을 창출한다.
② 현대 국가에서 행정부의 역할과 기능 증대는 불가피하다.
③ 국가 권력은 견제와 균형의 원리에서 행사되어야 한다.
④ 민주 정치의 발전을 위해 강력한 국가 권력이 필요하다.
⑤ 정치권력은 국민의 대표로 구성된 국가 기관을 통해 행사되어야 한다.

**09** 다음과 같은 제도의 도입이 우리 사회에 끼치는 효과로 옳지 <u>않은</u> 것은?

> 25593-0060

- 입법 공청회: 입법 기관인 국회가 사회에 큰 영향을 끼치는 안건이나 정책을 결정하기 전에 해당 분야의 전문가나 이해 당사자, 일반 시민 등의 의견을 듣기 위해 개최하는 회의이다.
- 국민 참여 재판: 일반 국민이 배심원으로 형사 재판에 참여하는 제도이다. 배심원은 법정 공방을 지켜본 후 피고인의 유무죄에 관한 평결을 내리고 적정한 형을 토의하면 재판부가 이를 참고하여 판결을 한다.

① 공동체의 이익을 증진한다.
② 대의 민주주의를 보완한다.
③ 국가의 권력 남용을 예방한다.
④ 정치 과정의 정당성을 확보한다.
⑤ 정책 결정의 신속성을 추구한다.

**10** 밑줄 친 '버스 승차 거부 운동'이 정당성을 갖추기 위한 조건으로 옳지 <u>않은</u> 것은?

> 25593-0061

　미국 앨라배마주 몽고메리시는 흑인과 백인의 좌석을 구분한 버스를 오랜 기간 운영해 왔다. 1955년 12월 로자 파크스라는 흑인 여성이 백인 좌석에 앉았다가 백인에게 자리를 양보하라는 운전사의 요구를 거부했다는 이유로 경찰에 체포되었다. 이 사건 이후 마틴 루서 킹 목사의 주도로 흑인 차별 철폐를 요구하는 시위가 크게 번졌고, 몽고메리시의 버스 승차 거부 운동이 이어졌다. 결국 미국 연방 대법원은 1956년 몽고메리시의 흑인과 백인을 분리하는 좌석 제도가 헌법에 어긋난다고 판결하였다.

① 정의와 공공선 실현을 목적으로 삼아야 한다.
② 위법 행위에 대한 처벌을 기꺼이 감수해야 한다.
③ 불의에 대한 저항 수단으로 폭력을 배제해야 한다.
④ 자기 자신에게 불리한 법률이나 정책에 저항해야 한다.
⑤ 합법적 방법이 효과가 없을 때 최후의 수단으로 사용해야 한다.

> 25593-0062

**11** 다음 글을 통해 도출할 수 있는 내용으로 옳은 것만을 〈보기〉에서 있는 대로 고른 것은?

'유리 천장'은 여성이 조직에서 상위 직급으로 승진할 때 겪는 '눈에 보이지 않는 장벽'을 의미한다. 현재 「남녀 고용 평등과 일·가정 양립 지원에 관한 법률」은 승진 등에서의 남녀 차별을 금지하고 있지만 현실은 그렇지 않다.

┤ 보기 ├
ㄱ. 직장에서의 남녀의 역할을 제도적으로 명확히 구분할 필요가 있다.
ㄴ. 직장 내 양성평등 문화의 확산은 유리 천장 현상을 완화하는 데 기여한다.
ㄷ. 여성에 대한 사회적 차별은 제도 개혁뿐만 아니라 의식 개선도 함께 이루어져야 해결된다.
ㄹ. 유리 천장의 현실을 방치할 경우 사회적 자원의 배분 과정에서 기회의 공정성이 약화될 것이다.

① ㄱ, ㄴ　　② ㄱ, ㄹ　　③ ㄷ, ㄹ
④ ㄱ, ㄴ, ㄷ　　⑤ ㄴ, ㄷ, ㄹ

> 25593-0063

**12** 다음 자료와 관련된 옳은 법적 판단만을 〈보기〉에서 고른 것은? (단, 을은 17세의 고등학생임.)

갑(사업주)과 을(근로자)은 다음과 같이 근로 계약을 체결한다.
1. 계약 기간: 2025년 1월 1일~2025년 2월 28일
2. 근무 장소/업무 내용: ○○제과점/주문 접수 및 판매
3. 근무 시간: 오전 9시~오후 5시(휴게 시간 1시간 포함)
4. 근무일: 월~금(법정 공휴일 제외)
5. 임금: 시간당 12,000원

＊2025년 법정 최저 임금은 시간당 10,030원임

┤ 보기 ├
ㄱ. 을의 하루 임금은 84,000원이다.
ㄴ. 을의 보호자가 대리하여 계약을 체결할 수 없다.
ㄷ. 을은 임금 청구 시 보호자의 동의를 얻어야 한다.
ㄹ. 갑은 을의 동의를 얻어 하루 2시간의 연장 근로를 시킬 수 있다.

① ㄱ, ㄴ　② ㄱ, ㄷ　③ ㄴ, ㄷ　④ ㄴ, ㄹ　⑤ ㄷ, ㄹ

> 25593-0064

**13** 다음 사례에서 얻을 수 있는 교훈으로 가장 적절한 것은?

○○회사 직원 갑은 입사 두 달 만에 사고로 청각을 잃었다. 이후 동료 직원들은 자발적으로 갑과 함께 수화를 배웠다. 현재 갑은 동료 직원들과 수화로 의사소통이 가능해지면서 직장 생활을 활기차게 하고 있다.

① 장애인은 사회적 소수자로 볼 수 없다.
② 장애인을 이해하기 위한 노력이 필요하다.
③ 장애인에 대한 국가 차원의 지원이 필요하다.
④ 장애인은 스스로 차별 개선에 노력해야 한다.
⑤ 장애인은 비장애인과 동등한 경쟁을 해야 한다.

**서술형**

> 25593-0065

**14** 다음 자료에서 (1) A의 명칭을 쓰고, (2) A의 주된 역할을 서술하시오.

국제 연합 소속 인권 기구 A는 ○○국 내 성적 소수자나 외국인에 대한 직장 내 차별이 심하다며 ○○국 정부에 우려를 표했다. 또한 연예인 양성 단체에서 벌어지는 성폭력과 괴롭힘에 대한 인권 기구 설치도 권고했다.

> 25593-0066

**15** 밑줄 친 ㉠~㉤에 대한 설명으로 옳지 <u>않은</u> 것은?

세계 인권 선언을 비롯한 국제 사회의 다양한 노력으로 세계 인권 문제는 상당 부분 개선되었다. 그러나 국제 사회에는 ㉠ 빈곤 문제, ㉡ 여성에 대한 차별이나 학대, ㉢ 아동 인권 침해, ㉣ 난민 문제, ㉤ 인종 차별 등의 인권 문제가 여전히 발생하고 있다.

① ㉠을 측정하는 대표적인 인권 지수로는 세계 기아 지수가 있다.
② ㉡으로는 임금 격차, 조혼, 명예 살인 등을 들 수 있다.
③ ㉢은 주로 빈곤한 국가에서 아동 노동으로 나타난다.
④ ㉣은 최근 해당 국가 스스로 해결하는 경우가 늘고 있다.
⑤ ㉤은 세계 시민 의식을 갖추고 편견을 제거함으로써 해결책을 모색할 수 있다.

> 25593-0067

**01** 자료에서 바둑돌의 최종적인 위치로 옳은 것은?

그림은 '인권의 역사적 발전 과정'에 관한 게임 수업 자료이다. 규칙은 (가)에서 시작하여 인권의 역사적 발전 과정에 대한 설명이 옳으면 앞으로 두 칸 이동하고, 옳지 않으면 뒤로 한 칸 이동한다.

| 순서 | 내용 |
|---|---|
| 1 | 근대에 접어들어 천부 인권 사상, 계몽사상 등의 영향을 받아 시민 혁명이 일어났다. |
| 2 | 영국에서는 구체제의 모순에 분노한 시민들이 혁명을 일으켜 자유와 평등의 이념을 중심으로 '인간과 시민의 권리 선언'을 발표하였다. |
| 3 | 시민 혁명 이후에도 재산, 성별, 인종 등에 따라 정치 참여가 제한되어 대다수 사람은 국가의 의사 결정 과정에서 배제되었다. |
| 4 | 세계 인권 선언에 모든 국민이 최소한의 인간다운 생활을 보장받아야 한다는 사회권이 처음으로 명시되었다. |

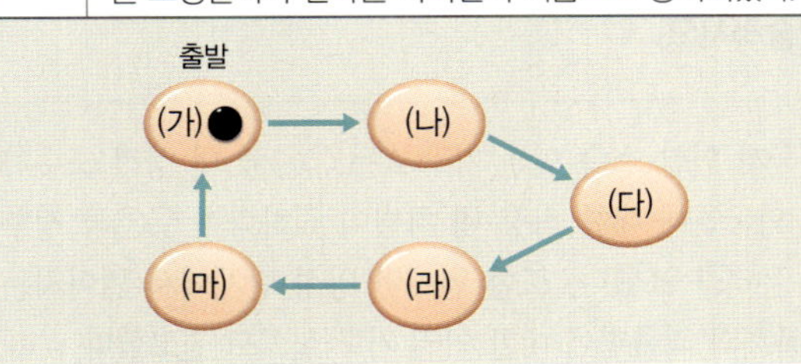


① (가)  ② (나)  ③ (다)  ④ (라)  ⑤ (마)

> 25593-0068

**02** 그림은 우리나라의 국가 권력 기관 간 견제와 균형을 나타낸 것이다. ㉠, ㉡에 해당하는 권한으로 옳은 것은? (단, 화살표는 견제의 방향을 나타냄.)

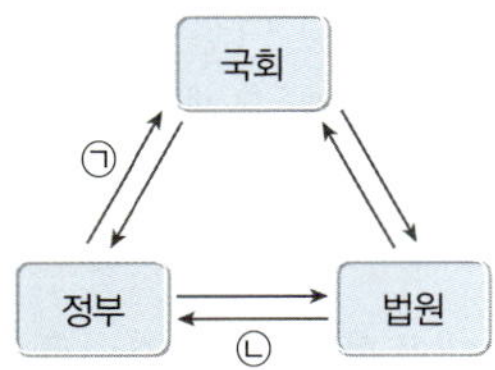


|  | ㉠ | ㉡ |
|---|---|---|
| ① | 사면권 | 국정 감사권 |
| ② | 법률안 거부권 | 명령·규칙 심사권 |
| ③ | 대법원장 임명 동의권 | 법률안 거부권 |
| ④ | 국무총리 임명 동의권 | 국정 감사권 |
| ⑤ | 위헌 법률 심판 제청권 | 탄핵 심판권 |

> 25593-0069

**03** 다음 자료에 대한 분석으로 옳은 것은?

표는 갑국의 문화 예술 행사 관람율 추이이다. 단, 조사가 행해진 해의 도시와 농촌의 조사 대상 인구수는 각각 같으며, 무응답은 없다.

(단위: %)

| 구분 | 2014년 | 2017년 | 2020년 | 2023년 |
|---|---|---|---|---|
| 도시 | 60.5 | 54.2 | 52.4 | 81.8 |
| 농촌 | 48.3 | 50.4 | 52.4 | 54.2 |

① 2020년 도시와 농촌의 문화 예술 행사 관람 응답자 수는 같다.
② 도시와 농촌의 문화 예술 행사 관람율 격차는 2020년 이후 개선되고 있다.
③ 농촌의 경우 문화 예술 행사 관람 응답자 수는 점진적으로 증가하고 있다.
④ 도시와 농촌의 문화 예술 행사 관람 응답자 수의 격차는 2017년에 비해 2014년이 크다.
⑤ 문화 예술 행사 관람 응답자 수는 2017년 도시와 2023년 농촌이 같다.

> 25593-0070

**04** 오늘날 다음과 같은 활동이 증가하고 있는 배경으로 가장 적절한 것은?

• 국경 없는 의사회는 전쟁 중인 ○○지구 내 의료 시설에서 부상자들이 의료 지원을 받을 수 있도록 보장해 줄 것을 분쟁의 모든 당사자들에게 촉구하였다.
• 국제 사면 위원회는 □□정부의 개혁 약속과 달리 경찰이 체포한 인사들을 구타하거나 고문을 가한다고 지적하며 고문 사례와 방식, 도구 등을 자세히 공개했다.

① 국제 사회에서 준법 의식이 약화되고 있다.
② 국가 간 노동과 자본의 이동이 줄어들고 있다.
③ 국가 간 정치적 이념 대립이 심각해지고 있다.
④ 국가가 국민의 동의 없이 억압적인 정책을 추진한다.
⑤ 국제적 연대를 필요로 하는 인권 문제가 늘어나고 있다.

**05** 다음 글에서 강조하는 내용으로 가장 적절한 것은?

> 25593-0071

> 범죄 혐의가 있다고 해서 경찰이 함부로 체포할 수 없다. 검사가 신청한 체포 영장을 판사가 발부해야 하며, 이 영장을 보여 주면서 내용을 설명하고 변호인의 조력을 받을 권리, 불리한 진술 거부권 등을 알려 주는 등의 절차를 거쳐야 한다. 이런 규정은 대통령령이나 경찰청 훈령으로 정하지 않고 헌법에 규정해 놓고 있다. 그래야 이 규정이 제대로 지켜지면서 국민이 기본권을 보호받을 수 있기 때문이다.

① 범죄 혐의자의 체포는 인권을 침해하는 행위이다.
② 헌법에 규정이 없으면 인권으로 보장받지 못한다.
③ 헌법은 국민의 인권을 수호하는 근본적 토대이다.
④ 대통령령이나 경찰청 훈령은 인권을 보장하지 못한다.
⑤ 범죄 혐의자의 인권은 일반인에 비해 보장 범위가 넓다.

**06** 밑줄 친 ㉠~㉾에 대한 옳은 설명만을 〈보기〉에서 있는 대로 고른 것은?

> 25593-0072

> 오늘날 시민은 다양한 방법으로 공공 문제에 참여할 수 있다. 우선 시민이 대표를 선출하는 ㉠ 선거에 참여하는 방법이 있다. 또한 비슷한 의견을 가진 시민들이 함께 참여하는 방법도 있다. 정치적 의견을 함께하는 ㉡ 정당에 가입하여 활동하거나, ㉢ 이익 집단에 가입하여 집회에 참여하거나 ㉣ 시민 단체에 가입하여 거리 서명 운동을 할 수도 있다. 이외에도 정부나 국회가 실시하는 ㉤ 입법 공청회에 참여하거나 ㉥ 행정 기관 누리집에 주민 제안을 하는 방법 등이 있다.

**〈 보기 〉**

ㄱ. ㉠은 정책 결정에 영향력을 행사할 수 있다.
ㄴ. ㉤은 직접 민주 정치를 보완할 수 있는 방법이다.
ㄷ. ㉥은 ㉢, ㉣에 비해 시공간적 제약이 작다.
ㄹ. ㉡, ㉢, ㉣은 ㉠과 달리 집단적 참여 방법이다.

① ㄱ, ㄴ  ② ㄱ, ㄹ  ③ ㄴ, ㄷ
④ ㄱ, ㄷ, ㄹ  ⑤ ㄴ, ㄷ, ㄹ

**07** 표는 갑국의 남성 근로자 대비 여성 근로자의 임금 수준 변화를 나타낸 것이다. 이에 대한 옳은 분석만을 〈보기〉에서 있는 대로 고른 것은?

> 25593-0073

(단위: %)

| 구분 | t년 | t+1년 | t+2년 | t+3년 |
|---|---|---|---|---|
| 남성 대비 비율 | 60 | 62 | 63 | 65 |

* 남성 대비 비율이란 남성 근로자의 임금을 100으로 볼 때 여성 근로자의 임금이 차지하는 비율을 의미함
** 남성 근로자의 임금은 지속적으로 증가함

**〈 보기 〉**

ㄱ. 여성 근로자의 임금은 지속적으로 증가하였다.
ㄴ. t년 남성 근로자의 임금이 100만 원이라면 t+1년 여성 근로자의 임금은 62만 원이다.
ㄷ. t+1년 대비 t+2년 남녀 근로자 간 임금액 격차는 감소하였다.
ㄹ. t+2년 대비 t+3년 여성 근로자의 임금 상승률이 남성 근로자의 임금 상승률보다 높다.

① ㄱ, ㄴ  ② ㄱ, ㄹ  ③ ㄷ, ㄹ
④ ㄱ, ㄴ, ㄷ  ⑤ ㄴ, ㄷ, ㄹ

**08** 다음 대화에 나타난 문제의 원인을 규명하기 위한 조사 활동으로 가장 적절한 것은?

> 25593-0074

> 갑: 2022년 우리나라 성 불평등 지수는 세계 15위로 양성평등 수준이 상당히 높다고 볼 수 있어.
> 을: 2022년 성 격차 지수 조사에서 우리나라는 146개국 중 99위야. 이것을 보면 우리나라 양성평등 수준은 극히 낮은 상태야.

① 각 지수의 조사 기관이 국제 연합 소속인지를 알아본다.
② 각 지수마다 어떤 지표를 반영하여 측정하는지를 조사한다.
③ 각 지수의 조사 대상 국가의 경지 규모가 어느 정도인지를 알아본다.
④ 각 지수를 조사하는 사람들의 국적이 특정 국가 출신인지를 확인한다.
⑤ 각 지수에서 조사 대상 국가의 남녀 인구 비율이 어떻게 되는지를 조사한다.

# 사회정의와 불평등

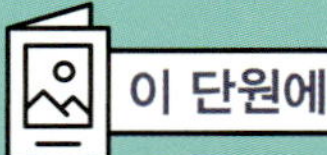 **이 단원에서 우리는**

정의의 의미와 정의가 요구되는 이유 및 정의의 실질적 기준을 탐구하며,
개인과 공동체의 관계를 기준으로 다양한 정의관을 비교하고,
사회 및 공간 불평등 현상의 사례를 살펴보며, 정의로운 사회를 만들기 위한
다양한 제도와 시민으로서의 실천 방안을 제안한다.

## 정의의 의미와 실질적 기준

▲ 정의의 여신상

▲ 아리스토텔레스

▲ 업적에 따른 분배: 팀 우승에 기여한 선수에게
더 높은 연봉 제공



## 다양한 정의관의 특징과 적용

▲ 노직(Nozick, R.)

▲ 롤스(Rawls, J.)

▲ 개발 제한 구역



## 다양한 불평등 현상과 정의로운 사회 실현

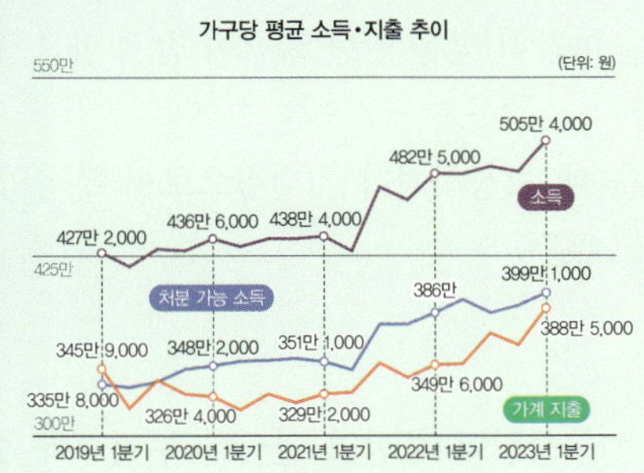

▲ 계층 간 소득 격차

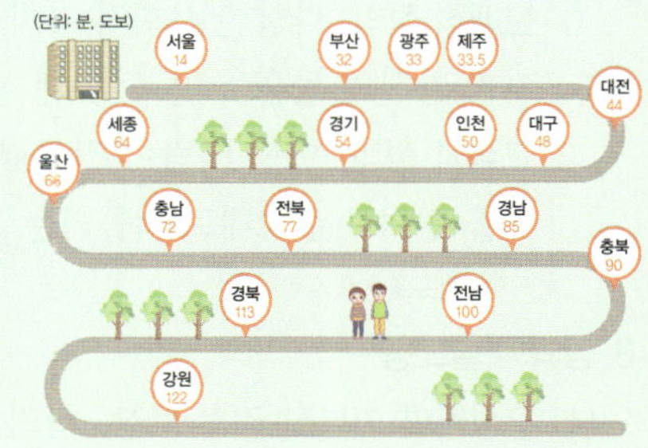

▲ 지역 간 삶의 질 격차

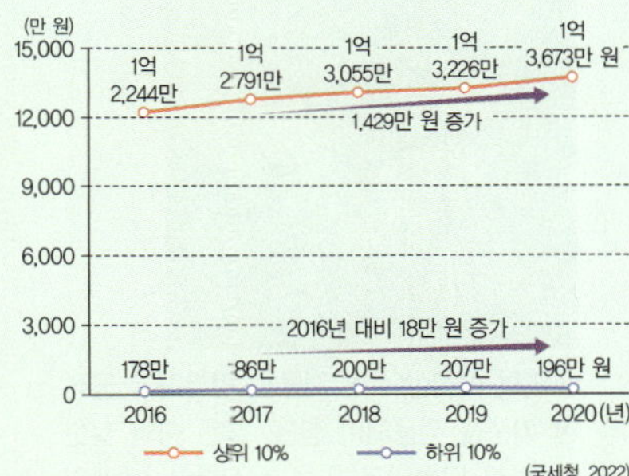

▲ 상하위 10% 계층의 소비 변화

# 01 정의의 의미와 실질적 기준



□ 일반적 정의　□ 분배적 정의
□ 교정적 정의

● **교정**
틀어지거나 잘못된 것을 바로잡는 것

● **사회적 가치**
재화, 지위, 기회 등과 같이 인간이 바라는 바를 충족해 주는 것

● **공동선**
공동의 이익 또는 공동체가 추구하는 가치나 목표로, 일반적으로 사회 공동체 전체를 위한 선. 공익성을 강조하는 측면에서 공공선(公共善)이라고도 한다.

● **정의의 여신상**

정의의 여신상이다. 저울은 엄격하고 공정한 기준을 적용해야 함을, 칼은 정의 실현을 위한 단호함과 힘을 상징한다. 세계의 많은 정의의 여신상은 눈을 가린 상태가 많은데, 눈을 가리는 것은 어느 편에도 치우치지 않는 공정한 판단자를 상징한다.

## 1 정의의 의미와 필요성

### 1. 정의의 의미

(1) **의미**

① 인간이 지켜야 할 올바른 도리 또는 사회를 구성하고 유지하는 공정한 도리로, 개인이나 사회가 추구해야 할 기본적인 덕목

② 재화, 보상, 처벌, 사회적 대우 등에서 모든 사람에게 각자의 정당한 몫이 공정하게 분배되는 것

(2) **정의에 대한 다양한 사상가들의 입장** 자료①

| 맹자 | 정의를 의로움[義]으로 표현함 |
|---|---|
| 플라톤 | 정의를 사회 각 계층의 사람들이 각자 자신이 맡은 일에서 탁월함을 발휘하여 조화를 이룬 상태라고 주장함 └ 통치자, 방위자, 생산자 계층을 말한다. |
| 벤담 | 정의는 최대 다수의 사람이 최대의 행복을 얻을 수 있게 하는 것이라고 주장함 |
| 롤스 | 사회 제도의 제1덕목으로서 정의를 강조함 → "법이나 제도가 효율적이고 정연할지라도 정의롭지 못하면 개선되거나 폐기되어야 함" |

### 2. 아리스토텔레스의 정의관 자료②

(1) 정의를 일반적 정의와 부분적 정의로 구분하고, 부분적 정의를 분배적 정의와 교정적 정의 등으로 구분함

| 일반적(보편적) 정의 | | 법을 지키는 것 → 법을 지키는 사람은 정의롭고, 법을 지키지 않는 사람은 부정의함 |
|---|---|---|
| 부분적 (특수적) 정의 | 분배적 정의 | 각 사람의 가치에 따라 재화, 권력, 명예와 같은 사회적 가치를 공정하게 분배하는 것 └ 아리스토텔레스는 가치의 비례에 따른 분배의 비례를 강조한다. |
| | 교정적 정의 | 타인에게 해를 끼쳤으면 그만큼 보상하거나 처벌하고, 이익을 주었으면 그만큼 돌려받게 함으로써 서로 동등하지 않은 것을 동등하게 바로잡는 것 |

(2) **의의**

① 분배적 정의: 다양한 사회적 가치를 마땅히 받을 만한 사람이 받게 함으로써 각자가 자신의 몫을 누릴 수 있게 함

② 교정적 정의: 어떤 사람이 잘못했을 때 보상하거나 처벌함으로써 부정의한 상태를 정의로운 상태로 되돌리는 것 자료③
└ 형벌 제도를 통해 실현될 수 있다.

### 3. 정의의 필요성

(1) **구성원의 기본적 권리 보장**: 정의는 구성원이 자신의 권리를 누리도록 보장하고, 권리 침해가 발생했을 때 이를 바로잡는 역할을 함

(2) **사회 통합 실현에 기여**: 정의로운 법과 제도는 구성원들의 이해관계에 따른 갈등을 공정하게 처리하여, 상호 협력과 신뢰 회복에 도움이 됨 → 공동선 실현에 기여함

### 자료 ① 사회 제도의 제1덕목으로서의 정의

사회 제도의 제1덕목은 정의이다. 어떤 이론이 아무리 정교하고 간결하다 할지라도 그것이 진리가 아니라면 배척되거나 수정되어야 하듯이, 법이나 제도가 아무리 효율적이고 정연할지라도 정의롭지 못하면 개선되거나 폐기되어야 한다.

– 롤스, 『정의론』 –

롤스는 법이나 정책은 정의에 기반하여 마련되어야 한다고 보았다. 롤스는 정의의 원칙에 위배되는 제도나 정책은 시민 불복종을 통해 바로잡을 수 있다고 보았다.

### 자료 ② 아리스토텔레스의 정의관

가치나 업적에 비례하여 분배해야 함을 의미한다.

- 정의란 각자가 자기의 것을 취하며 법이 정하는 바대로 하는 미덕이고, 반면에 부정의란 누군가가 남의 재물을 취하고 법에 따라서 하지 않는 것이다.
- 동등한 사람들이 동등하지 않은 몫을, 혹은 동등하지 않은 사람들이 동등한 몫을 분배받아 갖게 되면 싸움과 불평이 생겨난다. 분배는 모든 사람들이 동일한 것을 가지는 것이 아니라 가치에 따라 비례적으로 이루어질 때 정의롭다.
- 어떤 사람은 때리고 어떤 사람은 맞은 경우, 또 어떤 사람은 손해를 입히고 다른 사람은 손해를 입은 경우, 재판관은 그 손해의 차이에 주목하여 이익을 삭감함으로써 손해와 동등하게 만들기 위해 노력한다.

교정적 정의에 대한 설명이다.

– 아리스토텔레스, 『니코마코스 윤리학』 –

아리스토텔레스에게 일반적 정의는 공익을 지향하는 준법으로서의 정의이다. 분배적 정의는 각자의 가치에 비례하여 명예나 보수 등이 분배되어야 한다는 것이다. 교정적 정의는 타인에게 끼친 해악에 대한 보상, 이익에 대한 돌려받음과 관련된 것이다.

### 자료 ③ 사형 제도에 대한 칸트와 베카리아의 입장

- 형벌은 오직 범죄를 저질렀기 때문에 가해지는 것이다. 동등성의 원리에 따라 범죄자에게는 범죄와 동등한 형벌이 가해져야 한다. 그러므로 살인을 한 사람은 사형에 처해져야 한다. – 칸트, 『윤리형이상학』 –
- 형벌의 목적은 범죄자가 시민들에게 해악을 입힐 가능성을 방지하고 일반 시민들이 유사한 행위를 할 가능성을 억제하는 것이다. 사형보다는 종신 노역형이 범죄 예방에 더 효과적이다. – 베카리아, 『범죄와 형벌』 –

형벌에 대하여 칸트는 응보주의적 입장을, 베카리아는 공리주의적 입장을 가지고 있다. 칸트는 동해 보복의 원리에 따라 살인자에 대한 사형을 강조하였고, 베카리아는 사형보다 종신 노역형이 범죄 예방에 더 효과적인 형벌이라고 보았다.

---

✅ **개념 체크 문제**

• 정답 **24**쪽

**○✖ 표시하기**

❶ 정의란 인간이 지켜야 할 올바른 도리이면서 사회를 구성하고 유지하는 공정한 도리라고 볼 수 있다. ( )

❷ 맹자는 정의를 최대 다수의 사람이 최대의 쾌락을 얻는 것이라고 보았다. ( )

❸ 정의로운 사회에서는 재화나 보상이 각자에게 공정하게 분배될 수 있다. ( )

**적절한 말 고르기**

❹ 아리스토텔레스에게 법을 지키는 것은 ( 일반적, 부분적 ) 정의이다.

❺ 플라톤은 각 계층이 각자 맡은 일을 하며 다른 계층의 일에 간섭하지 않는 것은 ( 정의, 부정의 )라고 보았다.

❻ ( 분배적, 교정적 ) 정의는 어떤 사람이 잘못했을 때 처벌함으로써 부정의한 상태를 정의로운 상태로 되돌리는 것이다.

**빈칸 채우기**

❼ 정의의 여신상에서 ( )은/는 엄격하고 공정한 기준을 적용해야 함을 의미한다.

❽ ( )은/는 공동의 이익 또는 공동체가 추구하는 가치나 목표로, 일반적으로 사회 공동체 전체를 위한 선을 일컫는다.

**<보기>에서 고르기**

┌ 보기 ┐
ㄱ. 재화    ㄴ. 지위    ㄷ. 기회
ㄹ. 명예    ㅁ. 분배

❾ 사회적 가치 ( )

❿ 개개인이 생산물을 나누는 일 ( )

**서로 관련된 내용 연결하기**

⓫ 아리스토텔레스의 ·    · ㉠ 처벌이나 보상
    분배적 정의

⓬ 아리스토텔레스의 ·    · ㉡ 가치에 따른 몫의
    교정적 정의      나눔

⓭ 롤스 ·    · ㉢ 사회 제도의 제1덕목으로서의 정의

## 핵심 개념

□ 업적에 따른 분배
□ 능력에 따른 분배
□ 필요에 따른 분배

**○ 기회의 평등**
사회적 가치, 즉 재화나 지위에 대해 접근할 수 있는 기회가 관련된 모든 사람에게 공평하게 주어지는 것

**○ 롤스가 생각하는 타고난 능력이 지니는 우연성**
"누구도 자신의 타고난 재능이나 가족적 배경을 당연한 것으로 여겨서는 안 된다. 노력을 기울이는 능력조차도 자연적 행운이 가져다준 결과이므로 당연한 것이라고 할 수 없다. 더 불운한 사람에게 도움이 되는 한에서만 그 행운으로 이익을 취할 수 있다." – 롤스, 『정의론』 –

**○ 결과의 평등**
누구나 일정 수준 이상의 삶을 살 수 있게 분배 결과에 차이가 나지 않도록 하는 것

---

## 2 정의의 실질적 기준 자료 ④

### 1. 업적에 따른 분배 자료 ⑤

#### (1) 의미와 예

| 의미 | 각자가 자신이 성취하거나 기여한 정도에 따라 분배하는 것 |
|---|---|
| 예 | 성과나 실적을 평가하여 더 많은 성과를 낸 사람에게 더 많은 보수를 주는 경우 |

#### (2) 장단점

| 장점 | • 각자가 달성한 결과에 대한 측정과 평가가 쉬움 → 결과 수량화에 용이함<br>• 개인의 성취동기를 자극할 수 있음 → 사회 전체적으로 생산성을 높일 수 있음 |
|---|---|
| 단점 | • 사회적 약자에게 불리하게 작용할 수 있음 → 타고난 신체적·사회적 조건에 따라 업적을 쌓을 수 있는 기회가 다를 수 있음<br>• 서로 다른 영역의 성과나 실적을 객관적으로 비교하기 어려움 |

### 2. 능력에 따른 분배

#### (1) 의미와 예

| 의미 | 육체적, 정신적 능력에 따라 분배하는 것 |
|---|---|
| 예 | 전문적인 자격증을 가진 사람이 그렇지 않은 사람보다 능력이 더 낫다고 보고 더 나은 대우를 하는 경우 |

#### (2) 장단점

| 장점 | • 능력이 뛰어난 사람에게 소득, 지위 등 적절한 몫을 제공함으로써 개인의 노력에 대해 보상함 → 스스로 뛰어난 능력을 갖추도록 유도함<br>• 능력을 가진 사람들은 자신의 잠재력 실현의 기회를 많이 가질 수 있음 |
|---|---|
| 단점 | • 능력은 개인의 노력만이 아니라 우연적 요소의 영향을 받아 형성될 수 있다는 점에서 논란이 발생될 수 있음<br>• 능력을 평가하는 명확한 기준을 마련하기가 쉽지 않음 |

업적에 따른 분배도 사회적, 자연적 우연성이 크게 영향을 미친다는 점에서 유사한 측면이 있다.

### 3. 필요에 따른 분배 자료 ⑥

#### (1) 의미와 예

절대적으로 모든 것을 균등하게 분배하라는 의미가 아니다. 필요에 따라 차등적으로 지급할 수 있다.

| 의미 | 구성원들의 필요를 기준으로 우선순위에 따라 재화나 서비스 등을 분배하는 것 |
|---|---|
| 예 | 생계비나 의료비가 필요한 사람에게 복지 정책을 통해 우선적으로 재화나 서비스를 지원하는 경우 |

#### (2) 장단점

| 장점 | • 기본적 욕구를 충족하기 어려운 사회적 약자의 인간다운 삶을 보호할 수 있음 → 복지 정책의 근거가 됨<br>• 사회적 안전망을 마련하고 불평등을 완화할 수 있음 |
|---|---|
| 단점 | • 충족해야 할 필요의 수준과 범위에 대한 사회적 합의를 도출하기 어려움<br>• 개인의 성취동기를 약화시킬 수 있음 → 사회 전체의 경제적 효율성을 떨어뜨릴 수 있음 |

### 자료 ④ 다양한 정의의 기준이 필요함을 주장한 왈처

> 왈처는 사회마다 다양한 분배 기준을 가질 수 있다고 보았다.
>
> • 정의의 원칙들은 다원적이다. 상이한 사회적 가치들은 상이한 근거들에 따라 상이한 절차에 맞게 상이한 주체들에 의해 분배되어야 한다. 이러한 모든 차이는 역사적이고 문화적인 특수성의 필연적 산물이다.
> • 사회적 안전과 의료 혜택은 필요에 의해, 화폐는 자유 교환에 의해, 기본 교육은 엄격한 평등에 의해, 고등 교육은 시장과 공적에 의해, 정치적 권력은 설득력과 민주주의에 의해 분배되어야 한다.
>
> – 왈처, 『정의와 다원적 평등』 –

왈처는 사회적 가치가 특수한 사회적 의미를 담고 있기 때문에 다양한 기준에 의해 분배가 이루어져야 정의롭다고 주장하였다. 왈처는 사회적 가치의 분배가 다원성을 무시하고 불공정하게 이루어지면 불평등한 사회가 된다고 보았다. 예를 들어, 돈만으로 권력과 명예와 교육을 얻을 수 있다면 돈은 지배적 가치가 되며, 학력이 좋다는 이유로 돈을 많이 벌고 권력도 얻고 명예도 따라온다면 학력이 지배적 가치가 되는 것이다. 이처럼 왈처는 하나의 사회적 가치가 다른 모든 영역을 지배하여 장악하는 것은 폭정이고 '전제'라고 주장하였다.

### 자료 ⑤ 업적에 따른 성과 연봉제

> 성과 연봉제는 업무 성과에 따라 급여가 결정되는 임금 체계이다. 즉 개인의 성과를 평가하여 이에 따라 차등적으로 급여가 인상된다. 성과 연봉제는 성과 중심 운영을 통해 조직 문화의 변화와 생산성 향상을 기대할 수 있어 최근 공공 기관을 비롯한 많은 기업에서 적극 활용하고 있다. 다만, 평가의 객관성과 공정성을 확보하기 위한 지속적인 노력이 필요하다.
>
> → 하지만 지나친 경쟁을 유발하여 사회 문제를 낳기도 한다.

조직에서의 업무 성과에 따라 차등적으로 급여를 인상하는 것은 업적에 따른 분배에 해당한다고 볼 수 있다. 이러한 분배 방식은 개인의 업무 역량을 향상시키고, 기관이나 기업의 생산성을 높이는 데 기여할 수 있다.

### 자료 ⑥ 장애인 버스 요금 지원 사업과 지하철 무료 승차

> ○○시는 장애인의 교통비 부담 경감을 위해 2023년 8월부터 ○○시에 거주하는 6세 이상 장애인의 버스 요금을 지원하고 있다. 장애인의 버스 요금 지원으로 장애인 가정의 교통비 부담이 줄어들고, 자가 운전이 힘든 장애인의 이동 수단 선택권도 확대할 수 있게 되었다. 이 외에도 우리나라에서는 장애인 등록증을 소지한 장애인들은 전국 지하철을 무료로 이용할 수 있는 제도도 갖추고 있다.

장애인에 대한 복지 제도는 장애인들이 인간다운 삶을 누릴 수 있도록 하는 복지 제도의 일환이다. 이러한 분배 방식은 사회적 약자를 위해 더 많은 재화를 사용하여, 그들의 필요를 충족시키고자 노력하는 분배 방식에 해당한다고 볼 수 있다.

---

**○ ✘ 표시하기**

❶ 업적에 따른 분배란 각자가 자신이 성취하거나 기여한 정도에 따라 분배하는 것이다. (　　)

❷ 능력에 따른 분배의 장점은 개인이 타고난 우연적 요소가 원천적으로 차단되는 것이다. (　　)

❸ 필요에 따른 분배는 구성원들의 필요를 기준으로 우선순위에 따라 재화나 서비스를 분배하는 것이다. (　　)

❹ 성과나 실적을 결과로 수량화하기 어렵다는 것은 업적에 따른 분배가 지니는 단점이다. (　　)

**적절한 말 고르기**

❺ 업적에 따른 분배는 개인의 성취동기를 자극하여 사회 전체적인 생산성을 ( 향상시킨다, 저해한다 ).

❻ 능력에 따른 분배를 중시하는 사람은 전문적인 자격증을 가진 사람에게 그렇지 않은 사람보다 더 ( 높은, 낮은, 동일한 ) 임금을 제시할 것이다.

❼ ( 업적에 따른 분배, 필요에 따른 분배 )는 모든 사람의 기본적 삶의 조건을 보장하기 위해 사회적 조건에서 열세에 있는 사람에게 다양한 혜택을 제공하는 것이다.

**빈칸 채우기**

❽ (　　　)은/는 재화나 지위에 대해 접근할 수 있는 기회가 관련된 모든 사람에게 공평하게 주어지는 것이다.

❾ (　　)에 따른 분배와 (　　)에 따른 분배는 사회적 약자에게 불리하게 작용할 수 있다.

❿ 경제 상황이 어려워 생계비나 의료비 지원이 요구되는 사람에게 복지 정책을 통해 이를 지원하는 경우는 (　　)에 따른 분배에 해당한다.

**〈보기〉에서 고르기**

> **보기**
> ㄱ. 타고난 능력　　　ㄴ. 필요
> ㄷ. 타고난 재능　　　ㄹ. 부모의 경제적 지위

⓫ 우연적 요소 (　　)

**01** 다음 ㉠, ㉡에 대한 설명으로 적절한 것만을 〈보기〉에서 고른 것은?

> 25593-0075

> 정의로운 사회가 실현되기 위해서는 다양한 ㉠ <u>사회적 가치</u>를 ㉡ <u>공정하게 분배하는 기준</u>이 마련되어 있어야 한다. 예컨대 장학금, 급여, 대학 입학 기회 등이 결정될 때는 공정한 분배의 기준에 따라 분배되어야 부정의가 발생하지 않는다.

**┃보기┃**

ㄱ. ㉠: 재화, 권력, 명예가 포함된다.
ㄴ. ㉠: 유한한 것이 없으며 무한하게 생겨난다.
ㄷ. ㉡: 구성원 간 갈등 해결의 기준이 될 수 있다.
ㄹ. ㉡: 능력, 업적은 포함될 수 있지만, 필요는 포함될 수 없다.

① ㄱ, ㄴ    ② ㄱ, ㄷ    ③ ㄴ, ㄷ
④ ㄴ, ㄹ    ⑤ ㄷ, ㄹ

**02** 다음은 아리스토텔레스의 정의관을 도식화한 표이다. ㉠~㉢에 대한 설명으로 옳지 <u>않은</u> 것은?

> 25593-0076

| | | |
|---|---|---|
| ㉠ | | 법을 지키는 것 |
| 부분적 정의 | ㉡ | 각 사람의 가치에 따라 재화, 권력, 명예와 같은 사회적 가치를 공정하게 분배하는 것 |
| | ㉢ | 타인에게 해를 끼쳤으면 그만큼 보상하거나 처벌하고, 이익을 주었으면 그만큼 돌려받게 함으로써 서로 동등하지 않은 것을 바로잡는 것 |

① ㉠에 의하면 법을 지키는 사람은 정의롭고 법을 지키지 않는 사람은 부정의하다.
② ㉡은 사회적 가치를 마땅히 받을 만한 사람이 받게 하는 것이다.
③ ㉢은 어떤 사람이 잘못했을 때 처벌함으로써 부정의한 상태를 바로잡는 것이다.
④ ㉠, ㉡은 사회 전체가 최대 다수의 최대 행복을 얻는 것을 목적으로 한다.
⑤ ㉡, ㉢으로 인해 개인들은 각자 자신의 정당한 몫을 누릴 수 있게 된다.

**03** 다음 수업 장면에서 교사의 질문에 적절한 대답을 한 학생만을 있는 대로 고른 것은?

> 25593-0077

① 갑, 병    ② 갑, 정    ③ 을, 병
④ 갑, 을, 정    ⑤ 을, 병, 정

**04** 다음은 어느 학생이 정의에 대한 다양한 사상가들의 입장을 표로 정리한 것이다. ㉠~㉤ 중 옳지 <u>않은</u> 것은?

> 25593-0078

> **주제: 정의에 대한 다양한 사상가들의 입장**
>
> 1. 맹자: 정의를 의로움으로 표현 ─── ㉠
> 2. 아리스토텔레스: 정의를 일반적 정의와 부분적 정의로 구분하여 설명 ─── ㉡
> 3. 플라톤: 정의는 사회 각 계층의 사람들이 각자 자신이 맡은 일에서 탁월함을 발휘하여 조화를 이룬 상태라고 주장 ─── ㉢
> 4. 벤담: 정의는 최대 다수의 사람이 최대의 행복을 얻을 수 있게 하는 것으로 판단 ─── ㉣
> 5. 롤스: 정의는 다수결에 의해 합의한 법에 근거하여 만들어져야만 정당하다고 주장 ─── ㉤

① ㉠    ② ㉡    ③ ㉢    ④ ㉣    ⑤ ㉤

> 25593-0079

**05** 정의의 실질적 기준에 대한 다음 글의 입장으로 가장 적절한 것은?

사회적 가치는 육체적, 정신적 능력에 따라 분배되어야 한다. 예컨대 전문적인 자격증을 가진 사람이 그렇지 않은 사람보다 능력이 더 낫다고 보고 더 나은 대우를 해 주는 것이 합당하다. 사회는 능력이 더 뛰어난 사람에게 소득과 지위와 같은 적절한 몫을 제공함으로써 개인의 노력에 대해 보상해야 한다. 이러한 분배는 개인들이 스스로 더 높은 능력을 기르도록 유도할 수 있다.

① 능력을 평가하는 기준을 마련하는 것은 불가능하다.
② 능력을 타고난 사람에게 더 많은 몫을 주는 것은 항상 부당하다.
③ 사회적 약자의 처지가 개선될 수 있는 분배 기준을 채택해야 한다.
④ 능력을 가진 사람들이 상대적으로 더 많은 몫을 분배받는 것은 정당하다.
⑤ 능력에 따른 분배는 과열 경쟁을 일으키므로 올바른 분배의 기준이 될 수 없다.

> 25593-0080

**06** ㉠에 들어갈 내용으로 가장 적절한 것은?

○○신문 　　**칼 럼**　　 ○○○○년 ○월 ○일

㉠

우리 사회가 정의로운 사회로 진입하기 위해서는 누구나 인간다운 생활을 할 수 있도록 제도가 갖추어져 있어야 한다. 이를 위해서는 사회적 약자를 위한 의료적 지원이 필수적이다. 의료는 모든 사회 구성원들이 자신의 생명과 삶의 질을 안전하게 보장받을 수 있도록 개방되어 있어야 한다. 그런 차원에서 형편이 어려운 사람들이 제때 치료받을 수 있도록 국가적 차원의 지원과 복지 제도 마련이 시급하다.

① 의료 자원, 능력에 따라 지원해야
② 의료 자원, 업적에 따라 분배되어야
③ 의료 자원, 노력에 따라 쟁취할 수 있어야
④ 의료 자원, 필요에 따라 이용할 수 있어야
⑤ 의료 자원, 상위 계층부터 누릴 수 있어야

> 25593-0081

**07** ㉠에 알맞은 내용만을 〈보기〉에서 있는 대로 고른 것은?

성과 연봉제는 업무 성과에 따라 급여가 결정되는 임금 체계이다. 즉 개인의 성과를 평가하여 이에 따라 차등적으로 급여가 인상된다. 성과 연봉제는 ㉠ 는 점에서 긍정적인 측면을 가지고 있다.

**┤ 보기 ├**
ㄱ. 직원 각자가 달성한 성과에 대한 측정과 평가가 쉽다
ㄴ. 서로 다른 영역의 성과나 실적을 객관적으로 비교하기 쉽다
ㄷ. 개인의 성취동기를 자극하여 조직의 생산성을 높일 수 있다
ㄹ. 필요에 따른 분배를 실현하여 공동체 내의 불평등을 완화하는 데 기여한다

① ㄱ, ㄴ　　　② ㄱ, ㄷ　　　③ ㄷ, ㄹ
④ ㄱ, ㄴ, ㄹ　　　⑤ ㄴ, ㄷ, ㄹ

> 25593-0082

**08** ㉠의 특징에 대한 설명으로 적절한 것만을 〈보기〉에서 고른 것은?

○○시는 2023년 8월부터 ○○시에 거주하는 만 6세 이상 장애인의 버스 요금을 지원하고 있다. 장애인의 버스 요금 지원으로 장애인 가정의 교통비 부담이 줄어들고, 자가 운전이 힘든 장애인의 이동 수단 선택권도 확대할 수 있게 되었다. 이 외에도 우리나라는 ㉠ 장애인들이 전국 지하철을 무료로 이용할 수 있는 제도도 갖추고 있다.

**┤ 보기 ├**
ㄱ. 성과를 기준으로 사회적 재화를 우선 분배하고 있다.
ㄴ. 필요를 기준으로 선택적으로 서비스를 제공하고 있다.
ㄷ. 기본적인 욕구 충족이 어려운 사회적 약자의 인간다운 삶을 보호할 수 있다.
ㄹ. 국가 경쟁력 제고를 위해 개인의 잠재적인 성장 가능성만을 고려하여 몫을 분배하는 방식이다.

① ㄱ, ㄴ　　　② ㄱ, ㄷ　　　③ ㄴ, ㄷ
④ ㄴ, ㄹ　　　⑤ ㄷ, ㄹ

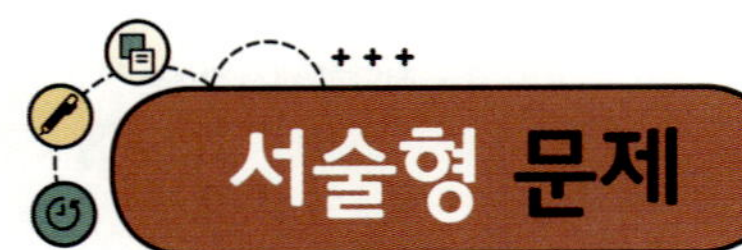

# 서술형 문제

**Step1** 핵심 키워드 파악하기

> 25593-0083

**01** 정의의 여신상의 각 부분이 상징하는 바가 무엇인지 서술하시오.

**예시 답안** 정의의 여신상에서 (          )은/는 엄격하고 공정한 기준을 적용해야 함을, (          )은/는 정의 실현을 위한 단호함과 힘을, 여신의 가린 눈은 (          )을/를 상징한다.

> 25593-0084

**02** (1) 다음을 주장한 사상가가 누구인지 쓰고, (2) 정의에 대한 그의 입장을 요약하여 서술하시오.

사회 제도의 제1덕목은 정의이다. 어떤 이론이 아무리 정교하고 간결하다 할지라도 그것이 진리가 아니라면 배척되거나 수정되어야 하듯이, 법이나 제도가 아무리 효율적이고 정연할지라도 정의롭지 못하면 개선되거나 폐기되어야 한다.

(1) ________________________________________

(2) **예시 답안** (          )은/는 법이나 정책이 정의에 기반하여 만들어져야 한다고 보았다. 그는 (          )에 위배되는 제도나 정책은 (          )을/를 통해 바로잡을 수 있다고 보았다.

**Step2** 스스로 답안 작성하기

> 25593-0085

**03** 사형 제도에 관하여 다음과 같이 주장한 (1) 갑, 을 사상가가 누구인지 쓰고, (2) 갑, 을 사상가가 사형 제도에 대해 어떤 입장을 취하고 있는지 서술하시오.

갑: 형벌은 오직 범죄를 저질렀기 때문에 가해지는 것이다. 동등성의 원리에 따라 범죄자에게는 범죄와 동등한 형벌이 가해져야 한다. 그러므로 살인을 한 사람은 사형에 처해져야 한다.
을: 형벌의 목적은 범죄자가 시민들에게 해악을 입힐 가능성을 방지하고 일반 시민들이 유사한 행위를 할 가능성을 억제하는 것이다. 사형보다는 종신 노역형이 범죄 예방에 더 효과적이다.

(1) ________________________________________

(2) ________________________________________
________________________________________
________________________________________
________________________________________

> 25593-0086

**04** 다음을 주장한 사상가의 입장에서 '능력에 따른 분배'가 가지는 단점을 200자 이내로 서술하시오.

누구도 자신의 타고난 재능이나 가족적 배경을 당연한 것으로 여겨서는 안 된다. 노력을 기울이는 능력조차도 자연적 행운이 가져다준 결과이므로 당연한 것이라고 할 수 없다. 더 불운한 사람에게 도움이 되는 한에서만 그 행운으로 이익을 취할 수 있다.

________________________________________
________________________________________
________________________________________
________________________________________

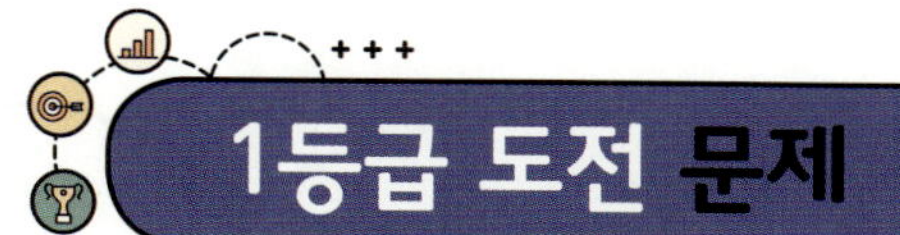


**01** 다음 수업 장면에서 교사의 질문에 대답한 학생들의 입장에 대한 설명으로 적절하지 <u>않은</u> 것은? >25593-0087

① 갑은 잠재력을 갖춘 사람에 대한 분배를 강조한다.
② 을은 사회적 약자에 대한 우선 분배를 강조한다.
③ 병은 균등 분배가 아닌 필요에 따른 분배를 강조한다.
④ 정은 주관적 편견이 배제된 업적에 따른 분배를 강조한다.
⑤ 갑과 정은 모두 개인이 재능을 발휘하도록 유도할 수 있는 분배를 강조한다.

**02** 정의의 실질적 기준과 관련하여 ㉠에 대한 설명으로 적절하지 <u>않은</u> 것은? >25593-0088

> ㉠ 은/는 개인이 노력하여 쌓은 성과나 실적에 따라 각자의 소득이나 사회적 지위가 결정되는 것을 말한다. 노력의 결과물에 따라 소득이나 지위가 분배되면 자신이 이룬 것만큼 보상을 받을 수 있다.

① 타고난 지위가 분배에 영향을 미칠 수 있다.
② 분배를 위한 평가에서 객관성 확보가 쉽다.
③ 결과로 드러나지 않은 잠재력이 분배 기준이다.
④ 장애를 가진 사람에 대한 배려가 부족할 수 있다.
⑤ 개인의 성취욕을 자극해 경쟁을 부추길 수 있다.

**03** 그림의 강연자의 입장으로 적절한 것만을 〈보기〉에서 있는 대로 고른 것은? >25593-0089

**〈보기〉**

ㄱ. 법의 정당성은 그 법의 효율성에 의해 결정된다.
ㄴ. 구성원의 기본권을 침해하는 법은 정의롭지 않다.
ㄷ. 국가 제도는 사회정의에 기반하는 것이 바람직하다.
ㄹ. 사회 복지 증진을 위한 소수의 희생은 언제나 정당하다.

① ㄱ, ㄹ　　② ㄴ, ㄷ　　③ ㄷ, ㄹ
④ ㄱ, ㄴ, ㄷ　　⑤ ㄱ, ㄴ, ㄹ

**04** 다음 글의 입장으로 가장 적절한 것은? >25593-0090

> 사회적 이익이나 부담에 있어 받아야 할 만큼의 몫을 받을 때, 또는 잘못한 만큼의 처벌을 받을 때 정의가 실현된다. 잘못된 관행에 따라 인간을 차별하는 사회는 옳지 않다. 인간은 정의에 따라 누구나 공정하게 대우받아야 한다.

① 공정성을 훼손하는 차별 행위를 일삼아서는 안 된다.
② 사회적 관행에 따라 집단의 우월성을 구분해야 한다.
③ 사회적 가치는 누구에게나 동일한 양으로 분배해야 한다.
④ 처벌은 자신의 잘못보다 항상 적게 받도록 노력해야 한다.
⑤ 지위를 이용하여 사회적 이익을 자의적으로 분배하는 행위는 정당하다.

## 1 자유주의적 정의관의 특징

### 1. 자유주의적 정의관의 의미와 특징 자료①

(1) **의미**: 개인의 자유와 권리를 무엇보다 소중한 가치로 여기는 사상

(2) **특징**

① 개별 인간의 존엄성을 중시함 → 모든 인간은 인권을 지닌 존재임

② 개인은 원하는 삶을 스스로 결정할 수 있는 자유와 권리가 있음을 강조함

③ 국가나 사회는 개인의 자유와 권리를 보호하고 증진하는 수단임

④ 국가나 사회는 중립적 입장에서 개인의 자유로운 삶을 최대한 허용해야 함

### 2. 자유주의적 정의관의 대표적 사상가

(1) **노직** 자료②

① 개인의 자유와 소유 권리를 최우선으로 보장해야 함을 강조함

② 소유 권리로서의 정의를 주장함 → 개인은 정당하게 취득하거나 양도받은 소유물에 대한 배타적·절대적 권리를 가짐

└ 국가의 역할은 최소한으로 제한되어야 한다는 '최소 국가론'을 주장하였다.

③ 정의의 원칙

| 취득의 원칙 | 정당하게 취득한 재화는 취득한 사람에게 소유 권리가 있음 |
|---|---|
| 이전의 원칙 | 타인에 의해 자유롭게 양도받은 재화에 대한 정당한 소유 권리가 있음 |
| 교정의 원칙 | 재화를 취득하고 양도받는 과정에서 과오나 잘못된 절차에 의한 소유가 발생했을 때는 이를 바로잡아야 함 |

(2) **롤스** 자료③

① 개인의 평등한 자유를 중시하면서도 사회적 약자를 위한 제도가 마련되어야 함을 강조함

② 공정으로서의 정의를 주장함 → 정의가 실현되려면 공정한 절차를 통해 합의된 정의 원칙에 의해 사회 제도가 규제되어야 함

└ 롤스는 무지의 베일을 쓴 원초적 상황에서 합의된 정의의 원칙을 강조한다.

③ 정의의 원칙: 모든 사람이 동등하게 기본적 자유를 최대한 누리면서 어떤 지위에 오를 기회를 가질 수 있어야 한다고 봄

| 제1원칙 | 모든 사람은 평등한 기본적 자유를 최대한 누려야 한다. (평등한 자유의 원칙) |
|---|---|
| 제2원칙 | • 사회적·경제적 불평등의 계기가 되는 직위와 직책은 모든 사람들에게 열려 있어야 한다. (공정한 기회균등의 원칙)<br>• 사회적·경제적 불평등은 혜택을 가장 받지 못하는 사회적 약자에게 최대의 이익이 되도록 편성되어야 정당하다. (차등의 원칙) |

### 3. 자유주의적 정의관의 적용

(1) 개인선과 공동선이 충돌할 경우 개인선을 실현하는 것이 정의롭다고 봄

(2) 개인의 자유와 권리는 타인의 자유를 침해하지 않는 범위 내에서만 행사되어야 함 → 극단적 이기주의와의 차별점

---

○ **노직(Nozick, R.)**

미국의 정치 철학자 노직은 『아나키에서 유토피아로』에서 자유 지상주의적 입장을 강조하였다.

○ **롤스(Rawls, J.)**

롤스는 『정의론』과 『공정으로서의 정의』에서 윤리학과 정치 철학을 아우르며 정의와 관련된 규범적 논의를 부활시킨 20세기의 대표적인 자유주의적 사상가이다.

○ **개인선**
개인의 행복 추구나 자아실현 등 개인이 사적으로 누리는 이익

### 자료 ① 밀의 자유주의

> 생각과 의견의 자유, 결사의 자유, 각자 개성에 맞게 자기 삶을 설계하고 자기가 좋은 대로 살아갈 자유가 존중되지 않는 사회는 결코 자유로운 사회라고 할 수 없다.
>
> – 밀, 『자유론』 –

대표적인 자유주의 사상가인 밀은 타인에게 해를 끼치지 않는 한 개인은 자신의 자유를 최대한으로 누릴 권리가 있다고 주장하였다.

### 자료 ② 노직의 정의관

> 어떤 소유물의 취득과 이전의 과정이 부당하면 국가가 교정해야 하지만, 정당하면 그 소유물에 대한 소유 권리를 보장해야 한다. 각 개인이 타고난 재능으로 얻은 소유물에 대해서도 마찬가지이다. 각 개인의 타고난 재능이 그가 마땅히 받을 만한 것이라고 말할 수는 없다고 해도, 개인은 자신의 타고난 재능에 대한 소유 권리를 가지며 그 타고난 재능으로부터 산출되는 것에 대해서도 소유 권리를 가진다.
>
> – 노직, 『아나키에서 유토피아로』 –

노직은 개인이 다른 사람에게 피해를 주지 않고 정당하게 소유물을 취득하거나 자유롭게 양도받았다면 그 사람은 그 소유물에 대해 소유 권리를 갖는다고 주장하였다. 노직은 개인이 자신의 소유물을 어떻게 사용할 것인가는 전적으로 개인의 자유로운 선택에 맡겨져 있다고 강조하면서 취득의 원칙과 양도의 원칙이 지켜진다면 빈부 격차가 부정의한 것은 아니라고 보았다. └ 취득의 원칙, 양도의 원칙이 지켜지지 않으면, 국가가 나서서 교정할 수 있다.

### 자료 ③ 롤스의 정의관

원초적 입장에서도 사회와 관련된 일반적인 지식은 알고 있다. 자기 자신의 우연성에 대해 모르는 것이다.

> 합리적 인간들이 평등하고 자유로운 가상적 상황인 원초적 입장에 놓여 있다고 가정해 보자. 이 상황에서는 누구도 자신의 사회적 지위와 계층을 모르며, 자기가 어떤 소질, 능력, 지능, 체력 등을 천부적으로 타고났는지도 모른다. 정의의 원칙들은 이러한 무지의 베일 속에서 선택된다. 그래야 타고난 우연의 결과나 사회적 여건의 우연성으로 인해 누구도 유리하거나 불리해지지 않는다. 모든 이가 유사한 상황에 놓여 자신에게 무엇이 유리한지 생각할 수 없기 때문에 정의의 원칙들은 공정한 합의의 결과가 된다.
>
> – 롤스, 『정의론』 –

롤스는 사람들이 원초적 입장에 있을 때 공정한 정의의 원칙을 도출할 수 있다고 보았다. 즉 무지의 베일을 쓴 사람들은 기본적 자유를 평등하게 가지고 있으면서도 최소 수혜자에게 최대한의 이익을 주는 분배 방식에 합의하게 된다고 보았다.

---

✅ **개념 체크 문제**

• 정답 **27**쪽

**○✕ 표시하기**

❶ 자유주의는 개인의 자유와 권리를 무엇보다 소중한 가치로 여기는 사상이다. (　　)

❷ 자유주의에 의하면 국가는 개인의 자유와 권리를 보호하는 수단으로서 가치를 지닌다. (　　)

❸ 노직은 소유 권리로서의 정의를 주장한다. (　　)

❹ 롤스는 개인의 평등한 자유를 중시하여 사회적 약자를 위한 제도를 마련할 필요는 없다고 주장한다. (　　)

**적절한 말 고르기**

❺ 자유주의에 의하면 국가나 사회는 ( 가치 지향적, 중립적 ) 입장에서 개인의 자유로운 삶을 ( 최대한, 최소한 ) 허용해야 한다.

❻ 노직은 소유물의 취득과 이전의 과정에 부정의가 발생하면 국가는 이를 ( 교정, 묵인 )해야 한다고 보았다.

❼ 롤스는 공정한 ( 절차, 결과 )를 통해 합의된 정의 원칙에 의해 사회 제도가 규제되어야 한다고 보았다.

**빈칸 채우기**

❽ 노직에 의하면 개인은 자신이 정당하게 취득하거나 양도받은 소유물에 대해 (　　)(이)고 (　　)인 권리를 가진다.

❾ 롤스는 사회적·경제적 불평등은 혜택을 가장 받지 못하는 사회적 약자에게 최대의 이익이 되도록 편성되어야 한다는 (　　)의 원칙을 주장하였다.

❿ 자유주의에서는 개인선과 공동선이 충돌할 경우, (　　)을/를 실현하는 것이 정의롭다고 본다.

⓫ 개인주의는 극단적 이기주의에 반해, 개인의 자유와 권리는 타인의 (　　)을/를 침해하지 않는 범위 내에서만 행사되어야 한다고 본다.

**〈보기〉에서 고르기**

┌ 보기 ─────────────────
ㄱ. 취득의 원칙 ㄴ. 이전의 원칙
ㄷ. 평등한 자유의 원칙 ㄹ. 차등의 원칙
ㅁ. 기회균등의 원칙 ㅂ. 교정의 원칙
└──────────────────

⓬ 노직 (　　)

⓭ 롤스 (　　)

## 2 공동체주의적 정의관의 특징

### 1. 공동체주의적 정의관의 의미와 특징

(1) **의미**: 인간의 삶이 공동체에 뿌리를 두고 있음을 강조하는 사상 → 개인선보다 공동선을 중시함

(2) **특징**

① 공동체와 분리되어 독립적으로 존재하는 개인은 있을 수 없다고 봄

② 공동체의 구성원으로서 공동체의 덕목을 실천하며 살아가는 존재임

③ 개인은 유대감을 바탕으로 공동체의 가치와 목적을 내면화하고 책임과 의무를 이행해야 함

④ 인간은 자신에게 주어진 사회적 역할을 수행함으로써 자아 정체성을 형성함

### 2. 공동체주의적 정의관의 대표적 사상가

(1) **매킨타이어** **자료 ④**

— 매킨타이어는 개인의 정체성이 공동체 속에서 형성된다고 본다.

① 한 개인의 삶의 역사는 항상 공동체의 역사 속에 편입되어 있으며, 개인의 도덕적 판단에도 공동체의 전통과 역사가 반영된다고 봄

② 현대 사회의 분열은 인간을 자유롭고 독립적인 존재로만 보는 자유주의적 인간관에서 비롯되었다고 비판함

(2) **왈처**

① 공동체의 역사적, 문화적 맥락에 따른 다양한 정의의 기준을 인정함

② 부, 명예와 같은 사회적 가치는 공동체의 역사적이고 문화적인 소산임 → 가치를 분배할 때는 공동체의 특수성과 차이를 고려해야 함

(3) **샌델**: 개인은 무연고적 자아가 아니라 연고적 자아임 → 개인이 책임 의식을 가지고 공동선 증진에 기여할 것을 강조함 **자료 ⑤**

### 3. 공동체주의적 정의관의 적용

(1) 개인선과 공동선이 충돌할 경우 공동선을 실현하는 것이 정의롭다고 봄

(2) 공동체 구성원들은 유대감, 책임감, 봉사 정신을 가져야 함

(3) 공동체는 개인이 사회에 대한 신뢰, 책임감, 배려 등의 공동체적 가치를 함양할 수 있도록 장려하고 이끌어야 한다고 봄

(4) **개인과 공동체의 유기적인 행복 증진을 추구함**: 소수의 의견을 억압하거나, 보편적 도덕 가치를 무시하며, 집단의 목적을 위해 개인의 희생을 강요하는 집단주의와의 차이점

## 3 권리와 의무, 사익과 공익의 조화 **자료 ⑥**

### 1. 자유주의적 정의관과 공동체주의적 정의관은 모두 개인의 행복 추구와 정의로운 사회를 지향한다는 점에서 상호 보완적인 관계임 → 조화로운 추구 필요

### 2. 공동체는 제도적으로 개인의 권리를 최대한 보장하면서도, 개인에게 일방적으로 희생을 강요하거나 도덕적으로 지나치게 개입해서는 안 됨

---

**핵심 개념**

□ 공동체주의

● **매킨타이어(MacIntyre, A.)**
매킨타이어는 현대의 대표적인 공동체주의자, 덕 윤리학자이며 대표 저서로는 『덕의 상실』이 있다.

● **연고적 자아**
특정한 공동체의 문화와 역사 등의 영향을 받으며 자신의 정체성을 형성하는 자아

● **집단주의**
개인과 집단의 관계에 있어서 개인의 자유와 권리보다는 집단의 규범과 의무를 중시하는 태도이다.

### 자료 ④ 매킨타이어의 정의관

> - 자유주의는 개인만이 궁극적 가치를 지니며, 공동체와 국가는 개인의 자유를 보호하고 증진하는 수단으로서만 가치가 있다고 본다. 개인의 자아 정체성도 공동체에 의해 부여된 역할보다는 개인의 선택으로 이루어진다고 여긴다. 이러한 자유주의적 관점에서 보면, 나는 내가 존재하기로 선택한 것이고, 나의 자아는 사회적·역사적 역할과 지위로부터 분리될 수 있다.
> - 나는 공동체와 분리되어 존재하는 것이 아니다. 나는 이 친족에 속하고, 저 부족에 속하며, 이 민족에 속한다. 따라서 나에게 좋은 것은 이러한 역할을 담당하는 사람에게도 좋아야 한다. 나는 나의 가족, 나의 도시, 나의 부족, 나의 민족으로부터 다양한 빚과 유산, 정당한 기대와 의무를 물려받는다. 이것들은 내 삶에 주어진 바이고 나의 도덕적 출발점을 구성한다.
> — 인간은 공동체와 분리된 독립적 존재가 아님을 강조한다.
> – 매킨타이어, 『덕의 상실』 –

매킨타이어는 인간은 공동체와 분리되어 존재할 수 없다고 보았다. 그는 개인의 정체성은 공동체의 역사 속에 편입되어 있다고 주장하였다.

### 자료 ⑤ 샌델의 정의관

도덕에 대한 올바른 가치를 권장할 수 있어야 한다고 본다.

> 흔히 법과 정치는 도덕적 논쟁에 휘말리지 않아야 한다고 하지만 도덕적 중립을 지키는 것은 처음부터 불가능하다. 정의로운 사회를 만들기 위해 좋은 삶이 무엇인지 함께 고민하면서 공동체 구성원으로서 미덕을 키우고 공동선을 실현하기 위해 노력해야 한다.
> – 샌델, 『자유주의와 정의의 한계』 –

샌델은 정의로운 사회를 만들기 위해서 시민의 적극적인 정치 참여와 활발한 토론으로 공동체의 공동선을 실현하는 것이 무엇보다도 중요하다고 보았다.

### 자료 ⑥ 개발 제한 구역에 대한 자유주의와 공동체주의의 입장 비교

(가) 다수는 개발 제한 구역의 혜택을 누리지만 소수의 개발 제한 구역 토지 소유자는 재산권 행사에 상당한 제약이 따른다. 농사에 이용되는 길을 만들지 못해 농사를 짓기 힘들다는 등 곳곳에서 개발 제한 구역과 관련한 크고 작은 갈등과 민원이 끊이지 않는다.
— ○○일보, 2020. 7. 22. –

(나) 시민 단체들은 도시의 허파 역할을 하는 개발 제한 구역을 계속 유지해야 한다고 주장한다. 개발 제한 구역을 해제하면 도시 환경이 더욱 악화되며, 국토의 균형 발전을 저해할 것이므로, 개발 제한 구역을 개발하는 대신 미래를 위해 보존해야 한다고 본다. — ○○○뉴스, 2020. 7. 18. –

(가)는 자유주의적 입장에서 재산권 행사의 제약을 중심으로 서술된 기사이고, (나)는 공동체주의적 입장을 가진 시민 단체들의 주장이 나타나 있다.

---



• 정답 **27쪽**

**○✗ 표시하기**

❶ 공동체주의는 인간의 삶이 공동체에 뿌리를 두고 있음을 강조하는 사상이다. (　　　)

❷ 공동체주의는 공동체와 분리되어 존재하는 개인은 있을 수 없다고 본다. (　　　)

❸ 매킨타이어는 개인의 도덕적 판단에 공동체의 역사가 반영되어서는 안 된다고 본다. (　　　)

❹ 왈처는 공동체의 문화적 맥락에 따라 단일한 정의의 기준을 마련해야 한다고 본다. (　　　)

**적절한 말 고르기**

❺ 샌델은 개인을 ( 무연고적, 연고적 ) 자아로 간주해야 한다고 본다.

❻ 왈처는 가치를 분배할 때 공동체의 특수성을 ( 고려해야, 고려하지 않아야 ) 한다고 주장한다.

❼ 공동체주의는 개인선과 공동선이 충돌할 경우 ( 개인선, 공동선 )을 실현하는 것이 정의롭다고 본다.

❽ 자유주의적 정의관과 공동체주의적 정의관은 개인의 행복 추구와 정의로운 사회를 지향한다는 점에서 ( 상호 보완적, 상호 대립적 )인 관계이다.

**빈칸 채우기**

❾ 보편적 도덕 가치를 무시하거나 집단의 목적을 위해 개인의 희생을 강요하는 (　　　)와/과 달리 공동체주의는 개인과 공동체의 유기적 행복 증진을 추구한다.

❿ 매킨타이어는 현대 사회의 분열이 인간을 독립적 존재로 보는 (　　　)적 인간관에서 비롯되었다고 본다.

⓫ 공동체주의에 의하면 인간은 자신에게 주어진 사회적 역할을 수행함으로써 (　　　)을/를 형성한다.

**서로 관련된 내용 연결하기**

⓬ 롤스　　　•

⓭ 매킨타이어　•　　　　　•㉠ 자유주의

⓮ 노직　　　•

⓯ 샌델　　　•　　　　　•㉡ 공동체주의

⓰ 왈처　　　•

> 25593-0091

**01** ㉠~㉢에 들어갈 말이 옳게 짝지어진 것은?

> 자유주의 사상가인 노직은 [ ㉠ ]를 주장하면서 개인의 소유물에 대한 배타적 권리를 강조하였다. 그는 정당하게 취득한 재화는 취득한 사람에게 소유 권리가 있다는 [ ㉡ ]과 타인에 의해 자유롭게 양도받은 재화에 대한 정당한 소유 권리가 있다는 [ ㉢ ]을 주장하였다.

| | ㉠ | ㉡ | ㉢ |
|---|---|---|---|
| ① | 소유 권리로서의 정의 | 이전의 원칙 | 취득의 원칙 |
| ② | 소유 권리로서의 정의 | 취득의 원칙 | 이전의 원칙 |
| ③ | 소유 권리로서의 정의 | 이전의 원칙 | 교정의 원칙 |
| ④ | 공정으로서의 정의 | 취득의 원칙 | 교정의 원칙 |
| ⑤ | 공정으로서의 정의 | 교정의 원칙 | 취득의 원칙 |

**중요**

> 25593-0092

**02** 다음을 주장한 사상가의 입장으로 가장 적절한 것은?

> 인간 사회에서 누구든 다른 사람의 행동의 자유를 침해할 수 있는 경우는 오직 자기 보호를 위해 필요할 때뿐이다. 다른 사람에게 해를 끼치는 것을 막기 위한 목적이라면, 당사자의 의지에 반해 권력이 사용되는 것도 정당하다고 할 수 있다. 이 유일한 경우를 제외하고 문명 사회에서 구성원의 자유를 침해하는 그 어떤 권력의 행사도 정당화할 수 없다.

① 모든 인간이 기본적 권리를 지니는 것은 아님을 인정해야 한다.
② 개인의 이익과 무관한 공동선을 선택하는 것이 항상 정의롭다.
③ 국가는 개인의 도덕적인 삶을 위해 특정한 가치를 강요해야 한다.
④ 개인의 자유는 타인의 자유를 침해하지 않는 한 침해받을 수 없다.
⑤ 개인은 국가의 번영과 발전을 위해 존재하는 수단으로 간주되어야 한다.

> 25593-0093

**03** 그림은 수행 평가 문제와 학생 답안이다. 학생 답안의 ㉠~㉢ 중 옳지 <u>않은</u> 것은?

**수행 평가**

◎ **문제:** 다음 사회사상의 특징에 대해 설명하시오.

> 인간은 고유한 가치와 존재의 의의를 지닌 존재이다. 따라서 개인의 자유는 무엇보다 소중한 가치이다. 개인은 자신이 원하는 삶을 스스로 결정할 수 있다.

◎ **학생 답안**

위의 사회사상은 ㉠ 자유주의이다. 이에 의하면 ㉡ 공동선보다 개인선을 실현하는 것이 정의롭다. 또한 ㉢ 개인은 각자 자신의 개성을 자유롭게 표현할 수 있다. 이를 위해 국가는 ㉣ 중립적 입장에서, ㉤ 개인의 좋은 삶에 대한 판단에 최대한 관여해야 한다.

① ㉠    ② ㉡    ③ ㉢    ④ ㉣    ⑤ ㉤

> 25593-0094

**04** 다음은 어느 학생이 정의에 관한 롤스의 입장을 정리한 것이다. ㉠~㉤ 중 옳지 <u>않은</u> 것은?

**주제: 롤스의 정의관**

1. 사상적 특징
   (1) 개인의 평등한 자유를 중시하면서도 사회적 약자를 위한 제도 마련이 필요하다고 봄 ········· ㉠
   (2) 공정으로서의 정의관을 주장함 ········· ㉡
2. 정의의 원칙
   (1) 평등한 자유의 원칙: 모든 사람은 평등한 기본적 자유를 최대한 누려야 한다. ········· ㉢
   (2) 차등의 원칙: 사회적·경제적 불평등은 혜택을 가장 받지 못하는 사회적 약자에게 최대의 이익이 되도록 편성되어야 한다. ········· ㉣
   (3) 기회균등의 원칙: 직위와 직책에 오를 기회는 사회 계층에 따라 제한적으로 허용되어야 한다. ········· ㉤

① ㉠    ② ㉡    ③ ㉢    ④ ㉣    ⑤ ㉤

> 25593-0095

## 05 다음을 주장한 사상가의 입장으로 옳지 <u>않은</u> 것은?

> 나는 나의 가족, 나의 도시, 나의 부족, 나의 민족으로부터 다양한 빚과 유산, 정당한 기대와 의무를 물려받는다. 이것들은 내 삶에 주어진 바이고 나의 도덕적 출발점을 구성한다.

① 개인의 삶의 역사는 공동체의 역사 속에 편입되어 있다.
② 공동체의 문화적 맥락에 따라 옳고 그름의 기준이 달라질 수 있다.
③ 개인의 도덕적 판단에는 공동체의 전통이 반영될 수밖에 없다.
④ 현대 사회의 분열은 인간을 독립적인 존재로만 파악하는 것에서 비롯되었다.
⑤ 공동체는 개인의 재산을 보호하기 위한 최선의 수단으로서만 가치를 지닌다.

> 25593-0096

## 06 다음 칼럼이 지지할 내용으로 가장 적절한 것은?

| ○○신문 | **칼 럼** | ○○○○년 ○월 ○일 |
|---|---|---|

> 자유주의와 공동체주의는 모두 개인의 행복 추구와 정의로운 사회를 지향한다는 점에서 상호 보완적이다. 따라서 공동체는 개인의 권리를 보장하면서 개인에게 일방적으로 희생을 강요하거나 도덕적으로 지나치게 개입해서는 안 된다. 우리는 개인선과 공동선의 조화를 추구해야 한다.

① 개인의 권리와 공동체에 대한 의무의 조화로운 공존을 추구해야 한다.
② 집단의 목적 달성을 위해 개인의 희생을 강요하는 것이 허용되어야 한다.
③ 국가의 목적은 외적으로부터 국민의 안전을 보장하는 것에 한정되어야 한다.
④ 개인의 자유는 어떠한 경우에도 제한받아서는 안 되는 것임을 인식해야 한다.
⑤ 개인은 공동체와 분리된 독립적이고 자유로운 존재가 될 수 없음을 이해해야 한다.

> 25593-0097

## 07 다음을 주장한 사상가의 입장만을 〈보기〉에서 있는 대로 고른 것은?

> 법과 정치가 도덕적 중립을 지키는 것은 처음부터 불가능하다. 정의로운 사회를 만들기 위해 좋은 삶이 무엇인지 함께 고민하면서 공동체 구성원으로서 미덕을 키우고 공동선을 실현하기 위해 노력해야 한다.

**〈 보기 〉**

ㄱ. 개인은 책임 의식을 가지고 정치에 참여해야 한다.
ㄴ. 개인은 공동선 증진에 기여하도록 노력해야 한다.
ㄷ. 개인은 연고적 자아로서 정체성을 인지해야 한다.
ㄹ. 개인은 국가로부터 특정 가치를 권유받을 수 없는 존재임을 깨달아야 한다.

① ㄱ, ㄴ     ② ㄱ, ㄹ     ③ ㄷ, ㄹ
④ ㄱ, ㄴ, ㄷ     ⑤ ㄴ, ㄷ, ㄹ

> 25593-0098

## 08 ㉠의 입장으로 적절한 것만을 〈보기〉에서 고른 것은?

> ┌─㉠─┐은/는 인간의 삶이 공동체에 뿌리를 두고 있음을 강조하는 사상으로 개인선보다 공동선을 중시한다. 이에 의하면 개인은 유대감을 바탕으로 공동체의 가치와 목적을 내면화하고 자신의 책임과 의무를 이행하려고 노력해야 한다.

**〈 보기 〉**

ㄱ. 인간의 자아 정체성은 공동체와 분리되어 형성되는 것이 아니다.
ㄴ. 사회적 가치를 공동체의 역사적이고 문화적인 소산으로 간주해서는 안 된다.
ㄷ. 누구나 공동체 내에서 자신에게 주어진 사회적 역할을 수행할 수 있어야 한다.
ㄹ. 인류의 보편적 가치가 아닌 공동체의 특수성만을 고려하는 자세가 바람직하다.

① ㄱ, ㄴ     ② ㄱ, ㄷ     ③ ㄴ, ㄷ
④ ㄴ, ㄹ     ⑤ ㄷ, ㄹ

## 서술형 문제



> 25593-0099

**01** 다음을 주장한 사상가가 제시한 정의의 원칙에 대해 각각 서술하시오.

> 정의의 원칙은 무지의 베일 속에서 선택된다. 그래야 타고난 우연의 결과나 사회적 여건의 우연성으로 인해 누구도 유리하거나 불리해지지 않는다. 모든 이가 유사한 상황에 놓여 자신에게 무엇이 유리한지 생각할 수 없기 때문에 정의의 원칙은 공정한 합의의 결과가 된다.

**예시 답안** 제1원칙은 (　　　　　　　)(으)로 모든 사람은 평등한 기본적 자유를 최대한 누려야 한다는 것을 의미한다. 제2원칙 중 하나는 (　　　　　　)(으)로 직위와 직책에 대한 기회는 모든 사람에게 열려 있어야 한다는 것을 의미한다. 제2원칙 중 다른 하나는 (　　　　　　)(으)로 사회적·경제적 불평등은 혜택을 가장 받지 못하는 사회적 약자에게 최대의 이익이 되도록 편성되어야 정당하다는 것이다.

> 25593-0100

**02** (1) 다음을 주장한 사상가가 누구인지 쓰고, (2) 정의에 대한 그의 입장을 요약하여 서술하시오.

> 각 개인의 타고난 재능이 그가 마땅히 받을 만한 것이라고 말할 수는 없다고 해도, 개인은 자신의 타고난 재능에 대한 소유 권리를 가지며 그 타고난 재능으로부터 산출되는 것에 대해서도 소유 권리를 가진다.

(1) ________________________________________

(2) **예시 답안** (　　　)은/는 개인이 다른 사람에게 피해를 주지 않고 정당하게 소유물을 취득하거나 양도받았다면 그 사람은 그 소유물에 대해 (　　　)을/를 갖는다고 주장하였다. 또한 국가는 취득과 양도의 과정이 정당하지 않아 잘못된 소유가 발생했을 경우에 (　　　)에 근거하여 분배 과정에 개입할 수 있다고 보았다.



> 25593-0101

**03** 개발 제한 구역에 관하여 다음과 같이 주장한 (1) 갑, 을의 입장이 자유주의와 공동체주의 중 어느 정의관에 기초한 것인지 쓰고, (2) 각 입장의 특징에 대해 국가의 역할과 연관하여 서술하시오.

> 갑: 개발 제한 구역은 소유자의 재산권 행사를 필요 이상으로 제약하는 것이다. 소유자들이 자신들의 땅을 이용하여 정당하게 권리를 행사하는 것을 국가가 막아서는 안 된다.
>
> 을: 개발 제한 구역은 도시의 허파 역할을 한다. 개발 제한 구역을 해제하면 도시 환경이 더욱 악화되며, 국토의 균형 발전을 저해한다. 따라서 개인의 소유권을 제한하더라도 공동선을 위해 개발 제한 구역을 유지해야 한다.

(1) ________________________________________

(2) ________________________________________

________________________________________

________________________________________

> 25593-0102

**04** 다음을 주장하는 사상가가 강조하는 삶의 태도를 200자 이내로 서술하시오.

> 나는 공동체와 분리되어 존재하는 것이 아니다. 나는 이 친족에 속하고, 저 부족에 속하며, 이 민족에 속한다. 따라서 나에게 좋은 것은 이러한 역할을 담당하는 사람에게도 좋아야 한다.

________________________________________

________________________________________

________________________________________

________________________________________

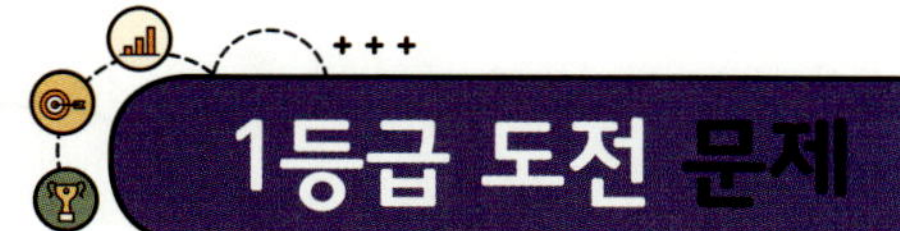


> 25593-0103

**01** 다음을 주장한 사상가의 입장으로 옳지 <u>않은</u> 것은?

> 어떤 사람도 자신이 타고난 우월한 재능을 더 유리한 출발 지점으로 이용할 자격은 없다. 아주 불리한 처지에 있는 사람들의 여건을 향상시켜 준다는 조건하에서만 그가 가진 타고난 우월한 재능으로부터 더 큰 이익을 얻을 수 있다.

① 무지의 베일을 쓴 사람들은 공정한 정의의 원칙에 합의할 수 있다.
② 사회 제도는 공정한 조건에서 합의된 정의의 원칙에 의해 규제되어야 한다.
③ 모든 사람이 기본적 자유를 평등하게 최대한 누리는 것은 정의에 부합한다.
④ 사회 전체의 이익 극대화를 목적으로 분배되어야 경제적 불평등이 정당화된다.
⑤ 원초적 입장에 놓인 사람들은 자신이 가장 불리한 상황에 놓일 가능성을 염두에 둔다.

> 25593-0104

**02** ㉠에 들어갈 진술로 가장 적절한 것은?

> 공동체와 개인은 분리되어 존재하는 것이 아니다. 인간은 특정한 공동체 안에서 태어나 그 공동체의 구성원으로서 공동체의 덕목을 실천하며 살아가는 존재이다. 그런데 어떤 사람들은 공동체의 이익보다 개인의 자유와 권리가 더 중요한 가치라고 본다. 개인의 자아 정체성도 개인의 선택으로만 이루어진다고 여긴다. 내가 볼 때 이러한 입장은 ㉠

① 인간은 국가에 의해 도덕적 가치를 교육받아서는 안 되는 존재임을 간과한다.
② 인간은 사회적 역할을 수행함으로써 자아 정체성을 형성하는 존재임을 간과한다.
③ 인간의 자유와 소유 권리는 어떤 가치보다 최우선으로 보장되어야 함을 간과한다.
④ 인간은 존엄한 존재로 어떤 공동체에 의해서도 간섭받을 수 없는 존재임을 간과한다.
⑤ 인간은 자기 선택에 따라 자신이 태어난 공동체를 언제든 떠날 수 있는 존재임을 간과한다.

> 25593-0105

**03** 그림은 인터넷 게시판 화면이다. 질문에 대한 적절한 댓글만을 ㉠~㉣ 중에서 있는 대로 고른 것은?

> 최근 개인의 권리와 자유가 중시되는 사회 풍조가 만연하면서, 우리 사회에 반드시 추구해야 할 공동선보다 자신의 이익만을 극단적으로 추구하는 사람이 늘어나고 있습니다. 이러한 문제를 극복하기 위해 우리는 어떤 자세를 갖추어야 할까요?

ㄴ ㉠ 갑: 자신의 권리만큼 타인의 권리도 존중하는 자세를 가져야 합니다.
ㄴ ㉡ 을: 국가 공동체를 위해 무조건적으로 자신을 희생하는 자세를 갖추어야 합니다.
ㄴ ㉢ 병: 다른 국가에 손해를 끼쳐서라도 자국의 공동선을 증진하기 위해 노력해야 합니다.
ㄴ ㉣ 정: 타인에게 해를 끼칠 수 있는 행위는 자유로운 행위로 인정될 수 없음을 알아야 합니다.

① ㉠, ㉡　　② ㉠, ㉣　　③ ㉢, ㉣
④ ㉠, ㉡, ㉢　　⑤ ㉡, ㉢, ㉣

> 25593-0106

**04** (가)의 입장에 비해 (나)의 입장이 갖는 상대적 특징을 그림의 ㉠~㉤ 중에서 고른 것은?

> (가) 개인선의 실현이 공동선의 실현보다 중요하다. 인간은 각자 자신의 선택에 따라 스스로 삶의 목적을 선택할 독립성과 자율성을 가진다.
> (나) 공동선의 실현이 개인선의 실현보다 중요하다. 인간은 공동체 속에서 사회적 역할을 수행하며 소속감과 정체성을 형성하는 존재이다.

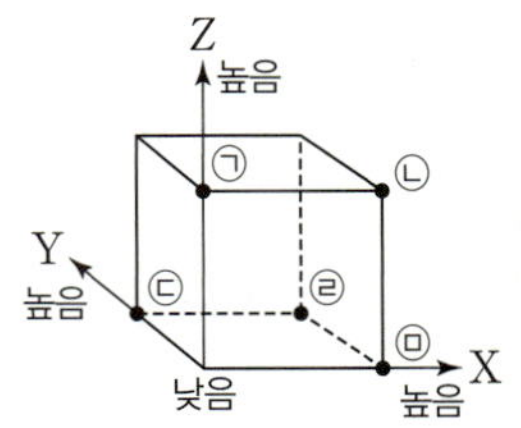


① ㉠　　② ㉡　　③ ㉢　　④ ㉣　　⑤ ㉤

# 03 다양한 불평등 현상과 정의로운 사회 실현

🔗 핵심 개념

□ 사회 불평등
□ 사회 계층 양극화
□ 사회적 약자에 대한 차별

## 1 다양한 사회 불평등 현상

### 1. 사회 불평등 현상의 의미와 영향

(1) **의미**: 재화, 권력, 지위 등의 사회적 가치가 개인, 지역, 집단에 차등적으로 분배되어 사회 구성원들의 위치가 서열화되어 있는 상태

(2) **영향**: 불평등의 정도가 심하거나 구조화가 되면 구성원 간의 갈등과 심각한 사회 문제가 발생함 → 정의로운 사회 실현을 가로막을 수 있음

### 2. 사회 계층의 양극화 자료①

(1) **의미**: 구성원 간의 불평등이 심화되면서 중간 계층이 줄고, 양극단인 상층과 하층으로 구성원들이 쏠리는 현상

(2) **원인**: 재산과 소득의 차이에 따른 경제적 격차의 심화

(3) **영향**

① 경제적 격차는 주거 환경, 교육, 여가 등 삶의 다른 측면에도 영향을 미쳐 삶의 질적인 격차를 발생시킴

② 계층 간 격차가 사회 구조적으로 고착화되면 부모의 경제적 능력이 자녀에게 대물림되는 결과를 낳음 → 사회 계층 간 위화감과 갈등을 유발함

> 교육의 기회와 상속을 통해 고착화되는 경우가 많다.

### 3. 공간 불평등 자료②

(1) **의미**: 도시와 농촌, 수도권과 비수도권 등 지역 간에 사회적 자원이 불균등하게 분포하는 현상

(2) **원인**

① 성장 위주의 지역 개발 정책이나 지역별 생산 요소의 차이

② 우리나라의 경우 급속한 도시화와 산업화 과정에서 수도권과 대도시를 집중적으로 개발함 → 비수도권과 농촌 지역에는 인구 유출, 교통망과 편의 시설 부족, 경기 침체 등의 문제가 나타남

(3) **영향**

① 지역 간 소득, 의료, 교육, 문화 등 생활 환경 전반의 불평등으로 이어짐 → 낙후된 지역 주민들의 생활 수준과 삶의 질 저하로 이어짐

② 지역에 따라 분배된 자원과 기회의 차이로 인해 삶의 기회가 제한될 수 있음 → 국토의 효율적 이용 및 사회 안정과 통합을 저해함

### 4. 사회적 약자에 대한 차별

(1) **현상**: 사회적 약자가 나이, 신체적 조건, 소득 수준, 출신 지역 등을 기준으로 불합리한 차별이나 불이익을 받는 것

> 예전부터 차별받아 온 집단인 여성도 포함된다.

(2) **원인**

① 성별, 장애, 출신 등에 따른 선입견과 편견

② 차별을 당연하게 받아들이는 문화적, 구조적 환경

(3) **영향**: 사회적 약자의 인간 존엄성을 훼손하고 그들의 기본권을 침해함

---

## 자료 ① 계층 간 소득 격차

### 가구당 평균 소득·지출 추이

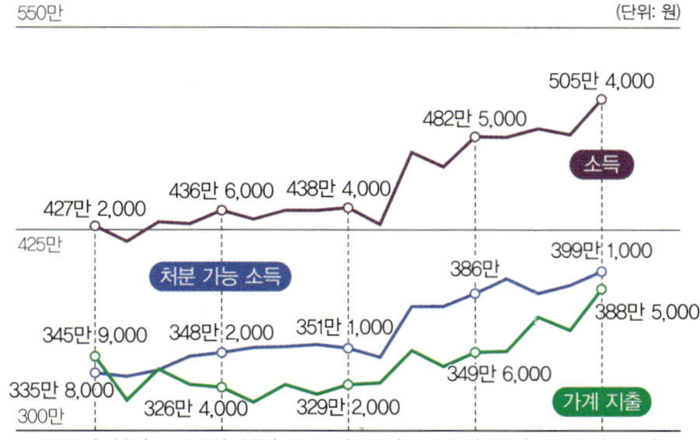


(통계청, 2023)

통계청의 2023년 5월 25일 발표 자료에 따르면, 가구당 월평균 소득은 전년 대비 4.7% 증가했다. 그러나 소득 상하위 계층 간 벌이 격차는 더 크게 벌어졌다. 기획 재정부는 "정부는 양호한 고용 흐름 및 전반적인 소득 증가세가 소득·분배 개선으로 이어질 수 있도록 취약 계층에 대한 고용·사회 안전망을 강화하고 민생·물가 안정에 총력 대응하는 한편, 시장 소득·분배 여건이 민간을 중심으로 개선될 수 있도록 수출·투자·내수 활력 제고도 추진할 계획"이라고 밝혔다.

계층 간 소득 격차가 커지면 사회 양극화가 고착화될 가능성도 높아진다.

## 자료 ② 지역 간 삶의 질 격차 – 문화, 보건, 보육 분야

공간 불평등이 지역민들의 삶의 질 격차로 이어지고 있음을 보여 주고 있다.

### 시·도별 도서관까지의 접근성 격차

(국토 연구원, 2022)

도서관과 병원, 보육 시설에 대한 접근성이 지역별로 격차가 여전히 큰 것으로 나타났다. 특히 도서관에 대한 접근성은 특별시·광역시에서 높게, 도 지역에서 낮게 나타나 상당한 격차를 보였다. 도서관 접근성이 가장 높은 지역은 서울(도보 14분)로, 2위 부산(32분)보다 2배 이상 높게 나타났고, 접근성이 낮은 지역은 강원(도보 122분), 경북(113분), 전남(100분) 등 순으로 나타났다.

---

### ✅ 개념 체크 문제

• 정답 30쪽

#### ○✗ 표시하기

❶ 사회 불평등은 사회적 가치가 개인, 지역, 집단에 차등적으로 분배되어 사회 구성원들의 위치가 서열화되어 있는 상태를 일컫는다. (      )

❷ 사회 계층 양극화는 재산과 소득의 차이에 따른 경제적 격차의 심화에서 비롯된다. (      )

❸ 우리나라의 공간 불평등의 경우 성장 위주의 지역 개발 정책을 채택해야 해소된다. (      )

❹ 차별을 당연하게 받아들이는 문화적이고 구조적인 환경은 사회적 약자에 대한 차별을 심화시킬 수 있다. (      )

#### 적절한 말 고르기

❺ 사회 불평등의 정도가 심하거나 구조화되면 구성원 간의 ( 갈등 관계, 협력 관계 )가 나타나기 쉽다.

❻ 경제적 격차는 주거, 교육과 같은 다른 측면에 영향을 ( 미친다, 미칠 수 없다 ).

❼ 우리나라의 경우 급속한 도시화와 산업화 과정에서 ( 수도권과 대도시, 비수도권과 중소 도시 )를 집중적으로 개발하였다.

❽ 사회적 약자에 대한 차별은 사회적 약자의 인간 존엄성을 ( 훼손, 존중 )하는 것으로 볼 수 있다.

#### 빈칸 채우기

❾ (        )에는 노인, 어린이, 여성, 장애인, 빈곤층이 포함된다.

❿ 계층 간 격차가 구조적으로 고착화되면 부모의 경제적 능력이 자녀에게 (        )되는 결과가 나타난다.

⓫ 공간 불평등은 국토의 효율적 이용 및 사회 안정과 통합을 (        )하는 요인이 된다.

#### <보기>에서 고르기

◁ 보기 ▷
ㄱ. 편견          ㄴ. 급속한 도시화
ㄷ. 경제적 격차의 심화    ㄹ. 차별적 문화 환경
ㅁ. 지역별 생산 요소 차이

⓬ 공간 불평등의 원인 (      )

⓭ 사회 계층 양극화의 원인 (      )

⓮ 사회적 약자에 대한 차별의 원인 (      )

**핵심 개념**

- □ 사회 복지 제도
- □ 지역 격차 완화 정책
- □ 적극적 평등 실현 조치

## ② 정의로운 사회 실현을 위한 노력

### 1. 사회 복지 제도 자료③

(1) **특징**: 사회 양극화를 완화하고, 사회 구성원들의 기본적 욕구 충족과 인간다운 삶을 보장하기 위해 국가가 지원하는 제도

(2) **우리나라의 사회 복지 제도**

| 사회 보험 | 개인, 정부, 기업이 보험료를 분담하여 질병, 장애, 노령, 실업, 사망 등 각종 위험에 대비하는 것<br>⑩ 국민연금, 국민 건강 보험, 고용 보험, 노인 장기 요양 보험, 산업 재해 보상 보험 |
|---|---|
| 공공 부조 | 생계가 어려운 저소득 계층이 최소한의 인간다운 삶을 살아가도록 지원하는 것<br>⑩ 국민 기초 생활 보장 제도, 기초 연금 |
| 사회 서비스 | 도움이 필요한 국민에게 상담, 돌봄, 재활 등 다양한 서비스 혜택을 제공하는 것<br>⑩ 노인 맞춤 돌봄 서비스, 가사·간병 서비스 |

공공 부조는 기본적인 욕구를 충족하기 어려운 사람을 대상으로 하는 제도이다.

### 2. 지역 격차 완화 정책 자료④

(1) **특징**: 국토의 균형적 발전을 도모하여 공간 불평등을 완화하기 위한 제도적 방안 → 개발에서 소외되었던 지방을 중심으로 균형적 개발을 추진함

(2) **우리나라의 지역 격차 완화 정책의 예**: 「국가 균형 발전 특별법」, 공공 기관 지방 이전 정책 등

(3) **지역 격차 완화를 위한 다양한 노력**

① 지역의 특성을 살린 지역 발전 전략 수립 → 지역 브랜드를 상품화하거나 지역 축제와 같은 관광 자원을 개발

② 저렴한 공공 임대 주택, 장기 전세 주택 등을 공급

③ 도시 정비 사업을 실시 → 낙후된 지역의 생활 환경을 개선하고, 도로 및 상하수도와 같은 도시 기반 시설의 확충 도모

한 도시 내에서도 지역 간 낙후 정도의 차이가 큰 경우가 많다.

**○ 「국가 균형 발전 특별법」**
수도권에 집중된 공공 기관을 지방으로 이전하거나, 세금 감면 및 규제 완화 등을 통해 기업의 지방 이전을 유도하여 지방 도시의 성장을 촉진하고자 한다.

### 3. 적극적 평등 실현 조치 자료⑤

(1) **특징**: 사회적 약자의 불리한 조건을 완화하고 실질적인 기회의 평등을 보장하기 위해 일정한 혜택을 제공하는 제도

(2) **우리나라의 적극적 평등 실현 조치의 예**

① 기업이나 관공서에 일정 비율 이상의 장애인을 고용하도록 규정하는 「장애인 고용 촉진 및 직업 재활법」

② 국회 의원 비례 대표 후보자 추천에서 여성 할당제 시행

③ 빈곤층이나 장애를 가진 학생들을 위한 다양한 대학 입학 전형

**○ 장애인 의무 고용 제도**
국가와 지방 자치 단체, 상시 근로자 50명 이상의 근로자가 있는 공공 기관 및 민간 기업 사업주에게 장애인을 일정 비율 이상 고용하도록 의무화하는 제도

### 4. 정의로운 사회 실현을 위한 시민으로서의 실천 방안

(1) 사회 제도가 정의롭게 적용되고 있는지 감시하고 견제 → 불합리한 제도의 개선을 위해 시민 단체 활동 등을 통한 노력

(2) 사회적 약자의 고통에 공감하고 배려하는 자세를 지님 → 사회적 약자에 대한 고정 관념이나 편견을 버리고 기부나 봉사 활동 등에 적극 참여

**○ 적극적 평등 실현 조치에 관련한 역차별 논란**
부당하게 받는 차별을 시정하기 위해 마련한 제도나 장치가 지나치게 강하면 오히려 다른 특정 개인이나 집단이 차별을 받게 되는 경우가 발생할 수 있어 이에 대한 사회적 논란이 있다.

### 자료 ③ 국가 주도의 복지 사업

기초 생활 보장 제도 등 각종 복지 사업의 기준이 되는 '기준 중위 소득'이 내년도 4인 가구 기준 6.42% 오른 6,097,773원으로 결정됐다. 맞춤형 급여 체계로 전환된 2015년 이후 가장 큰 인상 폭으로, 그만큼 복지 사업의 대상이 넓어지게 됐다. 생계 급여 사각지대를 해소하고자 자동차 재산 기준과 부양 의무자 기준도 완화하고, 17년간 유지되던 의료 급여 수급권자의 본인 부담 체계도 개편하기로 했다. 복지부 장관은 "약자 복지 강화 기조 등을 고려해 내년도 기준 중위 소득을 역대 최대 수준 증가율을 적용해 결정했다."라고 밝혔다.       – ○○뉴스, 2024. 7. 25. –

└ 사회 복지 제도가 잘 마련된 국가는 빈곤층의 삶의 질이 안정적으로 보호될 수 있다.

국가는 사회 복지 제도의 다양한 개선을 통해 사회 계층의 양극화 약화와 저소득 계층의 삶의 질 개선을 위해 노력하고 있다. 국가는 사회 복지 제도의 혜택이 필요한 사람에게 제대로 돌아가는지 살펴야 한다. 또한 시민 개개인도 공동체 의식을 바탕으로 공정한 납세 및 자발적 기부 등을 실천해야 한다.

### 자료 ④ 혁신 도시 조성의 성과

△△시의 인구가 4만 명을 넘어섰다. 인구 5만 명의 복합 자족 도시를 목표로 16개 공공 기관이 들어선 지 꼭 10년 만이다. △△시는 2030년 □□□동 인구 목표를 5만 명으로 정했다. △△시는 교육 발전 특구 선정 이후 다양한 교육 인프라 강화 사업이 본궤도에 오르면 5만 인구 달성 기간이 크게 단축될 것으로 전망했다. 현 △△시장은 "혁신 도시를 기반으로 인구 20만의 글로벌 강소 도시로 만들어 가겠다."라고 말했다.    – ○○뉴스, 2024. 7. 25. –

└ 혁신 도시를 통해 인구 유입, 지역 특성에 따른 개발, 국토의 효율적 이용 등을 도모할 수 있다.

혁신 도시란 공공 기관의 지방 이전을 바탕으로 성장 거점 지역에 조성하는 도시이다. 지방으로 이전한 공공 기관과 지역의 대학, 연구소, 산업체, 지방 자치 단체가 협력하여 지역의 새로운 성장 동력을 창출할 목적으로 계획되었다.

### 자료 ⑤ 다양한 형식의 여성 할당제

- **대한민국**: 공직 선거법에 따라 정당이 비례 의원 후보자를 추천할 때, 후보자의 절반 이상을 여성으로 추천하도록 하고 있다.
- **에스파냐**: 상장 회사 임직원 250명 이상 기업은 이사회의 40% 이상을 여성에 할당한다. 목표 달성 시 정부와의 계약 우선권 등 인센티브를 제공한다.
- **노르웨이**: 이사회 정원에 따라 남녀 비율을 준수한다. 할당제 목표 미달 시 경고 및 벌금을 부과하여 상장 폐지까지 가능하다.

여성 할당제는 남성 중심 사회에서 사회적으로 구조화된 성 불평등에 대처하기 위한 적극적 평등 실현 조치이다.

---

## ✅ 개념 체크 문제

• 정답 **30쪽**

### ○✖ 표시하기

❶ 사회 복지 제도는 사회 양극화가 아닌 사회적 약자에 대한 차별을 억제하기 위한 제도적 노력이다. ( )

❷ 개발에서 소외되었던 지방을 중심으로 균형적 개발을 추진하는 것은 지역 격차 온화 정책의 일환이다. ( )

❸ 사회적 약자의 불리한 조건을 완화하기 위해 사회적 약자를 대상으로 직간접적인 혜택을 주는 것을 적극적 평등 실현 조치라고 이른다. ( )

❹ 시민은 사회 제도의 부정의와 불합리를 감시하는 주체가 될 수 없다. ( )

### 적절한 말 고르기

❺ 국민 기초 생활 보장 제도, 기초 연금은 ( 사회 보험, 공공 부조 )에 해당하는 사회 복지 정책이다.

❻ 지역의 특성을 살린 지역 발전 전략을 수립하는 것은 지역 격차를 ( 강화, 완화 )하는 데 도움이 된다.

❼ 도움이 필요한 국민에게 상담, 돌봄, 재활 등 다양한 혜택을 제공하는 것을 ( 사회 보험, 사회 서비스 )(이)라고 한다.

### 빈칸 채우기

❽ ( )은/는 국토의 균형적 발전을 도모하여 공간 불평등을 완화하기 위한 정책이다.

❾ 과거나 현재에 부당하게 받은 차별을 시정하기 위해 마련한 제도나 장치가 지나치게 강하면 오히려 반대편이 차별을 받게 되는 경우가 발생하는데 이를 ( )(이)라 부른다.

### <보기>에서 고르기

┌ 보기 ┐
ㄱ. 도시 사업 정비
ㄴ. 사회 보험 제도 마련
ㄷ. 장애인 의무 고용 제도
ㄹ. 저소득층을 위한 공공 부조

❿ 사회 복지 제도 ( )

⓫ 지역 격차 완화 정책 ( )

⓬ 적극적 평등 실현 조치 ( )

> 25593-0107

**01** 다음 그래프에서 알 수 있는 사회 불평등에 대한 설명으로 적절한 것만을 〈보기〉에서 고른 것은?

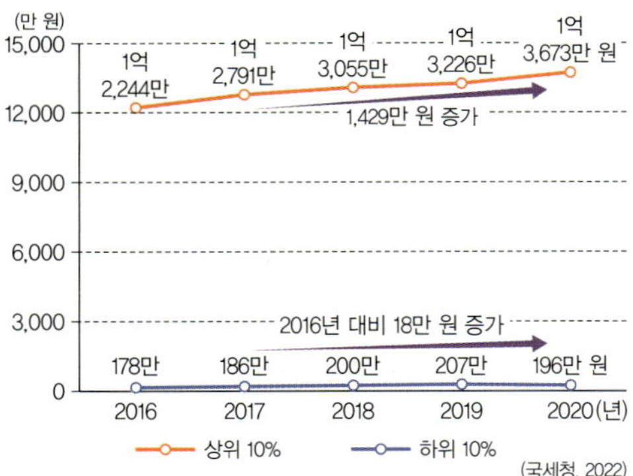

▲ 상하위 10% 계층의 소득 변화

┌─ 보기 ┐
ㄱ. 사회 계층 간의 위화감이 고조될 수 있다.
ㄴ. 상층과 하층의 경제적 격차가 커지고 있다.
ㄷ. 과도한 국가 복지 정책의 결과로 볼 수 있다.
ㄹ. 구성원들이 재산을 공동 소유해야만 해결 가능하다.
└─────────────┘

① ㄱ, ㄴ　　② ㄱ, ㄷ　　③ ㄴ, ㄷ
④ ㄴ, ㄹ　　⑤ ㄷ, ㄹ

> 25593-0108

**02** 다음에 나타난 사회 현상에 대한 설명으로 옳지 <u>않은</u> 것은?

> 도서관과 병원, 보육 시설에 대한 접근성의 지역별 격차가 매우 크다. 예를 들어, 도서관에 대한 접근성은 특별시·광역시에서 높게, 도 지역에서 낮게 나타나 상당한 격차를 보였다. 도서관 접근성이 가장 높은 지역은 서울(도보 14분)로 나타났고, 접근성이 가장 낮은 지역은 강원(도보 122분)으로 나타났다.

① 성장 위주의 지역 개발 정책과 관련이 있다.
② 지역 간 사회적 자원이 불균등하게 나타나고 있다.
③ 산업화와 도시화를 급속하게 이루면 자연히 소멸된다.
④ 지역 간의 정치적 갈등을 일으키는 원인이 되기도 한다.
⑤ 낙후된 지역 주민들의 삶에 대한 기회가 제한될 수 있다.

---

> 25593-0109

**03** 그림은 수행 평가 문제와 학생 답안이다. 학생 답안의 ㉠~㉤ 중 옳지 <u>않은</u> 것은?

**수행 평가**

◎ 문제: 다음은 대학 입학 전형의 몇 가지 예이다. 이에 대해 설명하시오.

┌─────────────────────────┐
│ – 사회 배려 대상자 전형　 – 장애인 전형 │
│ – 농어촌 학생 전형　　　　– 기회균등 전형 │
└─────────────────────────┘

◎ 학생 답안

위의 전형은 ㉠ 사회적 약자의 불리한 조건을 완화할 수 있는 ㉡ 소극적 평등 실현 조치의 일환이다. 이러한 전형을 통해 ㉢ 사회적 약자에게 실질적인 기회의 평등을 보장해 줄 수 있고, ㉣ 다양한 학생들이 스스로 삶의 조건을 개선할 수 있도록 독려할 수 있다. 하지만 ㉤ 이러한 조치들은 다른 사회 구성원들에 대한 역차별을 유발할 수 있다.

① ㉠　　② ㉡　　③ ㉢　　④ ㉣　　⑤ ㉤

> 25593-0110

**04** 다음은 어느 학생의 노트 필기이다. ㉠~㉤ 중 옳지 <u>않은</u> 것은?

**주제: 사회적 약자에 대한 차별**

1. 특징
　(1) 나이, 신체적 조건, 출신 지역 등을 기준으로 불합리한 차별을 받는 것 ·········· ㉠
　(2) 사회·경제적으로 열악한 위치에 있는 사람들을 대상으로 함 ·········· ㉡
2. 원인
　(1) 성별, 장애 등에 따른 선입견과 편견 ·········· ㉢
　(2) 차별을 받아들이지 않는 문화적, 구조적 환경의 개방성 ·········· ㉣
3. 영향: 사회적 약자의 인간 존엄성을 훼손하고 그들의 기본권을 침해함 ·········· ㉤

① ㉠　　② ㉡　　③ ㉢　　④ ㉣　　⑤ ㉤

❯ 25593-0111

## 05 ㉠~㉢에 알맞은 말이 옳게 짝지어진 것은?

| ㉠ | 국민 기초 생활 보장 제도, 기초 연금 |
|---|---|
| ㉡ | 국민연금, 국민 건강 보험, 고용 보험, 노인 장기 요양 보험 |
| ㉢ | 노인 맞춤 돌봄 서비스, 가사·간병 서비스 |

| | ㉠ | ㉡ | ㉢ |
|---|---|---|---|
| ① | 사회 보험 | 공공 부조 | 사회 서비스 |
| ② | 사회 보험 | 사회 서비스 | 공공 부조 |
| ③ | 공공 부조 | 사회 보험 | 사회 서비스 |
| ④ | 공공 부조 | 사회 서비스 | 사회 보험 |
| ⑤ | 사회 서비스 | 사회 보험 | 공공 부조 |

❯ 25593-0112

## 06 다음에서 설명하는 사회 정책에 대한 설명으로 가장 적절한 것은?

기초 생활 보장 제도 등 각종 복지 사업의 기준이 되는 '기준 중위 소득'이 내년도 4인 가구 기준 6.42% 오른 6,097,773원으로 결정됐다. 그만큼 복지 사업의 대상이 넓어지게 됐다. 생계 급여 사각지대를 해소하고자 자동차 재산 기준과 부양 의무자 기준도 완화하고, 17년간 유지되던 의료 급여 수급권자의 본인 부담 체계도 개편하기로 했다. 복지부 장관은 "내년도 기준 중위 소득을 역대 최대 수준 증가율을 적용해 결정했다."라고 밝혔다.

① 국가가 아닌 민간 주도의 복지 사업이다.

② 사회 양극화를 심화시켜 갈등을 유발할 수 있다.

③ 재산에 대해 납세를 하는 시민들에게만 적용된다.

④ 능력을 가진 사람들에게 재화를 분배하는 것이다.

⑤ 저소득 계층의 삶의 질 향상에 도움을 줄 수 있다.

❯ 25593-0113

## 07 다음 정책에 대한 설명으로 적절한 것만을 〈보기〉에서 있는 대로 고른 것은?

우리나라는 「공직 선거법」에 따라 정당이 비례 의원 후보자를 추천할 때, 후보자의 절반 이상을 여성으로 추천하도록 하고 있다. 2003년 도입된 이후 2004년 17대 총선에서 처음으로 여성 의원의 비율이 10%를 넘겼다.

**┤ 보기 ├**

ㄱ. 남성에 대한 역차별이라는 우려가 있다.

ㄴ. 여성에 대한 적극적 평등 실현 조치에 포함된다.

ㄷ. 여성에 대한 유리 천장의 해소에 도움을 준다.

ㄹ. 남성과 여성의 선천적인 생물학적 차이를 없애려는 노력이다.

① ㄱ, ㄴ　　② ㄱ, ㄹ　　③ ㄷ, ㄹ
④ ㄱ, ㄴ, ㄷ　　⑤ ㄴ, ㄷ, ㄹ

❯ 25593-0114

**중요**

## 08 다음 수업 장면에서 교사의 질문에 적절한 대답을 한 학생만을 있는 대로 고른 것은?

① 갑, 병　　② 갑, 정　　③ 을, 병
④ 갑, 을, 정　　⑤ 을, 병, 정

# 서술형 문제

**Step1** 핵심 키워드 파악하기

> 25593-0115

**01** (1) 다음 ㉠, ㉡을 쓰고, (2) ㉠을 활용하여 ㉡의 사회적 영향에 대해 서술하시오.

> - ⬚ ㉠ ⬚ 은/는 사회 구성원들 사이에 나타나는 일정한 위계의 층에 따라, 이러한 위계의 층이 같거나 비슷한 집단을 이르는 말이다.
> - ⬚ ㉡ ⬚ 은/는 재화, 권력, 지위 등 사회적 가치가 개인, 지역, 집단에 차등적으로 분배되어 사회 구성원들의 위치가 서열화되어 있는 상태를 이르는 말이다.

(1) ㉠ – (                    ) ㉡ – (                    )

(2) **예시 답안** (          )은/는 그 정도가 심하거나 구조화되면 (          ) 간의 갈등을 포함한 심각한 사회 불안정과 발전 저해를 유발할 수 있다. 이로 인해 정의로운 사회 실현을 가로막을 수 있게 된다.

> 25593-0116

**02** (1) 다음 그래프에 나타난 사회 불평등이 무엇인지 쓰고, (2) 우리나라에 이러한 사회 불평등이 나타난 원인과 영향을 서술하시오.

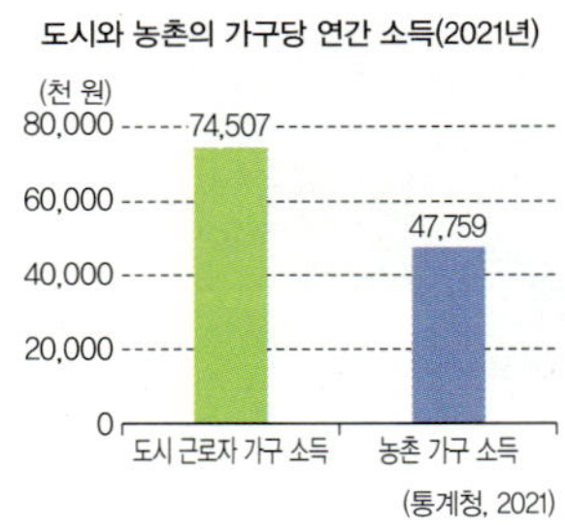



(1)

(2) **예시 답안** (          )은/는 1960년대 이후 급속한 산업화와 도시화 과정에서 (          ) 위주의 지역 개발 정책을 펼침으로써 심화되었다. (          )와/과 대도시를 집중적으로 개발하여 비수도권과 농촌 지역에는 인구 유출, 교통망과 편의 시설 부족, 경기 침체 등이 나타나게 되었다.

**Step2** 스스로 답안 작성하기

> 25593-0117

**03** (1) (가), (나)에 해당하는 사회 복지 제도의 명칭을 쓰고, (2) 이러한 사회 복지 제도가 가지는 공통적인 특징이 무엇인지 서술하시오.

> (가) 생계가 어려운 저소득 계층이 최소한의 인간다운 삶을 살아가도록 지원하는 것
> (나) 도움이 필요한 국민에게 상담, 돌봄, 재활 등 다양한 서비스 혜택을 제공하는 것

(1)

(2)

> 25593-0118

**04** 다음 제도가 사회 불평등의 해소에 줄 수 있는 긍정적인 영향을 200자 이내로 서술하시오.

> 장애인 의무 고용 제도는 국가와 지방 자치 단체, 상시 근로자 50명 이상의 근로자가 있는 공공 기관 및 민간 기업 사업주에게 장애인을 일정 비율 이상 고용하도록 의무화하는 것이다. 민간 기업의 경우 전체 근로자의 3.1%를 장애인 근로자로 고용해야 한다.

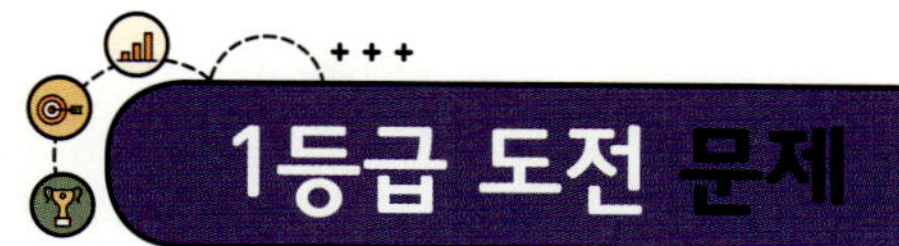


> 25593-0119

**01** 다음 그림에 나타난 사회 불평등 현상에 대한 설명으로 옳지 <u>않은</u> 것은?

〈시·도별 종합 병원과의 평균 거리〉

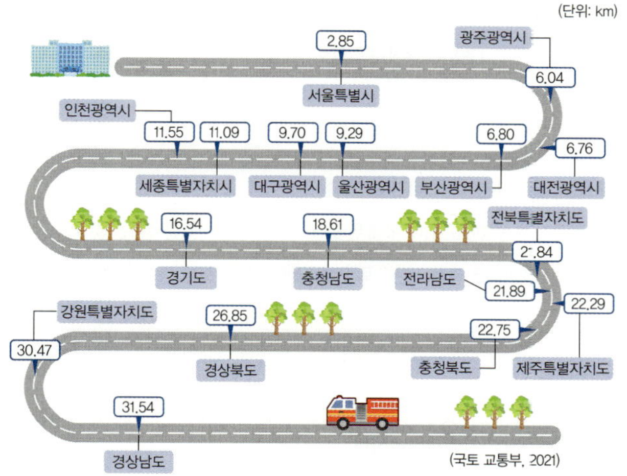


① 대도시로 인구가 유입되는 현상의 원인이자 결과이다.
② 지역 간의 사회적 자원이 불균등하게 분포되어 있다.
③ 지역민의 삶의 질과 관련된 제반 시설이 부족한 낙후 지역이 존재한다.
④ 국가 주도로 지방 도시의 시설 확충에 투자함으로써 불평등을 완화할 수 있다.
⑤ 국토의 효율적인 활용을 위해 농어촌 지역 사람들의 불편은 감수할 수밖에 없다.

> 25593-0120

**02** 다음에서 알 수 있는 내용으로 가장 적절한 것은?

소득과 자산의 불평등은 주거 불평등의 심화로 이어진다. 소득, 자산, 주거의 격차는 다시 교육 불평등에 영향을 주고, 교육 불평등은 대학 진학에 영향을 주며, 출신 대학은 또다시 소득 격차로 연결된다.

① 사회 양극화는 자산 불평등의 심화와 무관하다.
② 개인의 노력만으로 사회 불평등을 모두 해소할 수 있다.
③ 소득 격차로 인한 사회 계층의 고착화가 심화되고 있다.
④ 현재의 주거 격차는 개인의 미래 삶에 영향을 줄 수 없다.
⑤ 경제적 격차를 사회 계층 간의 위화감을 유발하는 요소로 보아서는 안 된다.

> 25593-0121

**03** (가), (나)의 입장에 대한 설명으로 가장 적절한 것은?

(가) 적극적 평등 실현 조치는 사회적 약자인 노인, 여성, 장애인 등의 불리한 삶의 조건을 완화하기 위해 필수적이다.
(나) 적극적 평등 실현 조치는 여성이나 장애인의 삶의 질은 높이지만, 남성, 비장애인 등에게 불합리한 차별을 유발하는 결과로 이어지므로 옳지 않다.

① (가)는 특정 계층에 차별적 혜택을 제공해서는 안 된다고 본다.
② (가)는 사회적 약자의 실질적 기회의 보장을 중시해야 한다고 본다.
③ (나)는 적극적 평등 실현 조치의 역차별에 대한 우려는 잘못이라고 본다.
④ (나)는 적극적 평등 실현 조치가 사회적 약자의 불리한 조건을 완화할 수 없다고 본다.
⑤ (가)와 (나)는 국가가 아닌 민간 차원에서 실시되는 평등 실현 조치가 효과적이라고 본다.

> 25593-0122

**04** 그림은 인터넷 게시판 화면이다. 질문에 대해 가장 적절한 대답을 한 사람은?

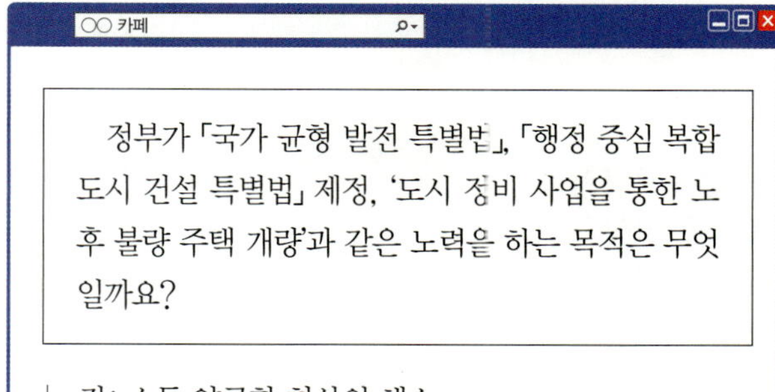


① 갑　　② 을　　③ 병　　④ 정　　⑤ 무

# 대단원 마무리 정리

**II 단원**

## 01 | 정의의 의미와 실질적 기준

### 정의의 의미와 필요성

- **❶** [　　　]은/는 인간이 지켜야 할 올바른 도리 또는 사회를 구성하고 유지하는 공정한 도리를 의미함
- 플라톤은 정의를 각 계층이 각자 자신이 맡은 일에서 탁월함을 발휘하여 **❷** [　　　]을/를 이룬 상태로 봄
- 아리스토텔레스는 정의를 **❸** [　　　] 정의와 부분적 정의로 구분하고, 부분적 정의를 다시 **❹** [　　　] 정의와 교정적 정의로 구분함

### 정의의 실질적 기준

- **❺** [　　　]에 따른 분배: 각자가 자신이 성취하거나 기여한 정도에 따라 분배하는 것
- **❻** [　　　]에 따른 분배: 각자의 능력에 근거해 이에 알맞다고 여겨지는 몫을 분배하는 것
- **❼** [　　　]에 따른 분배: 구성원들이 필요를 기준으로 우선순위에 따라 재화나 서비스 등을 분배하는 것

## 02 | 다양한 정의관의 특징과 적용

### 자유주의적 정의관의 특징

- 개인의 자유와 권리를 무엇보다 소중한 가치로 여기는 사상
- **❽** [　　　]: 개인은 정당하게 취득하거나 양도받은 소유물에 대한 배타적, 절대적 권리를 가진다는 소유 권리로서의 정의를 주장함
- **❾** [　　　]: 공정한 절차를 통해 합의된 정의의 원칙에 의해 사회 제도가 규제되어야 한다는 공정으로서의 정의를 주장함

### 공동체주의적 정의관의 특징

- 인간의 삶이 공동체에 뿌리를 두고 있음을 강조하는 사상
- **❿** [　　　]: 개인의 도덕적 판단에도 공동체의 전통과 역사가 반영된다고 봄
- 왈처: 공동체의 역사적, 문화적 맥락에 따른 다양한 정의의 기준을 인정함
- 샌델: 개인은 무연고적 자아가 아니라 연고적 자아임

## 03 | 다양한 불평등 현상과 정의로운 사회 실현

### 다양한 사회 불평등 현상

- 사회 계층의 **⓫** [　　　]: 구성원 간의 불평등이 심화되면서 양극단인 상층과 하층으로 구성원들이 쏠리는 현상
- 공간 불평등: 도시와 농촌, 수도권과 비수도권 등 지역 간에 사회적 자원이 불균등하게 분포하는 현상
- 사회적 약자에 대한 차별: 사회적 약자가 나이, 신체적 조건, 소득 수준, 출신 지역 등으로 불합리한 차별이나 불이익을 받는 것

### 정의로운 사회 실현을 위한 노력

- 사회 **⓬** [　　　] 제도: 사회 구성원들의 기본적 욕구 충족과 인간다운 삶을 보장하기 위해 국가가 지원하는 제도
- 지역 격차 완화 정책: 국토의 균형적 발전을 도모하여 공간 불평등을 완화하기 위한 제도적 방안
- 적극적 **⓭** [　　　] 조치: 사회적 약자의 불리한 조건을 완화하고 실질적 기회의 평등을 보장하기 위해 혜택을 제공하는 제도

**정답** ❶ 정의 ❷ 조화 ❸ 일반적 ❹ 분배적 ❺ 업적 ❻ 능력 ❼ 필요 ❽ 노직 ❾ 롤스 ❿ 매킨타이어 ⓫ 양극화 ⓬ 복지 ⓭ 평등 실현

# 대단원 종합 문제

> 25593-0123

## 01 그림은 인터넷 게시판 화면이다. 질문에 대해 적절하지 <u>않은</u> 대답을 한 사람은?

부정의가 만연한 세태에 대해 개탄하는 사람들이 많습니다. 우리 사회에서 정의가 요청되는 이유는 무엇일까요?

┗ 갑: 정의는 사회 구성원들의 상호 신뢰와 협력의 기반을 조성할 수 있습니다.
┗ 을: 정의는 사회적 자원을 공정하게 분배함으로써 사회 통합을 실현할 수 있게 합니다.
┗ 병: 정의는 사회 구성원들의 기본권을 보장하여 인간다운 삶을 실현할 수 있게 합니다.
┗ 정: 정의는 항상 개인선보다는 공동선을 중시함으로써 공동체의 발전에 기여합니다.
┗ 무: 정의는 사회 구성원들이 추구해야 할 올바르고 공정한 가치로 작용할 수 있습니다.

① 갑  ② 을  ③ 병  ④ 정  ⑤ 무

> 25593-0124

## 02 다음을 주장한 사상가의 입장으로 적절하지 <u>않은</u> 것은?

동등한 사람들이 동등하지 않은 몫을, 혹은 동등하지 않은 사람들이 동등한 몫을 분배받아 갖게 되면 싸움과 불평이 생겨난다. 분배는 모든 사람들이 동일한 것을 가지는 것이 아니라 가치에 따라 비례적으로 이루어질 때 정의롭다.

① 일반적 정의는 공익을 지향하는 준법에 있다.
② 분배적 정의는 각자의 가치에 비례하여 나누는 것이다.
③ 교정적 정의는 타인에게 끼친 손해에 대한 보상을 포함한다.
④ 가치 있는 재화는 모든 사람에게 동일하게 분배하는 것이 정의롭다.
⑤ 다양한 사회적 가치가 마땅히 받을 만한 사람에게 돌아가는 것이 정의롭다.

> 25593-0125

## 03 ㉠에 대한 설명으로 적절한 것만을 〈보기〉에서 있는 대로 고른 것은?

[    ㉠    ]은/는 구성원들의 필요를 기준으로 우선순위에 따라 재화나 서비스 등을 분배하는 것이다. 예를 들어, 경제 상황이 어려워 생계비나 의료비가 필요한 사람에게 복지 정책을 통해 이를 지원하는 것이다.

**[ 보기 ]**

ㄱ. 사회적 안전망을 마련하고 불평등을 완화할 수 있다.
ㄴ. 기본적 욕구 충족이 어려운 사회적 약자의 존엄성을 보호할 수 있다.
ㄷ. 각 개인들의 필요한 양을 객관적으로 수량화할 수 있어 사회적 논란이 없다.
ㄹ. 보상을 통해 능력이 뛰어난 사람이 스스로 높은 업적을 쌓도록 유도할 수 있다.

① ㄱ, ㄴ  ② ㄴ, ㄹ  ③ ㄷ, ㄹ
④ ㄱ, ㄴ, ㄷ  ⑤ ㄱ, ㄷ, ㄹ

> 25593-0126

## 04 다음을 주장한 사상가의 입장으로 가장 적절한 것은?

사회적 안전과 의료 혜택은 필요에 의해, 화폐는 자유 교환에 의해, 기본 교육은 엄격한 평등에 의해, 고등 교육은 시장과 공적에 의해, 정치적 권력은 설득력과 민주주의에 의해 분배되어야 한다.

① 공동체의 역사적 맥락을 고려하는 분배 방식은 부정의를 유발한다.
② 개인이 속한 문화적 특수성에 따르는 분배 기준은 정당성에 위배된다.
③ 사회적 가치는 각각의 특수성에 따라 다른 기준에 의해 분배되어야 정의롭다.
④ 공동체 내에서는 보편적이고 단일한 분배 기준이 모든 영역에 적용되어야 한다.
⑤ 사회적 가치는 하나의 고유한 영역에 머무르지 않고 다른 가치의 분배에 영향을 미쳐야 한다.

## 05
> 25593-0127

그림의 강연자의 입장으로 적절한 것만을 〈보기〉에서 고른 것은?

**◀ 보기 ▶**

ㄱ. 경제 불평등의 교정을 위한 국가의 재분배는 정당하다.

ㄴ. 국가의 시장 개입은 소유권을 침해하므로 완전히 차단되어야 한다.

ㄷ. 타고난 재능과 사회적 지위를 이용한 부의 축적은 정당화될 수 있다.

ㄹ. 개인은 정당한 자기 노동의 산물에 대한 배타적인 소유 권리를 갖는다.

① ㄱ, ㄴ  ② ㄱ, ㄷ  ③ ㄴ, ㄷ  ④ ㄴ, ㄹ  ⑤ ㄷ, ㄹ

## 06
> 25593-0128

다음을 주장한 사상가의 입장만을 〈보기〉에서 있는 대로 고른 것은?

정의의 원칙은 무지의 베일 속에서 선택된다. 그래야 타고난 우연의 결과나 사회적 여건의 우연성으로 인해 누구도 유리하거나 불리해지지 않는다. 이 때문에 정의의 원칙은 공정한 합의의 결과가 된다.

**◀ 보기 ▶**

ㄱ. 가상 상황인 원초적 입장에서 정의의 원칙을 도출해야 한다.

ㄴ. 최소 수혜자에게 최대의 이익이 되는 불평등은 정당화될 수 있다.

ㄷ. 공정한 절차에 따라 합의한 정의의 원칙은 공정한 것으로 간주할 수 있다.

ㄹ. 자신뿐만 아니라 타인의 우연성도 인지해야 공정한 정의의 원칙을 도출할 수 있다.

① ㄱ, ㄴ      ② ㄱ, ㄹ      ③ ㄷ, ㄹ
④ ㄱ, ㄴ, ㄷ   ⑤ ㄴ, ㄷ, ㄹ

## 07
> 25593-0129

다음 칼럼의 ㉠에 들어갈 내용으로 가장 적절한 것은?

○○신문　　　**칼 럼**　　　○○○○년 ○월 ○일

우리는 가족, 도시, 부족, 민족, 국가로부터 다양한 빚과 유산, 정당한 기대와 의무를 물려받는다. 이것들은 우리의 삶에 주어진 바이고 우리의 도덕적 출발점을 구상한다. 그런데 요즘 어떤 사람들은 탈세를 하거나 세금을 회피하면서 국가에 대한 의무 이행을 소홀히 한다. 내가 볼 때, 이런 사람들은 　　　㉠　　　

① 개인의 소유 권리는 절대적인 것임을 간과하고 있다.

② 국가는 개인의 권리 보호를 위한 수단임을 간과하고 있다.

③ 공동체의 구성원으로서 책무를 수행해야 함을 간과하고 있다.

④ 개인의 자유가 공동체의 이익보다 우선하는 것임을 간과하고 있다.

⑤ 사회는 중립적인 존재로 개인의 좋은 삶의 선택에 개입하지 말아야 함을 간과하고 있다.

## 08
> 25593-0130

다음 글에서 얻을 수 있는 교훈으로 가장 적절한 것은?

어느 마을에 목초지가 있었다. 이 목초지는 비용 지불 없이 이용할 수 있는 공유지였다. 마을 사람들은 많은 이익을 얻으려고 공유지에서 키우는 소의 수를 계속 늘렸다. 결국 목초지의 풀은 메말라 버렸고, 그곳에서는 더 이상 소를 키울 수 없게 되었다.

① 개인선과 공동선의 공존과 조화는 불가능하다.

② 개인은 공동체 전체의 결정에 무조건적으로 따라야 한다.

③ 인간은 존엄하므로 개인선을 추구하는 것은 언제나 정당하다.

④ 공동선을 실현하기 위해 개인의 자유는 최대한 통제해야 한다.

⑤ 공동선을 고려하지 않는 자기 이익 추구는 자신과 공동체 모두에게 손해를 입힐 수 있다.

> 25593-0131

## 09 ㉠에 들어갈 알맞은 말을 쓰고, ㉡에 대해 구체적으로 설명하시오.

> 자유주의적 정의관과 공동체주의적 정의관은 모두 개인의 행복 추구와 정의로운 사회를 지향한다는 점에서 [ ㉠ ](인) 관계에 놓여 있다고 볼 수 있다. 따라서 공동체는 개인의 권리를 제도적으로 보장하고, 개인은 공동체의 구성원으로서 책임과 유대감을 가져야 한다. 이를 통해 ㉡ 사익과 공익, 권리와 의무의 조화를 추구할 수 있다.

> 25593-0132

## 10 다음 가상 대화의 갑, 을의 입장에 대한 설명으로 적절하지 <u>않은</u> 것은?

① 갑은 사회적 약자에 대한 적극적 평등 실현 조치가 필요하다고 본다.
② 갑은 불리한 조건을 가진 학생들의 기회가 실질적으로 보장되어야 한다고 본다.
③ 을은 역차별을 일으키는 적극적 평등 실현 조치는 정의롭지 않다고 본다.
④ 을은 사회적 약자가 받는 차별에 대한 시정 조치는 항상 바람직하다고 본다.
⑤ 갑과 을은 사회 구성원들 사이에서 차별은 옳지 않다고 본다.

> 25593-0133

## 11 사회사상 (가)의 입장에서 (나)의 입장에 제기할 수 있는 비판으로 가장 적절한 것은?

> (가) 개인은 자신을 통제할 절대적 권리를 가지며 모든 외적인 간섭은 위협이다.
> (나) 개인은 그가 속한 사회 덕택으로 그 자신일 수 있다. 도덕적 행위자는 문화 속에서만 정체성을 형성한다.

① 공동선은 개인의 자유보다 상위의 가치임을 간과한다.
② 공동체는 개인에게 특수한 가치를 강요해야 함을 간과한다.
③ 개인보다 공동체를 좋은 삶의 원천으로 보아야 함을 간과한다.
④ 개인은 공동체와 독립적으로 존재하는 존엄한 개별 존재임을 간과한다.
⑤ 공동체의 사회적, 문화적 전통 속에 정의가 본래 내재되어 있음을 간과한다.

> 25593-0134

## 12 다음 그림에 나타난 정부 계획의 목적을 서술하시오.

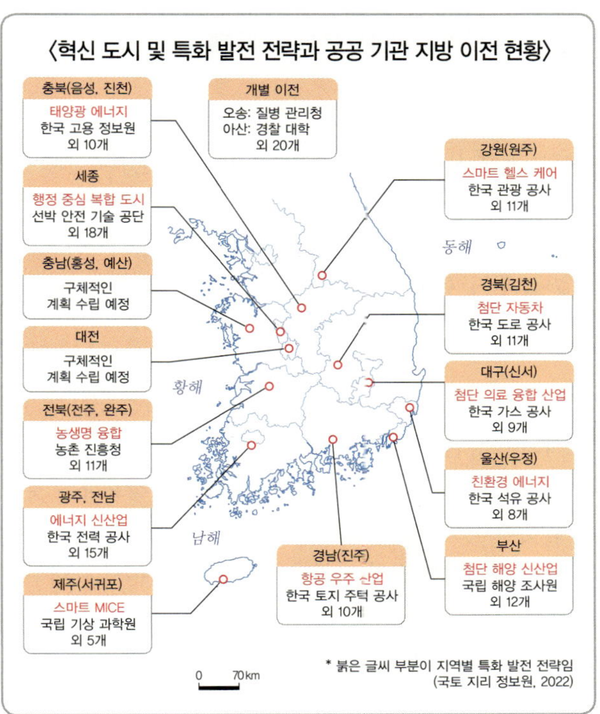

> 25593-0135

**01** 다음 수업 장면에서 교사의 질문에 적절한 대답을 한 학생만을 있는 대로 고른 것은?

① 갑, 을
② 갑, 병
③ 을, 정
④ 갑, 병, 정
⑤ 을, 병, 정

> 25593-0136

**02** 다음 글의 입장에서 부정의 대답을 할 질문으로 가장 적절한 것은?

보다 큰 사회적 선을 위해서일지라도 개인들의 권리를 침해해서는 안 된다. 왜냐하면 사회에는 아무런 이유 없이 어떤 희생을 감수해야 할 사회적 존재가 있다고 할 수 없다. 단지 개인만이 있고, 이러한 개인은 모두 다르며, 그들 각자의 삶을 가지고 있다.

① 개인의 자유로운 선택권은 존중되어야 하는가?
② 사회 구성원들은 누구나 자신의 권리를 누려야 하는가?
③ 정치적 목적 실현을 위해 개인의 희생을 강요하는 것은 잘못인가?
④ 인간 개개인은 각자 가치를 지닌 존엄한 존재로 대우받아야 하는가?
⑤ 정의로운 사회에서는 모든 사람의 재산이 균등하게 분배되어야 하는가?

> 25593-0137

**03** (가)의 사상가 갑, 을의 입장을 (나) 그림으로 탐구하고자 할 때, A~C에 들어갈 적절한 질문만을 〈보기〉에서 고른 것은?

| | |
|---|---|
| (가) | 갑: 정의의 원칙은 공정한 최초의 상황에서 합의된 것이기 때문에, '공정으로서의 정의'란 명칭이 생겨난 것이다.<br>을: 소유물에서의 정의에 따라 취득과 이전에서의 정의의 원리에 의해 소유권을 부여받았으면 정당하다. |
| (나) | 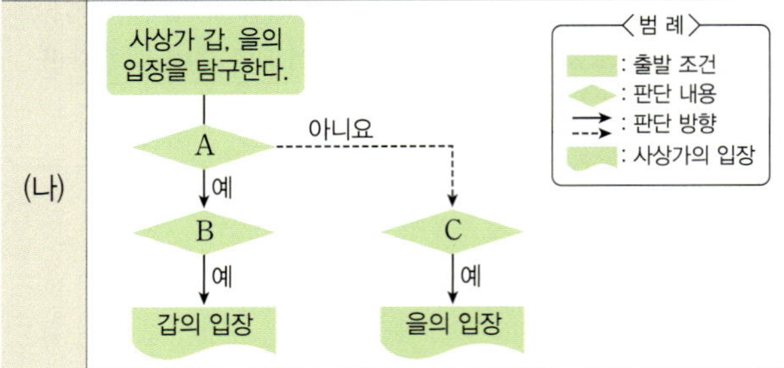 |



**보기**

ㄱ. A: 정의의 원칙은 원초적 상황에서 합의된 것이어야 하는가?
ㄴ. B: 정의로운 사회에서도 빈부 격차는 정당화될 수 있는가?
ㄷ. B: 소유물은 타고난 능력을 기준으로만 분배되어야 하는가?
ㄹ. C: 개인의 분배 과정에 대한 국가의 개입은 항상 부정의한가?

① ㄱ, ㄴ  ② ㄱ, ㄷ  ③ ㄴ, ㄷ  ④ ㄴ, ㄹ  ⑤ ㄷ, ㄹ

> 25593-0138

**04** 다음에서 강조하는 내용으로 옳지 <u>않은</u> 것은?

인간은 공동체의 가치와 전통에 따라 자신의 자아실현과 인격 완성을 추구하고 개인의 이익보다는 공동의 이익을 중시해야 한다.

① 개인선보다 공동선을 우선해야 한다.
② 개인은 공동체 안에서 행복한 삶을 누릴 수 있다.
③ 개인의 사적 재산 축적은 그 자체로 부도덕하다.
④ 개인은 공동체가 제시하는 도덕률을 무시해서는 안 된다.
⑤ 개인의 정체성은 사회의 맥락에 따라 이해할 수 있다.

> 25593-0139

## 05 다음을 주장한 사상가의 입장으로 가장 적절한 것은?

법정에서는 오직 접시저울에서와 같은 동등성의 원리에 따라 형벌의 질과 양을 결정할 수 있다. 범법자에 대한 처벌은 정언 명령으로 주어진다.

① 살인자에게 사형을 부과하는 것은 공적 정의 실현에 부합한다.
② 사형은 시민 전체의 이익 증진에 기여할 때만 정당화될 수 있다.
③ 사형은 살인자에 대한 공개적인 보복이므로 결코 정당화될 수 없다.
④ 사형은 종신 노역형에 비해 범죄 예방 효과가 낮으므로 바람직하지 않다.
⑤ 살인은 그 자체로 악이므로 살인자에 대한 살인도 도덕적으로 허용될 수 없다.

> 25593-0140

## 06 정의의 실질적 기준과 관련하여 ㉠, ㉡에 해당하는 사례가 옳게 짝지어진 것은?

- ㉠ 은/는 개인이 노력하여 쌓은 결과에 따라 각자의 소득이나 사회적 지위가 결정되는 것이다.
- ㉡ 은/는 모든 사람의 인간다운 삶을 위한 기본적인 욕구를 충족할 수 있도록 분배하는 것이다.

| | ㉠ | ㉡ |
|---|---|---|
| ① | 학교가 성적이 우수한 학생에게 장학금을 수여하는 것 | 대학 입시에서 잠재적 가능성을 보고 학생을 선발하는 것 |
| ② | 국가가 저소득층에게 기초 생활 수급비를 지급하는 것 | 기업이 전문 자격증을 갖추고 있는 사람을 채용하는 것 |
| ③ | 대학 입시에서 잠재적 가능성을 보고 학생을 선발하는 것 | 기업이 경력이 풍부한 사람을 우선적으로 선발하는 것 |
| ④ | 외부 경시대회 수상으로 학교의 위상을 높인 학생에게 장학금을 수여하는 것 | 국가가 저소득층에게 기초 생활 수급비를 지급하는 것 |
| ⑤ | 기업이 전문 자격증을 갖추고 있는 사람을 채용하는 것 | 기업이 경력이 풍부한 사람을 우선적으로 선발하는 것 |

> 25593-0141

## 07 (가)의 갑, 을의 입장을 (나) 그림으로 표현할 때, A~C에 해당하는 적절한 진술만을 〈보기〉에서 있는 대로 고른 것은?

| (가) | 갑: 소수 집단 우대 정책은 사회의 다양성을 증대하고 정의 구현을 위해 꼭 필요하다. 그동안 차별받아 온 집단에 대한 차별적 보상 차원에서 정당화될 수 있다. |
|---|---|
| | 을: 소수 집단 우대 정책은 조상들이 행한 차별에 대한 책임을 무고한 후손들에게 전가하는 불공정한 정책이며, 역차별이므로 평등의 이념에 위배되어 옳지 않다. |

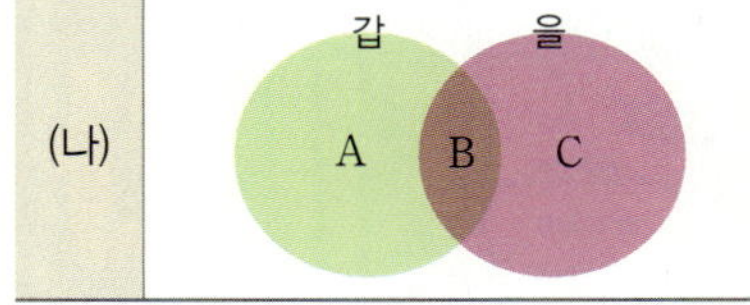


【 보기 】

ㄱ. A: 소수자에 대한 차별 행위는 역사적으로 실재하였다.
ㄴ. B: 정의 실현을 위해 평등의 이념을 구현해야 한다.
ㄷ. B: 조상의 잘못을 후손에게 묻는 것은 불가피하다.
ㄹ. C: 소수 집단 우대 정책은 역차별을 일으키므로 부당하다.

① ㄱ, ㄴ      ② ㄱ, ㄷ      ③ ㄴ, ㄹ
④ ㄱ, ㄷ, ㄹ      ⑤ ㄴ, ㄷ, ㄹ

> 25593-0142

## 08 (가)의 입장에 비해 (나)의 입장이 갖는 상대적 특징을 그림의 ㉠~㉤ 중에서 고른 것은?

(가) 분배는 사회적 약자를 위해 더 많은 재화를 사용하여 이들에게 최소한의 인간다운 삶을 보장하는 것을 최우선으로 해야 한다.

(나) 분배는 객관적으로 평가하고 측정하기가 쉬운 업적을 유일한 기준으로 해야 사회 전체의 생산성이 향상된다.

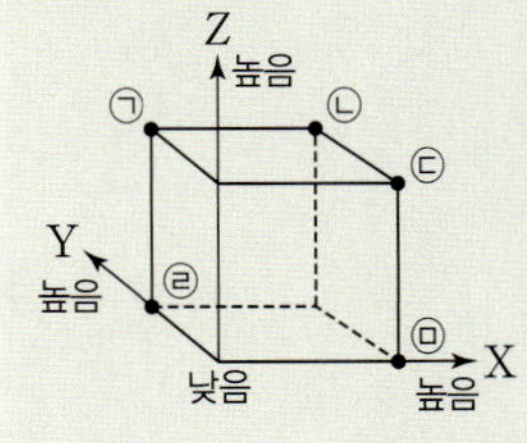


- X: 개인의 성취동기를 강화시키는 분배의 기준을 강조하는 정도
- Y: 개인 간 경제적 불평등 완화에 기여하는 분배의 기준을 강조하는 정도
- Z: 개인의 실적이나 성과에 대한 보상 차원의 분배의 기준을 강조하는 정도

① ㉠      ② ㉡      ③ ㉢      ④ ㉣      ⑤ ㉤

# Ⅲ

# 시장경제와 지속가능발전



우리가 살고 있는 세상의 경제활동에 큰 영향을 미치는 자본주의의 변천 과정을 살펴보고

시장경제의 특징 및 한계, 지속가능발전을 위한 경제 주체의 역할,

금융 의사 결정, 국제 무역에 대해 탐구한다.

▲ 애덤 스미스

▲ 대공황

▲ 석유 파동

▲ 공공재

▲ 기업의 사회적 책임을 위한 ESG 경영

▲ 공정 거래 위원회



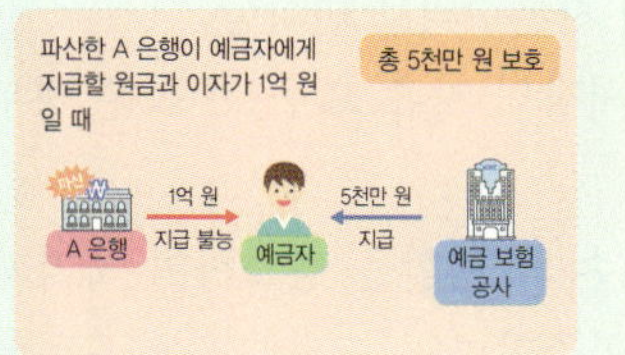


▲ 예금자 보호 제도(2024년 기준)

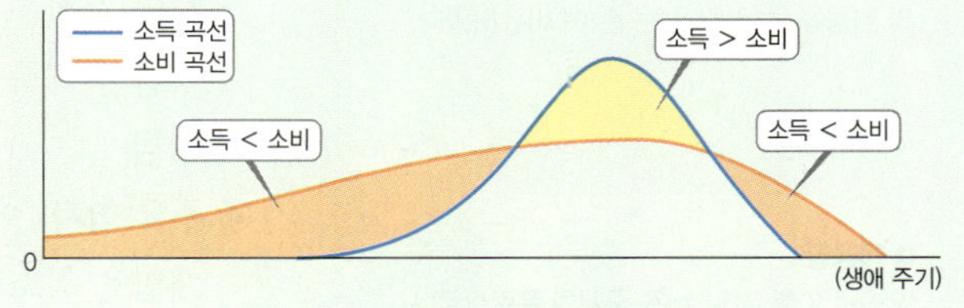


▲ 생애 주기별 수입과 지출 곡선



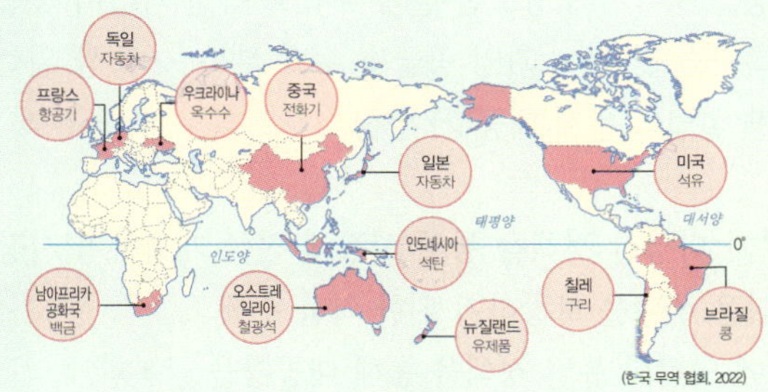


▲ 국가별 주요 수출품

▲ 세계 무역 기구(WTO)의 출범

## 1 자본주의의 특징과 역사적 전개 과정

### 1. 자본주의의 의미와 특징

(1) **자본주의의 의미**: 사유 재산 제도를 바탕으로 자유로운 경제활동이 보장되는 경제 체제
┗ 토지, 공장, 기계와 같은 생산 수단을 포함한 재산을 개인이 소유, 관리, 처분할 수 있도록 허용하는 제도

(2) **자본주의의 특징**

① 사유 재산권의 보장: 개인이 자유롭게 재산을 획득 및 사용 가능

② 시장의 기능 활성화: 시장에서 결정된 가격에 따라 상품 거래가 이루어짐

③ 경제활동의 자유 보장: 시장에서의 경쟁을 통해 사적 이익의 추구 인정

### 2. 자본주의의 역사적 전개 과정

(1) **상업 자본주의(16~18세기)**

① 의미: 상품의 생산보다는 상품의 유통 과정에서 이윤을 추구하는 자본주의

② 배경: 신항로 및 식민지 개척을 통해 해외로부터 원료 공급 및 상품 수요의 증가, 교역의 확대 등으로 성장

③ 특징: 절대 왕정의 중상주의 아래에서 활성화됨

(2) **산업 자본주의(18~19세기)** 자료①

① 의미: 상품의 유통보다 생산 과정에서 이윤을 추구하는 자본주의

② 배경: 18세기 중반 영국에서 시작된 산업 혁명으로 인해 상품의 대량 생산이 가능해짐

③ 특징

- 산업 시설을 소유한 자본가의 주도로 산업 자본주의로 변화함
- 생산한 제품을 자유롭게 사고팔 수 있는 시장의 자유 요구 → 작은 정부로 이어짐

④ 주요 학자: 애덤 스미스 → '보이지 않는 손'의 역할을 강조하며 국가가 시장 개입을 최소화해야 한다고 주장함(자유방임주의)

(3) **수정 자본주의(20세기)** 자료② 자료③

① 의미: 국가의 적극적 시장 개입으로 시장 실패를 해결해야 한다는 자본주의
┗ 시장에서 자원이 효율적으로 배분되지 않는 현상

② 배경

- 19세기 후반 자유 경쟁을 지나치게 강조한 결과 대규모 독점 기업이 등장함
- 소수 대자본에 의한 독과점 발생 → 과잉 공급과 수요 부족 → 생산 위축에 따른 기업의 도산과 대량 실업의 문제(대공황) 발생

③ 특징

- 정부의 역할 강조: 정부가 다양한 정책을 통해 시장에 적극 개입하여 시장의 한계 보완, 국민의 인간다운 생활을 보장하기 위한 역할 수행
- 미국은 수정 자본주의에 입각한 뉴딜 정책을 통해 대공황을 극복함

④ 주요 학자: 케인스 → 정부의 개입과 역할 강조

---

**○ 프로테스탄트 윤리와 자본주의 정신**
막스 베버는 그의 저서 『프로테스탄트 윤리와 자본주의 정신』을 통해 프로테스탄트로 개종한 사람들의 삶의 태도가 자본주의 발전의 원동력이 되었다고 주장하였다.

**○ 중상주의**
국가의 부를 늘리기 위해 국내 산업 보호 및 수출 장려 등 국가가 상공업 활동에 깊이 개입하는 것으로 16~18세기 유럽의 절대 왕정 국가들이 추진한 경제 정책이다.

**○ 보이지 않는 손**
18세기 영국의 애덤 스미스는 『국부론』에서 자원의 효율적 배분을 가져오는 시장 가격의 기능을 '보이지 않는 손'에 비유하였다.

**○ 대공황**
1929년 10월 24일 뉴욕 증시의 폭락으로 시작되어 전 세계로 확산된 경제 공황이다. 이에 따라 재고 급증, 물가 폭락, 생산 위축 등 경제활동이 마비 상태에 이르렀다.

**○ 뉴딜 정책**
대공황 발생 당시 미국의 루스벨트 대통령은 수정 자본주의에 입각한 뉴딜 정책을 통해 국가의 경제적 위기를 타개해 나갔다. 재기 가능한 은행에 자금을 빌려줌으로써 파산을 막았고, 농산물 가격 폭락을 막기 위해 자금을 지원하였으며, 대규모 공공사업을 통해 일자리를 만들어 유효 수요를 창출하였다.

### 자료① '보이지 않는 손', 애덤 스미스

우리가 저녁 식사를 기대할 수 있는 것은 푸줏간 주인, 양조장 주인, 빵집 주인의 자비심 덕분이 아니라, 그들이 자기 이익을 챙기려는 생각 덕분이다. …… 각 개인은 보이지 않는 손에 인도되어 자기가 전혀 의도하지 않았던 목적을 달성하게 된다. …… 그는 자신의 이익을 추구함으로써 오히려 더 효과적으로 사회의 이익을 증진한다. ┗ 시장 가격의 자원 배분 기능 — 스미스, 『국부론』 —

중상주의 시대에는 국가가 상업을 적극적으로 장려하고 보호함으로써 금, 은을 최대한 확보하는 것이 국부를 증진할 수 있는 길이라고 보았다. 그러나 애덤 스미스는 국부는 금, 은이 아닌 경제 주체에게 실제로 필요한 물자임을 강조하였으며, 이는 시장에서의 자유로운 경제활동을 통해 증가한다고 보고 정부의 시장 개입을 반대하였다. 그가 말한 '보이지 않는 손'은 시장 가격의 자원 배분 기능을 의미한다.

### 자료② 대공황의 발생

대공황은 1929년 미국 뉴욕 주식 시장의 주가 대폭락을 시작으로 1930년대 후반까지 각국으로 파급된 세계적인 경제 불황이다. 당시 각국은 생산량의 대폭 감소, 교역 축소 등으로 기업이 차례로 도산하면서 실업자가 대량 발생하였다. 미국 실업률은 1929년 3% 수준이었으나 1933년 25%를 기록하였으며 국내 총생산은 1,044억 달러에서 560억 달러로 감소하였다. 미국 경제가 최악의 상황에 놓이면서 세계 경제도 함께 추락하였다.

— ○○일보, 2020. 4. 5. —

산업 자본주의 아래에서 기업 간 경쟁이 심화되어 다수의 산업 자본이 몰락하고 소수의 기업이 독과점을 형성하였다. 이에 따라 자유로운 경쟁이 줄고 시장에서 자원이 효율적으로 배분되지 못하는 현상인 시장 실패가 나타났다. 더욱이 1929년 미국에서 주가 폭락을 계기로 대공황이 발생하자 미국뿐만 아니라 세계 여러 나라가 심각한 경제 불황을 겪었다.

### 자료③ 대공황에 대한 케인스의 해법

시장이 항상 효율적인 것은 아닙니다. 특히 대공황과 같이 경기가 크게 침체되어 개별 경제 주체의 노력만으로는 해결되지 않는 상황이라면 정부가 적극적으로 시장에 개입하여 문제를 해결해야 합니다. 예를 들어 정부가 대규모의 댐을 건설한다면 수많은 실업자가 일자리를 얻게 되고, 그렇게 일자리를 얻은 노동자들은 임금을 받게 되므로 시장에서는 물건을 구매할 의사도 있고 능력도 갖춘 '유효 수요'가 창출됩니다. 이 같은 유효 수요의 창출은 대공황 극복의 열쇠가 될 것입니다. ┗ 구매력이 뒷받침되는 수요

케인스는 자유방임주의로 인해 발생한 문제를 해결하기 위해 정부가 경제에 적극적으로 개입해야 한다고 보았다. 특히 대공황은 유효 수요의 부족에 의해 발생했으므로 정부가 유효 수요를 창출하기 위해 노력함으로써 극복 가능하다고 보았다.

---



**○✖ 표시하기**

❶ 자본주의에서는 사유 재산권이 보장한다. ( )

❷ 자본주의는 생산 수단의 국유 또는 공유를 기본으로 한다. ( )

❸ 자본주의에서는 시장 가격에 의해 상품 거래가 이루어진다. ( )

❹ 자본주의에서는 경제 주체의 자유로운 경제활동이 보장된다. ( )

**적절한 말 고르기**

❺ ( 상업, 산업 ) 자본주의는 절대 왕정의 중상주의로 인해 발달하였다.

❻ ( 상업, 수정 ) 자본주의는 생산 활동보다 유통을 통한 이윤 추구에 중점을 두면서 발달하였다.

❼ 대공황 발생 후 ( 산업, 수정 ) 자본주의가 등장하였다.

❽ 애덤 스미스는 '보이지 않는 손'이 경제 문제를 해결하기 때문에 국가는 시장 개입을 ( 최소화, 최대화 )해야 한다고 주장하였다.

❾ 수정 자본주의는 시장에 더한 정부의 ( 개입, 불개입 )을 강조한다.

**빈칸 채우기**

❿ ( )은/는 국가가 시장 개입을 최소화해야 한다는 사상인 자유방임주의를 주장하였다.

⓫ 미국은 ( )을/를 극복하기 위해 수정 자본주의에 입각한 뉴딜 정책을 실시하였다.

**＜보기＞에서 고르기**

┌ 보기 ┐
ㄱ. 베버   ㄴ. 케인스   ㄷ. 애덤 스미스

⓬ 자유방임주의를 주장하여 산업 자본주의의 이론적 기반을 마련한 학자는? ( )

⓭ 대공황의 해결을 위해 국가의 적극적인 시장 개입을 주장한 학자는? ( )

**◐ 석유 파동**
1973년 아랍 국가들과 이스라엘 사이에 전쟁이 일어나자 아랍 산유국들이 석유 생산을 줄이고 가격을 인상하였다. 이로 인해 석유 수입 국가들은 물가 상승과 불황을 겪었다. 이후 1978년 이란이 석유 생산을 줄이고 수출을 중단하여 국제 사회는 또 한차례 석유 파동을 겪었다.

**◐ 시장 실패와 정부 실패**

| | |
|---|---|
| 시장 실패 | 시장에서 자원이 효율적으로 배분되지 않는 현상 |
| 정부 실패 | 시장 실패를 개선하기 위한 정부의 개입이 오히려 자원의 효율적 배분을 저해하는 것 |

**◐ 자본주의와 정부의 역할**

| 산업 자본주의 | 수정 자본주의 | 신자유주의 |
|---|---|---|
| 작은 정부 → 정부 역할의 최소화 | 큰 정부 → 정부의 적극적인 시장 개입 | 작은 정부 → 정부 역할의 축소 |

**◐ 경제 체제의 분류**

| 생산 수단의 소유 형태에 따라 | 자본주의 경제 체제 | 개인의 생산 수단 소유를 보장함 |
|---|---|---|
| | 사회주의 경제 체제 | 생산 수단의 국유 또는 공유만을 인정함 |
| 경제 문제의 해결 방식에 따라 | 시장경제 체제 | 시장 가격에 따라 자유롭게 경제 문제 해결 |
| | 계획경제 체제 | 정부의 계획 및 명령에 따라 경제 문제 해결 |

**◐ 경제적 유인**
사람들이 어떤 행동을 하거나 하지 않도록 동기를 부여하는 금전적인 보상 또는 손실을 말한다.

---

**(4) 신자유주의(20세기 말)** 자료 ④

① 의미: 정부 역할을 제한하고, 시장의 기능과 자유로운 경제활동을 강조하는 자본주의

② 배경
- 1970년대 석유 파동으로 인해 발생한 <u>스태그플레이션</u>에 대한 정부 대처의 한계 발생
  └ 경기 침체(stagnation)와 인플레이션(inflation)의 합성어로, 경기 침체 상황에서 물가가 상승하는 현상이다.
- 20세기 후반 정부의 지나친 시장 개입으로 정부 실패 발생, 복지의 확대로 인한 정부의 재정 악화

③ 특징: 공기업의 민영화, 노동 시장의 유연화, 복지 축소 등

④ 주요 학자: 프리드먼, 하이에크 → 정부 역할의 축소 강조

## 2 경제 체제의 유형별 특징 자료 ⑤

**1. 경제 체제:** 생산물의 종류와 수량, 생산 방법, 분배 방식 등의 기본적인 경제 문제를 해결하기 위해 합의된 제도나 방식

### 2. 시장경제 체제

| 특징 | 시장 원리에 의한 경제 문제 해결, 자본주의와 결합하여 사유 재산권 보장, 시장 가격에 기초한 개별 경제 주체의 자유로운 의사 결정 보장, 자원 배분의 효율성을 형평성보다 중시 |
|---|---|
| 장점 | '보이지 않는 손'의 작동으로 효율적인 자원 배분, 사유 재산권 보장으로 개인의 능력과 창의성 발휘 등 |
| 한계 | 빈부 격차의 발생으로 형평성 저해, 급격한 경기 변동 가능성으로 인해 시장의 안정성 저해 등 |

### 3. 계획경제 체제

| 특징 | 정부의 결정과 통제에 의한 경제 문제 해결, 사회주의와 결합하여 사유 재산권이 원칙적으로 부정되어 생산 수단의 국유화, 개별 경제 주체의 경제활동 자유 제한, 자원 배분의 형평성을 효율성보다 중시 |
|---|---|
| 장점 | 정부의 계획에 의한 부와 소득의 불평등 완화, 정부의 명령과 계획에 따른 자원 배분 등으로 국가의 정책 목표를 효율적으로 달성할 수 있음 |
| 한계 | 사유 재산권 및 경제활동 자유의 제한으로 인한 경제적 유인의 부족 → 경제활동의 창의성과 역량 발휘 저해, 비효율적 자원 배분, 소비자의 다양한 욕구를 반영한 계획 수립의 어려움, 정부의 잘못된 결정으로 인해 경제 발전의 저해 가능 등 |

### 4. 혼합 경제 체제

| 등장 배경 | 1930년대 대공황 → 시장의 자동 조절 기능에 대해 한계를 체감한 정부가 시장에 적극적으로 개입하여 경제 문제 해결을 시도함 |
|---|---|
| 특징 | 시장경제적 요소와 계획경제적 요소를 혼용, 오늘날 대부분의 국가는 혼합 경제 체제를 채택함, 국가가 추구하는 목표에 따라 혼합의 정도가 다름 |

### 자료 ④ 신자유주의에 의문을 갖게 한 서브프라임 모기지 사태

2000년대 들어 미국 경기가 악화되자 미국 정부는 경기 부양책으로 금리를 최대한 낮추는 정책을 펼쳤다. 낮은 금리로 대출이 가능해지자 은행들은 이윤을 높이기 위해 신용도가 낮은 사람에게도 주택을 담보로 대출을 해 주는 '서브프라임 모기지(Subprime Mortgage)'를 판매하였다. 은행들은 서브프라임 모기지 상품을 경쟁적으로 판매하기 시작하였고, 그 과정에서 서류 없이 대출을 해 주거나 주택 가격의 전액을 대출해 주기도 하였다. 그러나 금리가 오르고 부동산 가격이 떨어지면서 많은 대출을 받은 사람들이 이를 갚지 못해 파산하였고, 이에 따라 대출금을 돌려받지 못한 대형 은행들도 연쇄적으로 파산하면서 2008년 세계 금융 위기가 발생하였다.

미국발 세계 금융 위기는 자본주의의 문제점을 돌아보게 하는 기회가 되었으며, 더 안정적이고 지속가능한 경제 발전을 위한 다양한 논의와 변화를 끌어냈다.

### 자료 ⑤ 「헌법」을 통해 살펴보는 우리나라와 북한의 경제 체제

〈대한민국 헌법〉

— 시장경제 체제의 특징

제23조　① 모든 국민의 재산권은 보장된다. 그 내용과 한계는 법률로 정한다.
　　　　② 재산권의 행사는 공공복리에 적합하도록 하여야 한다.
제32조　① …… 국가는 사회적·경제적 방법으로 근로자의 고용의 증진과 적정 임금의 보장에 노력하여야 하며, 법률이 정하는 바에 의하여 최저 임금제를 시행하여야 한다.
제119조　① 대한민국의 경제 질서는 개인과 기업의 경제상의 자유와 창의를 존중함을 기본으로 한다.　— 시장경제 체제의 특징
　　　　② 국가는 균형 있는 국민 경제의 성장 및 안정과 적정한 소득의 분배를 유지하고, 시장의 지배와 경제력의 남용을 방지하며, 경제 주체 간의 조화를 통한 경제의 민주화를 위하여 경제에 관한 규제와 조정을 할 수 있다.

〈북한 헌법〉

제20조　조선 민주주의 인민 공화국에서 생산 수단은 국가와 사회 협동 단체가 소유한다.　— 계획경제 체제의 특징
제21조　국가 소유는 전체 인민의 소유이다. 국가 소유권의 대상에는 제한이 없다. 나라의 모든 자연부원, 철도, 항공 운수, 체신 기관과 중요 공장, 기업소, 항만, 은행은 국가만이 소유한다.
제34조　조선 민주주의 인민 공화국의 인민 경제는 계획경제이다. ……

우리나라 「헌법」 제23조와 제119조를 보면 원칙적으로 사유 재산권 보장과 경제활동의 자유 보장을 명시하고 있지만, 재산권 행사와 경제활동의 자유에 대한 한계 역시 명시하고 있다. 또한 제32조 제1항과 제119조 제2항은 정부의 개입을 통한 정책을 표방하고 있다. 따라서 우리나라는 시장경제의 틀을 유지하는 가운데 계획경제적 요소가 일부 더해진 혼합 경제 체제의 특징이 나타나 있음을 알 수 있다. 반면, 북한 헌법 제20조, 제21조, 제34조를 살펴보면 북한의 경제 체제는 계획경제 체제임을 알 수 있다.

---

### ✅ 개념 체크 문제
• 정답 36쪽

**○✖ 표시하기**

❶ 신자유주의는 시장에 대한 정부의 개입을 강조한다.
（　　）

❷ 신자유주의는 정부 실패를 초래하였다.　（　　）

❸ 2008년 미국발 금융 위기는 신자유주의의 한계를 보여 주었다.
（　　）

❹ 계획경제 체제에서는 정부의 시장 개입이 최소화된다.
（　　）

**적절한 말 고르기**

❺ 신자유주의의 대표적 사상가인 ( 케인스, 프리드먼 )은/는 시장에서의 자유로운 경제활동을 강조하였다.

❻ ( 시장, 계획 )경제 체제에서는 가계나 기업과 같은 민간 경제 주체가 경제활동의 중심이 되어 자신의 이익을 추구한다.

**빈칸 채우기**

❼ (　　　)은/는 경기 침체와 물가 상승이 동시에 나타나는 경제 상황을 말한다.

❽ (　　　)경제 체제에서는 시장 가격 기구의 역할을 중시한다.

❾ (　　　)경제 체제에서는 경제활동에서 경제적 유인을 중시한다.

❿ 우리나라의 경제 체제는 (　　　)경제 체제를 기반으로 (　　　)경제 체제의 요소가 가미된 (　　　) 경제 체제이다.

**〈보기〉에서 고르기**

◁ 보기 ▷
ㄱ. 시장경제 체제　　ㄴ. 계획경제 체제

⓫ 시장 가격 기구의 역할을 중시하는 경제 체제(　　)

⓬ 생산 수단의 사적 소유가 원칙적으로 금지된 경제 체제
（　　）

**서로 관련된 내용 연결하기**

⓭ 시장경제 체제 •　　• ㉠ 정부의 계획과 명령, 통제에 의해 경제 문제를 해결

⓮ 계획경제 체제 •　　• ㉡ 생산자와 소비자가 시장 가격에 따라 자유롭게 의사 결정을 함으로써 경제 문제를 해결

> 25593-0143

**01** 다음 사례를 통해 알 수 있는 자본주의의 특징만을 〈보기〉에서 고른 것은?

명절이 다가오자 과일과 채소, 육류 가격이 두 배 이상 올랐다. 명절 차례 및 각종 음식을 준비하기 위해 과일과 채소, 육류를 사야만 하는 사람들은 비싼 가격을 감수하고 구입할 수밖에 없었다. 명절 연휴가 끝난 후 관련 상품의 가격은 하락하여 평상시 수준을 되찾았다.

〈보기〉

ㄱ. 정부가 시장의 한계를 보완하기 위해 개입한다.
ㄴ. 시장에서 경제 주체들이 자유롭게 경제활동을 한다.
ㄷ. 생산 수단의 대부분이 국유화 또는 공유화되어 있다.
ㄹ. 수요 및 공급에 따라 각종 상품의 시장 가격이 결정된다.

① ㄱ, ㄴ     ② ㄱ, ㄷ     ③ ㄴ, ㄷ
④ ㄴ, ㄹ     ⑤ ㄷ, ㄹ

> 25593-0144

**02** 다음 글에 나타난 역사적 사건에 대한 옳은 설명만을 〈보기〉에서 고른 것은?

1929년 10월 24일, '암흑의 목요일'이라 불리는 뉴욕 증권 거래소의 주식 가격 폭락 사태가 발생하였다. 주식 시장의 붕괴는 경제 전망에 대해 비관적인 견해를 갖게 하였고, 곧이어 세계적인 경제 불황이 찾아왔다. 미국의 경우 1933년까지 실질 국내 총생산이 약 30% 감소하였다.

〈보기〉

ㄱ. 석유 파동으로 인해 발생하였다.
ㄴ. 수정 자본주의의 등장 배경이 되었다.
ㄷ. 케인스는 문제 해결을 위해 정부의 시장 개입을 강조하였다.
ㄹ. 미국의 경우 대규모 감세 정책과 복지 정책의 축소를 통해 문제를 해결하였다.

① ㄱ, ㄴ     ② ㄱ, ㄷ     ③ ㄴ, ㄷ
④ ㄴ, ㄹ     ⑤ ㄷ, ㄹ

> 25593-0145

**03** 다음은 자본주의의 역사적 전개 과정을 나타낸다. (가)와 (나)에 대한 설명으로 옳은 것은?

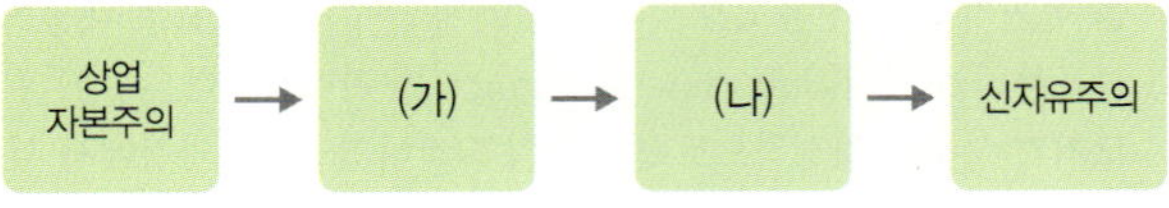


① (가) 시기에는 다양한 복지 정책이 시행되었다.
② 대공황은 (가)가 등장한 배경으로 작용하였다.
③ 스태그플레이션은 (나)가 등장한 배경으로 작용하였다.
④ (나) 시기에는 제한 없는 개인의 이익 추구 행위를 인정하였다.
⑤ (가) 시기와 달리 (나) 시기에는 시장에 대한 정부의 개입이 강화되었다.

> 25593-0146

**중요**

**04** 갑과 을의 주장에 대한 분석 및 추론으로 옳은 것은?

① 갑보다 을의 주장이 케인스의 주장에 가깝다.
② 갑보다 을이 불황 시 정부의 적극적인 개입을 주장할 것이다.
③ 을보다 갑이 시장의 자기 조정 능력을 신뢰할 것이다.
④ 을보다 갑이 시장에 대한 각종 규제 철폐에 찬성할 것이다.
⑤ 갑은 시장 실패의 가능성을, 을은 정부 실패의 가능성을 강조할 것이다.

> 25593-0147

## 05 (가)~(다)는 자본주의의 역사적 전개 과정을 순서 없이 나열한 것이다. 이에 대한 옳은 설명만을 〈보기〉에서 고른 것은?

(가) 신항로 개척, 교역의 확대 등을 배경으로 유럽에서 성장한 자본주의
(나) 과잉 공급과 수요 부족에 따른 경기 침체, 대량 실업 등의 문제 해결을 위한 정부의 역할을 강조한 자본주의
(다) 영국에서 일어난 산업 혁명으로 상품의 대량 생산 체제가 갖추어지면서 전개된 자본주의

**〈보기〉**

ㄱ. (가)는 절대 왕정의 중상주의 경제 정책을 통해 발전하였다.
ㄴ. (나)는 시장 실패를 보완하기 위해 등장하였다.
ㄷ. (나)는 작은 정부, (다)는 큰 정부를 추구하였다.
ㄹ. 자본주의는 (가)-(나)-(다) 순으로 전개되어 왔다.

① ㄱ, ㄴ　　② ㄱ, ㄷ　　③ ㄴ, ㄷ
④ ㄴ, ㄹ　　⑤ ㄷ, ㄹ

**중요**

> 25593-0148

## 06 그림은 갑국과 을국의 경제 체제의 특성을 비교한 것이다. 이에 대한 설명으로 옳은 것은? (단, 갑국과 을국은 각각 시장경제 체제와 계획경제 체제 중 하나를 채택하고 있음.)

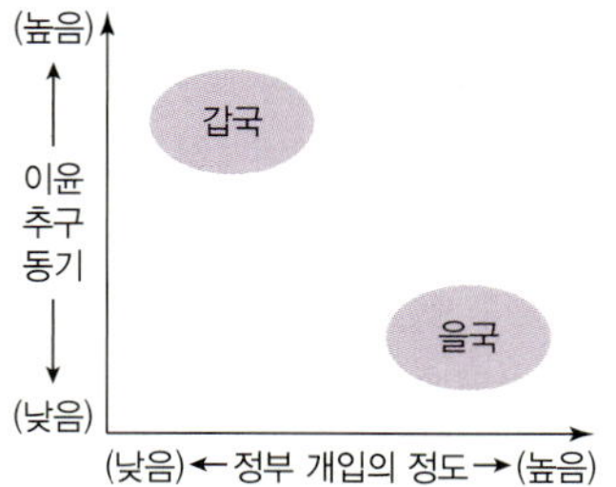


① 갑국은 자원 배분의 효율성보다 형평성을 강조한다.
② 을국에서는 원칙적으로 생산 수단의 사적 소유가 인정된다.
③ 갑국은 을국에 비해 경제적 유인을 중시한다.
④ 갑국과 달리 을국에서는 경제 문제가 발생하지 않는다.
⑤ 을국은 갑국에 비해 시장 가격 기구의 역할을 중시한다.

> 25593-0149

## 07 밑줄 친 ㉠의 내용으로 가장 적절한 것은?

갑국은 원칙적으로 생산 수단의 국유화만을 인정하며 모든 경제 문제를 정부의 명령이나 계획에 의해 해결하였다. 그러나 이와 같은 경제 체제가 지니고 있는 ㉠ 여러 문제점들이 심화되자 이를 극복하기 위해 기존 경제 체제의 근간을 유지하면서 특정 영역에서 생산 수단의 사유화 및 '보이지 않는 손'의 기능을 일부 도입하고 있다.

① 경기 과열 현상
② 경제적 유인 부족
③ 기업 간 담합 발생
④ 기업의 과도한 이윤 추구 활동
⑤ 시장에 의한 자원의 비효율적 배분

> 25593-0150

## 08 표는 경제 체제 A~C를 비교한 것이다. 이에 대한 설명으로 옳지 않은 것은? (단, A~C는 각각 시장경제 체제, 계획경제 체제, 혼합 경제 체제 중 하나이고, 혼합 경제 체제는 시장경제 체제를 근간으로 계획경제 체제의 일부 요소를 도입한 경제 체제임.)

| 구분 | A | B | C |
|---|---|---|---|
| 주로 시장 원리에 의해 경제 문제를 해결하는가? | ㉠ | 예 | 아니요 |
| 실업과 같은 경제 문제 해결에 정부가 적극적으로 개입하는가? | 아니요 | ㉡ | ㉢ |
| (가) | 예 | 아니요 | 예 |

① ㉠은 ㉡, ㉢과 달리 '예'가 적절하다.
② C에서는 생산물의 종류와 생산량을 정부가 결정한다.
③ 일반적으로 분배의 형평성은 A보다 B에서 높다.
④ 기업의 이윤 추구 동기는 C보다 A에서 강하게 나타난다.
⑤ '시장경제적 요소와 계획경제적 요소를 혼용합니까?'는 (가)에 들어갈 수 없다.

# 서술형 문제

---

**Step1** 핵심 키워드 파악하기

> 25593-0151

**01** (1) 밑줄 친 '이것'에 해당하는 경제 체제를 쓰고, (2) '이것'의 특징 세 가지를 서술하시오.

> 우리는 이것을 채택한 사회에 살고 있어 자유로운 경제 활동이 가능하다. 이것은 사유 재산 제도를 바탕으로 시장을 통해 경제의 기본 문제를 해결하는 경제 체제를 말한다.

(1)

(2) 예시 답안 (          )은/는 개인이 생산 수단을 포함한 재산을 소유할 수 있는 권리인 (          )을/를 보장하며, 경제활동의 자유 및 (          ) 추구가 인정된다. 또한, 대부분의 경제활동은 (          )을/를 통해 이루어지며 시장에서 다수의 참여자가 자유롭게 경쟁하는 과정에서 시장 가격이 결정되고 상품 거래가 이루어진다.

> 25593-0152

**02** (1) (가), (나) 학자의 주장에 따라 나타난 자본주의의 명칭을 쓰고, (2) 해당 자본주의의 등장 배경 및 시장에 대한 정부의 역할에 대해 각각 서술하시오.

(가) | (나)

(1) (가) – (          ) (나) – (          )

(2) 예시 답안 (          ) 자본주의는 18세기 중반 영국에서 시작된 (          )(으)로 인해 등장했으며, 시장에 대한 정부 역할의 (          )을/를 강조하였다. (          ) 자본주의에서 독점 기업의 횡포로 시장이 제 기능을 수행하지 못하자 자원의 효율적인 배분에 문제가 생겼고, 결국 1929년 (          )이/가 발생하면서 이를 계기로 (          ) 자본주의가 등장하게 되었다. (          ) 자본주의는 시장에 대한 정부의 (          )을/를 강조하였다.

---

**Step2** 스스로 답안 작성하기

> 25593-0153

**03** (1) 밑줄 친 '이 자본주의'의 명칭을 쓰고, (2) 해당 자본주의에서 추진한 정책 두 가지를 서술하시오.

> 1970년대 두 차례의 석유 파동으로 경기 침체와 물가 상승이 동시에 나타나는 스태그플레이션이 발생하면서 자본주의 경제 체제는 또 한 번의 큰 위기를 맞았다. 정부의 시장에 대한 정책적 개입이 이러한 위기를 해결하는 효과적인 대책이 되지 못하자, 일부 선진국에서는 지나치게 커진 정부의 역할을 줄이고 시장의 기능과 민간의 자유로운 활동을 강화해야 한다는 이 자본주의가 등장하였다

(1)

(2)

> 25593-0154

**04** 경제 체제 A, B가 무엇인지 쓰고, A, B의 장단점을 400자 이내로 서술하시오.

> 생산물의 종류와 수량, 생산 방법, 분배 방식 등의 기본적인 경제 문제를 해결하기 위해 합의된 제도나 방식을 경제 체제라고 한다. 경제 체제에는 시장 가격의 자동 조절 기능에 따라 경제 문제를 해결하는 A, 정부의 통제나 계획에 따라 경제 문제를 해결하는 B가 있다. 오늘날에는 순수한 형태의 A나 B를 채택하는 국가는 존재하지 않으며, 대부분의 국가는 이 둘이 혼합된 경제 체제를 채택하고 있다.

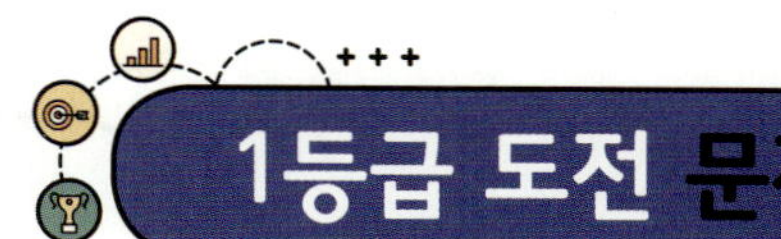



# 1등급 도전 문제

> 25593-0155

**01** 그림은 자본주의의 역사적 전개 과정을 나타낸다. 이에 대한 설명으로 옳은 것은?

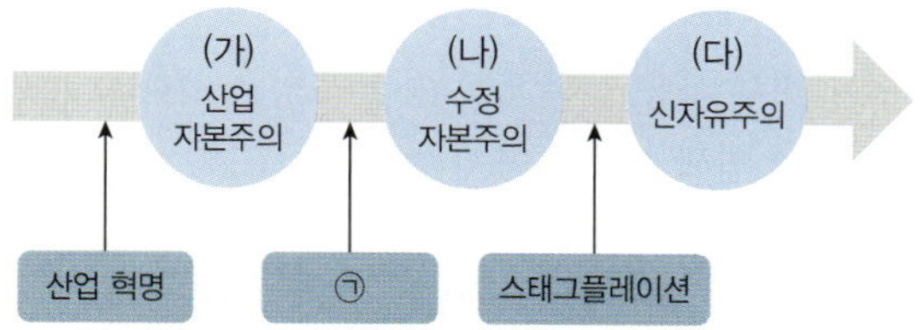


① ㉠에는 '신항로 개척'이 들어갈 수 있다.
② (다)는 기업의 국영화, 복지 예산 확대를 지향한다.
③ (가)에서 (나)로의 변화는 정부 실패로 인해 나타났다.
④ 정부의 시장 개입 정도는 (나)가 (다)보다 크다.
⑤ (가), (다)는 (나)와 달리 사유 재산 제도를 인정한다.

> 25593-0156

**02** 표는 경제 체제 A에 대한 질문과 답변을 정리한 것이다. 이에 대한 옳은 설명만을 〈보기〉에서 고른 것은? (단, A는 계획경제 체제 또는 시장경제 체제 중 하나임.)

| 질문 | 답변 |
| --- | --- |
| 정부의 계획에 따라 자원 배분이 이루어집니까? | ㉠ |
| 시장 원리에 따라 기본적인 경제 문제가 해결됩니까? | ㉡ |
| (가) | 예 |
| (나) | 아니요 |

**〔 보기 〕**

ㄱ. ㉠이 '아니요', ㉡이 '예'라면 A는 민간 경제 주체의 자율성을 중시한다.
ㄴ. (가)에 '생산 수단의 사적 소유를 인정합니까?'가 들어가면 ㉠은 '예'가 적절하다.
ㄷ. (나)에 '경제적 유인의 부족으로 경제적 효율성이 낮습니까?'가 들어가면 ㉡은 '예'이다.
ㄹ. (가)에 '시장의 자기 조정 능력을 과소평가합니까?'가 들어가면 (나)에 '사유 재산권이 원칙적으로 부정됩니까?'가 들어갈 수 있다.

① ㄱ, ㄴ　　② ㄱ, ㄷ　　③ ㄴ, ㄷ
④ ㄴ, ㄹ　　⑤ ㄷ, ㄹ

> 25593-0157

**03** 밑줄 친 ㉠~㉣에 대한 설명으로 옳지 <u>않은</u> 것은?

> 1929년 뉴욕 월가의 증권 거래소에서 주가가 폭락하면서 ㉠ 대공황이 시작되었다. 대공황이 발생하자 ㉡ 애덤 스미스의 주장에 사람들은 의문을 가지게 되었고, 이후 케인스의 주장이 힘을 얻어 ㉢ 새로운 자본주의가 등장하였다. 하지만 20세기 후반에 들어서면서 석유 파동으로 발생한 스태그플레이션으로 전 세계가 큰 위기를 맞게 되자 ㉣ 이전과 다른 자본주의가 지지를 얻게 되었다.

① ㉠은 과잉 생산으로 인해 발생하였다.
② ㉡은 산업 자본주의의 이론적 기반이 되었다.
③ ㉢의 등장 배경으로는 대규모 독점 기업의 등장을 들 수 있다.
④ ㉣은 시장 실패를 보완하기 위해 등장하였다.
⑤ ㉣의 등장 배경으로는 복지 확대로 인한 정부의 재정 악화를 들 수 있다.

> 25593-0158

**04** 다음은 시기별로 갑국의 경제 체제를 규정한 헌법 내용이다. 이에 대한 분석 및 추론으로 옳은 것은?

> 〈t 시기 갑국 헌법 제○○조〉
> 갑국의 경제 질서는 자유와 창의를 기본 원칙으로 하며, 시장에 대한 정부의 개입은 허용하지 아니한다.

⇩

> 〈t+1 시기 갑국 헌법 제○○조〉
> 갑국의 경제 질서는 자유와 창의를 기본 원칙으로 하되, 정부는 균형 있는 국민 경제의 발전을 위해 시장에 개입할 수 있다.

① t 시기에는 적극적인 경제 정책이 시행될 수 있다.
② t 시기 대비 t+1 시기에는 자원의 희소성이 감소한다.
③ t 시기 대비 t+1 시기에는 시장에 대한 정부의 개입 정도가 높아진다.
④ t+1 시기와 달리 t 시기에는 자유로운 경쟁이 보장될 것이다.
⑤ t 시기와 달리 t+1 시기에는 계획경제 체제로 운영될 것이다.

# 02 합리적 선택과 경제 주체의 역할



**○ 합리적 선택과 순편익**
둘 이상의 선택 가능한 대안 중에서 하나를 선택하는 경우 합리적 선택은 순편익이 양(+)의 값을 갖는 대안을 선택하는 것이다. 합리적 선택이 아닌 다른 대안 선택의 순편익은 음(−)의 값을 가진다.

**○ 매몰 비용**
매몰 비용은 이미 지출하여 회수할 수 없는 비용으로, 합리적 선택을 위해서는 매몰 비용을 고려하면 안 된다.

**○ 담합**
비슷한 재화나 서비스를 생산하는 기업들이 서로 경쟁할 때보다 더 높은 이익을 얻으려고 생산량과 가격 등을 사전에 협의하여 결정하는 행위를 말한다.

**○ 공공재의 특징**

| | |
|---|---|
| 비배제성 | 대가를 지불하지 않은 사람을 소비에서 배제시킬 수 없음 |
| 비경합성 | 한 사람의 소비가 다른 사람의 소비 기회를 감소시키지 않음 |
| 무임승차자 문제 | 비배제성으로 인해 소비자들이 대가를 지불하지 않고 소비하려는 경향이 나타남 |

## 1 합리적 선택의 의미와 한계

### 1. 합리적 선택

(1) **자원의 희소성**: 인간의 욕망에 비해 사용할 수 있는 자원의 양은 상대적으로 부족한 상태 → 자원의 희소성으로 인해 선택의 문제 발생

(2) **합리적 선택과 기회비용** 자료①

① 합리적 선택의 의미: 최소의 비용으로 최대의 편익을 얻을 수 있는 선택

② 편익: 경제적 선택을 함으로써 얻게 되는 만족감

③ 기회비용: 선택 가능한 여러 대안 중 하나의 대안을 선택함으로써 포기하게 되는 대안들 중 가장 가치가 큰 것

④ 기회비용의 구성: 기회비용 = 명시적 비용 + 암묵적 비용

| 명시적 비용 | 어떤 대안을 선택함으로써 실제로 지불하는 금전적 비용 |
|---|---|
| 암묵적 비용 | 실제로 지불한 것은 아니지만 어떤 대안을 선택함에 따라 얻을 수 있었으나 포기한 대안의 '편익 − 명시적 비용' |

⑤ 합리적 선택: 편익 − 기회비용>0

### 2. 합리적 선택의 한계

(1) **시장 실패**

① 의미: 시장이 불완전하거나 재화나 서비스의 특성으로 인해 자원의 배분이 효율적으로 이루어지지 못하는 상태

② 유형: 독과점 문제, 외부 효과, 공공재 부족, 정보의 비대칭성

(2) **시장 실패의 유형** 자료② 자료③

| 독과점 문제 | • 시장에 하나(독점) 또는 소수(과점)의 공급자만 존재하는 상태 → 생산량이나 가격 등을 공급자가 임의로 조정 가능<br>• 기업들이 담합하여 소비자에게 피해를 입힐 수 있음 |
|---|---|
| 외부 효과 | • 한 경제 주체의 생산·소비가 다른 경제 주체에게 의도하지 않은 이익이나 손해를 주지만 이에 대한 대가를 받거나 지불하지 않는 상태<br>• 긍정적 외부 효과(외부 경제): 다른 경제 주체에게 의도하지 않은 이익을 주고도 대가를 받지 않는 상태 → 사회적 최적 수준보다 과소 생산·소비됨<br>• 부정적 외부 효과(외부 불경제): 다른 경제 주체에게 의도하지 않은 손해를 주고도 대가를 지불하지 않는 상태 → 사회적 최적 수준보다 과다 생산·소비됨 |
| 공공재 부족 | • 공공재: 비배제성과 비경합성을 가진 재화나 서비스로 국방, 치안 서비스 등이 있음<br>• 공공재는 기업이 생산을 통해 이윤을 얻을 수 없어 적극적으로 생산되지 않으므로 시장경제에서 충분히 공급되기 어려움 |
| 정보의 비대칭성 | 소비자와 판매자가 가진 거래에 필요한 정보의 양과 질이 서로 다른 상태 |

└ 소비자가 중고 제품 시장에서 외형만을 보고 불량품을 구매하는 경우, 화재 보험에 가입한 기업이 화재 위험을 예방하지 않아 화재 발생 확률이 높아지는 경우 등을 사례로 들 수 있다.

### 자료 ① 기회비용 = 명시적 비용 + 암묵적 비용

관람 시간 동안 아르바이트를 하면 벌 수 있는 돈(암묵적 비용)

> 갑은 매주 토요일마다 편의점에서 아르바이트를 하며 1시간에 15,000원을 받는다. 친구들이 토요일에 뮤지컬을 보러 가자고 하는데 아르바이트 시간과 겹쳐 둘 중 하나를 선택해야 한다. 뮤지컬 관람권의 가격은 50,000원이고 관람 시간은 2시간이다. 갑에게 뮤지컬 관람의 기회비용은 얼마일까? 또한 뮤지컬 관람을 통해 얼마의 편익을 얻어야 합리적 선택이 될까?

명시적 비용

위 상황에서 뮤지컬 관람의 명시적 비용은 뮤지컬 관람권 가격 50,000원이며, 암묵적 비용은 2시간 동안 아르바이트를 하면 벌 수 있는 돈인 30,000원이다. 따라서 뮤지컬 관람의 기회비용은 80,000원(= 명시적 비용 50,000원 + 암묵적 비용 30,000원)이다. 그러므로 갑은 뮤지컬 관람을 통해 얻는 편익이 80,000원보다 커야 합리적 선택이 된다.

### 자료 ② 외부 효과

> (가) 독감 백신을 맞으면 개인적으로 전염병에 걸리지 않거나 증세가 심해지지 않을 가능성이 높아진다. 한편 백신을 접종한 사람들이 늘어나면 다른 사람들이 병에 걸리지 않을 가능성도 높아지므로 미접종자들에게도 좋은 영향을 준다. 그렇다고 해서 혜택을 받은 사람들이 직접적으로 그에 대한 합당한 대가를 지불하지는 않는다.
>
> (나) 흡연자들은 담배를 소비함으로써 담뱃값으로 지불한 가격 이상의 만족감을 얻는다. 그런데 길거리 또는 한정된 공간 등에서 담배를 피우면 비흡연자들에게 피해를 준다. 그러나 흡연자들이 간접흡연으로 인해 피해를 입은 사람들에게 직접적으로 보상을 해 주지는 않는다.

(가)는 긍정적 외부 효과, (나)는 부정적 외부 효과의 사례이다. 긍정적 외부 효과의 경우 사회적 최적 수준보다 적게 생산 또는 소비되는 반면, 부정적 외부 효과는 사회적 최적 수준보다 많이 생산 또는 소비된다.

### 자료 ③ 공공재

가로등 불빛과 같이 한 경제 주체의 소비로 인해 다른 경제 주체의 소비 기회가 감소하지 않는 성질을 비경합성이라 한다. 동시에 가로등 불빛은 비용을 지불하지 않은 경제 주체의 소비를 막을 수 없다. 이러한 성질을 비배제성이라 한다. 비경합성과 비배제성을 동시에 가지는 재화와 서비스를 공공재라 한다. 이러한 예로는 국방 및 치안 서비스, 도심 내 무료 공원, 도로 등이 있다.

공공재는 무임승차자 문제가 발생하여 이윤을 추구하는 기업이 적극적으로 생산하지 않는다. 이로 인해 공공재는 시장 원리에 맡길 경우 사회적으로 필요한 양만큼 생산되지 못하는 한계가 있다.

---



• 정답 **40**쪽

**○✗ 표시하기**

❶ 합리적 선택은 편익보다 기회비용이 큰 선택을 말한다. (　　)

❷ 합리적 선택을 위해서는 매몰 비용을 고려하지 않아야 한다. (　　)

❸ 공공재는 누군가 소비하면 다른 사람의 소비 기회가 감소하는 특징을 가진다. (　　)

❹ 부정적 외부 효과와 달리 긍정적 외부 효과는 시장 실패에 해당하지 않는다. (　　)

**적절한 말 고르기**

❺ 기회비용은 대안을 선택함으로써 실제 지출하는 비용인 ( 명시적, 암묵적 ) 비용과 다른 대안을 선택했다면 얻을 수 있었던 가치인 ( 명시적, 암묵적 ) 비용의 합이다.

❻ 합리적 선택 시 순편익은 ( 양의 값, 음의 값 )을 갖는다.

❼ ( 독점, 과점 )은 시장에 공급자가 하나밖에 존재하지 않는 상태를 말하며, ( 독점, 과점 )은 시장에 공급자가 소수만 존재하는 상태를 말한다.

❽ 외부 효과가 발생하면 자원이 ( 효율적, 비효율적 )으로 배분된다.

**빈칸 채우기**

❾ 무한한 인간의 욕구에 비해 자원은 유한한데, 이러한 특성을 자원의 (　　　)(이)라고 한다.

❿ (　　　)은/는 이미 지출하여 회수가 불가능한 비용으로, 합리적 선택을 위해서는 이를 고려해서는 안 된다.

⓫ 과점 시장에서는 시장 지배력을 가진 공급자들이 이윤을 늘리기 위해 (　　　)을/를 통해 가격을 높게 책정하기도 한다.

⓬ 거래 당사자들이 가진 거래에 필요한 정보의 양과 질이 서로 달라 정보의 (　　　)이/가 발생하기도 한다.

**<보기>에서 고르기**

> ┤ 보기 ├
> ㄱ. 긍정적 외부 효과　　ㄴ. 부정적 외부 효과

⓭ 사회적 최적 수준보다 과소 생산·소비되는 문제를 발생시키는 것은? (　　)

⓮ 사회적 최적 수준보다 과다 생산·소비되는 문제를 발생시키는 것은? (　　)

## **2** 지속가능발전을 위한 경제 주체의 바람직한 역할과 책임

### 1. 정부의 역할

(1) **공정한 경쟁 촉진** 자료④
 ① 독과점 기업의 횡포를 규제하는 제도 마련
 ② 담합이나 기업 간의 불공정한 거래가 나타나지 않도록 규제
 ③ 우리나라의 경우 「독점 규제 및 공정 거래에 관한 법률」에 따라 공정 거래 위원회 설치 및 운영 → 기업의 경제력 집중 방지, 불공정 거래의 규제

(2) **외부 효과 개선**

| | 오염 물질을 배출하는 대상에게 환경 오염 물질 처리 비용을 부담하도록 하는 제도 |
|---|---|
| 긍정적 외부 효과 | • 세금 감면, 보조금 지급 등으로 생산 및 소비 촉진<br>• 개선 사례: 기업의 연구 개발비 지원, 정화 시설의 설치비 보조 등 |
| 부정적 외부 효과 | • 세금 부과, 과징금 부과 등으로 생산 및 소비 억제<br>• 개선 사례: 환경 개선 부담금 제도, 탄소 배출권 거래제 등 |

(3) **공공재 생산**: 정부가 공공재 생산에 직접 참여하여 공공재 부족 문제 해결

(4) **정보의 비대칭성 개선**: 중고 제품 시장에서의 품질 보증 제도, 상품의 성분 표시, 원산지 표시제 등을 통해 정보의 비대칭성 개선 유도

(5) **소득 재분배**: 경제적 불평등을 완화하기 위해 누진세 제도 강화, 사회 보장 제도 확충
  └ 소득이나 재산 등 과세 대상 금액이 커질수록 높은 세율을 적용하여 부과하는 세금 제도

### 2. 기업가의 역할 자료⑤

(1) **기업가 정신**: 기업가가 이윤 추구 과정에서 위험과 불확실성을 무릅쓰고 새로운 시장을 개척하며 도전하는 정신

(2) **기업 윤리 및 사회적 책임**: 법규를 준수하며, 노동자나 소비자의 권리를 존중하고, 기업의 행위가 사회 전체에 영향을 끼친다는 것을 생각하고 사회적 책임을 다해야 함

### 3. 노동자의 역할

(1) **노동자**: 노동력을 제공하고 얻은 임금으로 생활하는 사람
(2) **노동권(근로권)**: 「근로 기준법」, 「최저 임금법」 등을 통해 보호하고 있음
(3) **노동(근로) 3권**: 단결권, 단체 교섭권, 단체 행동권
(4) 노동자로서의 권리를 스스로 추구하고 생산 활동에 적극 참여, 기업의 존재 없이 노동자가 있을 수 없다는 상호 동반자 의식이 필요

### 4. 소비자의 역할 자료⑥

(1) 모든 생산은 소비를 전제하므로 시장경제의 작동을 위해서는 적정한 규모의 소비가 필요함, 소비자는 합리적 소비를 함으로써 합리적 생산을 유도할 수 있음
(2) **소비자 주권**: 재화와 서비스의 종류나 수량 등을 결정하는 데 소비자가 결정적인 권한을 가지고 있다는 것
(3) **윤리적 소비**: 비용과 편익만을 기준으로 하는 합리적 소비 개념과 달리 보다 나은 사회 변화를 유도하기 위해 윤리적 차원에서 접근하여 소비하는 것

---

**○ 지속가능발전**
미래 세대의 필요를 저해하지 않으면서 현 세대의 필요를 충족시키는 발전을 말한다. 즉 미래 세대가 사용할 경제·사회·환경의 자원을 낭비하거나 기능을 저하하지 않으면서도 현재 세대에서 '경제 성장', '사회 안정과 통합', '환경 보전'이라는 목표를 통합적으로 추구한다.

**○ 기업의 사회적 책임을 위한 ESG 경영**

기업 경영에서 친환경(E), 사회적 책임 경영(S), 지배 구조 개선(G) 등을 고려하여 지속가능발전을 추구하는 활동이다.

**○ 노동(근로) 3권**

| | |
|---|---|
| 단결권 | 근로자가 근로 조건 개선을 위해 단체를 결성할 수 있는 권리 |
| 단체 교섭권 | 근로자의 단체가 사용자와 근로 조건에 대해 교섭하고 협약을 체결할 수 있는 권리 |
| 단체 행동권 | 근로 조건의 유지 및 개선을 위해 근로자가 파업이나 태업과 같은 단체 행동을 할 수 있는 권리 |

### 자료 ④ 정부의 역할

> 공정 거래 위원회는 지역의 12개 교복 대리점에 시정 명령 및 경고와 함께 위반 행위가 심한 두 대리점에 과징금 총 7백만 원을 부과하였다. 이들 대리점은 교복 공동 구매 입찰 과정에서 전화, 문자 메시지 등을 통해 낙찰 예정자와 들러리를 정하고 희망하는 낙찰 가격을 주고받으며 교복 업체 간 밀어주기와 담합을 하였다. 이에 따라 가격 인상 등의 피해는 소비자에게 전가되었다.
> – 공정 거래 위원회 –

위 사례에서 소비자는 교복 업체의 불공정한 거래 행위로 부담해야 하는 비용이 증가하였다. 독과점 시장에서는 기업이 가격을 부당하게 올리거나 생산량을 임의로 조정하여 경쟁 기업에 불이익을 주거나 소비자에게 횡포를 부릴 수 있다. 이러한 불공정 행위에 대해 정부는 관련법에 따라 규제하는 한편, 공정 거래 위원회와 한국 소비자원 등을 통해 시장 지배적 지위 남용과 불공정 거래 행위를 제한하고 있다.
「독점 규제 및 공정 거래에 관한 법률」

### 자료 ⑤ 기업의 사회적 책임

> ○○ 우유 회사는 제한된 식품만 먹어야 하는 희귀 질환 환자를 위해 일 년에 두 번 분유 공장을 멈춘다. 특수 분유를 생산하려면 일반 분유 생산을 멈추고 하루 동안 기계를 모두 세척하고 소독해야 하기 때문이다. 특수 분유의 생산비는 일반 분유보다 두세 배 더 든다. 막대한 연구비와 설비 투자 비용이 필요하지만 소수의 아픈 아기를 위해 여러 종류의 특수 분유를 20년 넘게 생산하고 있다.
> – ○○뉴스, 2022. 12. 28. –

기업의 사회적 책임이란 단순히 사회에서 필요로 하는 재화와 서비스를 생산한다는 의미를 넘어 건전한 이윤을 추구하는 것과 함께 환경을 보호하고 소비자의 권익을 고려하는 것이다. 제시된 사례에서 해당 기업은 사회적 책임을 이행하기 위해 이윤 추구에만 급급하지 않고 희귀 질환 환자를 위한 특수 분유를 생산하고 있다.

### 자료 ⑥ 소비자 주권과 윤리적 소비

소비자가 소비 행위를 통해 기업의 생산 품목, 생산 방식, 유통 과정 등에 영향력을 행사할 수 있는 권한

> 우리가 가진 구매력을 현명하게 사용한다면 조금이라도 더 나은 세상을 만드는 데 도움이 될 수 있다. 우리가 '노동 착취'를 통해 만들어진 값싼 옷을 사는 것은 노동자들의 착취에 찬성표를 던지는 것이다. 우리들이 재화를 구매하는 행위는 강력한 의사 표시 행위가 될 수 있다. 유기농 생산물을 선택하는 일은 환경적인 지속 가능성에 대해 지지를 보내는 것이다.

시장경제 체제하에서 합리적 소비도 중요하지만 올바른 가치관을 바탕으로 윤리적 소비를 함으로써 기업이 부도덕한 제품을 생산하는 것을 막을 수 있다는 점에서 윤리적 소비의 중요성이 강조되고 있다. 소비자 주권을 바탕으로 한 윤리적 소비는 공정하고 정의로운 경제 체제를 구축하는 데 기여하게 된다.

---

### ✅ 개념 체크 문제

• 정답 **40**쪽

**○✕ 표시하기**

❶ 기업은 소득 재분배 정책을 담당하는 경제 주체이다. ( )

❷ 정부는 불공정 행위를 규제하는 경제 주체이다. ( )

❸ 생산물의 종류와 수량을 결정하는 최종적 권한은 노동자에게 있다. ( )

❹ 우리나라는 노동자가 사용자와 대등한 위치에서 협상할 수 있도록 노동 3권이 보장되고 있다. ( )

**적절한 말 고르기**

❺ ( 기업, 정부 )은/는 소득 재분배 정책을 통해 경제적 불평등을 완화 또는 개선하고자 한다.

❻ ( 기업, 정부 )은/는 부정적 외부 효과의 개선을 위해 세금이나 과징금을 부과하는 방식으로 생산 또는 소비를 억제한다.

❼ 다소 비싸더라도 친환경, 공정 무역, 인권 친화적인 상품을 선택하는 ( 합리적, 윤리적 ) 소비는 우리 사회의 지속가능발전에 도움이 된다.

**빈칸 채우기**

❽ 미래의 불확실성 속에서 위험을 무릅쓰고 변화를 모색하는 기업가의 임무를 ( )(이)라고 한다.

❾ 오늘날에는 기업 윤리, 친환경 경영, 투명 경영, 공정 경쟁, 고용 안정 등 기업의 ( ) 책임이 강조되고 있다.

**〈보기〉에서 고르기**

> 보기
> ㄱ. 단체 교섭권　　　　ㄴ. 단체 행동권
> ㄷ. 단결권

❿ 근로자 단체가 사용자와 근로 조건에 대해 협상하고 협약을 체결할 수 있는 권리는? ( )

⓫ 근로자가 근로 조건의 개선을 위해 단체를 결성할 수 있는 권리는? ( )

⓬ 근로 조건의 유지 및 개선을 위해 근로자가 파업이나 태업과 같은 쟁의 행위를 할 수 있는 권리는? ( )

> 25593-0159

**01** ㉠, ㉡에 대한 설명으로 옳은 것은?

어떤 경제적 행위를 할 때 직접 지출한 돈을  ㉠  (이)라고 한다. 이에 비해 직접적으로 지출되지는 않았지만, 다른 대안을 선택하였을 때 얻을 수 있었던 경제적 이익을 의미하는 비용을  ㉡  (이)라고 한다.

① ㉠은 암묵적 비용이다.
② ㉡은 매몰 비용이다.
③ 일정 현금을 친구에게 무이자로 빌려줄 경우 그 돈을 은행에 예금했다면 얻을 수 있었던 이자는 ㉡에 해당한다.
④ ㉠과 달리 ㉡은 기회비용에 포함되지 않는다.
⑤ 합리적 선택은 편익이 ㉠과 ㉡의 합보다 작은 선택을 말한다.

> 25593-0160

**02** 밑줄 친 ㉠~㉢에 대한 옳은 설명만을 〈보기〉에서 있는 대로 고른 것은?

갑국 정부는 ㉠ <u>수천억 원의 공사비를 투입한</u> '○○ 공항 건설 사업'의 전체 공사 진행 과정이 65%를 넘긴 상황에서 ㉡ <u>추가로 더 투입해야 할 공사비</u>와 ㉢ <u>공항 건설로 인해 발생할 이익</u>을 전문 연구 기관에게 맡겨 비교한 결과, 추가로 더 투입해야 할 공사비가 훨씬 크다는 결론을 얻었다. 그러나 지금까지 투입한 공사비가 막대하므로 ○○ 공항 건설 사업을 계속하기로 결정하였다.

〔 보기 〕

ㄱ. ㉠은 ○○ 공항 건설 사업을 계속할 경우의 매몰 비용에 해당한다.
ㄴ. ㉡은 ○○ 공항 건설 사업을 계속할 경우의 기회비용에 해당한다.
ㄷ. ㉢보다 ㉡이 작다면 정부 선택의 순편익은 음(−)의 값을 갖는다.

① ㄱ　　　　② ㄷ　　　　③ ㄱ, ㄴ
④ ㄴ, ㄷ　　　⑤ ㄱ, ㄴ, ㄷ

> 25593-0161

**중요**

**03** 다음 자료에 나타난 갑의 경제적 상황에 대한 옳은 설명만을 〈보기〉에서 고른 것은?

현재 직장에 다니고 있는 갑은 다른 직장으로 옮길지, 창업할지를 두고 고민하고 있다. 표는 갑이 선택할 수 있는 상황에 따라 발생하는 수입 및 경비를 나타낸다.

| 이직을 선택할 경우 | • 월 급여 550만 원<br>• 이직 시 별도의 경비는 발생하지 않음 |
|---|---|
| 창업을 선택할 경우 | • 월수입 1,000만 원<br>• 점포 유지를 위한 경비 일체 월 400만 원 |

* 단, 현재 갑의 월 급여는 550만 원 미만임

〔 보기 〕

ㄱ. 창업보다 이직을 선택하는 것이 합리적이다.
ㄴ. 창업을 선택할 경우 순편익은 양(+)의 값을 갖는다.
ㄷ. 창업을 선택할 경우 암묵적 비용은 발생하지 않는다.
ㄹ. 이직을 선택할 경우 명시적 비용은 발생하지 않는다.

① ㄱ, ㄴ　　　② ㄱ, ㄷ　　　③ ㄴ, ㄷ
④ ㄴ, ㄹ　　　⑤ ㄷ, ㄹ

> 25593-0162

**04** 다음은 교사가 수업 시간에 제시한 수업 자료이다. (가)에 들어갈 시장 실패의 유형으로 옳은 것은?

• 수업 주제: 　　　(가)　　　
• 관련 사례
 − 과거 소주를 판매하는 회사들이 경쟁을 피하기 위해 지역을 분할하여 판매한 적이 있었다. A사는 서울·경기 지역, B사는 경상남도 지역, C사는 강원도 지역에서만 판매하는 식이었다.
 − 소비자들로부터 인기를 누리는 유명 빙과 제조 회사 네 곳이 아이스크림콘 가격을 동일하게 인상하였다. 이들 기업은 아이스크림콘의 소비자 가격을 단계적으로 올리기로 사전 합의한 뒤 일시에 가격을 인상하였다.

① 긍정적 외부 효과　　　② 부정적 외부 효과
③ 독과점 문제　　　　　④ 공공재의 부족
⑤ 정보의 비대칭성

> 25593-0163

## 05 밑줄 친 '이것'에 해당하는 것만을 〈보기〉에서 고른 것은?

시장경제 체제에서 경제 주체의 합리적 선택은 시장 전체의 효율성을 높이는 데 기여한다. 그러나 경제 주체가 자신의 이익만을 극대화할 경우 사회 전체의 이익은 오히려 감소할 수 있으며, 이로 인해 시장에서 자원이 효율적으로 배분되지 못하는 상태인 이것이 발생할 수 있다.

**보기**

ㄱ. 외부 효과　　　　　　ㄴ. 독과점 문제
ㄷ. 공공재 생산 과잉　　　ㄹ. 정부의 과도한 규제

① ㄱ, ㄴ　　　　② ㄱ, ㄷ　　　　③ ㄴ, ㄷ
④ ㄴ, ㄹ　　　　⑤ ㄷ, ㄹ

**중요**

> 25593-0164

## 06 (가), (나)에 대한 설명으로 옳은 것은?

(가) 청정 지역으로 이름나 있던 마을에 ○○ 화학 공장이 들어섰다. 이후 주민들은 공장에서 배출되는 각종 유독 가스 및 미세 먼지로 인해 마당에 빨래를 널 수 없게 되었고, 호흡기 질환으로 고통을 호소하게 되었다. 그러나 공장에서는 어떠한 배상도 하지 않고 있다.

(나) 건축가 갑은 한적한 바닷가에 평소 꿈꾸던 주택을 짓고 집 주변을 가꾸기 시작했다. 갑의 노력 덕분에 마을 전체의 경관이 아름다워지고, 한적했던 바닷가 마을에 많은 관광객들이 오게 되어 상권이 형성되었다. 하지만 갑은 자신의 노력에 대한 대가가 없자 집 주변 가꾸기를 포기하려고 한다.

① (가)는 긍정적 외부 효과, (나)는 부정적 외부 효과이다.
② (가)에서 ○○ 화학의 생산 활동은 사회적 최적 수준보다 적게 이루어지고 있다.
③ (나)에서 갑의 집 주변 가꾸기 활동은 사회적 최적 수준보다 많이 이루어지고 있다.
④ (나)에서 정부는 보조금 지급을 통해 갑의 집 주변 가꾸기 활동을 독려할 수 있다.
⑤ (가), (나) 모두 자원이 정부에 의해 효율적으로 배분되는 사례에 해당한다.

> 25593-0165

## 07 다음 내용을 통해 알 수 있는 사실만을 〈보기〉에서 고른 것은?

소비자들이 동물 실험을 통해 생산된 화장품에 대해 구매를 거부한다면, 기업의 입장에서는 해당 화장품이 이윤 추구에 도움이 된다고 해도 이를 계속 생산하고 판매하는 데 부담을 느끼게 된다. 결국 동물 실험을 하지 않으면서도 유해하지 않은 성분으로만 만들어진 화장품을 생산하기 위해 노력하게 될 것이다.

**보기**

ㄱ. 기업은 사익보다 공익을 앞세워야 한다.
ㄴ. 합리적 소비의 중요성은 점점 줄어들고 있다.
ㄷ. 윤리적 소비는 기업의 생산 방식도 바꿀 수 있다.
ㄹ. 소비자 주권을 통해 시장경제에서 발생할 수 있는 문제를 해결할 수 있다.

① ㄱ, ㄴ　　　　② ㄱ, ㄷ　　　　③ ㄴ, ㄷ
④ ㄴ, ㄹ　　　　⑤ ㄷ, ㄹ

> 25593-0166

## 08 다음 글에서 강조하고 있는 독일이 경제 위기를 극복할 수 있었던 조건으로 가장 적절한 것은?

2008년 세계 금융 위기 당시 독일 사회는 노동자를 해고하는 방식 대신 해고를 최소화하고 일하는 시간을 줄이는 방안을 선택했다. 이로 인해 노동자와 그 가족들의 구매력이 상당 부분 유지되어 비교적 순탄하게 경기를 회복할 수 있었다. 독일에서는 기업이 중요한 의사 결정을 할 때 노동자들의 동의를 받아야 하며, 노사가 함께 결정한 사안에 대해서는 책임도 함께 진다.

① 기업은 효율성 극대화를 최우선으로 해야 한다.
② 노동자와 사용자는 동반자 의식을 가져야 한다.
③ 인건비 절감과 기술 혁신을 통한 생산성 증대가 필수적이다.
④ 기업의 존립보다는 노동자의 생활 안정을 우선 고려해야 한다.
⑤ 효율성을 높이기 위해 기업의 의사 결정 과정에서 노동자를 배제해야 한다.

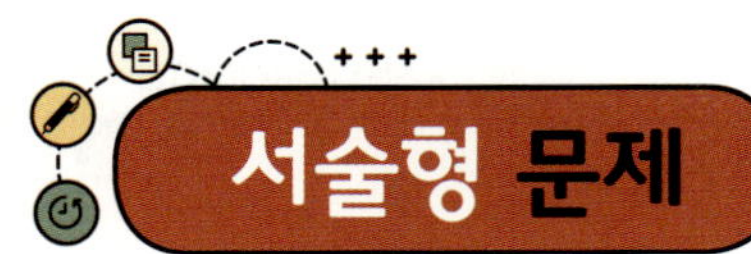

## 서술형 문제

### Step1 핵심 키워드 파악하기

> 25593-0167

**01** 다음 자료를 읽고, 갑의 각 제품 구입에 대한 기회비용이 얼마인지 쓰고, 어떤 제품을 구입하는 것이 합리적인지 '순편익'을 언급하여 서술하시오.

> 티셔츠를 사려고 하는 갑은 ○○ 브랜드의 제품과 △△ 브랜드의 제품 중 한 제품을 구입하려고 고민 중이다. 표는 각 브랜드별 편익과 가격을 나타낸다.
>
> (단위: 원)
>
> | 구분 | ○○ 브랜드 | △△ 브랜드 |
> | --- | --- | --- |
> | 편익 | 50,000 | 25,000 |
> | 가격 | 40,000 | 20,000 |

**예시 답안** ○○ 브랜드를 구입할 때의 기회비용은 ( ) = 명시적 비용( ) + 암묵적 비용( )이고, △△ 브랜드를 구입할 때의 기회비용은 ( ) = 명시적 비용 ( ) + 암묵적 비용( )이다. ○○ 브랜드를 구입할 때의 순편익이 ( )(으)로 양(+)의 값이므로 갑은 ( )을/를 구입하는 것이 합리적이다.

> 25593-0168

**02** 다음 글에 나타난 시장 실패의 유형을 쓰고, 그 의미를 서술하시오.

> 중고차 시장에서 좋은 품질의 중고차를 가진 판매자는 중고차를 낮은 가격에 판매하지 않으려고 한다. 한편, 소비자는 중고차에 대한 정보가 부족해 품질을 정확히 알 수 없기 때문에 중고차를 낮은 가격에 구매하려고 한다. 그 결과, 중고차 시장에서는 좋은 품질의 중고차는 거래되지 않고 대부분 낮은 품질의 중고차가 거래되는 자원의 비효율적 배분이 나타난다.

**예시 답안** 제시문에 나타난 시장 실패의 유형은 ( )이다. 이는 소비자와 판매자가 가진 ( )의 양과 질이 달라 ( )이/가 이루어지지 않는 현상을 말한다.

### Step2 스스로 답안 작성하기

> 25593-0169

**03** (1) (가), (나)에 나타난 외부 효과의 유형을 쓰고, (2) 해당 외부 효과를 개선하기 위한 정부의 대책을 각각 서술하시오.

> (가) 겨울철에 독감 환자가 마스크를 구매하여 착용하는 행위는 타인의 감염을 방지하는 효과가 있지만 타인들로부터 대가를 받을 수 없어 사회적 최적 수준만큼 이루어지지 않는다.
>
> (나) 생산 과정에서 발생한 오염 물질을 정화하지 않고 배출하는 행위는 생태계와 타인에게 피해를 주지만 피해를 본 타인들에게 대가를 지불하지 않으므로 사회적 최적 수준만큼 이루어지지 않는다.

(1)

(2)

> 25593-0170

**04** 다음 자료에 나타난 현상이 시장 실패에 해당하는 이유와 이를 개선하기 위한 정부의 역할은 무엇인지 300자 이내로 서술하시오.

> 25593-0171

**01** 다음 자료에 대한 옳은 설명만을 〈보기〉에서 고른 것은?

갑국은 사용 가능한 예산의 범위 내에서 정책을 추진하려고 한다. 선택 가능한 정책으로는 A, B가 있다. 표는 A, B 정책 집행 시 소요 예산과 이로 인해 얻을 수 있는 편익의 크기를 나타낸 것이다.

(단위: 억 원)

| 구분 | 소요 예산 | 편익 |
|---|---|---|
| A 정책 | 500 | 550 |
| B 정책 | 400 | 500 |

┤ 보기 ├

ㄱ. A 정책을 선택할 경우 기회비용은 500억 원이다.
ㄴ. A 정책 선택에 따른 순편익은 음(−)의 값을 갖는다.
ㄷ. B 정책 선택에 따른 암묵적 비용은 50억 원이다.
ㄹ. B 정책보다 A 정책을 선택하는 것이 합리적이다.

① ㄱ, ㄴ  ② ㄱ, ㄷ  ③ ㄴ, ㄷ
④ ㄴ, ㄹ  ⑤ ㄷ, ㄹ

> 25593-0172

**02** (가)에 들어갈 기사의 제목으로 가장 적절한 것은?

○○신문 ____________________ ○○○○년 ○월 ○일

(가)

정부는 시장의 불공정 거래에 대한 감독을 시행하고, 부족한 공공 서비스를 공급하기로 하였다. 또 대기 오염 문제를 개선하기 위해 저공해 차량에 대해서는 구입 보조금을 지급하기로 하였다.

① 정부의 시장 실패 개선 대책 발표
② 정부의 시장 개입 축소 방안 제시
③ 정부의 소득 재분배 강화 정책 발표
④ 정부의 정보 비대칭성 개선 방안 발표
⑤ 정부의 시장 개입으로 오히려 문제 악화

> 25593-0173

**03** 밑줄 친 ㉠, ㉡에 대한 설명으로 옳은 것은?

• ㉠ 학위 논문은 도서관에서 특별한 대가 없이 누구나 자유로이 열람할 수 있다. 또한 니가 나의 연구를 위해 이 논문을 사용하더라도 다른 사람이 이 논문을 사용하는 데 약간의 불편함도 끼치지 않는다.
• ㉡ 특허를 획득한 연구 결과는 연구자에게 독점적 사용권이 부여되므로 허락 없이 사용할 수 없다. 그런데 특허 획득과 무관하게 연구 결과는 많은 사람이 동시에 사용하는 데 불편함이 없다.

① ㉠은 배제성을 가진다.
② ㉠을 도로에 비유하면 '혼잡한 무료 도로'라고 할 수 있다.
③ ㉡은 무임승차자 문제를 야기할 수 있다.
④ ㉡은 ㉠과 달리 공공재의 성격을 가진다.
⑤ ㉠과 ㉡은 모두 경합성을 가지고 있지 않다.

> 25593-0174

**04** 밑줄 친 '창조적 파괴'에 해당하는 사례로 적절하지 <u>않은</u> 것은?

기업가들이 위험을 감수하면서도 새로운 생산 활동을 하는 행위는 자본주의 경제가 사회주의 경제보다 높은 생산성을 달성할 수 있는 원인이 된다. 기업가들이 새로운 경영 조직을 만들고, 새로운 시장을 개척하고, 새로운 제품을 개발하는 등의 창조적 파괴가 있어야 그들이 추구하는 이윤은 극대화되고, 또한 그 이윤은 기업가의 정당한 대가가 된다.

① 기존 수출국 외에 새로운 국가들을 상대로 수출을 확대하였다.
② 기존 제품에 대한 수요가 급증하여 생산 라인을 24시간 가동하였다.
③ 주방용품과 욕실용품을 결합한 새로운 제품을 개발하여 판매하였다.
④ 기존의 부서별 조직 체계를 새로운 팀 방식으로 구조 조정하여 개선하였다.
⑤ 친환경적 소비 흐름에 부응하여 무색소의 새로운 천연 과일 음료를 출시했다.

# 03 자산 관리와 금융 생활 설계



**◉ 정기 예금과 정기 적금**
정기 예금은 은행에 일정 기간 돈을 맡기고 계약 기간 후 맡긴 돈과 그에 대한 이자를 돌려받는 금융 자산이고, 정기 적금은 일정 기간 동안 정해진 기간마다 돈을 납입하고 계약 기간 후 맡긴 돈과 그에 대한 이자를 돌려받는 금융 자산이다.

**◉ 수익성과 안전성의 상충 관계**

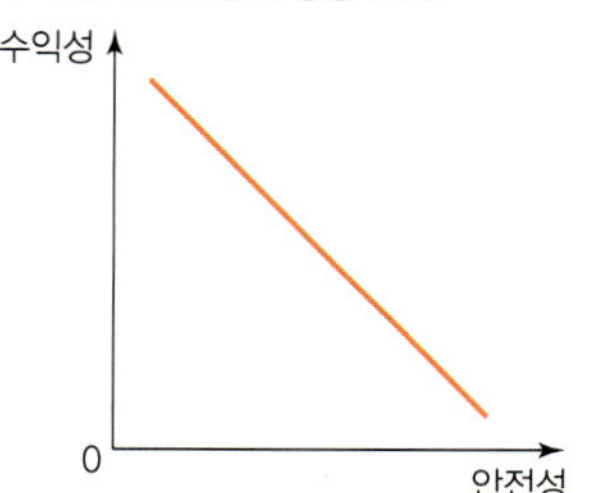



일반적으로 주식과 같이 높은 수익을 기대할 수 있는 금융 자산은 안전성이 낮고, 예금과 같이 원금 손실의 위험성이 낮은 금융 자산은 수익성이 낮다.

**◉ 재무 설계**
자신의 생애 주기별 과업을 실행하기 위해 재무 목표를 설정하고, 미래의 수입과 지출을 예상하여 과업 달성에 필요한 구체적인 계획을 세우는 과정을 말한다.

**◉ 중앙은행의 기준 금리 조절을 통한 경기 대응**
경기가 과열될 경우 중앙은행은 이에 대응하기 위해 기준 금리를 인상한다. 이는 가계의 소비와 기업의 투자를 줄여 경기가 진정되는 데 도움을 준다. 반면 경기가 침체될 경우 중앙은행은 기준 금리를 인하한다. 이는 가계의 소비와 기업의 투자를 늘려 경기가 부양되는 데 도움을 준다.

## 1 금융 자산 관리와 금융 생활 설계

### 1. 금융 자산의 종류 자료① 자료②

| | |
|---|---|
| 예금 | • 약속된 이자를 받기로 하고 금융 회사에 돈을 맡기는 금융 자산<br>• 종류: 저축성 예금(정기 예금, 정기 적금), 요구불 예금<br>• 특징: 안전성은 높으나 수익성이 낮음 |
| 주식 | • 주식회사가 경영 자금 확보를 위해 투자자의 지분을 표시하여 발행하는 증서<br>• 특징: 주식 시장의 상황에 따라 주식 가격 변동 가능, 주식 매매에 따른 시세 차익 및 배당 수익 기대 가능, 수익성은 높으나 안전성이 낮음 |
| 채권 | • 정부나 기업 등이 미래에 일정한 이자를 지급할 것을 약속하고 투자자로부터 돈을 빌린 후 제공하는 증서<br>• 특징: 정해진 기간 후 이자와 원금을 돌려받을 수 있음, 채권 매매에 따른 시세 차익 및 이자 수익 기대 가능, 주식보다 안전성이 높음 |

└ 입출금이 자유로운 예금(예) 보통 예금)

└ 주식회사가 회사 경영을 통해 얻은 수익 가운데 일부를 지분에 따라 주주들에게 나누어 주는 것

### 2. 자산 관리의 기본 원칙

| | |
|---|---|
| 안전성 | • 투자한 금융 자산의 가치가 보호될 수 있는 정도<br>• 특징: 안전성이 높을수록 수익성이 낮아짐 |
| 수익성 | • 금융 자산의 가격 상승이나 이자 수익을 기대할 수 있는 정도<br>• 특징: 수익성이 높을수록 안전성이 낮아짐 |
| 유동성 | • 보유하고 있는 자산을 쉽게 현금으로 전환할 수 있는 정도<br>• 특징: 유동성이 낮을 경우 현금으로의 전환이 어려움 |

└ 환금성이라고도 한다.

### 3. 나의 미래를 위한 금융 생활 설계 자료③

(1) **금융 생활 설계(재무 설계)의 필요성**: 제한된 소득을 활용하여 현재의 생활을 유지하고, 안정적인 미래를 설계하는 데 도움을 줌

(2) **금융 생활 설계(재무 설계)의 과정**: 재무 목표 설정 → 재무 상태 분석 → 재무 계획 수립 → 재무 계획 실행 → 평가 및 수정

## 2 경제적·정치적·사회적 환경 변화와 금융 의사 결정

### 1. 경제적 환경의 변화

(1) **일자리 시장이 안정적(불안정적)이고 소득이 증가(감소)할 경우**: 개인은 소비와 저축, 투자를 늘림(줄임)

(2) **정부가 세율을 인상(인하)하거나 중앙은행이 기준 금리를 인상(인하)할 경우**: 개인은 소비와 투자를 줄임(늘림)

### 2. 정치적·사회적 환경의 변화

(1) **전쟁, 테러 등으로 국내외의 정치 상황이 불안정할 경우**: 안전성이 높은 금융 자산에 대한 선호가 높아짐

(2) **환경에 대한 관심 증대로 친환경 제품에 대한 수요가 증가할 경우**: 관련 기업의 실적이 좋아질 것으로 예상하여 해당 기업에 대한 투자가 늘어남

## 자료 ① 예금자 보호 제도

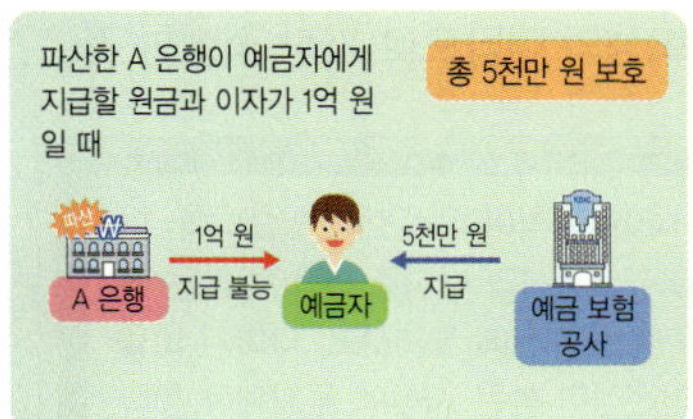


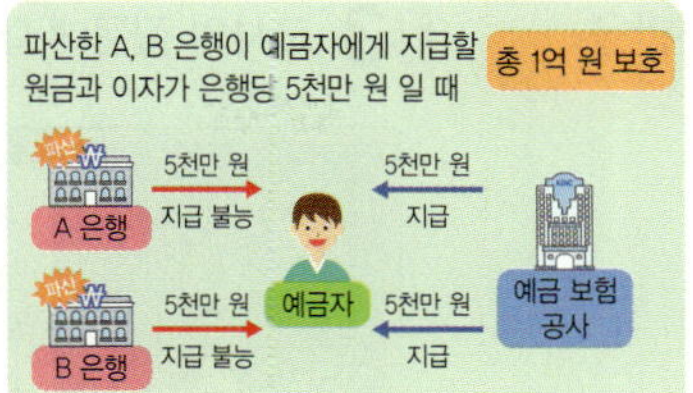


예금자 보호 제도는 금융 기관이 영업 정지, 파산 등으로 예금자에게 예금을 지급하지 못하게 될 때 예금 보험 공사가 예금자에게 예금 보험금을 지급하는 제도이다. 예금 보험 공사는 평소에 금융 기관으로부터 예금 보험료를 받아 기금을 적립하였다가 금융 기관이 예금을 지급할 수 없게 되면 일정 금액의 한도 내에서 예금 보험금을 지급한다. 예금자 보호는 금융 기관별로 각각 적용되며, 예금 보험금은 동일 금융 기관 내에서 원금과 이자를 합하여 1인당 최대 5천만 원까지 지급된다.(2024년 기준)

## 자료 ② 다양한 금융 자산: 펀드, 보험, 연금

수익 극대화보다 사고에 따른 손실 최소화를 주목적으로 한다.

국민연금처럼 국가가 운영하는 연금과 개인연금처럼 개인이 자율적으로 가입하는 연금으로 구분할 수 있다.

| 펀드 | 보험 | 연금 |
|---|---|---|
| 금융 기관에 돈을 맡겨서 대신 투자하도록 하는 금융 자산으로, 예금 상품보다 높은 수익을 기대할 수는 있으나 자산 운용의 결과 원금 손실이 발생할 수 있음 | 장래에 예상되는 위험을 보험 회사에 전가하는 대가로 보험료를 납부하는 상품으로 사망, 상해 등의 위험을 대상으로 하는 생명 보험, 재산적 손해 등을 대상으로 하는 손해 보험 등이 있음 | 노후 생활의 안정을 위해 필요한 자금을 적립하여 노령, 퇴직 등의 사유가 발생했을 때 약속된 금액을 지급받는 금융 자산 |

대표적인 금융 자산에는 예금, 채권, 주식 외에도 펀드, 보험, 연금 등이 있다.

## 자료 ③ 생애 주기별 수입과 지출 곡선

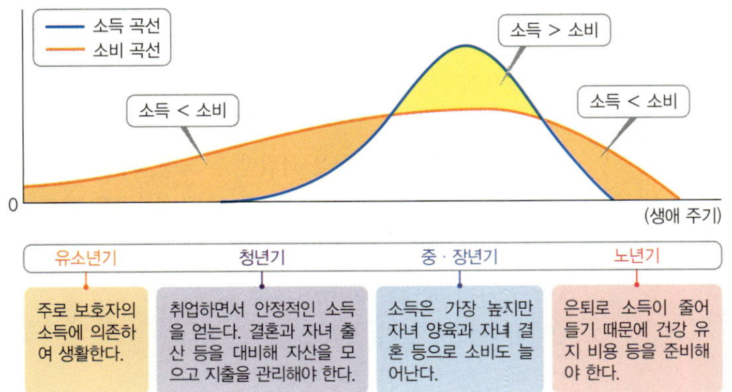


인생에서 일정 시기가 되면 주택 마련, 결혼 자금, 자녀 교육, 노후 설계 자금 등 다양한 목적에 쓸 돈이 필요하다. 따라서 생애 주기별 과업에 따라 금융 생활을 설계하는 것이 중요하다.

---

## ✔ 개념 체크 문제

• 정답 43쪽

### ○✖ 표시하기

❶ 채권과 주식 모두 시세 차익을 기대할 수 있다. (　　)

❷ 안전성은 현금이 필요할 때 그 자산을 쉽게 현금화할 수 있는 정도를 말한다. (　　)

❸ 일반적으로 수익성이 높은 금융 자산일수록 안전성이 낮다. (　　)

❹ 예금은 주식에 비해 유동성이 낮다. (　　)

❺ 주식은 예금, 채권에 비해 수익성이 높다. (　　)

### 적절한 말 고르기

❻ 소득이 감소할 경우 개인은 이에 따라 소비를 ( 늘리는, 줄이는 ) 경향이 있다.

❼ 정부가 세율을 인상할 경우 개인은 이에 따라 금융 상품에 대한 투자를 ( 늘리는, 줄이는 ) 경향이 있다.

❽ 중앙은행이 기준 금리를 인상할 경우 개인은 이에 따라 소비를 ( 늘리는, 줄이는 ) 경향이 있다.

### 빈칸 채우기

❾ (　　　)은/는 주식회사가 회사 경영을 통해 얻은 수익 가운데 일부를 주식 소유자에게 지분에 따라 나누어 주는 것이다.

❿ (　　　)은/는 가입자가 장래에 예상되는 위험을 금융 회사에 전가하는 대가로 일정 기간 동안 일정액을 내는 금융 자산이다.

⓫ (　　　)은/는 노후 생활의 안정을 위해 필요한 자금을 적립하여 사유가 발생했을 때 약속된 금액을 받는 금융 자산이다.

⓬ (　　　)은/는 생애 주기에 따른 소득과 소비를 곡선 형태로 나타낸 것을 말한다.

### <보기>에서 고르기

보기
ㄱ. 정기 예금　　ㄴ. 주식　　ㄷ. 채권

⓭ 금융 기관에 자금을 예치하고 이자를 받는 금융 상품은? (　　)

⓮ 배당 수익을 기대할 수 있는 금융 자산은? (　　)

⓯ 정부나 기업이 자금 조달을 위해 돈을 빌린 후 제공하는 증서는? (　　)

**01** › 25593-0175

(가), (나)에 들어갈 수 있는 금융 자산의 분류 기준만을 〈보기〉에서 고른 것은?

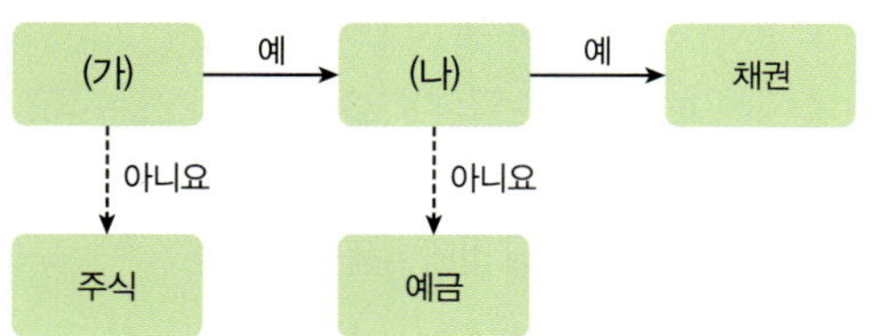


┃ 보기 ┃

ㄱ. 배당 수익을 기대할 수 있는가?
ㄴ. 시세 차익을 기대할 수 있는가?
ㄷ. 이자 수익을 기대할 수 있는가?
ㄹ. 예금자 보호 제도의 적용을 받는가?

| | (가) | (나) | | (가) | (나) |
|---|---|---|---|---|---|
| ① | ㄱ | ㄷ | ② | ㄷ | ㄴ |
| ③ | ㄹ | ㄱ, ㄴ | ④ | ㄱ, ㄹ | ㄷ |
| ⑤ | ㄷ, ㄹ | ㄱ, ㄴ | | | |

**02** › 25593-0176

(가), (나)에 들어갈 내용으로 옳은 것은?

> 자산 관리 시 기본적으로 고려해야 할 세 가지 요소 중 __(가)__ 은 투자한 자산의 가치가 보전될 수 있는 정도를 의미하며, __(나)__ 은 투자한 자산의 가치 상승이나 이자 수익을 기대할 수 있는 정도를 의미한다. 일반적으로 __(가)__ 와 __(나)__ 은 상충 관계에 있다.

| | (가) | (나) |
|---|---|---|
| ① | 유동성 | 수익성 |
| ② | 유동성 | 안전성 |
| ③ | 안전성 | 유동성 |
| ④ | 안전성 | 수익성 |
| ⑤ | 수익성 | 유동성 |

**03** › 25593-0177

교사의 질문에 대한 학생의 대답으로 가장 적절한 것은?

① 갑: 더 많은 수익을 올리기 위해 부채를 적극 활용해야 해요.
② 을: 나이가 많아질수록 예금보다 주식 투자의 비율을 늘려야 해요.
③ 병: 소비보다 소득이 많은 사람은 고수익 상품의 투자 비율을 늘려야 해요.
④ 정: 나이가 30세인 사람의 경우 70%를 예금과 같은 자산에 투자해야 해요.
⑤ 무: 퇴직한 60대는 직장 생활을 시작한 30대보다 자산 관리 시 안전성을 더 중시해야 해요.

**04** › 25593-0178

금융 자산 A~C의 일반적인 특징에 대한 설명으로 옳은 것은? (단, A~C는 각각 보험, 연금, 펀드 중 하나임.)

> A: 상품 가입자가 장래에 예상되는 위험을 금융 기관에 전가하는 금융 자산
> B: 투자자에게서 자금을 모아 전문가가 대신 운용하도록 하는 금융 자산
> C: 노후 생활을 위해 자금을 적립한 후 노령, 퇴직 등의 사유가 발생했을 때 일정한 금액을 지급받는 금융 자산

① A는 수익의 극대화를 목적으로 한다.
② A의 유형으로 정기 적금을 들 수 있다.
③ B는 예금보다 수익성이 낮다.
④ B에 투자할 경우 원금 손실이 발생할 수 있다.
⑤ C에 투자할 경우 물가 상승에 의한 자산 가치 하락 가능성이 없다.

> 25593-0179

## 05 밑줄 친 ㉠~㉣에 대한 옳은 설명만을 〈보기〉에서 고른 것은?

> 갑: 너는 나중에 어떻게 자산을 관리할 계획이니?
> 을: ㉠ 주식이나 ㉡ 채권을 구입할 생각이야.
> 갑: 주식 투자보다 은행에 ㉢ 예금을 하는 방법이 좋지 않아?
> 을: ㉣ 은행 예금보다는 주식 보유가 유리한 상황이 지속될 것이라는 예측이 우세해.

┌ 보기 ┐
ㄱ. ㉠은 시세 차익을 기대할 수 있다.
ㄴ. 주가가 계속 올라가는 상황은 ㉣에 해당한다.
ㄷ. ㉠과 ㉡ 모두 이자 수익을 목적으로 한다.
ㄹ. 수익성보다 안전성을 추구한다면 ㉢보다 ㉠을 보유하는 것이 유리하다.

① ㄱ, ㄴ　　　② ㄱ, ㄷ　　　③ ㄴ, ㄷ
④ ㄴ, ㄹ　　　⑤ ㄷ, ㄹ

> 25593-0180

## 06 (가)~(마)를 재무 설계의 과정에 따라 순서대로 나열한 것은?

> (가) 자신의 재무 상태와 이용 가능한 자산을 파악한다.
> (나) 재무 목표의 우선순위와 자금 마련 계획 등을 수립한다.
> (다) 자신의 가치관과 삶의 목표 등을 고려해 단기, 장기 재무 목표를 설정한다.
> (라) 재무 목표 달성을 위해 계획을 실행한다. 자기 통제와 적절한 융통성이 필요하다.
> (마) 목표 달성 정도를 평가하고, 달성하지 못했을 경우 문제점을 파악하여 수정한다.

① (가)-(나)-(다)-(라)-(마)
② (나)-(다)-(라)-(가)-(마)
③ (다)-(가)-(나)-(라)-(마)
④ (다)-(마)-(가)-(나)-(라)
⑤ (마)-(가)-(나)-(라)-(다)

> 25593-0181

## 07 밑줄 친 ㉠에 해당하는 학생은?

> 교사: 개인의 금융 의사 결정 과정에서는 금리와 같은 거시적 변화 요인을 고려할 필요가 있습니다. 시중 금리가 상승할 경우 일반적으로 나타날 수 있는 개인의 금융 의사 결정에는 무엇이 있을까요?
> 갑: 예금이나 채권 등에 대한 선호가 높아집니다.
> 을: 주택과 같은 부동산을 구입하는 경우가 증가하게 됩니다.
> 병: 주식과 같이 위험성 높은 자산에 대한 투자가 증가합니다.
> 정: 대출 이자 부담이 작아지므로 새로 대출을 얻는 사람들이 증가합니다.
> 무: 여유 자금을 은행에 맡기기보다 현금으로 보관하는 경우가 많아집니다.
> 교사: ㉠ 한 학생만 옳은 대답을 하였습니다.

① 갑　　② 을　　③ 병　　④ 정　　⑤ 무

> 25593-0182

## 08 다음 자료의 (가)~(다)에 들어갈 용어로 옳은 것은?

> 환율은 서로 다른 두 나라 화폐의 교환 비율을 말한다. 예를 들어 환율이 1달러당 1,000원이라는 것은 미국 화폐 1달러를 사는 데 우리나라 화폐로 1,000원이 든다는 뜻이다. 만약 환율이 1달러당 1,000원에서 1,200원으로 상승할 경우 이는 달러화 대비 원화 가치가 　(가)　했음을 의미한다. 이러한 환율 변동은 개인의 금융 의사 결정에 큰 영향을 미친다. 원/달러 환율이 　(나)　하면 1달러로 바꿀 수 있는 원화가 　(다)　하므로 미국 주식에 투자한 사람은 미국 주식 가격에 변동이 없더라도 주식을 매도하여 원화로 환산하면 이익을 볼 수 있다.

|   | (가) | (나) | (다) |
|---|------|------|------|
| ① | 하락 | 하락 | 증가 |
| ② | 하락 | 상승 | 증가 |
| ③ | 하락 | 상승 | 감소 |
| ④ | 상승 | 상승 | 증가 |
| ⑤ | 상승 | 하락 | 감소 |

# 서술형 문제

## Step1  핵심 키워드 파악하기

> 25593-0183

**01** 밑줄 친 ㉠, ㉡이 개인의 금융 의사 결정에 미치는 영향을 서술하시오.

> 실업이나 인플레이션 등과 같은 경제적 환경의 변화는 개인의 수입과 지출은 물론 금융 의사 결정에도 영향을 미친다. 또한 ㉠ 정부의 세율 변동, ㉡ 중앙은행의 기준 금리 변화와 같은 경제적 환경의 변화는 개인의 수입과 지출은 물론 금융 의사 결정에도 영향을 미친다.

**예시 답안** 정부가 세율을 (        )하면 개인은 소비와 투자를 줄이고, 세율을 (        )하면 소비와 투자를 늘린다. 또한 중앙은행이 기준 금리를 (        )하면 개인은 저축을 늘리고, 기준 금리를 (        )하면 저축을 줄인다.

> 25593-0184

**02** 다음 자료를 읽고, (1) (가)에 해당하는 제도를 쓰고, (2) (나), (다)에 들어갈 내용을 서술하시오.

> ○○ 금융 교실
>
> Q. _____(가)_____ 은/는 무엇입니까?
> A. 금융 기관이 예금을 지급할 수 없게 되었을 때 예금 보험 공사가 금융 기관을 대신하여 해당 고객의 예금을 지급하는 제도입니다.
> Q. 은행에서 판매하는 연 이자율 4%의 정기 예금에 5,000만 원을 예치했는데, 원금과 이자는 얼마까지 보호받을 수 있습니까?
> A. _____(나)_____
> Q. 은행에서 판매하는 펀드에 1,000만 원을 투자한 경우 얼마까지 보호받을 수 있습니까?
> A. _____(다)_____

(1) (가) – (                )

(2) **예시 답안** (나) – (        )와/과 소정의 (        )을/를 합하여 금융 기관별 (        )당 (        ) 원까지만 보호되므로 (        ) 원을 초과하는 금액은 보호되지 않습니다.
(다) – 펀드는 (        )의 적용 대상이 아니므로 은행에서 판매하는 펀드에 1,000만 원을 투자한 경우 투자금은 (        ).

## Step2  스스로 답안 작성하기

> 25593-0185

**03** (1) (가), (나)에 들어갈 자산 관리의 원칙과 그 의미를 서술하고, (2) 금융 자산의 (가)와 (나) 간 관계에 대해 서술하시오.

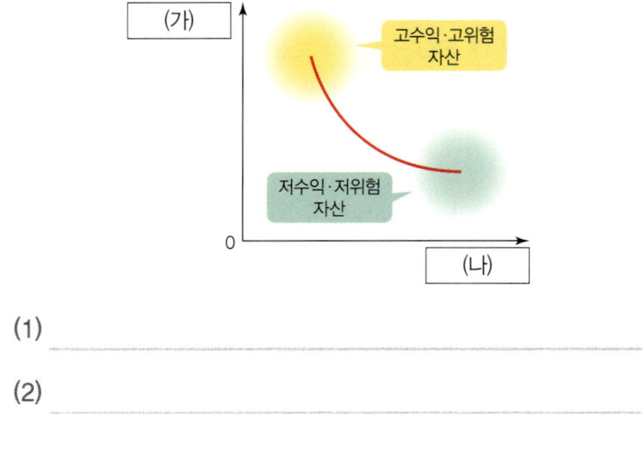


(1)

(2)

> 25593-0186

**04** (가), (나)에 해당하는 용어를 쓰고, 갑국 정부의 정책이 A의 면적에 미치는 영향을 (가)와 (나)를 사용하여 200자 이내로 서술하시오.

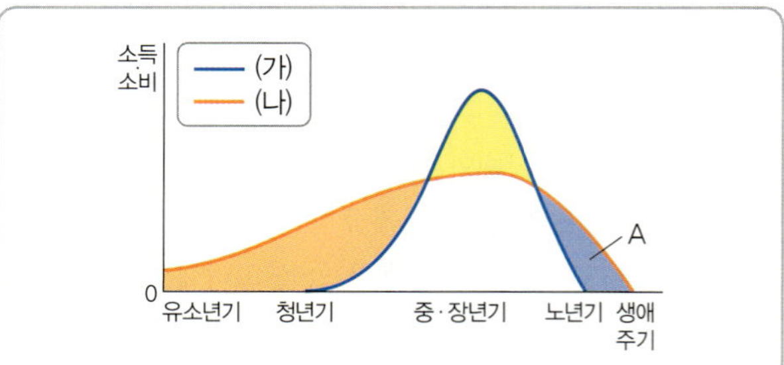


> 갑국 정부는 65세 이상 노인들의 지출에서 가장 큰 비중을 차지하는 항목인 의료비에 대한 부담을 경감하기 위해 소득에 관계 없이 65세 이상 노인의 의료비를 전액 지원할 계획이다. 또한 65세 이상의 모든 노인들에게 매달 100만 원씩 기초 연금을 지급할 예정이다.

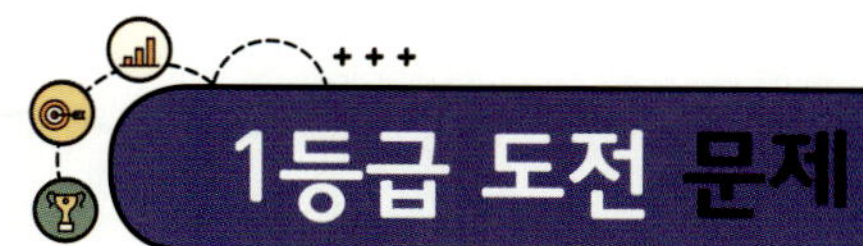

# 1등급 도전 문제



**01** 다음 자료에 대한 옳은 설명만을 〈보기〉에서 고른 것은?

> 25593-0187

다음은 신제품 연구 개발을 위해 갑 기업이 수행한 의사 결정 과정을 나타낸다. 단, A와 B는 각각 주식과 채권 중 하나이다.

| 상황 분석 |
| --- |
| 은행 대출에 의한 자금 조달이 어려워져 A, B 중 하나의 방법을 통해 직접 자금을 조달하기로 함 |

⇩

| 결정 사항 |
| --- |
| A를 통해 자금을 조달할 경우 그에 대한 이자 지급으로 인해 회사 재무 관리에 어려움이 있어, 배당 수익을 기대할 수 있는 B를 통해 자금을 조달하기로 함 |

**◀ 보기 ▶**

ㄱ. 발행 기관의 신용도가 높을수록 A의 금리가 높다.
ㄴ. 일반적으로 A는 B에 비해 수익성이 낮다.
ㄷ. B는 A와 달리 만기가 존재한다.
ㄹ. 일반적으로 B는 A에 비해 안전성이 낮다.

① ㄱ, ㄴ  　② ㄱ, ㄷ  　③ ㄴ, ㄷ
④ ㄴ, ㄹ  　⑤ ㄷ, ㄹ

**02** 표는 자산 관리의 원칙 A~C를 나타낸다. 이에 대한 설명으로 옳은 것은? (단, A~C는 각각 수익성, 안전성, 유동성 중 하나임.)

> 25593-0188

| A | 투자 자산의 가치가 줄어들지 않도록 안전한 형태로 보호해야 한다는 원칙 |
| --- | --- |
| B | 보유 자산으로부터 최대한 높은 수익을 얻어야 한다는 원칙 |
| C | (가) |

① 일반적으로 주식은 채권에 비해 A가 높다.
② 일반적으로 요구불 예금은 저축성 예금에 비해 B가 높다.
③ 예금자 보호 제도는 C를 높이는 수단이 된다.
④ 고위험을 감수하더라도 고수익을 추구하는 투자자는 B보다 A가 높은 금융 자산을 선호할 것이다.
⑤ (가)에는 '보유 자산을 쉽게 현금으로 바꿀 수 있어야 한다는 원칙'이 들어갈 수 있다.

**03** 다음 자료에 대한 옳은 설명만을 〈보기〉에서 있는 대로 고른 것은? (단, A~C는 각각 정기 예금, 주식, 채권 중 하나임.)

> 25593-0189

| 구분 | A | B | C |
| --- | --- | --- | --- |
| 일반적으로 만기가 존재하는가? | 아니요 | 예 | 예 |
| 예금자 보호 제도의 적용을 받는가? | 아니요 | 아니요 | 예 |
| (가) | ㉠ | ㉡ | ㉢ |

**◀ 보기 ▶**

ㄱ. A는 배당 수익을 기대할 수 있다.
ㄴ. 일반적으로 B는 A보다 수익성이 높다.
ㄷ. (가)가 '이자 수익을 기대할 수 있는가?'라면 ㉠과 ㉡은 '아니요', ㉢은 '예'이다.
ㄹ. ㉠과 ㉡이 '예', ㉢이 '아니요'라면 (가)에는 '시세 차익을 기대할 수 있는가?'가 들어갈 수 있다.

① ㄱ, ㄴ  　② ㄱ, ㄹ  　③ ㄴ, ㄷ
④ ㄱ, ㄷ, ㄹ  　⑤ ㄴ, ㄷ, ㄹ

**04** 그림은 갑의 생애 주기에 따른 소득과 소비의 변화를 나타낸다. 이에 대한 설명으로 옳은 것은?

> 25593-0190

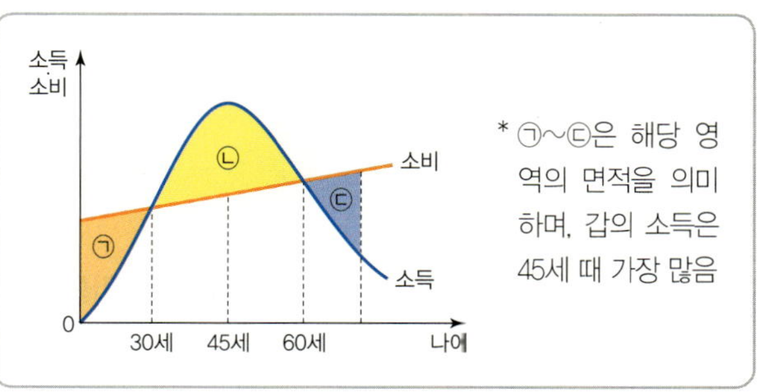


① 30세와 60세에는 갑의 누적 저축액이 영(0)이다.
② 30세 이후부터 45세 이전까지 갑의 소비 증가율은 소득 증가율보다 낮다.
③ 45세 이후부터 60세 이전까지 갑의 누적 저축액은 감소한다.
④ 45세 이후에는 나이가 많아질수록 소득 대비 소비의 비율이 감소한다.
⑤ '㉡ > ㉠+㉢'이라면 갑은 60세 이후 노후 생활 자금을 마련하기 위해 부채를 얻어야만 한다.

# 04 국제 분업과 무역



**○ 특화**

| 의미 | 자신이 가지고 있는 생산 요소를 특정 재화나 서비스 생산에 집중하는 것 |
| --- | --- |
| 효과 | 생산성을 높여 자급자족 방식보다 자원을 효율적으로 활용 가능 |

**○ 기회비용과 비교 우위**

기회비용은 특정 재화의 생산을 위해 포기해야 하는 것의 가치이며, 각국은 다른 국가에 비해 기회비용이 작은 재화의 생산에 비교 우위를 가진다.

**○ 자유 무역 협정(FTA)**

국가 간 상품의 자유로운 이동을 위해 무역 장벽을 완화하거나 제거하는 협정을 말한다.

**○ 지속가능한 생산**

친환경 생산 기술을 개발하고, 제품 사용 후에 재활용이 가능하도록 설계하는 등 상품 생산 과정에서 환경에 미치는 영향을 최소화하여 생산하는 것을 말한다.

## 1 국제 분업과 무역의 필요성

### 1. 국제 분업과 무역

| 무역 | 각 나라가 자신들이 생산한 재화와 서비스를 다른 나라와 사고파는 국제 거래 |
| --- | --- |
| 국제 분업 | 각 나라가 무역에 유리한 것을 특화하여 생산하는 것 → 특화하여 무역하면 교역 참여국 모두 더 많은 이익을 얻을 수 있음 |

### 2. 국제 분업 및 무역이 필요한 이유

(1) 국가마다 보유한 생산 요소의 종류와 양이 다름
　① 자연환경의 차이: 국가에 따라 기후, 지형 등이 다름
　② 보유 자원의 차이: 국가에 따라 보유한 자원의 양과 질이 다름
　③ 사회적 조건의 차이: 인구, 교육 수준, 경제 규모 등의 차이 → 노동, 자본 등 생산 요소, 기술 수준의 차이로 이어짐
(2) 보유한 생산 요소의 차이로 같은 종류의 상품을 생산하더라도 국가마다 생산비의 차이가 발생함

### 3. 절대 우위와 비교 우위　자료①

| 절대 우위 | 비교 우위 |
| --- | --- |
| • 의미: 특정한 상품을 생산하는 비용이 다른 나라보다 적은 경우<br>• 무역의 발생: 다른 나라에 비해 절대 우위를 가진 상품을 생산하여 수출하고, 다른 나라에 비해 절대 우위가 없는 상품을 수입함 | • 의미: 특정한 상품을 생산하는 기회비용이 다른 나라보다 작은 경우<br>• 무역의 발생: 한 나라가 다른 나라에 비해 기회비용이 작은 상품을 생산하여 수출하고, 기회비용이 큰 상품을 수입함<br>• 의의: 한 나라가 모든 상품에 절대 우위를 가진 경우의 국제 무역을 설명할 수 있음 |

## 2 지속가능발전에 기여하는 국제 무역의 방안

### 1. 오늘날 국제 무역의 흐름　자료②

(1) 교통·통신 수단 발달로 인해 재화, 서비스, 노동, 자본, 기술이 자유롭게 이동
(2) 자유 무역의 실현을 목표로 하는 세계 무역 기구(WTO) 출범 및 자유 무역 협정(FTA) 체결의 확대 → 무역에 대한 규제 완화로 국제 무역의 규모 확대

　세계의 교역 증진과 경제 발전을 목적으로 설립된 국제기구

(3) 자유 무역의 한계로 인해 보호 무역을 강화하는 국가의 등장

### 2. 지속가능발전을 위한 국제 무역의 방안

(1) 지속가능한 소비 및 생산을 촉진하기 위한 국제 사회의 노력 필요

　환경과 사회에 미치는 영향를 고려하여 상품을 소비 및 생산하는 것

(2) 친환경 기술에 대한 연구 개발 확대
(3) 선진국의 기술 이전 및 협력을 통한 개발 도상국 지원
(4) 국가 간 경제적 불평등 해결 및 공정 무역 촉진

## 자료 ① 절대 우위와 비교 우위

〈자료1〉은 갑국과 을국의 상품별 하루 최대 생산량을, 〈자료2〉는 갑국과 을국의 각 재화 1단위 생산의 기회비용을 나타낸다. 단, 갑국과 을국 모두 생산 요소는 노동뿐이며, 노동의 양과 1일 생산 시간은 갑국과 을국이 같다.

〈자료 1〉 갑국과 을국의
상품별 하루 최대 생산량

| 구분 | 물고기 | 열매 |
|------|--------|------|
| 갑국 | 15마리 | 24개 |
| 을국 | 12마리 | 9개 |

물고기 생산과 열매 생산 모두에 절대 우위를 가짐

〈자료 2〉 갑국과 을국의
각 재화 1단위 생산의 기회비용

열매 생산에 비교 우우를 가짐

| 구분 | 물고기 | 열매 |
|------|--------|------|
| 갑국 | 열매 8/5개 | 물고기 5/8마리 |
| 을국 | 열매 3/4개 | 물고기 4/3마리 |

물고기 생산에 비교 우위를 가짐

〈자료1〉에 따르면 갑국은 물고기 생산과 열매 생산 모두에 절대 우위를 가진다. 한편 〈자료 2〉에 따르면 물고기 1마리를 잡기 위해 갑국은 열매 8/5개, 을국은 열매 3/4개를 포기해야 한다. 따라서 물고기 1단위 생산의 기회비용은 을국이 갑국보다 작으므로 을국은 물고기 생산에 비교 우위를 가진다. 반면, 열매 생산의 기회비용은 갑국이 을국보다 작으므로 갑국은 열매 생산에 비교 우위를 가진다. 따라서 양국은 비교 우위에 있는 상품에 특화하여 교환을 하면 무역의 이익을 얻을 수 있다. 예를 들어 갑국과 을국이 각각 하루의 1/3은 물고기 생산, 2/3는 열매 생산에 투자하여 갑국은 물고기 5마리와 열매 16개, 을국은 물고기 4마리와 열매 6개를 생산하여 소비하고 있는 상황에서 양국이 각각 하루 동안 비교 우위 상품에 특화하면 갑국은 열매 24개, 을국은 물고기 12마리를 생산할 수 있다. 이후 양국이 열매 7개오·물고기 7마리를 교환한다면 갑국은 물고기 7마리와 열매 17개, 을국은 물고기 5마리와 열매 7개를 소비할 수 있다. 즉 무역을 하지 않았을 때에 비해 갑국은 물고기 2마리와 열매 1개, 을국은 물고기 1마리와 열매 1개의 이익을 얻게 된다.

## 자료 ② 자유 무역과 보호 무역

생산 규모가 커지거나 생산량이 늘어날수록 평균 생산 비용이 하락하는 것, 자동차, 반도체 등 대규모 생산 시설이 필요한 산업에서 주로 나타난다.

| 자유 무역 | 보호 무역 |
|-----------|-----------|
| • 해외 기업과의 경쟁 과정에서 국내 산업의 경쟁력 제고, 규모의 경제 실현<br>• 비교 우위 산업의 성장에 따른 생산 증가 및 고용의 증가<br>• 특화·교환으로 전 세계적으로 생산량 극대화 및 모든 나라의 사회적 이익 증가 | • 유치산업의 경우 경쟁력 확보 시점까지 정부 차원의 보호 필요<br>• 교역 대상국에 비해 경쟁력이 약한 산업 및 기업의 보호와 실업의 예방<br>• 선진국과 개발 도상국 간의 경제 격차의 심화 방지 |

세계 무역 기구(WTO)의 설립, 자유 무역 협정(FTA) 확대 등으로 인하여 국가 간 자유 무역이 확대되고 있다. 그러나 자유 무역의 장점에도 불구하고, 자유 무역이 가진 한계점으로 인하여 관세 부과, 수입 할당제 등의 방안을 적용하는 보호 무역의 필요성도 제기되고 있다. 관세 부과는 수입품의 가격을 인상하는 방안이고, 수입 할당제는 정해진 양만 수입 가능하도록 허가함으로써 국가 간 교역을 통제하는 정책이다.

### ○✖ 표시하기

❶ 절대 우위 상품이 없는 국가에서도 비교 우위를 갖는 상품이 존재한다. ( )

❷ 국제 무역을 할 때 각국은 다른 국가에 비해 기회비용이 큰 재화의 생산에 비교 우위를 가진다. ( )

❸ 모든 상품에서 갑국이 을국보다 생산성이 높을 경우 갑국의 입장에서 굳이 을국과 교역을 할 필요가 없다고 생각하는 것은 절대 우위 원리에 따른 것이다. ( )

❹ 비교 우위에 따른 무역의 원리는 절대적인 생산비를 무역 상대국과 비교하는 것이다. ( )

❺ 경쟁력이 약한 산업의 경우 자유 무역으로 인해 위축될 수 있다. ( )

❻ 유치산업의 보호를 위해서는 자유 무역 정책이 필요하다. ( )

### 적절한 말 고르기

❼ 국제 무역의 확대는 다양한 상품이나 서비스를 낮은 가격에 소비할 수 있는 기회를 ( 증가, 감소 )시킨다.

❽ ( 절대 우위, 비교 우위 )는 어떤 기업이나 국가가 재화나 서비스를 생산할 때 다른 나라보다 낮은 생산비로 생산할 수 있는 능력을 말한다.

❾ 지속가능발전을 위해서는 국제 무역 과정에서 ( 선진국, 개발 도상국 )이 ( 선진국, 개발 도상국 )의 기술 발전을 지원할 필요가 있다.

### 빈칸 채우기

❿ ( )은/는 대량으로 생산할수록 생산할 때 들어가는 평균 생산비가 하락하는 현상을 말한다.

⓫ 국가 간에 상품, 서비스 등을 거래하는 것을 국제 거래, 즉 ( )(이)라고 한다.

⓬ 각국은 자국이 상대적으로 더 적은 생산비로 더 잘 만들 수 있는 상품에 ( )하여 상호 교환함으로써 이익을 추구한다.

⓭ 국제 분업과 무역으로 거래 당사국 모두 ( )을/를 얻을 수 있다.

**01** 그림은 국가별 주요 수출품을 나타낸다. 이처럼 국가별 수출품이 <u>다른</u> 이유로 가장 적절한 것은?

> 25593-0191

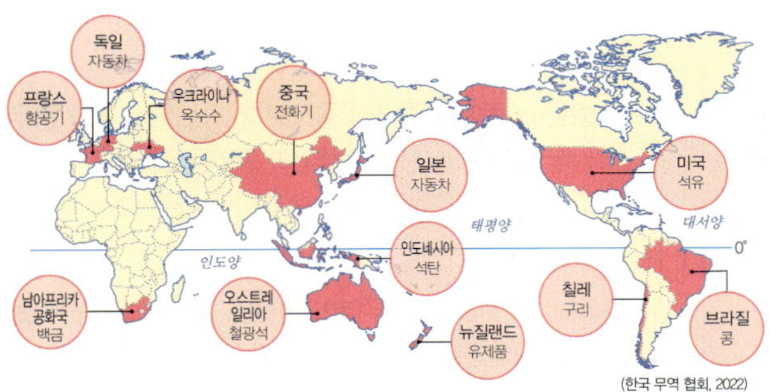


① 국가마다 제품별 생산비가 동일하다.
② 국가마다 필요한 재화를 모두 자국에서 생산한다.
③ 국가마다 자연환경과 같은 생산 조건이 동일하다.
④ 국가마다 노동, 자본 등의 사회적 조건이 일치한다.
⑤ 국가마다 더 적은 비용으로 생산할 수 있는 재화가 다르다.

**중요**

**02** 다음 자료에 대한 분석 및 추론으로 옳은 것은?

> 25593-0192

> 갑국과 을국은 노동만을 이용하여 X재와 Y재만을 생산하고, 양국은 비교 우위가 있는 재화만을 생산하여 양국 모두 이익이 발생하는 교환 비율에 따라 거래 비용 없이 양국 간에만 교역을 한다. 표는 갑국과 을국이 X재와 Y재 1개를 생산하는 데 필요한 노동자 수를 나타낸다.

| 구분 | 갑국 | 을국 |
| --- | --- | --- |
| X재 | 10명 | 4명 |
| Y재 | 5명 | 8명 |

① 갑국의 Y재 1개 생산의 기회비용은 X재 2개이다.
② X재 1개 생산의 기회비용은 갑국이 을국보다 작다.
③ 을국은 X재 생산에 절대 우위와 비교 우위를 모두 가진다.
④ X재만 생산할 경우 을국의 생산량이 갑국의 생산량보다 많을 것이다.
⑤ 양국이 교역할 경우 갑국은 X재를, 을국은 Y재를 수출할 것이다.

**03** 다음 글은 수업 시간에 교사가 어떤 경제 개념을 설명하기 위해 학생들에게 제시한 것이다. 이 글을 통해 설명하고자 하는 경제 개념으로 가장 적절한 것은?

> 25593-0193

> 경영자가 비서보다 경영 능력이 훨씬 뛰어날 뿐만 아니라 문서 작성도 더 빨리 할 수 있다고 가정해 보자. 이때 경영자는 모든 일을 비서보다 잘할 수 있지만 문서 작성은 비서를 고용하여 맡길 것이다. 왜냐하면 경영자가 문서를 작성하는 시간에 기업을 경영하면 훨씬 더 큰 이득을 얻을 수 있기 때문이다.

① 보호 무역　　② 비교 우위　　③ 자유 무역
④ 지속가능발전　　⑤ 규모의 경제

**04** 〈자료1〉은 갑국과 을국 간 국제 무역 상황을, 〈자료2〉는 국제 무역 이론을 나타낸다. 이에 대한 옳은 설명만을 〈보기〉에서 있는 대로 고른 것은?

> 25593-0194

〈자료1〉

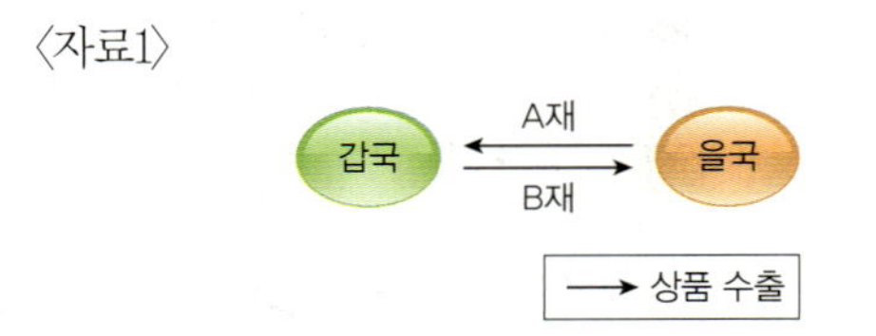


〈자료2〉
(가) 생산비가 절대적으로 싼 재화를 특화하여 교환하면 이익을 얻는다는 이론
(나) 모든 재화의 생산비가 비싸더라도 상대적으로 생산비가 싼 재화에 특화하여 교환하면 이익을 얻는다는 이론

〔 보기 〕
ㄱ. (가)에 따라 무역이 이루어졌다면 갑국은 B재 생산에 절대 우위를 가진다.
ㄴ. (나)에 따라 무역이 이루어졌다면 갑국은 A재 생산에 절대 우위를 가진다.
ㄷ. (나)에 따라 무역이 이루어졌다면 을국은 A재 생산에 비교 우위를 가진다.

① ㄱ　　　　② ㄴ　　　　③ ㄱ, ㄷ
④ ㄴ, ㄷ　　　⑤ ㄱ, ㄴ, ㄷ

> 25593-0195

## 05 교사의 질문에 대한 학생의 답변으로 옳지 <u>않은</u> 것은?

① 갑: 상대국의 불공정 무역에 대응하기 위해 필요해요.
② 을: 보호 무역만이 규모의 경제를 실현할 수 있어요.
③ 병: 국내의 유치산업을 보호하기 위해 필요한 경우가 있어요.
④ 정: 국가 안보나 보건상의 이유로 무역 장벽이 필요한 경우가 있어요.
⑤ 무: 수입으로 국내 생산이 감소하여 실업 문제가 나타나는 경우에 필요해요.

**중요**

> 25593-0196

## 06 다음 자료에 대한 옳은 분석만을 〈보기〉에서 고른 것은?

갑국과 을국은 생산 요소로 노동만을 사용하여 X재와 Y재만을 생산하고 있다. 표는 두 국가가 각각 X재 또는 Y재 1단위를 생산하였을 때의 기회비용을 나타낸다. 양국은 비교 우위가 있는 재화만을 생산하여 양국 모두 이익이 발생하는 교환 비율에 따라 거래 비용 없이 양국 간에만 교역을 하기로 합의하였다.

| 구분 | 갑국 | 을국 |
| --- | --- | --- |
| X재 1단위 생산의 기회비용 | (가) | Y재 2단위 |
| Y재 1단위 생산의 기회비용 | X재 4단위 | (나) |

**보기**

ㄱ. (가)는 'Y재 2단위', (나)는 'X재 0.5단위'이다.
ㄴ. 갑국은 X재 생산에 비교 우위를 가진다.
ㄷ. 갑국은 X재 생산에, 을국은 Y재 생산에 절대 우위를 가진다.
ㄹ. 갑국과 을국이 X재와 Y재를 1 : 1로 교환한다면 두 국가 모두 무역의 이익이 발생한다.

① ㄱ, ㄴ ② ㄱ, ㄷ ③ ㄴ, ㄷ ④ ㄴ, ㄹ ⑤ ㄷ, ㄹ

> 25593-0197

## 07 갑의 주장에 대한 적절한 근거만을 〈보기〉에서 있는 대로 고른 것은?

갑: 현재 다른 어떤 나라와도 무역을 하지 않고 있는 개발 도상국인 ○○국이 하루빨리 시장경제의 원리에 따라 다른 나라와 자유롭게 국제 무역을 해야 한다고 생각합니다.

**보기**

ㄱ. ○○국의 유치산업을 보호할 수 있다.
ㄴ. 소비자들이 예전보다 다양한 상품을 구입할 수 있다.
ㄷ. 무역을 하는 과정에서 새로운 아이디어나 기술을 습득할 수 있다.
ㄹ. 생산에 필요한 원자재를 국내보다 저렴한 가격에 외국으로부터 수입할 수 있다.

① ㄱ, ㄴ ② ㄱ, ㄷ ③ ㄴ, ㄹ
④ ㄱ, ㄷ, ㄹ ⑤ ㄴ, ㄷ, ㄹ

> 25593-0198

## 08 밑줄 친 부분에 해당하는 내용으로 적절하지 <u>않은</u> 것은?

기존의 무역이 주로 경제적 효율성의 증대를 추구해 왔다면, 오늘날의 무역은 이와 더불어 지속가능한 국제 무역을 추구하는 것을 목표로 삼고 있다. 지속가능한 국제 무역은 무역의 경제적 이익을 보다 공정하고 지속가능하게 공유해야 하고, 무역이 끼치는 환경 및 사회에 대한 부정적 영향을 최소화하는 것을 말한다. 이를 실천하기 위한 <u>구체적인 방법</u>에는 ……

① 생산자에게 정당한 대가를 지급하는 공정 무역을 확대한다.
② 제품의 생산 및 운송 과정에서 화석 연료의 사용량을 늘린다.
③ 무역 과정에서 발생하는 환경 오염을 줄이기 위한 규제를 강화한다.
④ 지속가능한 제품 구입을 장려하기 위한 소비자 교육 및 홍보를 강화한다.
⑤ 자연 생태계를 보존하면서 지속가능한 방식으로 자원을 이용하는 산업을 지원한다.

# 서술형 문제

( Step1 ) 핵심 키워드 파악하기

> 25593-0199

**01** 다음 글을 읽고 자유 무역의 증가가 경쟁력을 갖추지 못한 국내 산업에 미치는 영향을 서술하시오.

> 우리는 다른 국가와의 자유 무역을 통해 외국산 상품을 전보다 저렴하게 수입하고, 우리나라의 첨단 제품을 더 많이 수출할 수 있게 되었다. 그러나 저렴한 외국산 농산물이 수입되면서 국내 농산물의 소비가 줄어들고 있다. 이로 인해 우리나라 농민들은 점점 더 농사를 그만둘 것이고, 시장에는 저렴한 외국산 농산물만 존재하게 될 것이다.

**예시 답안** 자유 무역이 확대되면 경쟁력을 갖추지 못한 산업은 위축되어 이와 관련된 사람들의 일자리가 (          )되고 관련 산업이 (          )될 우려가 있다.

> 25593-0200

**02** 다음 자료를 읽고 (1) 양국의 비교 우위 품목을 쓰고, (2) X재 1개와 Y재 1개를 교환하는 조건에 대해 갑국이 응할지 여부를 X재 1개 생산의 기회비용을 사용하여 서술하시오.

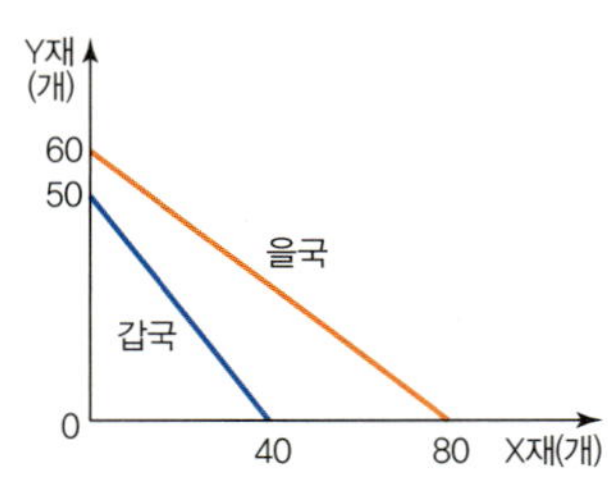


그림은 갑국과 을국이 보유하고 있는 모든 생산 요소를 투입하여 일정 기간 최대로 생산할 수 있는 X재와 Y재의 조합인 생산 가능 곡선을 나타낸다. 갑국과 을국은 생산 가능 곡선상에서 생산하며, 양국 간 교역 시 비교 우위가 있는 재화만을 생산하여 양국 모두 이익이 발생하는 교환 비율에 따라 거래 비용 없이 양국 간에만 교역한다.

(1) 갑국 – (          ) 을국 – (          )

(2) **예시 답안** 갑국의 경우 X재 1개 생산의 기회비용은 (          )이다. X재 1개와 Y재 1개를 교환하는 조건이라면 갑국은 자국 안에서 X재를 생산하는 것보다 더 (          )(으)로 X재를 얻을 수 있으므로 갑국은 교환에 응하게 된다.

( Step2 ) 스스로 답안 작성하기

> 25593-0201

**03** 다음 자료를 읽고 (1) 양국의 각 재화 1개 생산의 기회비용을 계산하여 비교 우위 품목을 쓰고, (2) X재 1개와 Y재 2개를 교환하는 조건이라면 양국 모두 교환으로 인한 이익이 발생하는지 여부를 서술하시오.

> • 갑국과 을국은 생산 요소를 모두 사용하여 X재와 Y재만을 생산하여 전량 소비한다.
> • 갑국과 을국이 보유한 생산 요소는 동일한 양의 노동뿐이며, 양국은 비교 우위가 있는 재화만을 생산하여 양국 모두 이익이 발생하는 교환 비율에 따라 거래 비용 없이 양국 간에만 교역한다.
> • X재 최대 생산 가능량은 갑국이 60만 개, 을국이 30만 개이고, Y재 최대 생산 가능량은 갑국이 30만 개, 을국이 20만 개이며, 양국 모두 각 재화 1개 생산의 기회비용은 변함이 없다.

(1) ____________________

(2) ____________________

> 25593-0202

**04** 다음 자료의 밑줄 친 '다양한 문제'를 300자 이내로 세 가지 서술하시오.

> 교통·통신 수단의 발달로 세계가 단일 시장으로 통합되면서 재화와 서비스뿐만 아니라 노동, 자본, 기술 등이 자유롭게 이동하고 있으며, 이에 따라 국제 교역량이 증가하고 있다. 특히, 자유 무역의 실현을 목표로 하는 세계 무역 기구(WTO)가 출범하면서 무역에 대한 규제가 완화되어 국제 무역의 규모가 크게 확대되었다. 이에 따라 우리의 삶은 더욱 풍요로워졌지만 <u>다양한 문제</u>도 나타났다.

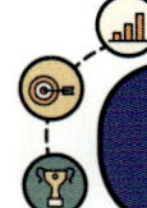

# 1등급 도전 문제

> 25593-0203

**01** 다음은 유럽의 향신료 무역에 관한 글이다. 유럽의 입장에서 본 무역의 이점으로 가장 적절한 것은?

> 후추, 생강, 정향, 육두구 등은 15세기 당시 유럽에서 생산되지 않아 유럽인들에게는 무척이나 귀한 향신료였다. 이후 유럽은 중국이나 인도 등과의 동방 무역을 통해 향신료에 대한 막대한 수요를 해결할 수 있었다.

① 해외 선진 기술을 도입하는 통로가 된다.
② 비교 우위가 있는 재화의 특화를 촉진한다.
③ 국제 분업을 통해 규모의 경제 이익을 얻는다.
④ 외국 상품과의 경쟁을 통해 독과점 시장의 폐해를 줄인다.
⑤ 재화의 희소성 감소로 보다 많은 소비자가 소비할 수 있다.

> 25593-0204

**02** 다음 자료에 대한 옳은 분석만을 〈보기〉에서 고른 것은?

> 표는 사과와 바나나만을 생산하는 갑국과 을국이 t기와 t+1기에 사과와 바나나를 각각 1kg씩 생산하기 위해 필요한 노동자 수를 나타낸다. 양국은 비교 우위가 있는 재화만을 생산하여 양국 모두 이익이 발생하는 교환 비율에 따라 거래 비용 없이 양국 간에만 교역을 하고, 양국의 생산 요소는 동일한 양의 노동뿐이다.

갑국 (단위: 명)

| 구분 | 사과 | 바나나 |
|---|---|---|
| t기 | 10 | 12 |
| t+1기 | 9 | 10 |

을국 (단위: 명)

| 구분 | 사과 | 바나나 |
|---|---|---|
| t기 | 11 | 9 |
| t+1기 | 15 | 12 |

**보기**

ㄱ. t기에 갑국은 바나나 생산에, 을국은 사과 생산에 절대 우위가 있다.
ㄴ. t기에 갑국의 사과 1kg 생산의 기회비용은 바나나 6/5kg이다.
ㄷ. 갑국과 을국의 비교 우위 재화는 t기와 t+1기 모두 동일하다.
ㄹ. t기와 t+1기 모두 사과와 바나나의 교역 조건이 1 : 1이면, 양국 모두 이익을 얻는다.

① ㄱ, ㄴ  ② ㄱ, ㄷ  ③ ㄴ, ㄷ  ④ ㄴ, ㄹ  ⑤ ㄷ, ㄹ

> 25593-0205

**03** 다음 자료에 대한 옳은 분석만을 〈보기〉에서 있는 대로 고른 것은?

> • 갑국과 을국은 빵과 옷만을 생산하여 소비하고 있으며, 양국 모두 빵과 옷 1단위의 생산 비용은 변함이 없다.
> • 갑국은 주어진 생산 요소를 모두 사용하여 한 달 동안 빵 60개를 생산하거나 옷 30벌을 생산할 수 있으며, 을국은 주어진 생산 요소를 모두 사용하여 한 달 동안 빵 30개를 생산하거나 옷 20벌을 생산할 수 있다.

**보기**

ㄱ. 옷 1벌 생산의 기회비용은 갑국이 을국보다 크다.
ㄴ. 갑국은 빵 생산에 절대 우위와 비교 우위를 모두 가진다.
ㄷ. 갑국과 을국 사이에 교환이 이루어지면 교역 전에 비해 을국의 옷 생산량이 증가한다.

① ㄱ  ② ㄴ  ③ ㄱ, ㄷ
④ ㄴ, ㄷ  ⑤ ㄱ, ㄴ, ㄷ

> 25593-0206

**04** 그림은 A국 국민인 갑과 을의 토론을 나타낸다. 이에 대한 옳은 설명만을 〈보기〉에서 고른 것은?

**보기**

ㄱ. 갑은 비교 우위 원리에 따라 B국과의 교역이 이루어지지 않을 것이라고 본다.
ㄴ. 을은 B국과의 교역 관계에서 A국이 비교 우위를 가질 수 있다고 본다.
ㄷ. 갑의 주장에 따르면, A국은 모든 제품에서 B국보다 기회비용이 더 크다.
ㄹ. 을의 주장에 따르면, B국에는 A국에 비해 기회비용이 작은 제품이 존재한다.

① ㄱ, ㄴ  ② ㄱ, ㄷ  ③ ㄴ, ㄷ  ④ ㄴ, ㄹ  ⑤ ㄷ, ㄹ

# 대단원 마무리 정리

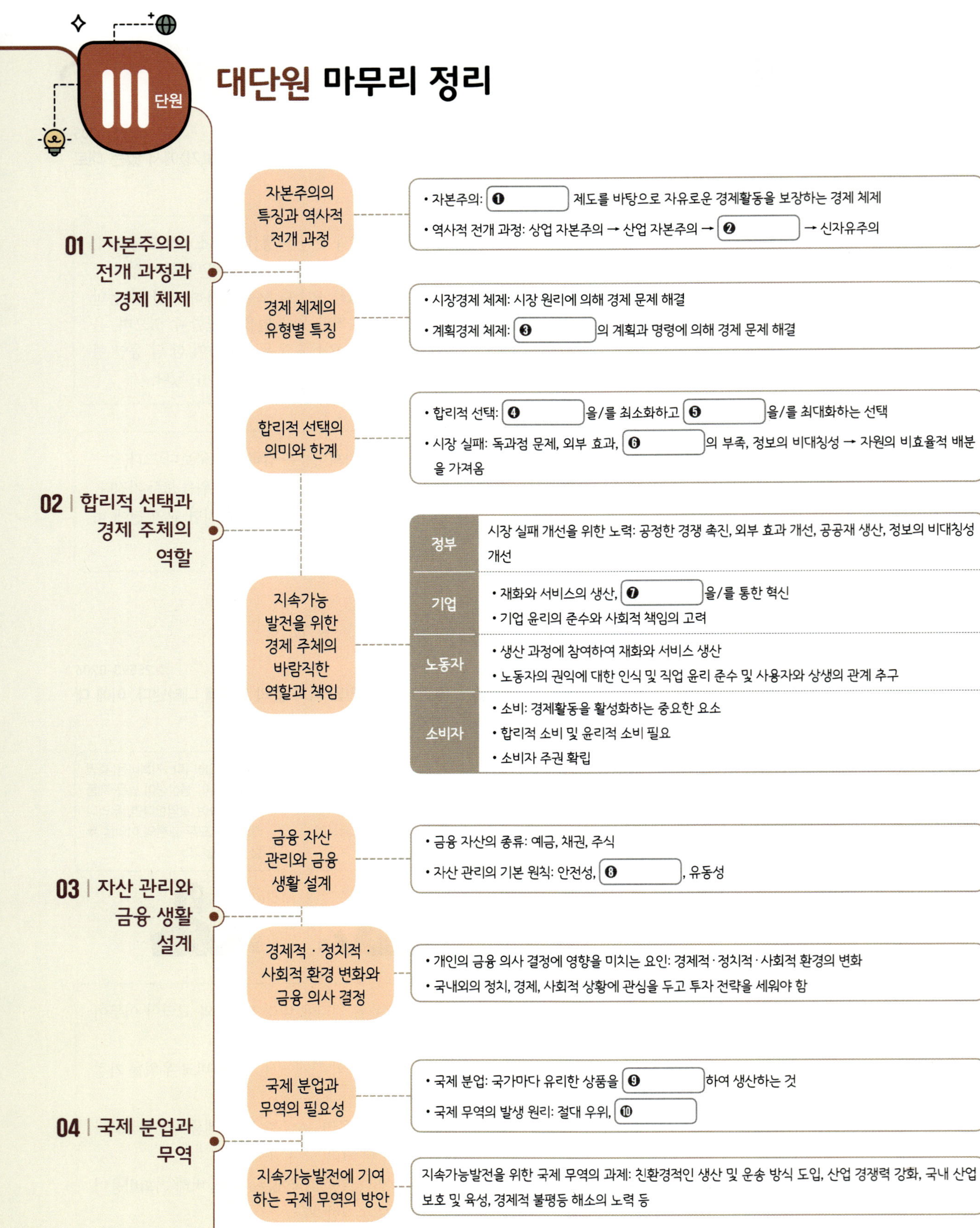

**01 | 자본주의의 전개 과정과 경제 체제**

**자본주의의 특징과 역사적 전개 과정**
- 자본주의: ❶ [　　　] 제도를 바탕으로 자유로운 경제활동을 보장하는 경제 체제
- 역사적 전개 과정: 상업 자본주의 → 산업 자본주의 → ❷ [　　　] → 신자유주의

**경제 체제의 유형별 특징**
- 시장경제 체제: 시장 원리에 의해 경제 문제 해결
- 계획경제 체제: ❸ [　　　] 의 계획과 명령에 의해 경제 문제 해결

**02 | 합리적 선택과 경제 주체의 역할**

**합리적 선택의 의미와 한계**
- 합리적 선택: ❹ [　　　] 을/를 최소화하고 ❺ [　　　] 을/를 최대화하는 선택
- 시장 실패: 독과점 문제, 외부 효과, ❻ [　　　] 의 부족, 정보의 비대칭성 → 자원의 비효율적 배분을 가져옴

**지속가능 발전을 위한 경제 주체의 바람직한 역할과 책임**

| 정부 | 시장 실패 개선을 위한 노력: 공정한 경쟁 촉진, 외부 효과 개선, 공공재 생산, 정보의 비대칭성 개선 |
|---|---|
| 기업 | • 재화와 서비스의 생산, ❼ [　　　] 을/를 통한 혁신<br>• 기업 윤리의 준수와 사회적 책임의 고려 |
| 노동자 | • 생산 과정에 참여하여 재화와 서비스 생산<br>• 노동자의 권익에 대한 인식 및 직업 윤리 준수 및 사용자와 상생의 관계 추구 |
| 소비자 | • 소비: 경제활동을 활성화하는 중요한 요소<br>• 합리적 소비 및 윤리적 소비 필요<br>• 소비자 주권 확립 |

**03 | 자산 관리와 금융 생활 설계**

**금융 자산 관리와 금융 생활 설계**
- 금융 자산의 종류: 예금, 채권, 주식
- 자산 관리의 기본 원칙: 안전성, ❽ [　　　], 유동성

**경제적 · 정치적 · 사회적 환경 변화와 금융 의사 결정**
- 개인의 금융 의사 결정에 영향을 미치는 요인: 경제적 · 정치적 · 사회적 환경의 변화
- 국내외의 정치, 경제, 사회적 상황에 관심을 두고 투자 전략을 세워야 함

**04 | 국제 분업과 무역**

**국제 분업과 무역의 필요성**
- 국제 분업: 국가마다 유리한 상품을 ❾ [　　　] 하여 생산하는 것
- 국제 무역의 발생 원리: 절대 우위, ❿ [　　　]

**지속가능발전에 기여하는 국제 무역의 방안**
지속가능발전을 위한 국제 무역의 과제: 친환경적인 생산 및 운송 방식 도입, 산업 경쟁력 강화, 국내 산업 보호 및 육성, 경제적 불평등 해소의 노력 등

**정답** ❶ 사유 재산 ❷ 수정 자본주의 ❸ 정부 ❹ 비용 ❺ 편익 ❻ 공공재 ❼ 기업가 정신 ❽ 수익성 ❾ 특화 ❿ 비교 우위

# 대단원 종합 문제

> 25593-0207

**01** 그림은 자본주의의 역사적 전개 과정을 나타낸다. (가), (나)에 해당하는 역사적 배경으로 옳은 것은?

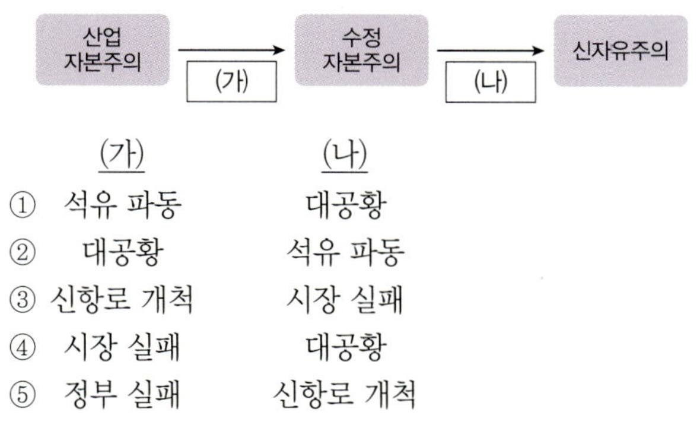


| | (가) | (나) |
|---|---|---|
| ① | 석유 파동 | 대공황 |
| ② | 대공황 | 석유 파동 |
| ③ | 신항로 개척 | 시장 실패 |
| ④ | 시장 실패 | 대공황 |
| ⑤ | 정부 실패 | 신항로 개척 |

> 25593-0208

**02** 다음 내용을 통해 내릴 수 있는 결론으로 가장 적절한 것은?

> • 영화 관람표를 구입하여 영화를 관람하였는데 재미가 없을 경우나 음식점에서 주문 결제한 후 먹은 음식이 너무 맛이 없을 경우 이미 지불한 돈이 아까워 억지로 영화를 보거나 맛이 없는 음식을 먹는 경우가 있다. 이는 다시 되돌릴 수 없는 것에 집착하여 합리적인 선택을 하지 못한 것이다.
> • '놓친 고기가 더 커 보인다.', '지나간 것은 지나간 것이다.'라는 속담이 있다. 이는 과거에 행해진 것에 대해 아쉬움과 후회를 가질 필요가 없다는 것을 말해 준다. 선택의 상황에서 과거를 기준으로 판단하는 것은 어리석은 짓이기 때문이다.

① 비용의 최소화보다 편익의 극대화를 추구해야 한다.
② 효율성보다 형평성을 기준으로 경제 문제를 해결해야 한다.
③ 합리적 선택을 위해서는 매몰 비용을 고려하지 않아야 한다.
④ 자원의 희소성은 합리적 선택과 관련이 없음을 유념해야 한다.
⑤ 합리적 선택을 위해 명시적 비용이 아닌 암묵적 비용을 고려해야 한다.

> 25593-0209

**03** 밑줄 친 변화의 내용에 부합하는 주장으로 가장 적절한 것은?

> 산업 혁명으로 자유방임주의가 갖는 경제적 유용성이 증명되었으나 도시 빈민 발생, 아동 노동 착취 등 여러 폐해도 나타났다. 또한 자유로운 경쟁의 결과, 거대한 독점 기업들이 나타나고 시장이 제대로 작동하지 않으면서 생산과 소비의 순환이 원활해지지 않자 많은 기업이 도산하고 대량 실업이 유발되는 사태가 발생하였는데, 바로 1929년 미국에서 시작된 대공황이다. 이로 인해 <u>기존 자본주의의 운영 방식에 대한 변화</u>의 필요성이 제기되었다.

① 각종 경제 관련 규제를 철폐해야 한다.
② 정부가 상업을 강력하게 보호해야 한다.
③ 시장에서 정부의 역할을 대폭 축소해야 한다.
④ 정부가 지출을 확대하고 고용을 창출해야 한다.
⑤ 국부 증진을 위해 민간의 자유로운 경제활동을 보장해야 한다.

> 25593-0210

**04** 갑국의 경제 체제에 대한 질문에 모두 옳게 응답한 학생은? (단, 갑국의 경제 체제는 시장경제 체제와 계획경제 체제 중 하나임.)

> 갑국에서는 민간 경제 주체에 대한 자유로운 경쟁이 보장되며 개인의 능력과 창의성이 적극 발휘된다.

| 질문＼학생 | 갑 | 을 | 병 | 정 | 무 |
|---|---|---|---|---|---|
| 자원 배분 과정에서 '보이지 않는 손'의 역할을 강조합니까? | ○ | ○ | ○ | ○ | × |
| 경제활동 과정에서 경제적 유인 체계를 중시합니까? | ○ | ○ | ○ | × | ○ |
| 정부의 결정과 통제에 의한 자원 배분을 강조합니까? | ○ | ○ | × | ○ | × |
| 자원의 희소성에 의한 경제 문제가 발생합니까? | ○ | × | ○ | × | × |

(예 : ○, 아니요 : ×)

① 갑　② 을　③ 병　④ 정　⑤ 무

**서술형** ＞ 25593-0211

**05** 경제 체제 중 A, B가 각각 무엇인지 쓰고, A, B를 사용하여 우리나라 경제 체제의 특징을 서술하시오.

A는 개별 경제 주체의 경제활동의 자유를 제한하고, 정부의 결정과 통제에 의해 자원을 배분하는 경제 체제이다. 이와 달리 B는 정부의 개입과 간섭 없이 개별 경제 주체의 자유로운 의사 결정에 따라 경제활동이 나타나고 자원이 배분되는 경제 체제이다.

＞ 25593-0212

**06** 밑줄 친 '이것'에 대한 설명으로 옳은 것은?

이것은 남들보다 먼저 소비하려고 서로 경쟁하지 않아도 원하는 만큼 충분히 소비 가능한 특징인 비경합성과, 대가를 지불하지 않고 소비하더라도 그것을 막을 수 없는 특징인 비배제성을 갖는다. 밤이면 어김없이 거리를 비추는 가로등 불빛, 유료로 신청하지 않아도 누구나 그 혜택을 무상으로 받을 수 있는 국방이나 치안 서비스가 이것의 대표적 사례이다.

① 무임승차가 이루어질 가능성이 낮다.
② 시장에 맡겨 둘 경우 공급 부족이 나타나기 쉽다.
③ '이것'을 생산하지 않는 것이 국민 경제에 도움이 된다.
④ '이것'을 소비한 것에 대한 대가로 국민이 세금을 납부하는 것이다.
⑤ 정부보다는 기업이 생산하는 것이 자원의 효율적 배분에 도움이 된다.

**서술형** ＞ 25593-0213

**07** (가)~(다)가 각각 무슨 권리인지 쓰고, 이를 우리나라 헌법에서 보장하는 이유를 '사용자'를 언급하여 서술하시오.

(가) 근로자가 주체가 되어 자주적으로 단결하여 근로 조건의 유지, 개선, 기타 근로자의 경제적, 사회적 지위의 향상을 위해 단체를 구성할 수 있는 권리
(나) 근로자들이 노동 단체를 통해 근로 조건의 향상을 위하여 사용자와 자주적으로 교섭할 수 있는 권리
(다) 근로자가 작업 환경의 유지, 개선을 관철시키기 위해서 단체 행동을 할 수 있는 권리

＞ 25593-0214

**08** 다음 신문 기사에 나타난 문제점을 해결하기 위한 정부의 대책으로 가장 적절한 것은?

○○신문　　　　　　　　　　　○○○○년 ○월 ○일

**심각한 아파트 간접 흡연 피해**
아파트 화장실에서의 흡연으로 입주 가구의 90%가 간접 흡연의 피해를 입는 것으로 나타났다. 우리나라에서 가장 대표적인 주거 형태인 아파트에서 사람들이 간접 흡연에 무방비 상태로 노출되고 있는 것이다. 시민들은 이에 간접 흡연에 대한 정부의 대책이 필요하다고 입을 모으고 있다. ……

① 담배 생산에 대해 보조금을 지급한다.
② 담배 소비에 부과되는 세금의 세율을 낮춘다.
③ 기업을 대신해 정부가 담배를 직접 생산한다.
④ 담배 제조 기업들의 자유로운 경영을 보장한다.
⑤ 아파트 화장실 흡연에 대해 과태료를 부과한다.

＞ 25593-0215

**09** 다음 사례에서 강조하고 있는 기업의 역할만을 〈보기〉에서 있는 대로 고른 것은?

A 사는 천연 성분과 유기농 인증 재료를 사용해 친환경 고체 화장품과 생활용품을 만드는 사회적 기업이다. 비누, 샴푸, 세제 등 모든 제품이 고체 형태이기 때문에 대부분의 제품을 종이 상자에 담아 플라스틱 사용을 최소화하고 있다. A 사는 전체 직원 중에 장애인 고용률이 약 50%로, 장애인과 비장애인이 함께 만드는 지속가능한 일상을 추구한다.

┤ 보기 ├
ㄱ. 이윤 극대화를 위해 최선을 다해야 한다.
ㄴ. 기업의 사회적 책무를 소홀히 해서는 안 된다.
ㄷ. 기업의 행위가 사회에 미치는 영향을 고려해야 한다.

① ㄱ　　　　　② ㄷ　　　　　③ ㄱ, ㄴ
④ ㄴ, ㄷ　　　　⑤ ㄱ, ㄴ, ㄷ

> 25593-0216

**10** 다음은 갑이 보유한 전체 금융 자산을 나타낸다. 이에 대한 설명으로 옳은 것은?

> 갑은 정기 예금 2,000만 원, 정기 적금 700만 원, 채권 300만 원을 보유하고 있다.

① 갑이 보유한 저축성 예금은 2,000만 원이다.
② 갑이 보유한 예금은 모두 요구불 예금에 해당한다.
③ 갑이 보유한 금융 자산은 모두 이자 수익을 기대할 수 있다.
④ 갑은 시세 차익을 기대할 수 있는 금융 자산을 보유하고 있지 않다.
⑤ 갑의 전체 금융 자산 중 예금자 보호 제도의 적용을 받는 금융 자산의 비중은 2/3이다.

> 25593-0217

**11** 다음 자료에 대한 옳은 분석만을 〈보기〉에서 고른 것은?

> 표는 갑과 을이 각각 X재 1개와 Y재 1개를 생산하는 데 걸리는 시간을 나타낸다.

| 구분 | 갑 | 을 |
| --- | --- | --- |
| X재 1개 | 5시간 | 2시간 |
| Y재 1개 | 5시간 | 4시간 |

**┤보기├**

ㄱ. 갑은 X재 생산에 비교 우위를 가진다.
ㄴ. 을의 Y재 1개 생산의 기회비용은 X재 2개이다.
ㄷ. X재 2개와 Y재 1개를 교환하는 조건이라면 갑은 교환에 응할 것이다.
ㄹ. X재 1개와 Y재 1개를 교환하는 조건이라면 갑과 을 모두 이익을 얻을 수 있다.

① ㄱ, ㄴ    ② ㄱ, ㄷ    ③ ㄴ, ㄷ
④ ㄴ, ㄹ    ⑤ ㄷ, ㄹ

> 25593-0218

**12** 그림은 갑의 생애 주기에 따른 소득과 소비 곡선을 나타낸 것이다. 이에 대한 옳은 분석만을 〈보기〉에서 고른 것은?

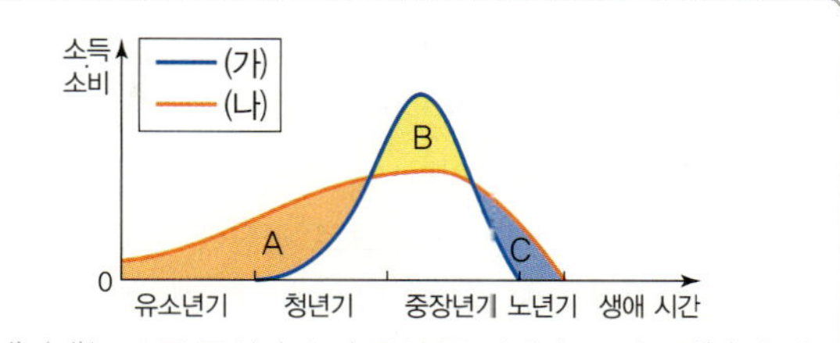


* (가), (나)는 소득 곡선과 소비 곡선 중 하나이고, B는 양(+)의 저축을 의미함
** A, B, C는 면적을 의미함

**┤보기├**

ㄱ. (가)는 소득 곡선, (나)는 소비 곡선이다.
ㄴ. B는 C를 대비하는 역할을 한다.
ㄷ. A와 C 크기의 합은 B의 크기와 동일하다.
ㄹ. 청년기에는 소득 대비 소비의 비율이 증가한다.

① ㄱ, ㄴ    ② ㄱ, ㄷ    ③ ㄴ, ㄷ    ④ ㄴ, ㄹ    ⑤ ㄷ, ㄹ

> 25593-0219

**13** 다음 대화에 대한 옳은 설명만을 〈보기〉에서 고른 것은?

**┤보기├**

ㄱ. 갑의 의견이 실현되는 것은 금융 투자자의 대출이 감소하는 요인으로 작용한다.
ㄴ. 갑의 의견을 따르는 금융 투자자는 예금보다 주식 투자의 비중을 늘릴 것이다.
ㄷ. 을의 의견이 실현되는 것은 은행의 예금액이 감소하는 요인으로 작용한다.
ㄹ. 을의 의견을 따르는 금융 투자자는 대출 시 변동 이자율보다 고정 이자율을 선택할 것이다.

① ㄱ, ㄴ    ② ㄱ, ㄷ    ③ ㄴ, ㄷ    ④ ㄴ, ㄹ    ⑤ ㄷ, ㄹ

> 25593-0220

**01** 다음은 자본주의의 역사적 전개 과정을 순서 없이 나열한 것이다. 이에 대한 설명으로 옳은 것은?

> (가) 국제적 석유 파동으로 발생한 경기 침체를 정부가 제대로 해결하지 못하면서 정부의 시장 개입을 비판하는 목소리가 힘을 얻기 시작하였다.
> (나) 미국에서 발생한 대공황으로 극심한 경기 침체가 이어지자 정부가 시장에 적극적으로 개입해야 한다는 주장이 정책에 반영되기 시작하였다.
> (다) 영국에서 일어난 산업 혁명으로 공장제 기계 공업에 의한 상품의 대량 생산 체제가 갖추어지면서 경제가 성장하였다.

① (가) 시기에 산업 자본주의가 등장하였다.
② (나) 시기에는 국가 주도의 대규모 공공사업이 실시되었다.
③ (다) 시기에 신자유주의가 등장하였다.
④ (가) 시기의 주요 학자는 케인스, (나) 시기의 주요 학자는 프리드먼이다.
⑤ 자본주의는 (가)-(다)-(나) 순으로 변화하였다.

> 25593-0221

**02** (가)~(다)에 들어갈 수 있는 질문으로 옳은 것은?

> A, B는 각각 시장경제 체제와 계획경제 체제 중 하나이며, 우리나라의 경제 체제는 B를 기반으로 A의 요소가 가미되었다.

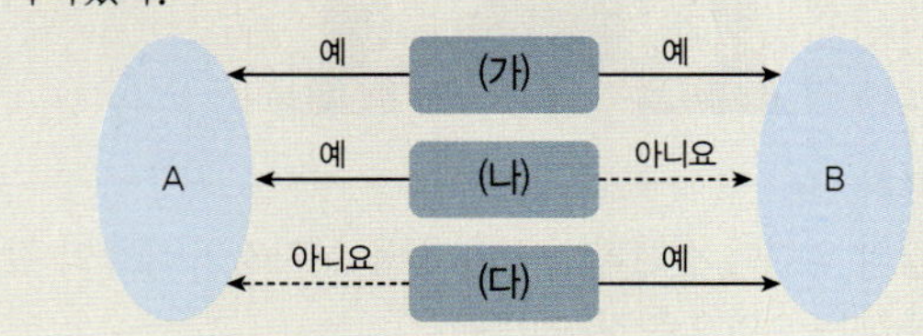


① (가) – 경제 문제 해결에 있어 경제적 유인이 강조되는가?
② (나) – 원칙적으로 생산 수단의 사유화가 허용되는가?
③ (나) – 민간 경제 주체들 간의 자율적인 의사 결정을 중시하는가?
④ (다) – 정부가 전적으로 주도하여 경제 문제를 해결하는가?
⑤ (다) – 자원 배분 과정에서 '보이지 않는 손'의 역할이 강조되는가?

> 25593-0222

**03** 다음 자료에 대한 설명으로 옳은 것은? (단, 갑, 을의 선택은 모두 합리적 선택임.)

① 갑의 소고기 김밥 선택에 따른 기회비용은 참치 김밥 선택에 따른 기회비용보다 크다.
② 갑의 돈가스 김밥 선택에 따른 암묵적 비용은 소고기 김밥 선택에 따른 암묵적 비용보다 작다.
③ 을의 소고기 김밥 선택에 따른 순편익은 돈가스 김밥 선택에 따른 순편익보다 크다.
④ 갑, 을 모두 돈가스 김밥 선택에 따른 순편익은 양(+)의 값이다.
⑤ 갑의 선택에 따른 명시적 비용은 을의 선택에 따른 명시적 비용보다 크다.

> 25593-0223

**04** (가)~(다)는 시장 실패의 사례이다. 이에 대한 설명으로 옳은 것은?

> (가) 화재 보험에 가입한 공장이나 사무실이 그렇지 않은 경우에 비해 화재 발생 빈도가 높아졌다.
> (나) 공해상의 참치 어획량 감축 캠페인에도 불구하고 어획량 증가로 참치가 멸종 위기에 처해 있다.
> (다) 휴가철 여행객들이 휴양지에 무단으로 버린 쓰레기로 인해 지역 주민들의 불만이 고조되고 있다.

① (가)는 불완전 경쟁의 사례이다.
② (나)는 공공재 부족에 대한 사례이다.
③ (다)는 부정적 외부 효과의 사례이다.
④ (가)와 (나)는 정보의 비대칭성의 사례이다.
⑤ (나)와 (다)는 모두 재화가 사회적 최적 수준보다 적게 거래되는 시장 실패의 사례이다.

**05** ▷25593-0224

표는 갑이 보유한 자산의 연도별 구성 비율을 나타낸다. 이에 대한 분석 및 추론으로 옳은 것은?

(단위 : %)

| 구분 | 2022년 | 2023년 | 2024년 |
|---|---|---|---|
| ㉠ 요구불 예금 | 10 | 25 | 40 |
| ㉡ 주식 | 50 | 35 | 20 |
| 채권 | 25 | 25 | 25 |
| 부동산 | 15 | 15 | 15 |
| 합계 | 100 | 100 | 100 |

① ㉠, ㉡은 예금자 보호 제도의 적용을 받는다.
② 금융 자산의 규모는 동일하게 유지되었다.
③ 만기가 있는 자산의 규모는 지속적으로 증가하였다.
④ 이자 수익을 얻을 수 있는 자산의 비율이 지속적으로 증가하였다.
⑤ 안전성보다 수익성을 중시하는 투자 성향이 지속적으로 강화되었다.

**06** ▷25593-0225

그림은 갑의 생애 주기 곡선이다. 이에 대한 옳은 설명만을 〈보기〉에서 고른 것은? (단, A, B는 각 영역의 넓이를 나타냄.)

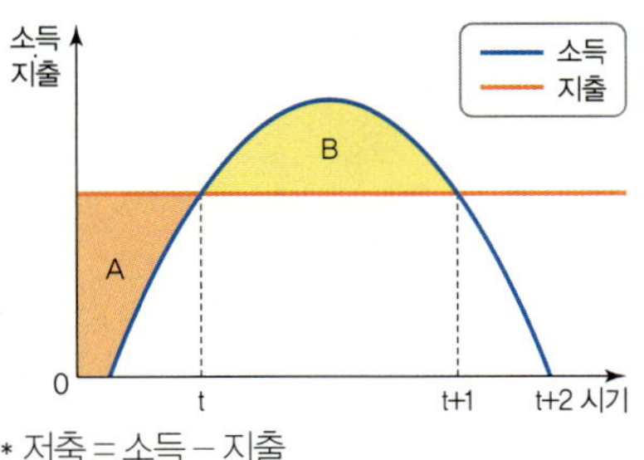


〈보기〉
ㄱ. A는 저축, B는 부채이다.
ㄴ. 누적 지출액은 지속적으로 감소하고 있다.
ㄷ. t+1 시점 이후 t+2 시점까지 소득 대비 지출의 비율은 증가한다.
ㄹ. t 시점과 t+1 시점 사이에서는 누적 저축액이 지속적으로 증가한다.

① ㄱ, ㄴ  ② ㄱ, ㄷ  ③ ㄴ, ㄷ  ④ ㄴ, ㄹ  ⑤ ㄷ, ㄹ

**07** ▷25593-0226

교사의 질문에 대한 학생의 답변으로 옳은 것만을 〈보기〉에서 고른 것은?

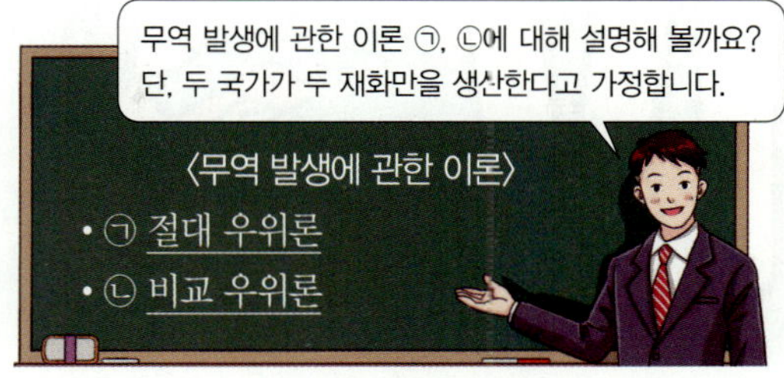


〈보기〉
ㄱ. 갑: ㉠에 따르면 보유한 생산 요소의 절대량에 따라 절대 우위가 결정됩니다.
ㄴ. 을: ㉠에 따르면 상대국에 비해 생산의 기회비용이 작은 재화를 수입하는 것이 유리합니다.
ㄷ. 병: ㉡에 따르면 한 국가가 두 재화의 생산에 절대 우위가 있더라도 교역이 가능합니다.
ㄹ. 정: ㉡은 국가 간 자유 무역으로 당사국 모두 더 많은 재화를 소비할 수 있다고 봅니다.

① ㄱ, ㄴ  ② ㄱ, ㄷ  ③ ㄴ, ㄷ  ④ ㄴ, ㄹ  ⑤ ㄷ, ㄹ

**08** ▷25593-0227

다음 자료에 대한 옳은 설명만을 〈보기〉에서 있는 대로 고른 것은?

갑과 을은 곡물과 채소만을 생산한다. 표는 갑과 을이 각각 1주일 동안 생산할 수 있는 곡물과 채소의 양을 나타낸다. 단, 생산 요소는 노동뿐이며, 단위당 생산 비용은 일정하다.

| 갑 | 을 |
|---|---|
| 곡물 4kg을 생산하거나 채소 8kg을 생산함 | 곡물 3kg을 생산하거나 채소 3kg을 생산함 |

〈보기〉
ㄱ. 갑은 1주일 동안 곡물 1kg과 채소 6kg을 생산할 수 있다.
ㄴ. 채소 1kg 생산의 기회비용은 갑이 을보다 크다.
ㄷ. 을은 채소 생산에 비교 우위를 가진다.
ㄹ. 갑은 곡물과 채소 생산 모두에 절대 우위를 가진다.

① ㄱ, ㄴ  ② ㄱ, ㄹ  ③ ㄴ, ㄷ
④ ㄱ, ㄷ, ㄹ  ⑤ ㄴ, ㄷ, ㄹ

# IV

## 세계화와 평화

이 단원에서 우리는

세계화 시대의 문제점과 그에 대한 해결 방안을 제안하고,
평화의 관점에서 국제 사회의 갈등과 협력의 사례를 조사한다.
그리고 세계 평화를 위한 행위 주체의 바람직한 역할을 탐색하며,
남북 분단과 동아시아의 역사 갈등 상황을 분석하여
우리나라가 세계 평화에 기여할 수 있는 방안을 제안한다.

## 세계화의 다양한 양상과 문제 해결 방안

▲ 뉴욕 브랜드          ▲ 다국적 기업의 공간적 분업          ▲ 세계 빈부 격차 현황



## 평화의 의미와 국제 사회의 역할

▲ 갈퉁(Galtung, J.)

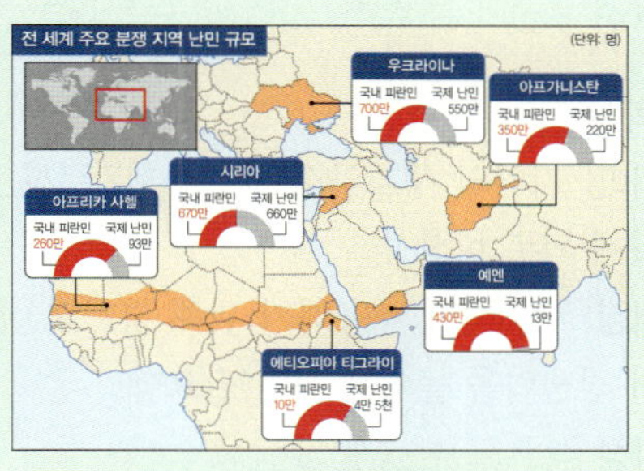



▲ 삶의 터전을 잃은 주요 분쟁 지역의 난민들

▲ 국제기구



## 03

## 남북 분단 및 동아시아 역사 갈등과 세계 평화를 위한 노력

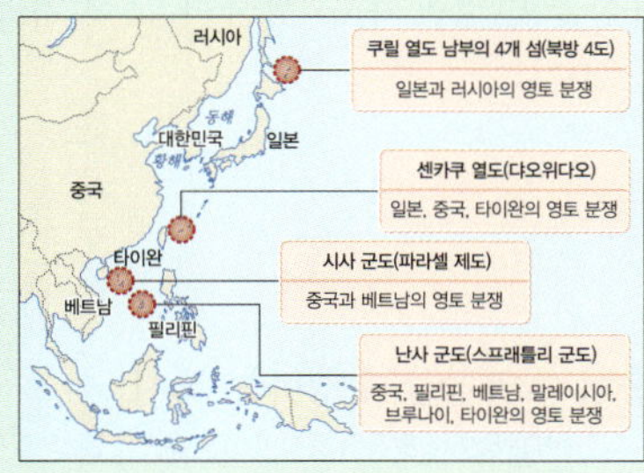



▲ 동아시아 영토 분쟁

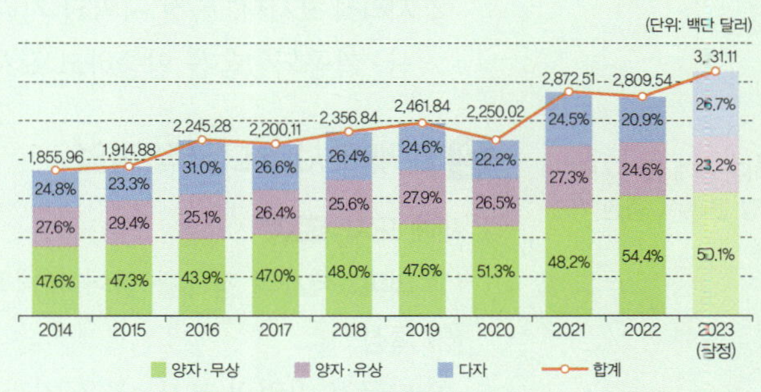



▲ 한국의 세계 평화 기여 노력

# 01 세계화의 다양한 양상과 문제 해결 방안



- □ 세계화
- □ 지역화
- □ 장소 마케팅
- □ 세계 도시
- □ 지리적 표시제

**○ 세계 무역 기구(WTO)**
1995년 1월 1일 출범한 국제기구로 상품, 서비스, 지식 재산권 등 모든 교역 분야에서 자유 무역 질서를 확대하고자 한다.

**○ 공간적 분업**
기업 조직의 여러 기능은 각 기능에 따라 입지 조건이 다르다. 이로 인해 본사, 연구소, 생산 시설 등의 기능이 공간적으로 분리되어 입지하는데, 이를 공간적 분업이라고 한다.

**○ 뉴욕**
국제 연합 본부가 위치하며 세계 주식 시장에 미치는 영향력이 가장 큰 뉴욕 증권 거래소가 있다.

**○ 생산자 서비스업**
주로 금융·보험·부동산업, 회계 서비스, 연구 개발 등 기업을 대상으로 하는 서비스업이 해당된다.

## 1 세계화와 지역화

### 1. 세계화

(1) **의미**: 지역 또는 국가 간 상호 의존성이 높아지면서 세계가 하나의 생활공간이 되어가는 현상

(2) **배경**: 교통·통신의 발달과 지역 간 상호 의존성 증가, 세계 무역 기구(WTO)의 출범으로 상품, 서비스 등의 자유로운 이동이 확대됨

(3) **양상**
① 경제, 문화, 정치 등 다양한 분야에서 이루어짐
② 경제의 세계화: 지구적 차원의 협력과 분업이 이루어짐, 세계 도시 성장, 다국적 기업의 영향력 확대, 지역 간 경쟁 심화
③ 문화의 세계화: 세계의 다양한 문화가 활발하게 교류됨, 인권, 자유, 평등과 같은 보편적 가치가 전 세계로 확산함

(4) **영향**: 국경의 의미 약화, 동질적인 문화 경관 확산, 여러 국가에 걸친 공간적 분업 증가
└ 대다수의 사람이 지속적으로 바람직하다고 생각하는 가치를 말한다.

### 2. 지역화

(1) **의미**: 지역의 생활양식이나 경제·문화 활동 등이 세계적 차원에서 가치를 지니게 되는 현상

(2) **배경**: 세계화에 대응하기 위해 경제적·문화적 측면에서 다른 지역과 차별화하여 경쟁력을 높이는 것이 필요함

(3) **양상** ┌ 지역의 고유한 특성을 말한다.
① 다양한 차원의 지역들이 세계를 움직이는 주요 단위로 성장함
② 고유한 정체성을 바탕으로 세계적인 경쟁력을 갖추기 위해 노력함

(4) **전략**: 장소 마케팅, 지리적 표시제 등 **자료①**
① 장소 마케팅: 지역의 특정 장소를 하나의 상품으로 인식하고, 매력적으로 보일 수 있도록 이미지를 개발하는 전략 예 지역 축제, 지역 브랜드화
② 지리적 표시제: 특정 지역의 지리적 특성을 반영한 우수 상품이 그 지역에서 생산·가공되었음을 인증하고 표시하는 제도

## 2 세계 도시와 다국적 기업

### 1. 세계 도시 **자료②**

(1) **의미**: 국가의 경계를 넘어 세계적인 중심지 역할을 수행하는 도시

(2) **특성**
┌ 어떤 일이나 활동의 중심이 되는 곳으로 도심, 도시 등이 해당한다.
① 다국적 기업의 본사, 금융 기관, 여러 국제기구가 집중하여 자본과 정보가 모이고, 세계에 영향을 미치는 중요한 의사 결정이 이루어짐
② 금융·법률·광고업 등 생산자 서비스업이 발달함

(3) **대표적인 세계 도시**: 뉴욕, 런던, 도쿄, 파리 등

## 자료 탐구

### 자료 ① 지역화 전략인 지리적 표시제와 장소 마케팅

▲ 샴페인

샴페인*은 프랑스 샹파뉴 지방에서 만든 발포성 와인이다. 샴페인은 한 때 발포성 와인의 일반 명사처럼 사용되었으나, 지리적 표시제에 등록한 이후 샹파뉴 지역에서 생산된 와인에만 샴페인이라는 이름을 붙일 수 있게 되었다.

*샴페인: 이산화 탄소가 녹아 있는 발포성 와인

▲ 리우 카니발

리우 카니발은 브라질에 강제로 이주 당한 아프리카 사람들이 고향에서 즐겼던 음악과 춤으로 고통과 향수를 달랬던 것에서 시작되었다. 이후 유럽에서 이주한 포르투갈인들의 사순절* 축제와 결합하여 오늘날과 같은 모습으로 발전하였다.

*사순절: 크리스트교에서 부활절을 경건하게 준비하는 절기로 기간이 약 40일임.

▲ 뉴욕 브랜드

1970년대 만들어진 '아이 러브 뉴욕(I♥NY)' 로고는 뉴욕의 상징이 되었고 뉴욕의 이미지 개선에 도움이 되었다.

*뉴욕시는 2023년 'I♥NY'을 'WE♥NYC'로 변경함.

세계화로 지역 간 경쟁이 치열해지면서 세계 각 지역에서는 지역의 고유한 정체성을 바탕으로 경제를 활성화하고 세계적인 경쟁력을 갖추기 위해 노력하고 있다. 다른 지역과 차별화하기 위한 지역화 전략에는 특산품을 생산하여 지리적 표시제(샴페인)로 등록하고, 특정 장소를 상품으로 개발하는 장소 마케팅(리우 카니발, 아이 러브 뉴욕 브랜드) 등을 활용하고 있다. 이러한 지역화는 지역의 정체성과 경쟁력을 높이고 인류 문화의 다양성에 기여할 수 있다.

### 자료 ② 세계 도시

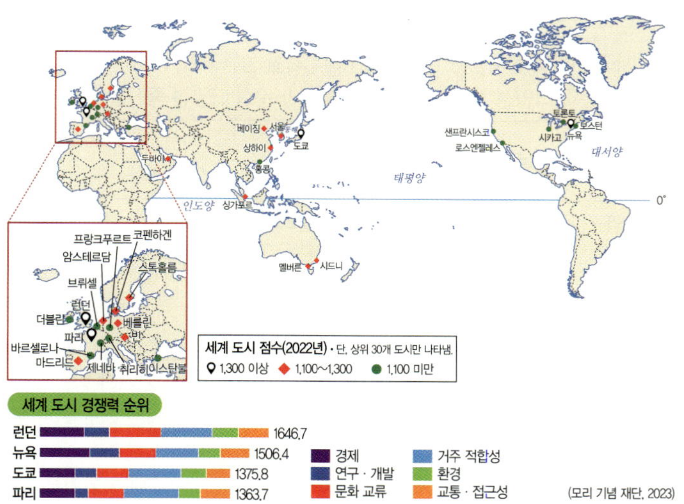


세계 도시는 세계화 시대에 국가의 경계를 넘어 세계적인 중심지 역할을 하는 도시이다. 순위는 평가 기관마다 다를 수 있지만 대체로 런던, 뉴욕, 도쿄, 파리는 평가 기관에 관계없이 높은 순위를 차지한다.

### ○✖ 표시하기

❶ 지리적 표시제 상품인 샴페인의 상표는 생산지와 관계없이 발포성 와인에는 모두 붙일 수 있다. (          )

❷ 브라질에서 열리는 리우 카니발은 지역화 전략의 사례라고 할 수 있다. (          )

❸ '아이 러브 뉴욕(I♥NY)' 로고는 장소 마케팅(지역 브랜드화)의 사례이다. (          )

❹ 세계화 시대에 국가의 경계를 넘어 세계적인 중심지 역할을 하는 도시를 세계 도시라고 한다. (          )

❺ 세계화가 진행될수록 국경의 의미는 강화된다. (          )

❻ 기업의 본사, 연구소, 생산 시설이 공간적으로 분리되어 입지하는 것을 공간적 분업이라고 한다. (          )

### 적절한 말 고르기

❼ 다른 지역과 차별화하기 위한 지역화 전략 중에서 특산품을 활용하는 것은 ( 지리적 표시제, 제품 현지화 )이고, 특정 장소를 상품으로 개발하는 것은 ( 지리적 표시제, 장소 마케팅 )이다.

❽ 리우 카니발은 ( 브라질, 독일 )에서 개최된다.

❾ 세계 도시 중에서 국제 연합 본부는 ( 뉴욕, 런던, 도쿄 )에 위치한다.

❿ 세계 도시 중에서 시가 총액이 가장 많은 증권 거래소가 있는 도시는 ( 뉴욕, 런던, 도쿄 )이다.

### 빈칸 채우기

⓫ 프랑스 샹파뉴 지방에서 만든 발포성 와인에 붙인 샴페인은 (          ) 상품이다.

⓬ 브라질의 리우에서 개최되는 리우 카니발은 지역화 전략 중 (          )에 해당한다.

⓭ 최상위 세계 도시 중에서 영국의 템즈강 연안에 위치한 도시는 (          )이고, 미국의 동부 해안에 위치한 도시는 (          )이며, 일본의 태평양 연안에 위치한 도시는 (          )이다.

⓮ 세계 도시에는 금융업, 광고업, 법률업 등의 (          )이/가 발달하였다.

**○ 미국의 제조업 종사자 수 변화**

1990년대 이후 미국의 생산 공장이 해외로 이전하면서 제조업 종사자 수가 크게 줄어들었다.

**○ 공정 무역**
국제 무역에서 보다 공평하고 정의로운 관계를 추구한다. 특히 경제 발전의 혜택으로부터 소외된 저개발 국가의 생산자와 노동자들에게 정당한 대가를 지불하는 것을 중시하고 그들의 권리를 보호함으로써 지속 가능한 발전에 기여한다.

**○ 선진국(독일)과 개발 도상국(케냐)의 수출 상품 구조**

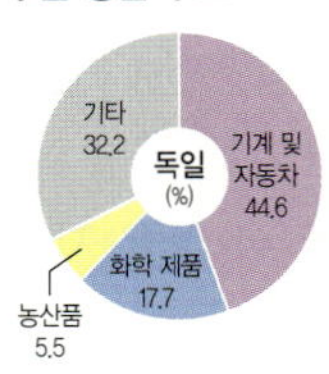


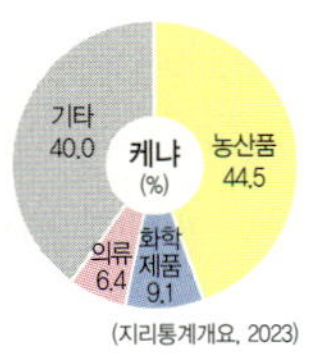


**○ 세계시민 의식**
지구촌의 문제에 책임 의식을 갖고 그 문제를 해결하기 위해 적극적으로 행동하려는 마음가짐이다.

---

## 2. 다국적 기업 자료③

(1) **의미**: 국경을 넘어 세계적으로 생산과 판매 활동을 하는 기업

(2) **다국적 기업의 공간적 분업**

| 본사 | 자본과 우수 인력 확보와 정보 수집에 용이한 본국의 대도시에 입지한 사례가 많음 |
|---|---|
| 연구소 | 핵심 기술 및 디자인 개발, 주로 대학 및 연구 시설이 밀집하고 쾌적한 연구 환경을 갖춘 곳에 입지함 <br> 고급 기술 인력이 거주하기에 유리한 곳을 선호한다. |
| 생산 공장 | 주로 저렴한 노동력이 풍부한 개발 도상국에 입지하지만 시장 확대를 목적으로 선진국에 입지하기도 함 |

(3) **다국적 기업의 생산 공장 이전이 미치는 영향**: 생산 공장 유출 지역은 일자리 감소로 실업률이 높아지고, 생산 공장 유입 지역은 일자리 증가로 실업률이 낮아짐

### 3 세계화에 따른 문제점과 해결 방안

### 1. 빈부 격차 문제와 해결 방안 자료④

| 현황 | 세계의 부는 증가하고 있지만 증가하는 부의 대부분이 선진국 또는 소득 수준이 높은 계층에 집중하여 빈부 격차가 확대됨 |
|---|---|
| 원인 | 선진국은 주로 기술 집약적이고 부가 가치가 높은 제품 수출, 개발 도상국은 원료, 농산물 등 부가 가치가 낮은 제품 수출 비율이 높음 |
| 해결 방안 | • 선진국이 개발 도상국에 투자와 기술 이전 <br> • 공정 무역, 공정 여행 등의 윤리적 소비 확대, 다국적 기업에 공정한 세금 부과 |

### 2. 문화의 획일화 문제와 해결 방안

| 현황 | • 전통문화의 정체성이 약해지고 문화 다양성이 감소함 <br> • 선진국의 문화가 세계의 보편 문화로 자리 잡는 현상이 나타남 <br> • 소수 민족의 고유한 언어가 사라질 위기에 처하는 현상이 나타남 |
|---|---|
| 원인 | 막대한 자본을 바탕으로 한 선진국 문화 산업의 세계 진출 |
| 해결 방안 | • 개인은 자국 문화의 정체성을 유지하며 외래문화를 능동적으로 수용해야 함 <br> • 유네스코의 문화 다양성 선언과 같이 국제 사회가 문화 다양성 증진을 위해 노력함 |

### 3. 보편 윤리와 특수 윤리 간에 갈등과 해결 방안

| 현황 | 국가 간, 지역 간 인구 이동과 문화 교류로 보편 윤리와 특수 윤리 간에 갈등이 나타남 |
|---|---|
| 원인 | • 세계화로 인간존엄성 존중, 인권 보장 등의 보편 윤리가 전 세계로 확산됨 <br> • 특정 사회에서 보편 윤리에 어긋나는 특수 윤리를 기반으로 한 행위로 문제가 발생함 |
| 해결 방안 | • 보편 윤리 존중과 함께 각 사회의 특수 윤리를 성찰하는 태도를 가져야 함 <br> • 한 사회의 문화를 그 사회 구성원의 입장에서 바라보고 이해하려는 태도를 지녀야 함 <br> • 특수 윤리를 인정하되 인간의 존엄성이나 자유, 평등 등 인류의 보편 가치를 무시하는 행위까지 특수 윤리로 인정해서는 안 됨 |

## 자료 ③ 다국적 기업의 공간적 분업

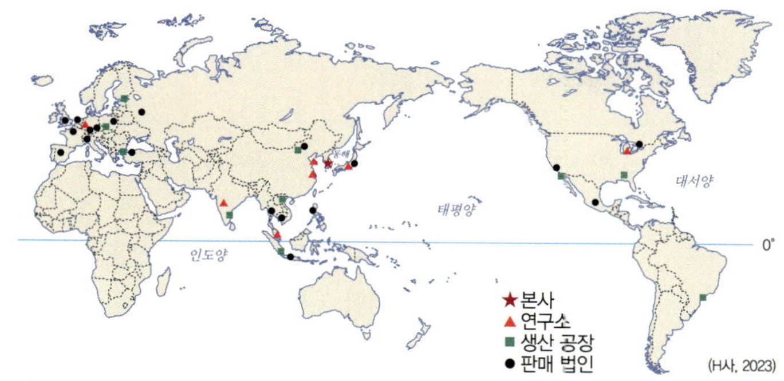


지도는 다국적 기업인 H 자동차 회사의 기능별 입지를 나타낸 것이다. 이 회사의 현지 생산 공장은 상대적으로 노동비가 저렴한 중국, 인도뿐만 아니라 노동비가 비싼 미국에도 입지하고 있다. 노동비가 비싼 곳에 입지하는 것은 무역 장벽 극복과 시장 개척 등을 위한 것이다. 연구소는 선진 기술을 빠르게 접할 수 있는 미국, 독일 이외에도 현지에 알맞은 제품 개발을 위해 중국, 인도 등에도 입지하고 있다.

## 자료 ④ 세계화와 빈부 격차

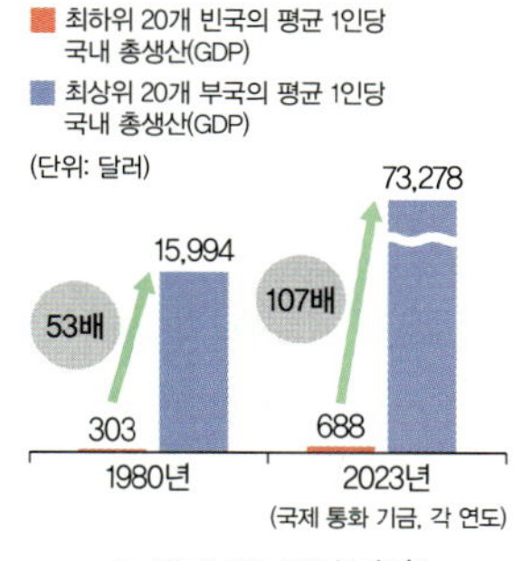


▲ 세계 빈부 격차 현황

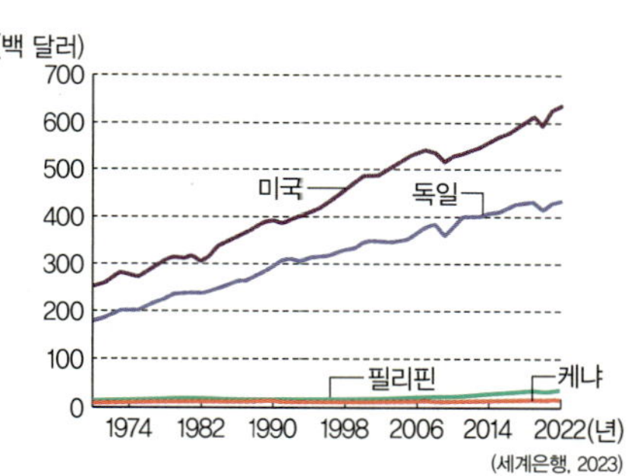


▲ 국가별 1인당 국내 총생산 변화

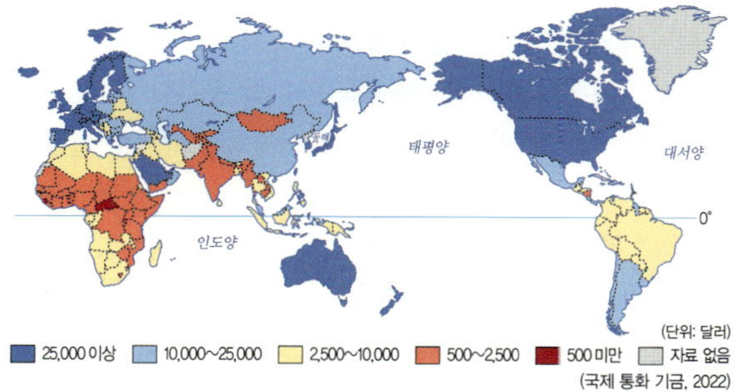


▲ 국가별 1인당 국내 총생산

세계 빈부 격차 현황과 국가별 1인당 국내 총생산 변화를 보면 선진국은 1인당 국내 총생산이 큰 폭으로 증가했지만 개발 도상국은 소폭 증가하여 세계화로 증가한 부의 대부분이 선진국에 집중되었음을 알 수 있다. 이러한 현상은 오늘날 세계의 국가별 1인당 국내 총생산 분포를 통해서도 확인할 수 있다. 1인당 국내 총생산 25,000달러 이상은 서부 유럽과 앵글로아메리카, 아시아 및 오세아니아의 일부 국가이다. 아프리카에는 1인당 국내 총생산 500달러 미만인 국가도 있다.

---

### ✅ 개념 체크 문제

• 정답 **54**쪽

**⭕❌ 표시하기**

❶ 다국적 기업의 본사는 대체로 본국의 소도시에 입지하고 있다. (    )

❷ 다국적 기업의 생산 공장은 인건비가 낮은 개발 도상국에만 입지한다. (    )

❸ 다국적 기업은 기능별 입지 조건을 고려한 연구소, 생산 시설 등의 입지로, 공간적 분업을 통해 제품을 생산 및 판매한다. (    )

❹ 세계화 과정에서 세계에서 증가한 부의 대부분은 개발 도상국에 집중되었다. (    )

❺ 앵글로아메리카와 서부 유럽은 아프리카보다 1인당 지역 내 총생산(GRDP)이 많다. (    )

**적절한 말 고르기**

❻ 다국적 기업의 산업 시설 중에서 선진 기술을 빠르게 접할 수 있는 곳에 주로 입지하는 것은 ( 연구소 / 생산 시설 )이다.

❼ 다국적 기업의 생산 시설은 무역 장벽 극복과 시장 개척을 위해 인건비가 비싼 ( 개발 도상국 / 선진국 )에 입지하기도 한다.

❽ 세계화 과정에서 세계에서 증가한 부의 대부분은 ( 개발 도상국 / 선진국 )에 집중되었다.

❾ 1인당 국내 총생산 2,500달러 미만인 국가가 가장 많이 분포하는 지역(대륙)은 ( 아프리카, 라틴 아메리카 )이다.

**빈칸 채우기**

❿ 1인당 지역 내 총생산(GRDP)이 가장 적은 지역(대륙)은 (       )이고, 가장 많은 지역(대륙)은 앵글로아메리카이다.

⓫ 오세아니아에서 비교적 국토 면적이 넓으며 1인당 국내 총생산 25,000달러 이상인 두 국가는 (       ), (       )이다.

> 25593-0228

**01** 다음 자료의 ㉠에 대한 설명으로 옳은 것은?

세계화로 지역 간 교류와 협력이 강화되면서 경제, 정치, 문화 등 다양한 측면에서 중심지 역할을 하는 ㉠ 이/가 성장하였다.

① 영향력 순위는 평가 기관과 관계 없이 일정하다.
② 세계에서 차지하는 위상은 인구 규모가 클수록 높다.
③ 유럽, 아메리카, 아프리카 등의 지역에 고르게 분포한다.
④ 다국적 기업의 본사, 국제 금융 업무 기능 등이 밀집해 있다.
⑤ 생산자 서비스업의 발달이 미약하고, 소비자 서비스업의 발달 수준이 높다.

> 25593-0229

**02** 밑줄 친 ㉠~㉣에 대한 설명으로 옳은 것만을 〈보기〉에서 고른 것은?

오늘날 세계는 ㉠ 지역 간의 상호 의존성이 높아지고 국가의 경계를 넘어 세계가 하나로 통합되는 현상이 나타나고 있는데, 이러한 현상은 ㉡ 정치, ㉢ 경제, 사회, ㉣ 문화 등 다양한 측면에서 나타나고 있다.

〔 보기 〕
ㄱ. ㉠을 지역화 현상이라고 한다.
ㄴ. ㉡ 측면에서 국제기구의 필요성이 감소하고 있다.
ㄷ. ㉢ 측면에서 다국적 기업의 공간적 분업이 활발하다.
ㄹ. ㉣ 측면에서 개발 도상국 문화보다 선진국 문화의 세계적 영향력 확대 현상이 뚜렷하다.

① ㄱ, ㄴ  ② ㄱ, ㄷ  ③ ㄴ, ㄷ
④ ㄴ, ㄹ  ⑤ ㄷ, ㄹ

> 25593-0230

**03** 다음에서 설명하고 있는 세계 도시를 지도의 A~E에서 고른 것은?

• 월스트리트에는 세계에서 시가 총액이 가장 많은 증권 거래소가 위치한다.
• 국제 협력 증진, 인권 개선 등의 활동을 통해 세계의 번영을 추구하는 국제 연합 본부가 위치한다.

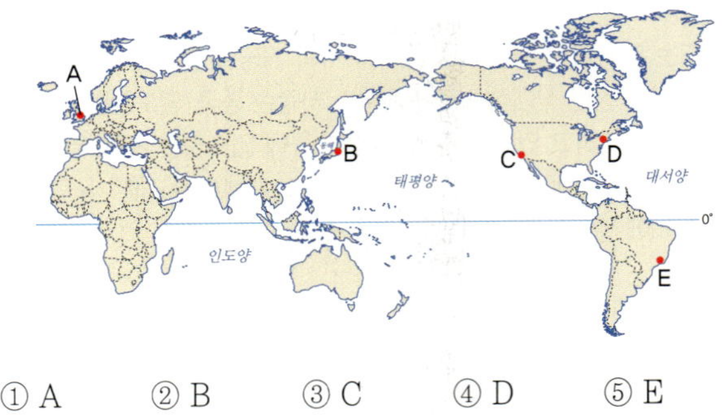


① A  ② B  ③ C  ④ D  ⑤ E

> 25593-0231

**04** 밑줄 친 ㉠~㉣에 대한 설명으로 옳은 것만을 〈보기〉에서 고른 것은?

충청남도 보령에서는 해마다 여름철에 ㉠ 머드 축제가 열린다. ㉡ 갯벌이 넓게 발달한 보령은 이 갯벌 환경을 활용하여 머드 세상을 체험할 수 있는 세계적인 축제로 발전시켰다. 축제에는 해마다 ㉢ 수많은 외국인 관광객이 방문한다. 근래에는 축제 관련 재단에서 ㉣ 머드를 활용한 상품도 개발하여 판매하고 있다. 2021년에는 세계 축제 협회에서 보령 머드 축제를 타이의 송끄란 축제, 중국의 하얼빈 국제 빙설제와 함께 아시아 3대 축제로 선정하였다.

〔 보기 〕
ㄱ. ㉠은 지역화 전략 중 지리적 표시제의 활용 사례이다.
ㄴ. ㉡은 지역의 고유한 특성이 세계적 차원에서 가치를 갖게 되었음을 의미한다.
ㄷ. ㉢은 항공 교통 발달로 지역 간 이동에 걸리는 시간이 감소한 것과 관계가 깊다.
ㄹ. ㉣은 다국적 기업 제품의 현지화 사례에 해당한다.

① ㄱ, ㄴ  ② ㄱ, ㄷ  ③ ㄴ, ㄷ
④ ㄴ, ㄹ  ⑤ ㄷ, ㄹ

> 25593-0232

**05** 지도는 N 기업의 본사와 생산 공장 분포를 나타낸 것이다. 이에 대한 설명으로 옳은 것만을 〈보기〉에서 고른 것은?

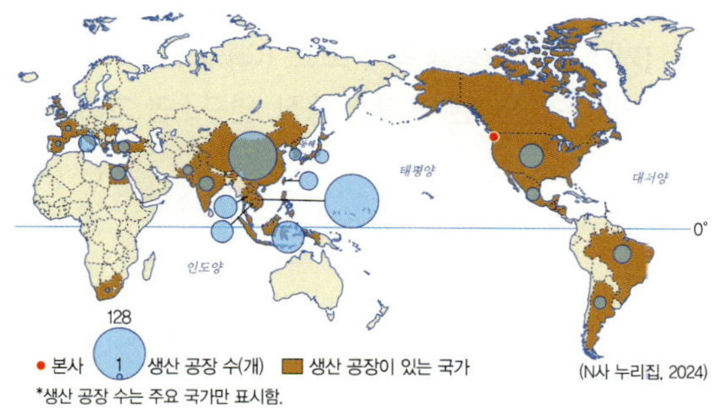


**보기**

ㄱ. N사는 다국적 기업이다.

ㄴ. N사의 생산 공장은 중국보다 인도에 많다.

ㄷ. N사는 기능에 따라 공간적 분업을 하고 있다.

ㄹ. N사의 생산 공장은 개발 도상국보다 선진국에 더 많이 분포한다.

① ㄱ, ㄴ  ② ㄱ, ㄷ  ③ ㄴ, ㄷ
④ ㄴ, ㄹ  ⑤ ㄷ, ㄹ

> 25593-0233

**06** (가), (나)에 들어갈 세계화의 문제점으로 옳은 것은?

| 문제점 | 대책 |
|---|---|
| (가) | • 선진국이 개발 도상국에 기술 이전 및 경제 원조<br>• 공정 무역을 통한 상호 공존의 무역 지향 |
| (나) | • 문화의 고유성과 다양성 보존<br>• 외래문화를 능동적·비판적으로 수용 |

| | (가) | (나) |
|---|---|---|
| ① | 빈부 격차 확대 | 문화 획일화 현상 |
| ② | 빈부 격차 확대 | 보편 윤리와 특수 윤리 간의 갈등 |
| ③ | 문화 획일화 현상 | 빈부 격차 확대 |
| ④ | 문화 획일화 현상 | 보편 윤리와 특수 윤리 간의 갈등 |
| ⑤ | 보편 윤리와 특수 윤리 간의 갈등 | 문화 획일화 현상 |

> 25593-0234

**07** 다음 글은 세계화의 문제점을 나타낸 것이다. 밑줄 친 ㉠~㉣에 대한 설명으로 옳은 것은?

> 국가 간 교류가 증가하면서 다양한 문화를 경험할 기회가 증가하였지만, 지역에 따라 ㉠ 전통문화의 정체성이 약해지는 현상이 나타났다. 특히 ㉡ 선진국의 문화가 보편화되면서 ㉢ 전 세계적으로 음식, 의복 등의 문화가 비슷해지는 현상이 나타났다. ㉣ 이러한 현상은 언어에서도 나타나고 있다.

① ㉠ 문제 해결을 위해 자기 나라의 고유한 역사와 전통만이 가치가 있다는 태도를 지니는 것이 필요하다.

② ㉡의 원인으로 개발 도상국의 높은 문화 상품 경쟁력을 들 수 있다.

③ ㉢을 문화 다양성 확대 현상이라고 한다.

④ ㉢에 대한 대책으로 세계 무역 기구는 문화 다양성 선언을 채택하였다.

⑤ ㉣의 영향으로 오랜 기간 축적한 인류의 지혜가 사라질 수 있다.

> 25593-0235

**08** 다음 글은 세계화의 문제점을 나타낸 것이다. 밑줄 친 ㉠~㉢에 대한 설명으로 옳은 것만을 〈보기〉에서 있는 대로 고른 것은?

> 지역 간 인구 이동이 증가하면서 ㉠ 보편 윤리와 ㉡ 특수 윤리 간의 갈등이 나타나기도 한다. 근래 유럽에서는 ㉢ 히잡 착용을 둘러싼 갈등이 있으며 히잡 착용을 법으로 금지하는 국가도 생겨났다.

**보기**

ㄱ. ㉡은 특정 지역, 종교, 민족 단위에서 공유하는 규범이다.

ㄴ. ㉢은 크리스트교와 이슬람교 간의 갈등이 나타나는 국가에서만 발생한다.

ㄷ. ㉠과 ㉡이 충돌할 때, 세계시민은 ㉠을 우선시하는 태도를 가져야 한다.

① ㄱ  ② ㄴ  ③ ㄷ
④ ㄱ, ㄴ  ⑤ ㄴ, ㄷ

# 서술형 문제

## Step1 핵심 키워드 파악하기

> 25593-0236

**01** 다음 글에 나타난 현상이 (가) 국가와 (나) 국가의 일자리에 미치는 영향을 각각 서술하시오.

> 본사가 선진국인 (가)에 위치하는 다국적 기업 G사는 본사 옆에 있던 생산 공장을 노동비가 상대적으로 저렴한 개발 도상국 (나)로 이전하였다.

**예시 답안** (가) 국가는 G사가 생산 공장을 국외로 이전하였으므로 일자리가 (　　　　)한다. 반면, (나) 국가는 G사의 생산 공장 입지로 일자리가 (　　　　)한다.

> 25593-0237

**02** 그래프는 세계화에 따른 경제적 측면의 문제점을 나타낸 것이다. 자료에 나타난 문제점을 쓰고, 이를 해결하기 위한 방안을 서술하시오.

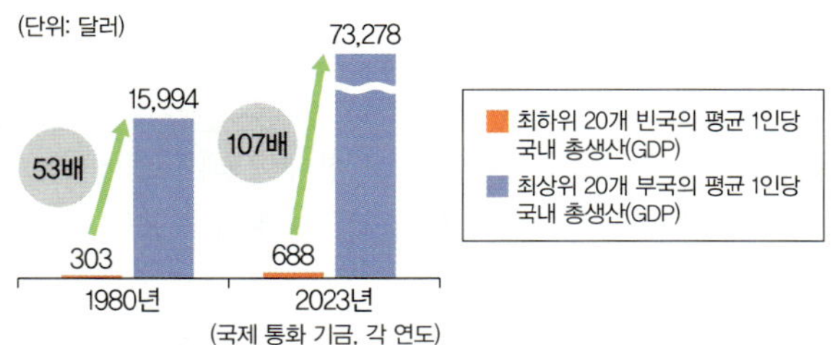



▲ 최하위 20개 빈국과 최상위 20개 부국의 평균 1인당 국내 총생산(GDP) 변화 비교

**예시 답안** 1980년~2023년에 세계의 부는 큰 폭으로 증가하였는데, 증가한 부의 대부분이 (　　　　)에 집중되었다. 이러한 문제를 해결하기 위해서는 선진국과 국제기구들이 개발 도상국에 대한 (　　　　　　) 등을 통해 개발 도상국이 세계 무대에서 경쟁력을 갖추도록 해야 한다. 또한 세계화로 발생한 이익이 선진국에 집중되지 않도록 (　　　) 을/를 통해 상호 공존할 수 있는 무역을 지향해야 한다.

## Step2 스스로 답안 작성하기

> 25593-0238

**03** 지도는 다국적 기업 H사의 기능별 입지 현황을 나타낸 것이다. (가)~(다) 기능을 각각 쓰고, (다)의 일반적인 입지 특징을 서술하시오. (단, 본사, 생산 공장, 연구소만 고려함.)

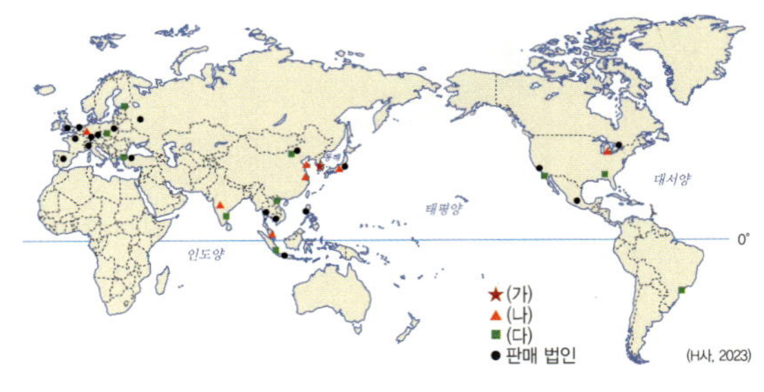



> 25593-0239

**04** 다음 글에 나타난 세계화에 따른 갈등을 해결하기 위해 가져야 할 태도를 서술하시오.

> 이슬람교를 믿는 이란에서는 율법에 따라 여성에게 히잡을 강제적으로 착용하게 한다. 2022년, 이란에서는 여성이 히잡을 제대로 착용하지 않았다는 이유로 경찰에 체포되었다가 사망한 사건이 발생하였다. 이에 분노한 이란의 여성들은 여성의 인권과 자유를 요구하며 히잡을 벗고 시위에 참여하였으며, 시위가 점차 확산하면서 정부와 충돌하기도 하였다. 이후 세계 곳곳에서는 이란 여성들을 지지하는 시위가 이어졌다.

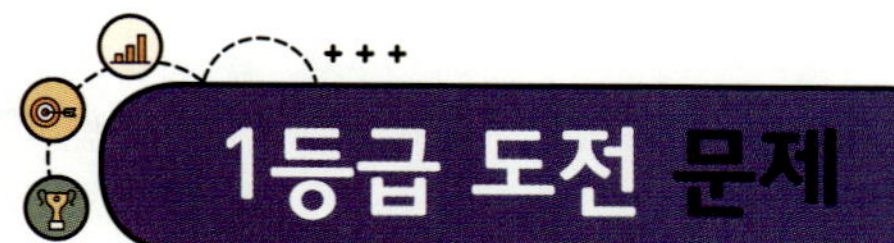



• 정답과 해설 **56**쪽

> 25593-0240

**01** 다음은 세계화 단원의 형성 평가지이다. (가)에 들어갈 내용으로 옳은 것은?

※ 다음 퀴즈의 정답에 해당하는 용어의 글자를 각각 지우면 〈글자판〉의 글자가 모두 지워집니다. (단, 지워야 할 글자가 두 개 있을 경우 각각 한 개씩 지움.)

〈퀴즈〉
(1) 국경을 넘어 세계적으로 생산과 판매 활동을 하는 기업
(2) 정치, 경제 등 다양한 측면에서 세계의 중심지 역할을 하는 도시
(3) 삶의 공간이 개별 국가의 국경을 넘어서 전 지구로 확대되어 가는 현상
(4) _______________________ (가)

〈글자판〉

| 다 | 세 | 국 | 세 | 계 |
|---|---|---|---|---|
| 지 | 적 | 도 | 기 | 시 |
| 화 | 업 | 역 | 화 | 계 |

① 생산자에게 정당한 가격을 지급하는 제품을 소비자가 구매하는 윤리적 소비
② 국제 연합(UN) 본부가 있고 세계적인 영향력을 가진 증권 시장이 있는 세계 도시
③ 금융업, 광고업, 법률업, 회계업, 연구 개발업 등 주로 기업을 대상으로 하는 서비스업
④ 지역의 생활양식이나 사회·문화·경제활동 등이 세계적 차원에서 가치를 지니게 되는 현상
⑤ 특정 장소를 상품으로 인식하고 사람들이 선호하는 이미지를 개발하여 지역의 가치를 높이는 홍보 전략

> 25593-0241

**02** 밑줄 친 ㉠~㉣에 대한 설명으로 옳지 <u>않은</u> 것은?

2022년에 ㉠ A사가 중국에 있던 생산 공장을 다른 나라로 이전하였다. 중국은 다른 국가로 ㉡ 생산 공장 유출이 이루어지면서 그 위상이 변할 것으로 보인다. ㉢ 지난 10년 동안 중국 제조업 근로자들의 연간 소득이 3배나 증가하면서 인건비가 저렴한 ㉣ 베트남은 이 상황의 최대 수혜 국가가 되었다.

① ㉠이 공간적 분업을 하는 목적으로 생산비 절감을 들 수 있다.
② ㉠은 생산 공장의 입지에서 노동비를 중요한 요인으로 고려한다.
③ ㉡에는 A사의 생산 공장이 중국에서 다른 국가로 이전하는 현상이 해당한다.
④ ㉢으로 인해 중국의 저렴한 노동비를 활용한 제품 생산의 장점이 줄어들었다.
⑤ ㉣로 인해 베트남 제조업에 대한 A사의 영향력이 작아졌다.

> 25593-0242

**03** 지도는 국가별 1인당 국내 총생산(GDP)을 나타낸 것이다. 이에 대한 해석으로 옳은 것만을 〈보기〉에서 있는 대로 고른 것은?

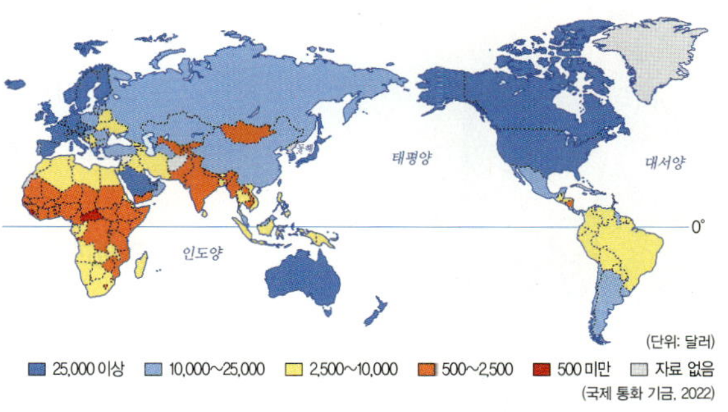


보기

ㄱ. 아프리카는 남아메리카에 비해 1인당 지역 내 총생산(GRDP)이 많다.
ㄴ. 1인당 국내 총생산(GDP) 2,500달러 미만인 국가가 가장 많은 지역(대륙)은 아프리카이다.
ㄷ. 1인당 국내 총생산(GDP) 25,000달러 이상인 국가의 수는 아프리카가 아시아보다 많다.

① ㄱ    ② ㄴ    ③ ㄷ    ④ ㄱ, ㄴ    ⑤ ㄴ, ㄷ

# 02 평화의 의미와 국제 사회의 역할



□ 소극적 평화 　 □ 적극적 평화
□ 구조적 폭력 　 □ 문화적 폭력

**○ 구조적 폭력**
빈곤, 정치적 억압, 경제적 착취 등 부정의한 사회 제도나 구조를 통해 이루어지는 폭력

**○ 문화적 폭력**
종교와 사상, 언어와 예술 등 문화적 영역에 존재하는 폭력으로 직접적 폭력이나 구조적 폭력을 정당화하는 데 이용되는 형태의 폭력

**○ 갈퉁(Galtung, J.)**

갈퉁은 『평화적 수단에 의한 평화』를 통해 폭력과 평화에 대해 고찰함으로써 소극적 평화와 적극적 평화의 개념을 체계화하였다.

## 1 평화의 의미와 중요성

### 1. 평화의 의미 [자료 ①]

(1) **소극적 평화와 적극적 평화**

① 소극적 평화

- 전쟁 또는 분쟁이 없는 상태: 전쟁, 테러, 범죄, 분쟁, 폭행 등과 같은 직접적, 물리적 폭력이 제거된 상태
- 인류가 생존 위협에서 벗어나 안전하게 살아갈 수 있는 환경을 조성

② 적극적 평화

- 직접적 폭력이 없을 뿐만 아니라 구조적·문화적 폭력까지 모두 제거된 상태
- 빈곤, 기아, 소외, 억압과 착취, 종교와 사상에 의한 차별 등 한 사회의 구조나 문화에 의해 발생하는 간접적 폭력까지 모두 제거된 상태

(2) **진정한 평화**: 직접적 폭력뿐만 아니라 간접적 폭력에서 벗어나 적극적 평화가 실현된 상태 → 누구나 안전하고 인간다운 삶을 누릴 수 있음

└ 갈퉁의 주장을 바탕으로 하고 있다.
└ 간접적 폭력에는 구조적 폭력과 문화적 폭력이 포함된다.

### 2. 국제 사회 평화 실현의 중요성

(1) **전쟁과 분쟁의 현황**

① 이스라엘 – 팔레스타인 분쟁: 유대인과 팔레스타인 사람들 간 영토 분쟁에서 시작되어 민족적, 종교적 정체성에 따른 갈등으로 분쟁이 심화됨

② 카슈미르 분쟁: 주민 대부분이 이슬람교를 믿는 카슈미르 지역이 힌두교를 믿는 사람이 많은 인도에 편입되면서 분쟁이 발생함

③ 에티오피아 내전: 80여 개 민족으로 이루어진 에티오피아에서 민족 간 종교와 언어 차이, 경제적·정치적 차별로 내전이 발생함

④ 포클랜드 분쟁: 주변에 석유가 매장되어 있는 포클랜드 제도의 소유권을 둘러싸고 영국과 아르헨티나 간의 분쟁이 발생함

(2) **전쟁과 분쟁의 폐해** [자료 ②]

① 인간의 목숨과 삶의 터전을 빼앗음

② 인간에게 극심한 공포와 고통을 야기함

③ 자연환경과 인류의 소중한 문화유산을 파괴함

(3) **국제 사회 평화 실현의 중요성**
└ 인류의 소중한 문화유산이 파괴되면 되돌리기는 어렵다.

① 평화는 인류의 안전과 생존을 보장함

② 삶의 질을 저해하는 요인인 빈곤과 기아, 차별과 불평등을 극복함

③ 인류의 인간답게 살 권리를 보장하고 삶의 질을 높이는 데 기여함

(4) **국제 사회 평화 실현을 위한 방안**: 한 국가의 노력만으로 해결하기 어려움

① 국제 사회의 상호 의존성을 인식하고 갈등 당사국 간 대화와 협력, 여러 기구를 통한 갈등 조정을 도모함

② 국제 협약 체결, 국제 스포츠 대회 개최 등의 평화적 방법 추구

### 자료 ① 평화에 대한 갈퉁의 입장

> 갈퉁은 평화를 달성하기 위해 물리적 폭력을 자행하는 것은 옳지 않다고 보았다.

- 폭력은 직접적, 물리적 행위만이 아니라 비의도적이고 간접적이며 집합적인 계기, 즉 구조와 문화의 요소를 포함한다. 따라서 우리는 직접적, 물리적 폭력이 제거된 소극적 평화 상태뿐만 아니라 구조적 폭력과 문화적 폭력까지 모두 사라진 적극적 평화 상태를 추구해야 한다. 또한 목적이 수단을 정당화할 수 없듯이 평화는 평화적 수단으로만 이루어져야 한다.
- 구조적 폭력의 두 가지 주요한 형태는 억압과 착취이다. 이러한 모든 것의 이면에는 문화적 폭력이 존재한다. 이는 모두 상징적인 것으로 종교와 사상, 언어와 예술, 과학과 법, 대중 매체와 교육의 내부에 존재하는 것이다. 이러한 문화적 폭력의 기능은 직접적 폭력과 구조적 폭력을 정당화하는 것이다. – 갈퉁, 『평화적 수단에 의한 평화』 –

갈퉁은 직접적 폭력뿐만 아니라 구조적 폭력과 문화적 폭력까지 제거함으로써 적극적 평화를 이루는 것이 진정한 평화라고 주장하였다.

### 자료 ② 삶의 터전을 잃은 주요 분쟁 지역의 난민들

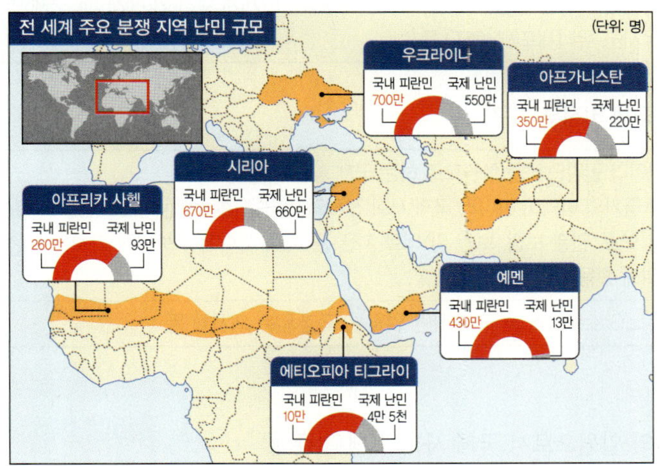


(국제 연합 난민 기구, 2022년 기사 기준)

국제 구호 단체들은 분쟁 지역 주민들에게 임박한 위험을 경고하고 있다. 국제 연합 난민 기구(UNHCR)의 자료를 보면, 예멘의 경우 반군과 사우디아라비아 주도 연합군의 전쟁이 7년째 이어지면서 발생한 국내 피란민이 430만 명에 이른다. 사실상 온 나라가 파괴되면서 전체 인구의 70% 수준인 2천만 명이 인도주의적 지원이 필요한 상황이라고 국제 연합 난민 기구는 밝혔다.

> 인도주의적 지원에는 구호품 지원, 의료 지원 등이 포함된다.

---



• 정답 57쪽

#### ○✖ 표시하기

❶ 전쟁과 분쟁이 없는 모든 상황은 적극적 평화가 실현된 상태이다. ( )

❷ 소극적 평화는 직접적 폭력뿐만 아니라 간접적 폭력에서 벗어난 상태를 말한다. ( )

❸ 진정한 평화가 실현된 상태에서는 누구나 인간다운 삶을 누릴 수 있다. ( )

❹ 카슈미르 분쟁은 주민 대부분이 이슬람교를 믿는 카슈미르 지역이 힌두교를 믿는 사람이 많은 인도에 편입되면서 발생한 분쟁이다. ( )

❺ 국제 사회의 평화는 한 국가의 노력만으로는 해결하기 어렵다. ( )

#### 적절한 말 고르기

❻ 빈곤, 기아, 소외, 억압과 착취와 같은 간접적 폭력까지 모두 제거된 상태는 ( 소극적, 적극적 ) 평화가 실현된 상태라고 볼 수 있다.

❼ 주변에 석유가 매장되어 있는 지역의 소유권을 둘러싼 영국과 아르헨티나 간의 갈등을 ( 포클랜드 분쟁, 에티오피아 내전 )이라고 한다.

❽ 평화를 실현하기 위해서는 국제 사회의 ( 상호 의존성, 상호 독립성 )을 인지하고 갈등 당사국 간의 ( 대화, 전쟁 )을/를 통해 갈등을 조정하려는 노력이 요구된다.

#### 빈칸 채우기

❾ 빈곤, 정치적 억압, 경제적 착취는 간접적 폭력에 속하는 ( ) 폭력에 해당한다.

❿ 진정한 평화는 직접적 폭력뿐만 아니라 간접적 폭력에서 벗어나 ( ) 평화가 실현된 상태이다.

⓫ 국제 사회의 평화를 실현하기 위해서는 ( )(이)나 국제 스포츠 대회 개최 등과 같은 평화적 방안의 추진이 필요하다.

#### <보기>에서 고르기

┌ 보기 ┐
ㄱ. 신체적 폭행 ㄴ. 국가 간 전쟁
ㄷ. 편견과 차별 ㄹ. 소외
ㅁ. 경제적 착취

⓬ 직접적 폭력 ( )

⓭ 간접적 폭력 ( )

**○ 세계 보건 기구(WHO)**
보건 분야의 국제적인 협력을 위하여 설립된 국제 연합의 전문 기구

**○ 국제 연합 평화 유지군**
1948년에 국제 평화와 안전을 위해 국제 연합에서 조직한 다국적군으로 분쟁 지역이나 재난 지역의 평화 유지를 위해 파견되는 등 다양한 평화 유지 활동을 하고 있다. 이러한 공로를 인정받아 1988년 노벨 평화상을 수상하였다.

**○ 그린피스(Green peace)**
1971년에 결성된 국제 환경 단체로서 건강하고 평화로운 미래를 위해 지구촌 곳곳에서 활발히 활동하고 있다. 예를 들어 북극 생태계 보호를 위한 북극 석유 및 가스 탐사, 유전 개발을 막기 위한 캠페인 활동 진행 등의 활동을 하고 있다.

**○ 국제 사면 위원회**
인권 옹호를 위한 국제단체로, 이데올로기, 정치, 종교상의 신념이나 견해 때문에 체포, 투옥된 정치범의 석방, 공정한 재판과 옥중 처우 개선, 고문과 사형 폐지 등을 목적으로 한다.

**○ 국경 없는 의사회**
'중립, 공평, 자원'의 3대 원칙과 '정치, 종교, 경제적 권력으로부터의 자유'라는 가치 아래 전쟁, 기아, 질병, 자연재해 등으로 고통받는 세계 각지 주민들을 구호하기 위해 설립한 국제 민간 의료 구호 단체이다.

---

**2 평화 실현을 위한 국제 사회 행위 주체의 바람직한 역할**

**1. 국제 사회의 특징** 자료③

(1) 각국은 기본적으로 자국의 이익을 우선으로 추구함 → 그 과정에서 때로는 갈등이 발생하기도 하고, 협력하기도 함

(2) 국제 갈등은 자원 확보에 대한 경합, 종교나 민족, 영토의 차이 등으로 인해 발생

**2. 국제 사회의 다양한 행위 주체**

(1) **국가**

　— 개인이 아닌 국제 사회의 행위 주체 중 국가만이 주권을 가지고 있다.

① 일정한 영토와 국민, 주권을 가진 집단으로서 국제 사회를 구성하는 가장 기본적인 행위 주체 → 법적 지위를 가지고 공식적인 활동을 할 수 있는 자격 보유

② 외교, 국방, 경제 등의 여러 분야에서 자국의 이익을 추구함 → 갈등이 발생한 경우 당사국 간의 합의, 제3자의 조정, 국가 간의 협약으로 해결하도록 노력함

③ 전쟁·테러 방지를 위한 노력, 빈곤 국가에 대한 원조, 재난 국가에 대한 구호 활동, 환경 문제 등에도 앞장서고 있음

④ 힘의 논리에서 벗어나 대화와 타협으로 갈등을 해결하기 위해 노력해야 함

(2) **국제기구(정부 간 국제기구)** 자료④ 자료⑤

| 특징 | • 여러 국가가 모여 국제적으로 영향력을 행사하는 행위 주체<br>• 평화 유지나 경제적, 사회적 협력 등 국제적 목적이나 활동을 위해 노력함<br>• 국제 조약이나 규범을 만들거나, 분쟁국 간의 중재에 참여하기도 함<br>• 분쟁 지역에 군대를 파견하거나 재난 국가의 재건 활동을 돕는 등 국제 평화와 질서 유지에 기여함 ┐ 침략 전쟁을 위한 군대가 아니라 방어나 평화 유지 차원의 군대를 파견하고 있다. |
|---|---|
| 예 | 국제 연합(UN), 유럽 연합(EU), 세계 무역 기구(WTO), 세계 보건 기구(WHO), 국제 연합 평화 유지군, 유니세프(UNICEF) 등 |

(3) **비정부 기구(국제 비정부 기구)**

| 특징 | • 개인이나 민간단체를 회원으로 하는 국제 사회의 행위 주체<br>• 개별 국가의 이익이 아니라 국제 사회 전체의 이익을 위해 활동하는 것을 목표로 함<br>• 환경 보호, 인권 보장, 보건 및 의료 지원 등 국제 사회에서 보편적 가치를 실현하기 위해 활동하고 있음 |
|---|---|
| 예 | 그린피스(Green peace), 국제 사면 위원회, 국경 없는 의사회 등 |

(4) **개인**

① 지구 공동체의 일원으로서 국제 사회의 행위 주체

② 세계시민으로서 책임감을 가지고 시민 의식을 갖추도록 노력해야 함

③ 인류의 보편적 가치를 실현하기 위해 노력해야 함 ┐ 인권 보장, 자유와 평등의 실현, 환경 보호 등이 포함될 수 있다.

④ 시민 단체 참여, 구호 물품 지원, 후원이나 기부와 같은 봉사나 집회에 참여하는 등 다양한 방법으로 참여 가능

### 자료 ❸ 국제 관계에 대한 사상가들의 입장

국제 관계에 대한 이상주의적 관점을 가지고 있다.

> 칸트: 국가 간 영구 평화의 실현을 위해 다음의 확정 조항이 필요하다. 모든 국가의 시민적 정치 체제는 공화 정체여야 한다. 국제법은 자유로운 국가들의 연방 체제에 기초해야 한다. 세계시민법은 보편적인 우호를 위한 제반 조건에 국한되어야 한다.
>
> 모겐소: 국제 관계에서 주권 국가들의 권력을 향한 열망이 주요한 동력이 된다. 평화를 유지하는 방법 중 하나는 국제 무대 위에서 여러 세력의 자기 조절 장치인 세력 균형에서 찾을 수 있다.

국제 관계에 대한 현실주의적 관점을 가지고 있다.

칸트는 전쟁을 방지하고 국가 간의 영원한 평화를 이루기 위해서는 국제법이나 국제 규범이 필요하다고 보았다. 모겐소는 국가 간의 신뢰 부족과 경쟁으로 인해 전쟁의 위협이 계속되지만, 세력 균형을 통해 일시적인 평화 상태를 실현할 수 있다고 보았다.

### 자료 ❹ 재난에 대한 국제 사회의 지원

> 2023년 2월 튀르키예 동남부 가지안테프 인근에 규모 7.8의 대지진이 발생했다. 이후 오후에 규모 7.5의 강한 지진이 카라만마라슈에서 발생하는 등 다수의 여진이 발생하면서 튀르키예 남동부와 시리아 북부의 국경 지대가 큰 피해를 입었다.

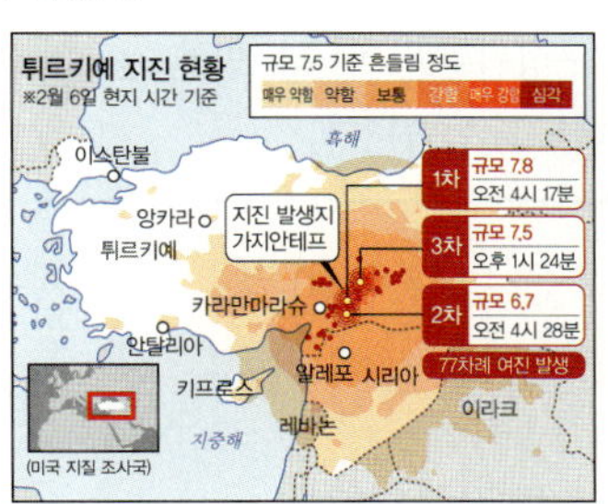

재난으로 인해 고통에 빠진 사람들을 돕기 위해, 국제 연합 난민 기구는 구호 물자를 보내고 그들의 재건을 돕는 활동을 진행하였다. 세계 각국의 시민들도 각종 구호 물품을 보내는 등 노력을 아끼지 않았으며, 우리나라의 경우 대한민국 해외 긴급 구호대를 파견하고 이재민 거주촌 조성 및 경제적 지원을 결정하였다.

### 자료 ❺ 국제 연합 세계 식량 계획(WFP)의 인도주의적 활동

> 국제 연합 세계 식량 계획은 모든 사람이 식량 걱정 없이 살 수 있는 세계를 만들기 위해 기아 퇴치와 식량 문제 해결을 목표로 활동한다. 굶주림을 전쟁과 갈등의 무기로 활용하는 것을 막고 기아 퇴치를 위해 노력한 공로로 2020년에 노벨 평화상을 수상하였다.

국제기구와 비정부 기구는 개별 국가가 하기 힘든 인도주의적 구호 활동에 적극 참여하여 인류의 진정한 평화 실현을 위해 노력하고 있다.

---

**○✖ 표시하기**

❶ 국제 사회에서 국가는 기본적으로 자국의 이익을 우선으로 추구한다. ( )

❷ 국가는 영토와 국민, 주권을 가진 집단으로 국제 사회를 구성하는 가장 기본적인 행위 주체이다. ( )

❸ 국가는 국제기구와 달리 빈곤 국가에 대한 원조, 재난 국가에 대한 구호 행위를 할 수 없다. ( )

❹ 국제 연합은 국제기구가 아니라 비정부 기구에 해당한다. ( )

❺ 비정부 기구는 환경, 인권 보장 등 국제 사회에서 보편적 가치를 실현하기 위해 활동하고 있다. ( )

**적절한 말 고르기**

❻ 개인은 세계시민의 일원으로서 국제 사회에서 인류의 보편적 가치를 ( 지향, 거부 )해야 한다.

❼ 개인이나 민간단체를 회원으로 하는 국제 사회의 행위 주체를 ( 비정부 기구, 국제기구 )라고 한다.

❽ 국가는 국제 사회에서 법적 지위를 가지고 공식적인 활동을 할 수 있는 자격을 보유하고 ( 있다, 있지 않다 ).

❾ 비정부 기구는 ( 개별 국가의 이익, 국제 사회 전체의 이익 )을 위해 활동하는 것을 목표로 한다.

**빈칸 채우기**

❿ ( )은/는 국제 환경 단체로서 건강하고 평화로운 미래를 위해 지구촌 곳곳에서 활동하고 있다.

⓫ 칸트는 영원한 평화를 이루기 위해서는 ( )(이)나 ( )이/가 필요하다고 보았다.

⓬ 국가는 ( )의 논리에서 벗어나 대화와 타협을 통해 갈등을 해결하기 위해 노력해야 한다.

**<보기>에서 고르기**

┤ 보기 ├
ㄱ. 유럽 연합　　　ㄴ. 세계 무역 기구
ㄷ. 세계 보건 기구　ㄹ. 국제 사면 위원회
ㅁ. 국경 없는 의사회

⓭ 국제기구 ( )

⓮ 비정부 기구 ( )

# 기본 문제

> 25593-0243

**01** ㉠에 대한 설명으로 적절한 것만을 〈보기〉에서 있는 대로 고른 것은?

> ㉠ 은/는 다양한 행위 주체들이 한 국가의 영역을 초월하여 상호 유기적으로 교류하는 사회를 의미한다. 오늘날에는 개별 국가의 노력만으로 해결할 수 없는 문제가 증가하면서 다양한 행위 주체들이 ㉠ 에서 활동하고 있다.

**보기**
ㄱ. 국가들이 상호 영향을 주고받으며 활동하는 곳이다.
ㄴ. 주권을 가진 모든 국가의 실질적인 영향력이 동일하게 행사된다.
ㄷ. 법적으로 인정받는 지위를 가지는 국가들이 행위 주체에 포함된다.
ㄹ. 군사적인 지배력을 가지고 모든 행위 주체를 통제하는 세계 정부가 존재하지 않는다.

① ㄱ, ㄴ  　② ㄴ, ㄹ  　③ ㄷ, ㄹ
④ ㄱ, ㄴ, ㄷ  　⑤ ㄱ, ㄷ, ㄹ

> 25593-0245

**03** 그림은 인터넷 게시판 화면이다. 밑줄 친 질문에 대해 적절하지 <u>않은</u> 대답을 한 사람은?

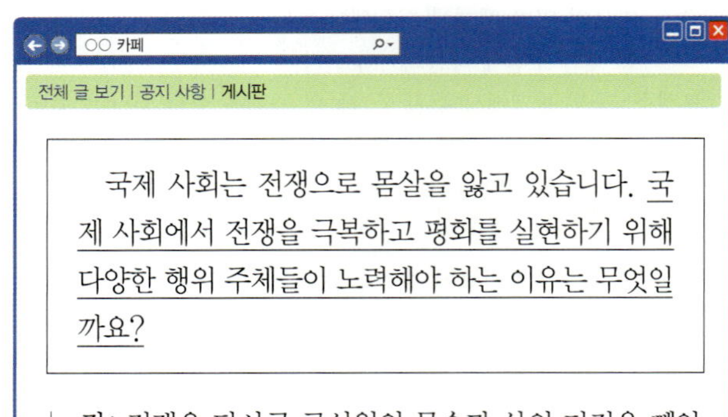


① 갑  　② 을  　③ 병  　④ 정  　⑤ 무

**중요**
> 25593-0244

**02** 다음을 주장한 사상가의 입장으로 가장 적절한 것은?

> 직접적, 물리적 폭력이 제거된 소극적 평화 상태뿐만 아니라 구조적 폭력과 문화적 폭력까지 모두 사라진 적극적 평화 상태를 추구해야 한다.

① 종교와 사상에 의한 차별은 직접적 폭력이다.
② 소극적 평화는 구조적인 폭력이 모두 제거된 상태이다.
③ 직접적 폭력은 문화적 폭력을 정당화하는 역할을 한다.
④ 물리적 폭력만 제거되면 누구나 인간다운 삶을 누릴 수 있다.
⑤ 직접적 폭력과 간접적 폭력에서 모두 벗어나야 적극적 평화가 실현될 수 있다.

> 25593-0246

**04** 다음 국제기구에 대한 설명으로 가장 적절한 것은?

> 1948년에 국제 연합에서 조직한 다국적군으로 분쟁 지역이나 재난 지역의 평화 유지를 위해 파견되는 등 다양한 활동을 하고 있는 조직이다. 이러한 공로를 인정받아 1988년 노벨 평화상을 수상하기도 하였다.

① 특정한 한 국가의 구성원만 참여할 수 있다.
② 경제적 이익 창출을 목적으로 하는 단체이다.
③ 힘의 논리에 따라 강대국의 입장에서 활동한다.
④ 전쟁 위험 지역에서 활동하는 평화 유지군이다.
⑤ 민간단체를 회원으로 하는 비정부 기구이다.

**>** 25593-0247

## 05 다음은 국제 사회의 다양한 행위 주체에 대한 설명이다. (가)~(다)에 해당하는 말이 알맞게 짝지어진 것은?

> (가) 여러 국가가 모여 국제적인 영향력을 행사하는 주체
> (나) 개인이나 민간단체를 회원으로 하는 국제 사회 주체
> (다) 일정한 영토와 국민, 주권을 가진 집단으로 국제 사회의 가장 기본적인 주체

| | (가) | (나) | (다) |
|---|---|---|---|
| ① | 국가 | 비정부 기구 | 국제기구 |
| ② | 국가 | 국제기구 | 비정부 기구 |
| ③ | 비정부 기구 | 국가 | 국제기구 |
| ④ | 국제기구 | 국가 | 비정부 기구 |
| ⑤ | 국제기구 | 비정부 기구 | 국가 |

**>** 25593-0248

## 06 다음 칼럼의 ㉠에 들어갈 내용으로 가장 적절한 것은?

| ○○신문 | **칼 럼** | ○○○○년 ○월 ○일 |
|---|---|---|

> 지구촌에는 분쟁이 끊임없이 발생하고 있다. 카스피해에 매장된 자원을 확보하고자 주변 국가들이 영유권 분쟁을 벌이고 있고, 이슬람교도가 많은 카슈미르 지역이 힌두교를 믿는 인도에 편입되면서도 갈등이 일어났다. 이러한 국제 사회 분쟁을 각국의 권리를 존중하면서 평화적으로 해결하기 위해서는          ㉠

① 힘의 논리에 따라 국가 간의 서열을 공고히 해야 한다.
② 당사국만의 독자적 노력으로 갈등을 해결해야 한다.
③ 경제력을 기준으로 국제 사회에 미치는 영향력을 서열화해야 한다.
④ 국제 사회의 대화와 공조를 통해 당사국들이 협력을 도모해야 한다.
⑤ 세계 정부를 세워 모든 국가의 주권을 없애고 하나의 국가로 통합해야 한다.

**중요**

**>** 25593-0249

## 07 다음을 주장한 사상가의 입장만을 〈보기〉에서 있는 대로 고른 것은?

> 국가 간 영구 평화의 실현을 위해 다음의 확정 조항이 필요하다. 모든 국가의 시민적 정치 체제는 공화 정체여야 한다. 국제법은 자유로운 국가들의 연방 체제에 기초해야 한다. 세계시민법은 보편적인 우호를 위한 제반 조건에 국한되어야 한다.

**「 보기 」**

ㄱ. 국제 평화를 위해 국가 간의 대화와 협력이 필요하다.
ㄴ. 국제 평화는 국가 간의 세력 균형으로만 실현될 수 있다.
ㄷ. 국가들은 자국의 이익을 추구하므로 국제 평화는 실현될 수 없다.
ㄹ. 개별 국가들의 주권과 법을 존중할 때 국제 평화가 실현될 수 있다.

① ㄱ, ㄴ　　② ㄱ, ㄹ　　③ ㄷ, ㄹ
④ ㄱ, ㄴ, ㄷ　　⑤ ㄴ, ㄷ, ㄹ

**>** 25593-0250

## 08 ㉠에 대한 설명으로 적절한 것만을 〈보기〉에서 고른 것은?

> ______㉠______은/는 개인이나 민간단체를 회원으로 하는 국제 사회의 행위 주체이다. 그린피스와 국경 없는 의사회가 포함되며 국제 사회에서 활발하게 활동하고 진정한 평화 실현을 위해 노력하고 있다.

**「 보기 」**

ㄱ. 국제 사회에서 보편적 가치를 실현하기 위해 활동한다.
ㄴ. 국제 사면 위원회, 세계 무역 기구, 세계 보건 기구를 포함한다.
ㄷ. 인권 보장, 보건 및 의료 지원과 같은 활동을 하는 경우가 많다.
ㄹ. 모든 개별 국가에 똑같이 이익을 나누어 주는 것을 목적으로 한다.

① ㄱ, ㄴ　　② ㄱ, ㄷ　　③ ㄴ, ㄷ
④ ㄴ, ㄹ　　⑤ ㄷ, ㄹ

# 서술형 문제

Step1  핵심 키워드 파악하기

> 25593-0251

**01** (1) 다음 (가), (나)에 해당하는 단체의 이름을 쓰고, (2) (가), (나) 행위 주체의 특징에 대해 서술하시오.

> (가) 인권 옹호를 위한 국제단체로, 이데올로기, 정치, 종교상의 신념이나 견해 때문에 체포, 투옥된 정치범의 석방, 공정한 재판과 옥중 처우 개선, 고문과 사형 폐지 등을 목적으로 한다.
> (나) 1971년에 결성된 국제 환경 단체로서 건강하고 평화로운 미래를 위해 활동하고 있다. 예를 들어 북극 생태계 보호를 위한 북극 석유 및 가스 탐사, 유전 개발을 막기 위한 캠페인 활동 등이 있다.

(1) (가) – (          ) (나) – (          )

(2) **예시 답안** 두 단체는 모두 (          )에 해당한다. (          )은/는 개인이나 민간단체를 회원으로 하는 국제 사회의 행위 주체로, 개별 국가의 이익이 아니라 국제 사회 전체의 이익을 위해 활동하며, (          ) 등의 보편적 가치를 실현하기 위해 활동하고 있다.

> 25593-0252

**02** (1) 다음을 주장한 사상가가 누구인지 쓰고, (2) 평화에 대한 그의 입장을 요약하여 서술하시오.

> 구조적 폭력의 두 가지 주요한 형태는 억압과 착취이다. 이러한 모든 것의 이면에는 문화적 폭력이 존재한다. 이는 모두 종교와 사상, 언어와 예술, 과학과 법, 대중 매체와 교육의 내부에 존재하는 것이다. 이러한 문화적 폭력은 직접적 폭력과 구조적 폭력을 정당화한다.

(1) 

(2) **예시 답안** (          )은/는 전쟁, 테러, 폭행 등 신체에 직접 해를 가하는 직접적이고 물리적인 폭력이 제거된 (          )의 상태뿐만 아니라, 억압과 착취 등 구조적 폭력과 종교와 사상, 언어와 예술 등에 존재하는 문화적 폭력까지 사라진 (          )의 상태를 추구해야 한다고 주장하였다.

Step2  스스로 답안 작성하기

> 25593-0253

**03** (1) 다음 (가), (나)가 설명하는 국제 사회의 행위 주체가 무엇인지 쓰고, (2) 각 행위 주체의 특징에 대해 서술하시오.

> (가) 일정한 영토와 국민, 주권을 가진 집단으로서 국제 사회를 구성하는 가장 기본적인 행위 주체
> (나) 국제 평화와 질서 유지에 기여하기 위해 여러 국가가 모여 국제적으로 영향력을 행사하는 행위 주체

(1)

(2)

> 25593-0254

**04** 다음 글을 읽고 국제 사회의 행위 주체로서 개인이 할 수 있는 일은 무엇인지 200자 이내로 서술하시오.

> 개인은 지구 공동체의 일원으로 지구 공동체의 다른 구성원에 대한 의무를 가진다. 서로 상호 의존적인 존재임을 인식하고 국경을 넘어 서로를 배려하고 돌볼 수 있도록 노력해야 한다. 자신이 속한 국가의 이익만을 고려하지 않고 지구촌 전체의 문제에 대해 관심을 가지도록 노력해야 한다.

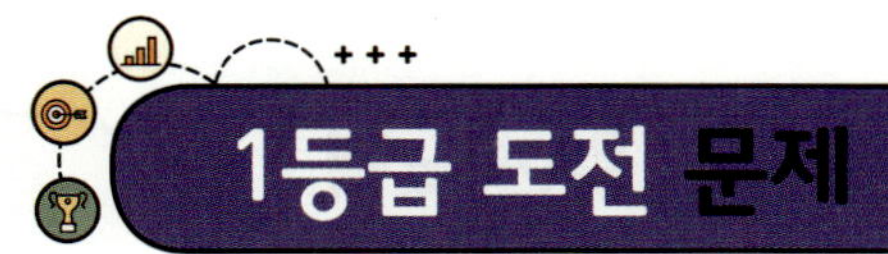



# 1등급 도전 문제

> 25593-0255

## 01 다음을 주장한 사상가의 입장으로 옳지 <u>않은</u> 것은?

> 폭력은 직접적, 물리적 행위만이 아니라 비의도적이고 간접적이며 집합적인 계기, 즉 구조와 문화의 요소를 포함한다. 우리는 소극적 평화 상태뿐만 아니라 적극적 평화 상태를 추구해야 한다. 또한 목적이 수단을 정당화할 수 없듯이 평화는 평화적 수단으로만 이루어져야 한다.

① 평화를 실현하기 위한 수단도 평화적이어야 한다.
② 폭력은 인간의 기본적 욕구를 무시하는 것이므로 정당화될 수 없다.
③ 비의도적이고 간접적인 폭력도 인간의 안전한 삶을 위협할 수 있다.
④ 직접적인 폭력을 제거하는 것만으로도 궁극적 평화 실현이 보장된다.
⑤ 인간의 존엄성을 보장하기 위해서는 적극적 평화가 실현되어야 한다.

> 25593-0256

## 02 ㉠에 들어갈 내용으로 옳은 것은?

① 국제적인 평화와 질서 유지에 기여한다
② 전쟁 중인 국가에 대한 의료적 지원을 한다
③ 개별 국가 단위를 초월하여 활동하기도 한다
④ 국가가 아닌 개인과 민간단체를 회원으로 한다
⑤ 인권 보장과 관련된 국제적 규범을 다루기도 한다

> 25593-0257

## 03 다음 가상 편지에서 강조하는 국제 사회의 행위 주체인 시민의 바람직한 태도로 가장 적절한 것은?

> ○○에게
> 지금 내가 살고 있는 우크라이나 지역은 전쟁으로 고통받고 있어. 어제도 이웃집은 폭격을 받아 가족을 잃었지. 지금 나와 내 가족, 우리나라 사람들이 처한 현실을 세계 곳곳의 사람들이 널리 알게 되길 바라. 전쟁이 끝나는 날까지 우리가 버틸 수 있도록 지구촌의 동포로서 실질적 도움을 주길 간절히 바라고 있어.

① 자국의 이익이 아닌 타국의 이익을 실현하도록 노력해야 한다.
② 고통에 빠진 사람들을 위한 인도주의 구호 활동에 참여해야 한다.
③ 세계시민으로서의 의무를 다하고 자신의 권리를 희생해야 한다.
④ 전쟁의 위협이 있는 곳에 모두 참전하여 빠르게 전쟁을 종식시켜야 한다.
⑤ 국가 간의 갈등 해결은 자율성을 존중하여 당사국에 전면적으로 맡겨야 한다.

> 25593-0258

## 04 (가)의 입장에 비해 (나)의 입장이 갖는 상대적 특징을 그림의 ㉠~㉤ 중에서 고른 것은?

> (가) 국제 사회의 평화는 국가 간의 힘의 평형 상태에서만 실현될 수 있다. 국제 사회는 개별 국가들이 추구하는 자기 이익에 의해 움직인다.
> (나) 국제 사회의 평화는 대화와 존중을 통해 실현될 수 있다. 국제기구, 비정부 기구 등의 중재와 활동이 무엇보다 중요하다.

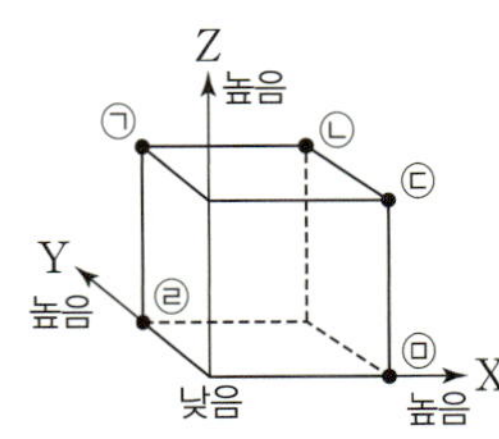


① ㉠　② ㉡　③ ㉢　④ ㉣　⑤ ㉤

# 03 남북 분단 및 동아시아 역사 갈등과 세계 평화를 위한 노력



● **냉전(cold war)**
무기를 사용하지 않는 전쟁으로, 군사력을 동원한 전쟁인 열전(hot war)이 아니라 정치, 경제, 사회, 문화적 측면에서 벌이는 대립과 다툼을 의미한다.

● **신탁 통치 실시 결정에 대한 논쟁**
모스크바 3국 외상 회의에서 미국, 영국, 소련의 외무 장관들이 최고 5년 기한의 한반도 신탁 통치 실시를 결정한 것에 대해 국내의 좌익과 우익 세력 사이에 이념 갈등이 깊어졌다.

● **센카쿠 열도(댜오위다오)**
일본 오키나와에서 서남쪽, 중국에서 동쪽에 위치한 다섯 개의 섬과 세 개의 암초로 이루어진 열도. 현재 일본이 실효 지배하고 있다.

● **난사 군도(스프래틀리 군도)**
남중국해의 베트남, 중국, 필리핀, 말레이시아 사이에 위치해 있어 여러 나라가 영유권을 주장하고 있다. 현재 중국 해군이 주둔하고 있으며, 해산물이 풍부한 지역으로 석유가 매장되어 있을 가능성이 있다.

## 1 남북 분단의 배경과 평화 통일을 위한 노력

### 1. 남북 분단의 배경 자료①

| 국제적 배경 | 냉전 체제로 인한 대결 심화: 자유주의 진영을 대표하는 미국과 공산주의 진영을 대표하는 소련 간의 대결 구도 심화 |
|---|---|
| 국내적 배경 | • 이념 갈등으로 민족 내부의 대립: 신탁 통치에 관한 논쟁으로 이념 갈등이 심화됨 → 국제 연합(UN)의 결의로 남북한 총선거를 통해 통일 정부를 구성하려 하였지만 소련과 북한의 거부로 1948년 대한민국 정부와 북한 정권이 각각 수립됨<br>• 6·25 전쟁의 발발: 남북 분단이 고착화되는 결과를 가져옴 |

국제 연합의 위임을 받은 나라가 자치 능력이 없는 지역에서 행하는 통치 형태로, 안정적인 정치 질서의 수립에 기여하는 것이 목적이다.

### 2. 평화 통일을 위한 노력 자료②

#### (1) 통일의 필요성

| 한반도의 평화 정착 | 통일은 남북 간 전쟁의 위험을 제거할 수 있음 |
|---|---|
| 인도주의의 실현 | 통일은 이산가족의 고통을 해소하고 빈곤과 기아로 고통받는 북한 주민의 인권을 개선할 수 있음 |
| 민족 동질성 회복 | 통일은 민족의 이질화 현상을 극복하고 동질성을 회복할 수 있음 |
| 민족의 경제적 발전과 번영 | • 통일이 되면 분단 비용과 같이 남북한 간의 대립으로 인한 소모적인 비용을 절감하여 경제 발전과 복지 사회 건설을 위해 사용할 수 있음<br>• 통일이 되면 태평양과 유라시아를 연결하는 지정학적 요충지로서 국가 경쟁력을 강화할 수 있음<br>• 통일이 되면 남한의 자본과 기술, 북한의 자원과 노동력을 결합하여 경제를 활성화할 수 있음 |
| 세계 평화에 기여 | 통일은 한반도와 동아시아를 넘어 세계 평화 정착에 기여할 수 있음 |

세계 경제의 중심지 중의 하나로 성장 가능하다.

#### (2) 통일을 위한 노력
① 남북한 간 평화적 교류와 협력을 지속해서 추진해야 함 → 서로 간의 이해를 증진하여 군사적 긴장 상태를 완화하고 상호 신뢰를 회복하는 데 도움이 됨
② 통일에 우호적인 국제 환경을 조성하기 위해 노력해야 함 → 한반도의 통일이 국제 사회의 평화와 번영을 가져올 수 있다는 점을 주변국에 설득해야 함

## 2 동아시아 역사 갈등과 세계 평화를 위한 노력

### 1. 동아시아 역사 갈등과 해결을 위한 노력

(1) **영토 분쟁**: 복잡하게 얽힌 역사적 배경과 해양 자원이 원인이 되어 해양 영토 분쟁이 심화되고 있음 자료③

| 쿠릴 열도(북방 도서) | 러시아가 점유하고 있으며 일본과 분쟁 중 |
|---|---|
| 센카쿠 열도(댜오위다오) | 일본이 점유하고 있으며 중국, 타이완과 분쟁 중 |
| 시사 군도(파라셀 제도) | 중국이 무력 점령하면서 베트남과 영토 분쟁이 발생함 |
| 난사 군도(스프래틀리 군도) | 중국, 타이완, 필리핀, 베트남, 말레이시아, 브루나이 등이 영유권을 주장함 |

중국과 타이완은 역사를, 베트남은 지리적 근접성과 역사를 근거로 제시하고 있다. 필리핀은 지리적 근접성과 무주지(無主地) 선점을, 말레이시아와 브루나이는 지리적 근접성과 해양법 협약을 근거로 제시하고 있다.

## 자료 ① 남북 분단 과정

> 제2차 세계 대전 종전 이후 미국과 소련이 한반도의 일본군을 무장 해제시키기 위해 북위 38도를 기준으로 설정한 군사 분계선이다.

| 시기 | 남한 | 북한 |
| --- | --- | --- |
| 1945. 8. 15. 전후 | 미소 양군이 북위 38도선을 경계로 한반도 분할 점령 | |
| 1945. 12. | 모스크바 3국 외상 회의에서 최고 5년간 한반도의 신탁 통치 결의 | |
| 1947. 11. | 국제 연합 총회에서 국제 연합 감시하에 인구 비례에 의한 남북 총선거 실시 결의 | |
| 1948. 1. | | 소련이 국제 연합 한국 임시 위원단의 북위 38도선 이북 지역 입국 거부 |
| 1948. 5. | 총선거 실시 | |
| 1948. 8. | 대한민국 정부 수립 | |
| 1948. 9. | | 조선 민주주의 인민 공화국 수립 |

한반도의 분단은 냉전 체제로 인한 외세의 개입과 내부의 기념 갈등이 결합하면서 시작되었고 6·25 전쟁으로 인해 고착화되었다. 분단은 지역적인 분단(1945년 광복 이후부터 한반도는 미국과 소련에 의해 북위 38도선을 기준으로 분단), 체제상의 분단(미국과 소련은 남북한에서 각각 상이한 정책들을 실행)으로 진행되었다.

## 자료 ② 통일과 관련된 비용

> 생산이나 생활의 기반을 형성하는 중요한 구조물로 도로, 항만, 발전소 등의 산업 기반과 학교, 병원, 상수·하수 처리 등의 생활 기반이 있다.

| 구분 | 분단 비용 | 통일 비용 |
| --- | --- | --- |
| 개념 | 분단되어 있는 동안 지속적으로 지출해야 하는 기회비용<br>• 국방비, 체제 경쟁을 위한 외교비 등<br>• 우리 사회 내부의 이념 갈등, 북한의 도발에 따른 국민의 피해, 전쟁 가능성에 대한 공포 등과 같은 유·무형의 비용 | 남북한의 상이한 체제와 제도, 생활 수준을 통합하는 과정에서 발생하는 비용<br>• 체제와 제도 통합 비용<br>• 사회적 인프라 등 시설 구축 비용<br>• 상당한 규모의 비용이 발생 |
| 특징 | • 통일에 이르는 기간이 길어질수록 지속적으로 발생하고 점점 커짐<br>• 통일이 완성되기 전에도 남북한의 교류·협력 과정이 시작되면 감소될 수 있음 | • 통일 과정에서 한시적으로 발생함<br>• 소모적 비용이 아니라 미래의 이익을 창출하기 위한 투자적 성격 |

– 국립 통일 교육원, 「2024 통일 문제 이해」 –

통일과 관련된 비용에는 통일 편익도 있다. 통일 편익에는 통일로 인한 분단 비용 해소, 시장의 확대, 산업 및 생산 요소의 보완성 증대 등 경제적 이익뿐만 아니라 이산가족 문제 해결, 국제 사회에서의 위상 제고, 전쟁 위험 감소 등 비경제적 이익도 모두 포함된다.

---

## ✅ 개념 체크 문제

• 정답 60쪽

### ○✗ 표시하기

❶ 6·25 전쟁이 일어나면서 남북한에 각각 정부가 수립되었다. ( )

❷ 남북통일과 세계 평화 실현은 상호 관련이 없다. ( )

❸ 동아시아 영토 분쟁의 원인은 해양 자원을 둘러싼 갈등이며 역사적 배경과는 관련이 없다. ( )

### 적절한 말 고르기

❹ 통일은 민족의 이질화 현상을 극복하고 동질성을 회복할 수 ( 있다, 없다 ).

❺ 국제 연합의 결의로 총선거를 통해 한반도에 정부를 구성하려 하였지만, ( 미국, 소련 )의 거부로 한민족 모두가 참여하는 총선거는 무산되었다.

❻ 평화 통일 과정에서 남북한이 주도적으로 노력해야 한다. 그리고 주변국의 지지와 협력이 ( 필요하다, 불필요하다 ).

### 빈칸 채우기

❼ 남북 분단의 국내적 배경으로는 (  )에 관한 논쟁으로 인한 이념 갈등의 심화가 있다.

❽ 남북 분단의 국제적 배경으로는 (  ) 체제로 인한 자유주의와 공산주의 진영 간 대결의 심화가 있다.

❾ 통일을 통해 이산가족의 고통을 해소하고 빈곤과 기아로 고통받는 북한 주민의 (  )을/를 개선할 수 있다.

❿ 통일 한국은 태평양과 유라시아를 연결하는 지정학적 (  )(으)로서 국가 경쟁력을 강화할 수 있다.

### <보기>에서 고르기

┌ 보기 ┐
ㄱ. 국방비   ㄴ. 제도 통합 비용
ㄷ. 전쟁 가능성에 대한 공포
ㄹ. 체제 경쟁을 위한 외교비
ㅁ. 사회적 인프라 구축 비용
└────────┘

⓫ 분단 비용 ( )   ⓬ 통일 비용 ( )

### 서로 관련된 내용 연결하기

⓭ 통일의 필요성 •   • ㉠ 민족 동질성 회복

⓮ 센카쿠 열도 영토 분쟁 •   • ㉡ 중국과 일본

**○ 동북공정**
원래 명칭은 「동북 변경 지역의 역사와 현상에 관한 체계적인 연구 과제」이며, 중국 사회 과학원이 주축이 되어 2002년부터 동북 3성(랴오닝성, 지린성, 헤이룽장성)의 역사, 지리, 민족에 대한 문제를 집중적으로 연구하는 사업을 말한다.

**○ 공동 역사 교재 발간**
한국, 중국, 일본의 시민 사회, 학계가 공동으로 기획하고 집필한 공동 역사 교재 『미래를 여는 역사』가 2005년 출판되었으며, 2012년에는 3국의 일반 시민을 대상으로 한 공동 역사 교재 『한중일이 함께 쓴 동아시아 근현대사』가 출간되었다.

**○ 국제 연합 평화 유지군**
국제 연합의 평화 유지 활동을 위해 안전 보장 이사회가 각 분쟁 지역에 파견하는 군대이다. 주로 협상은 진행 중이나 평화 조약은 아직 체결되지 않은 분쟁 지역에서 긴장을 줄이고 협상을 통한 평화 정착을 추구하기 위해, 또는 분쟁 당사국이 휴전을 한 뒤 휴전 협정 위반 사항을 감시하기 위해 파견한다.

## (2) 역사 갈등 문제

| | |
|---|---|
| 중국의 동북공정 | • 고조선, 부여, 고구려, 발해 등 과거 만주 지역을 중심으로 전개된 우리 역사를 고대 중국의 지방사로 규정<br>• 중국 정부가 자국 내 소수 민족을 통합하여 이들의 분리 독립을 막고 현재 영토를 확고히 하기 위한 방법의 하나로 추진<br>• 우리나라를 포함한 인근 국가와 문화유산 원조 논란 발생 |
| 일본의 역사 왜곡 | • 일본 정부가 왜곡된 역사 교과서를 검정·통과시킴 → 식민지 지배와 침략 전쟁을 정당화하고 전쟁 범죄를 은폐함<br>• 독도에 대한 부당한 영유권 주장, 일본군 '위안부' 문제, 야스쿠니 신사 참배 문제 등으로 갈등 발생 |

## (3) 동아시아 역사 갈등 해결을 위한 노력

① **공동 역사 연구**: 한국·중국·일본의 학자, 교사, 시민 단체의 공동 노력으로 동아시아사 공동 역사 교재를 발행

② **국제 연대와 교류 활성화**: 각국의 학교, 시민 단체, 지방 자치 단체 사이에 정치·경제·역사·문화·예술 교류를 확대 → 상호 이해와 서로의 역사 이해를 넓히기 위해 노력함

## 2. 세계 평화를 위한 노력 자료 ④

### (1) 우리나라의 국제적 위상

| | |
|---|---|
| 정치적 측면 | 국제 연합(UN) 안전 보장 이사회의 비상임 이사국을 역임하는 등 정치적 영향력이 증가함 |
| 경제적 측면 | 고도의 경제 성장을 이룩하여 경제 협력 개발 기구(OECD)에 가입하였으며, 국제 연합 무역 개발 회의(UNCTAD)에서 선진국으로 분류되는 경제 대국으로 성장함 |
| 문화적 측면 | 석굴암, 불국사, 해인사 장경판전 등이 유네스코 세계 유산으로 등재되었으며, 대중문화도 한류 열풍을 타고 세계로 확산되고 있음 |
| 지정학적 측면 | 우리나라는 유라시아 대륙과 태평양을 연결하는 지리적 요충지에 위치함 |

> 유라시아 대륙으로는 중국, 러시아를 거쳐 유럽까지 연결되고, 바다로는 태평양을 비롯한 대양으로 나아갈 수 있다.

### (2) 우리나라가 세계 평화에 기여할 수 있는 방안

① **국가적 차원의 노력**

• **분단 극복**: 분단을 극복하여 동아시아 지역의 군사적 대립과 긴장 완화에 기여

• **세계 평화 실현을 위한 적극적 활동**

　– **해외 원조**: 경제적으로 어려운 나라들을 돕거나 빈곤으로 고통받는 사람들에 대해 해외 원조와 기술 지원

> 국가적 차원의 해외 원조로는 공적 개발 원조(ODA)가 있다.

　– **평화 유지 활동**: 분쟁, 테러 등으로 인한 분쟁 지역에 국제 연합 회원국으로서 국제 연합 평화 유지군에 참여하거나 국제적 협력에 참여

• **기후변화 대처**: 탄소 배출량을 줄여 나감으로써 지구 온난화 방지와 미래 세대를 위한 환경 보전에 솔선수범해야 함

> 탄소 배출량을 줄이기 위한 방법으로 탄소 배출권 거래제가 있다.

② **개인, 민간단체의 노력**: 비정부 기구에 참여하여 반전 및 평화 운동을 펼치는 등의 다양한 활동 전개

**자료 ③ 동아시아 영토 분쟁**

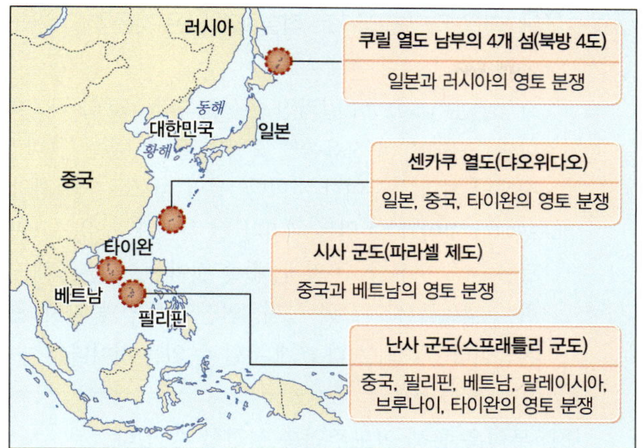


국제 연합 해양법 협약은 바다에 접한 연안국이 200해리 범위 안에서 배타적 경제 수역을 선포할 수 있도록 규정하고 있다. 이 수역 안에서 연안국은 생물 및 무생물 자원의 개발 및 이용을 포함한 광범위한 권리를 가진다. 이에 따라 동아시아 섬들의 영유권 갈등이 더 심화되고 있다.

**자료 ④ 한국의 세계 평화 기여 노력**

(단위: 백만 달러)

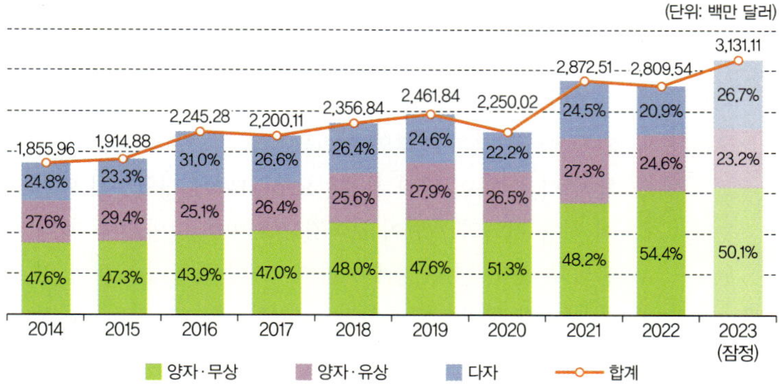


| 양자 원조 | 유상 원조(상환 의무 있음, 상업 차관보다 유리한 조건) |
| --- | --- |
| | 무상 원조(상환 의무 없음) |
| 다자 원조 | 국제 금융 기구 |
| | 국제 연합 및 기타 국제기구 |

└ 국내 기업이나 개인이 자신의 신용으로 외국으로부터 자본을 빌려 들여오는 것을 말한다. 정부 보증으로 자금을 들여오는 공공 차관과는 구별된다.

(ODA 통합 누리집)

공적 개발 원조(ODA: Official Development Assistance)란 정부를 비롯한 공공 기관이 개발 도상국의 경제 발전과 사회 복지 증진을 목표로 제공하는 원조를 의미하며, 개발 도상국 정부, 지역 또는 국제기구에 제공되는 자금이나 기술 협력을 포함하는 개념이다. 우리나라는 2014년 약 18억 5천5백만 달러에서 2023년 약 31억 3천백만 달러로 공적 개발 원조를 확대하여 세계 평화에 기여하고 있다.

---

✔ **개념 체크 문제**

• 정답 **60**쪽

**○✘ 표시하기**

❶ 중국은 부여와 발해를 고대 중국의 지방사로 규정하지만, 고조선과 고구려는 한국의 역사로 인정한다. (　　)

❷ 일본 정부는 식민지 지배와 침략 전쟁을 정당화하는 역사 교과서의 검정을 거부하였다. (　　)

❸ 우리나라는 국제 연합 안전 보장 이사회의 상임 이사국으로서 국제적인 영향력을 가지고 있다. (　　)

❹ 국제 연합 평화 유지군은 분쟁 지역에서 긴장을 줄이고 평화를 정착하기 위해 활동한다. (　　)

❺ 우리나라는 고도의 경제 성장을 이룩하여 경제 협력 개발 기구(OECD)에 가입하였다. (　　)

**적절한 말 고르기**

❻ 동북공정은 ( 중국 정부, 민간 학자 )가 자국 내 소수 민족을 통합하여 이들의 분리 독립을 막기 위해 추진한 것이다.

❼ 우리나라는 국제 연합 무역 개발 회의(UNCTAD)에서 ( 선진국, 저개발국 )으로 분류되고 있다.

**빈칸 채우기**

❽ 한국·중국·일본 3국의 학자, 교사, 시민 단체의 공동 노력으로 동아시아사 (　　)을/를 발행하였다.

❾ 우리나라의 문화유산이 유네스코 세계 문화유산으로 등재되었으며, 대중문화도 (　　) 열풍을 타고 세계로 확산되고 있다.

**<보기>에서 고르기**

┌ 보기 ┐
ㄱ. 분단 극복 정책　　ㄴ. 공적 개발 원조
ㄷ. 평화 유지군 참여　　ㄹ. 비정부 기구 참여
ㅁ. 기후변화 대처 정책

❿ 세계 평화를 위한 국가적 차원의 노력 (　　)

⓫ 세계 평화를 위한 민간 차원의 노력 (　　)

**서로 관련된 내용 연결하기**

⓬ 동북공정　　　•　　　•㉠ 문화유산 원조 논쟁

⓭ 기후변화 협약•　　　•㉡ 탄소 배출권 거래제

> 25593-0259

**01** 다음 글의 입장으로 적절한 것만을 〈보기〉에서 고른 것은?

한민족은 동일한 역사와 문화 및 언어를 공유하고 있다. 그러나 광복이 되자마자 냉전 체제의 심화와 미소 분할 점령으로 인한 분단, 신탁 통치를 둘러싼 이념 갈등과 전쟁을 겪으면서 분단 체제가 고착화되었다. 이후 남북한은 체제 경쟁과 갈등을 반복하고 있다. 양측은 갈등을 지속하면서도 화해와 협력의 시도를 계속하고 있다. 따라서 북한은 민족의 관점에서 보면 통일을 함께 해야 할 동포이지만 안보의 관점에서 보면 경계의 대상이기도 하다.

┤ 보기 ├

ㄱ. 분단 체제의 고착화로 인해 통일은 불가능하다.
ㄴ. 남북한은 분단 이후 갈등의 역사만을 반복해 왔다.
ㄷ. 분단은 국내적 요인과 국제적 요인이 작용한 것이다.
ㄹ. 북한은 민족 공동체의 일원이지만 안보에 위협이 될 수도 있다.

① ㄱ, ㄴ  ② ㄱ, ㄷ  ③ ㄴ, ㄷ
④ ㄴ, ㄹ  ⑤ ㄷ, ㄹ

> 25593-0260

**02** 다음 글에서 제기하고 있는 문제의 해결 방안으로 가장 적절한 것은?

남북한의 이질성이 심화되고 있다. 정치 체제는 자유 민주주의 체제와 공산주의 체제로 달라졌고, 남한 젊은 세대들의 북한 정권에 대한 거부감도 강해지고 있다. 북한 주민도 같은 민족보다는 이질적인 존재로 느끼는 경향이 생기고 있다. 장기적인 국토 분단은 남북한 갈등과 남한 사회 내부 갈등을 일으키고 있으며, 사회적 비용을 증가시키고 있다. 통일을 위해서는 이에 대한 대처가 필요하다.

① 남북한의 이질성을 확대하는 데 예산을 투입한다.
② 남한 사회 내부에 존재하는 의견 갈등을 확대한다.
③ 전쟁에 대비하여 북한 주민을 안보 위협으로 간주한다.
④ 한민족이 공유하는 역사와 전통을 바탕으로 상호 간 이해를 증진한다.
⑤ 남북한이 서로 간섭하지 않는 별개의 국가로 존재하기로 협약을 맺는다.

> 25593-0261

**03** 다음 글의 입장으로 적절하지 <u>않은</u> 것은?

통일은 남북으로 갈라진 이산가족의 고통을 해소하고 한민족 구성원이 자유롭게 오가며 살 수 있는 등 다양한 선택의 기회를 부여할 것이다. 통일은 모두가 전쟁의 공포에서 벗어날 수 있는 계기가 될 것이며, 자유롭고 평화로운 삶을 향유할 수 있게 해 줄 것이다. 이를 통해 남북한 구성원들은 자유와 복지, 인간의 존엄과 가치, 인권 존중이라는 혜택을 더 크게 누릴 수 있을 것이다.

① 통일을 통해 인도주의를 실현할 수 있다.
② 통일은 한반도에 평화를 가져다줄 것이다.
③ 통일 이후에는 남북한 주민이 자유롭게 왕래할 것이다.
④ 통일은 남북한 주민의 인간 존엄성이 향상되는 기회가 될 것이다.
⑤ 통일은 남북한이 주변국에 위협적인 국가로 성장하는 계기가 될 것이다.

**중요**

> 25593-0262

**04** 다음 글의 입장으로 적절한 것만을 〈보기〉에서 고른 것은?

분단은 분단 비용과 국가 역량의 소모를 가져왔다. 그 과정에서 남북한 정부와 주민들은 많은 기회비용을 지불해 왔다. 남북이 군사 분계선으로 나뉘어 대치하게 되면서 접경 지역의 개발이 늦어졌고 지역 주민의 권리가 제한되어 왔다. 남북 관계가 나빠지거나 북한의 도발이 있을 때마다 국민들은 불안할 수밖에 없었다. 그러나 대결 구도가 해소되고 평화가 정착되면 한반도의 모든 구성원들은 다양한 기회와 혜택을 누릴 수 있게 될 것이다.

┤ 보기 ├

ㄱ. 전쟁 공포는 분단 비용에 포함되지 않는다.
ㄴ. 분단 비용은 경제적 비용만으로 한정되지 않는다.
ㄷ. 분단 비용은 미래를 위한 저축과 투자로 보아야 한다.
ㄹ. 통일 이후에는 분단으로 제한받던 재산권을 행사할 수 있다.

① ㄱ, ㄴ  ② ㄱ, ㄷ  ③ ㄴ, ㄷ
④ ㄴ, ㄹ  ⑤ ㄷ, ㄹ

> 25593-0263

## 05 지도의 A 지역에 대한 설명으로 적절하지 <u>않은</u> 것은?

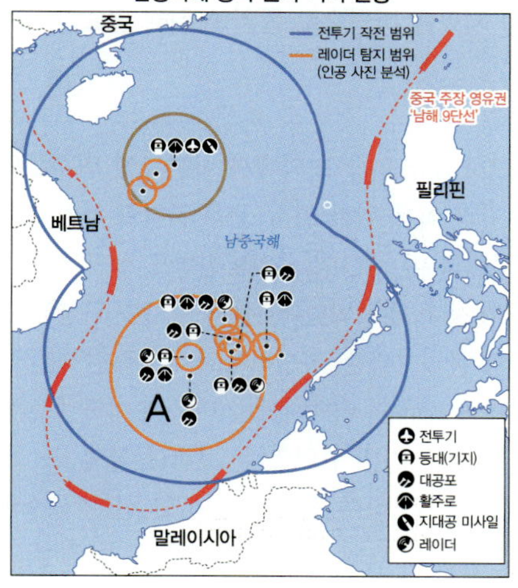


① 석유와 천연가스 등이 매장되어 있을 수 있다.
② 주요 해양 지물들을 각국이 나누어 실효 지배하고 있다.
③ 시사 군도, 쿠릴 열도, 파라셀 제도 등으로 불리고 있다.
④ 중국, 베트남 등 여러 국가가 영유권을 주장하고 있다.
⑤ 동아시아로 오는 석유 수입선 상당수가 지나가는 해상 교
통의 요지이다.

**중요**

> 25593-0264

## 06 다음 글의 입장으로 가장 적절한 것은?

선진국은 세계 평화를 실현하는 데 이바지해야 한다. 우리나라도 국제 연합 안전 보장 이사회 비상임 이사국으로서 활동하였으며, 국제 연합 평화 유지군 활동을 확대하고 있다. 또한 자연재해로 인한 위기나 분쟁을 겪고 있는 국가들을 경제적으로 지원하고 있으며, 국제 사회의 인도적 위기 해결 노력을 지원하고, 취약 계층 대상 교육 등을 지원하고 있다.

① 한국은 경제적 지원이 아닌 문화 교류에 힘써야 한다.
② 한국은 경제 교류가 진행 중인 나라들만 지원해야 한다.
③ 평화 실현을 위해 군대를 해외에 파병하지 말아야 한다.
④ 국내의 빈곤 문제를 해결하기 전까지는 타국을 원조하지 말아야 한다.
⑤ 높아진 국제 위상에 걸맞게 세계 평화를 위해 다양한 역할을 해야 한다.

> 25593-0265

## 07 다음 글의 입장으로 적절한 것만을 〈보기〉에서 고른 것은?

일본 외교관은 군함도의 유네스코 세계 유산 지정을 위해 한국인이 강제 노역을 했고, 당시 일본 정부도 징용을 했음을 전시하겠다고 약속하였다. 일본 정부는 약속을 지키지 않다가 뒤늦게 전시를 시작하였다. 그러나 강제 노역은 없었으며 한국인이 '일본인과 동등'하게 생활했다는 증언만이 전시되었다. 국제적인 역사는 타국과의 관계가 포함되므로 한 국가가 자신에게 유리한 내용만을 인정하고 불리한 내용을 부정한다면 갈등이 반복될 것이다. 따라서 각국은 주변국의 의견을 반영하여 객관적이고 보편적인 내용으로 역사를 기록해야 한다. 또한 일본 정부는 외교관이 자국을 대표하여 공언한 약속을 준수해야 한다.

**보기**

ㄱ. 외교관이 한 약속을 정부가 지켜야 하는 것은 아니다.
ㄴ. 자기 관점으로 기록한 역사를 타국이 간섭할 수 없다.
ㄷ. 일본 정부는 침략의 역사를 축소하거나 부정하려는 시도를 해서는 안 된다.
ㄹ. 각국은 역사적 사실을 취사선택하여 원하는 방식으로 편집하고 기록하려 하지 말아야 한다.

① ㄱ, ㄴ  　② ㄱ, ㄷ  　③ ㄴ, ㄷ
④ ㄴ, ㄹ  　⑤ ㄷ, ㄹ

> 25593-0266

## 08 밑줄 친 ㉠, ㉡에 대한 설명으로 적절하지 <u>않은</u> 것은?

동아시아 역사 갈등을 해결하기 위해서는 ㉠ 공동 역사 연구, ㉡ 국제 연대와 교류 활성화 등의 노력을 해야 한다.

① ㉠: 공동 역사 교재의 발간을 시도할 수 있다.
② ㉠: 역사 갈등 관련국의 학자와 교사 등이 참여하는 것이 바람직하다.
③ ㉡: 정부 기관의 참여 없이 민간에서 추진해야 한다.
④ ㉡: 학교 간 교류를 통해 젊은 세대들의 상호 이해를 증진할 수 있다.
⑤ ㉠과 ㉡: 국가 간 역사 갈등 해소를 위해 도움이 된다.

# 서술형 문제

| Step1 | 핵심 키워드 파악하기 |

> 25593-0267

**01** 다음 글을 바탕으로 남북 분단의 국제적 배경을 서술하시오.

> 냉전은 제2차 세계 대전 이후 국제 체제를 자신에게 유리한 방향으로 재구성하려는 미국과 소련의 경쟁을 의미한다. 냉전이라는 용어도 제2차 세계 대전 이후 유럽에서 미국과 소련의 대결을 묘사하기 위해 사용된 것이다. 따라서 냉전 현상은 1948년 여름까지만 해도 근본적으로 유럽에만 국한된 '유럽적' 현상이었으나, 점차 범세계적인 성격을 띠게 되었다. 특히 1949년 중국의 공산화는 전 세계적 냉전의 격화를 가져왔고 한반도의 분단은 이러한 냉전이 본격화되면서 진행되었다.

**예시 답안** 한반도는 유라시아 대륙의 공산화된 중국과 태평양의 일본 사이에 위치한 (　　　　) 요충지였다. 따라서 한반도를 둘러싸고 냉전 체제하의 미국을 중심으로 한 (　　　　) 진영과 소련을 중심으로 한 (　　　　) 진영 사이의 대결이 심화되었다.

> 25593-0268

**02** 우리나라가 국가 차원에서 세계 평화에 기여할 수 있는 방안을 두 가지 서술하시오.

**예시 답안** 첫째, 우리나라는 분단 국가이며 군사적 대립을 계속하고 있다. 따라서 남북한이 분단을 극복하고 (　　　　)을/를 이룩한다면 세계 평화에 기여할 것이다. 둘째, 우리나라는 단기간에 저개발국에서 선진국으로 도약하는 고도의 경제 성장을 실현한 국가이다. 이러한 발전 경험을 바탕으로 경제적으로 어려운 국가들에 (　　　　)와/과 기술 지원을 한다면 국제적 평화 안보에 이바지할 것이다.

| Step2 | 스스로 답안 작성하기 |

> 25593-0269

**03** 다음 자료를 바탕으로 통일을 위해 필요한 자세를 서술하시오.

> 모스크바 3국 외상 회의에서 한반도에 민주주의 임시 정부 수립과 이를 위한 미소 공동 위원회 설치, 최고 5년 기한의 4개국(미, 소, 영, 중)의 한반도 신탁 통치에 관한 협약 작성 등이 결정되었다. 신탁 통치를 구상해 왔던 미국과 신탁 통치보다는 '독립적이고 우호적인' 한국 정부의 수립을 통해 자국의 이해관계가 더욱 용이하게 실현될 것이라고 본 소련 간의 협의였다. 그러나 실제 모스크바 결정서가 발표되기 하루 전날에 국내 한 신문이 '소련은 신탁 통치 주장—소련의 구실은 삼팔선 분할 점령, 미국은 즉시 독립 주장'이라는 제목의 기사를 보도했다. 이 보도는 실제 결정에 대한 기사가 아니었으며, 모스크바 결정 내용 중 신탁 통치만을 부각하고, 신탁 통치 결정의 책임을 전적으로 소련에 돌리는 기사였다. 그러나 이 기사가 실제 모스크바 결정의 내용인 것처럼 국내에 알려지자 즉각적인 정부 수립을 원하는 한국인들의 민족 감정을 자극했다.

> 25593-0270

**04** 다음 자료를 바탕으로 세계 평화를 위해 일상생활에서 실천할 수 있는 활동을 구체적으로 서술하시오.

> 개별 시민들은 윤리적 소비, 지역 사회 및 해외 봉사 활동, 인권 운동 참여, 비정부 기구 활동 등을 통해 세계 평화에 기여할 수 있다.

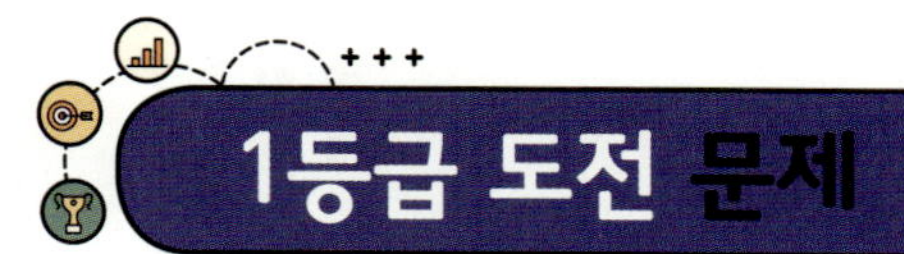


• 정답과 해설 **62**쪽

> 25593-0271

**01** (가)의 입장에 비해 (나)의 입장이 갖는 상대적 특징을 그림의 ㉠~㉤ 중에서 고른 것은?

(가) 분단 상태를 빨리 종결하는 것이 필요하다. 따라서 신뢰 형성을 기다리기보다 남북한 정치 지도자의 합의를 통해 각기 다른 체제를 그대로 두고 정치와 외교, 군사권을 보유한 하나의 연방 정부를 구성해야 한다.

(나) 분단 이후 형성된 상호 불신과 차이를 해소하기 위해 중간 과정이 필요하다. 따라서 점진적이고 단계적인 접근이 필요하다. 남북한은 우선 화해·협력을 통해 상호 신뢰를 쌓고 정치 통합의 기반을 조성해야 한다.

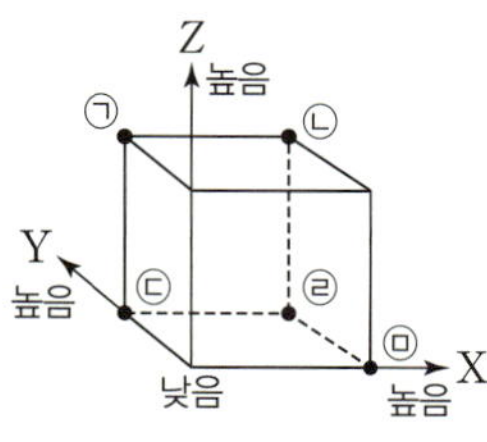

- X: 점진적이고 단계적인 통일을 강조하는 정도
- Y: 정치적 통합보다 상호 신뢰 형성이 앞서야 함을 강조하는 정도
- Z: 지도자의 합의를 통한 연방 정부 구성이 우선해야 함을 강조하는 정도

① ㉠   ② ㉡   ③ ㉢   ④ ㉣   ⑤ ㉤

> 25593-0272

**02** 다음 신문 칼럼의 입장으로 적절하지 <u>않은</u> 것은?

| ○○신문 | **칼 럼** | ○○○○년 ○월 ○일 |
| --- | --- | --- |

최근 통일 비용 때문에 통일에 대해 회의적인 사람들이 늘어나고 있다. 남북한의 체제를 통합하는 과정에서 상당한 통일 비용이 발생할 것이다. 그러나 통일 비용은 분단 비용 같은 소모적인 비용이 아니다. 분단 비용은 분단이 계속되는 한 지속적으로 지출해야 하며, 국방비, 남한 사회 내부 이념 갈등, 전쟁 공포 등을 모두 포함한다. 반면에 통일 비용은 미래를 위한 투자이며 통일 과정에서 한시적으로 발생하므로 통일 비용 때문에 통일을 부정적으로 생각할 필요는 없다.

① 분단 비용에는 비경제적 비용까지 포함된다.

② 분단 비용은 민족의 역량을 소모하는 비용이다.

③ 통일 비용은 통일 완성 이후에도 계속 발생한다.

④ 통일 비용은 더 많은 통일 편익을 가져오는 투자이다.

⑤ 통일 비용이 통일을 반대하는 근거가 되어서는 안 된다.

> 25593-0273

**03** 그림의 강연자가 지지할 주장으로 옳지 <u>않은</u> 것은?

① 국가 간 갈등은 문화 교류를 통해 해소될 수 있다.

② 공통된 문화 요소를 바탕으로 공감대를 형성해야 한다.

③ 보편적인 가치를 바탕으로 서로에 대해 이해할 수 있다.

④ 대화를 통해 서로의 공통점을 찾아가는 노력이 필요하다.

⑤ 우리의 기준에 맞추어 타국의 다른 문화를 교정해야 한다.

> 25593-0274

**04** 다음 토론의 핵심 쟁점으로 가장 적절한 것은?

갑: 누구나 기본적인 자유뿐만 아니라 거주 이전, 이동의 자유를 누려야 합니다. 그러나 북한 정권은 이러한 기본적 인권을 존중하지 않고 있습니다.

을: 그렇습니다. 북한 정권은 인권 상황을 개선해야 합니다. 그러나 각 나라는 외부 간섭 없이 자기 문제를 스스로 해결해야 하며 북한 정권도 그래야 합니다.

갑: 북한 정권은 인권 문제를 스스로 해결해야 합니다. 하지만 국제 사회가 우려와 권고를 전달했음에도 북한 주민의 인권을 개선하지 않고 있습니다. 따라서 국제 사회가 적극 개입할 필요가 있습니다.

을: 제 생각은 다릅니다. 인권에는 보편적 인권과 특수한 인권이 있습니다. 특수한 인권은 문화에 따라 다를 수 있으므로 문화 상대주의의 관점으로 보아야 합니다. 북한 정권도 보편적 인권을 부정하지 않으므로 국제 사회는 북한의 내정에 간섭하지 말아야 합니다.

① 보편적 인권에 대한 존중이 필요한가?

② 북한 정권은 인권 문제를 스스로 해결해야 하는가?

③ 북한 정권은 자국의 인권 상황을 개선해야 하는가?

④ 국제 사회가 북한 인권 문제 개선을 요구해야 하는가?

⑤ 모든 인간은 표현의 자유를 행사할 수 있어야 하는가?

# 대단원 마무리 정리

## 01 | 세계화의 다양한 양상과 문제 해결 방안

### 세계화와 지역화

- 교통·통신의 발달로 지역 또는 국가 간 상호 의존성이 높아지면서 세계가 하나의 생활 공간이 되어가는 ❶ [　　　　] 이/가 진행됨
- 지역의 생활양식이나 사회·문화·경제활동 등이 세계적 차원에서 가치를 지니게 되는 ❷ [　　　　] 현상이 나타남

### 세계 도시와 다국적 기업

- ❸ [　　　　] : 국가의 경계를 넘어 세계적인 중심지 역할을 수행, 다국적 기업 본사, 국제기구 등이 입지, 생산자 서비스업 발달
- ❹ [　　　　] : 국경을 넘어 세계적으로 생산과 판매 활동을 하는 기업, 다국적 기업의 생산 시설이 유출하는 지역은 실업률이 높아지고, 유입하는 지역은 실업률이 낮아질 수 있음

### 세계화에 따른 문제점과 해결 방안

- 빈부 격차 확대: 공정 무역, 공정 여행 등의 윤리적 소비 확대 필요
- 문화의 획일화: 전통문화의 ❺ [　　　　] 이/가 약해짐, 소수 민족의 고유한 언어 소멸 위험성이 높아짐, 자국 문화의 정체성을 유지하며 ❻ [　　　　] 의 능동적 수용
- 보편 윤리와 특수 윤리 간의 갈등: 보편 윤리 존중과 함께 각 사회의 특수 윤리를 성찰, 한 사회의 문화를 그 사회 구성원의 입장에서 바라보고 이해하려는 태도 필요

## 02 | 평화의 의미와 국제 사회의 역할

### 평화의 의미와 중요성

- ❼ [　　　　] 평화: 전쟁 또는 분쟁이 없는 상태로, 전쟁, 테러, 범죄, 분쟁, 폭행 등과 같은 직접적 폭력이 제거된 상태
- ❽ [　　　　] 평화: 직접적 폭력이 없을 뿐만 아니라 구조적, 문화적 폭력까지 모두 제거된 상태
- 평화의 중요성: 인류의 생존을 보호하고, 인류의 삶의 질을 높이는 데 기여함

### 평화 실현을 위한 국제 사회 행위 주체의 바람직한 역할

- 국가: 일정한 영토와 주권을 가진 집단으로서 국제 사회를 구성하는 가장 기본적인 행위 주체
- ❾ [　　　　] : 여러 국가가 모여 국제적으로 영향력을 행사하는 행위 주체
- ❿ [　　　　] : 개인이나 민간단체를 회원으로 하는 국제 사회의 행위 주체
- 개인: 지구 공동체의 일원으로 세계시민으로서 인류의 보편적 가치를 실현하기 위해 노력

## 03 | 남북 분단 및 동아시아 역사 갈등과 세계 평화를 위한 노력

### 남북 분단의 배경과 평화 통일을 위한 노력

- 남북 분단의 배경: 국제적 배경(⓫ [　　　　] 체제), 국내적 배경(이념 갈등으로 인한 민족 내부의 대립)
- 통일의 필요성: 한반도의 평화 정착, 인도주의의 실현, 민족 ⓬ [　　　　] 회복, 민족의 경제적 발전과 번영, 세계 평화에 기여
- 통일을 위한 노력: 평화적 교류와 협력 지속, 통일에 우호적인 국제 환경 조성 노력

### 동아시아 역사 갈등과 세계 평화를 위한 노력

- 동아시아 역사 갈등: ⓭ [　　　　] 분쟁(해양 관련), 역사 갈등 문제(중국의 동북공정, 일본의 역사 왜곡)
- 동아시아 역사 갈등 해결을 위한 노력: 공동 역사 교재 발행, 국제 연대와 교류 활성화
- 국가적 차원의 노력: 분단 극복, 세계 평화 실현을 위한 적극적 활동(⓮ [　　　　], 평화 유지 활동), 기후변화 대처
- 개인, 민간단체의 노력: 비정부 기구에 참여하여 반전 및 평화 운동 등 다양한 활동 전개

---

**정답** ❶ 세계화 ❷ 지역화 ❸ 세계 도시 ❹ 다국적 기업 ❺ 정체성 ❻ 외래문화 ❼ 소극적 ❽ 적극적 ❾ 국제기구 ❿ 비정부 기구 ⓫ 냉전 ⓬ 동질성 ⓭ 영토 ⓮ 해외 원조

## 대단원 종합 문제

> 25593-0275

**01** 다음 글의 (가), (나)에 들어갈 말로 가장 적절한 것은?

| (가)의 사례 | (나)의 사례 |
| --- | --- |
| 프랑스의 에펠탑, 미국 뉴욕시의 자유의 여신상, 아이 러브 뉴욕(I♥NY) 슬로건 등 | 다르질링 차, 플로리다 오렌지, 모차렐라 디 부팔라 캄파냐 치즈, 카슈미르 캐시미어 등 |

|  | (가) | (나) |
| --- | --- | --- |
| ① | 장소 마케팅 | 지리적 표시제 |
| ② | 장소 마케팅 | 다국적 기업의 제품 현지화 |
| ③ | 지리적 표시제 | 장소 마케팅 |
| ④ | 지리적 표시제 | 다국적 기업의 제품 현지화 |
| ⑤ | 다국적 기업의 제품 현지화 | 지리적 표시제 |

> 25593-0276

**02** 다음 글의 밑줄 친 ㉠~㉢에 대한 설명으로 옳지 <u>않은</u> 것은?

세계화로 ㉠ <u>국경을 넘어 세계적인 규모로 생산 및 유통, 판매 활동을 하는 기업</u>이 성장하고 있다. 이러한 기업들은 ㉡ <u>본사, 연구소, 생산 공장을 지역적으로 분리하여 적절한 장소에 배치</u>하는 경향이 있다. 한편, 이러한 ㉢ <u>기업들은 기업 활동에 유리한 곳을 찾아 산업 시설을 옮기며</u> 세계 각 지역의 경제에 영향을 준다.

① ㉡의 연구소는 주로 무역 장벽을 극복하고 시장 확보에 유리한 지역에 입지한다.

② ㉡의 생산 공장은 인건비가 저렴한 개발 도상국에 입지하는 경우가 많다.

③ ㉢으로 인해 산업 시설이 입지하는 국가에서는 경쟁력이 약한 국내 기업이 피해를 볼 수 있다.

④ ㉢으로 산업 시설이 빠져 나가는 지역은 실업자의 증가로 지역 경제가 침체할 수 있다.

⑤ ㉠은 다국적 기업이고, ㉡은 공간적 분업이다.

> 25593-0277

**03** 다음 자료를 통해 알 수 있는 세계화의 특징으로 가장 적절한 것은?

2021년 4월 우리나라 H사의 아산 공장이 가동을 중단하였는데, 이는 코로나바이러스감염증-19의 확산으로 차량의 전기 장치를 제어하는 부품을 공급받지 못했기 때문이었다. 네덜란드 반도체 기업 N사가 생산하는 이 부품에는 타이완의 T사가 생산하는 차량용 반도체 칩이 탑재되는데, 이 칩의 공급 부족으로 발생한 부작용이었다.

① 상품의 국가 간 이동에 드는 시간이 증가하였다.

② 국가 간 교류의 증대로 상호 의존성이 높아졌다.

③ 세계적으로 영향을 미치는 도시의 중요성이 커졌다.

④ 세계화는 문화적 측면에서 가장 뚜렷하게 나타난다.

⑤ 다국적 기업의 생산 공장은 주로 선진국에 입지한다.

> 25593-0278

**04** (가), (나)에 나타난 세계화의 문제점으로 옳은 것은?

(가) 세계화로 경쟁이 치열해지면서 자본 및 기술력이 풍부한 선진국과 기업은 경쟁에서 우위를 차지하지만, 그러지 못한 개발 도상국과 기업은 경쟁에서 밀려나는 현상이 나타났다.

(나) 오늘날 선진국과 개발 도상국의 여러 사람들은 A사와 S사의 휴대 전화를 사용하그 M사의 햄버거를 먹는 모습을 볼 수 있다. 예전에는 지역마다 다른 독특한 물건들이 많았는데, 오늘날은 어디를 가나 비슷한 물건을 파는 것을 볼 수 있다.

|  | (가) | (나) |
| --- | --- | --- |
| ① | 빈부 격차 확대 | 문화 획일화 현상 |
| ② | 빈부 격차 확대 | 보편 윤리와 특수 윤리 간의 갈등 |
| ③ | 문화 획일화 현상 | 빈부 격차 확대 |
| ④ | 문화 획일화 현상 | 보편 윤리와 특수 윤리 간의 갈등 |
| ⑤ | 보편 윤리와 특수 윤리 간의 갈등 | 문화 획일화 현상 |

> 25593-0279

**05** 다음 칼럼의 ㉠에 들어갈 제목으로 가장 적절한 것은?

| ○○신문 | 칼 럼 | ○○○○년 ○월 ○일 |

㉠

　인도네시아 수마트라섬 북부 반다아체에서 부적절한 관계의 남녀가 공개 태형에 처해졌다. 태형식을 지켜본 반다아체 부시장은 "우리 지역 모든 시민은 물론 외부에서 온 방문객까지 이슬람 관습을 지키고 존중하기를 바란다."라고 말하였다. 비정부 기구에 속하는 여러 인권 단체들은 반다아체에 공개 태형을 중단할 것을 촉구했지만 이 지역 주민들은 오히려 적극적으로 지지하고 있다. 이 지역민들의 인권 보장을 위해 국제 사회의 다양한 행위 주체들의 적극적인 참여가 필요한 시점이다.

① 이슬람 지역의 특수성을 존중해야 하는 이유
② 이슬람 국가에서 발생하는 종교 갈등의 해법
③ 이슬람 지역의 남녀 차별 문제의 원인 파악
④ 이슬람 국가의 인류 보편적 가치에 대한 존중 사례
⑤ 이슬람 관습법의 인권 침해에 대한 국제 사회의 관심 필요

**서술형**

> 25593-0280

**06** 다음을 주장한 사상가의 입장에서 (1) ㉠, ㉡에 들어갈 말을 쓰고, (2) 진정한 평화의 의미를 ㉠, ㉡을 활용하여 서술하시오.

　평화는 평화적 수단으로만 이루어져야 한다. 그런데 평화는 두 가지로 구분할 수 있다. 　㉠　은/는 직접적이고 물리적인 폭력이 없는 상태를 의미하고, 　㉡　은/는 직접적이고 물리적인 폭력뿐만 아니라 빈곤, 기아, 억압, 차별과 같은 간접적인 폭력까지 모두 제거된 상태를 의미한다.

> 25593-0281

**07** 그림의 강연자의 입장으로 적절한 것만을 〈보기〉에서 있는 대로 고른 것은?

**【 보기 】**

ㄱ. 인류의 복지 수준 향상을 위해 원조가 필요하다.
ㄴ. 원조를 위해 자신의 희생도 무조건 감수해야 한다.
ㄷ. 절대적 빈곤자에 대한 원조를 의무로 여겨야 한다.
ㄹ. 세계시민의 일원으로서 인류의 고통을 외면해서는 안 된다.

① ㄱ, ㄹ　　　② ㄴ, ㄷ　　　③ ㄴ, ㄹ
④ ㄱ, ㄴ, ㄷ　　　⑤ ㄱ, ㄷ, ㄹ

> 25593-0282

**08** 다음에서 알 수 있는 국제 사회의 행위 주체에 대한 적절한 설명만을 〈보기〉에서 있는 대로 고른 것은?

　국제 연합(UN) 안전 보장 이사회는 아프리카 소말리아의 모가디슈 중심가에서 발생한 폭탄 테러를 규탄하였다. 안전 보장 이사회 회원국은 성명을 통해 "모든 형태의 테러리즘은 국제 평화와 안보에 가장 심각한 위협 중 하나"라며, 테러 공격을 가한 조직과 조력자에게 국제법상 책임을 물어야 한다고 강조하였다. 미국도 소말리아 내 이슬람 극단주의 무장 단체 대원을 겨냥한 제재를 발동하였다.

**【 보기 】**

ㄱ. 국제기구가 인권 보호 활동에 참여하고 있다.
ㄴ. 국가는 국제 사회에서 자국의 이익 추구만을 위해 활동하고 있다.
ㄷ. 국제 연합과 달리 비정부 기구는 인도주의적 구호 활동을 할 수 없다.
ㄹ. 국제기구는 개별 국가의 노력만으로 해결이 어려운 일에 개입할 수 있다.

① ㄱ, ㄴ　　　② ㄱ, ㄹ　　　③ ㄷ, ㄹ
④ ㄱ, ㄴ, ㄷ　　　⑤ ㄴ, ㄷ, ㄹ

> 25593-0283

**09** 다음 글이 강조하는 내용으로 적절한 것만을 〈보기〉에서 있는 대로 고른 것은?

통일 비용은 통일 편익으로 돌아올 수 있다. 통일 편익에는 분단 비용 해소, 내수 시장 확대 등 경제적 이익뿐만 아니라 이산가족의 자유로운 만남, 전쟁 위험 감소 등 비경제적 이익도 포함된다. 구체적으로 살펴보면 다음과 같다. 인구와 영토가 증가하면서 전체 경제 규모가 커지고 다양한 산업의 성장이 가능하다. 또한, 대륙과 해양을 연결하는 입지를 활용하여 동북아시아의 교통·물류 중심지가 될 수 있다. 통일로 전쟁 위험이 해소되면 민간 투자와 경제 교류가 더 활성화될 것이다.

**보기**

ㄱ. 통일은 경제를 성장시키는 계기가 될 수 있다.
ㄴ. 통일 국가가 완성되어도 분단 비용은 유지된다.
ㄷ. 통일을 통해 한반도의 지리적 이점을 활용할 수 있다.
ㄹ. 남북한 주민이 누릴 이동의 자유도 통일 편익에 해당된다.

① ㄱ, ㄴ  　② ㄱ, ㄷ  　③ ㄴ, ㄹ
④ ㄱ, ㄷ, ㄹ  　⑤ ㄴ, ㄷ, ㄹ

> 25593-0284

**10** 다음 글의 입장으로 가장 적절한 것은?

통일을 위해서는 주변국들의 지지를 이끌어 내야 한다. 통일은 민족 내부의 문제일 뿐만 아니라 국제적 문제이기 때문이다. 주변국들의 지지를 받기 위해서는 통일이 자국의 안보와 이익에 반하지 않음을 설득해야 한다. 통일 과정에서 동북아시아의 평화가 남북의 평화적 통일로 실현될 수 있다는 점을 강조해야 한다. 특히 통일 국가가 경제 협력과 경제적 이익 증대를 촉진한다는 것을 알려야 한다.

① 한반도 주변국은 통일을 지지할 가능성이 전혀 없다.
② 통일 실현을 위해 우호적인 국제 환경을 조성해야 한다.
③ 경제적 이익은 통일을 지지하게 하는 근거가 될 수 없다.
④ 통일은 민족 문제이므로 주변국을 고려할 필요는 없다.
⑤ 통일 국가가 패권국으로서 주변에 영향력을 행사할 것임을 알려야 한다.

> 25593-0285

**11** 을이 갑에게 제기할 수 있는 반론으로 가장 적절한 것은?

갑: 역사를 타인의 관점에서 기술해서는 안 된다. 주변국의 관점보다 자국의 관점에서 보아야 한다. 증거가 없는 내용은 교과서에 수록하지 말아야 한다. 근대 일본은 한국을 침략한 것이 아니라 진출한 것이다.
을: 주변국과 관련된 역사에 대한 객관적 기술이 필요하다. 자국 중심 역사관으로 역사를 교육한다면 과거의 갈등을 반복할 것이다. 보편적 가치를 바탕으로 서로를 존중하는 미래 지향적 역사를 함께 만들어야 한다.

① 자국 중심의 역사관으로 교육해야 함을 간과한다.
② 평화를 위해 보편적 역사 인식이 필요함을 간과한다.
③ 역사를 타인의 관점에서 기록해서는 안 됨을 간과한다.
④ 역사는 자국의 관점에 따라 구성되어야 함을 간과한다.
⑤ 역사는 당사자에 따라 다르게 기록해야 함을 간과한다.

> 25593-0286

**12** 다음 자료는 우리나라의 공적 개발 원조액을 나타낸 것이다. 자료에 대한 설명으로 적절하지 **않은** 것은?

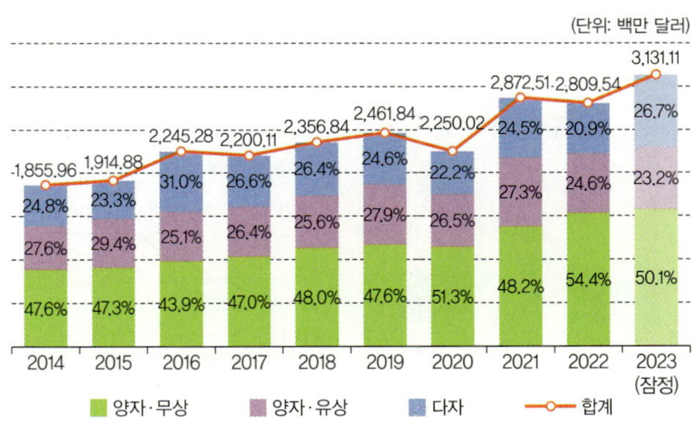


| | |
|---|---|
| 양자 원조 | 유상 원조(상환 의무 있음, 상업 차관보다 유리한 조건) |
| | 무상 원조(상환 의무 없음) |
| 다자 원조 | 국제 금융 기구, 국제 연합 및 기타 국제기구 |

(ODA 통합 누리집)

① 국제기구를 통한 원조도 실시하고 있다.
② 2023년 해외 원조액은 2014년보다 증가하였다.
③ 다자 원조보다 양자 원조에 자금을 더 투입하고 있다.
④ 2022년에 상환 의무가 있는 원조를 가장 많이 하였다.
⑤ 타국에 대한 재정 지원으로 세계 평화에 기여하고 있다.

> 25593-0287

**01** (가)~(다) 세계 도시에 대한 설명으로 옳은 것만을 〈보기〉에서 고른 것은?

(가) 세계에서 국내 총생산(GDP) 1위, 인구 규모 3위인 국가의 대서양 연안 지역에 위치한다. 수리적 위치는 약 40°43′N, 74°00′W이다.
(나) 아시아에서 중국 다음으로 국내 총생산(GDP)이 많은 국가의 태평양 연안에 위치한다. 수리적 위치는 약 35°65′N, 139°41′E이다.
(다) 18세기에는 여러 대륙에 걸쳐 식민지를 갖고 있던 국가의 북해로 흘러드는 템즈강 연안에 위치한다. 수리적 위치는 약 51°30′N, 0°05′W이다.

┤ 보기 ├
ㄱ. (다)에는 국제 연합 본부가 위치한다.
ㄴ. (가), (다) 모두 주민들의 주된 언어는 영어이다.
ㄷ. (가)~(다) 모두 속한 국가의 수도이다.
ㄹ. (가)~(다) 모두 생산자 서비스업이 발달하였다.

① ㄱ, ㄴ  ② ㄱ, ㄷ  ③ ㄴ, ㄷ  ④ ㄴ, ㄹ  ⑤ ㄷ, ㄹ

> 25593-0288

**02** 그래프에 대한 설명으로 옳은 것만을 〈보기〉에서 고른 것은? (단, (가), (나)는 각각 독일, 케냐 중 하나임.)

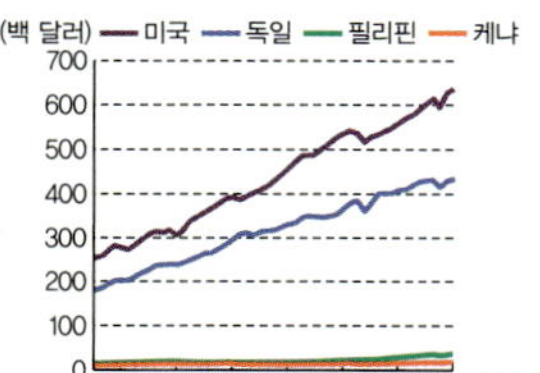


┤ 보기 ├
ㄱ. (가)는 케냐, (나)는 독일이다.
ㄴ. 1974~2022년에 독일과 케냐 간의 1인당 국내 총생산 격차가 줄어들었다.
ㄷ. 독일은 케냐에 비해 수출 상품에서 기술 집약적인 제품이 차지하는 비율이 높다.
ㄹ. 1974~2022년에 미국의 1인당 국내 총생산 증가액이 필리핀의 1인당 국내 총생산 증가액보다 많다.

① ㄱ, ㄴ  ② ㄱ, ㄷ  ③ ㄴ, ㄷ  ④ ㄴ, ㄹ  ⑤ ㄷ, ㄹ

> 25593-0289

**03** 지도는 다국적 기업 H사의 기능별 공간 분포를 나타낸 것이다. 이에 대한 설명으로 옳은 것은?

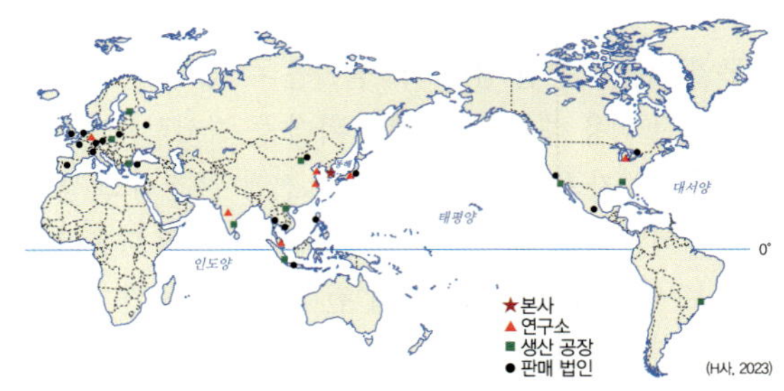


① 본사는 아메리카에 위치한다.
② 연구소는 모두 선진국에 입지하고 있다.
③ 생산 공장이 있는 국가에는 모두 연구소가 입지하고 있다.
④ 생산 공장의 분포 국가는 판매 법인의 분포 국가보다 많다.
⑤ 세계 인구 규모 1~3위 국가에는 연구소와 생산 공장이 모두 입지하고 있다.

> 25593-0290

**04** 갑, 을의 입장으로 적절한 것만을 〈보기〉에서 있는 대로 고른 것은?

┤ 보기 ├
ㄱ. 갑: 조건 없는 지원이 남북 교류의 시발점이 될 수 있다.
ㄴ. 을: 북한 정권과 북한 주민을 구분하여 지원하는 것은 불가능하다.
ㄷ. 을: 구호품이 북한 주민에게 투명하게 분배되는지 점검할 수 있다면 지원할 수 있다.
ㄹ. 갑과 을: 북한 주민에 대한 지원이 정당화될 수 있다.

① ㄱ, ㄴ        ② ㄴ, ㄹ        ③ ㄷ, ㄹ
④ ㄱ, ㄴ, ㄷ     ⑤ ㄱ, ㄷ, ㄹ

> 25593-0291

**05** 그림은 수행 평가 문제와 학생 답안이다. 학생 답안의
㉠~㉤ 중 옳지 <u>않은</u> 것은?

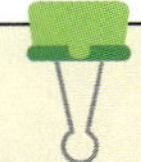

**수행 평가**

◎ **문제**: 다음을 주장한 사상가의 입장에 대해 설명하시오.

> 간접적 폭력은 사회 구조 자체에서 일어난다. 외
> 적으로 일어나는 구조적 폭력의 두 가지 주요한 형
> 태는 정치와 경제에서 잘 알려진 억압과 착취이다.
> 이 두 가지 형태의 폭력은 몸과 마음에 작용하지만,
> 반드시 의도된 것은 아니다.

◎ **학생 답안**

위의 내용을 주장한 사상가는 ㉠ 폭력을 직접적 폭력과
간접적 폭력으로 나누어 설명하였다. 그는 ㉡ 모든 폭력은
의도적으로 발생하는 것이라고 보았으며, ㉢ 직접적 폭력
뿐만 아니라 간접적 폭력까지 모두 제거되어야 한다고 주
장하였다. 그는 ㉣ 진정한 평화는 인간의 존엄성을 보장하
는 것이어야 하며, ㉤ 진정한 평화를 실현하기 위해 정치
체제나 생활 양식에 대한 고려가 필요하다고 강조하였다.

① ㉠　　② ㉡　　③ ㉢　　④ ㉣　　⑤ ㉤

> 25593-0292

**06** 다음을 주장한 사상가의 입장으로 옳지 <u>않은</u> 것은?

> 전쟁은 인류를 멸망으로 이끌 수 있다. 영원한 평화를
> 실현하기 위해서는 모든 전쟁을 끝낼 수 있는 평화 연맹이
> 필요하다. 이를 위해 각국은 시민의 자유를 보장하는 공
> 화정 체제를 확립하고 평화 연맹에 가입해야 한다. 세계
> 시민법을 준수하여 평화적 방문권도 보장해야 한다.

① 국가들은 이성적으로 상호 존중해야 한다.
② 국제 사회의 영구적인 평화는 실현 가능하다.
③ 평화 연맹은 개별 국가의 내정에 간섭해야 한다.
④ 전쟁을 유발할 수 있는 요소를 최대한 제거해야 한다.
⑤ 개별 국가는 독립적으로 각자의 공화정 체제를 가져야
　한다.

> 25593-0293

**07** 다음 토론의 핵심 쟁점으로 가장 적절한 것은?

> 갑: 영토 갈등과 역사 문제는 객관적인 기준을 근거로 견
> 　해 차이를 조정해야 합니다.
> 을: 그렇습니다. 영토 갈등과 역사 문제는 각국의 이해관
> 　계와 관점의 차이가 커서 해결하기 어렵습니다.
> 갑: 각국의 이해관계가 다르므로 영토 갈등과 역사 문제
> 　는 대화로는 결론이 나지 않습니다. 갈등을 방치하면
> 　갈등이 심화될 수 있으므로 국제 사법 재판소와 같은
> 　국제기구의 객관적 판결을 통해 결론을 내야 합니다.
> 을: 제 생각은 다릅니다. 영토 갈등이 악화될 수 있지만
> 　국제기구가 이를 방지할 수는 없습니다. 국제기구의
> 　판결이 나더라도 관련국들이 받아들이지 않을 수 있
> 　습니다. 따라서 적극적인 의사소통을 통해 서로에 대
> 　한 이해를 높이고 관련된 당사국이 동의할 수 있는 지
> 　점을 찾아가야 합니다.

① 영토 갈등과 역사 문제에 관점 차이가 존재하는가?
② 영토 갈등과 역사 문제에 각국의 이해관계가 상이한가?
③ 영토 갈등은 국제기구의 결정에 맡기고 따라야 하는가?
④ 영토 갈등으로 인해 당사국 간 갈등이 발생할 수 있는가?
⑤ 영토 갈등과 역사 문제는 객관적 근거로 해결해야 하는가?

> 25593-0294

**08** ㉠에 들어갈 진술로 가장 적절한 것은?

> 기후변화가 인류의 생존을 위협하고 있다. 그런데 기후
> 변화는 국제적 갈등·분쟁과도 깊이 연결되어 있다. 기후
> 변화는 기상 이변, 물 부족, 식량난을 불러온다. 경작지와
> 정주 환경을 잃은 기후변화 난민은 생존을 위해 타 지역으
> 로 가게 되고, 그 지역 원주민과 갈등을 겪게 된다. 기후변
> 화가 국제적 갈등을 유발하는 것이다. 따라서 세계 각국은
> 　　　　　　　　㉠　　　　　　　　을/를 명심해야 한다.

① 기후변화와 국제적인 분쟁은 서로 관련이 없다는 것
② 기후변화에 대처하는 것이 평화로운 세상을 만든다는 것
③ 기후변화 난민이 본래 거주 지역에 남게 해야 한다는 것
④ 기후변화의 영향에 대한 과학적 근거가 부족하다는 것
⑤ 기후변화에 대처하는 정책들이 실업률을 상승시킨다는 것

# V

# 미래와
# 지속가능한 삶



인구 분포와 구조 등에 대한 이해를 토대로
인구 문제 양상과 지구적 차원에서 에너지 자원의 분포와 소비 실태를 파악한다.
기후변화에 대한 대응과 지속가능한 발전을 위한 노력을 탐구하며
미래 사회의 모습을 다양한 측면에서 예측하고
세계시민으로서 미래 삶의 방향을 설정한다.

## 01 세계의 인구 변화와 인구 문제

▲ 세계 인구의 지역(대륙)별 변화

▲ 세계의 인구 이동

▲ 지역(대륙)별 유소년층·노년층 인구 비율

## 02 에너지 자원과 지속가능한 발전

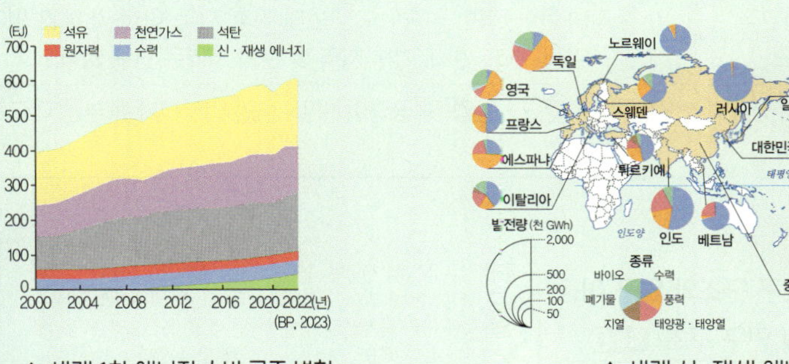


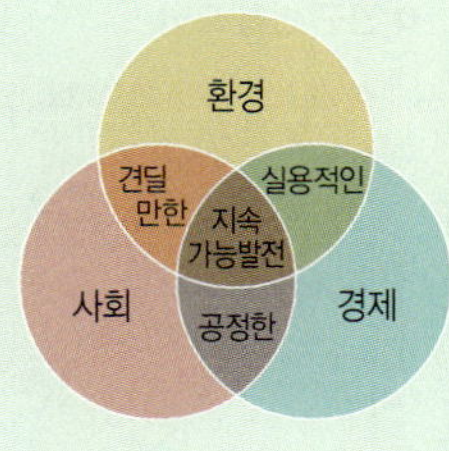


▲ 세계 1차 에너지 소비 구조 변화

▲ 세계 신·재생 에너지 발전량

▲ 지속가능한 발전의 개념

## 03 미래 사회와 세계시민으로서의 삶

▲ 공간적 제약 극복

▲ 세계시민 의식

▲ 미래 사회의 새로운 일자리

# 세계의 인구 변화와 인구 문제

**◉ 지역별 인구 변화**

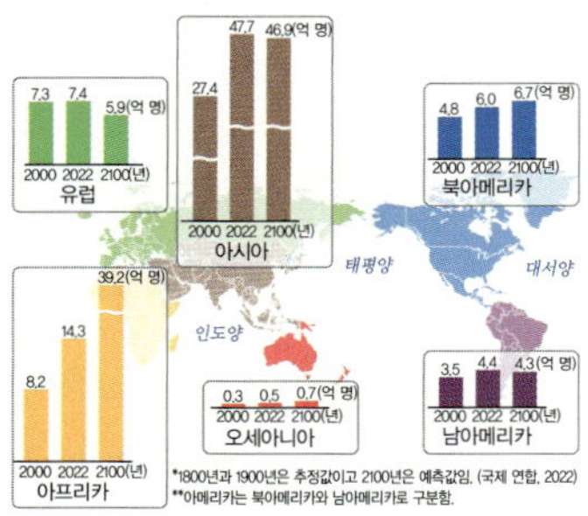



아프리카, 북아메리카 등은 인구 증가, 유럽 등은 인구 감소가 나타날 것으로 예상된다.

**◉ 인구 변천 모형**

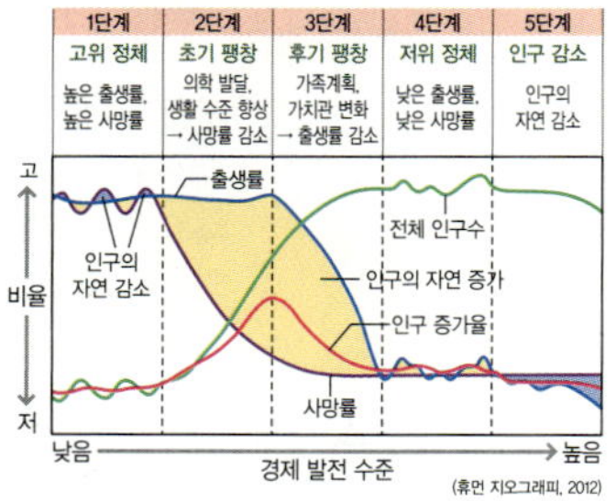



**◉ 중위 연령**

전체 인구를 나이 순으로 나열할 때 정중앙에 위치한 사람의 나이이다.

**◉ 합계 출산율**

가임기 여성(15~49세) 1명이 가임 기간 동안 낳을 것으로 예상되는 평균 출생아 수이다.

**◉ 지역(대륙)별 인구 유입·유출**

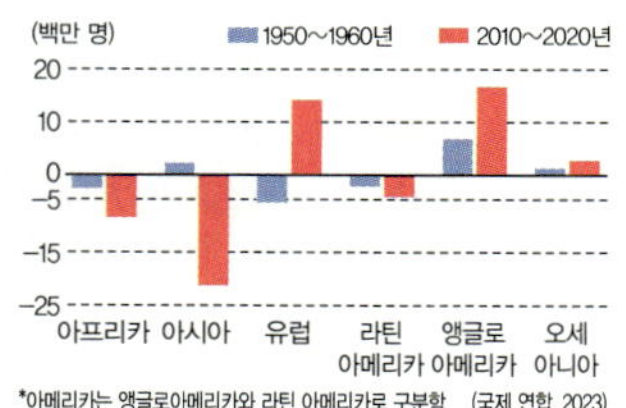



경제 수준이 높은 앵글로아메리카와 유럽은 유입 인구가 많다.

---

## 1 세계의 인구 분포, 구조, 이동

### 1. 세계의 인구 변화와 인구 분포

**(1) 세계의 인구 변화**

① 산업화 이전 천천히 증가, 산업화 이후 급격히 증가 ┐

    생활 수준 향상, 의료 기술 발달, 위생 개선 등으로 사망률이 감소하고 평균 수명이 증가한다.

② 인구 변화는 출생과 사망에 의한 자연적 요인, 전출과 전입에 의한 사회적 요인의 영향을 받음

    출생과 사망의 차이에 의한 자연적 증감과 전입과 전출의 차이에 의한 사회적 증감의 합으로 나타난다.

| 선진국 | 산업화의 영향으로 18세기 말에서 20세기 초까지 인구가 빠르게 증가, 20세기 중반 이후 출생률의 감소로 인구 정체 및 인구 감소가 나타남 |
| --- | --- |
| 개발 도상국 | 제2차 세계 대전 이후 출생률보다 사망률이 빠르게 감소하여 인구 증가 속도가 빠름 |

**(2) 세계의 인구 분포:** 세계 인구의 대부분이 북반구에 거주하고 있으며, 남부아시아, 동아시아, 서부 유럽 등에 밀집 〔자료①〕

| 자연적 요인 | 기후, 지형 등 → 북반구 중위도의 온대 기후 지역, 하천 및 해안 평야 지역에 인구 밀집, 건조·한대 기후 지역 및 산지 지역은 인구 희박 |
| --- | --- |
| 사회·경제적 요인 | 산업, 교통 등 → 농업 및 공업이 발달한 곳, 일자리가 풍부한 대도시에 인구 집중 |

### 2. 세계의 인구 구조와 인구 이동

**(1) 세계의 인구 구조** 〔자료②〕

    특정 인구 집단의 연령별·성별 인구 구성 상태를 말하며, 경제 수준 등에 따라 국가별·지역별로 다르게 나타난다.

    생산 연령 인구인 청장년층 인구 100명에 대한 유소년층과 노년층 인구 비율로, 유소년 부양비와 노년 부양비로 구분할 수 있다.

① 인구 피라미드: 인구 구조를 연령별·성별로 나타낸 모형으로 인구 부양비와 노령화 지수, 성비 등의 인구 지표들을 파악할 수 있음

② 선진국: 유소년층 인구 비율이 낮고, 노년층 인구 비율이 높음 → 노령화 지수, 중위 연령, 노년 부양비가 높음

    유소년층 인구에 대한 노년층 인구의 비율이다.

  • 의료 기술이 발달하고 생활 수준이 높아 기대 수명이 긺

  • 자녀에 대한 가치관 변화 등으로 출생률이 낮음

③ 개발 도상국: 유소년층 인구 비율이 높고, 노년층 인구 비율이 낮음 → 유소년 부양비가 높음

  • 의료 기술이 발달하지 못하고 생활 수준이 낮아 기대 수명이 짧음

  • 전통문화, 높은 1차 산업 비율, 가족 계획 미흡 등으로 합계 출산율이 높음

**(2) 세계의 인구 이동** 〔자료③〕

① 발생 요인: 교통·통신의 발달에 따른 세계화, 경제·정치·종교·환경의 차이 등

② 유형: 이동 범위에 따라 국내 이동과 국제 이동, 이동 동기에 따라 자발적 이동과 비자발적 이동, 이동 원인에 따라 경제·정치·종교·환경적 이동으로 구분됨

## 자료 ① 세계의 인구 분포

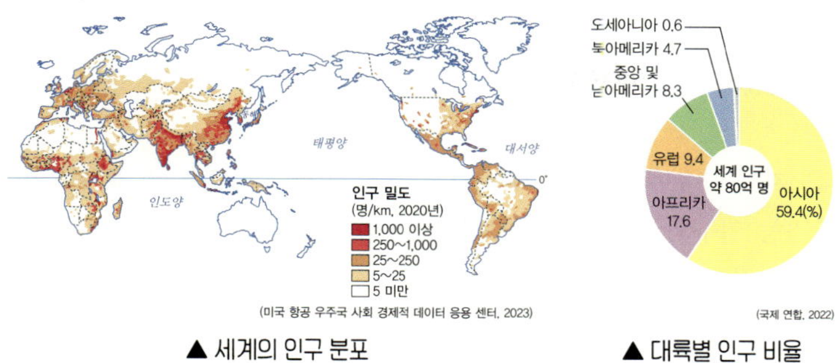



▲ 세계의 인구 분포          ▲ 대륙별 인구 비율

세계의 인구 분포를 대륙별로 살펴보면 인도, 중국이 위치한 아시아의 인구가 가장 많고, 아프리카, 유럽 순으로 많다.

## 자료 ② 선진국(독일)과 개발 도상국(나이지리아)의 인구 구조

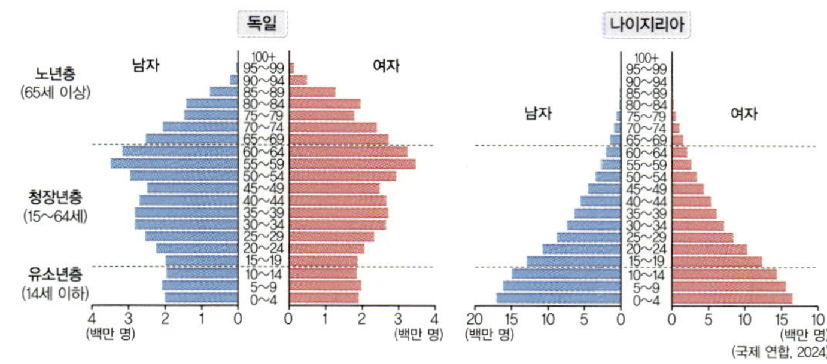



선진국인 독일은 개발 도상국인 나이지리아보다 노년층 인구 비율이 높고 유소년층 인구 비율이 낮으며 중위 연령이 높다.

## 자료 ③ 세계의 인구 이동

최근에는 경제적·정치적 원인에 의한 인구 이동이 활발하다. 경제적 이동은 개발 도상국에서 임금 수준이 높고 고용 기회가 많은 선진국으로의 이동이 많다. 정치적 이동은 정치적 탄압이나 전쟁 등을 피해 다른 국가로 이동하는 것으로 난민의 이동이 대표적이다. 최근에는 기후변화로 인한 환경적 이동도 나타나고 있다.

---

### ✅ 개념 체크 문제

• 정답 **67**쪽

**○✖ 표시하기**

❶ 세계 인구의 대부분은 남반구에 밀집해 있다. (      )

❷ 선진국은 노년층 인구 비율기 높고, 개발 도상국은 유소년층 인구 비율이 높다. (      )

❸ 세계의 인구 이동은 교통·통신의 발달에 따른 세계화로 인해 더욱 활발해졌다. (      )

❹ 선진국은 20세기 중반 이후 인구가 빠르게 증가하였다. (      )

**적절한 말 고르기**

❺ ( 자연적, 사회·경제적 ) 요인으로 대도시에 인구가 밀집한다.

❻ 선진국은 개발 도상국에 비해 노령화 지수가 ( 높다, 낮다 ).

❼ 인구 이동은 ( 동기, 범위 )에 따라 자발적 이동과 비자발적 이동으로 구분된다.

❽ 선진국은 개발 도상국에 비해 합계 출산율이 ( 높다, 낮다 ).

**빈칸 채우기**

❾ 세계의 인구는 (      ) 이후에 급격히 증가하였다.

❿ 출생률과 사망률의 차이는 인구의 (      ) 증감을 의미한다.

⓫ 세계의 인구 이동은 (      )적 원인에 의한 이동이 가장 많다.

**<보기>에서 고르기**

보기
ㄱ. 산지          ㄴ. 평야
ㄷ. 온대 기후 지역     ㄹ. 한대 기후 지역

⓬ 인구 밀집 지역          (      )

⓭ 인구 희박 지역          (      )

**서로 관련된 내용 연결하기**

⓮ 선진국     •     • ㉠ 20세기 중반 이후 출생률의 감소로 인구 정체 또는 인구 감소가 나타남

⓯ 개발 도상국     •     • ㉡ 20세기 중반부터 출생률보다 사망률이 빠르게 감소하여 인구 증가 속도가 빠름

### 🔗 핵심 개념

- ☐ 저출생·고령화
- ☐ 인구 과잉
- ☐ 대도시 인구 과밀

**◉ 대체 출산율**
현재 인구 규모를 유지하는 데 필요한 출산율로 선진국은 합계 출산율 2.1명을 대체 출산율로 본다. 합계 출산율 2.1명 미만을 저출산, 1.3명 미만을 초저출산으로 구분한다.

**◉ 저출생과 저출산**
저출생은 특정 사회에서 아기가 적게 태어남을, 저출산은 하나의 주체가 아기를 적게 낳음을 의미한다. 최근에는 출생 인구가 줄어드는 사회 구조에 주목하는 용어인 저출생을 주로 사용한다.

**◉ 지역(대륙)별 유소년층·노년층 인구 비율**

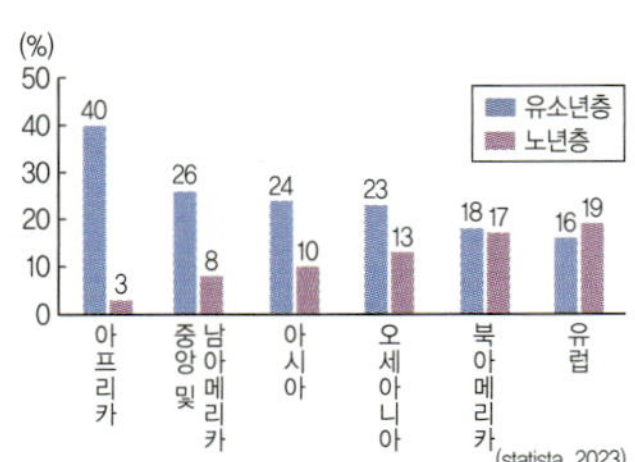


상대적으로 개발 도상국이 많이 분포하는 아프리카, 중앙 및 남아메리카 등은 유소년층 인구 비율이 높고, 선진국이 많이 분포하는 유럽, 북아메리카 등은 노년층 인구 비율이 높다.

**◉ 인구 이동에 따른 영향**
- 인구 유입 국가: 노동력 유입으로 경제 활성화, 기존 주민과 문화적 차이로 인한 갈등
- 인구 유출 국가: 해외 노동자들의 본국 송금으로 외화 유입, 청장년층 중심의 노동력 유출

---

## ② 인구 문제와 해결 방안

### 1. 세계의 인구 문제 [자료 ④]

**(1) 선진국의 인구 문제**

① 저출생
- 원인: 결혼과 자녀 양육에 대한 가치관 변화, 높은 주택 구입 비용 및 교육비 등
- 영향: 생산 가능 인구의 감소에 따른 노동력 부족, 경제 성장 둔화, 소비와 투자 감소에 따른 장기적 경기 침체 발생

② 고령화 — 전체 인구에서 65세 이상 인구가 차지하는 비율이 높아지는 현상. 노년층 인구 비율이 7% 이상이면 고령화 사회, 14% 이상이면 고령 사회, 20% 이상이면 초고령 사회로 구분한다.
- 원인: 의료 기술 발달, 생활 수준 향상, 위생 개선 등으로 인한 평균 수명 증가
- 영향: 노년 부양비 증가, 노년층을 위한 사회적 비용 증가 → 세대 간 갈등 문제 발생

**(2) 개발 도상국의 인구 문제 [자료 ⑤]**

① 인구 과잉
- 원인: 출생률이 비교적 높게 유지되는데 비해 사망률이 빠르게 감소
- 영향: 높은 유소년 부양비, 식량과 자원 부족에 따른 기아와 빈곤, 일자리 부족으로 실업 문제 발생

② 대도시 인구 과밀
- 원인: 급속한 산업화에 따른 이촌향도 — 촌락을 떠나 도시로 이동하는 현상을 말한다.
- 영향: 대도시는 인구의 빠른 증가로 과밀화되어 주택과 도로 등 도시 기반 시설이 부족해지면서 각종 도시 문제 발생

### 2. 인구 문제의 해결 방안 [자료 ⑥]

**(1) 정책적 지원**

① 선진국
— 선택적 근로 시간제, 시차 출퇴근제, 재택근무제 등 일과 생활을 조화롭게 하는 제도이다.
- 저출생: 출산·육아 비용 지원, 보육 시설 확충, 유급 출산 휴가 기간 연장, 유연 근무제 확대, 세금 감면 등
- 고령화: 노인 관련 연금 제도 및 사회 보장 제도 강화, 노인 일자리 확대와 정년 연장, 노인 복지 시설 확충 등

② 개발 도상국
- 인구 과잉: 경제 발전과 식량 증산으로 인구 부양력 증대, 가족계획 정책 등
- 대도시 인구 과밀: 촌락의 일자리 창출 및 생활 환경 개선, 중소 도시 육성 등

**(2) 개인의 가치관 및 사회적 인식의 변화**

① 가족 친화적 가치관 형성: 가족 및 결혼이 삶에 미치는 가치 인식, 정서적 지지자로서 자녀의 소중함 이해, 노년층을 삶의 지혜를 간직한 구성원으로 인정

② 양성평등한 성 역할 이해 확대: 남녀가 가사와 양육 등을 분담

③ 세대 간 정의 실현: 현세대와 미래 세대 간의 형평성 고려 → 현세대와 미래 세대의 부담을 모두 고려하여 미래 세대의 지속가능한 삶을 위한 문제 해결이 되도록 노력

## 자료 ④ 세계의 인구 문제

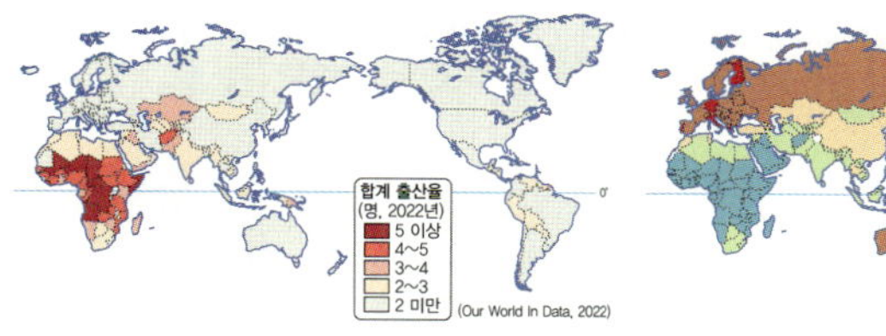

▲ 합계 출산율

▲ 국가별 노년층 인구 비율

일찍 산업화를 이룬 유럽과 북아메리카는 합계 출산율이 상대적으로 낮다. 반면 산업화가 진행 중인 아프리카와 아시아의 일부 지역은 합계 출산율이 상대적으로 높다. 아프리카, 서남아시아, 남부 아시아와 동남아시아 지역은 노년층 인구 비율이 상대적으로 낮다. 반면 유럽, 북아메리카 지역은 노년층 비율이 상대적으로 높은 편이다.

## 자료 ⑤ 선진국(독일)과 개발 도상국(니제르)의 인구 문제

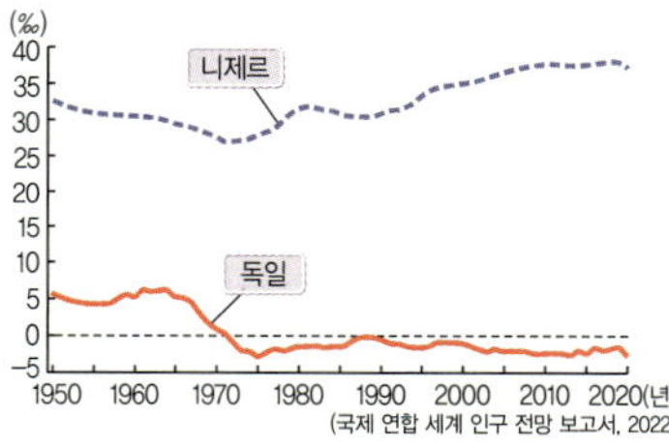

▲ 니제르와 독일의 인구 자연 증가율 변화

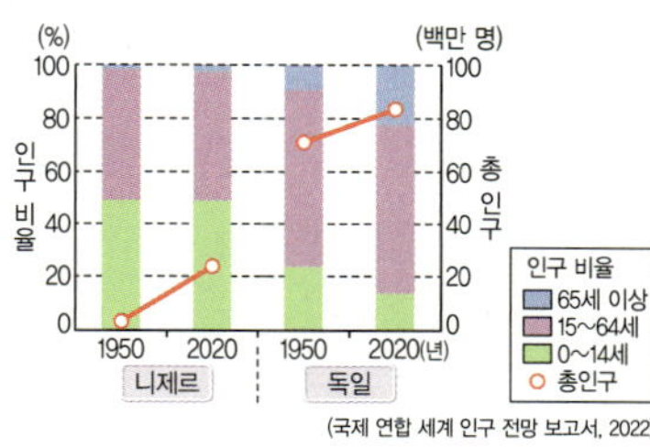

▲ 니제르와 독일의 연령층별 인구 비율과 총인구 변화

개발 도상국인 니제르는 선진국인 독일에 비해 인구의 자연 증가율과 유소년층 (0~14세) 인구 비율이 높다. 반면, 독일은 니제르보다 인구의 자연 증가율이 낮고, 노년층 인구 비율은 높다. 경제 발전 수준이 다른 니제르와 독일은 서로 다른 인구 문제를 겪고 있다. 니제르는 1950~2020년에 인구가 급격하게 증가한 영향으로 식량과 자원 부족, 빈곤 문제 등이 발생하고 있다. 반면, 독일에서는 저출생·고령화 현상이 지속되면서 청장년층 인구 비율은 감소하고 노년층 인구 비율이 증가하고 있으며, 이에 따라 노동력 부족, 복지 비용 증가 등의 문제가 나타나고 있다.

## 자료 ⑥ 우리나라의 인구 문제 해결을 위한 노력

| 1. 함께 일하고 함께 돌보는 사회 조성 | 2. 건강하고 능동적인 고령 사회 구축 |
|---|---|
| ① 모두가 누리는 워라밸 | ① 소득 공백 없는 노후 생활 보장 체계 |
| ② 성평등하게 일할 수 있는 사회 | ② 예방적 보건·의료 서비스 확충 |
| ③ 아동 돌봄의 사회적 책임 강화 | ③ 지역 사회 계속 거주를 위한 통합적 돌봄 |
| ④ 아동기본권의 보편적 보장 | ④ 고령 친화적 주거 환경 조성 |
| ⑤ 생애 전반 성·재생산권 보장 | ⑤ 존엄한 삶의 마무리 지원 |
| 3. 모두의 역량이 고루 발휘되는 사회 | 4. 인구 구조 변화에 대한 적응 |
| ① 미래 역량을 갖춘 창의적 인재 육성 | ① 다양한 가족의 제도적 수용 |
| ② 평생 교육 및 직업 훈련 강화 | ② 연령 통합적 사회 준비 |
| ③ 청년기 삶의 기반 강화 | ③ 전 국민 사회 안전망 강화 |
| ④ 여성의 경력 유지 및 성장 기반 강화 | ④ 지역 상생 기반 구축 |
| ⑤ 신중년의 품격 있고 활기찬 일·사회 참여 | ⑤ 고령 친화 사회로의 도약 |

(저출산고령사회위원회)

▲ 제4차 저출산·고령 사회 기본 계획(2021~2025)

우리나라는 저출생·고령화 문제를 해결하기 위하여 다양한 정책적 방안을 펼치고 있으며, 개인과 사회적 인식 변화를 토대로 합리적 해결을 위해 노력하고 있다.

---

## ✔ 개념 체크 문제

• 정답 **67**쪽

### O ✕ 표시하기

❶ 합계 출산율이 가장 높은 대륙은 아시아이다. (      )

❷ 의료 기술의 발달은 고령화의 원인 중 하나이다. (      )

❸ 대도시 인구 과밀 문제를 해결하기 위해 중소 도시를 육성하는 것은 정책적 지원에 해당한다. (      )

❹ 선택적 근로 시간제, 시차 출퇴근제, 재택근무제 등은 유연 근무제의 사례이다. (      )

### 적절한 말 고르기

❺ 노년층 인구 비율이 가장 높은 대륙은 ( 아시아, 유럽 )이다.

❻ 인구 ( 유입, 유출 ) 국가는 인구 이동의 결과 기존 주민과 문화적 차이로 인한 갈등이 발생하기도 한다.

❼ 출산 억제 정책이 필요한 국가는 ( 선진국, 개발 도상국 )이다.

### 빈칸 채우기

❽ 전체 인구에서 65세 이상 인구가 차지하는 비율이 20% 이상이면 (        )(으)로 구분한다.

❾ 유소년층 인구 비율이 가장 높은 대륙은 (        )이다.

❿ 현세대와 미래 세대의 형평성을 고려하여 (        ) 간 정의를 실현할 수 있다.

### <보기>에서 고르기

┤ 보기 ├
ㄱ. 식량 증산     ㄴ. 인구 과잉
ㄷ. 정년 연장     ㄹ. 저출생·고령화

⓫ 선진국 (      )

⓬ 개발 도상국 (      )

### 서로 관련된 내용 연결하기

⓭ 정책적 지원 •      • ㉠ 사회 보장 제도 강화

⓮ 사회적 인식 변화 •      • ㉡ 양성평등한 성 역할 이해 확대

# 기본 문제

**01** 다음은 통합사회 필기 노트의 일부이다. ㉠~㉤ 중 내용이 옳지 <u>않은</u> 것은?

> 25593-0295

세계의 인구는 ㉠ 산업화 이전에 천천히 증가하다 산업화 이후에 급격하게 증가하였다. 이러한 인구 변화는 ㉡ 출생과 사망에 의한 자연적 요인, ㉢ 전출과 전입에 의한 사회적 요인의 영향을 받는다. ㉣ 선진국은 18세기 이후부터 출생률이 감소하기 시작하여 인구 정체 및 인구 감소가 이어지고 있다. ㉤ 개발 도상국은 20세기 중반부터 사망률이 빠르게 감소하여 인구 증가 속도가 빠르다.

① ㉠    ② ㉡    ③ ㉢    ④ ㉣    ⑤ ㉤

**02** 지도는 세계 인구 분포를 나타낸 것이다. 이에 대한 설명으로 옳은 것만을 〈보기〉에서 고른 것은?

> 25593-0296

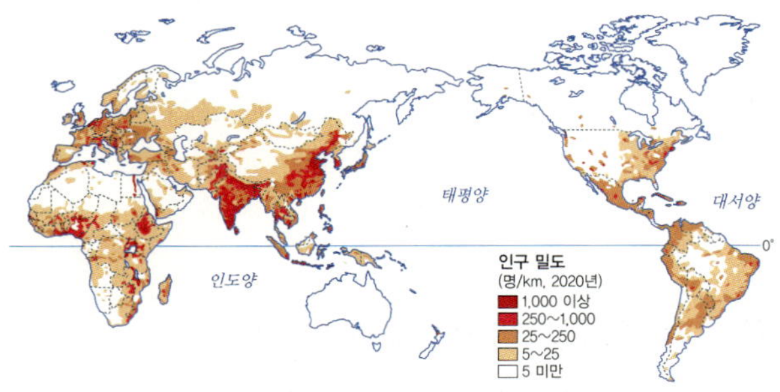



(미국 항공 우주국 사회 경제적 데이터 응용 센터, 2023)

**보기**

ㄱ. 세계 인구의 대부분은 남반구에 거주한다.

ㄴ. 대륙별로 볼 때 아프리카에 인구가 가장 많이 분포한다.

ㄷ. 대체로 산지나 내륙보다는 하천 및 해안 평야 지역에 인구가 집중한다.

ㄹ. 자연적·경제적 조건 등에 따라 인구 분포는 지역에 따라 불균등하게 분포한다.

① ㄱ, ㄴ    ② ㄱ, ㄷ    ③ ㄴ, ㄷ
④ ㄴ, ㄹ    ⑤ ㄷ, ㄹ

[03~04] 그래프는 세계의 인구 성장을 나타낸 것이다. 물음에 답하시오.

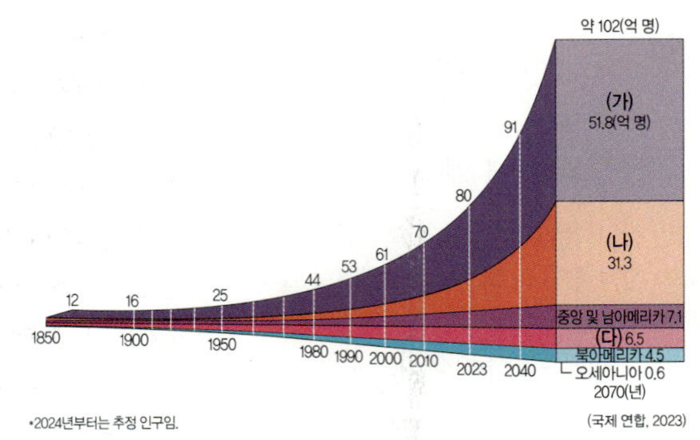



> 25593-0297

**03** 그래프의 (가)~(다)에 해당하는 대륙으로 옳은 것은?

| | (가) | (나) | (다) |
|---|---|---|---|
| ① | 유럽 | 아시아 | 아프리카 |
| ② | 아시아 | 유럽 | 아프리카 |
| ③ | 아시아 | 아프리카 | 유럽 |
| ④ | 아프리카 | 유럽 | 아시아 |
| ⑤ | 아프리카 | 아시아 | 유럽 |

> 25593-0298

**04** 그래프에 대한 분석 및 추론으로 옳지 <u>않은</u> 것은?

① 1900년~1950년보다 1950년~2000년의 인구 증가 폭이 크다.

② 2000년의 세계 인구는 1900년의 세계 인구의 2배 이상이다.

③ 2010년의 세계 인구 중 절반 이상이 (가)와 (나) 두 대륙에 분포한다.

④ 2022년부터 2070년까지 세계의 인구는 지속적으로 증가할 것이다.

⑤ 2022년부터 2070년까지 세계의 인구 성장은 선진국이 주도할 것이다.

**05** 다음 글과 같은 현상이 나타나는 인구 성장 단계를 ㉠~㉤ 단계에서 고른 것은?

> 25593-0299

> 의학 발달과 생활 수준 향상에 따라 사망률이 급감하고 출생률은 높게 유지되어 인구가 폭발적으로 증가한다.

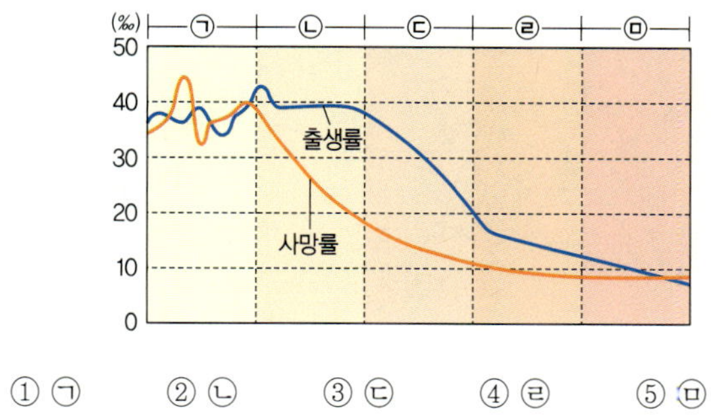


① ㉠  ② ㉡  ③ ㉢  ④ ㉣  ⑤ ㉤

**중요**

**06** 그래프는 두 국가의 인구 구조를 나타낸 것이다. (가)에 비해 (나) 국가에서 수치가 높은 항목만을 〈보기〉에서 고른 것은?

> 25593-0300

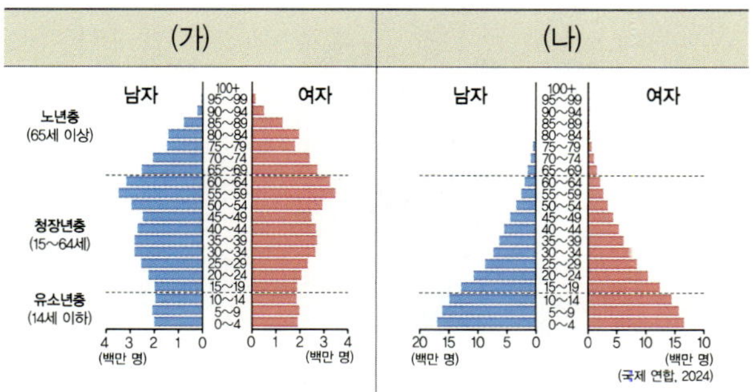


> **보기**
> ㄱ. 기대 수명
> ㄴ. 중위 연령
> ㄷ. 합계 출산율
> ㄹ. 유소년 부양비

① ㄱ, ㄴ  ② ㄱ, ㄷ  ③ ㄴ, ㄷ
④ ㄴ, ㄹ  ⑤ ㄷ, ㄹ

**07** 지도의 (가)에 해당하는 지표로 옳은 것은?

> 25593-0301

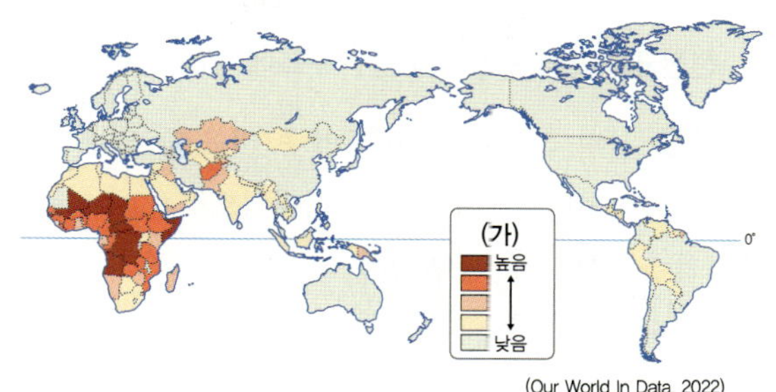


① 총인구  ② 기대 수명  ③ 중위 연령
④ 노령화 지수  ⑤ 합계 출산율

**08** 저출생의 원인으로 적절한 것만을 〈보기〉에서 고른 것은?

> 25593-0302

> **보기**
> ㄱ. 위생 개선
> ㄴ. 의료 기술 발달
> ㄷ. 높은 주택 구입 비용
> ㄹ. 결혼과 출산에 대한 가치관 변화

① ㄱ, ㄴ  ② ㄱ, ㄷ  ③ ㄴ, ㄷ
④ ㄴ, ㄹ  ⑤ ㄷ, ㄹ

**09** (가)에 들어갈 용어로 옳은 것은?

> 25593-0303

> ☐☐☐(가)☐☐☐ 문제의 해결 방안
>
> 출산·육아 비용을 지원하고 보육 시설을 확충하며 유급 출산 휴가 기간을 연장하는 등의 출산 장려 정책을 시행한다. 또한 가족 친화적 가치관을 형성하고 양성평등한 성 역할 이해를 확대하는 개인적·사회적 인식의 변화가 필요하다.

① 고령화  ② 저출생  ③ 인구 과잉
④ 인구 유출  ⑤ 대도시 인구 과밀

# 서술형 문제

## Step1  핵심 키워드 파악하기

> 25593-0304

**01** 선진국과 개발 도상국의 인구 구조에 대하여 서술하시오.

예시 답안  선진국은 유소년층 인구 비율이 상대적으로 (          )고, 노년층 인구 비율이 상대적으로 (          )다. 이에 따라 노령화 지수, 중위 연령, 노년 부양비가 (          )게 나타난다. 개발 도상국은 유소년층 인구 비율이 상대적으로 (          ) 고, 노년층 인구 비율이 상대적으로 (          )다. 이에 따라 유소년 부양비가 (          )고 합계 출산율이 (          )다.

> 25593-0305

**02** (1) 세계의 인구 분포에 영향을 주는 (가), (나) 요인을 쓰고, (2) 인구 밀집 지역과 희박 지역의 특징을 서술하시오.

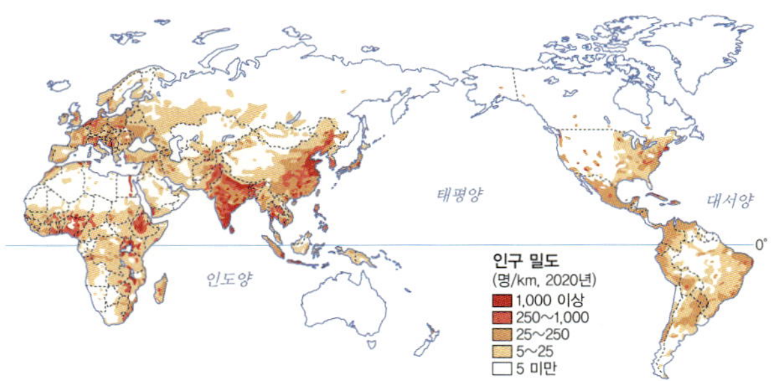

(미국 항공 우주국 사회 경제적 데이터 응용 센터, 2023)

세계의 인구 분포는 기후, 지형과 같은  (가)  요인과 산업, 교통과 같은  (나)  요인의 영향을 받는다.

(1) (가) - (                    ) (나) - (                    )

(2) 예시 답안  기후가 온화한 (          )반구 (          )위도의 온대 기후 지역, 평야가 발달하고 물을 얻을 수 있는 하천 및 (          ) 평야 지역에 인구가 밀집하고, 강수가 부족하거나 기온이 낮아 인간 거주에 불리한 (          ) 기후, (          ) 기후 지역 및 산지 지역은 인구가 희박하다. 또한 농업과 공업이 발달한 곳이나 (          )이/가 풍부한 대도시에 인구가 집중한다.

## Step2  스스로 답안 작성하기

> 25593-0306

**03** 다음 지도의 (1) (가), (나) 인구 이동의 유형을 쓰고, (2) (나)와 같은 인구 이동에 따라 유럽 국가들에서 나타날 수 있는 문제점을 서술하시오.

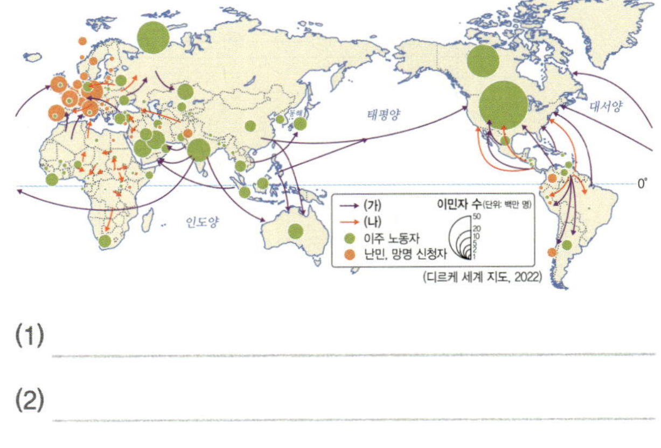

(디르케 세계 지도, 2022)

(1) ___________________________________

(2) ___________________________________

___________________________________

___________________________________

___________________________________

> 25593-0307

**04** 다음 인구 피라미드가 나타나는 지역의 인구 문제와 그에 대한 정책적·사회적 측면의 해결 방안을 서술하시오.

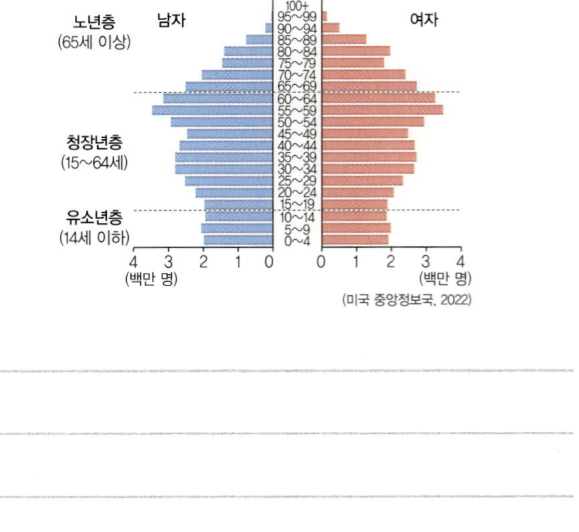

(미국 중앙정보국, 2022)

___________________________________

___________________________________

___________________________________

___________________________________

# 1등급 도전 문제

> 25593-0308

**01** 다음 자료는 세계 인구의 지역(대륙)별 변화를 나타낸 것이다. 이에 대한 설명으로 옳은 것은? (단, (가)~(라)는 각각 아시아, 아프리카, 유럽, 중앙 및 남아메리카 중 하나임.)

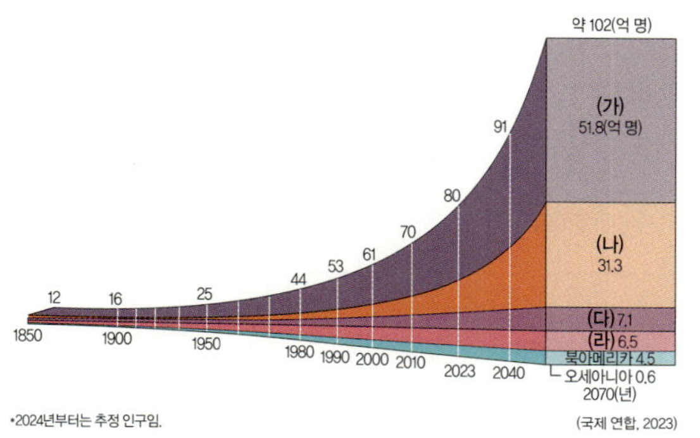


① 세계의 인구는 1950년~1990년에 비해 1850년~1950년에 더 많이 증가하였다.
② (가)의 2070년 인구는 세계 인구의 절반 이하이다.
③ (나)에는 산업 혁명의 발상지가 있다.
④ (다)는 (라)보다 2000년 이후 인구의 증가 속도가 빠르다.
⑤ (라)는 (나)보다 남쪽에 위치한다.

> 25593-0309

**02** 다음은 통합사회 수업 장면이다. 교사의 질문에 옳게 대답한 학생만을 고른 것은?

① 갑, 을
② 갑, 병
③ 을, 병
④ 을, 정
⑤ 병, 정

> 25593-0310

**03** 그래프는 A, B 국가의 인구 구조를 나타낸 것이다. 이에 대한 설명으로 옳은 것만을 〈보기〉에서 고른 것은? (단, A, B는 각각 니제르, 일본 중 하나임.)

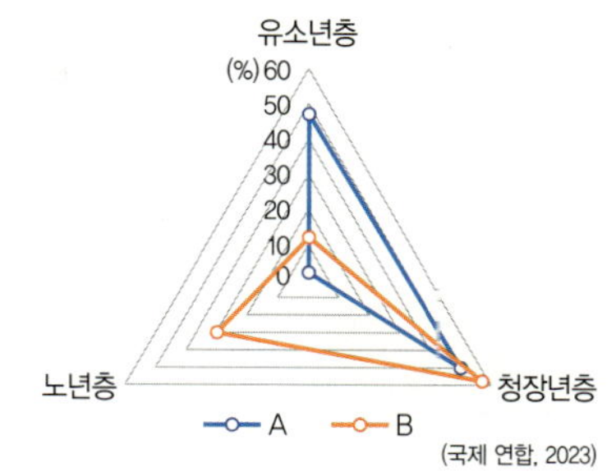


**보기**

ㄱ. A는 인구 증가가 나타난다.
ㄴ. B는 유소년층 인구가 노년층 인구보다 많다.
ㄷ. A는 B보다 인구 변천 모형의 4단계 진입 시기가 늦다.
ㄹ. B는 A보다 합계 출산율이 높다.

① ㄱ, ㄴ
② ㄱ, ㄷ
③ ㄴ, ㄷ
④ ㄴ, ㄹ
⑤ ㄷ, ㄹ

> 25593-0311

**04** 지도는 세계의 인구 이동을 나타낸 것이다. 이에 대한 설명으로 옳은 것은?

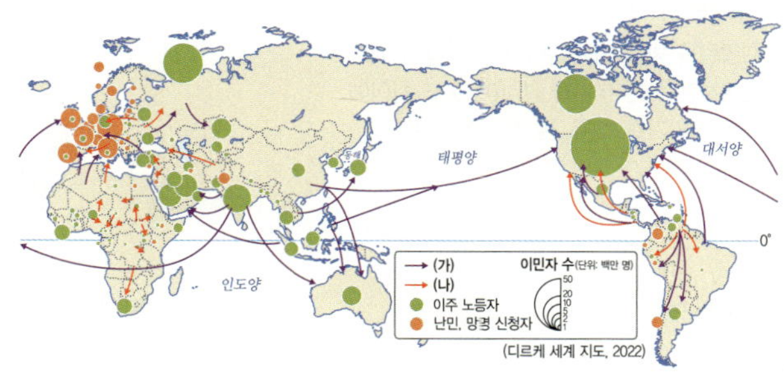


① (가)는 선진국에서 개발 도상국으로의 이동이 많다.
② (나)는 주로 경제적 요인에 의한 이동이다.
③ (나)는 (가)보다 자발성이 강한 이동이다.
④ 오세아니아는 유입 인구보다 유출 인구가 많다.
⑤ 이주 노동자 유입 인구가 가장 많은 국가는 미국이다.

◈ **세계 1차 에너지 소비 구조 변화**

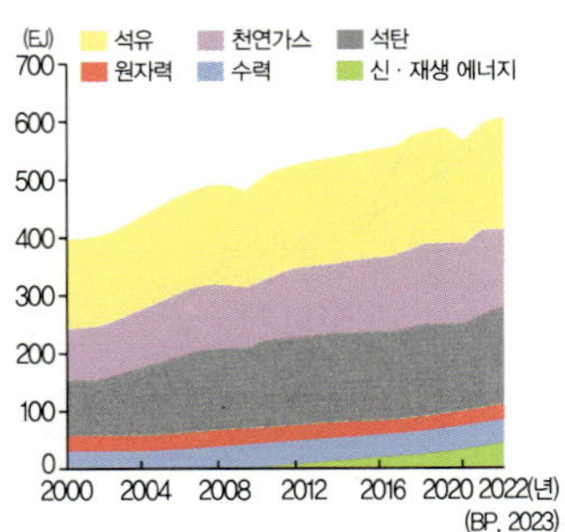


세계의 인구 성장과 산업 발달로 에너지 자원의 소비량은 증가하고 있다. 세계의 1차 에너지 소비량은 석유 > 석탄 > 천연가스 > 수력 > 원자력 순으로 많으며 화석 에너지의 소비 비율이 전체의 3/4 이상을 차지한다.

◈ **배사 구조**

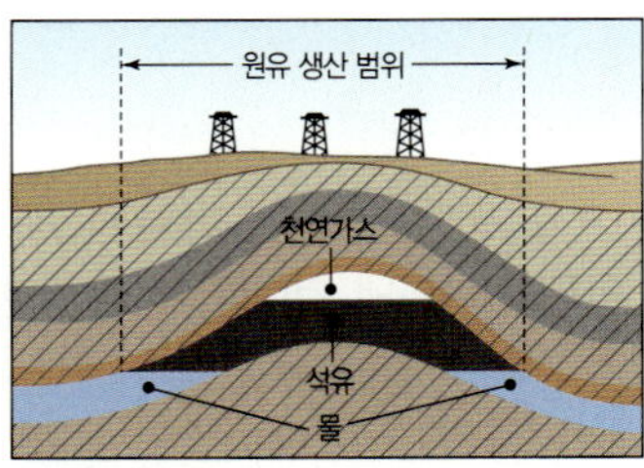


횡압력을 받은 습곡 구조에서 지층이 위로 볼록하게 솟은 부분을 말하며, 밀도 차이에 따라 천연가스, 석유, 물 층이 분포한다.

◈ **가채 연수**

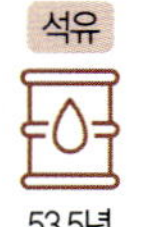

자원의 확인 매장량을 연 생산량으로 나눈 것으로, 향후 몇 년간 생산할 수 있는가를 나타낸다.

---

## 1 세계의 에너지 자원

### 1. 자원의 의미와 특성

└ 에너지 자원, 광물 자원, 식량 자원 등으로 구분되며, 특히 에너지 자원은 일상생활과 경제활동에 필요한 에너지를 얻을 수 있는 자원이다.

| | |
|---|---|
| 의미 | 자연에서 얻을 수 있는 것들 가운데 인간에게 유용하면서 기술적·경제적으로 개발이 가능한 것 |
| 특성 | 유한성, 편재성, 가변성 |
| 에너지 자원의 종류 | 화석 에너지, 원자력 에너지, 신·재생 에너지 등 |

### 2. 주요 화석 에너지 자원의 분포와 소비 실태

**(1) 석탄** 자료①

| | |
|---|---|
| 분포 | • 고기 조산대 주변에 주로 분포하며 중국, 인도, 인도네시아 등의 생산량이 많음<br>• 비교적 여러 지역에 고르게 매장되어 석유와 천연가스보다 국제 이동량이 적음 |
| 소비 실태 | • 제철 공업, 화력 발전 등 산업용으로 주로 이용됨<br>• 산업 혁명 시기부터 증기 기관의 연료로 이용되어 상용화된 시기가 빠름<br>• 연소 시 이산화 탄소 및 대기 오염 물질 배출량이 많음 |

**(2) 석유** 자료②

| | |
|---|---|
| 분포 | • 신생대 제3기층 배사 구조에 많이 분포하며 미국, 사우디아라비아, 러시아 등의 생산량이 많음<br>• 서남아시아의 페르시아만 연안 등 일부 지역에 편재하며, 세계적으로 사용량이 많아 국제 이동량이 많음 |
| 소비 실태 | • 내연 기관의 연료, 합성 섬유 및 고무 등 석유 화학 제품의 원료로 이용됨<br>• 19세기에 내연 기관이 발명되고 자동차 보급이 늘어나면서 수요가 급증함<br>• 서남아시아 지역의 수출 비율이 높아 지정학적 요인에 따른 가격 변동이 큼 |

**(3) 천연가스** 자료③

└ 기체 상태의 물질을 냉각하여 액체로 변환하는 기술로, 천연가스를 액화하면 부피가 크게 줄어 액화천연가스(LNG) 수송선을 이용한 운반이 편리해진다.

| | |
|---|---|
| 분포 | • 주로 석유와 함께 매장되어 있고 미국, 러시아, 이란 등의 생산량이 많음<br>• 냉동 액화 기술의 발달과 파이프라인의 건설로 국제 이동량이 증가함 |
| 소비 실태 | • 다른 에너지 자원보다 가정용이나 상업용으로 이용되는 비율이 높음<br>• 석탄과 석유에 비해 연소 시 대기 오염 물질 배출량이 적음 |

### 3. 자원의 분포와 소비에 따른 문제

└ 자원 보유국이 자원의 생산·공급을 통제하여 자국의 이익을 극대화하는 것을 말한다.

**(1) 자원 분포지와 소비지의 불일치**: 에너지 소비 격차, 자원의 확보와 이동을 둘러싼 분쟁, 자원 민족주의 확산 등의 문제 발생

└ 화석 에너지 소비 상위 5개국이 전 세계 소비량의 50% 이상을 소비한다.

**(2) 자원 소비량 증가에 따른 자원 고갈**: 자원은 유한하나, 인구 증가와 산업 발달로 에너지 자원 소비량이 빠르게 증가

**(3) 자원 개발 및 소비에 따른 환경 오염**: 화석 에너지 연소 과정에서 지구 온난화, 산성비 등 환경 문제 발생

└ 지구 온난화는 이산화 탄소, 산성비는 이산화 황이나 질소 산화물 등이 주요 원인 물질이다.

## 자료 ① 석탄의 국제 이동과 국가별 비율

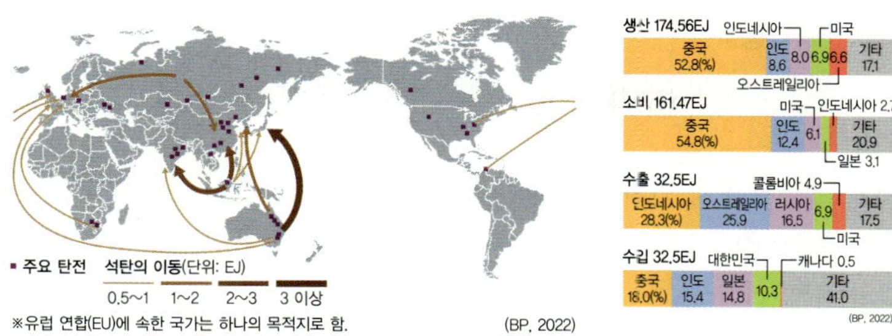


▲ 석탄의 국제 이동과 주요 지표의 국가별 비율

석유, 천연가스에 비해 중국과 인도의 소비가 많다. 인도네시아, 오스트레일리아 등에서 화력 발전량이 많고 제철 산업이 발달한 중국, 인도, 일본 등으로의 이동이 많다.

> 1차 에너지원별 세계의 발전량은 석탄 > 천연가스 > 수력 > 신·재생 > 원자력 > 석유 순으로 많다.

## 자료 ② 석유의 국제 이동과 국가별 비율

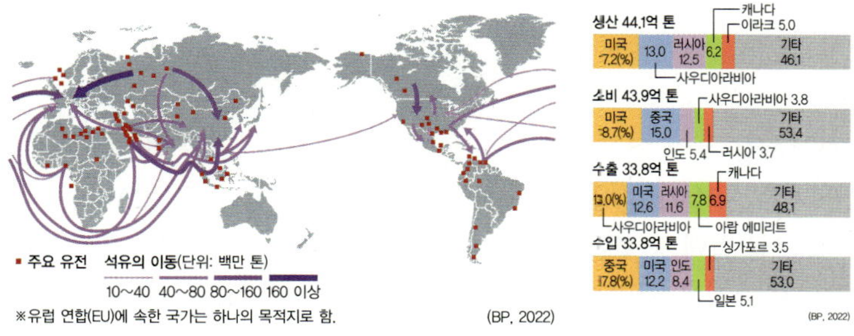


▲ 석유의 국제 이동과 주요 지표의 국가별 비율

미국과 중국 등 경제 규모가 크거나 공업이 발달한 국가의 소비가 많다. 사우디아라비아, 아랍 에미리트 등 서남아시아 국가들과 미국, 러시아, 캐나다는 수출이 많고 중국, 미국, 인도 등은 수입이 많다.

## 자료 ③ 천연가스의 국제 이동과 국가별 비율

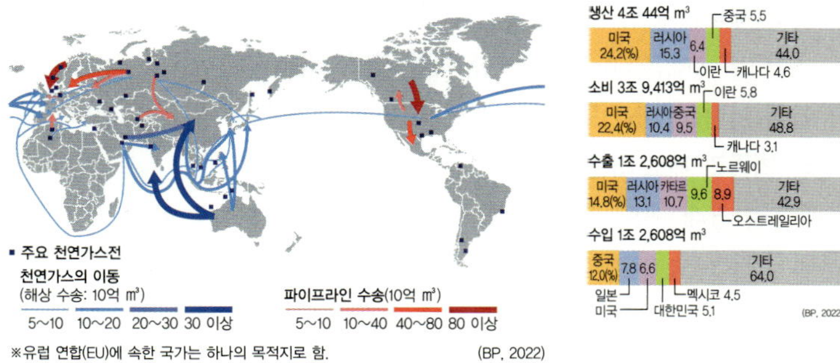


▲ 천연가스의 국제 이동과 주요 지표의 국가별 비율

미국, 러시아, 중국 등 천연가스를 생산하는 국가의 소비가 많다. 미국, 러시아, 카타르에서 수출이 많은데, 육상 구간에서는 주로 수송관, 해상 구간에서는 주로 액화 천연가스 수송선을 활용하며 중국, 일본, 미국 등에서 많이 수입한다.

---

## 개념 체크 문제

• 정답 **70쪽**

### ○✖ 표시하기

❶ 냉동 액화 기술의 발달로 석탄 사용량이 증가하였다.
( )

❷ 석유는 화석 에너지 중 소비량이 가장 많다. ( )

❸ 가채 연수는 자원의 확인 매장량을 연 생산량으로 나눈 것으로, 향후 몇 년간 생산할 수 있는가를 나타낸다.
( )

### 적절한 말 고르기

❹ 주로 가공되지 않은 상태에서 공급되는 에너지를 ( 1차, 2차 ) 에너지라고 한다.

❺ ( 석유, 석탄 )은/는 서남아시아 지역의 수출 비율이 높아 지정학적 요인에 따른 가격 변동이 크다.

❻ 화석 에너지의 연소 과정에서 발생하는 이산화 황, 질소 산화물은 ( 지구 온난화, 산성비 )의 주요 원인 물질이다.

### 빈칸 채우기

❼ ( )은/는 자연에서 얻을 수 있는 것들 가운데 인간에게 유용하면서 기술적·경제적으로 개발이 가능한 것을 말한다.

❽ ( ) 구조란 횡압력을 받은 습곡 구조에서 지층이 위로 볼록하게 솟은 부분을 말한다.

❾ ( )은/는 자원 보유국이 자원의 생산·공급을 통제하여 자국의 이익을 극대화하는 것을 말한다.

### <보기>에서 고르기

> **보기**
> ㄱ. 고생대 지층 　　ㄴ. 신생대 지층
> ㄷ. 내연 기관의 연료 　ㄹ. 제철 공업의 원료

❿ 석탄 ( )

⓫ 석유 ( )

### 서로 관련된 내용 연결하기

⓬ 유한성 •　　• ㉠ 자원은 매장량이 한정되어 일정한 시점에는 고갈됨

⓭ 편재성 •　　• ㉡ 자원의 가치는 고정되지 않고 기술 수준, 경제적 조건 등에 따라 변화함

⓮ 가변성 •　　• ㉢ 자원은 지역적으로 고르게 분포하지 않고 일부 지역에 집중하여 분포함

● 지구 표면 온도 변화

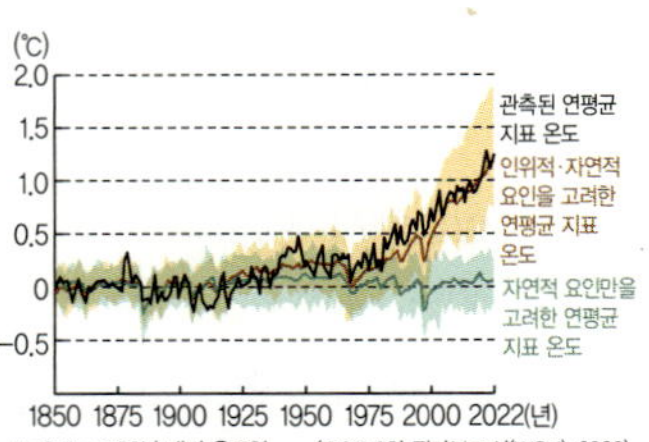


지난 40년간 기후가 지속적으로 온난해져 연평균 지표 온도가 과거 10만 년 동안 가장 높은 수준이 되었다.

● 국제 사회의 기후변화 협약 체결

| 국제 연합 기후 변화 협약(1992) | 온실가스 배출을 제한하기 위해 채택 |
| --- | --- |
| 교토 의정서 (1997) | 기후변화 협약의 구체적 이행 방안으로, 선진국의 온실가스 감축 목표치를 규정 |
| 파리 협정 (2015) | 지구 평균 기온 상승을 1.5℃ 이내로 제한하며, 모든 국가에 온실가스 감축 의무가 주어짐 |

● 지속가능한 발전의 개념

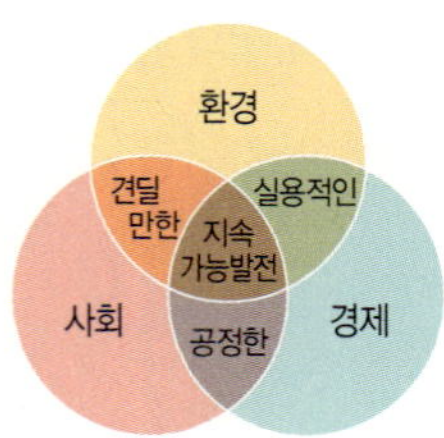


지속가능한 발전은 환경 보전, 경제 성장, 사회 안정 및 통합이 균형을 이루는 발전을 의미한다.

● 환경 개선 부담금 제도
건물, 자동차 등으로부터 환경 오염 물질의 대량 배출에 대해 환경 개선 비용을 부담시키는 제도이다.

## 2 기후변화에 대한 대응과 지속가능한 발전

### 1. 기후변화와 기후변화 대응

(1) **기후변화**: 기후의 평균적인 상태가 오랜 기간에 걸쳐 변화

(2) **원인**

① **자연적 요인**: 태양 활동의 변화, 태양과 지구의 위치 변화, 화산 활동 등

② **인위적 요인**: 화석 에너지 사용 증가에 따른 온실가스의 배출량 증가, 도시화와 같은 토지 이용의 변화 등
    └ 수증기, 이산화 탄소, 메테인 등이 있으며, 지구의 온도를 적절하게 유지해 준다.

③ 오늘날 기후변화는 인위적 요인의 영향이 큼

(3) **문제점**
    └ 인간의 활동으로 인한 이산화 탄소, 메테인 등의 과도한 배출이 지구 온난화의 주요 원인이다.

① **이상 기후 현상**: 가뭄, 폭염, 폭설, 태풍, 홍수 등

② **해수면 상승**: 빙하와 만년설이 녹아 저지대 침수

③ **생태계 교란**: 동·식물의 서식 환경 변화로 인한 생물종 다양성 위기

④ **사회 불평등 심화**: 기후변화에 따른 재해와 재난으로 지역·세대·계층 간 불평등 심화
    └ 기후변화의 원인을 제공한 선진국이나 현세대에 비해, 온실가스 배출량이 적은 저개발 국가와 미래 세대 그리고 사회적 약자가 받는 피해가 크다.

(4) **대응**

① **국제 사회**

- **기후변화 협약 체결**: 국제 연합 기후변화 협약, 교토 의정서, 파리 협정
- **제도적 방안 시행**: 온실가스 배출권 거래제, 탄소 국경 조정 제도(CBAM), 신·재생 에너지 보급 확대 등 자료 ④

② **개인**: 일상에서 온실가스 배출을 줄이기 위한 노력, 기후변화에 대응하는 비정부 기구 등 단체 가입, 시민 실천 운동 등

### 2. 지속가능한 발전을 위한 노력

(1) **지속가능한 발전**: 미래 세대가 사용할 환경, 경제, 사회 등의 자원을 낭비하거나 그 제반 여건을 저해하지 않으면서 현세대의 필요를 충족하는 발전 자료 ⑤
    └ 1987년 국제 연합(UN)의 보고서 「우리 공동의 미래(브룬트란트 보고서)」에서 처음 등장하였으며, 1992년 리우데자네이루에서 열린 국제 연합 환경개발회의(UNCED)에서 채택되었다.

(2) **제도적 방안**

① **국제적 차원의 회의, 국제기구의 활동**

- 리우 선언 및 의제 21 채택, 기후변화에 관한 정부 간 협의체(IPCC) 등
- 경제 협력 개발 기구(OECD), 국제 연합 세계 식량 계획(WFP) 등
- 국제 연합 인권 이사회(UNHRC), 세계 보건 기구(WHO) 등

② **국가적 차원의 법률과 제도 마련**

- 온실가스 배출권 거래 제도, 탄소 중립 포인트 제도, 환경 성적 표지 제도, 환경 개선 부담금 제도 등
- 신·재생 에너지 공급 의무화 제도, 취약 계층 일자리 확대, 식량 접근성 보장 등
- 소득 보장 제도, 빈곤층과 취약 계층에 대한 사회 서비스 제공 등

(3) **개인적 차원의 노력**: 비정부 기구 가입 및 활동, 에너지 절약, 대중교통 이용, 윤리적 소비, 로컬 푸드 구매, 공정 무역 제품 이용 등

## 자료 ④ 주요 국가별 신·재생 에너지 발전량과 발전 유형

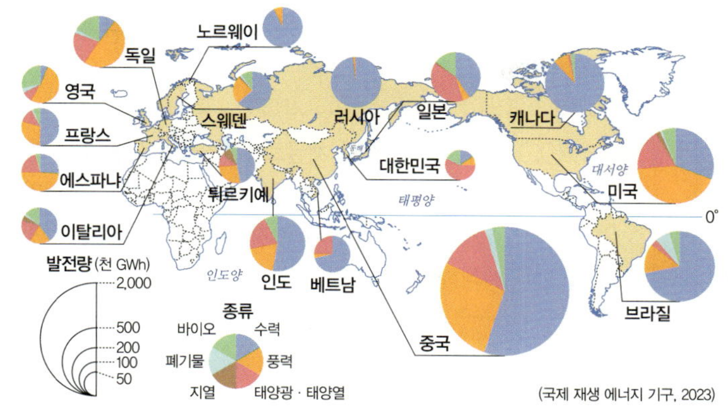



▲ 세계 신·재생 에너지 발전량

신·재생 에너지는 신에너지와 재생 에너지를 함께 지칭하는 용어이다. 신에너지에는 연료 전지, 수소 에너지, 석탄 액화·가스화 등이 있고, 재생 에너지에는 수력, 풍력, 태양광(태양열), 지열 등이 있다. 신·재생 에너지는 화석 에너지보다 효율이 떨어져 경제성이 낮은 편이나, 고갈의 우려가 낮고 오염 물질과 이산화 탄소 배출이 적어 지속가능한 발전을 할 수 있다.

세계 각국은 관련 기술을 개발하여 신·재생 에너지의 소비 비중을 늘리기 위해 노력하고 있으며, 경제적·기술적 여건과 자연 조건 등에 따라 국가별 신·재생 에너지 발전량의 차이가 나타난다.

수력 발전은 빙하 지형과 산지가 발달한 지역, 유량이 풍부한 지역에서 주로 이루어지며, 풍력 발전은 바람이 강한 해안이나 섬 또는 고원 지대에서 주로 이루어진다. 태양광(태양열) 발전은 일사량이 풍부한 지역에서 주로 이루어지며, 지열 발전은 판의 경계에 위치하여 화산 활동이 활발한 지역에서 주로 이루어진다.

## 자료 ⑤ 국제 연합(UN)의 지속가능발전 목표

국제 사회는 2015년 국제 연합(UN) 총회에서 만장일치로 지속가능발전 목표(SDGs)를 채택하였다. 환경·경제·사회 측면을 통합적으로 고려하여 2030년까지 달성하여야 할 서로 긴밀하게 연결되어 있는 17개의 목표와 169개의 세부 목표를 담았다.

---



• 정답 **70쪽**

### ○✖ 표시하기

❶ 지난 40년간 기후가 지속적으로 온난해져 연평균 지표 온도가 과거 10만 년 동안 가장 높은 수준이 되었다.
( )

❷ 지속가능한 발전의 개념은 산업 혁명 직후 환경 오염이 심각해지면서 등장하였다.
( )

❸ 지속가능발전 목표(SDGs)는 2015년 국제 연합 총회에서 만장일치로 채택되었다.
( )

### 적절한 말 고르기

❹ 오늘날의 기후변화는 ( 자연적, 인위적 ) 요인의 영향이 크다.

❺ 기후변화에 따른 재해와 재난은 지역, 세대, 계층에 ( 평등, 불평등 )한 영향을 미친다.

❻ 지속가능한 발전을 위한 탄소 중립 포인트 제도는 ( 국제적, 국가적 ) 차원의 제도적 방안이다.

### 빈칸 채우기

❼ ( ) 발전은 판의 경계에 위치하여 화산 활동이 활발한 지역에서 주로 이루어진다.

❽ ( )은/는 수증기, 이산화 탄소, 메테인 등이 있으며, 지구의 온도를 적절하게 유지해 준다.

❾ 지속가능한 발전을 이루는 세 영역은 ( ), ( ), ( ) 이다.

### <보기>에서 고르기

보기
ㄱ. 수력          ㄴ. 연료 전지
ㄷ. 태양광(태양열)   ㄹ. 수소 에너지

❿ 신에너지 ( )

⓫ 재생 에너지 ( )

### 서로 관련된 내용 연결하기

⓬ 국제 연합 기·후변화 협약  •      • ㉠ 모든 국가에 온실가스 감축 의무 부여

⓭ 교토 의정서  •      • ㉡ 선진국의 온실가스 감축 목표치를 규정

⓮ 파리 협정  •      • ㉢ 온실가스 배출을 제한하지만 구속력 없음

**> 25593-0312**

**01** 다음 신문 기사의 빈칸에 들어갈 용어로 옳은 것은?

| ○○신문 | **칼 럼** | 2024년 5월 8일 |
| --- | --- | --- |

최근에는 각국이 자원을 무기화하는 경향이 늘어나고 있는데, 이는 자원이 특정 지역에 분포하는 (　　　)이 있기 때문이다. 2010년 9월 희토류 최대 생산국인 중국이 일본에 대해 희토류 수출 제한을 감행한 사건이 자원을 전략적으로 활용한 대표적 사례이다. 일본은 전 세계 희토류 생산량의 약 60%를 사용하고 있는 최대 소비국으로 수입이 중단되면 첨단 제품의 부품 공급망이 타격을 입는 산업 구조이다.

① 가변성　　　② 경제성　　　③ 유한성
④ 편재성　　　⑤ 효율성

**> 25593-0313**



**02** 표는 세계 1차 에너지원별 소비 구조를 나타낸 것이다. (가)~(다)에 해당하는 자원으로 옳은 것은?

| 에너지＼소비량 및 비율 | 소비량(EJ) | 비율(%) |
| --- | --- | --- |
| (가) | 190.69 | 31.6 |
| (나) | 161.47 | 26.7 |
| (다) | 141.89 | 23.5 |
| 원자력 | 24.13 | 4.0 |
| 수력 | 40.68 | 6.7 |
| 신·재생 | 45.18 | 7.5 |
| 합계 | 604.04 | 100 |

(BP, 2022)

| | (가) | (나) | (다) |
| --- | --- | --- | --- |
| ① | 석유 | 석탄 | 천연가스 |
| ② | 석유 | 천연가스 | 석탄 |
| ③ | 석탄 | 석유 | 천연가스 |
| ④ | 석탄 | 천연가스 | 석유 |
| ⑤ | 천연가스 | 석유 | 석탄 |

**> 25593-0314**

**03** 다음 글에 제시된 자원의 유형 변화를 그림의 A~E에서 고른 것은?

○○ 지역은 과거 석탄 채굴로 많은 소득을 올렸다. 그러나 석탄은 생산을 하면 할수록 더 깊은 갱도로 들어가야 하므로 생산 원가 부담이 커지게 되어 운영하던 탄광을 모두 폐쇄하였다.

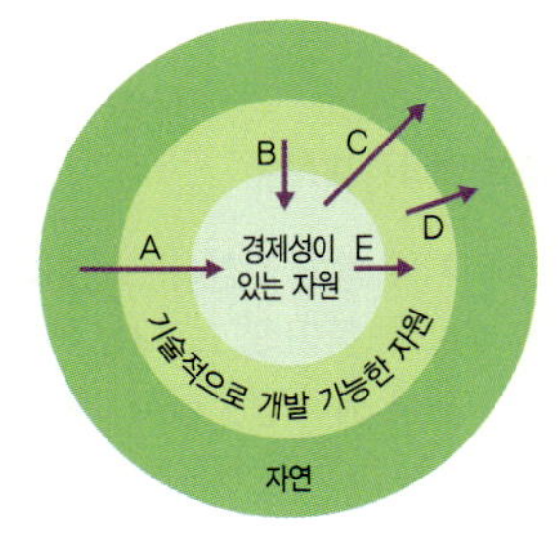


① A
② B
③ C
④ D
⑤ E

**> 25593-0315**

**04** 그래프의 (가) 에너지 자원에 대한 설명으로 옳은 것은?

제목: 　(가)　 에너지의 국가별 생산량 비율

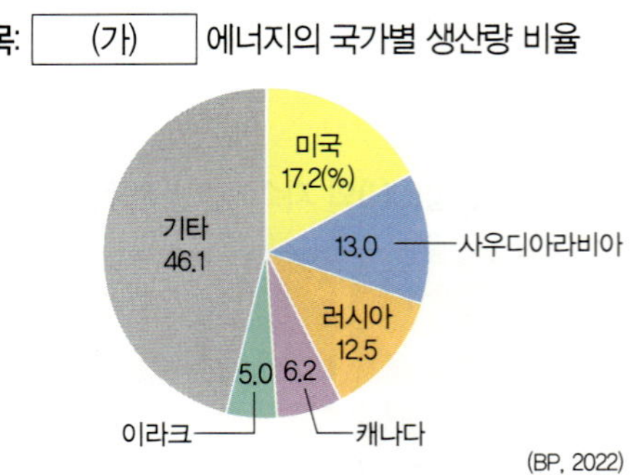


(BP, 2022)

① 고기 조산대에 주로 매장되어 있다.
② 냉동 액화 기술의 발달로 소비량이 급증하였다.
③ 화석 에너지 가운데 상용화된 시기가 가장 이르다.
④ 주로 화학 공업의 원료, 내연 기관의 연료로 이용된다.
⑤ 화석 에너지 가운데 연소 시 대기 오염 물질 배출량이 가장 적다.

> 25593-0316

**중요**

**05** 지도의 (가) 에너지 자원에 대한 설명으로 옳은 것은?

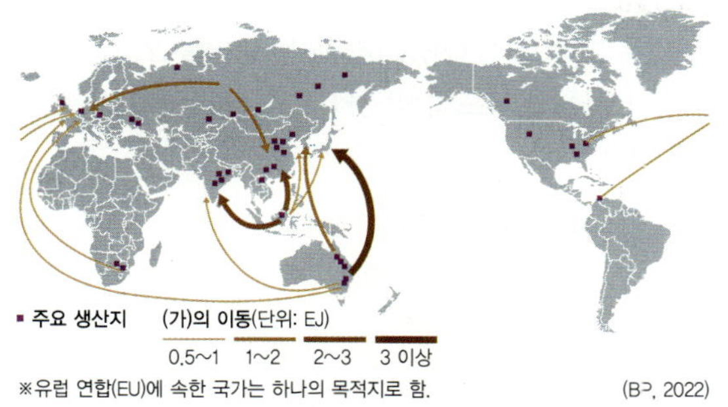


① 소비량이 가장 많은 에너지 자원이다.

② 화석 에너지 가운데 편재성이 가장 크다.

③ 서남아시아의 페르시아만에 주로 분포하고 있다.

④ 주요 수출국은 인도네시아, 오스트레일리아, 러시아 등이다.

⑤ 다른 화석 에너지에 비해 가정용, 상업용으로 많이 이용된다.

> 25593-0317

**06** 다음 글의 밑줄 친 ㉠~㉤ 중 내용이 옳지 <u>않은</u> 것은?

> ㉠ 기후변화는 오랜 기간에 걸친 기후의 평균적인 상태의 변화를 의미한다. 기후변화의 원인은 ㉡ 화산 활동과 같은 자연적 요인, ㉢ 인간의 활동으로 인한 온실가스 배출량 증가와 같은 인위적 요인으로 구분할 수 있다. ㉣ 지난 40년간 기후가 지속적으로 온난해졌으며, ㉤ 오늘날의 기후변화는 자연적 요인의 영향이 크다.

① ㉠　② ㉡　③ ㉢　④ ㉣　⑤ ㉤

> 25593-0318

**07** 다음 국제기구 중 환경 분야와 가장 관련 깊은 것은?

① 세계 보건 기구(WHO)

② 경제 협력 개발 기구(OECD)

③ 국제 연합 인권 이사회(UNHRC)

④ 국제 연합 세계 식량 계획(WFP)

⑤ 기후변화에 관한 정부 간 협의체(IPCC)

> 25593-0319

**08** 다음 자료의 빈칸에 들어갈 내용으로 옳은 것은?

제목: 국가별 ___________

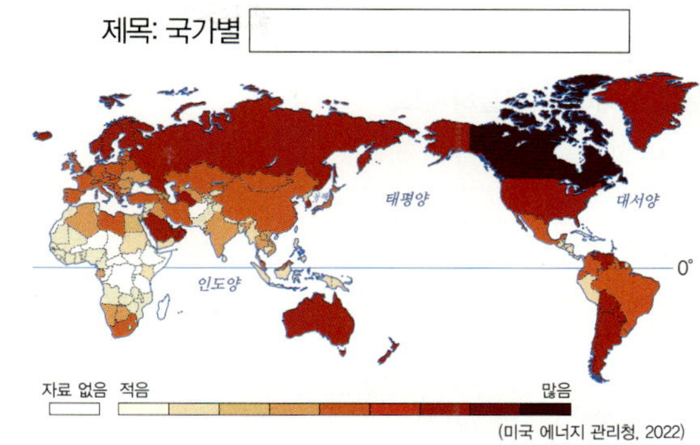


① 석탄 생산량　② 석유 생산량

③ 천연가스 생산량　④ 이산화 탄소 배출량

⑤ 1인당 에너지 소비량

> 25593-0320

**09** 그림은 지속가능한 발전의 개념을 나타낸 것이다. 이에 대한 설명으로 옳지 <u>않은</u> 것은?

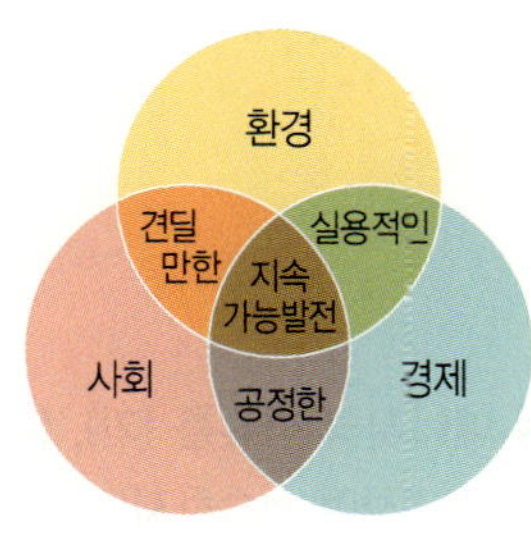


① 환경적 측면에서는 기후변화 대응, 생물종 다양성 등을 고려한다.

② 경제적 측면에서는 효율성만을 강조한다.

③ 경제적 측면에서는 빈곤 퇴치, 소득 재분배 등을 고려한다.

④ 사회적 측면에서는 세대 간의 형평성을 고려한다.

⑤ 사회적 측면에서는 인권, 평등, 문화적 다양성을 고려한다.

## 서술형 문제

Step1 핵심 키워드 파악하기

> 25593-0321

**01** 다음과 같은 기후변화의 원인과 그로 인하여 발생하는 문제점에 대하여 서술하시오.

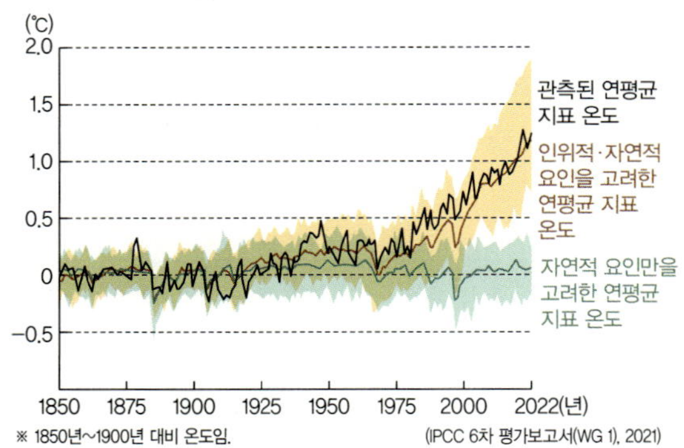


**예시 답안** 지난 40년간 기후가 지속적으로 (          )해져 연평균 지표 온도가 과거 10만 년 동안 가장 높은 수준이 되었다. 이러한 기후변화는 주로 (          ) 사용 증가에 따른 (          ) 배출량 증가 등 인위적인 요인의 영향이 크다. 그로 인해 여러 가지 문제들이 발생하는데 가뭄, 폭염, 폭설, 태풍, 홍수 등 (          ) 현상이 나타난다. 또한 빙하와 만년설이 녹아 (          ) 상승으로 저지대가 침수 피해를 입는다.

> 25593-0322

**02** (1) 신·재생 에너지의 종류를 (가), (나)로 구분하여 쓰고, (2) 장점과 단점에 대하여 서술하시오.

| (가) | 연료 전지, 수소 에너지, 석탄 액화·가스화 등 |
|---|---|
| (나) | 수력, 풍력, 태양광(태양열), 지열 등 |

(1) (가) – (               ) (나) – (               )

(2) **예시 답안** 신·재생 에너지는 대체로 (          )보다 효율이 떨어져 경제성이 (          ) 편이나, 고갈의 우려가 (          ) 오염 물질과 이산화 탄소 배출이 (          ).

Step2 스스로 답안 작성하기

> 25593-0323

**03** 다음 그림의 (1) (가)에 해당하는 용어를 쓰고, (2) (가)를 위한 국가 차원의 제도적 방안을 환경·경제·사회 측면에서 하나씩 서술하시오.

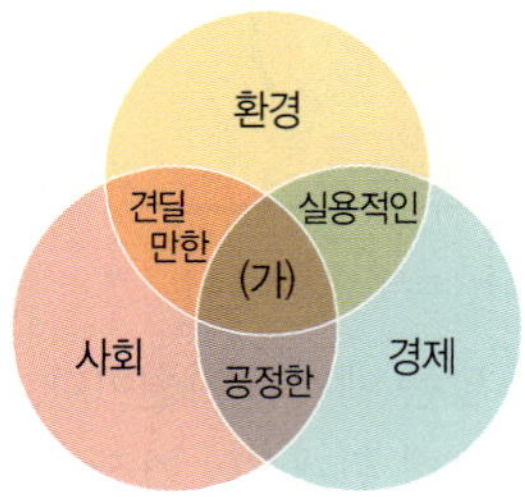


(1)

(2)

> 25593-0324

**04** 다음 자료를 참고하여 석유와 석탄의 분포와 소비 실태에 대해 서술하시오.

천연가스는 주로 석유와 함께 매장되어 있고 미국, 러시아, 이란 등의 생산량이 많으며, 냉동 액화 기술의 발달과 파이프라인의 건설로 국제 이동량이 증가하였다. 다른 화석 에너지보다 가정용이나 상업용으로 이용되는 비율이 높고, 연소 시 대기 오염 물질 배출량이 적다.

## 1등급 도전 문제

> 25593-0325

**01** 다음 자료는 세 국가의 1차 에너지 소비 구조를 나타낸 것이다. A~D에 대한 설명으로 옳은 것은? (단, A~D는 각각 석유, 석탄, 수력, 천연가스 중 하나임.)

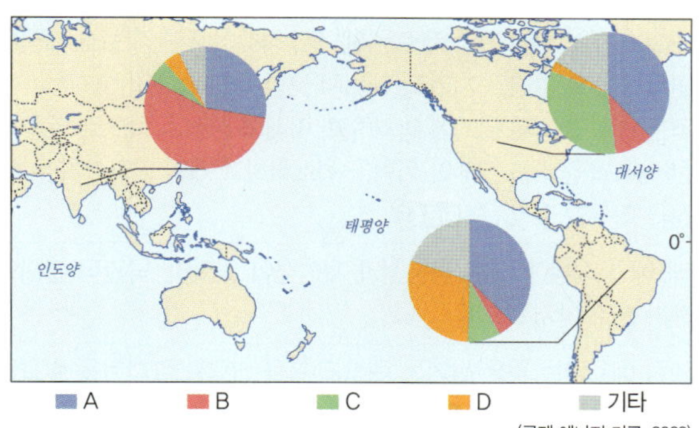


① A는 냉동 액화 기술의 발달과 파이프라인 건설로 사용량이 급증하였다.
② B는 산업 혁명 시기부터 증기 기관의 연료로 이용되었다.
③ C는 빙하 지형과 산지가 발달한 지역, 유량이 풍부한 지역에서 소비량이 많다.
④ D는 신생대 제3기층의 배사 구조에 많이 매장되어 있다.
⑤ A~D 중 세계의 1차 에너지 소비량이 가장 많은 것은 B이다.

> 25593-0326

**02** 표는 세 국가의 주요 신·재생 에너지원별 발전 설비 용량을 나타낸 것이다. (가)~(다) 국가로 옳은 것은?

(단위: MW)

| 에너지<br>국가 | 수력 | 지열 | 태양광(태양열) |
|---|---|---|---|
| (가) | 370,600 | 26 | 609,921 |
| (나) | 2,114 | 756 | 7 |
| (다) | 18,848 | 772 | 29,795 |

(국제 재생 에너지 기구, 2023)

| | (가) | (나) | (다) |
|---|---|---|---|
| ① | 중국 | 이탈리아 | 아이슬란드 |
| ② | 중국 | 아이슬란드 | 이탈리아 |
| ③ | 이탈리아 | 아이슬란드 | 중국 |
| ④ | 아이슬란드 | 중국 | 이탈리아 |
| ⑤ | 아이슬란드 | 이탈리아 | 중국 |

> 25593-0327

**03** 그래프는 화석 에너지의 용도별 소비량 비율을 나타낸 것이다. 이에 대한 설명으로 옳은 것은? (단, (가)~(다)는 각각 석유, 석탄, 천연가스, A, B는 각각 가정·상업용, 산업용 중 하나임.)

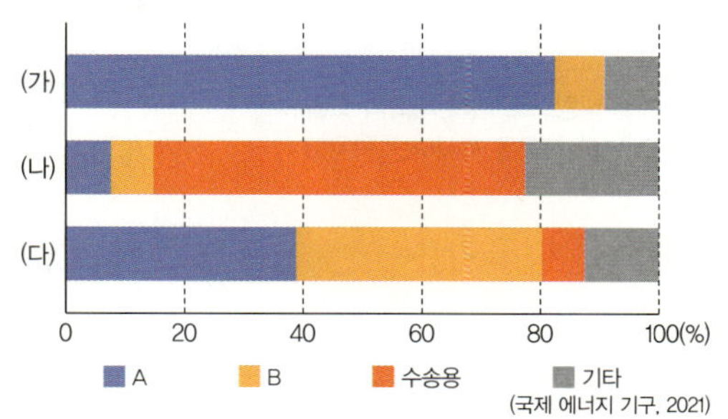


① (가)는 (나)보다 국제 이동량이 많다.
② (나)는 (다)보다 연소 시 대기 오염 물질 배출량이 적다.
③ (다)는 (가)보다 상용화된 시기가 빠르다.
④ (가)~(다) 중 소비량이 가장 많은 것은 (나)이다.
⑤ A는 가정·상업용, B는 산업용이다.

> 25593-0328

**04** 지도는 기후변화 협약이 체결된 장소를 표현한 것이다. 이에 대한 설명으로 옳은 것만을 〈보기〉에서 고른 것은?

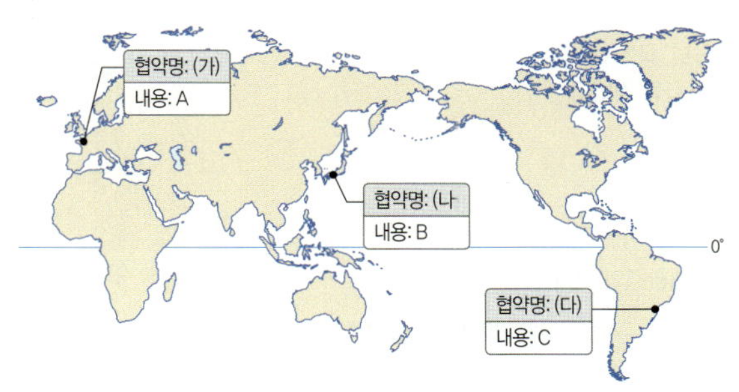


| 보기 |
|---|

ㄱ. 협약은 (다), (나), (가) 순으로 체결되었다.
ㄴ. A는 모든 국가에 온실가스 감축 의무를 규정했다.
ㄷ. B는 개발 도상국의 온실가스 감축 목표치를 규정했다.
ㄹ. C는 법적 구속력을 지니고 있다.

① ㄱ, ㄴ    ② ㄱ, ㄷ    ③ ㄴ, ㄷ
④ ㄴ, ㄹ    ⑤ ㄷ, ㄹ

**● 미래학**
과거와 현재를 바탕으로 미래 사회의 모습을 예측하고 변화 모형을 제시하는 학문이다.

**● 유럽 연합(EU)의 출범과 브렉시트(Brexit)**
유럽의 정치적·경제적 통합을 위해 유럽 연합이 출범하였으나, 난민 수용과 분담금 지출 문제 등 국가 간 정치적·경제적 여건이 서로 달라 영국이 유럽 연합을 탈퇴하는 브렉시트가 발생하였다.

**● 공간적 제약 완화**

우주 호텔, 하이퍼 루프, 도심 항공 교통 등 새로운 교통수단의 등장으로 공간적 제약이 완화될 것이다.

**● 생태환경의 변화**

과학자들은 잘 보존된 매머드의 털 유전자를 연구하여 멸종된 매머드를 복원하여 북극에 되돌리기 위한 사업을 진행하고 있다.

# 1 미래 사회의 모습

## 1. 미래 사회의 예측

| | |
|---|---|
| 중요성 | • 정부는 미래의 환경 변화에 따라 새로운 에너지 정책이나 환경 보호 대책을 만들어 시민의 안전과 환경을 지키고, 예기치 못한 위험에 대비<br>• 기업은 급격한 변화나 경제 위기에 대처하고, 미래의 성장 동력으로 활용<br>• 미래에 대한 예측과 준비를 잘해야 위험을 최소화하고 개인과 국가 모두 안정적인 발전을 이룩할 수 있음 자료① |
| 특징 | • 다양한 미래 예측 상황에 대해 공통점과 차이점이 있으며, 낙관적 견해와 비관적 견해가 서로 맞서고 있음 |
| 미래학과 미래 연구 | • 미래를 정확히 예측하는 것은 불가능 → 미래학을 바탕으로 다가올 변화를 어느 정도 예측하는 것은 가능 자료②<br>• 미래학의 예측 결과를 무조건 받아들이기보다는 변화에 유연하게 대응하면서 발전 방향을 찾아야 함 |

## 2. 미래 사회의 변화 양상: 긍정, 부정의 예측이 공존

### (1) 정치적·경제적 문제에 따른 국가 간 협력과 갈등

> 인접국 혹은 일정 경제 권역을 중심으로 국가 간 체결하는 지역 간 경제 통합으로 체결국 간 경제 통합의 심화 정도에 따라 자유 무역 협정, 관세 동맹, 공동 시장, 완전 경제 통합 등으로 구분한다.

| | |
|---|---|
| 긍정 | • 국제기구 활동, 국가 간 협력 → 분쟁 해결 및 전쟁 위험 감소로 세계 평화<br>• 다양한 지역 무역 협정 체결로 자유 무역 확대, 금융 시장 세계화 → 세계 경제 성장, 생활 수준 향상 |
| 부정 | • 문화적 차이, 국가 간 대립 → 갈등과 분쟁 발생으로 기아와 빈곤 심화<br>• 국가 간 경쟁 심화 → 무역 갈등 발생, 지역 간 빈부 격차 확대 |

### (2) 과학기술의 발전에 따른 공간과 삶의 변화

> 각종 사물을 인터넷에 연결하여 사람, 공간, 사물, 데이터 등이 모두 연결되는 사회를 말한다.

| | |
|---|---|
| 긍정 | • 교통수단 발달로 공간적 제약 완화<br>• 정보 통신 기술 발달로 초연결 사회로 변화하여 편리한 일상<br>• 로봇, 인공지능 기술의 발달로 인간의 역할이 대체되며 삶의 질이 향상됨 |
| 부정 | • 과학기술 장치의 오작동에 따른 안전 문제<br>• 사생활 침해, 개인 정보 유출, 정보 격차, 인터넷 중독, 전자 감시, 데이터 편향성<br>• 실업 증가, 인류 통제를 벗어나는 인공지능의 등장<br>• 유전 공학 기술과 관련된 다양한 윤리적 문제 발생 |

### (3) 생태환경의 변화

> 인간의 정체성과 도덕적 가치의 혼란 등이 있다.
> 북극해 중 러시아 인근을 지나는 항로이다.

| | |
|---|---|
| 긍정 | • 지구 온도가 상승하면 기후가 한랭하여 경작이 어려웠던 일부 지역에서 농경이 가능해지고, 선박의 북극 항로 이용이 활발해짐<br>• 발전된 과학기술을 활용하여 생태환경 변화에 대응<br>• 과학기술을 활용하여 사라졌거나 멸종 위기에 처한 생물종을 복원 |
| 부정 | • 대부분의 지역은 지구 온난화에 따른 기후변화로 생태환경 악화<br>• 자원 소비 증가로 자원 고갈, 자정 능력을 벗어난 환경 오염 심화 |

## 자료 ① 전 세계 장기 위험 요인의 상대적 심각도

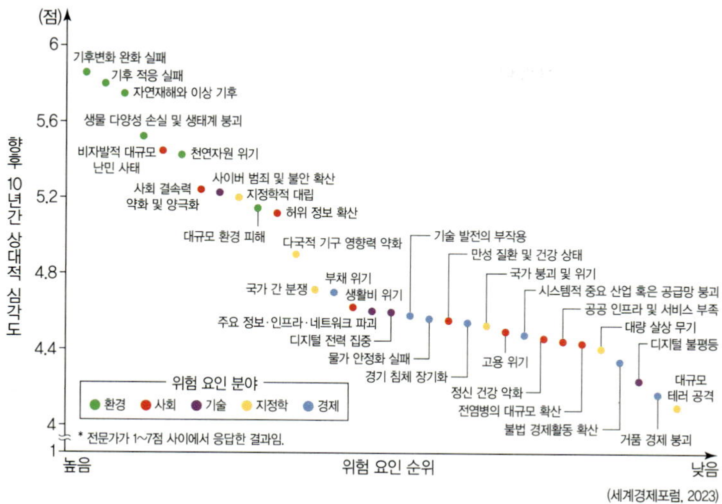


세계 경제 포럼(WEF)은 천 명 이상의 전문가를 대상으로 지구촌 위험에 대한 인식을 조사하여 전 세계가 직면한 장기 위험 요인을 5개 분야(총 32개)로 나누어 제시하였다. 이 위험 요인들은 서로 연계되어 동시다발적으로 인류를 위협하며, 국경을 넘어 모두에게 영향을 미치고 일부 지역이나 국가의 노력만으로는 해결할 수 없다는 것이 특징이다.

## 자료 ② 미래 예측 방법

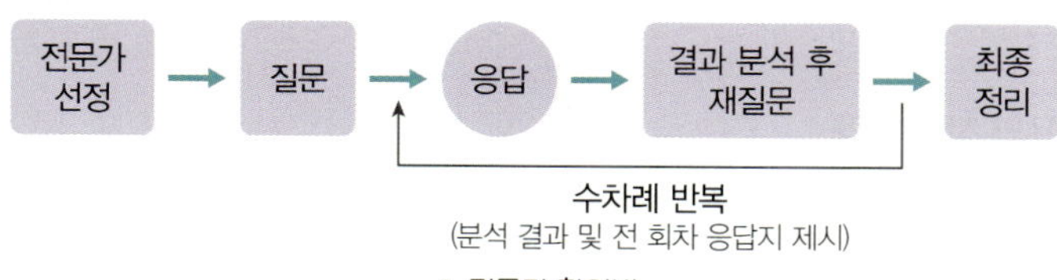


▲ 전문가 합의법

- **시나리오 기법**: 시나리오를 작성하여 미래에 대비하는 방법으로, 3~4개의 시나리오를 작성하여 다가올 미래를 가정하여 대비한다. 다양한 미래를 가정하여 미래의 위험을 줄이는 장점이 있다. 반면 가능성이 크거나 중요한 시나리오는 아니지만, 중요할 수도 있는 가능한 시나리오가 무시될 수도 있다는 단점도 있다.
- **전문가 합의법(델파이 기법)**: 각 분야의 전문가에게 설문을 반복하면 응답 간 편차가 줄어들고 서로 비슷해지는 경향을 보이는데, 이 과정을 통하여 특정한 주제에 관해 전문가 집단의 합의를 도출하는 방법이다. 익명성이 보장되고 시공간적 제약이 없으며 점진적 의견 수렴이 가능한 장점이 있다. 반면 대표성을 띠면서 편협하지 않은 전문가 선정 과정이 어렵고, 제한적 의사소통 등의 단점도 있다.

---



• 정답 **72**쪽

### ○ ✘ 표시하기

❶ 미래는 불확실하므로 미래 사회의 예측은 불필요다. ( )

❷ 미래 사회에 대한 예측은 긍정과 부정이 공존한다. ( )

❸ 미래 생태환경은 무조건 악화될 것이다. ( )

❹ 시나리오를 작성하여 미래에 대비하는 방법은 전문가 합의법이다. ( )

### 적절한 말 고르기

❺ 자유 무역의 확대로 인한 국가 간 경쟁 심화는 경제적 문제의 국가 간 ( 협력, 갈등 ) 사례에 해당한다.

❻ ( 사생활 침해, 실업 증가 )는 정보 통신 기술 발달의 부정적 사례이다.

❼ 자원 소비 증가로 자원이 고갈되고, 자정 능력을 벗어나 환경 오염이 심화되는 것은 생태환경 변화에 대한 ( 긍정적, 부정적 ) 예측이다

### 빈칸 채우기

❽ ( )은/는 과거와 현자를 바탕으로 미래 사회의 모습을 예측하고 변화 모형을 제시하는 학문이다.

❾ 국가 간 정치적·경제적 여건이 서로 달라 영국이 유럽 연합을 탈퇴하였는데, 이를 ( )(이)라고 한다.

❿ ( )은/는 북극해 중 러시아 인근을 지나는 항로이다.

### <보기>에서 고르기

보기
ㄱ. 허위 정보 확산
ㄴ. 자연재해와 이상 기후
ㄷ. 비자발적 대규모 난민 사태
ㄹ. 생물 다양성 손실 및 생태계 붕괴

⓫ 환경적 위험 ( )

⓬ 사회적 위험 ( )

### 서로 관련된 내용 연결하기

⓭ 국제기구 활동, 국가 간 협력 •    • ㉠ 생태환경 악화

⓮ 유전 공학의 발달 •    • ㉡ 분쟁 해결 및 전쟁 위험 감소로 세계 평화

⓯ 지구 온난화에 따른 기후변화 •    • ㉢ 난치병 해결 및 평균 수명 증가, 품종 개량

## 핵심 개념

- 세계시민
- 세계시민으로서의 미래 삶의 방향

**● 세계시민 의식**

(마사 누스바움, 「애국주의와 세계시민 주의」)

마사 누스바움에 따르면 개인은 개인의 자아에서 시작하여 가족, 확대된 가족, 이웃, 지역 집단 등을 넘어 인류 전체까지 확대되고 있으며, 우리는 스스로를 세계시민으로 인식하면서 더 큰 공동체를 위해 행동해야 한다.

**● 세계시민의 유형**

| 멀리 보는<br>기린형<br>세계시민 | 공감하는<br>카멜레온형<br>세계시민 |
|---|---|
|  |  |
| 글로벌 이슈와 지구 보편적 가치를 이해하는 지식 · 이해형 세계시민 | 타인과 공감하는 능력이 뛰어난 공감형 세계시민 |
| 소통하는<br>코끼리형<br>세계시민 | 날쌘돌이<br>돌고래형<br>세계시민 |
|  |  |
| 사람들과 적극적으로 어울리고 소통하는 소통형 세계시민 | 지역 사회와 국제 이슈 해결을 위해 적극적으로 활동하는 책임감 있는 행동형 세계시민 |

(유네스코 아시아 · 태평양 국제이해교육원, 2023)

## ❷ 미래 사회를 준비하는 세계시민의 자세

### 1. 세계시민의 의미 [자료 ③]

(1) **세계시민의 의미**: 상호 의존성이 높아가는 지구촌의 구성원으로, 개별 국가에 속한 국민을 넘어 세계적 시각에서 지구의 문제를 이해하고 이를 합리적으로 해결하려고 노력하는 사람

(2) **세계시민 의식**: 자신이 지역, 국가, 지구촌과 상호 연결된 세계시민임을 인식

(3) **세계시민의 자세**

① 다양한 문화와 가치를 존중하며 지구촌의 긍정적 변화를 추구하기 위해 노력

② 세계에 긍정적인 변화를 가져올 수 있도록 공동체 의식을 가지고 지역, 국가, 지구촌 문제 해결에 함께 노력

└ 세계를 하나의 공동체로 인식하고 지구촌 구성원 모두를 이웃으로 생각하며 지구촌 문제에 관심을 갖는 연대 의식을 지니는 태도로, 세계의 다양한 문제를 함께 해결할 공동의 문제로 받아들이며 인류의 보편적 가치를 개별 집단의 이익보다 중시한다.

### 2. 세계시민으로서의 삶의 방향

(1) **올바른 인성과 가치관 확립**

① 현대 사회의 문제

- 산업화, 도시화, 정보화 등의 사회 변동을 거치며 공동체 의식 약화
- 자신의 이익을 우선적으로 추구하는 이기주의적 가치관 확산
- 이러한 현대 사회의 문제를 해결하기 위해 공동체 구성원 간 소통하고 화합을 이룰 수 있는 역량을 갖춘 사람이 필요

② 개방적 태도, 관용 등을 바탕으로 올바른 인성과 가치관을 키우기 위해 노력

(2) **비판적 사고력 함양**

① 인류의 보편적 가치에 대한 지식과 깊은 이해를 바탕으로 사회 현상을 비판적으로 분석하는 자세 필요 └ 인간 존엄성, 자유와 평등 등이 있다.

② 사회 현상을 종합하여 합리적인 문제 해결 과정에 적극적으로 참여

③ 과학기술의 올바른 방향성 제시

(3) **개방성과 관용의 정신 함양**

① 인류 공동체 일원으로서의 소속감을 바탕으로 다름을 인정하고 다양성을 존중하며 차이를 이해하여 갈등 해결

② 세계시민으로서의 공감과 연대 의식을 바탕으로 다른 사람들과 소통 · 교류하는 역량이 필요

③ 세계 각지의 다양한 문화와 배경을 가진 사람들을 존중하는 태도

(4) **적극적 참여와 연대** [자료 ④]

① 세계의 환경 · 경제 · 사회 문제에 대응

② 지속가능한 발전 추구

③ 직업 선택 시 공동체의 미래에 이바지할 수 있는 가치를 고려

## 자료 ③ 세계시민 의식

| 문항 | 표시 |
|---|---|
| 나는 세계시민의 권리와 책임이 무엇인지 알고 있다. | |
| 나는 국제 사회의 의사 결정이 개인, 지역, 국가에 어떤 영향을 미치는지 설명할 수 있다. | |
| 나는 내가 속한 공동체 속에서 지위와 역할을 알고 있다. | |
| 나는 다양한 배경(문화적, 인종적 등)을 지닌 사람과 더불어 살아갈 때 생겨나는 갈등을 해결하는 방법이 무엇인지 알고 있다. | |
| 나는 다양한 시민 참여 방법(예 온라인 서명, 투표, 기부, 피켓 시위, 단체 참여 등)을 비교하여 상황의 목적에 비추어 활동을 선택할 수 있다. | |
| 나는 공정 무역이나 사회적 기업 등을 통해 만들어지고 유통되는 제품을 사려고 노력한다. | |
| 나는 아무리 훌륭한 과학기술이라도 그 기술로 인해 고통받는 사람이 일부라도 생기게 된다면 그 기술의 사용은 중단되어야 한다고 생각한다. | |
| 나는 지구 환경을 해칠 수 있는 행동은 하지 않으려고 노력한다 | |

지속가능발전 목표(SDGs) 중 '모두를 위한 양질의 교육'의 세부 목표에 세계시민 의식 교육이 명시되어 있을 정도로 세계시민 의식 수준은 미래 사회에서 더욱 중요해질 것이다.

## 자료 ④ 미래 사회의 새로운 일자리

▲ 로봇 윤리학자

▲ 기후변화 대응 전문가

▲ 스마트 의류 개발자

▲ 인공지능 정책 기획 전문가

- **로봇 윤리학자**: 로봇의 자율 시스템 설계, 개발 및 사용과 관련된 윤리적 의미와 고려 사항을 연구하며, 로봇 공학의 도덕적·사회적·법적 측면을 조사한다.
- **기후변화 대응 전문가**: 기후변화에 따라 우리의 일상 생활이 어떻게 변화할지 분석하고, 온실가스를 줄일 수 있는 기술을 개발한다.
- **스마트 의류 개발자**: 의류에 정보 통신 기술을 결합하여 심박수, 체온 등을 통해 건강 상태를 감지하거나 위치를 확인할 수 있는 스마트 의류를 개발한다.
- **인공지능 정책 기획 전문가**: 인공지능과 관련한 산업을 육성하고 법률을 제정하는 등 인공지능으로 인한 사회적·윤리적 문제에 대비한다.

### ○✗ 표시하기

**❶** 세계시민은 개별 국가에 속한 국민을 넘어 세계적 시각을 지녀야 한다. ( )

**❷** 미래 삶의 방향을 설정할 때 세계시민임을 인식하여야 한다. ( )

**❸** 인류 공동체 일원으로서의 소속감을 바탕으로 다름을 인정하기보다는 공통된 사고와 행동을 추구한다. ( )

### 적절한 말 고르기

**❹** 현대 사회는 산업화, 도시화, 정보화 등의 사회 변동을 거치며 공동체 의식이 ( 강화, 약화 ) 되었다.

**❺** 과학기술의 올바른 방향성을 제시하기 위하여 ( 비판적, 무비판적 ) 사고력을 함양하여야 한다.

**❻** 온실가스를 줄일 수 있는 기술을 개발하는 미래 사회의 새로운 일자리는 ( 기후변화 대응 전문가, 인공지능 정책 기획 전문가 )이다.

### 빈칸 채우기

**❼** ( )은/는 지구촌의 구성원으로서 지구의 문제를 이해하고 이를 합리적으로 해결하려고 노력하는 사람을 말한다.

**❽** 현대 사회는 자신의 이익을 우선적으로 추구하는 ( ) 가치관이 확산하였다.

### <보기>에서 고르기

보기
ㄱ. 연대   ㄴ. 참여
ㄷ. 인간존엄성   ㄹ. 자유와 평등

**❾** 인류 보편적 가치 ( )

**❿** 세계의 환경·경제·사회 문제에 대응 ( )

### 서로 관련된 내용 연결하기

**⓫** 기린형 세계시민 • • ㉠ 타인과 공감하는 능력이 뛰어나다.

**⓬** 카멜레온형 세계시민 • • ㉡ 글로벌 이슈와 지구 보편적 가치를 이해한다.

**⓭** 코끼리형 세계시민 • • ㉢ 지역 사회와 국제 이슈 해결을 위해 적극적으로 활동한다.

**⓮** 돌고래형 세계시민 • • ㉣ 사람들과 적극적으로 어울리고 소통한다.

> 25593-0329

**01** 미래 사회 예측에 대한 옳은 설명만을 〈보기〉에서 고른 것은?

┌ 보기 ┐
ㄱ. 미래 사회의 모습은 최대한 긍정적으로 예측하여야 한다.
ㄴ. 미래 사회의 예측은 위험을 최소화하고 유연하게 대비하기 위해 필요하다.
ㄷ. 미래 사회를 예측하고 변화 모형을 제시하는 학문 영역은 아직 존재하지 않는다.
ㄹ. 정치·경제, 과학기술, 생태환경 등 다양한 측면에서 미래 사회의 변화 양상을 예측하여야 한다.

① ㄱ, ㄴ　　② ㄱ, ㄷ　　③ ㄴ, ㄷ
④ ㄴ, ㄹ　　⑤ ㄷ, ㄹ

> 25593-0330

**02** 정치적·경제적 문제의 해결을 위한 국가 간 협력으로 나타날 사회의 긍정적인 모습으로 옳지 <u>않은</u> 것은?

① 국제기구의 활동을 통해 분쟁을 해결할 것이다.
② 금융 시장이 세계화되어 생활 수준이 향상될 것이다.
③ 국가 간 경쟁이 치열해지며 최대한의 이익을 얻을 것이다.
④ 다양한 지역 무역 협정 체결을 통해 세계 경제가 성장할 것이다.
⑤ 국가 간 협력을 통해 전쟁 위험을 감소시켜 세계 평화를 이룰 것이다.

> 25593-0331

**03** 지역 무역 협정에 해당하지 <u>않는</u> 것은?

① 공동 시장
② 공정 무역
③ 관세 동맹
④ 완전 경제 통합
⑤ 자유 무역 협정

> 25593-0332

**중요**

**04** 과학기술의 발전에 따른 공간과 삶의 변화를 긍정적으로 바라보는 입장의 주장으로 옳은 것은?

① 인류 통제를 벗어나는 인공지능이 등장할 것이다.
② 위험하거나 힘든 일을 대신하는 로봇이 상용화될 것이다.
③ 정보 격차, 전자 감시, 데이터 편향성 등이 나타날 것이다.
④ 과학기술 장치의 오작동에 따른 안전 문제가 발생할 것이다.
⑤ 유전 공학 기술이 발달하면서 인간의 정체성과 도덕적 가치의 혼란이 발생할 것이다.

> 25593-0333

**05** 세계시민의 유형별 특성으로 옳은 설명을 〈보기〉에서 고른 것은?

| 유형 | 특성 |
|---|---|
| 멀리 보는 기린형 세계시민 | (가) |
| 날쌘돌이 돌고래형 세계시민 | (나) |

┌ 보기 ┐
ㄱ. 사람들과 적극적으로 어울리고 소통하는 소통형 세계시민
ㄴ. 글로벌 이슈와 지구 보편적 가치를 이해하는 지식·이해형 세계시민
ㄷ. 지역 사회와 국제 이슈 해결을 위해 적극적으로 활동하는 책임감 있는 행동형 세계시민

　(가)　(나)　　　　(가)　(나)
①　ㄱ　　ㄴ　　②　ㄱ　　ㄷ
③　ㄴ　　ㄱ　　④　ㄴ　　ㄷ
⑤　ㄷ　　ㄱ

> 25593-0334

## 06 자료의 (가)~(다)에 들어갈 알맞은 내용으로 짝지어진 것은?

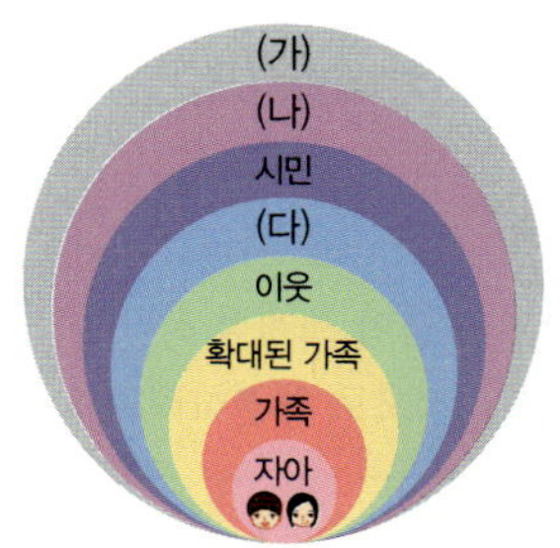

(마사 누스바움, 「애국주의와 세계시민 주의」)

|   | (가) | (나) | (다) |
|---|---|---|---|
| ① | 국민 | 인류 | 지역 집단 |
| ② | 국민 | 지역 집단 | 인류 |
| ③ | 인류 | 국민 | 지역 집단 |
| ④ | 인류 | 지역 집단 | 국민 |
| ⑤ | 지역 집단 | 국민 | 인류 |

> 25593-0335

## 07 생태환경의 변화를 긍정적으로 바라보는 입장의 주장을 〈보기〉에서 고른 것은?

**⎯ 보기 ⎯**

ㄱ. 환경 오염이 심화한다.
ㄴ. 식량 생산성이 낮아진다.
ㄷ. 생물종을 복원할 수 있다.
ㄹ. 한랭한 지역에서 농경이 가능해진다.

① ㄱ, ㄴ      ② ㄱ, ㄷ      ③ ㄴ, ㄷ
④ ㄴ, ㄹ      ⑤ ㄷ, ㄹ

> 25593-0336

## 08 다음은 수업 장면 중 일부이다. 교사의 질문에 옳게 답한 학생만을 고른 것은?

① 갑, 을      ② 갑, 병      ③ 을, 병
④ 을, 정      ⑤ 병, 정

**중요**

> 25593-0337

## 09 세계시민의 태도로 적절하지 <u>않은</u> 것은?

① 나는 세계시민의 권리와 책임이 무엇인지 알고 있다.
② 나는 지구 환경을 해칠 수 있는 행동은 하지 않으려고 노력한다.
③ 나는 국제 사회의 의사 결정이 개인, 지역, 국가에 어떤 영향을 미치는지 설명할 수 있다.
④ 나는 다국적 기업이 저개발 국가의 저렴한 아동 노동력을 활용해 만들고 유통하는 제품을 사려고 노력한다.
⑤ 나는 아무리 훌륭한 과학기술이라도 그 기술로 인해 고통받는 사람이 일부라도 생기게 된다면 그 기술의 사용은 중단되어야 한다고 생각한다.

# 서술형 문제

## Step1  핵심 키워드 파악하기

> 25593-0338

**01** 미래 사회의 국가 간 협력과 갈등의 양상에 대하여 서술하시오.

**예시 답안**  국가 간 교류가 증가하고 상호 의존도가 높아지면서 협력이 강화될 것이다. (          )적 협력을 통해 국가 간 또는 전 지구적 차원의 문제를 함께 해결하여 분쟁 해결 및 전쟁 위험 감소로 세계 평화를 이룰 수 있다. 자유 무역 확대, 금융 시장 세계화 등을 통해 세계 (          )이/가 성장하고 생활 수준이 향상될 것이다. 한편, 문화적 차이, 국가 간 대립 등으로 인한 갈등과 분쟁 발생으로 기아와 빈곤이 (          )될 수 있고, 국가 간 경쟁이 치열해지면서 무역 갈등이 발생하고 지역 간 빈부 격차가 (          )될 수 있다.

> 25593-0339

**02** (1) 미래 예측 방법 (가), (나)를 쓰고 (2) 예측 방법별 장단점을 서술하시오.

- (가)  **기법:** (가)을/를 작성하여 미래에 대비하는 방법으로, 3~4개의 (가)을/를 작성하여 다가올 미래를 가정하여 대비한다.
- (나)  **합의법(델파이 기법):** 각 분야의 (나)에게 설문을 반복하여, 특정한 주제에 관해 (나) 집단의 합의를 도출하는 방법이다.

(1) (가) – (                    ) (나) – (                    )

(2) **예시 답안**  (          ) 기법은 다양한 미래를 가정하여 미래의 (          )을/를 줄이는 장점이 있다. 반면 가능성이 크거나 중요한 (          )은/는 아니지만, 중요할 수도 있는 가능한 (          )이/가 (          )될 수도 있다는 단점도 있다. (          ) 합의법은 익명성이 보장되고 시공간적 (          )이/가 없으며 점진적 의견 수렴이 가능한 장점이 있다. 반면 대표성을 띠면서 편협하지 않은 (          ) 선정 과정이 어렵고, 제한적 의사소통 등의 단점도 있다.

## Step2  스스로 답안 작성하기

> 25593-0340

**03** (1) 다음 글이 설명하는 개념을 쓰고, (2) 이에 알맞은 구체적 실천 방안을 한 가지 서술하시오.

> 상호 의존성이 높아가는 지구촌의 구성원으로, 개별 국가에 속한 국민을 넘어 세계적 시각에서 지구의 문제를 이해하고 이를 합리적으로 해결하려고 노력하는 사람

(1)

(2)

> 25593-0341

**04** 다음 자료의 (가), (나)에 들어갈 내용을 서술하시오.

| 미래 사회의 새로운 일자리 | 역할 |
| --- | --- |
| ▲ 로봇 윤리학자 | 로봇의 자율 시스템 설계, 개발 및 사용과 관련된 윤리적 의미와 고려 사항을 연구하며, 로봇 공학의 도덕적·사회적·법적 측면을 조사한다. |
| ▲ 기후변화 대응 전문가 | (가) |
| ▲ 스마트 의류 개발자 | (나) |

(가)

(나)

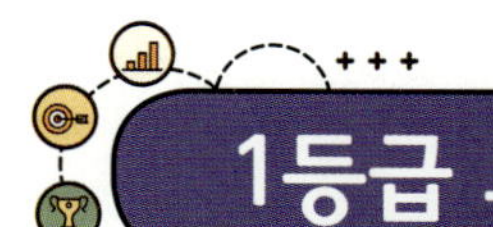

# 1등급 도전 문제

> 25593-0342

**01** 다음 글의 (가)에 해당하는 사례로 옳은 것만을 〈보기〉에서 있는 대로 고른 것은?

> **수행평가: 미래 생태환경의 변화 예측**
>
> 미래의 생태환경은 지금과는 다르게 변화할 것으로 예상됩니다. 중위도 지역에서 말라리아, 뎅기열 등 열대성 질병의 발병률이 높아질 것입니다. 빙하나 만년설이 녹아 해수면이 상승하면서 해안 저지대에 위치한 도시들의 침수 피해가 늘어날 것입니다. 그러나 부정적인 변화뿐만 아니라 긍정적인 변화도 있을 것으로 예상됩니다.
>
> (가)

【 보기 】
ㄱ. 북극해 주변의 선박 운항 가능 기간이 늘어난다.
ㄴ. 시베리아의 영구 동토층이 녹으며 메테인이 방출된다.
ㄷ. 러시아에서 밀을 경작할 수 있는 북한계선이 북상한다.

① ㄱ   ② ㄴ   ③ ㄱ, ㄷ
④ ㄴ, ㄷ   ⑤ ㄱ, ㄴ, ㄷ

> 25593-0343

**02** 표의 ㉠~㉤에 들어갈 내용으로 적절하지 <u>않은</u> 것은?

| 미래 사회의 변화 양상 | | |
| --- | --- | --- |
| 정치적·경제적 문제에 대한 국가 간 협력과 갈등 | 긍정적 영향 | ㉠ |
| | 부정적 영향 | ㉡ |
| 과학기술의 발전 | 긍정적 영향 | ㉢ |
| | 부정적 영향 | ㉣ |
| 생태환경의 변화 | 긍정적 영향 | ㉤ |
| | 부정적 영향 | 기후변화로 생태환경 악화 |

① ㉠ – 자유 무역 확대로 선진국으로 경제력 집중
② ㉡ – 국가 간 대립 및 영토 분쟁 심화
③ ㉢ – 교통수단 발달로 공간적 제약 완화
④ ㉣ – 인류 통제를 벗어난 인공지능의 등장
⑤ ㉤ – 선박의 북극 항로 이용 활발

> 25593-0344

**03** 세계시민 의식 평가 문항으로 적절한 것만을 〈보기〉에서 모두 고른 것은?

【 보기 】
ㄱ. 인류를 위한 훌륭한 과학기술은 일부 고통받는 사람이 있더라도 연구하고 사용해야 한다고 생각한다.
ㄴ. 저개발 국가의 경제 발전을 위해 다국적 기업이 저개발 국가의 아동 노동을 통해 만든 제품을 사려고 노력한다.
ㄷ. 나는 다양한 배경(문화적, 인종적 등)을 지닌 사람과 더불어 살아갈 때 생겨나는 갈등을 해결하는 방법이 무엇인지 알고 있다.
ㄹ. 나는 다양한 시민 참여 방법(예: 온라인 서명, 투표, 기부, 피켓 시위, 단체 참여 등)을 비교하여 상황의 목적에 비추어 활동을 선택할 수 있다.

① ㄱ, ㄴ   ② ㄱ, ㄷ   ③ ㄴ, ㄷ
④ ㄴ, ㄹ   ⑤ ㄷ, ㄹ

> 25593-0345

**04** 다음은 통합사회 수업 장면이다. 교사의 질문에 옳게 대답한 학생만을 있는 대로 고른 것은?

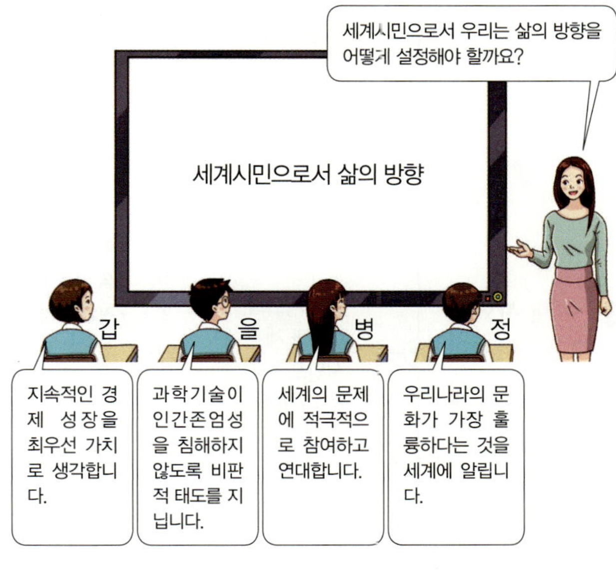


① 갑, 정   ② 을, 병   ③ 을, 정
④ 갑, 을, 병   ⑤ 갑, 병, 정

# 대단원 마무리 정리

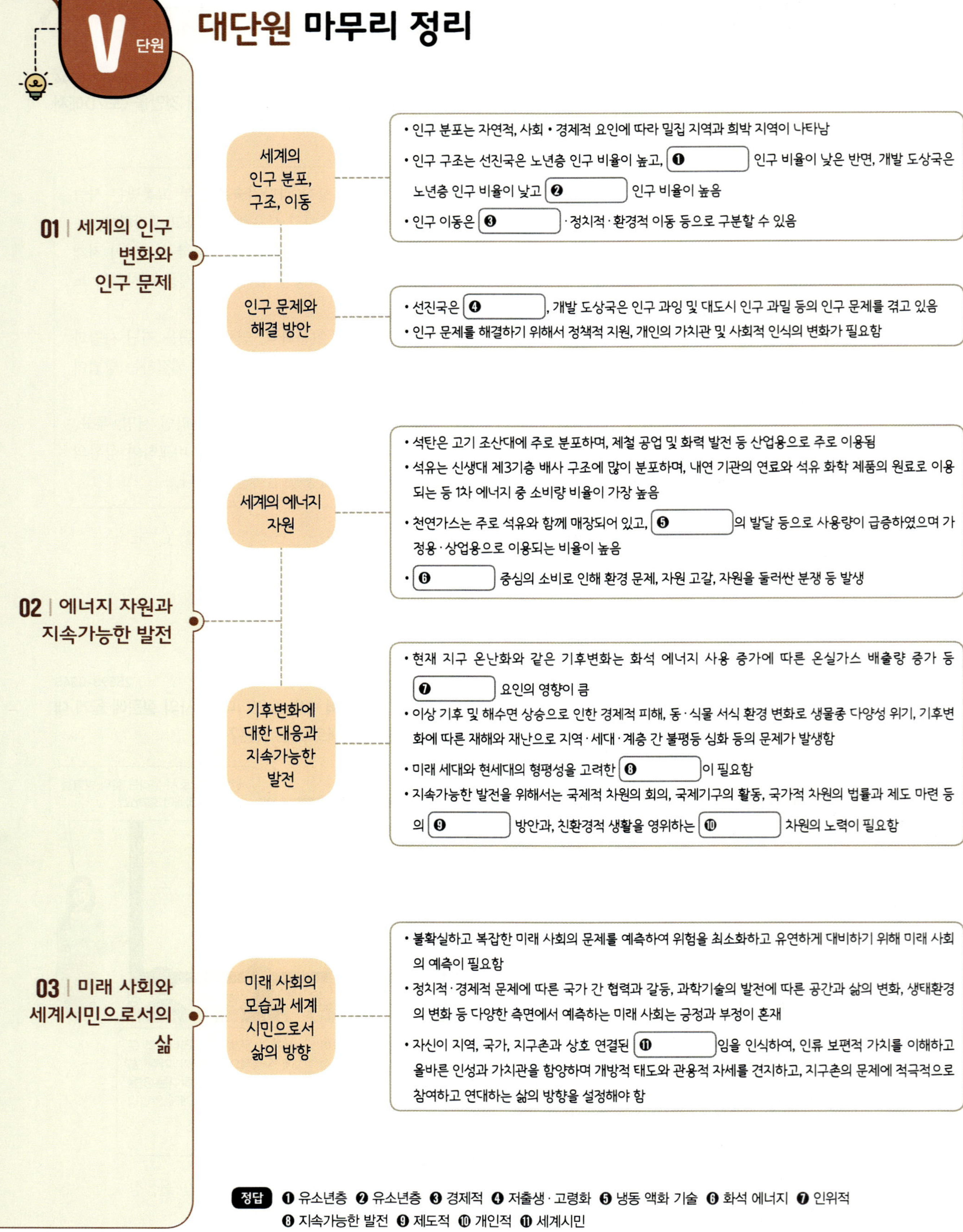

**01 | 세계의 인구 변화와 인구 문제**

세계의 인구 분포, 구조, 이동
- 인구 분포는 자연적, 사회·경제적 요인에 따라 밀집 지역과 희박 지역이 나타남
- 인구 구조는 선진국은 노년층 인구 비율이 높고, ❶ ________ 인구 비율이 낮은 반면, 개발 도상국은 노년층 인구 비율이 낮고 ❷ ________ 인구 비율이 높음
- 인구 이동은 ❸ ________ ·정치적·환경적 이동 등으로 구분할 수 있음

인구 문제와 해결 방안
- 선진국은 ❹ ________, 개발 도상국은 인구 과잉 및 대도시 인구 과밀 등의 인구 문제를 겪고 있음
- 인구 문제를 해결하기 위해서 정책적 지원, 개인의 가치관 및 사회적 인식의 변화가 필요함

**02 | 에너지 자원과 지속가능한 발전**

세계의 에너지 자원
- 석탄은 고기 조산대에 주로 분포하며, 제철 공업 및 화력 발전 등 산업용으로 주로 이용됨
- 석유는 신생대 제3기층 배사 구조에 많이 분포하며, 내연 기관의 연료와 석유 화학 제품의 원료로 이용되는 등 1차 에너지 중 소비량 비율이 가장 높음
- 천연가스는 주로 석유와 함께 매장되어 있고, ❺ ________ 의 발달 등으로 사용량이 급증하였으며 가정용·상업용으로 이용되는 비율이 높음
- ❻ ________ 중심의 소비로 인해 환경 문제, 자원 고갈, 자원을 둘러싼 분쟁 등 발생

기후변화에 대한 대응과 지속가능한 발전
- 현재 지구 온난화와 같은 기후변화는 화석 에너지 사용 증가에 따른 온실가스 배출량 증가 등 ❼ ________ 요인의 영향이 큼
- 이상 기후 및 해수면 상승으로 인한 경제적 피해, 동·식물 서식 환경 변화로 생물종 다양성 위기, 기후변화에 따른 재해와 재난으로 지역·세대·계층 간 불평등 심화 등의 문제가 발생함
- 미래 세대와 현세대의 형평성을 고려한 ❽ ________ 이 필요함
- 지속가능한 발전을 위해서는 국제적 차원의 회의, 국제기구의 활동, 국가적 차원의 법률과 제도 마련 등의 ❾ ________ 방안과, 친환경적 생활을 영위하는 ❿ ________ 차원의 노력이 필요함

**03 | 미래 사회와 세계시민으로서의 삶**

미래 사회의 모습과 세계 시민으로서 삶의 방향
- 불확실하고 복잡한 미래 사회의 문제를 예측하여 위험을 최소화하고 유연하게 대비하기 위해 미래 사회의 예측이 필요함
- 정치적·경제적 문제에 따른 국가 간 협력과 갈등, 과학기술의 발전에 따른 공간과 삶의 변화, 생태환경의 변화 등 다양한 측면에서 예측하는 미래 사회는 긍정과 부정이 혼재
- 자신이 지역, 국가, 지구촌과 상호 연결된 ⓫ ________ 임을 인식하여, 인류 보편적 가치를 이해하고 올바른 인성과 가치관을 함양하며 개방적 태도와 관용적 자세를 견지하고, 지구촌의 문제에 적극적으로 참여하고 연대하는 삶의 방향을 설정해야 함

**정답** ❶ 유소년층 ❷ 유소년층 ❸ 경제적 ❹ 저출생·고령화 ❺ 냉동 액화 기술 ❻ 화석 에너지 ❼ 인위적 ❽ 지속가능한 발전 ❾ 제도적 ❿ 개인적 ⓫ 세계시민

# 대단원 종합 문제

> 25593-0346

**01** 자료는 세계 인구의 지역(대륙)별 변화를 나타낸 것이다. 이에 대한 설명으로 옳은 것은?

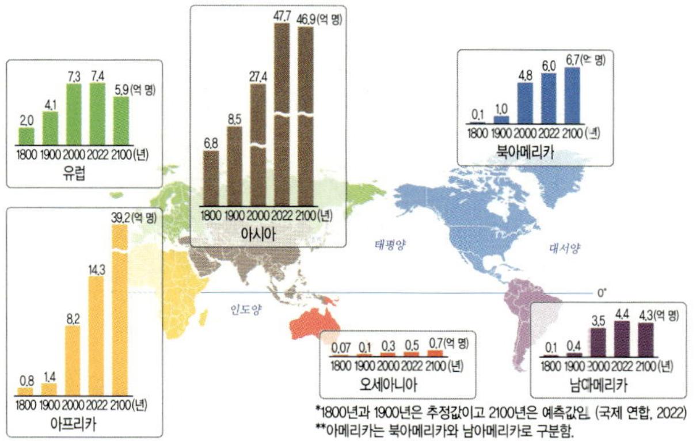

① 지역(대륙)별 인구 순위는 1900년과 2022년이 동일하다.
② 제2차 세계 대전 이후 선진국이 개발 도상국보다 인구 증가가 많았다.
③ 1800년~1900년의 인구 증가는 1900년~2000년의 인구 증가보다 많았다.
④ 1900년~2022년의 인구 증가율은 아프리카보다 아시아가 높다.
⑤ 2000년~2022년 모든 지역(대륙)의 인구는 증가하였다.

> 25593-0347

**02** 다음 인구 변천 모형의 (가)~(다)에 해당하는 용어로 옳은 것은?

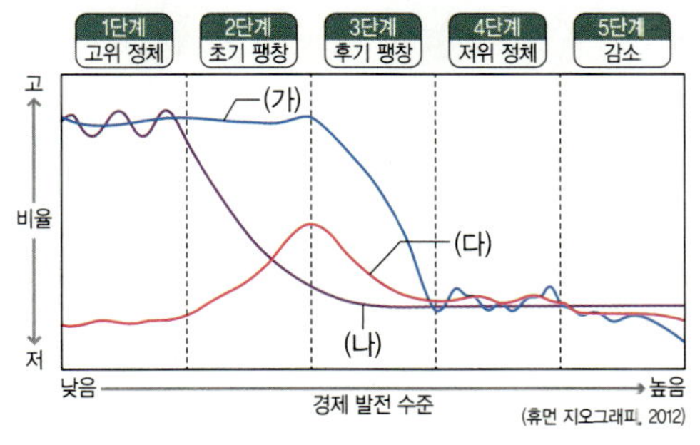


| | (가) | (나) | (다) |
|---|---|---|---|
| ① | 사망률 | 출생률 | 인구 증가율 |
| ② | 출생률 | 사망률 | 인구 증가율 |
| ③ | 출생률 | 인구 증가율 | 사망률 |
| ④ | 인구 증가율 | 사망률 | 출생률 |
| ⑤ | 인구 증가율 | 출생률 | 사망률 |

> 25593-0348

**03** 지도는 세계 인구 분포를 나타낸 것이다. 이에 대한 설명으로 옳은 것은?

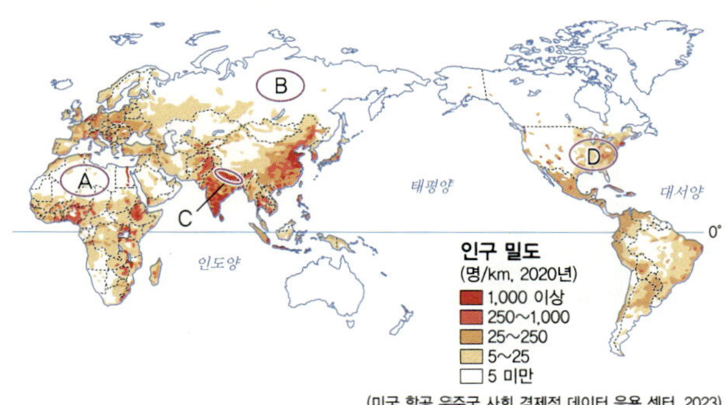


① 북반구보다 남반구에 인구가 많다.
② A는 열대 우림이 발달하여 인구가 희박하다.
③ B는 높은 기온으로 인해 인구가 희박하다.
④ C는 벼농사가 발달하여 인구가 밀집해 있다.
⑤ D는 일자리가 풍부한 촌락에 인구가 밀집해 있다.

> 25593-0349

**04** 그래프는 두 국가의 연령층별 인구 비율을 나타낸 것이다. (가), (나) 국가에 대한 설명으로 옳은 것은? (단, (가), (나)는 각각 니제르, 일본 중 하나임.)

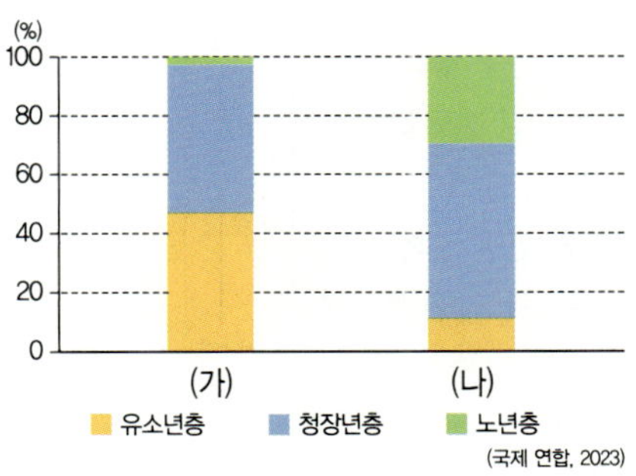


① (가)는 유소년층의 비율이 전체의 절반을 넘는다.
② (나)는 유소년 부양비보다 노년 부양비가 높다.
③ (가)는 (나)보다 1인당 국내 총생산이 많다.
④ (나)는 (가)보다 총부양비가 높다.
⑤ (가)는 아시아, (나)는 아프리카에 위치한다.

**05** 그래프는 지역(대륙)별 유소년층과 노년층 인구 비율을 나타낸 것이다. (가)~(다) 지역(대륙)으로 옳은 것은?

> 25593-0350

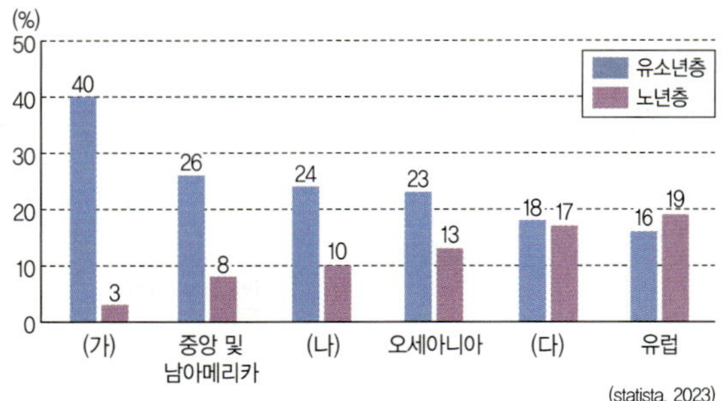


|   | (가) | (나) | (다) |
|---|------|------|------|
| ① | 아시아 | 아프리카 | 북아메리카 |
| ② | 아시아 | 북아메리카 | 아프리카 |
| ③ | 아프리카 | 아시아 | 북아메리카 |
| ④ | 아프리카 | 북아메리카 | 아시아 |
| ⑤ | 북아메리카 | 아시아 | 아프리카 |

**06** (가), (나) 국가의 인구 정책을 토대로 두 국가의 상대적 특성을 비교할 때, 그래프의 A, B에 들어갈 항목으로 적절한 것은? (단, (가), (나)는 각각 개발 도상국, 선진국 중 하나임.)

> 25593-0351

- (가) 국가의 인구 정책: 정년 연장, 연금 제도 강화 등
- (나) 국가의 인구 정책: 식량 증산으로 인구 부양력 증대, 일자리 창출

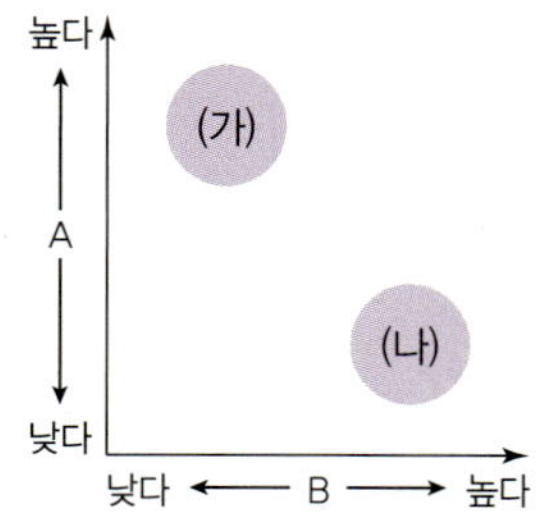


|   | A | B |
|---|---|---|
| ① | 기대 수명 | 노령화 지수 |
| ② | 노령화 지수 | 기대 수명 |
| ③ | 노령화 지수 | 유소년 부양비 |
| ④ | 유소년 부양비 | 기대 수명 |
| ⑤ | 유소년 부양비 | 노령화 지수 |

**서술형**

**07** 다음 자료를 통해 알 수 있는 (1) 자원의 특성과 (2) 이로 인해 나타나는 문제점의 해결 방안을 서술하시오.

> 25593-0352

**08** 다음 지도의 (가) 에너지 자원에 대한 설명으로 옳은 것은?

> 25593-0353

**보기**

ㄱ. 주로 고생대 지층에 매장되어 있다.
ㄴ. 산업 혁명 당시 주요 연료로 이용되었다.
ㄷ. 화석 에너지 가운데 국제 이동이 가장 활발하다.
ㄹ. 미국, 사우디아라비아, 러시아 등의 생산량이 많다.

① ㄱ, ㄴ　　② ㄱ, ㄷ　　③ ㄴ, ㄷ
④ ㄴ, ㄹ　　⑤ ㄷ, ㄹ

> 25593-0354

**09** 그래프는 화석 에너지의 주요 수출국을 나타낸 것이다. (가)~(다)에 해당하는 자원으로 옳은 것은?

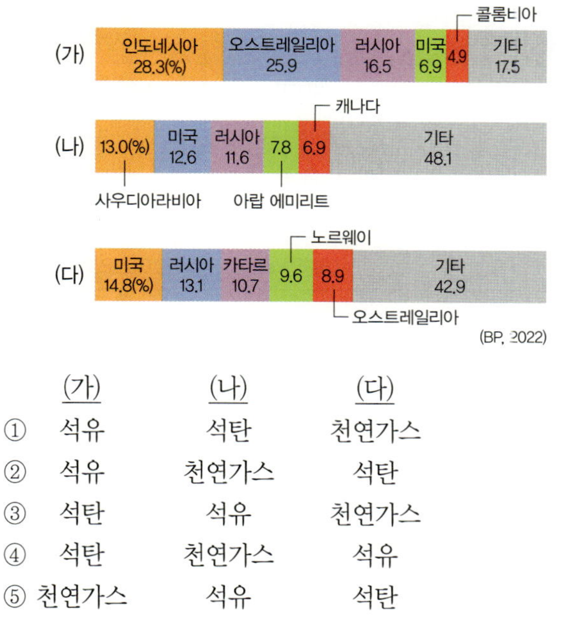


|  | (가) | (나) | (다) |
|---|---|---|---|
| ① | 석유 | 석탄 | 천연가스 |
| ② | 석유 | 천연가스 | 석탄 |
| ③ | 석탄 | 석유 | 천연가스 |
| ④ | 석탄 | 천연가스 | 석유 |
| ⑤ | 천연가스 | 석유 | 석탄 |

**서술형**

> 25593-0355

**10** (1) 그래프와 같은 현상을 무엇이라 하는지 쓰고, (2) 이러한 현상이 지속될 때 나타날 수 있는 문제점을 한 가지 서술하시오.

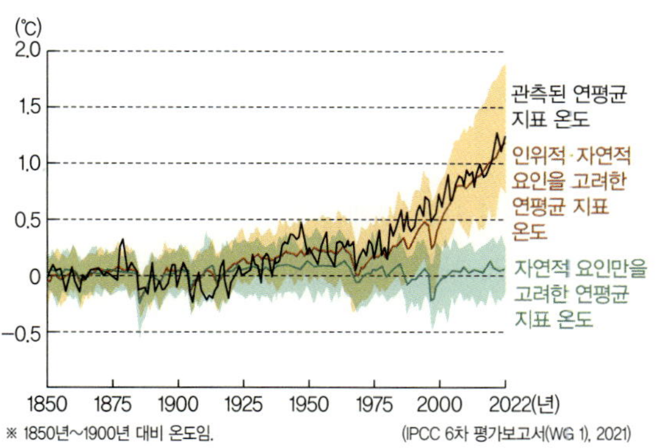


> 25593-0356

**11** 미래 사회의 바람직한 변화를 위한 삶의 방향 설정으로 옳지 <u>않은</u> 것은?

① 올바른 인성과 가치관을 함양하기 위해 노력한다.
② 자국의 문화는 타국의 문화보다 우월하다고 인식한다.
③ 인간 존엄성, 자유와 평등 등 인류 보편적 가치를 이해한다.
④ 전 세계의 환경·경제·사회 문제에 적극적으로 참여하고 연대한다.
⑤ 공동체의 미래에 이바지할 수 있는 가치를 고려하여 직업을 선택한다.

> 25593-0357

**12** 그래프의 (가)에 들어갈 내용으로 옳은 것은?

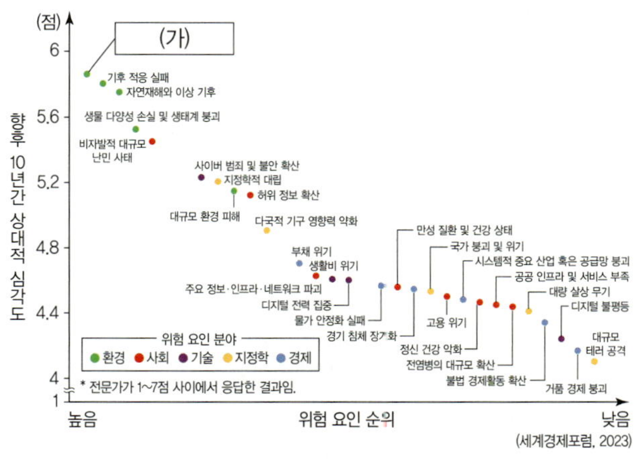


▲ 전 세계 장기 위험 요인의 상대적 심각도

① 국가 간 분쟁
② 천연자원 위기
③ 기술 발전의 부작용
④ 기후변화 완화 실패
⑤ 사회 결속력 약화 및 양극화

**> 25593-0358**

**01** 그래프는 인구 변천 모형을 나타낸 것이다. 이에 대한 설명으로 옳은 것은? (단, A, B는 각각 사망률, 출생률 중 하나임.)

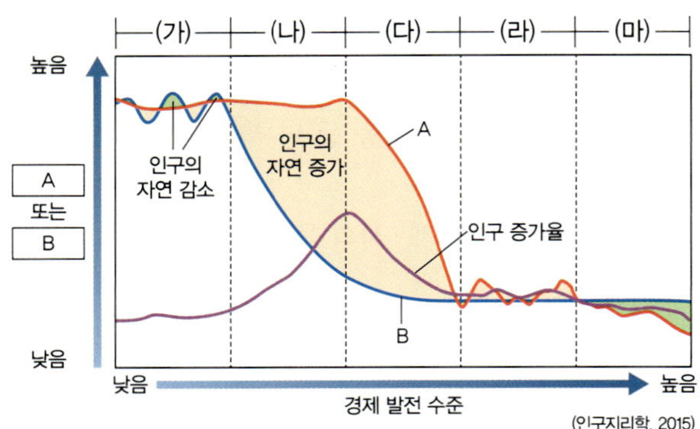


① (나) 단계에서 B의 감소는 결혼과 자녀 양육에 대한 가치관 변화, 가족 계획의 효과가 주된 원인이다.

② (다) 단계에서 A의 감소는 의학 발달로 인한 영아 사망률 감소가 주된 원인이다.

③ (가) 단계는 (라) 단계보다 총인구가 많다.

④ (나) 단계는 (마) 단계보다 유소년 부양비가 높다.

⑤ A는 사망률, B는 출생률이다.

**> 25593-0359**

**02** 그래프는 두 국가의 인구 구조를 나타낸 것이다. A, B 국가에 대한 설명으로 옳은 것은? (단, A, B는 각각 니제르, 일본 중 하나임.)

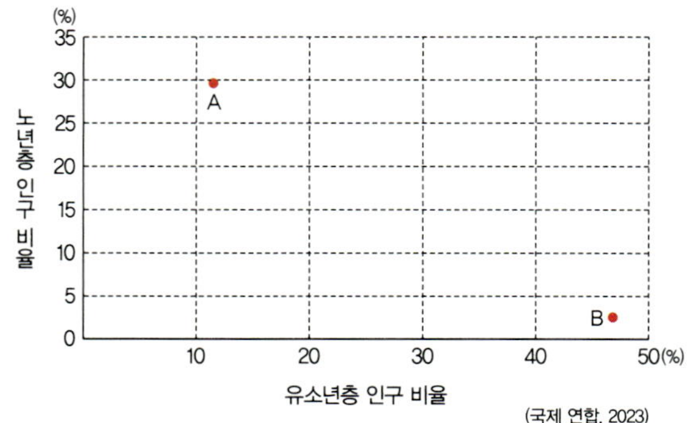


① A는 B보다 총부양비가 낮다.

② A는 B보다 중위 연령이 낮다.

③ A는 B보다 합계 출산율이 높다.

④ B는 A보다 기대 수명이 길다.

⑤ B는 A보다 노령화 지수가 높다.

**> 25593-0360**

**03** 표는 두 인구 지표의 상위 5개국을 나타낸 것이다. (가), (나)에 해당하는 지표로 옳은 것은?

| 순위 \ 인구 지표 | (가) | (나) |
|---|---|---|
| 1 | 모나코 | 소말리아 |
| 2 | 산마리노 | 차드 |
| 3 | 홍콩 | 니제르 |
| 4 | 일본 | 콩고 민주 공화국 |
| 5 | 대한민국 | 중앙 아프리카 공화국 |

(국제 연합, 2023)

|  | (가) | (나) |
|---|---|---|
| ① | 성비 | 중위 연령 |
| ② | 성비 | 합계 출산율 |
| ③ | 기대 수명 | 합계 출산율 |
| ④ | 기대 수명 | 노년층 인구 비율 |
| ⑤ | 노년층 인구 비율 | 중위 연령 |

**> 25593-0361**

**04** 그래프는 두 국가의 인구 자연 증가율 변화를 나타낸 것이다. 이에 대한 설명으로 옳은 것은? (단, (가), (나)는 각각 니제르, 독일 중 하나임.)

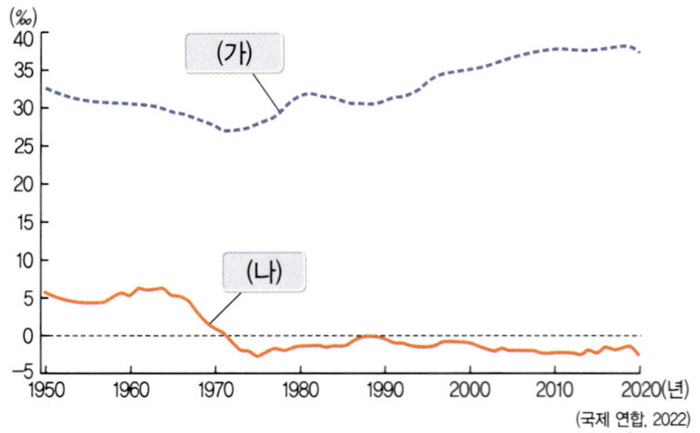


① (가)는 노동력 부족 문제를 겪고 있다.

② (나)는 식량과 자원 부족 문제를 겪고 있다.

③ (가)는 (나)보다 노년층 인구 비율이 높다.

④ (나)는 (가)보다 경제 발전 수준이 높다.

⑤ (가)는 독일, (나)는 니제르이다.

**05** 다음 기사에 나타난 인구 이동의 주요 원인으로 가장 적절한 것은?

> 25593-0362

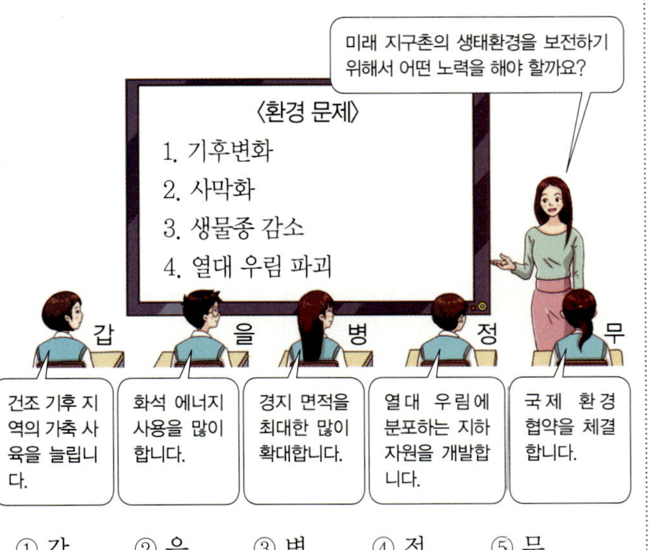


① 종교적 박해를 피해 이동하였다.
② 교육 기회를 얻기 위해 이동하였다.
③ 정치적 탄압과 전쟁을 피해 이동하였다.
④ 임금이 높은 일자리를 얻기 위해 이동하였다.
⑤ 해수면 상승 등 환경 재난을 피해 이동하였다.

**06** 교사의 질문에 옳게 대답한 학생을 고른 것은?

> 25593-0363

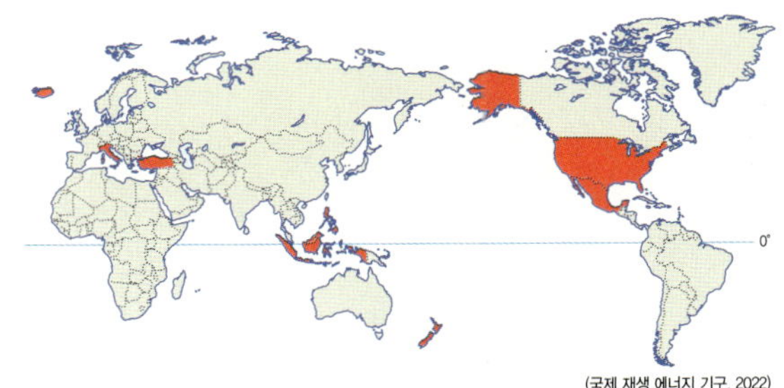


① 갑    ② 을    ③ 병    ④ 정    ⑤ 무

**07** 그래프는 화석 에너지의 용도별 소비 비율을 나타낸 것이다. (가)~(다) 에너지로 옳은 것은?

> 25593-0364

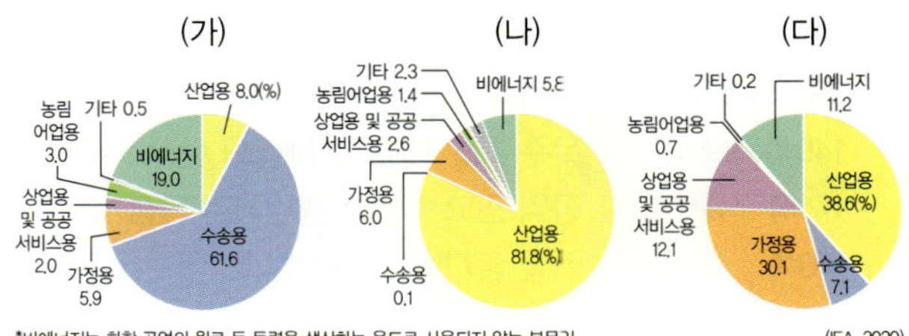


|  | (가) | (나) | (다) |
|---|---|---|---|
| ① | 석유 | 석탄 | 천연가스 |
| ② | 석유 | 천연가스 | 석탄 |
| ③ | 석탄 | 석유 | 천연가스 |
| ④ | 석탄 | 천연가스 | 석유 |
| ⑤ | 천연가스 | 석유 | 석탄 |

**08** 지도는 어떤 신·재생 에너지 발전량 상위 7개국을 표시한 것이다. 이 에너지 생산에 유리한 지역으로 가장 적절한 것은?

> 25593-0365



① 비가 적게 내리고 일사량이 풍부한 지역
② 판의 경계에 위치하여 지열이 풍부한 지역
③ 해안이나 섬 또는 고원 지대 등 바람이 강한 지역
④ 빙하 지형과 산지가 발달한 지역, 유량이 풍부한 지역
⑤ 에너지로 변환할 옥수수, 사탕수수 등의 생산량이 많은 지역

# 자료 출처


| | |
|---|---|
| 7쪽, 22쪽 | 입법 공청회 ⓒ 뉴스뱅크 |
| 13쪽 | 연못 주변 ⓒ 안전 신문고 |
| 22쪽 | 주민 참여 예산 ⓒ 연합뉴스 |
| 39쪽, 48쪽 | 로버트 노직 ⓒ 위키 퍼블릭 도메인 |
| 140쪽, 156쪽 | 우주 호텔 내부 ⓒ Miguel Aguirre Sánchez / Alamy Stock Photo |
| 174쪽 | 공익 광고 ⓒ 부산광역시 누리집 |
| 178쪽 | 차별 금지법 ⓒ 뉴스뱅크 |

개념완성 통합사회 2

# 수행평가 활동지

## 수행평가 활동 사례

| 영역(내용) | 수행평가 과제명 | 활동 유형 | 활동 개요 |
| --- | --- | --- | --- |
| **I**<br>**인권 보장과**<br>**헌법** | 인권 역사 신문 만들기 | • 모둠별 협동 활동<br>• 신문 제작 | • 인터넷을 검색하여 해당 날짜에 일어났던 인권과 관련된 역사적 사건의 사례를 찾기<br>• 4명을 하나의 모둠으로 하여 각각 ① 사건 내용, ② 관련 통계나 법령, ③ 우리나라의 인권 현실, ④ 대책과 관련된 공익 광고의 역할을 맡아 해당 기사를 작성하여 신문을 완성하기 |
| | 청소년 문화권 과제 수행하기 | • 개인 활동<br>• 활동지 작성 | • 개인별로 자신의 하루 일과에서 여가 및 문화 활동에 사용한 시간을 적어 보고, 청소년 문화권 관련 국제 협약과 국내 법률 찾아보기<br>• 청소년 문화권 관련 자율 동아리를 만들고 이를 홍보할 수 있는 홍보 책자를 작성하기 |
| **II**<br>**사회정의와**<br>**불평등** | 건강 불평등에 영향을 미치는 요인을 조사하고 이를 신문 기사로 작성해 보기 | 신문 제작 | • 개인별로 사전에 건강 불평등에 미치는 요인이 무엇인지 조사하고, 이를 신문 기사로 작성하기<br>• 조사는 통계 자료를 활용하여 신문 기사의 신뢰도를 높여야 함<br>• 하나의 사회 현상에 대한 다면적인 접근을 중시하는 활동 |
| | 사회적 약자에 대한 편견이나 차별 사례 조사 및 해결 방안 찾기 | 카드 뉴스 만들기 | • 다양한 실제 사례를 모아 편집하고 제작하기<br>• 교과 학습을 통해 배운 내용을 실제로 찾아보고, 경험하는 활동 |
| **III**<br>**시장경제와**<br>**지속가능발전** | 재무 설계사 ○○의 하루 | 역할 수행 | 재무 설계사로서 의뢰인 갑~정의 의뢰 내용에 대해 맞춤형 금융 컨설팅을 제시하기 |
| | 지속가능발전을 위한 경제 주체들의 역할과 책임 | 토의, 토론 | 플라스틱 사용에 대한 서로 다른 시각의 기사 또는 제시문을 학생들에게 제공하고, 플라스틱 사용 규제를 주제로 토론하기 |
| **IV**<br>**세계화와**<br>**평화** | 평화 신문 제작하기 | 신문 제작 | 평화를 실현하기 위한 노력을 담은 신문 만들기 |
| | 동북아시아 공동 역사 교과서 만들기 | 교과서 본문 작성해 보기 | 동북아 삼국이 연관된 역사적 사실을 담은 공동 역사 교과서의 본문을 작성해 보기 |
| **V**<br>**미래와**<br>**지속가능한 삶** | 50년 후 미래의 우리 생활 모습 | 만화 제작 | 50년 후 미래에 인구, 자원, 국가 간 협력과 갈등, 과학기술, 생태환경 등 다양한 측면에서 우리의 삶의 모습이 어떻게 변화할지 만화로 표현해 보기 |
| | 흥미와 적성에 맞는 미래 작업 탐색 | • 개인 활동<br>• 활동지 작성 | • 본인의 흥미 및 적성 파악하기<br>• 흥미 및 적성에 맞는 미래 직업 탐색하기 |

## 신문 제작하기

(　　)학년 (　　)반 (　　)번 이름:

# | 인권 역사 신문 만들기 |

● 제시된 절차에 따라 인권 역사 신문을 만들어 보자.

1. 4명으로 1개의 모둠을 구성한다.
2. 인터넷을 검색하여 해당 날짜에 일어났던 역사적 인권 사건의 사례를 찾는다.
3. 각자 역할을 분담한다.
   (1) 사건 내용 (2) 관련 통계나 법령 (3) 우리나라의 인권 현실 (4) 대책과 관련된 공익 광고
   〈구체적인 조사 내용〉
   (1) 사건 내용: 해당 날짜에 일어났던 인권 관련 역사적 사례를 찾아 그 내용을 신문 기사 형태로 정리한다.
   (2) 관련 통계나 법령: 해당 인권과 관련된 통계 자료를 검색하여 작성한다.
   (3) 우리나라의 인권 현실: 해당 인권과 관련한 우리나라의 인권 실태를 찾아 적절하게 수정하여 작성한다.
   (4) 공익 광고: 해당 인권과 관련한 공익 광고를 한 단 또는 두 단으로 간략하게 그린다.
4. 역할에 맞게 관련 자료를 검색하여 해당 기사를 작성하여 신문을 완성한다.
   - B4 용지 1장에 다음과 같이 기사를 배치한다.

# 인권 역사 신문

발행일: 202×년 ○월 ○일

발행처: □□고등학교 1학년 ○반 ○모둠(모둠원: A, B, C, D)

| (1) 사건 내용 | (2) 관련 통계나 법령 |
| --- | --- |
| (3) 우리나라의 인권 현실 | (4) 공익 광고 |

| | 채점 영역 | | | | 합계(20점) |
| --- | --- | --- | --- | --- | --- |
| 점수 | 모둠 점수(15점) | | | 개인 점수(5점) | |
| | 자료의 적절성(5점) | 과제 완성도(5점) | 발표의 적절성(5점) | 참여도 및 성실성(5점) | |
| | | | | | |

# | 인권 역사 신문 만들기 |

# 인권 역사 신문

발행일: 202×년 3월 8일

발행처: □□고등학교 1학년 ○반 ○모둠(모둠원: A, B, C, D)

### 〈3월 8일 오늘은 세계 여성의 날〉

1908년 3월 8일, 트라이앵글이라는 공장에서 여성 노동자 146명이 불에 타 숨진 사건이 일어나자 그동안 갖은 억압과 차별에도 숨죽이고 있던 1만 5천여 명의 미국 섬유 노동자들이 러트거스 광장에 모여 노동시간 단축과 노동 조건 개선, 참정권 등을 요구하며 중무장한 군대와 경찰에 맞서 시위를 벌인 것을 기념하기 위해 제정되었다.

### 〈세계 성 격차 지수〉

| | 상위 국가 | | 하위 국가 |
|---|---|---|---|
| 1위 | 아이슬란드 | 142위 | 차드 |
| 2위 | 핀란드 | 143위 | 이란 |
| 3위 | 노르웨이 | 144위 | 콩고 민주 공화국 |
| 4위 | 뉴질랜드 | 145위 | 파키스탄 |
| 5위 | 스웨덴 | 146위 | 아프가니스탄 |

(세계 경제 포럼, 2022)

성 격차 지수는 남녀의 경제 참여와 기회, 교육적 성취, 정치적 권한 등의 차이를 기준으로 측정한다. 표에서 순위가 낮은 국가들은 남녀 차별이 심한 편으로 대체로 종교나 관습, 사회 구조와 편견 등에 의한 여성 차별 관행이 남아 있는 경우가 많다.

### 〈평등의 전화 상담 사례에 나타난 우리나라 여성 노동자의 현실〉

여성 노동자회가 운영하는 '평등의 전화'에 접수된 성차별 사례 중 대표적인 사례가 승진 차별 사례이다. 사업주는 성(性)과 무관하게 승진 심사를 진행하였다고 하지만, 해당 사업장은 영업 관리직의 경우 전원 남성으로 구성되어 있고 영업 지원직의 경우 전원 여성으로 구성되어 있었다. 지난 3년간 인사 평가 평균이 남성 노동자와 동일하거나 높은 여성 노동자 2명은 모두 승진 심사에서 탈락한 반면, 남성 노동자는 4명 중 3명이 승진했다.

### 〈공익 광고〉

(부산광역시 누리집)

| | 채점 영역 | | | | 합계(20점) |
|---|---|---|---|---|---|
| | 모둠 점수(15점) | | | 개인 점수(5점) | |
| | 자료의 적절성(5점) | 과제 완성도(5점) | 발표의 적절성(5점) | 참여도 및 성실성(5점) | |
| 점수 | 주제에 맞는 적절한 자료인가? | 과제의 내용과 근거가 충분한가? | 과제의 내용이 잘 전달되었는가? | 모둠 활동에서 자신의 역할을 성실히 이행하였는가? | |

## 활동지 작성하기

( 　)학년 ( 　)반 ( 　)번  이름:



# | 청소년 문화권 과제 수행하기 |

**step 1**  자신의 문화 활동 파악하기

● 자신의 하루 일과에서 여가 및 문화 활동에 사용한 시간을 적어 보자.

| 평일 | ( 　　)시간, 내용: |
|---|---|
| 공휴일 | ( 　　)시간, 내용: |

● 자신이 일상생활에서 문화생활을 누리는 데 방해가 되는 요소를 적어 보자.

| 시간적 요인 | |
|---|---|
| 경제적 요인 | |
| 문화 시설 요인 | |

**step 2**  청소년 문화권 관련 국제 협약과 국내 법률 찾아보기

● 청소년 문화권을 보장하는 국제 협약(1개)과 국내 법률(2개)을 찾아서 해당 조항을 적어 보자.

| 국제 협약 | 국내 법률 |
|---|---|
| | |

**step 3**  청소년 문화권 관련 자율 동아리 홍보 책자 작성하기

● 청소년 문화권 관련 자율 동아리를 만들고 이를 홍보할 수 있는 홍보 책자를 작성해 보자.

| 점수 | 채점 영역 | | | | 합계(20점) |
|---|---|---|---|---|---|
| | 자료의 적절성(5점) | 과제 완성도(5점) | 발표의 적절성(5점) | 성실성(5점) | |
| | | | | | |

## 활동지 작성하기

(    )학년 (    )반 (    )번  이름:

# | 청소년 문화권 과제 수행하기 |

**step 1** 자신의 문화 활동 파악하기

● 자신의 하루 일과에서 여가 및 문화 활동에 사용한 시간을 적어 보자.

| 평일 | (   0.2   )시간, 내용: 스마트폰으로 영화 보기 |
| 공휴일 | (   4   )시간, 내용: 친구와 영화 보기, 운동하기 |

● 자신이 일상생활에서 문화생활을 누리는 데 방해가 되는 요소를 적어 보자.

| 시간적 요인 | 학원 수강 때문에 시간이 없음 |
| 경제적 요인 | 영화 관람료나 박물관 입장료 등이 비쌈 |
| 문화 시설 요인 | 근처에 영화관이나 박물관 등이 부족함 |

**step 2** 청소년 문화권 관련 국제 협약과 국내 법률 찾아보기

● 청소년 문화권을 보장하는 국제 협약(1개)과 국내 법률(2개)을 찾아서 해당 조항을 적어 보자.

| 국제 협약 | 국내 법률 |
| --- | --- |
| 국제 연합 아동 권리 협약<br>제31조 1. 당사국은 휴식과 여가를 즐기고 자신의 연령에 적합한 놀이와 오락 활동에 참여하여 문화생활과 예술에 자유롭게 참여할 수 있는 권리를 인정한다.<br>2. 당사국은 문화적·예술적 생활에 완전하게 참여할 수 있는 아동의 권리를 존중하고 촉진하며, 문화, 예술, 오락 및 여가 활동을 위한 적절하고 균등한 기회를 제공하도록 권장해야 한다. | 문화 예술 교육 지원법<br>제17조(학교 문화 예술 활동 및 행사의 지원) 국가 및 지방 자치 단체는 문화 예술 교육의 하나로 이루어지는 동아리 활동·축제·학예회·발표회 등 학교 문화 예술 활동 및 행사를 지원할 수 있다.<br><br>청소년 활동 진흥법<br>제2조(정의) 이 법에서 사용하는 용어의 뜻은 다음과 같다.<br>5. "청소년 문화 활동"이란 청소년이 예술 활동, 스포츠 활동, 동아리 활동, 봉사 활동 등을 통하여 문화적 감성과 더불어 살아가는 능력을 함양하는 체험 활동을 말한다. |

**step 3** 청소년 문화권 관련 자율 동아리 홍보 책자 작성하기

● 청소년 문화권 관련 자율 동아리를 만들고 이를 홍보할 수 있는 홍보 책자를 작성해 보자.

**명상 걷기반**
· **취지**: 명상과 걷기를 통해 자연의 숨결을 느끼며 자신을 돌아보고 여유와 낭만을 찾아봄으로써 정서적 안정의 토대를 마련합니다.
· **활동 계획**: 매주 토요일 오전 10시부터 ○○산 둘레길을 걸으면서 속 깊은 대화를 하고 자연을 즐깁니다.
· **모집 대상**: ○○산 근처에 살고 있는 고등학생은 모두 환영합니다.
〈이하 생략〉

| 점수 | 채점 영역 | | | | 합계(20점) |
| --- | --- | --- | --- | --- | --- |
| | 자료의 적절성(5점) | 과제 완성도(5점) | 발표의 적절성(5점) | 성실성(5점) | |
| | 주제에 맞는 적절한 자료인가? | 과제의 내용과 근거가 충분한가? | 과제의 내용이 잘 전달되었는가? | 자신의 역할을 성실히 이행하였는가? | |

## 카드 뉴스 만들기

(　　)학년 (　　)반 (　　)번 이름:

# | 사회적 약자에 대한 편견이나 차별 사례 조사 및 해결 방안 찾기 |

● ○○신문에 '사회적 약자에 대한 편견이나 차별 사례 및 해결 방안'이라는 주제로 카드 뉴스를 기재하려고 한다. 작성 조건에 맞게 카드 뉴스를 제작해 보자.

〈작성 조건〉

1. 노인, 아동, 여성, 장애인, 이주 노동자 중 하나를 정할 것
2. 통계 자료를 활용할 것
3. 기사에 적합한 그림 또는 사진을 넣을 것
4. 자신이 정한 사회적 약자에 대한 편견과 차별이 발생하는 원인을 구체적으로 제시할 것
5. 자신이 정한 사회적 약자에 대한 편견과 차별을 해소할 수 있는 방안을 구체적으로 제시할 것

| 점수 | 채점 영역 | | | 합계(20점) |
| --- | --- | --- | --- | --- |
| | 내용 구성(10점) | 작성 조건(5점) | 성실성(5점) | |
| | | | | |

# 카드 뉴스 만들기

(　　)학년 (　　)반 (　　)번　이름:

## | 사회적 약자에 대한 편견이나 차별 사례 조사 및 해결 방안 찾기 |

● ○○신문에 '사회적 약자에 대한 편견이나 차별 사례 및 해결 방안'이라는 주제로 카드 뉴스를 기재하려고 한다. 작성 조건에 맞게 카드 뉴스를 제작해 보자.

〈작성 조건〉

1. 노인, 아동, 여성, 장애인, 이주 노동자 중 하나를 정할 것
2. 통계 자료를 활용할 것
3. 기사에 적합한 그림 또는 사진을 넣을 것
4. 자신이 정한 사회적 약자에 대한 편견과 차별이 발생하는 원인을 구체적으로 제시할 것
5. 자신이 정한 사회적 약자에 대한 편견과 차별을 해소할 수 있는 방안을 구체적으로 제시할 것

흑인에 대한 차별, 아시아인에 대한 차별 억울하고 슬픈 일입니다. 그런데... 우리가 그런 인종 차별을 하고 있습니다.

이것이 외국인이 300만 명에 육박하는 한국 사회의 현실입니다.

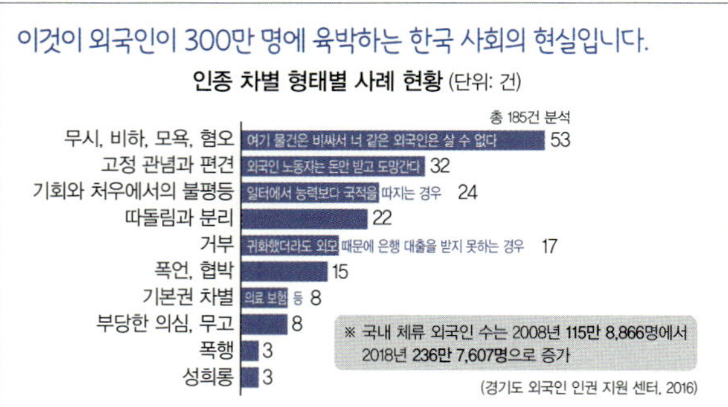


차별은 이주민 때문에 한국인이 피해를 본다는 잘못된 의식과 이주민 노동자에 대한 몰이해와 근거 없는 소문, 편견에서 발생하고 있습니다.

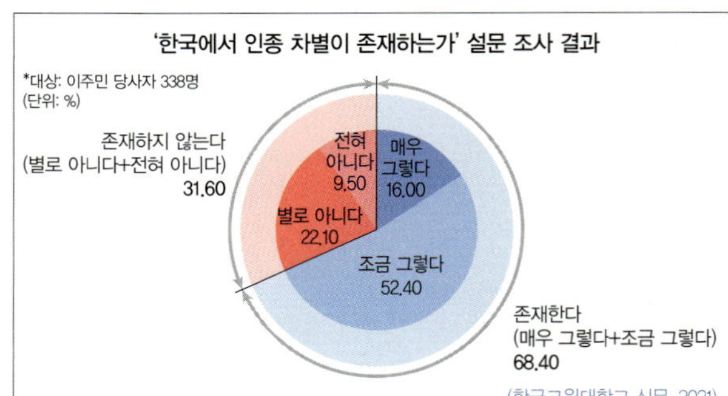


주변의 이주민, 이주민 노동자, 이주민 노동자들의 자녀에 이르기까지 우리들의 편견과 차별은 그들의 마음에 상처를 내고 있습니다.

백인들이 아시아인들을 '노랭이', '찢어진 눈'으로 표현하는 것이 모욕적인 폭력인 것처럼 파키스탄 출신 이주 노동자를 '파퀴벌레'라고 부르는 것도 폭력입니다. 전문가들은 "혐오 표현의 다음 단계는 구체적 폭력이다."라고 우려하고 있습니다.

우리가 먼저 외국인에 대한 인식 개선부터 시작해 차별 금지법과 인종 차별 금지법 제정이 이루어질 수 있도록 노력해야 합니다.

| 점수 | 채점 영역 | | | 합계(20점) |
|---|---|---|---|---|
| | 내용 구성(10점) | 작성 조건(5점) | 성실성(5점) | |
| | 주제에 알맞게 내용이 구성되었는가? | 작성 조건을 충족하였는가? | 충분한 분량을 작성하였는가? | |

## 역할 수행하기

( )학년 ( )반 ( )번 이름:

## | 재무 설계사 ○○의 하루 |

● 재무 설계사로서 의뢰인 갑~정의 의뢰 내용에 대해 맞춤형 금융 컨설팅을 제시해 보자.

〈조건〉

• 예금, 적금, 펀드, 주식, 채권, 연금 중 한 가지 이상의 금융 상품을 소개해야 한다.
• 자산 관리의 원칙(유동성, 안전성, 수익성)에 대한 용어를 사용해야 한다.

| 의뢰인의 의뢰 내용 | 재무 설계사 ○○의 컨설팅 내용 |
| --- | --- |
| 의뢰인 갑(초등학생, 10세)<br>저는 매주 용돈을 5천 원씩 받고 있어요. 이 돈은 모두 친구들이랑 노는 데 사용해요. 가끔 친구들이랑 놀 때 돈이 부족해서 당황스러울 때가 있어요. 어떻게 하는 것이 좋을까요? | |
| 의뢰인 을(회사원, 32세)<br>저의 현재 월급은 250만 원입니다. 대달 정기 적금과 예금으로 150만 원 정도를 저금하고 있습니다. 이 방식으로 결혼 자금 등 목돈 마련은 될 것 같은데 금리가 낮아 그런지 수익을 내기는 어렵습니다. 안전성을 최대한 유지하면서 좀 더 높은 수익을 얻을 방법은 없을까요? | |
| 의뢰인 병(회사원, 53세)<br>저의 월급은 550만 원 정도입니다. 요즘 고민은 내년에 있을 아들의 결혼입니다. 들어둔 적금이 만기가 되려면 몇 년을 더 기다려야 합니다. 좋은 땅이 나왔다고 하는데 부동산을 구매하여 유동 자금을 만들어야 할 것 같습니다. 저의 계획이 좋은 방법일까요? | |
| 의뢰인 정(자영업, 64세)<br>저는 작은 카페를 운영하고 있습니다. 현재 3,000만 원 정도의 여유 자금과 살고 있는 집이 저의 전 재산입니다. 요즘 노후 준비를 위해 100만 원 정도를 주식에 투자하고 있습니다. 수익성이 좋은 편인데, 저의 노후 준비에 문제는 없겠죠? | |

| | 채점 영역 | | | 합계(20점) |
| --- | --- | --- | --- | --- |
| 점수 | 내용의 적절성(10점) | 과제의 완성도(5점) | 구성의 참신함(5점) | |
| | | | | |

절취선

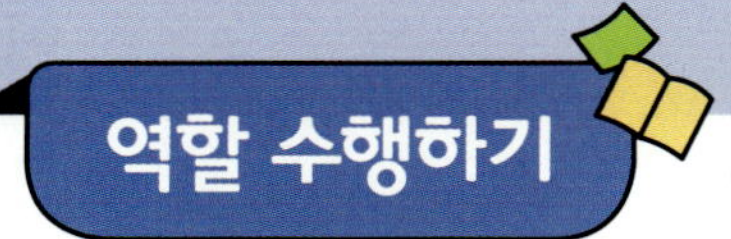

## 역할 수행하기

( )학년 ( )반 ( )번 이름:

# | 재무 설계사 ○○의 하루 |

● 재무 설계사로서 의뢰인 갑~정의 의뢰 내용에 대해 맞춤형 금융 컨설팅을 제시해 보자.

> 〈조건〉
> • 예금, 적금, 펀드, 주식, 채권, 연금 중 한 가지 이상의 금융 상품을 소개해야 한다.
> • 자산 관리의 원칙(유동성, 안전성, 수익성)에 대한 용어를 사용해야 한다.

| 의뢰인의 의뢰 내용 | 재무 설계사 ○○의 컨설팅 내용 |
| --- | --- |
| 의뢰인 갑(초등학생, 10세)<br><br>저는 매주 용돈을 5천 원씩 받고 있어요. 이 돈은 모두 친구들이랑 노는 데 사용해요. 가끔 친구들이랑 놀 때 돈이 부족해서 당황스러울 때가 있어요. 어떻게 하는 것이 좋을까요? | <br>매주 받는 용돈의 일부를 예금에 저축하는 것이 좋습니다. 5천 원 중 천 원만 저축해도 됩니다. 친구들과 놀 때 사용할 여유 자금이 생기고, 더 큰 목표를 위해 돈을 모을 수 있습니다. 저축의 중요성을 배우고, 나중에 큰 구매를 할 수 있는 기회를 마련하세요. |
| 의뢰인 을(회사원, 32세)<br><br>저의 현재 월급은 250만 원입니다. 매달 정기 적금과 예금으로 150만 원 정도를 저금하고 있습니다. 이 방식으로 결혼 자금 등 목돈 마련은 될 것 같은데 금리가 낮아 그런지 수익을 내기는 어렵습니다. 안전성을 최대한 유지하면서 좀 더 높은 수익을 얻을 방법은 없을까요? | <br>정기 예금과 적금으로 목돈을 마련 중이지만, 수익성은 낮습니다. 더 높은 수익을 원한다면, 일부 자산을 펀드나 채권에 투자해 보세요. 다양한 금융 자산에 분산 투자함으로써 안전성을 유지하면서 수익성을 높일 수 있습니다. 특히, 중·장기 목표를 위해서는 위험이 낮은 채권형 펀드를 고려해 보세요. |
| 의뢰인 병(회사원, 53세)<br><br>저의 월급은 550만 원 정도입니다. 요즘 고민은 내년에 있을 아들의 결혼입니다. 들어둔 적금이 만기가 되려면 몇 년을 더 기다려야 합니다. 좋은 땅이 나왔다고 하는데 부동산을 구매하여 유동 자금을 만들어야 할 것 같습니다. 저의 계획이 좋은 방법일까요? | <br>아들의 결혼 자금 마련을 위해 유동성이 높은 자산이 필요하실 겁니다. 부동산 구매는 유동성이 낮아 필요 시 빠르게 현금화하기 어렵습니다. 기존 적금을 유지하면서, 중·단기적으로 유동성이 높은 금융 자산, 예를 들어 단기 채권 펀드나 수시 입출금이 가능한 예금을 이용해 유동 자금을 확보하는 것이 좋습니다. |
| 의뢰인 정(자영업, 64세)<br><br>저는 작은 카페를 운영하고 있습니다. 현재 3,000만 원 정도의 여유 자금과 살고 있는 집이 저의 전 재산입니다. 요즘 노후 준비를 위해 100만 원 정도를 주식에 투자하고 있습니다. 수익성이 좋은 편인데, 저의 노후 준비에 문제는 없겠죠? | <br>노후 준비를 위해 자산을 안정성 있게 분산 투자하는 것이 중요합니다. 현재 주식에 투자 중이신데, 이는 수익성은 높지만 변동성이 큽니다. 여유 자금 일부를 연금 저축이나 채권 펀드로 분산 투자하여 안정성을 확보하세요. 이 방법으로 노후에 대비하여 안정적인 소득을 기대할 수 있습니다. |

| 점수 | 채점 영역 | | | 합계(20점) |
| --- | --- | --- | --- | --- |
| | 내용의 적절성(10점) | 과제의 완성도(5점) | 구성의 참신함(5점) | |
| | 의뢰인의 의뢰 내용에 부합하는 내용인가? | 제시된 조건을 만족하고, 맞춤법을 지켜 작성했는가? | 컨설팅의 내용 구성이 참신한가? | |

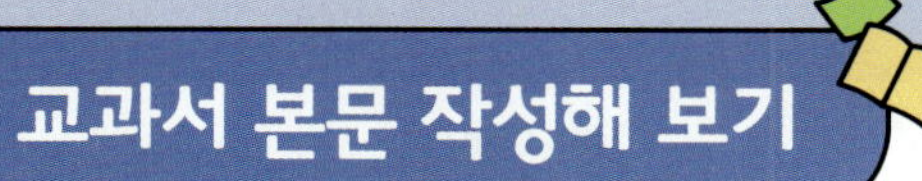


(　　)학년 (　　)반 (　　)번  이름:



## | 동북아시아 공동 역사 교과서 만들기 |

● 제시된 조건에 맞추어 동북아시아 3국이 연관된 역사적 사실을 담은 공동 역사 교과서의 본문을 제작해 보자.

〈조건〉

1. 한국, 중국, 일본 3국이 모두 관련된 역사적 사실을 주제로 선정할 것(㉔ 임진왜란, 청일 전쟁, 윤봉길 의사의 의거 등)
2. 모둠원 1명씩 각국의 관점을 대변하여 글을 쓴 후 이를 모아 공동으로 내용을 작성할 것
3. 실제 교과서 서술 양식과 유사하게 서술할 것
4. 관련된 사진, 그림, 통계 자료 등을 활용할 것

| 선정 주제 | 한국의 관점 |
| --- | --- |
| | 중국의 관점 |
| | 일본의 관점 |

공동 역사 교과서

| 점수 | 채점 영역 | | | | 합계(20점) |
| --- | --- | --- | --- | --- | --- |
| | 주제와 내용의 적절성(5점) | 구성(5점) | 보편적 가치에 대한 이해 정도(5점) | 과제 완성 및 모둠원 참여도(5점) | |
| | | | | | |

## 교과서 본문 작성해 보기

(　　)학년 (　　)반 (　　)번  이름:

# | 동북아시아 공동 역사 교과서 만들기 |

● 제시된 조건에 맞추어 동북아시아 3국이 연관된 역사적 사실을 담은 공동 역사 교과서의 본문을 제작해 보자.

〈조건〉

1. 한국, 중국, 일본 3국이 모두 관련된 역사적 사실을 주제로 선정할 것(예 임진왜란, 청일 전쟁, 윤봉길 의사의 의거 등)

2. 모둠원 1명씩 각국의 관점을 대변하여 글을 쓴 후 이를 모아 공동으로 내용을 작성할 것

3. 실제 교과서 서술 양식과 유사하게 서술할 것

4. 관련된 사진, 그림, 통계 자료 등을 활용할 것

| 선정 주제 | |
|---|---|
| 백강구 전투 백제가 멸망한 뒤 백제 부흥군이 주체가 되어, 일본의 지원병과 합세해 신라와 당나라 연합군과 벌였던 국제적인 전투 | **한국의 관점**<br>백제 멸망 후 663년 무왕의 조카 복신이 승려 도침과 함께 주류성을 본거지로 삼아 백제 부흥병을 일으키면서 일본[倭]에 원군을 요청하였고 일본이 원군을 파병하였다. 그 시기 왕자 부여 풍이 귀국하여 백제 부흥군이 함께 모였다. 백제 부흥군은 백제의 북서부 일대에서 나당 연합군과 싸웠으나 결국 패배하였다. 신라는 이 전쟁 후 당나라와 충돌하였으나 이를 적절히 조정하면서 통일 신라를 건설하였다.<br><br>**중국의 관점**<br>백제 지역을 점령하고 있던 당나라는 증원군을 파견하여 신라군과 연합전을 펼쳤다. 당나라 수군은 주류성으로 향하던 중 백강에서 일본 수군을 만나 네 번 싸워 모두 승리하였다. 당과 신라의 연합군이 협공한 백강 해전에서 백제 부흥군은 일본 수군과 함께 싸웠으나 당나라의 전술에 밀려 참패를 당하였다.<br><br>**일본의 관점**<br>일본[倭]의 야마토 정권은 백제의 부흥 운동 세력이 진압되면 일본이 더 이상 한반도에 진출할 기회가 없어질 수 있고, 한반도가 당나라의 영향 아래에 들어가는 것이 일본에 대한 위협이 될 수 있었기에 백강구 전투 출병을 결정하였다. 일본은 군사 행동을 통해 대륙과의 교류 및 교통에 도움이 되는 백제 지역의 기반이 그대로 지속되길 바랐으나 백강구 전투 패전으로 실패하였다. |

### 공동 역사 교과서

백제가 멸망한 후 백제 지역은 당나라가 점령하였으나, 자신들의 주체성을 지키기 위해 백제 유민들의 부흥군이 지속적으로 활동하였다. 당나라에 대항하기 위해 백제 부흥군의 복신과 도침은 일본에 원군을 요청하였고, 일본은 대륙으로의 진출 기반을 유지하기 위해 군대를 지원하였다. 백제 부흥군과 일본군은 주류성을 중심으로 당나라 군에 대한 공격을 시작하였고, 당나라 군은 신라군과 함께 이에 대응하였다. 나당 연합군은 백강 해전에서 백제와 일본의 연합국에 승리하였고 주류성도 점령하였다. 백강구 전투 이후에 백제 부흥군 내부가 분열되었고, 일본도 더 이상 원군을 보내지 않아 백제 부흥 운동은 약화되었다. 이후 당나라와 신라는 백제와 고구려 지역의 영토 소유를 둘러싸고 무력 충돌을 하였고, 일본은 일시적으로 대외 진출에 소극적인 태도를 보이게 되었다.

| | 채점 영역 | | | | 합계(20점) |
|---|---|---|---|---|---|
| | 주제와 내용의 적절성(5점) | 구성(5점) | 보편적 가치에 대한 이해 정도(5점) | 과제 완성 및 모둠원 참여도(5점) | |
| 점수 | 작성된 내용이 주제에 부합하며 적절한 내용인가? | 주제에 맞는 내용과 자료를 적절하게 배치하였는가? | 서술 내용이 관련된 나라의 국민들이 공감할 수 있는 보편적 가치에 따라 서술되었는가? | - 주어진 시간 안에 과제를 완성하였는가?<br>- 모둠원들 모두가 참여하였는가? | |

## 미래 직업 알아보기

(    )학년 (    )반 (    )번  이름:



# | 흥미와 적성에 맞는 미래 직업 탐색 |

**step 1** 자신의 흥미 및 적성 유형 파악하기

● 자신의 흥미 및 적성에 ○ 표시를 해보자.(커리어넷 https://www.career.go.kr – 진로 심리 검사)

| 체크 | 흥미 유형 | 내용 |
|---|---|---|
| | E 유형(기업형) | 리더십으로 사람들을 이끔 / 다른 사람을 설득하고 토론 및 논쟁을 즐김 / 다른 사람들의 생각이나 관점에 영향을 주고 싶어함 / 외향적이고 적극적인 성격으로 주목받기를 원함 |
| | I 유형(탐구형) | 깊게 탐구하는 과정을 즐김 / 새로운 것에 대한 호기심이 많음 / 논리적이고 합리적인 사고를 함 / 혼자서 하는 일에 집중하는 경우가 많음 |
| | C 유형(관습형) | 맡은 일에 대한 책임감이 있음 / 약속을 잘 지키는 편임 / 세심하고 꼼꼼함 / 어떤 일에 대해 미리 준비하고 대비하는 성향이 강함 |
| | S 유형(사회형) | 타인의 감정을 잘 이해함 / 봉사활동에 참여함 / 사람들과 잘 어울리고 사교적인 모습을 보임 / 혼자 일하기보다 함께 일하는 것을 즐김 |
| | A 유형(예술형) | 감수성이 풍부함 / 예술 분야(미술, 음악, 문학 등)에 관심이 많음 / 자신만의 개성이 뚜렷함 / 창의성을 발휘할 수 있는 주제에 흥미를 느낌 |
| | R 유형(실제형) | 현실적이고 실제적인 것에 영향을 받음 / 직접 느끼고 움직이는 체험을 중시함 / 손이나 도구를 사용하는 조작을 즐김 / 어떤 대상이나 기계, 동식물을 조작하는 활동에 관심을 둠 |

| 적성 유형 | 신체·운동 능력 | 손재능 | 공간 지각력 | 음악 능력 | 창의력 | 언어 능력 | 수리·논리력 | 자기 성찰 능력 | 대인 관계 능력 | 자연 친화력 | 예술 시각 능력 |
|---|---|---|---|---|---|---|---|---|---|---|---|
| 체크 | | | | | | | | | | | |

**step 2** 흥미 및 적성에 맞는 미래 직업 탐색하기(커리어넷 – 직업 정보 – 미래 직업 또는 미래 직업 가이드북 참조)

● 관심 있는 미래 직업의 분야에 ○ 표시를 하고, 선택한 분야의 직업 중 하나를 선택하여 조사해 보자.

| 로봇 | 바이오 | 연결 | 안전 | 에너지 | 놀이 | 건강 | 의식주 | 디자인 |
|---|---|---|---|---|---|---|---|---|
| | | | | | | | | |

| 항목 | 내용 |
|---|---|
| 직업명 | |
| 하는 일 | |
| 관련 직업 및 활동 분야 | |
| 관련 전공 | |
| 훈련 과정 | |
| 직업 전망 | |

| 점수 | 채점 영역 | | | 합계(20) |
|---|---|---|---|---|
| | 내용의 적절성(10) | 성실성(5) | 동료 평가(5) | |
| | | | | |

## 미래 직업 알아보기

( )학년 ( )반 ( )번 이름:

# | 흥미와 적성에 맞는 미래 직업 탐색 |

**step 1** 자신의 흥미 및 적성 유형 파악하기

● 자신의 흥미 및 적성에 ○ 표시를 해보자.(커리어넷 https://www.career.go.kr – 진로 심리 검사)

| 체크 | 흥미 유형 | 내용 |
|---|---|---|
|  | E 유형(기업형) | 리더십으로 사람들을 이끔 / 다른 사람을 설득하고 토론 및 논쟁을 즐김 / 다른 사람들의 생각이나 관점에 영향을 주고 싶어함 / 외향적이고 적극적인 성격으로 주목받기를 원함 |
|  | I 유형(탐구형) | 깊게 탐구하는 과정을 즐김 / 새로운 것에 대한 호기심이 많음 / 논리적이고 합리적인 사고를 함 / 혼자서 하는 일에 집중하는 경우가 많음 |
|  | C 유형(관습형) | 맡은 일에 대한 책임감이 있음 / 약속을 잘 지키는 편임 / 세심하고 꼼꼼함 / 어떤 일에 대해 미리 준비하고 대비하는 성향이 강함 |
| ○ | S 유형(사회형) | 타인의 감정을 잘 이해함 / 봉사활동에 참여함 / 사람들과 잘 어울리고 사교적인 모습을 보임 / 혼자 일하기보다 함께 일하는 것을 즐김 |
|  | A 유형(예술형) | 감수성이 풍부함 / 예술 분야(미술, 음악, 문학 등)에 관심이 많음 / 자신만의 개성이 뚜렷함 / 창의성을 발휘할 수 있는 주제에 흥미를 느낌 |
|  | R 유형(실제형) | 현실적이고 실제적인 것에 영향을 받음 / 직접 느끼고 움직이는 체험을 중시함 / 손이나 도구를 사용하는 조작을 즐김 / 어떤 대상이나 기계, 동식물을 조작하는 활동에 관심을 둠 |

| 적성 유형 | 신체·운동 능력 | 손재능 | 공간 지각력 | 음악 능력 | 창의력 | 언어 능력 | 수리·논리력 | 자기 성찰 능력 | 대인 관계 능력 | 자연 친화력 | 예술 시각 능력 |
|---|---|---|---|---|---|---|---|---|---|---|---|
| 체크 |  |  |  |  |  |  |  |  | ○ |  |  |

**step 2** 흥미 및 적성에 맞는 미래 직업 탐색하기(커리어넷 – 직업 정보 – 미래 직업 또는 미래 직업 가이드북 참조)

● 관심 있는 미래 직업의 분야에 ○ 표시를 하고, 선택한 분야의 직업 중 하나를 선택하여 조사해 보자.

| 로봇 | 바이오 | 연결 | 안전 | 에너지 | 놀이 | 건강 | 의식주 | 디자인 |
|---|---|---|---|---|---|---|---|---|
|  |  |  |  |  | ○ |  |  |  |

| 항목 | 내용 |
|---|---|
| 직업명 | 반려동물 훈련·상담사 |
| 하는 일 | 반려동물이 문제 행동을 보이는 경우 이러한 행동을 바로잡아 주는 프로그램을 만들어 실시하고 교육하는 일을 합니다. |
| 관련 직업 및 활동 분야 | 관련 직업으로는 동물 돌봄이 및 훈련가, 동물 조련사, 동물 교감 전문가, 수의사 등이 있으며 반려동물 관련 기업, 반려동물 훈련소나 훈련 학교, 반려동물 호텔, 동물병원 등의 분야와 군이나 경찰청, 세관 등과 같은 공공 기관에 소속되어 활동할 수 있습니다. |
| 관련 전공 | 고등학교의 경우 애완동물과, 동물산업과에 입학하거나 전문대학 또는 대학교에서 애완동물과, 동물산업과, 동물자원학과 등에 입학하여 동물과 관련된 교육을 받아야 합니다. |
| 훈련 과정 | 대학교나 기업 부설 평생교육기관에서 반려동물관리전공, 애완동물관리전공을 이수하거나 민간 훈련 기관의 반려동물 관리 과정을 통해 반려동물 행동 상담원이 되기 위한 훈련과 교육을 받을 수 있습니다. |
| 직업 전망 | 반려동물을 키우는 사람들이 늘어나고 있으며 반려동물과 연관된 산업도 계속 성장할 것으로 예상됩니다. |

| 점수 | 채점 영역 | | | 합계(20) |
|---|---|---|---|---|
|  | 내용의 적절성(10) | 성실성(5) | 동료 평가(5) | |
|  | 본인의 흥미 및 적성에 맞는 직업을 조사 하였는가? | 충분한 분량을 작성하였는가? | 다른 학생들로부터의 반응은 좋았는가? | |

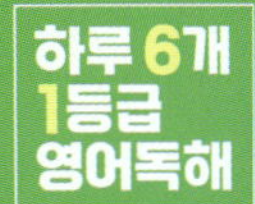


내신과 수능을 모두 책임지는

# 하루 6개 1등급 영어독해

매일매일 밥 먹듯이,
EBS랑 영어 1등급 완성하자!

✓ 규칙적인 일일 학습으로
**영어 1등급 5주 완성**

✓ 최신 기출문제 + 실전 같은
문제 풀이 연습으로
**내신과 학력평가, 수능 등급 UP!**

✓ 대학별 최저 등급 기준 충족을 위한
**변별력 높은 문항 집중 학습**

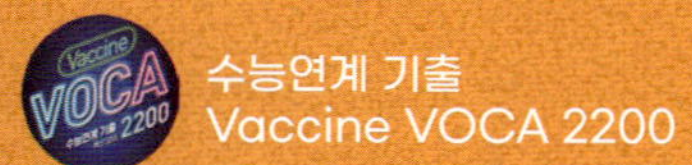




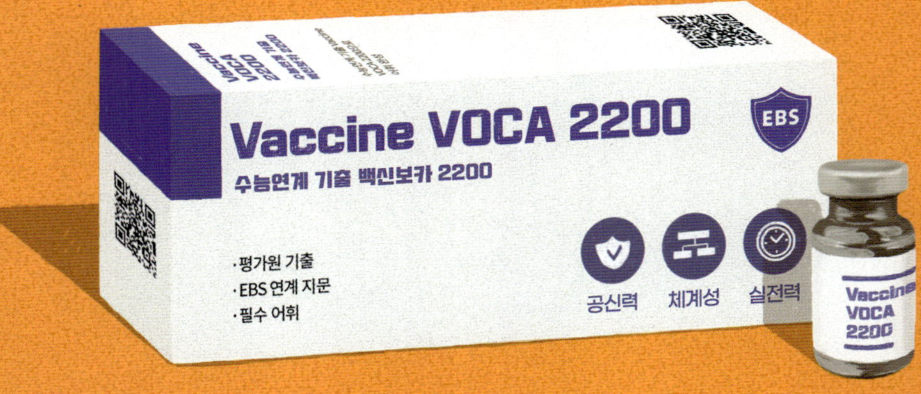


○ **수능 영단어장의 끝판왕!**
10개년 수능 빈출 어휘 + 7개년 연계교재 핵심 어휘

○ **수능 적중 어휘 자동암기 3종 세트 제공**
휴대용 포켓 단어장 / 표제어 & 예문 MP3 파일 / 수능형 어휘 문항 실전 테스트

**휴대용 포켓 단어장 제공**

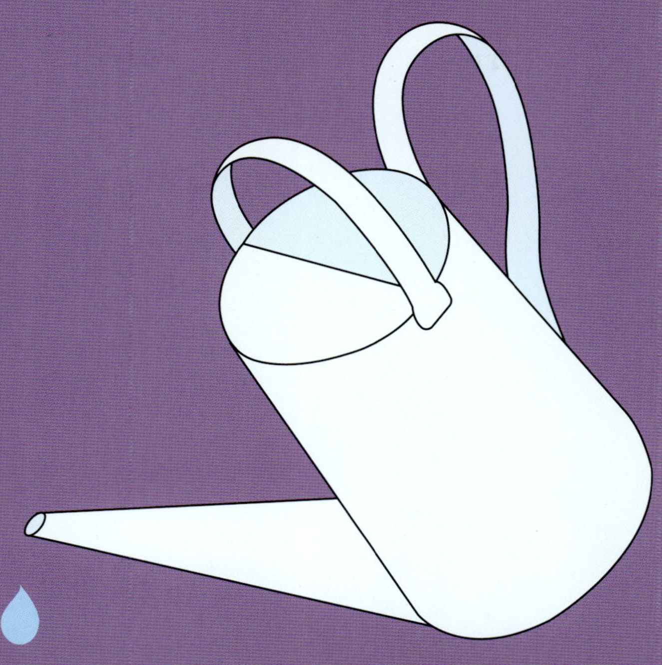

# 통합사회 2

# 정답과 해설

# 개념완성

내신과 수능을 동시에 완성하는
**EBS 대표 기본서**

# 2028학년도
# 수능 스타트

새로운 수능! 한국교육과정평가원 예시문항 완벽 분석

통합사회    통합과학

| 고등 예비 과정 | 개념 완성 | 개념 완성 문항편 |
|---|---|---|
|   | 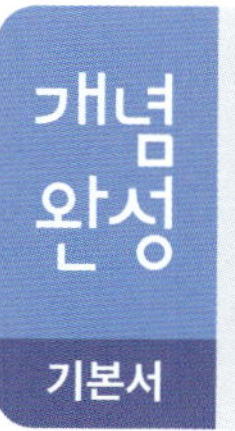  | 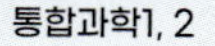 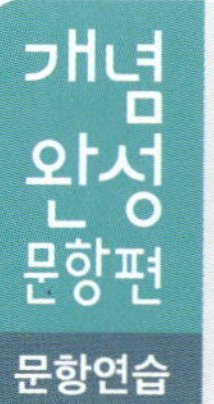 |
| 단기학습 | 기본서 | 문항연습 |
| 통합사회    통합과학 | 통합사회 1, 2    통합과학 1, 2 | 통합사회 1188제    통합과학 943제 |

# 개념완성

정답과 해설

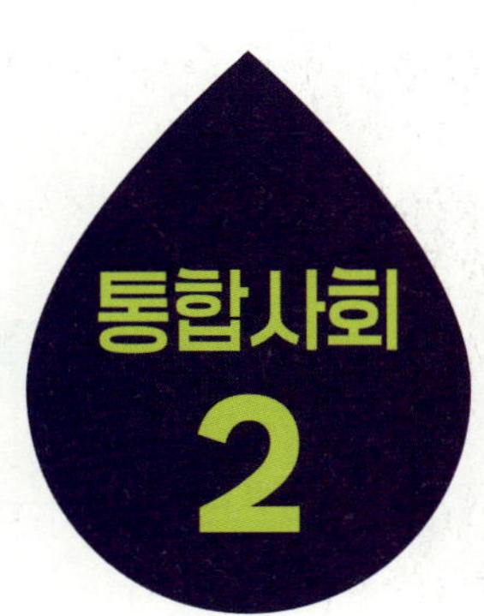

# Ⅰ 인권 보장과 헌법

## 01 인권의 의미와 현대 사회의 인권

### 개념 체크 문제
본문 9쪽

❶ × ❷ × ❸ ○ ❹ ○ ❺ 천부성 ❻ 자유권 ❼ 연대권 ❽ 계몽사상 ❾ 인권 ❿ 프랑스 ⓫ 세계 인권 선언 ⓬ ㄹ ⓭ ㄱ ⓮ ㄷ ⓯ ㄴ

본문 11쪽

❶ × ❷ ○ ❸ ○ ❹ ㄷ ❺ ㄴ ❻ ㄹ ❼ ㄱ ❽ 문화권 ❾ 주거 ❿ ㉢ ⓫ ㉣ ⓬ ㉡ ⓭ ㉠

### 기본 문제
본문 12~13쪽

01 ④　02 ④　03 ⑤　04 ①　05 ④
06 ③　07 ③　08 ②　09 ②

### 1등급 도전 문제
본문 15쪽

01 ⑤　02 ④　03 ①　04 ⑤

## 02 인권 보장을 위한 헌법의 역할과 시민 참여

### 개념 체크 문제
본문 17쪽

❶ ○ ❷ × ❸ ○ ❹ × ❺ 자유권 ❻ 평등권 ❼ 법률 ❽ 법치주의 ❾ 헌법 소원 ❿ 국민 주권 ⓫ ㄱ ⓬ ㄹ ⓭ ㄴ ⓮ ㄷ

본문 19쪽

❶ ○ ❷ ○ ❸ × ❹ ㄹ ❺ ㄱ ❻ ㄴ ❼ ㄷ ❽ 국민 투표 ❾ 시민 불복종 ❿ 대의 민주주의 ⓫ ㉢ ⓬ ㉡ ⓭ ㉠

### 기본 문제
본문 20~21쪽

01 ⑤　02 ②　03 ①　04 ①　05 ②
06 ⑤　07 ②　08 ①　09 ②

### 1등급 도전 문제
본문 23쪽

01 ③　02 ③　03 ④　04 ②

## 03 인권 문제의 양상과 해결 방안

### 개념 체크 문제
본문 25쪽

❶ × ❷ × ❸ ○ ❹ × ❺ 30분 ❻ 없다 ❼ 본인 ❽ 35 ❾ 사회적 소수자 ❿ 인권 감수성 ⓫ 근로 계약서 ⓬ ㄴ ⓭ ㄱ ⓮ ㄹ ⓯ ㄷ

본문 27쪽

❶ × ❷ ○ ❸ × ❹ ○ ❺ ㄹ ❻ ㄴ ❼ ㄷ ❽ ㄱ ❾ 인권 이사회 ❿ 세계 식량 계획 ⓫ 국제 사면 위원회 ⓬ 국경 없는 의사회

### 기본 문제
본문 28~29쪽

01 ①　02 ⑤　03 ①　04 ④　05 ⑤
06 ④　07 ②　08 ⑤　09 ③

### 1등급 도전 문제
본문 31쪽

01 ②　02 ②　03 ④　04 ⑤

### 대단원 종합 문제
본문 33~35쪽

01 ③　02 ③　03 ⑤　04 ②
05 (1) (가) 환경권, (나) 문화권 (2) 해설 참조　06 ①
07 (1) 사회권 (2) 해설 참조　08 ③　09 ⑤
10 ④　11 ⑤　12 ①　13 ②
14 (1) 국제 연합 인권 이사회 (2) 해설 참조　15 ④

### 수능 유형 문제
본문 36~37쪽

01 ③　02 ②　03 ①　04 ⑤　05 ③
06 ④　07 ②　08 ②

## 01 정의의 의미와 실질적 기준

**개념 체크 문제**

본문 41쪽

❶ ○ ❷ × ❸ ○ ❹ 일반적 ❺ 정의 ❻ 교정적 ❼ 저울 ❽ 공동선 ❾ ㄱ, ㄴ, ㄷ, ㄹ ❿ ㅁ ⓫ ㄴ ⓬ ㄱ ⓭ ㄷ

본문 43쪽

❶ ○ ❷ × ❸ ○ ❹ × ❺ 향상시킨다 ❻ 높은 ❼ 필요에 따른 분배 ❽ 기회의 평등 ❾ 업적, 능력 ❿ 필요 ⓫ ㄱ, ㄷ, ㄹ

**▶ 기본 문제**

본문 44~45쪽

01 ② 02 ④ 03 ④ 04 ⑤ 05 ④
06 ④ 07 ② 08 ③

**▶ 1등급 도전 문제**

본문 47쪽

01 ③ 02 ③ 03 ② 04 ①

## 02 다양한 정의관의 특징과 적용

**개념 체크 문제**

본문 49쪽

❶ ○ ❷ ○ ❸ ○ ❹ × ❺ 중립적, 최대한 ❻ 교정 ❼ 절차 ❽ 배타적, 절대적 ❾ 차등 ❿ 개인선 ⓫ 자유(혹은 권리) ⓬ ㄱ, ㄴ, ㅂ ⓭ ㄷ, ㄹ, ㅁ

본문 51쪽

❶ ○ ❷ ○ ❸ × ❹ × ❺ 연고적 ❻ 고려해야 ❼ 공동선 ❽ 상호 보완적 ❾ 집단주의 ❿ 자유주의 ⓫ 자아 정체성 ⓬ ㄱ ⓭ ㄴ ⓮ ㄱ ⓯ ㄴ ⓰ ㄴ

**▶ 기본 문제**

본문 52~53쪽

01 ② 02 ④ 03 ⑤ 04 ⑤ 05 ⑤
06 ① 07 ④ 08 ②

**▶ 1등급 도전 문제**

본문 55쪽

01 ④ 02 ② 03 ② 04 ⑤

## 03 다양한 불평등 현상과 정의로운 사회 실현

**개념 체크 문제**

본문 57쪽

❶ ○ ❷ ○ ❸ × ❹ ○ ❺ 갈등 관계 ❻ 미친다 ❼ 수도권과 대도시 ❽ 훼손 ❾ 사회적 약자 ❿ 대물림 ⓫ 저해 ⓬ ㄴ, ㅁ ⓭ ㄷ ⓮ ㄱ, ㄹ

본문 59쪽

❶ × ❷ ○ ❸ ○ ❹ × ❺ 공공 부조 ❻ 완화 ❼ 사회 서비스 ❽ 지역 격차 완화 정책 ❾ 역차별 ❿ ㄴ, ㄹ ⓫ ㄱ ⓬ ㄷ

**▶ 기본 문제**

본문 60~61쪽

01 ① 02 ③ 03 ② 04 ④ 05 ③
06 ⑤ 07 ④ 08 ④

**▶ 1등급 도전 문제**

본문 63쪽

01 ⑤ 02 ③ 03 ② 04 ④

**대단원 종합 문제**

본문 65~67쪽

01 ④ 02 ④ 03 ① 04 ③ 05 ⑤
06 ④ 07 ③ 08 ⑤ 09 해설 참조
10 ④ 11 ④ 12 해설 참조

**수능 유형 문제**

본문 68~69쪽

01 ④ 02 ⑤ 03 ① 04 ③ 05 ①
06 ④ 07 ③ 08 ③

## Ⅲ 시장경제와 지속가능발전

### 01 자본주의의 전개 과정과 경제 체제

**개념 체크 문제**

본문 73쪽

❶ ○ ❷ × ❸ ○ ❹ ○ ❺ 상업 ❻ 상업 ❼ 수정 ❽ 최소화 ❾ 개입 ❿ 애덤 스미스 ⓫ 대공황 ⓬ ㄷ ⓭ ㄴ

본문 75쪽

❶ × ❷ × ❸ ○ ❹ × ❺ 프리드먼 ❻ 시장 ❼ 스태그플레이션 ❽ 시장 ❾ 시장 ❿ 시장, 계획, 혼합 ⓫ ㄱ ⓬ ㄴ ⓭ ㉡ ⓮ ㉠

**기본 문제**

본문 76~77쪽

01 ④　02 ③　03 ⑤　04 ⑤　05 ①
06 ③　07 ②　08 ①

**1등급 도전 문제**

본문 79쪽

01 ④　02 ②　03 ④　04 ③

### 02 합리적 선택과 경제 주체의 역할

**개념 체크 문제**

본문 81쪽

❶ × ❷ ○ ❸ × ❹ × ❺ 명시적, 암묵적 ❻ 양의 값 ❼ 독점, 과점 ❽ 비효율적 ❾ 희소성 ❿ 매몰 비용 ⓫ 담합 ⓬ 비대칭성 ⓭ ㄱ ⓮ ㄴ

본문 83쪽

❶ × ❷ ○ ❸ × ❹ ○ ❺ 정부 ❻ 정부 ❼ 윤리적 ❽ 기업가 정신 ❾ 사회적 ❿ ㄱ ⓫ ㄷ ⓬ ㄴ

**기본 문제**

본문 84~85쪽

01 ③　02 ③　03 ④　04 ③　05 ①
06 ④　07 ⑤　08 ②

**1등급 도전 문제**

본문 87쪽

01 ③　02 ①　03 ⑤　04 ②

### 03 자산 관리와 금융 생활 설계

**개념 체크 문제**

본문 89쪽

❶ ○ ❷ × ❸ ○ ❹ × ❺ ○ ❻ 줄이는 ❼ 줄이는 ❽ 줄이는 ❾ 배당 ❿ 보험 ⓫ 연금 ⓬ 생애 주기 곡선 ⓭ ㄱ ⓮ ㄴ ⓯ ㄷ

**기본 문제**

본문 90~91쪽

01 ②　02 ④　03 ⑤　04 ④　05 ①
06 ③　07 ①　08 ②

**1등급 도전 문제**

본문 93쪽

01 ④　02 ⑤　03 ③　04 ②

### 04 국제 분업과 무역

**개념 체크 문제**

본문 95쪽

❶ ○ ❷ × ❸ ○ ❹ × ❺ ○ ❻ × ❼ 증가 ❽ 절대 우위 ❾ 선진국, 개발 도상국 ❿ 규모의 경제 ⓫ 무역 ⓬ 특화 ⓭ 이익

**기본 문제**

본문 96~97쪽

01 ⑤　02 ③　03 ②　04 ③　05 ②
06 ④　07 ⑤　08 ②

**1등급 도전 문제**

본문 99쪽

01 ⑤　02 ⑤　03 ③　04 ④

# Ⅳ 세계화와 평화

## 01 세계화의 다양한 양상과 문제 해결 방안

**개념 체크 문제**

본문 109쪽

❶ ×  ❷ ○  ❸ ○  ❹ ○  ❺ ×  ❻ ○
❼ 지리적 표시제, 장소 마케팅  ❽ 브라질  ❾ 뉴욕  ❿ 뉴욕
⓫ 지리적 표시제  ⓬ 장소 마케팅(지역 축제)  ⓭ 런던, 뉴욕, 도쿄  ⓮ 생산자 서비스업

본문 111쪽

❶ ×  ❷ ×  ❸ ○  ❹ ×  ❺ ○  ❻ 연구소  ❼ 선진국
❽ 선진국  ❾ 아프리카  ❿ 아프리카  ⓫ 오스트레일리아, 뉴질랜드

**▶ 기본 문제**  본문 112~113쪽

01 ④  02 ⑤  03 ④  04 ③  05 ②
06 ①  07 ⑤  08 ①

**▶ 1등급 도전 문제**  본문 115쪽

01 ④  02 ⑤  03 ②

## 02 평화의 의미와 국제 사회의 역할

**개념 체크 문제**

본문 117쪽

❶ ×  ❷ ×  ❸ ○  ❹ ○  ❺ ○  ❻ 적극적  ❼ 포클랜드 분쟁  ❽ 상호 의존성, 대화  ❾ 구조적  ❿ 적극적
⓫ 국제 협약 체결  ⓬ ㄱ, ㄴ  ⓭ ㄷ, ㄹ, ㅁ

본문 119쪽

❶ ○  ❷ ○  ❸ ×  ❹ ×  ❺ ○  ❻ 지향
❼ 비정부 기구  ❽ 있다  ❾ 국제 사회 전체의 이익
❿ 그린피스  ⓫ 국제법, 국제 규범  ⓬ 힘  ⓭ ㄱ, ㄴ, ㄷ
⓮ ㄹ, ㅁ

**▶ 기본 문제**  본문 120~121쪽

01 ⑤  02 ⑤  03 ⑤  04 ④  05 ⑤
06 ④  07 ②  08 ②

**▶ 1등급 도전 문제**  본문 123쪽

01 ④  02 ④  03 ②  04 ⑤

## 03 남북 분단 및 동아시아 역사 갈등과 세계 평화를 위한 노력

**개념 체크 문제**  본문 125쪽

❶ ×  ❷ ×  ❸ ×  ❹ 있다  ❺ 소련  ❻ 필요하다  ❼ 신탁 통치  ❽ 냉전  ❾ 인권  ❿ 요충지  ⑪ ㄱ, ㄷ, ㄹ  ⑫ ㄴ, ㅁ  ⑬ ㉠  ⑭ ㉡

본문 127쪽

❶ ×  ❷ ×  ❸ ×  ❹ ○  ❺ ○  ❻ 중국 정부  ❼ 선진국  ❽ 공동 역사 교재  ❾ 한류  ❿ ㄱ, ㄴ, ㄷ, ㅁ  ⑪ ㄹ  ⑫ ㉠  ⑬ ㉡

**▶ 기본 문제**  본문 128~129쪽

01 ⑤  02 ④  03 ⑤  04 ④  05 ③
06 ⑤  07 ⑤  08 ③

**▶ 1등급 도전 문제**  본문 131쪽

01 ④  02 ③  03 ⑤  04 ④

**대단원 종합 문제**  본문 133~135쪽

01 ①  02 ①  03 ②  04 ①  05 ⑤
06 (1) ㉠ 소극적 평화, ㉡ 적극적 평화  (2) 해설 참조
07 ⑤  08 ②  09 ④  10 ②  11 ②
12 ④

**수능 유형 문제**  본문 136~137쪽

01 ④  02 ⑤  03 ⑤  04 ⑤  05 ②
06 ③  07 ③  08 ②

## Ⅴ 미래와 지속가능한 삶

### 01 세계의 인구 변화와 인구 문제

**개념 체크 문제**  본문 141쪽

❶ ×  ❷ ○  ❸ ○  ❹ ×  ❺ 사회 · 경제적  ❻ 높다  ❼ 동기  ❽ 낮다  ❾ 산업화  ❿ 자연적  ⑪ 경제  ⑫ ㄴ, ㄷ  ⑬ ㄱ, ㄹ  ⑭ ㉠  ⑮ ㉡

본문 143쪽

❶ ×  ❷ ○  ❸ ○  ❹ ○  ❺ 유럽  ❻ 유입  ❼ 개발 도상국  ❽ 초고령 사회  ❾ 아프리카  ❿ 세대  ⑪ ㄷ, ㄹ  ⑫ ㄱ, ㄴ  ⑬ ㉠  ⑭ ㉡

**▶ 기본 문제**  본문 144~145쪽

01 ④  02 ⑤  03 ③  04 ⑤  05 ②
06 ⑤  07 ⑤  08 ⑤  09 ②

**▶ 1등급 도전 문제**  본문 147쪽

01 ④  02 ②  03 ②  04 ⑤

### 02 에너지 자원과 지속가능한 발전

**개념 체크 문제**  본문 149쪽

❶ ×  ❷ ○  ❸ ○  ❹ 1차  ❺ 석유  ❻ 산성비  ❼ 자원  ❽ 배사  ❾ 자원 민족주의  ❿ ㄱ, ㄹ  ⑪ ㄴ, ㄷ  ⑫ ㉠  ⑬ ㉢  ⑭ ㉡

본문 151쪽

❶ ○  ❷ ×  ❸ ○  ❹ 인위적  ❺ 불평등  ❻ 국가적  ❼ 지열  ❽ 온실가스  ❾ 환경, 경제, 사회  ❿ ㄴ, ㄹ  ⑪ ㄱ, ㄷ  ⑫ ㉢  ⑬ ㉡  ⑭ ㉠

### ▶ 기본 문제
본문 152~153쪽

01 ④  02 ①  03 ⑤  04 ④  05 ④
06 ⑤  07 ⑤  08 ⑤  09 ②

### ▶ 1등급 도전 문제
본문 155쪽

01 ②  02 ②  03 ④  04 ①

## 03 미래 사회와 세계시민으로서의 삶

### 개념 체크 문제
본문 157쪽

❶ ×  ❷ ○  ❸ ×  ❹ ×  ❺ 갈등  ❻ 사생활 침해
❼ 부정적  ❽ 미래학  ❾ 브렉시트  ❿ 북극 항로  ⓫ ㄴ,
ㄹ  ⓬ ㄱ, ㄷ  ⓭ ㉡  ⓮ ㉢  ⓯ ㉠

본문 159쪽

❶ ○  ❷ ○  ❸ ×  ❹ 약화  ❺ 비판적  ❻ 기후변화 대
응 전문가  ❼ 세계시민  ❽ 이기주의적  ❾ ㄷ, ㄹ
❿ ㄱ, ㄴ  ⓫ ㉡  ⓬ ㉠  ⓭ ㉣  ⓮ ㉢

### ▶ 기본 문제
본문 160~161쪽

01 ④  02 ③  03 ②  04 ②  05 ④
06 ③  07 ⑤  08 ①  09 ④

### ▶ 1등급 도전 문제
본문 163쪽

01 ③  02 ①  03 ⑤  04 ②

### 대단원 종합 문제
본문 165~167쪽

01 ⑤  02 ②  03 ④  04 ②  05 ③
06 ③  07 (1) 유한성 (2) 해설 참조  08 ⑤
09 ③  10 (1) 기후변화(지구 온난화) (2) 해설 참조
11 ②  12 ④

### 수능 유형 문제
본문 168~169쪽

01 ④  02 ①  03 ③  04 ④  05 ③
06 ⑤  07 ①  08 ②

# I 인권 보장과 헌법

## 01 인권의 의미와 현대 사회의 인권

### 개념 체크 문제

본문 9쪽

❶ × ❷ × ❸ ○ ❹ ○ ❺ 천부성 ❻ 자유권
❼ 연대권 ❽ 계몽사상 ❾ 인권 ❿ 프랑스 ⓫ 세계 인
권 선언 ⓬ ㄹ ⓭ ㄱ ⓮ ㄷ ⓯ ㄴ

본문 11쪽

❶ × ❷ ○ ❸ ○ ❹ ㄷ ❺ ㄴ ❻ ㄹ ❼ ㄱ
❽ 문화권 ❾ 주거 ❿ ㉢ ⓫ ㉣ ⓬ ㉡ ⓭ ㉠

### 기본 문제

본문 12~13쪽

01 ④　02 ④　03 ⑤　04 ①　05 ④
06 ③　07 ③　08 ②　09 ②

## 01

### 인권의 특징 이해

**정답 찾기** ㄴ. '원래부터'라는 표현에서 인권은 태어나면서부터 당연히 갖는 천부성의 특징이 있음을 알 수 있다.
ㄹ. '남에게 양도할 수 없는'이라는 표현에서 인권은 어떠한 권력으로도 빼앗을 수 없는 불가침성의 특징이 있음을 알 수 있다.

**오답 피하기** ㄱ. '인류 구성원 모두가'라는 표현에서 인권은 사회적 약자만이 갖는 것이 아니라 누구나 갖는 보편성의 특징이 있음을 알 수 있다.
ㄷ. 인권은 태어나면서부터 당연히 갖는 것이지 헌법에 규정되어야 보장받는 것은 아니다.

## 02

### 인권 관련 문서의 파악

**정답 찾기** (가)는 독일 바이마르 헌법, (나)는 국제 연합 아동 권리 협약, (다)는 프랑스 '인간과 시민의 권리 선언'이다.
④ 독일 바이마르 헌법에서는 사회권을, 프랑스 '인간과 시민의 권리 선언'에서는 자유권과 평등권을 강조하고 있다. 아동 권리 협약에서는 국가를 넘어 전 세계 아동이 보호받아야 함을 포함하고 있으므로 인권 보장을 위한 국제적인 협력을 강조한다.

**오답 피하기** ① 독일 바이마르 헌법에서는 인간다운 생활을 할 권리인 사회권을 강조하였다. 아동 권리 협약에서는 어떤 특정한 국가를 넘어 지구상의 모든 아동이 행복하게 생활할 권리 등이 포함되어 있으므로 연대권을 강조하였다.
② 사회권은 2세대 인권, 연대권은 3세대 인권으로 분류된다.
③ 독일 바이마르 헌법은 산업 혁명으로 인한 빈부 격차 심화나 노동자의 열악한 노동 환경 등이 그 배경이 되었다. 두 차례의 세계 대전 이후 인권 문제가 인류 공동의 문제임을 인식하여 세계 인권 선언, 아동 권리 협약 등이 나타난 것이다.
⑤ 프랑스 '인간과 시민의 권리 선언'은 1789년에 발표되었고, 독일 바이마르 헌법은 1919년에 제정되었으며, 아동 권리 협약은 1989년에 국제 연합(UN) 총회에서 채택되었다. 따라서 인권 관련 문서의 시대적 순서는 (다) → (가) → (나)이다.

## 03

### 시민 혁명의 성격 이해

**정답 찾기** ⑤ 미국 독립 혁명은 영국의 식민 지배에 반발하여 미국 시민이 일으킨 시민 혁명이었으며, 천부 인권, 국민 주권, 저항권 등이 담긴 독립 선언문을 발표하였다. 프랑스 혁명은 구체제의 모순에 분노한 프랑스 시민들이 일으킨 시민 혁명으로서 자유와 평등의 이념을 중심으로 인간과 시민의 권리 선언을 발표하였다. 두 시민 혁명 모두 시민의 자유와 권리 보장을 요구했다.

**오답 피하기** ① 미국 독립 혁명과 프랑스 혁명이 부정 선거를 규탄하기 위해 발생한 것은 아니다.
② 노동자의 참정권을 요구한 것은 시민 혁명 이후 차티스트 운동에서이다.
③ 시민 혁명 당시에는 시민들이 자신의 자유와 권리를 주장했으므로 통치자의 권한 강화를 추구한 것은 아니다.
④ 시민 혁명 당시 시민들은 국가의 간섭으로부터 벗어나 자유롭게 생활할 권리를 주장했다. 국가의 적극적인 역할을 강조한 것은 아니다.

## 04

### 차티스트 운동의 이해

**정답 찾기** ① 자료는 1830년대 영국의 노동자들이 차티스트 운동을 일으키면서 주장한 인민 헌장의 내용이다. 인민 헌장에서 노동자들은 선거권, 후보자의 재산 자격 제한 제도 폐지

등을 주장했으므로 당시에는 재산에 따라 참정권의 제한이 있었음을 알 수 있다.

**오답 피하기** ② 무기명 투표를 주장한 것으로 보아 당시에는 비밀 선거의 원칙이 지켜지지 않았음을 알 수 있다.

③ 차티스트 운동에서 21세 이상의 남자 전체에 대한 선거권을 주장했으므로 여성은 선거에서 유권자로 참여하지 못했다.

④ 자료에서 시민들의 정치적 무관심이 사회 문제가 되었다는 근거는 찾아보기 어렵다.

⑤ 공직자를 추첨이나 윤번으로 선출한 것은 고대 아테네에서이다.

## 05
### 인권의 역사적 발전 과정 이해

**정답 찾기** ④ 국제 연합이 1948년에 발표한 세계 인권 선언은 인권 보장이 인류가 추구해야 할 보편적 가치임을 명시함으로써 인권의 국제적 기준을 제시하였다.

**오답 피하기** ① 시민 혁명 이후에도 모든 사람이 자유롭고 평등한 대우를 받은 것은 아니었다. 재산, 성별, 인종 등에 따라 정치 참여가 제한되어 대다수 사람은 국가의 의사 결정 과정에서 배제되었다.

② 차티스트 운동은 1830년대 영국의 노동자들이 일으킨 참정권 쟁취 운동이다.

③ 독일 바이마르 헌법에는 처음으로 사회권을 명시하였다. 연대권은 제2차 세계 대전 이후에 강조되었다.

⑤ 시민 혁명에서 강조된 것은 자유권과 평등권이므로 1세대 인권, 독일 바이마르 헌법에서 강조된 사회권은 2세대 인권, 세계 인권 선언에서 강조된 연대권은 3세대 인권에 해당한다.

## 06
### 주거 기본법의 내용 분석

**정답 찾기** ③ 제시된 「주거 기본법」의 조항에서 주거 환경 정비, 노후 주택 개량 등은 쾌적한 주거 환경에서 인간다운 주거 생활을 할 수 있는 권리인 주거권 보장을 강조하고 있다.

**오답 피하기** ① 제시된 「주거 기본법」의 조항에서 주거 관련 민원 처리에 대한 내용은 찾아볼 수 없다.

② 제시된 「주거 기본법」의 조항에서 주거 문제로 피해를 입은 사람의 권리를 구제한다는 내용은 찾아볼 수 없다.

④ 제시된 「주거 기본법」의 조항에서 주거 관련 분쟁 해결에 대한 내용은 찾아볼 수 없다.

⑤ 제시된 「주거 기본법」의 조항에서 주거 문제로 인한 피해에 대한 국가의 배상 책임 내용은 찾아볼 수 없다.

## 07
### 안전권 보장 사례 이해

**정답 찾기** ③ 제시된 자료는 안전 신문고 활용 사례이다. 안전 신문고는 국민이 일상생활에서 안전을 위협하는 요소를 발견하고 이를 신고하면 행정 안전부에서 처리 기관을 지정하여 해결하는 시스템이다. 안전 신문고는 안전권을 보장하기 위한 제도의 하나이다. 우리나라 헌법 제34조 제6항에서는 국민의 안전권 보장을 위해 국가의 재해 예방 의무를 규정하고 있다.

**오답 피하기** ① 재산권 행사의 공공복리 적합 의무는 안전 신문고 제도와 관련이 적다.

② 안전 신문고 제도와 근로의 의무는 관련이 적다.

④ 주택 개발 정책은 국민의 주거권 보장과 관련된다.

⑤ 건강하고 쾌적한 환경에서 생활할 권리는 환경권에 해당한다.

## 08
### 문화권 보장 사례 이해

**정답 찾기** ② 제시된 사례는 폐교한 초등학교를 문화 공간으로 바꾸어 농촌 주민들에게 문화생활을 향유할 수 있게 하는 것으로 문화권을 보장하는 방안이라고 볼 수 있다.

**오답 피하기** ① 제시된 사례에서 농촌 주민의 고령화 실태와 관련된 내용은 찾아볼 수 없다.

③ 제시된 사례에서 도시와 농촌의 문화 교류 활성화와 관련된 내용은 찾아볼 수 없다.

④ 폐교한 초등학교를 문화 공간으로 바꾼 주체는 행정 관청이므로 제시된 사례는 문화권 보장을 위한 사회적 차원의 노력이다.

⑤ 제시된 사례가 문화권이 새로운 인권으로 등장하게 된 배경이라고 보기는 어렵다.

## 09
### 잊힐 권리의 등장 배경 이해

**정답 찾기** ② A는 개인 정보를 삭제할 수 있는 잊힐 권리이다. 이는 개인 정보 유출로 인한 사생활 침해 문제가 확대되고 있기 때문에 강조되고 있다.

**오답 피하기** ① 정보 생산자의 신뢰성 문제가 나타나고 있다면 해당 정보의 진위를 확인해야 한다.

③ 비대면 관계의 증가로 인한 인간 소외 현상이 나타나고 있다면 대면 접촉의 기회를 늘려야 한다.

④ 정보 격차로 인한 새로운 사회 불평등 현상이 심화되고 있다면 정보 소외 계층에 대한 정보 통신 기기 활용 교육을 확대해야 할 것이다.

⑤ 정보 통신 기기의 과다 사용으로 인한 병리 현상이 나타나고 있다면

정보 통신 기기 사용을 줄이는 교육을 해야 한다.

## 서술형 문제

본문 14쪽

### Step1 핵심 키워드 파악하기

## 01
### 인권의 특징 이해

**예시 답안** 인권은 '모든 사람'이 가진 권리라는 점에서 ( 보편성 )을/를 띠고, '태어날 때부터' 가진 권리라는 점에서 ( 천부성 )을/를 띠며, '다른 사람의 권리를 짓밟기 위해 사용될 수 없는 권리'라는 점에서 ( 불가침성 )을/를 가진다.

## 02
### 참정권 쟁취 운동 이해

(1) (가) – ( 차티스트 운동 ) (나) – ( 여성 참정권 운동 )
(2) **예시 답안** ( 시민 혁명 ) 이후에도 재산, 성별, 인종 등에 따라 정치 참여가 ( 제한 )되어 대다수 사람은 국가의 의사 결정 과정에서 배제되었다. 이러한 차별적인 사회 제도를 바꾸려는 노력이 노동자, 농민, 여성 등을 중심으로 나타나 영국에서는 ( 차티스트 ) 운동, 세계적으로 ( 여성 ) 참정권 운동 등이 전개되었다. 그 결과 20세기 이후 대부분의 나라에서는 일정 연령 이상의 모든 사람이 ( 참정권 )을/를 보장받게 되었다.

### Step2 스스로 답안 작성하기

## 03
### 안전권 보장 노력 이해

**문제 접근** 제시된 자료는 「중대 재해 처벌 등에 관한 법률」 제1조이다. 이 법은 사업장 등에서의 안전사고를 예방함으로써 국민의 안전권을 보장하기 위한 목적을 갖고 있다.
(1) 안전권
(2) **예시 답안** 안전권 보장을 위해서는 국민 개개인이 안전 생활 수칙을 잘 지키는 것이 필요하다. 법과 제도가 잘 갖추어져 있더라도 일상생활에서 개인이 안전 생활 수칙을 제대로 지키지 않는다면 안전권을 보장받기 어려울 것이다.

| 평가 기준 | |
| --- | --- |
| 상 | 안전권을 정확히 쓰고, 안전 수칙 준수 의무를 법과 제도와 함께 논리적으로 서술한 경우 |
| 중 | 안전권을 정확히 쓰고, 안전 수칙 준수 의무만을 강조한 경우 |
| 하 | 안전권을 정확히 썼지만, 개인적 차원이 아닌 사회적 차원에서 서술한 경우 |

## 04
### 문화권 보장 노력 이해

**문제 접근** 문화 누리 카드, 작은 영화관은 모두 문화 향유 접근이 어려운 소외 계층에게 문화 접근 기회를 확대함으로써 국민의 문화권을 보장하려는 제도이다.

**예시 답안** 제시된 자료는 문화권을 보장하기 위한 각종 제도이다. 문화권은 개인이 자유롭게 공동체의 문화생활에 참여하고 예술을 감상하며 이러한 혜택을 나누어 가질 권리이다. 이를 위해 정부는 국민의 문화 예술 향유권을 보장하기 위한 예술 진흥 정책을 수립하고, 다양한 문화 시설을 마련하여 창작 활동을 지원하고 있다.

| 평가 기준 | |
| --- | --- |
| 상 | 문화권을 정확히 쓰고, 문화권의 의미와 정부의 문화권 보장 노력을 논리적으로 서술한 경우 |
| 중 | 문화권을 정확히 쓰고, 문화권의 의미와 정부의 문화권 보장 노력을 언급했지만 그 내용 서술이 미흡한 경우 |
| 하 | 문화권을 정확히 썼지만, 문화권의 의미와 정부의 문화권 보장 노력을 언급하지 않은 경우 |

본문 15쪽

## 1등급 도전 문제

**01** ⑤　　**02** ④　　**03** ①　　**04** ⑤

## 01
### 인간과 시민의 권리 선언 이해

**정답 찾기** ⑤ 프랑스 혁명의 결과 나타난 인간과 시민의 권리 선언에서는 모든 사람이 태어나면서부터 자유와 평등, 정치적 결사 등의 권리를 가진다고 함으로써 인권은 보편성, 천부성의 특징을 가진다고 보고 있다.

**오답 피하기** ① 사회권이 처음으로 명시된 것은 독일 바이마르 헌법이다.
② 인권 보장의 국제적 기준을 제시한 것은 세계 인권 선언이다.
③ 시민 혁명으로 인권 관련 문서가 발표되었지만 모든 사회 구성원의

정치 참여를 가져온 것은 아니다. 여전히 재산, 인종, 성별에 따른 제한이 존재했다.

④ 영국 명예혁명의 결과 나타난 인권 선언은 권리 장전이다.

## 02
### 인권의 역사적 발전 과정 이해

(정답 찾기) 바이마르 헌법에 처음으로 명시된 것은 사회권이다. 따라서 A는 사회권이고, (가)의 질문에 따라 B와 C는 각각 자유권과 연대권 중 하나이다.

④ C가 연대권이면 B가 자유권이다. 근대 시민 혁명에서 강조된 인권은 자유권과 평등권이므로 (가)에는 주어진 질문이 들어갈 수 있다.

(오답 피하기) ① 사회권은 최소한의 인간다운 생활의 보장을 국가에 요구할 수 있는 권리이다. 국가 권력의 간섭에서 벗어나 자유롭게 생활할 수 있는 권리는 자유권이다.

② 자유권, 사회권, 연대권은 모두 기본적인 인권으로서 국가나 지역을 초월하여 강조되는 보편성을 갖는다.

③ 차티스트 운동에서 강조된 인권은 참정권이다. 따라서 B가 자유권이면 (가)에는 주어진 질문이 들어갈 수 없다.

⑤ 사회 계약설, 계몽사상의 영향을 받은 것은 시민 혁명에서 강조된 자유권이다. 평화의 권리, 재난으로부터 구제받을 권리 등은 연대권의 사례이다.

## 03
### 현대 사회의 인권 이해

(정답 찾기) 갑은 안전권, 을은 주거권, 병은 문화권을 보장받았다.

ㄱ. 안전권은 안전에 관련된 법과 제도가 충분히 구비되어야 보장된다. 이와 함께 개인의 안전 수칙 준수 의무도 중시된다.

ㄴ. 주거권은 인구의 도시 집중으로 주택 부족 문제, 불량 주택 환경의 등장 등으로 인해 그 필요성이 강조되었다.

(오답 피하기) ㄷ. 문화권은 여가 생활의 증대, 문화적 욕구의 증대 등으로 현대 사회에 와서 등장하였다.

ㄹ. 안전권, 주거권은 모두 현대 사회의 변화 등으로 인해 최근 강조되었다. 근대 시민 혁명에서부터 강조된 것은 자유권과 평등권이다.

## 04
### 주거권의 등장 배경 이해

(정답 찾기) ⑤ 도시 내 낙후 지역이 재개발되면 지역 주민들은 보다 쾌적한 주거 환경을 누리게 된다. 따라서 밑줄 친 부분에서 강조된 권리는 주거권이다. 주거권은 쾌적하고 안정적인 주거 환경에서 인간다운 주거 생활을 할 권리이다.

(오답 피하기) ① 역사적으로 가장 오래된 권리는 자유권이다.

② 주거권은 국가의 개입이 클수록 더 많이 보장될 수 있다.

③ 기후 위기와 생태계의 변화 등으로 등장한 권리는 환경권이다.

④ 여가 생활의 증대와 문화생활 욕구 증가가 그 배경인 것은 문화권이다.

02 인권 보장을 위한 헌법의 역할과 시민 참여

### 개념 체크 문제

본문 17쪽

❶ ○  ❷ ×  ❸ ○  ❹ ×  ❺ 자유권  ❻ 평등권
❼ 법률  ❽ 법치주의  ❾ 헌법 소원  ❿ 국민 주권  ⓫ ㄱ
⓬ ㄹ  ⓭ ㄴ  ⓮ ㄷ

본문 19쪽

❶ ○  ❷ ○  ❸ ×  ❹ ㄹ  ❺ ㄱ  ❻ ㄴ  ❼ ㄷ
❽ 국민 투표  ❾ 시민 불복종  ❿ 대의 민주주의  ⓫ ⓒ
⓬ ⓛ  ⓭ ㄱ

본문 20~21쪽

### 기본 문제

01 ⑤   02 ②   03 ①   04 ①   05 ②
06 ⑤   07 ②   08 ①   09 ②

## 01
### 인간의 존엄과 가치 및 행복 추구권

(정답 찾기) ⑤ 권력의 정당성이 국민적 합의에 기초하고 있음을 강조하고 있는 것은 국민 주권주의이다. 우리나라 헌법 제10조는 인간의 존엄과 가치 및 행복 추구권이 천부 인권임을 강조하고 있다.

(오답 피하기) ① 헌법 제10조는 인간의 존엄과 가치 및 행복 추구권을 규정하면서 이를 절대로 침해할 수 없는 천부적인 인권으로 명시하였다. 이를 통해 인간의 존엄과 가치 및 행복 추구권을 침해하는 국가 권력의 행사는 금지된다.

② 인간의 존엄과 가치 및 행복 추구권은 우리나라 헌법이 지향하는 최

고의 가치 규범이다.

③ 인간의 존엄과 가치 및 행복 추구권을 불가침의 기본적인 인권으로 명시함으로써 천부 인권 사상을 헌법의 내용으로 수용하고 있다.

④ 인간의 존엄과 가치 및 행복 추구권을 헌법에 명시함으로써 국가는 국민의 기본권 수호를 목적으로 하고 있음을 밝히고 있다.

## 02
### 인권 보장을 위한 제도적 장치 이해

(정답 찾기) ② 국가 인권 위원회를 통한 인권 침해 구제, 복수 정당제를 통한 정치적 참여 기회 제공 등은 모두 국민의 인권 보장을 실현하기 위한 제도적 장치이다.

(오답 피하기) ① 국가 인권 위원회의 인권 침해 구제, 복수 정당제가 사회 갈등의 해소에 어느 정도 기여하고는 있지만 궁극적인 목표는 아니다.

③ 국가 인권 위원회의 인권 침해 구제 활동과 복수 정당제가 대의 민주 정치와 직접적인 관련이 있는 것은 아니다.

④ 제시된 제도들이 정책의 효율적 집행을 궁극적으로 추구하는 것은 아니다.

⑤ 제시된 제도들이 국민의 정치 참여 증대를 궁극적인 목적으로 한다고 보기는 어렵다.

## 03
### 평등권의 이해

(정답 찾기) ① A 대학이 채용 과정에서 연령을 제한하였으므로 밑줄 친 기본권은 평등권이다. 평등권은 모든 국민이 성별, 종교, 사회적 신분 등에 의해 차별받지 않고 동등하게 대우받을 권리이다.

(오답 피하기) ② 국가에 의해 인간다운 삶을 보장받을 권리는 사회권이다.

③ 국가의 의사 결정 과정에 참여할 수 있는 권리는 참정권이다.

④ 국가로부터 간섭받지 않고 자유롭게 생활할 권리는 자유권이다.

⑤ 기본권이 침해당했을 때 구제를 청구할 수 있는 권리는 청구권이다.

## 04
### 권력 분립의 원리 이해

(정답 찾기) ① 제시문에서는 입법권, 행정권, 사법권을 어느 한 사람이 갖게 되면 권력 남용이 발생하여 국민의 인권이 침해됨을 지적한다. 따라서 국민의 인권 보장을 위해 국가 권력은 복수의 기관에 분산되어야 한다는 권력 분립의 원리를 강조하고 있다.

(오답 피하기) ② 제시문에서 시민이 정치에 적극 참여해야 한다는 주장은 찾기 어렵다.

③ 제시문에서 선거에 의해 정치권력이 창출되어야 한다는 주장은 찾기 어렵다.

④ 제시문에서는 행정권과 입법권 등 국가 권력이 어느 한 사람의 손에 있으면 위험하다는 것을 강조하고 있다. 행정권보다 입법권이 우위에 있어서는 안 된다는 주장은 찾아볼 수 없다.

⑤ 제시문에서 국가의 통치는 헌법을 바탕으로 이루어져야 한다는 주장을 강조하고 있지는 않다.

## 05
### 헌법의 의의 이해

(정답 찾기) ② 법무부 공고는 해당 내용과 관련한 공권력의 행사에 해당한다. 공권력의 행사로 기본권을 침해받은 사람은 헌법 소원 심판을 통해 기본권을 구제받을 수 있다. 이를 통해 헌법은 최고 규범으로서 국민의 기본권을 보장함을 알 수 있다.

(오답 피하기) ① 헌법은 국민의 삶의 질을 향상시키는 수단으로 작용하기도 하지만 제시된 사례와는 관련성이 적다.

③ 헌법은 갈등 해결 기준으로서 사회 통합에 기여하기도 하지만 제시된 사례와는 관련성이 적다.

④ 헌법은 국가 권력 창출과 행사의 정당성을 부여하지만 제시된 사례에서는 찾아볼 수 없다.

⑤ 헌법은 기본권 충돌을 조정하여 사회 질서를 유지하기도 하지만 제시된 사례와는 관련성이 적다.

## 06
### 시민의 정치적 무관심의 문제 이해

(정답 찾기) ⑤ 제시문은 시민의 정치적 무관심이 민주 정치에 오히려 도움이 된다는 주장이다. 만일 이러한 사고방식이 확산된다면 시민이 대표자를 감시하고 견제하는 기능이 사라지게 되어 대표자가 독단적으로 정책을 추진하게 되므로 무책임하고 부패한 정치 체제를 양산할 수 있다.

(오답 피하기) ① 시민의 정치적 무관심이 확산되면 정책 결정 과정은 오히려 단순해지게 된다.

② 시민의 정치적 무관심이 확산되면 쟁점에 대한 과도한 논쟁이 유발되기 어렵다.

③ 시민의 정치적 무관심의 확산으로 군소 정당의 난립이 늘어난다고 보기 어렵다.

④ 시민의 정치적 무관심이 확산되면 정치 참여 기회를 둘러싼 갈등이 줄어들 것이다.

## 07
### 시민 참여의 유형 이해

(정답 찾기) ㄱ. 실업 해소 대책을 제안하는 독자 투고는 일시

적이고 개별적인 참여 유형이다.

ㄹ. 실업자로 구성된 이익 집단을 만들어 정부에 하 결책을 꾸준히 요구하는 것은 지속적이고 집단적인 참여 유형이다.

( 오답 피하기 ) ㄴ. 시민 단체 회원으로 실업 해소 집회에 매주 참여하는 것은 지속적이고 집단적인 참여 유형이다.

ㄷ. 일자리 창출을 공약으로 내건 후보자에게 투표하는 것은 일시적이고 개별적인 참여 유형이다.

## 08
### 온라인 공청회의 효과 이해

( 정답 찾기 ) 자료는 정책 결정 과정에서 국민 의견을 수렴하는 제도인 국민 신문고 온라인 공청회이다.

① 온라인 공청회를 진행할 경우 국민의 의견을 수렴해야 하므로 행정 기관의 자율성은 줄어들 수 있다.

( 오답 피하기 ) ② 대의 정치는 대표자가 정책 결정을 주도하므로 국민의 의사가 왜곡되는 정책을 추진할 수 있다. 국민 신문고 온라인 공청회를 통해 국민의 의견이 수렴되면 이러한 대의 민주주의의 문제점을 보완할 수 있다.

③ 국민이 정책 결정 과정에 직접 참여하여 의견을 제시하고 그 의견이 반영되므로 정책 결정권에 대한 국민의 영향력이 강화된다.

④ 온라인 공청회는 공개 행정을 통한 행정의 민주화에 기여한다.

⑤ 온라인 공청회는 국민들이 일정한 장소나 시간에 구애받지 않으므로 여론 수렴에 있어 공간적 제약 극복이 가능하다.

## 09
### 시민 불복종의 정당화 조건 이해

( 정답 찾기 ) 부정의한 법이나 정책을 바로잡기 위해 의도적으로 법을 위반하는 행위를 시민 불복종이라고 한다.

ㄱ. 시민 불복종이 정당화되기 위해서는 비폭력적인 수단을 사용해야 한다. 간디는 소금법에 저항하여 평화적인 행진을 했으므로 폭력을 수반하는 행동을 하지 않았다.

ㄷ. 시민 불복종이 정당화되기 위해서는 그 결과에 따라 처벌받는 것을 감수해야 한다. 소금법 투쟁으로 체포된 사람이 간디를 포함하여 6만여 명에 이르렀으므로 처벌을 감수한 것이다.

( 오답 피하기 ) ㄴ. 간디가 거부했던 소금법은 영국 정부가 식민지 인도 사람들을 억압하기 위한 악법이었다. 악법에 대한 투쟁이므로 시민 불복종에 해당한다. 개별적인 이익 달성을 목적으로 하였다면 시민 불복종에 해당하지 않는다.

ㄹ. 시민 불복종이 정당화되기 위해서는 합법적인 노력을 다하고 최후의 수단으로 사용해야 한다. 간디는 소금법 폐지를 영국 정부에 요청했지만 받아들여지지 않자 최후의 수단으로 평화적 행진을 하였다.



**Step1**   핵심 키워드 파악하기

## 01
### 법치주의의 이해

(1) 법치주의

(2) ( 예시 답안 ) ( 법치주의 )을/를 통해 국가 권력이나 권력자에 의한 ( 독단 )적인 지배를 예방하고, 국민의 ( 자유 )와/과 권리가 침해되는 것을 ( 예방 )할 수 있다.

## 02
### 권력 분립 제도 이해

(1) 권력 분립 제도

(2) ( 예시 답안 ) 국가 권력이 한 개인이나 일부 집단에 ( 집중 )되면 권력이 ( 남용 )되기 쉬워 국민의 자유와 권리를 ( 침해 )할 수 있다. 따라서 국가 권력을 입법권, 행정권, 사법권으로 나누어 서로 다른 기관이 맡도록 하여 상호 ( 견제 )을/를 통해 ( 균형 )을/를 이루어야 국민의 ( 인권 )을/를 보장할 수 있다.

**Step2**   스스로 답안 작성하기

## 03
### 시민 불복종의 정당화 요건 이해

( 문제 접근 ) 시민이 시민의 권익을 침해하는 특정 법률이나 권력에 대한 공공의 관심을 모으기 위해 고의적으로 법률을 위반하거나 권력에 대한 복종을 거부하는 행위를 시민 불복종이라고 한다.

(1) 시민 불복종

(2) ( 예시 답안 ) 먼저 사적인 이익이 아니라 공공의 이익을 위한 것이어야 한다. 즉, 정당한 목적을 가져야 한다. 또한 합법적인 방법과 절차를 활용한 후 최후의 수단으로 사용되어야 하며, 그 방식이 비폭력적이어야 한다. 마지막으로 사회적 약속이라 할 수 있는 법을 어긴 행위에 대해서는 처벌을 감수해야 한다.

| 평가 기준 | |
| --- | --- |
| 상 | 시민 불복종을 정확히 쓰고, 정당화 요건 네 가지를 모두 정확하게 서술한 경우 |
| 중 | 시민 불복종을 정확히 쓰고, 정당화 요건 세 가지만 정확하게 서술한 경우 |
| 하 | 시민 불복종을 정확히 썼지만, 정당화 요건을 두 가지 미만으로 서술한 경우 |

## 04
### 시민 참여의 의의 이해

(문제 접근) 입법 공청회, 주민 참여 예산제는 모두 시민이 정책 결정 과정에 직접 참여하는 시민 참여의 방법이다. 시민 참여를 통해 어떤 점에서 도움이 되는지를 대의 민주주의와 연결하여 생각해 본다.

(예시 답안) 시민 참여는 대의 민주주의를 보완하는 역할을 한다. 대의 민주주의에서는 선거로 선출된 대표자나 공직자가 시민의 의사와 달리 시민의 권익을 무시한 채 정책을 결정·집행할 위험성이 있다. 시민들이 공동체의 문제에 적극적으로 관심을 가지고 문제 해결을 위해 능동적으로 참여할 때 대표자에 의한 의사 결정의 왜곡을 막아 대의 민주주의의 문제점을 보완할 수 있다.

| 평가 기준 | |
| --- | --- |
| 상 | 대의 민주주의의 측면에서 시민 참여의 의의를 논리적으로 서술한 경우 |
| 중 | 대의 민주주의의 측면에서 시민 참여의 의의를 대체적으로 서술한 경우 |
| 하 | 대의 민주주의의 측면이 아닌 다른 측면에서 시민 참여의 의의를 서술한 경우 |

본문 **23**쪽

### 1등급 도전 문제

01 ③　　02 ③　　03 ④　　04 ②

## 01
### 청구권의 성격 이해

(정답 찾기) ③ ㉠은 공무원의 과실로 재산의 손해를 입어 청구한 것이므로 국가 배상 청구권이다. ㉡은 형사 피고인으로 구금되었다가 무죄 판결을 확정받아 청구한 것이므로 형사 보상 청구권이다. 두 권리 모두 청구권에 해당한다. 청구권은 다른 기본권이 침해되었을 경우 그 보장을 위한 절차적·수단적 권리이다.

(오답 피하기) ① 정치 과정에 참여할 수 있는 능동적 권리는 참정권이다.
② 국가 권력에 의한 간섭을 배제하는 방어적 권리는 자유권이다.
④ 인간다운 생활의 보장을 국가에 요구할 수 있는 적극적 권리는 사회권이다.
⑤ 자본주의 발달에 따른 빈부 격차 문제를 해결하고자 등장한 현대적 권리는 사회권이다.

## 02
### 롤스의 시민 불복종 이해

(정답 찾기) ③ 제시문은 시민 불복종에 대한 롤스의 견해이다. 롤스는 시민 불복종의 근거가 되는 법이 부당한지의 판단은 어느 한 개인이 아니라 사회적 다수에 의해 공유된 정의관이어야 한다고 주장하였다. 또한 처벌 감수의 부분에 있어서까지 정당성을 가져야 한다고 주장했으므로 시민 불복종에 따른 처벌을 감수해야 할 것을 강조했다. 기존의 법이 보다 상위의 근본 원칙인 정의를 위배할 때 시민 불복종에 나서야 한다고 주장했으므로 합법적 범위를 벗어나 저항을 해서라도 불의를 바로잡아야 함을 강조했다. 시민 불복종은 그 방법에서도 정당성을 가져야 한다고 주장했으므로 비폭력적인 수단을 사용해야 함을 강조했다.

## 03
### 주민 참여 예산 제도의 효과 이해

(정답 찾기) 주민 참여 예산 제도는 지역에 필요한 예산에 대한 지역 주민들의 의견을 수렴하여 검토·조정하는 제도이다. ④ 주민이 예산 편성 과정에 참여하여 다양한 의견을 제시하고 이를 반영할 경우 정책 결정에서 지방 자치 단체장의 영향력은 줄어들 것이다.

(오답 피하기) ① 주민이 예산 편성 과정에 직접 참여함으로써 주민의 자치 역량이 강화될 것이다.
② 주민이 예산 편성 과정에 직접 참여함으로써 행정에 대한 주민의 관심이 증가할 것이다.
③ 주민이 어떤 정책을 추진하여 예산을 편성할 것인지에 관심을 갖게 됨으로써 지역 실정에 적합한 정책을 추진할 수 있을 것이다.
⑤ 예산 편성 과정에 주민이 직접 참여함으로써 지역 사회의 정치 과정에서 주민의 참여가 확대될 것이다.

## 04
### 인권 보장의 제도적 장치 이해

(정답 찾기) ② 제2조에서 대통령이 정당과 의회를 마음대로 해산할 수 있으므로 대통령의 권한이 지나치게 강하다.

(오답 피하기) ① 제1조는 일정 연령이 되면 누구나 선거권을 가진다는 보통 선거 원칙에 어긋난다.
③ 제3조에서 국민은 집회하기 전에 행정 당국의 허가를 받아야 하므로 집회의 자유를 보장받지 못하고 있다.
④ 제4조에서 노동조합 가입자는 정당에 가입할 수 없으므로 정당 가입과 활동에 있어서 불합리한 차별이 존재하고 있다.

⑤ 제5조에서 공권력에 의한 기본권 침해는 법원의 재판 대상이 아니므로 국가 권력에 의해 침해된 기본권을 구제받기가 어렵다.

## 03 인권 문제의 양상과 해결 방안

### 개념 체크 문제

본문 25쪽

❶ × ❷ × ❸ ○ ❹ × ❺ 30분 ❻ 없다 ❼ 본인 ❽ 35 ❾ 사회적 소수자 ❿ 인권 감수성 ⓫ 근로 계약서 ⓬ ㄴ ⓭ ㄱ ⓮ ㄹ ⓯ ㄷ

본문 27쪽

❶ × ❷ ○ ❸ × ❹ ○ ❺ ㄹ ❻ ㄴ ❼ ㄷ ❽ ㄱ ❾ 인권 이사회 ❿ 세계 식량 계획 ⓫ 국제 사면 위원회 ⓬ 국경 없는 의사회

### 기본 문제

본문 28~29쪽

01 ① 02 ⑤ 03 ① 04 ④ 05 ⑤
06 ④ 07 ② 08 ⑤ 09 ③

## 01
### 사회적 소수자의 이해

(정답 찾기) 사회적 소수자는 한 사회에서 신체적 또는 문화적 특징 때문에 다른 구성원에게 차별을 받으며 스스로 차별받는 집단에 속해 있다는 의식을 가진 사람이다.
① 구성원의 수가 적어야 사회적 소수자가 되는 것은 아니다. 그 사회에서 다수를 차지하더라도 권력의 열세에 있어 차별을 받으면 사회적 소수자가 될 수 있다.

(오답 피하기) ② 사회적 소수자는 주류 집단보다 정치·경제·사회적 권력의 열세에 있다.
③ 사회적 소수자는 자기가 차별받는 집단의 구성원이라는 점을 느끼고 있다.
④ 사회적 소수자는 그 집단의 구성원이라는 이유로 사회적 차별을 받는다.

⑤ 장애인은 신체적으로 비장애인과 구별되며, 흑인이나 이주 노동자 등은 문화적으로 다른 집단과 구별되는 특징이 있다.

## 02
### 사회적 소수자의 이해

(정답 찾기) ⑤ A는 장애인, B는 이주 외국인으로 모두 권력의 열세로 인해 차별받고 있다.

(오답 피하기) ① A는 태어나면서부터 장애인이 된 것이 아니므로 후천적 특성으로 인해 차별받고 있다. B에게 있어 피부색이 다른 것은 선천적 특성이며, 낯선 종교 활동은 후천적 특성이다.
② A는 장애인이라는 신체적 특성으로 인해 차별의 대상이 되었다. B는 피부색이라는 신체적 특성과 낯선 종교 활동이라는 문화적 특성으로 인해 차별의 대상이 되었다.
③ A는 장애인이란 편견, B는 다른 피부색과 낯선 종교에 대한 편견으로 인해 차별의 대상이 되었다.
④ 장애인과 피부색은 모두 식별이 가능하다.

## 03
### 여성 차별 문제의 해결 방안 이해

(정답 찾기) ① 제시문에서는 양성평등을 보장하는 제도가 늘었음에도 불구하고 여성에 대한 차별 의식 때문에 직장 여성의 승진이나 출산 휴가 등에서 여전히 차별이 존재한다고 주장한다. 즉 사회 구성원의 양성평등 의식이 아직 확립되지 않은 상태임을 알 수 있다.

(오답 피하기) ② 사회적 소수자의 범위는 인위적으로 정하는 것이 아니라 주류 집단의 편견 등에 의해 상대적으로 정해진다.
③ 여성 차별 문제를 해결하기 위해서는 차별 의식을 제거하는 것이 시급하다. 여성 스스로 능력을 신장하기 위해 노력해야 한다는 내용은 찾아볼 수 없다.
④ 제시문에서 남녀의 활동 공간을 제도적으로 명확히 구분해야 한다는 주장은 찾아볼 수 없다.
⑤ 제시문에서 여성 우대 조치로 인한 남성의 역차별 문제는 찾아볼 수 없다.

## 04
### 청소년 노동권 침해 문제 파악

(정답 찾기) ④ 사용자는 근로자에게 4시간 근로에 30분 이상, 8시간 근로에 1시간 이상의 휴게 시간을 근로 시간 도중에 주어야 한다. 따라서 4시간 근로시키면서 근로 시간 도중에 30분의 휴게 시간을 준 것은 「근로 기준법」을 위반한 것이 아니다.

오답 피하기 ① 청소년 근로자도 성인 근로자와 마찬가지로 최저 임금을 적용하여 최저 임금보다 낮은 임금을 지급해서는 안 된다.
② 근로 계약서를 작성하지 않을 경우 임금 체불 등의 문제가 발생했을 때 구제받기가 어려울 수 있다. 따라서 근로 계약을 할 때는 반드시 근로 계약서를 작성해야 한다.
③ 사용자는 임금을 근로자 본인에게 직접 지급해야 한다.
⑤ 18세 미만의 청소년은 보호자의 동의를 얻어 근로 계약을 본인이 직접 체결해야 한다. 보호자가 대신하여 근로 계약을 체결해서는 안 된다.

## 05
### 청소년 노동권 이해

정답 찾기 제시된 자료는 연소 근로자인 을이 병의 사업장에서 근로할 것을 을의 법정 대리인인 갑이 동의하는 내용의 취업 동의서이다.
⑤ 취직 인허증은 15세 미만인 자(중학교에 재학 중인 18세 미만인 자 포함)가 근로할 경우 고용노동부 장관이 발급한다. 을이 17세인 고등학생이라면 고용노동부 장관의 취직 인허증이 필요하지 않다.

오답 피하기 ① 18세 미만의 연소 근로자는 법정 대리인의 동의를 얻어 본인이 직접 근로 계약을 체결해야 한다.
② 근로 계약서에는 근로 시간과 임금, 근무일과 휴일, 휴게 시간 등 근로 조건을 명시하여야 한다.
③ 18세 미만의 연소 근로자의 경우 임금 청구는 법정 대리인의 동의를 받지 않고 독자적으로 할 수 있다.
④ 18세 미만의 연소 근로자는 1일 7시간 이내의 법정 근로 시간을 초과하여 하루 1시간 이내의 연장 근로를 할 수 있다. 이 경우 사용자는 연소 근로자 본인의 동의를 얻어야 한다.

## 06
### 빈곤 문제의 이해

정답 찾기 ㄴ. 빈곤 문제는 자연재해, 내전 등 다양한 요인이 작용하고, 해당 국가 스스로 해결하기가 어려우므로 국제적인 연대를 통한 해결 방안을 모색할 필요가 있다.
ㄹ. 제시된 자료에서 자연재해, 내전, 정치적 갈등 등을 겪은 나라들에서 빈곤 문제가 심각함을 알 수 있다.

오답 피하기 ㄱ. 제시된 자료에서 빈곤에서 벗어나는 비율이 늘어났는지는 알 수 없다.
ㄷ. 제시된 자료에서 빈곤 위험 국가는 대체로 아프리카 지역에 밀집되어 있음을 알 수 있다.

## 07
### 세계 빈곤 문제의 해결

정답 찾기 ② 제시문에서는 물에 빠진 어린아이를 구하는 일은 아이의 목숨과 관련되므로 다른 어떤 것보다 중요하다고 했다. 이것을 국제 빈곤 문제에 적용한다면 빈곤국을 돕는 것은 빈곤한 사람들의 목숨을 구하는 일이므로 선택이 아니라 의무이다.

오답 피하기 ① 제시문에서 빈곤을 일으키는 원인이 무엇인가에 대해서는 추론하기 어렵다.
③ 제시문에서 빈곤국을 돕는 주체가 국가이어야 한다는 교훈은 추론하기 어렵다.
④ 제시문에서 빈곤국의 국민과 자국민을 비교하여 자국민을 우선 도와야 한다는 교훈은 추론하기 어렵다.
⑤ 제시문에서는 자국의 이익이 있을 경우에만 빈곤국의 국민을 도와야 한다는 교훈을 추론하기 어렵다.

## 08
### 난민 문제의 이해

정답 찾기 ⑤ 난민 증가로 이어진 사건을 보면 대체로 전쟁이나 분쟁, 내전, 정세 불안정 등이다. 난민 스스로 고수익 추구를 위해 자발적으로 다른 나라로 옮겨 가는 것은 아니다.

오답 피하기 ① 2023년 말 기준 전체 난민의 수가 1억 1,730만 명에 도달했는데, 10년 전에 비하면 거의 두 배 늘어난 것이므로 난민 발생의 규모가 확대되었음을 알 수 있다.
② 난민 문제는 해당 국가가 해결할 수 있는 수준을 이미 넘어섰다는 주장에서 국제적 연대를 통해 해결해야 함을 알 수 있다.
③ 국제 연합 난민 기구와 같은 국제기구가 난민 문제에서 중요한 역할을 할 것으로 기대된다.
④ 난민 문제는 세계 모든 나라가 인권 의식을 가지고 해결책을 모색해야 한다는 주장에서 난민 문제는 보편적 인권의 관점에서 접근해야 함을 알 수 있다.

## 09
### 아동 노동 문제의 이해

정답 찾기 ③ 아동이 노동에 종사한다고 해서 외국 자본의 투자를 유도한다고 보기는 어렵다.

오답 피하기 ① 해당 국가가 빈곤하면 국민의 생계유지가 어려우므로 아동도 노동을 할 수 밖에 없다. 따라서 아동 노동은 해당 국가의 빈곤 문제에서 발생하는 것이 일반적이다.
② 아동은 그 시기에 정상적인 교육을 받아 자신의 능력을 향상시켜 진로를 개척할 수 있다. 아동이 이 시기에 노동에 시달리느라 교육받을

기회를 잃을 경우 아동이 가진 잠재력을 파괴한다.

④ 국제 연합 아동 권리 협약 제31조에서는 아동이 노동으로부터 보호받을 권리가 있음을 규정하고 있다.

⑤ 아동 노동 문제는 해당 국가의 빈곤, 내전 등에서 발생하므로 해당 국가 스스로 해결하기는 어렵다. 따라서 국제기구를 통한 연대와 국가적 차원의 원조, 개인적 후원 등이 필요하다.

## 서술형 문제

본문 30쪽

### Step1 핵심 키워드 파악하기

## 01
### 사회적 소수자의 이해

(1) 사회적 소수자

(2) **예시 답안** 제도적 측면에서는 ( 사회적 소수자 ) 보호를 위한 ( 제도 )(이)나 정책에 미흡하거나 개선할 부분은 없는지 살피고 ( 보완 )해 나가야 한다. 의식적 측면에서는 사회적 소수자에 대한 ( 편견 )을/를 버리고 ( 인간 존엄성 )을/를 바탕으로 이들을 대해야 한다.

## 02
### 청소년 노동권 침해 문제 이해

**예시 답안** 자료에서는 청소년들이 ( 노동권 )을/를 침해당하고 있음을 보여 준다. 청소년 노동 인권이 침해되는 문제를 해결하기 위해 국가는 관련 법에 규정된 청소년 노동 기준이나 ( 구제 ) 절차를 청소년 입장에서 검토하여 미흡한 부분을 ( 보완 )해야 한다. 또한 모든 국민을 대상으로 ( 노동권 ) 교육을 실시하여 청소년 노동 인권에 관한 사회적 인식을 개선해야 한다.

### Step2 스스로 답안 작성하기

## 03
### 빈곤 문제의 이해

**문제 접근** 세계 기아 지수를 보면 아프리카 지역에 있는 국가들에서 빈곤 문제가 심각하다. 이러한 국가들의 공통점은 무엇일까 생각해 본다. 자연재해, 내전 등으로 국민들의 삶이 안정되지 않기 때문에 항상 빈곤에 시달리고 있음을 인식한다.

(1) 세계 기아 지수

(2) **예시 답안** 지도에서 기아 수준이 위험한 국가들은 대체로 아프리카 지역에 많다. 이 지역은 홍수나 가뭄 등 잇따른 자연재해로 식량 생산이 어렵거

나 민주주의가 정착되지 못하고 잦은 내전으로 평화로운 삶이 유지되지 못하고 있다.

| 평가 기준 | |
|---|---|
| 상 | 세계 기아 지수를 정확히 쓰고, 빈곤이 극심한 지역의 상황을 자연재해, 내전 등으로 정확하게 서술한 경우 |
| 중 | 세계 기아 지수를 정확히 쓰고, 빈곤이 극심한 지역의 상황을 자연재해, 내전 중 어느 한 가지만 서술한 경우 |
| 하 | 세계 기아 지수를 정확히 썼지만, 빈곤이 극심한 지역의 상황을 미흡하게 서술한 경우 |

## 04
### 세계 인권 문제의 해결 방안 이해

**문제 접근** 국경 없는 의사회의 재난 구호 활동, 국제 연합 난민 기구의 난민 구호 활동은 모두 세계 인권 문제의 해결을 위해 국제 단체가 나서는 모습을 보여 준다. 이러한 국제 단체의 성격과 관련지어 세계 인권 문제의 해결 방안을 국제적 차원에서 생각해 본다.

**예시 답안** 국경 없는 의사회는 비정부 기구로서 재난 지역 구호 활동을 하고 있고, 국제 연합 난민 기구는 국제기구로서 난민 구호 활동을 하고 있다. 이를 통해 국제적 차원에서 국제 사회의 다양한 행위 주체가 세계 인권 문제를 해결하기 위해 나서고 있음을 알 수 있다.

| 평가 기준 | |
|---|---|
| 상 | 국경 없는 의사회와 국제 연합 난민 기구의 성격을 정확히 설명하고, 이러한 국제 단체가 세계 인권 문제 해결에 어떻게 나서고 있는지를 논리적으로 서술한 경우 |
| 중 | 국경 없는 의사회와 국제 연합 난민 기구의 성격을 정확히 설명하고, 이러한 국제 단체가 세계 인권 문제 해결에 어떻게 나서고 있는지를 일반적으로 서술한 경우 |
| 하 | 국경 없는 의사회와 국제 연합 난민 기구의 성격을 정확히 설명하고, 이러한 국제 단체가 세계 인권 문제 해결에 어떻게 나서고 있는지를 미흡하게 서술한 경우 |

본문 31쪽

## 1등급 도전 문제

01 ②　　02 ②　　03 ④　　04 ⑤

## 01

### 성 불평등 통계 분석

**정답 찾기** ㄴ. 갑국에서 근로자의 성별 월평균 임금 격차는 t년에는 2,000달러였지만, t + 10년에는 1,000달러로 50% 감소하였다.

**오답 피하기** ㄱ. 갑국에서 t년과 t + 10년 각각 100대 기업 전체 임원의 수를 알 수 없으므로 t년 대비 남성 임원 수와 여성 임원 수가 얼마나 변동했는지도 알 수 없다.

ㄷ. 갑국의 성 불평등 상황에서 3개 지표 중 임원의 남녀 비율과 남녀 간 임금 격차는 t년에 비해 t + 10년에 개선되었다. 그러나 맞벌이 근로자의 가사 부담 시간은 여성의 경우 그대로이고, 남성의 경우는 줄어들어 남녀 격차가 오히려 커졌다.

## 02

### 난민 문제의 이해

**정답 찾기** ② 난민의 출신국에서의 사회적 지위는 난민 문제를 이해하는 데 반드시 필요한 것은 아니다.

**오답 피하기** ① 난민 문제에서 난민 유입국이 어떤 난민 정책을 취하는가는 이 문제의 해결을 위해 중요하다.

③ 난민 문제와 관련된 국제 협약의 내용을 파악하면 난민 문제 해결의 실마리를 찾을 수 있다.

④ 난민에 대한 유입국 국민의 편견 정도가 심할 경우 난민 문제 해결이 어려울 수 있다.

⑤ 난민 문제에 대한 국제 사회의 해결 노력을 살펴보면 난민 문제의 해결 방안을 탐색할 수 있다.

## 03

### 청소년 근로 계약서의 분석

**정답 찾기** ④ 시간당 9,000원의 임금은 최저 임금 미만이므로 당사자가 합의하였더라도 유효하지 않다.

**오답 피하기** ① 근로일과 휴일은 중요한 근로 조건이므로 근로 계약서에 명시해야 한다.

② 을은 17세로서 연소 근로자이므로 보호자의 동의를 얻어 근로 계약을 체결해야 한다.

③ 휴게 시간은 근로 시간 도중에 주어야 한다.

⑤ 근로자에게 불리한 내용의 특약 사항을 정하는 것은 「근로 기준법」에 위반된다.

## 04

### 장애인에 대한 적극적 차별 시정 조치 이해

**정답 찾기** ⑤ 장애인이 비장애인과 실질적으로 동등한 수준을 누리지 못하기 때문에 장애인에 대한 적극적 차별 시정 조치를 강화해야 한다.

**오답 피하기** ① 비장애인의 역차별을 해소하는 것이 시급하다면 장애인에 대한 적극적 차별 시정 조치를 강화해서는 안 된다.

② 장애인이 우리 사회에서 사회적 소수자가 아니라면 장애인에 대한 적극적 차별 시정 조치를 강화할 필요가 없을 것이다.

③ 장애인에 대한 차별은 의식 개선뿐만 아니라 제도 개선으로도 해결해야 한다. 장애인에 대한 적극적 차별 시정 조치를 강화해야 한다는 주장은 제도 개선으로 장애인 문제를 해결하자는 것이다.

④ 개인의 능력만을 재화 분배의 유일한 기준으로 삼아야 한다면 장애인에 대한 적극적 차별 시정 조치를 강화하기가 어렵다.

본문 33~35쪽

## 대단원 종합 문제

01 ③　　02 ③　　03 ⑤　　04 ②
05 (1) (가) – 환경권, (나) – 문화권　(2) 해설 참조
06 ①　　07 (1) 사회권　(2) 해설 참조　　08 ③
09 ⑤　　10 ④　　11 ⑤　　12 ①　　13 ②
14 (1) 국제 연합 인권 이사회　(2) 해설 참조　　15 ④

## 01

### 인간의 존엄성 이해

**정답 찾기** ③ 1860년대 미국 노예 운반선의 모습에서 인간의 존엄성이란 찾아볼 수 없다. 당시 노예는 인간이 아닌 물건으로 취급되어 가혹한 인권 침해를 겪었다. 이를 통해 인간의 존엄성은 어떤 의미를 가지는지 생각해 보는 것을 수업 주제로 삼을 수 있다.

**오답 피하기** ① 미국 노예 운반선의 비참한 모습이 미국의 독립 전쟁이 발생한 배경이라고 보기는 어렵다.

② 미국 노예 운반선의 비참한 모습과 산업 혁명 당시의 열악한 노동 환경과는 관련성이 적다.

④ 제시된 내용이 노예가 자본주의 발전에 어떤 기여를 했는지를 강조하고 있지는 않다.

⑤ 제시된 내용은 노예 운반선의 비참한 모습을 통해 인간 존엄성의 의

미를 알아보는 것이지 지리적 이동이 어떤 문화 변동을 초래했는지를 알아보는 것은 아니다.

## 02
### 시민 혁명과 인권의 이해

정답 찾기 (가)는 미국 독립 혁명, (나)는 영국 명예혁명, (다)는 프랑스 혁명이다.

ㄴ. 영국은 명예혁명 이후 의회가 국왕의 권력을 견제하고 국민의 자유와 권리를 보장하는 형태의 의회 정치가 자리 잡게 되었다.

ㄷ. 시민 혁명에서는 모든 사람이 국가 권력의 간섭이나 억압에서 벗어나 자유롭게 생활할 권리인 자유권과 누구나 평등하게 대우받아야 한다는 평등권이 강조되었다.

오답 피하기 ㄱ. 미국 독립 혁명의 결과 독립 선언문이 발표되었다. 세계 인권 선언은 제2차 세계 대전을 겪고 1948년 국제 연합에 의해 발표되었다.

ㄹ. 시민 혁명으로 모든 사람이 정치에 참여하게 된 것은 아니다. 여전히 재산, 성별, 인종에 따라 정치 참여가 제한된 사람들이 많았다.

## 03
### 인권 3세대론의 이해

정답 찾기 프랑스 법학자 카렐 바사크는 인권이 확장되어 온 과정을 자유권 중심의 1세대 인권, 사회권 중심의 2세대 인권, 집단권 또는 연대권 중심의 3세대 인권으로 구분하였다.
⑤ 복지 국가를 지향할수록 자유권뿐만 아니라 인간다운 생활을 할 권리인 사회권도 중시한다.

오답 피하기 ① 국경을 초월하여 강조되는 연대권은 3세대 인권에 해당한다.
② 사회권에는 인간다운 생활을 할 권리, 노동권, 사회 보장을 받을 권리 등이 있다. 신체의 자유, 양심의 자유 등은 자유권으로서 1세대 인권에 해당한다.
③ 3세대 인권인 연대권은 두 차례의 세계 대전을 겪으면서 인권 문제에 인류가 공동으로 노력해야 한다는 공감대를 가지면서 부각되었다. 산업 혁명으로 인한 부작용에서 부각된 인권은 사회권이다.
④ 1세대 인권인 자유권과 평등권은 근대 시민 혁명에서 강조되었다. 2세대 인권인 사회권은 산업 혁명의 부작용에서 그 필요성이 강조되었다.

## 04
### 주거권과 안전권의 이해

정답 찾기 주거 기본법은 주거권을, 재난 및 안전 관리 기본법은 안전권을 보장하기 위한 법률이다. 따라서 (가)는 주거권, (나)는 안전권이다.
② 주거권과 안전권은 모두 해당 국가의 정책이나 제도 등에 의해 보장될 수도 있고, 국제적인 연대를 통해 보장될 수도 있다.

오답 피하기 ① 주거권은 쾌적하고 안정적인 주거 환경에서 인간다운 주거 생활을 할 권리이다.
③ 주거권과 안전권이 제대로 보장되기 위해서는 해당 법률, 정책, 제도 등이 뒷받침되어야 하므로 국가의 존재를 전제로 한다.
④ 최저 주거 기준은 주거권 보장에 필요한 제도이고, 산업 재해 예방은 안전권 보장과 관련된다.
⑤ 주택 임대차 보호법은 임차인의 안정된 주거권 확보를 위해 필요하며, 산업 안전 보건법은 근로자의 안전권 보장을 위해 필요하다.

## 05 서술형
### 환경권과 문화권의 이해

문제 접근 대기 오염, 수질 오염, 쓰레기 문제, 기후변화에 따른 기상 이변은 우리의 환경을 위협하고 있다. 오랫동안 문화생활에서 소외를 겪었던 사람들의 문화 향유에 대한 요구가 증대하면서 문화권이 중요한 인권으로 등장하였다. 따라서 (가)는 환경권, (나)는 문화권이다.
(2) 예시 답안 환경권은 건강하고 쾌적한 생활에 필요한 모든 조건이 충족된 환경을 누리는 권리이다. 문화권은 개인이 자유롭게 공동체의 문화생활에 참여하고 예술을 감상하며 이러한 혜택을 나누어 가질 권리이다.

| 평가 기준 | |
| --- | --- |
| 상 | 환경권과 문화권을 모두 정확히 쓰고, 두 권리의 의미를 모두 정확하게 서술한 경우 |
| 중 | 환경권과 문화권을 모두 정확히 썼지만, 두 권리 중 하나의 의미만을 서술한 경우 |
| 하 | 환경권과 문화권을 모두 정확히 썼지만, 권리의 의미는 미흡하게 서술한 경우 |

## 06
### 기본권의 제한 이해

정답 찾기 ① 산행 시 인화 물질 휴대 여부를 검사하는 것은 산불 방지를 위해서이다. 결핵 확산으로 등교를 중지하는 것은 전염병 확산을 막기 위한 것이다. 산불 방지와 전염병 확산 방지는 공공복리라는 목적을 가진다. 이처럼 국민의 기본권은 공공복리를 위해 제한될 수 있다.

오답 피하기 ② 제시된 사례에서 기본권이 충돌한 경우는 찾아볼 수 없다.

③ 산불을 예방한다고 하여 입산 자체를 금지할 수는 없다. 결핵 확산을 막는다고 하여 등교 자체를 영원히 금지할 수는 없다. 제시된 사례는 기본권의 본질적 내용을 침해하고 있지는 않다.
④ 산불 예방, 전염병 확산 방지는 공공복리를 증진하는 행위이므로 기본권 제한 사유에 해당한다.
⑤ 기본권은 헌법에 열거되지 않은 것도 보호해 주는데, 제시된 사례와는 관련성이 없다.

## 07 서술형
### 사회권의 이해

(문제 접근) 인간다운 생활을 누릴 수 있는 권리로 교육을 받을 권리, 근로 3권, 깨끗한 환경에서 생활할 권리 등이 포함된 것은 사회권이다.
(2) (예시 답안) 사회권은 최소한의 인간다운 생활을 할 수 있도록 국가에 보장을 요구할 수 있는 적극적인 권리이다. 또한 국가의 존재를 전제로 하는 권리이다.

| 평가 기준 | |
| --- | --- |
| 상 | 사회권을 정확히 쓰고, 사회권의 특징을 두 가지 정확하게 서술한 경우 |
| 중 | 사회권을 정확히 쓰고, 사회권의 특징을 한 가지만 정확하게 서술한 경우 |
| 하 | 사회권을 정확히 썼지만, 사회권의 특징을 정확하게 서술하지 못한 경우 |

## 08
### 권력 분립 제도의 이해

(정답 찾기) ③ 국회의 국정 감사 및 조사권은 국회가 행정부 및 사법부를 견제하는 권한이다. 대통령의 법률안 거부권은 행정부가 국회를 견제하는 권한이다. 즉, 국가 권력은 견제와 균형의 원리에서 행사되어야 한다.

(오답 피하기) ① 국민이 국가의 주인으로서 정치권력을 창출한다는 것은 국민 주권의 원리이다.
② 현대 국가에서 행정부의 역할과 기능 증대는 불가피한 측면이 있지만 제시된 내용과는 관련이 적다.
④ 제시된 자료에서 민주 정치 발전을 위해 강력한 국가 권력이 필요하다는 내용은 찾아보기 어렵다.
⑤ 제시된 자료에서 정치권력은 국민의 대표로 구성된 국가 기관을 통해 행사되어야 한다는 내용을 강조하고 있지는 않다.

## 09
### 시민 참여의 의의 이해

(정답 찾기) 입법 공청회, 국민 참여 재판은 모두 시민이 정치 과정에 참여하는 방식이다.
⑤ 시민이 정치 과정에 적극적으로 참여하면 정책 결정 과정에서 시민의 여론을 수렴하여 반영하느라 정책 결정은 신속히 진행되지 않을 수 있다.

(오답 피하기) ① 공공의 문제에 관한 의사 결정 과정에 시민이 적극적으로 참여하면 현실의 문제를 개선함으로써 공동체의 이익을 증진할 수 있다.
② 시민이 정치 과정에 적극적으로 참여하면 대표자의 의사 왜곡을 막을 수 있고 시민이 원하는 내용을 정치 과정에 반영할 수 있으므로 대의 민주주의를 보완한다.
③ 시민이 정치 과정에 적극적으로 참여하면 국가의 권력 남용을 예방하여 시민의 권익을 보호할 수 있다.
④ 시민이 공공의 의사 결정에 적극적으로 참여하면서 시민의 여론을 반영한 정책 결정이 이루어지므로 정치 과정의 정당성을 확보한다.

## 10
### 시민 불복종의 이해

(정답 찾기) 1955년 미국 몽고메리시 시민의 버스 승차 거부 운동은 시민 불복종의 사례이다.
④ 자기 자신에게 불리한 법률이나 정책에 저항하는 것은 시민 불복종이 아니다. 정의에 어긋나는 법률이나 정책에 저항해야 한다.

(오답 피하기) ① 시민 불복종은 정의와 공공선 실현을 목적으로 해야 정당화될 수 있다.
② 시민 불복종이 정당화되기 위해서는 위법 행위에 대한 처벌을 기꺼이 감수함으로써 기본적으로 법을 존중한다는 사실을 보여야 한다.
③ 시민 불복종이 정당화되기 위해서는 비폭력적인 수단을 사용해야 한다.
⑤ 시민 불복종이 정당화되기 위해서는 합법적 방법이 효과가 없을 때 최후의 수단으로 사용해야 한다.

## 11
### 여성 차별 문제의 이해

(정답 찾기) ㄴ. 직장 내 양성평등 문화가 확산할 경우 직장에서 여성을 차별하는 유리 천장 현상을 완화하는 데 기여한다.
ㄷ. 제시문에서 남녀 차별을 금지하는 법률은 마련되어 있지

만 현실은 그렇지 않다는 표현에서 여성에 대한 편견 때문에 유리 천장 현상이 사라지지 않고 있음을 알 수 있다. 따라서 여성에 대한 사회적 차별은 제도 개혁뿐만 아니라 의식 개선도 함께 이루어져야 해결된다.

ㄹ. 유리 천장의 현실을 방치할 경우 우수한 여성 인재를 활용할 수 없게 되므로 사회적 자원의 배분 과정에서 기회의 공정성이 약화될 것이다.

오답 피하기 ㄱ. 직장에서의 여성 차별이 남녀의 역할을 제도적으로 명확히 구분하지 않아서 나타났다고 볼 수는 없다. 또한 직장에서의 남녀 역할을 명확히 구분하는 것은 여성 차별을 심화할 수도 있다.

## 12
### 청소년 근로 계약서의 분석

정답 찾기 ㄱ. 근로 계약서에서 을은 휴게 시간 1시간을 제외하고 7시간의 근로를 하기로 했다. 따라서 을의 하루 임금은 84,000원이다.

ㄴ. 청소년은 보호자의 동의를 얻어 본인이 근로 계약을 체결해야 한다. 보호자가 대리하여 근로 계약을 체결할 수 없다.

오답 피하기 ㄷ. 청소년이라도 임금 청구는 본인이 단독으로 할 수 있다.
ㄹ. 18세 미만의 청소년은 하루 7시간 이내에서 근로해야 하고, 연장 근로는 본인의 동의하에 1시간 이내에서 가능하다.

## 13
### 장애인 차별 문제의 해결 방안 이해

정답 찾기 ② 자료는 청각 장애인 갑을 돕기 위해 동료 직원들이 수화를 함께 배우는 것을 보여 준다. 이를 통해 장애인과 서로 소통하면서 장애인을 이해하고 함께 생활해 가려는 태도를 엿볼 수 있다.

오답 피하기 ① 장애인이 사회적 소수자로 차별받고 있는 현실을 개선하려고 노력하는 모습이다.
③ 자료는 직원들 스스로가 장애인 동료와 수화를 통해 소통하려는 모습이지 장애인에 대한 국가 차원의 지원이 필요함을 강조하는 것은 아니다.
④ 자료는 장애인이 아니라 비장애인인 동료 직원들이 편견을 버리고 차별 개선에 애쓰는 모습이다.
⑤ 자료에서 장애인과 비장애인의 동등한 경쟁을 강조하고 있지는 않다.

## 14 서술형
### 국제 인권 기구의 이해

문제 접근 A는 국제 연합 소속 인권 기구이며, 해당 국가의

인권 문제에 대해 해결책을 권고하는 역할을 한다.

(2) 예시 답안 국제 연합 가입국의 인권 상황을 점검하고 필요한 내용을 권고하며 이행 수준을 확인한다.

| 평가 기준 | |
| --- | --- |
| 상 | 국제 연합 인권 이사회를 정확히 쓰고, 인권 상황 점검과 권고, 이행 수준 확인 등을 모두 정확하게 서술한 경우 |
| 중 | 국제 연합 인권 이사회를 정확히 쓰고, 인권 상황 점검과 권고, 이행 수준 확인 중 두 가지만 정확하게 서술한 경우 |
| 하 | 국제 연합 인권 이사회를 정확히 쓰고, 주된 역할을 미흡하게 서술한 경우 |

## 15
### 세계 인권 문제의 이해

정답 찾기 ④ 난민 문제는 여러 국가가 관여되어 있으며, 해당 국가가 스스로 해결책을 강구하는 수준을 넘어서는 경우가 많다. 따라서 국제적인 연대를 통하여 해결책을 도모할 필요성이 크다.

오답 피하기 ① 빈곤 문제를 측정하는 대표적인 인권 지수로는 컨선 월드 와이드가 발표하는 세계 기아 지수가 있다. 세계 기아 지수는 영양 결핍 인구, 발육 부진 아동, 영유아 사망률 등을 기준으로 측정한다.
② 남녀 간 임금에서 여성이 차별을 받고 있는 것, 일부 지역에서 행해지는 여성의 조혼 문제나 명예 살인 등은 여성에 대한 차별이나 학대 문제로 볼 수 있다.
③ 아동 인권 침해는 주로 빈곤한 국가에서 아동 노동의 형태로 발생한다.
⑤ 인종 차별 문제는 다른 인종에 대한 편견에서 비롯된다. 따라서 세계시민 의식을 갖추고 편견을 제거함으로써 해결책을 모색할 수 있다.

## 수능 유형 문제

**01** ③　　**02** ②　　**03** ①　　**04** ⑤　　**05** ③
**06** ④　　**07** ②　　**08** ②

## 01
### 인권의 역사적 발전 과정 이해

**정답 찾기** 1. 근대 시민 혁명은 천부 인권 사상, 계몽사상 등의 영향을 받아 일어났으므로 옳은 설명이다. 따라서 앞으로 두 칸 이동하여 (다)에 위치한다.

2. 구체제의 모순에 분노한 시민들이 혁명을 일으켜 자유와 평등의 이념을 중심으로 '인간과 시민의 권리 선언'을 발표한 것은 영국이 아니라 프랑스이다. 옳지 않은 설명이므로 뒤로 한 칸 이동하여 (나)에 위치한다.

3. 시민 혁명 이후에도 재산, 성별, 인종 등에 따라 정치 참여가 제한되어 대다수 사람은 국가의 의사 결정 과정에서 배제되었으므로 옳은 설명이다. 따라서 앞으로 두 칸 이동하여 (라)에 위치한다.

4. 모든 국민이 최소한의 인간다운 생활을 보장받아야 한다는 사회권이 처음으로 명시된 것은 독일 바이마르 헌법이므로 옳지 않은 설명이다. 따라서 뒤로 한 칸 이동하여 최종적으로 (다)에 위치한다.

## 02
### 권력 분립 제도의 이해

**정답 찾기** ㉠은 정부가 국회를 견제하는 권한이고, ㉡은 법원이 정부를 견제하는 권한이다.

② 법률안 거부권은 국회가 의결한 법률안에 대해 대통령이 재의를 요구하는 것으로서 정부가 국회를 견제하는 권한이다. 명령·규칙은 정부가 제정하는 법령으로서 그 내용이 헌법이나 법률에 위반되는지를 법원이 심사한다. 따라서 명령·규칙 심사권은 법원이 정부를 견제하는 권한이다.

**오답 피하기** ① 국정 감사권은 국회가 국정 전반에 관한 감사를 진행하는 권한으로서 정부나 법원을 견제한다. 사면권은 대통령이 갖는 권한으로서 정부가 법원을 견제하는 수단이다.

③ 대법원장 임명은 대통령이 하지만 국회의 동의를 얻어야 한다. 따라서 대법원장 임명 동의권은 국회가 정부나 법원을 견제하는 권한이다.

④ 국무총리는 대통령이 임명하는데 국회의 동의를 얻어야 한다. 따라서 국무총리 임명 동의권은 국회가 정부를 견제하는 권한이다.

⑤ 위헌 법률 심판 제청권은 국회가 만든 법률이 헌법에 위반되는지를 법원이 헌법재판소에 그 심판을 제청하는 권한으로서 법원이 국회를 견제하는 권한이다. 탄핵 심판권은 헌법재판소의 권한으로서 그림에서는 해당하는 곳이 없다.

## 03
### 문화 예술 관람율 분석

**정답 찾기** ① 2020년 도시와 농촌의 문화 예술 행사 관람율은 동일하게 52.4%이다. 조사가 행해진 해의 도시와 농촌의 조사 대상 인구수는 각각 같으므로 비율이 동일하면 인구수도 같다. 따라서 2020년 도시와 농촌의 문화 예술 행사 관람 응답자 수는 같다.

**오답 피하기** ② 도시와 농촌의 문화 예술 행사 관람율은 2020년에는 동일했지만 2023년에는 격차가 커졌다.

③ 농촌의 경우 문화 예술 행사 관람율은 점차 증가하고 있지만 연도별 응답자 수를 알 수 없으므로 농촌의 문화 예술 행사 관람 응답자 수가 증가하고 있는지는 알 수 없다.

④ 도시와 농촌의 문화 예술 행사 관람율의 격차는 2017년에 비해 2014년이 크지만 연도별 응답자 수를 알 수 없으므로 도시와 농촌의 문화 예술 행사 관람 응답자 수의 격차가 2017년에 비해 2014년이 큰지는 알 수 없다.

⑤ 연도별 응답자 수를 알 수 없으므로 2017년 도시의 문화 예술 행사 관람 응답자 수와 2023년 농촌의 응답자 수가 같다고 단정할 수 없다.

## 04
### 연대권의 등장 배경 파악

**정답 찾기** ⑤ 국경 없는 의사회가 전쟁 중인 지역에 들어가 의료 활동을 펼치고 있으며, 국제 사면 위원회가 인권 침해 국가의 인권 탄압 실태를 공개하는 것 등으로 보아 국제적 연대를 필요로 하는 인권 문제가 늘어나고 있음을 알 수 있다.

**오답 피하기** ① 제시된 자료에서 국제 사회에서 준법 의식이 약화되고 있음을 강조하고 있지는 않다.

② 제시된 자료에서 국가 간 노동과 자본의 이동이 줄어들고 있다는 내용은 찾아볼 수 없다.

③ 제시된 자료에서 국가 간 정치적 이념 대립이 심각해지고 있다는 내용은 찾아볼 수 없다.

④ 제시된 자료에서 국가가 국민의 동의 없이 억압적인 정책을 추진한다는 점을 강조하고 있지는 않다.

## 05
### 헌법의 의의 이해

**정답 찾기** ③ 범죄 혐의자의 체포 시 영장을 제시하고, 변호인의 조력을 받을 권리와 불리한 진술 거부권 등을 알려 주는 내용이 헌법에 규정되어 있다. 이는 헌법이 국가의 최고법으로서 국민의 인권을 수호하는 근본적 토대이기 때문이다.

**오답 피하기** ① 정당한 법적 절차를 거친 상태에서 범죄 혐의자를 체포하는 것은 인권을 침해한다고 볼 수 없다.
② 헌법에 규정이 없더라도 인권으로 보장받을 수 있다.
④ 대통령령이나 경찰청 훈령이 인권을 보장하지 못한다는 내용은 제시문에서 찾기 어렵다.
⑤ 범죄 혐의자의 인권이 일반인에 비해 보장 범위가 넓다는 내용은 제시문에서 찾기 어렵다.

## 06
### 시민 참여 방법의 이해

**정답 찾기** ㄱ. 시민은 선거를 통해 공적 문제에 대해 의사를 표시하여 정책 결정에 영향력을 행사할 수 있다.
ㄷ. 행정 기관 누리집에 주민 제안을 하는 방법은 시간이나 공간적 제약을 별로 받지 않는다.
ㄹ. 정당, 이익 집단, 시민 단체에 가입하여 활동하는 것은 집단적 참여 방법이다. 선거나 투표는 개별적 참여 방법이다.

**오답 피하기** ㄴ. 입법 공청회는 정부나 국회가 제정하고자 하는 법률에 대한 설명을 듣고 시민이 자신의 의견을 개진하는 등의 참여 방법으로 대의 민주 정치를 보완한다.

## 07
### 성별 임금 격차의 분석

**정답 찾기** ㄱ. 남성 근로자의 임금이 지속적으로 상승하고 있고, 남성 대비 여성 근로자의 임금 비율도 점차 증가하고 있으므로 여성 근로자의 임금은 지속적으로 증가하였다.
ㄹ. $t+2$년 대비 $t+3$년 남성 근로자의 임금 대비 여성 근로자의 임금 비율이 더 크므로 여성 근로자의 임금 상승률이 남성 근로자의 임금 상승률보다 높다.

**오답 피하기** ㄴ. $t$년 남성 근로자의 임금이 100만 원이라면 $t$년 여성 근로자의 임금은 60만 원이다. 그러나 $t+1$년의 남성 근로자의 임금을 알 수 없으므로 여성 근로자의 임금이 얼마인지도 알 수 없다.
ㄷ. $t+1$년 대비 $t+2$년 남성 근로자의 임금 대비 여성 근로자의 임금 비율이 증가했지만 남성 근로자의 임금이 증가했으므로 남녀 근로자 간 임금액 격차는 감소했다고 단정할 수 없다.

## 08
### 국제 인권 지수의 이해

**정답 찾기** ② 갑과 을의 대화를 통해 성평등 정도를 나타내는 국제 인권 지수 중에서 성 격차 지수와 성 불평등 지수의 순위가 크게 차이가 나고 있다. 그 원인을 규명하기 위해서는 각 지수가 어떤 지표를 포함하고 있는지를 조사하면 된다.

**오답 피하기** ① 각 지수의 조사 기관이 국제 연합 소속인지에 따라 조사 결과가 달라진다고 보기는 어렵다.
③ 각 지수의 조사 대상 국가의 경제 규모는 인권 지수 산출에 별다른 영향을 주지 않는다.
④ 각 지수를 조사하는 사람들의 국적이 특정 국가 출신인지에 따라 조사 결과가 달라진다고 보기는 어렵다
⑤ 각 지수에서 조사 대상 국가의 남녀 인구 비율은 인권 지수 산출에 별다른 영향을 주지 않는다.

# Ⅱ 사회정의와 불평등

## 01 정의의 의미와 실질적 기준

### 개념 체크 문제

본문 41쪽

❶ ○ ❷ × ❸ ○ ❹ 일반적 ❺ 정의 ❻ 교정적 ❼ 저울 ❽ 공동선 ❾ ㄱ, ㄴ, ㄷ, ㄹ ❿ ㅁ ⓫ ㉡ ⓬ ㉠ ⓭ ㉢

본문 43쪽

❶ ○ ❷ × ❸ ○ ❹ × ❺ 향상시킨다 ❻ 높은 ❼ 필요에 따른 분배 ❽ 기회의 평등 ❾ 업적, 능력 ❿ 필요 ⓫ ㄱ, ㄷ, ㄹ

### 기본 문제

본문 44~45쪽

01 ② 02 ④ 03 ④ 04 ⑤ 05 ④
06 ④ 07 ② 08 ③

## 01
### 정의의 의미와 필요성 파악

정답 찾기 ㄱ. 사회적 가치란 재화, 권력, 명예, 기회 등과 같이 인간이 바라는 바를 충족해 주는 것을 말한다.
ㄷ. 정의의 실질적 기준은 사회적 가치를 둘러싼 구성원 간의 갈등을 해결하는 기준이 될 수 있다.

오답 피하기 ㄴ. 사회적 가치는 무한한 것이라고 볼 수 없으며, 유한하기 때문에 구성원 간의 갈등을 유발할 수 있다.
ㄹ. 공정하게 분배하는 기준에는 능력, 업적, 필요가 모두 포함될 수 있다.

## 02
### 아리스토텔레스의 정의관에 대한 이해

정답 찾기 ㉠은 일반적 정의, ㉡은 분배적 정의, ㉢은 교정적 정의이다.
④ 아리스토텔레스의 일반적 정의와 분배적 정의는 최대 다수의 최대 행복을 목적으로 하지 않으며, 최대 다수의 최대 행복

을 정의의 목적으로 삼는 사상가는 벤담이다.

오답 피하기 ① 아리스토텔레스에게 일반적 정의는 법을 지키는 것이므로, 법을 지키는 사람은 정의롭고 법을 지키지 않는 사람은 부정의하다고 볼 것이다.
② 분배적 정의는 사회적 가치가 비례에 따라 마땅한 사람에게 마땅하게 주어지는 것을 의미한다.
③ 교정적 정의는 잘못에 대한 처벌이나 보상을 통해 부정의를 시정하는 것이다.
⑤ 분배적 정의와 교정적 정의로 인해 사람들은 각자 자신에게 마땅한 가치를 받을 수 있게 되고, 잘못에 대한 보상이나 처벌을 받기도 한다.

## 03
### 정의의 필요성 파악

정답 찾기 ㉠에는 정의의 필요성에 대한 구체적 설명이 들어가야 적절하다.
갑, 을, 정. 정의가 실현되면 사회 구성원 개개인이 기본적 권리를 누리며 인간다운 삶을 살 수 있다. 각자가 자신이 받아야 할 몫을 정당하게 받을 수 있기 때문에 사회적 갈등이 적다. 정의가 옳고 그름에 대한 판단 기준을 제공하고, 사회 구성원들의 이해관계에 따라 발생하는 갈등을 공정하게 처리하는 기준이 되기 때문에 공동체에 대한 신뢰와 협력의 자세를 촉진할 수 있다.

오답 피하기 병. 각자의 정의관에 따라 이를 분배하는 기준을 정하기는 하지만, 사회적 재화는 한정되어 있고 각자 원하는 가치가 다르다. 따라서 병의 주장처럼 정의가 실현된다고 해서 사회 전체가 모두 동일한 재화를 가질 수 있는 것은 아니다.

## 04
### 정의에 대한 다양한 사상가들의 입장 이해

정답 찾기 ㉢ 롤스에 따르면 정의는 사회 제도의 제1덕목이다. 그는 정의가 법에 근거하는 것이 아니라 법과 제도가 정의에 근거해 있어야 한다고 주장하였다.

오답 피하기 ㉠ 정의에 대해 맹자는 의로움으로 표현하였다.
㉡ 아리스토텔레스는 정의를 일반적 정의와 부분적 정의로 나누고, 부분적 정의를 다시 분배적 정의와 교정적 정의로 나누어 설명하였다.
㉢ 플라톤은 정의를 사회의 세 계층의 사람들이 각자 자신의 일을 탁월하게 수행해서 얻는 조화에서 찾았다.
㉣ 벤담은 최대 다수의 최대 행복에서 정의의 의미를 찾았다.

# 05

## 능력에 따른 분배에 대한 이해

(정답 찾기) ④ 능력에 따른 분배는 육체적, 정신적 능력에 따른 분배를 강조하는 것으로, 능력을 가진 사람들이 상대적으로 더 많은 몫을 분배받는 것이 정당하다고 본다.

(오답 피하기) ① 능력에 따른 분배를 강조하는 사람들은 능력을 평가하는 기준을 마련할 수 있다고 보고, 그 평가 결과에 따라 분배의 몫을 정해야 한다고 본다.
② 능력에 따른 분배를 강조하는 사람들은 능력을 타고난 사람에게 더 많은 몫을 주는 것이 항상 부당하다고 여기지 않는다. 이러한 입장에서는 능력이 개인의 노력만이 아니라 우연적 요소의 영향을 받아 형성될 수 있다고 보고, 능력에 따른 분배의 한계를 주장할 수 있다.
③ 사회적 약자의 처지가 개선될 수 있는 분배 기준은 필요에 따른 분배이며, 능력에 따른 분배는 사회적 약자에게 유리하다고 볼 수 없다.
⑤ 제시문은 능력에 따른 분배가 올바른 분배의 기준이 될 수 있다고 본다.

# 06

## 필요에 따른 분배의 사회적 적용

(정답 찾기) ④ 칼럼은 사회적 약자를 위한 국가적 차원의 의료적 지원을 강조하고 있다. 저소득층이나 장애인과 같이 사회적 약자를 우선적인 대상으로 하는 복지 제도 등은 필요를 분배의 기준으로 삼고 있다고 볼 수 있다.

(오답 피하기) ① 칼럼에서는 능력에 따른 분배를 찾을 수 없다.
② 칼럼에서는 업적에 따른 분배를 찾을 수 없다.
③ 칼럼은 의료 자원을 개인의 노력으로 쟁취해야 한다고 보지 않는다.
⑤ 칼럼은 저소득 계층을 위한 복지 제도를 강조하고 있다.

# 07

## 업적에 따른 분배의 사회적 적용

(정답 찾기) 성과 연봉제는 업적을 실질적 기준으로 하는 분배의 대표적인 사례로 볼 수 있다.
ㄱ. 업적에 따른 분배는 각자가 달성한 업적을 객관적으로 측정하거나 평가하기가 쉽다는 장점이 있다.
ㄷ. 업적에 따른 분배는 업적을 달성하고자 하는 개인의 성취 동기를 자극하여 조직의 생산성을 높이는 데 기여한다.

(오답 피하기) ㄴ. 업적에 따른 분배는 서로 다른 영역의 성과나 실적을 객관적으로 비교하기 어렵다는 단점을 지닌다.
ㄹ. 성과 연봉제는 필요에 따른 분배가 아니라 업적에 따른 분배 방식에 해당한다.

# 08

## 필요에 따른 분배의 사회적 적용

(정답 찾기) ㄴ, ㄷ. 장애인의 교통비 부담 경감을 위한 국가 제도는 구성원들의 기본적인 욕구 충족을 위해 특정인들의 필요를 충족시키려는 사회 제도에 해당한다.

(오답 피하기) ㄱ. 성과를 기준으로 사회적 재화를 우선 분배하는 것은 업적에 따른 분배에 해당한다.
ㄹ. 개인의 잠재적인 성장 가능성만을 고려하여 몫을 분배하는 방식은 필요에 따른 분배가 아니다.

---

### 서술형 문제

본문 46쪽

**Step1  핵심 키워드 파악하기**

# 01

## 정의의 여신상에 대한 이해

(예시 답안) 정의의 여신상에서 ( 저울 )은/는 엄격하고 공정한 기준을 적용해야 함을, ( 칼 )은/는 정의 실현을 위한 단호함과 힘을, 여신의 가린 눈은 ( 어느 편에도 치우치지 않는 공정한 판단자 )을/를 상징한다.

# 02

## 롤스의 정의관에 대한 이해

(1) 롤스
(2) (예시 답안) ( 롤스 )은/는 법이나 정책은 정의에 기반하여 만들어져야 한다고 보았다. 그는 ( 정의의 원칙 )에 위배되는 제도나 정책은 ( 시민 불복종 )을/를 통해 바로잡을 수 있다고 보았다.

---

**Step2  스스로 답안 작성하기**

# 03

## 교정적 정의에 대한 칸트와 베카리아의 입장 비교

(문제 접근) 갑은 칸트, 을은 베카리아이다. 칸트는 살인자는 동등성의 원리에 따라 사형에 처해져야 한다고 보았다. 베카리아는 공리주의에 따라 사형보다 종신 노역형이 범죄 예방 효과가 더 크다고 보았다.

(1) 갑 - 칸트 을 - 베카리아
(2) (예시 답안) 칸트는 응보주의적 입장에서 살인자는 사형으로 동해 보복해야 한다고 주장하였다. 베카리아는 공리주의적 입장에서 종신 노역형에 비해 사형의 범죄 예방 효과가 낮기 때문에 살인자에 대한 사형에 반대하였다.

| 평가 기준 | |
|---|---|
| 상 | 갑과 을 사상가를 정확히 쓰고, 각 사상가의 입장을 명확히 서술한 경우 |
| 중 | 갑과 을 사상가를 정확히 쓰고, 각 사상가의 입장을 서술하였으나 내용이 다소 미흡한 경우 |
| 하 | 갑과 을 사상가만 정확히 쓴 경우 |

## 04
### 능력에 따른 분배의 단점 파악

(문제 접근) 제시문은 롤스의 입장이다. 롤스는 타고난 재능이나 능력은 자연적인 행운이므로, 능력에 따른 분배만을 강조하는 사회는 정의로운 사회가 될 수 없다고 보았다.

(예시 답안) 능력에 따른 분배는 한 개인의 타고난 재능, 부모의 사회·경제적 지위와 같은 우연적 요소가 분배에 큰 영향을 미치게 할 수 있다. 또한 우연적 요소는 마땅히 받을 만한 것이 아니므로 우연적 요소의 영향력을 경감시키지 않고 분배하는 것은 정의롭지 않을 수 있다.

| 평가 기준 | |
|---|---|
| 상 | 능력에 따른 분배의 단점을 명확히 서술한 경우 |
| 중 | 능력에 따른 분배의 단점을 서술하였으나, 내용이 다소 미흡한 경우 |
| 하 | 능력에 따른 분배의 단점을 거의 찾지 못한 경우 |

본문 **47쪽**

## 1등급 도전 문제

**01** ③　　**02** ③　　**03** ②　　**04** ①

## 01
### 능력, 업적, 필요에 따른 분배의 특징 비교

(정답 찾기) 갑은 능력에 따른 분배, 을은 필요에 따른 분배, 병은 절대적인 균등 분배, 정은 업적에 따른 분배를 강조한다. ③ 병은 절대적인 균등 분배를 강조하고 있으며, 필요에 따른 분배는 사회적 약자를 우선적으로 배려하는 것으로 단순하게 균등 분배라고 볼 수 없다.

(오답 피하기) ① 성장 가능성과 재능을 강조하는 갑은 능력에 따른 자원의 분배를 강조한다고 볼 수 있다.
② 경제적 형편이 어려운 학생에 대한 지원을 강조하는 을은 사회적 약자에 대한 우선 분배를 강조한다고 볼 수 있다.

④ 경연 대회 수상 실적 등은 업적에 해당하므로 정은 업적에 따른 분배를 강조한다고 볼 수 있다.
⑤ 능력에 따른 분배를 강조하는 갑과 업적에 따른 분배를 강조하는 정은 모두 개인의 재능을 발휘하도록 유도할 수 있다는 특징을 가지고 있다.

## 02
### 업적에 따른 분배의 특징 파악

(정답 찾기) ㉠은 업적에 따른 분배이다. 업적에 따른 분배는 평가와 측정에 대한 객관성을 확보하기 쉽고, 개인의 성취욕을 자극해 사회적으로 경쟁을 부추길 수 있다. ③ 업적에 따른 분배는 결과로 드러난 성과나 실적을 평가하여 분배하는 것이다.

(오답 피하기) ① 업적에 따른 분배는 타고난 지위가 분배 과정에 영향을 미칠 수 있다.
② 업적에 따른 분배는 업적이나 실적에 대한 평가가 용이하고 객관성 확보가 쉽다.
④ 업적에 따른 분배는 사회적 약자에 대한 배려가 부족할 수 있다.
⑤ 업적에 따른 분배는 개인의 능력이나 노력의 결과물에 대해 보상함으로써 개인의 성취욕을 자극하여 경쟁을 부추길 수 있다.

## 03
### 정의에 대한 롤스의 입장 이해

(정답 찾기) 그림의 강연자는 롤스이다.
ㄴ. 롤스는 모든 사람이 침해될 수 없는 기본적 자유를 가지며, 타인의 더 큰 선을 위해 소수의 자유를 뺏는 것은 정의롭지 못한 것이라고 보았다.
ㄷ. 롤스는 사회 제도의 제1덕목을 정의로 보고, 정의에 기반하여 제도가 구축되어야 한다고 주장하였다.

(오답 피하기) ㄱ. 롤스에 따르면 법의 정당성은 효율성이 아니라 정의와 관련하여 이해해야 한다.
ㄹ. 롤스는 타인의 선, 사회 전체의 선을 위해서라고 할지라도 소수의 자유를 뺏는 것은 정의라고 볼 수 없다고 하였으므로, 사회 복지 증진을 위한 소수의 희생은 언제나 정당하다는 것에 대해 찬성한다고 볼 수 없다.

## 04
### 공정한 정의의 필요성에 대한 이해

(정답 찾기) ① 제시문에 의하면 잘못된 관행에 따라 인간을 차별하는 사회는 옳지 않으며, 인간은 정의에 따라 누구나 공정하게 대우받아야 한다. 따라서 공정성을 훼손하는 차별 행위는 옳지 않다.

 ② 제시문에서는 집단의 우월성을 구분해야 한다는 입장을 찾을 수 없다.

③ 제시문에서는 사회적 이익이나 부담은 각자 받아야 할 만큼의 몫을 받는 것이라고 보고 있으므로, 누구나 동일한 양으로 분배해야 한다는 주장에 동의하지 않을 것이다.

④ 제시문에서는 잘못보다 적게 처벌을 받을 때 정의가 실현되는 것이 아니라 잘못한 만큼의 처벌을 받을 때 정의가 실현된다고 보고 있다.

⑤ 제시문에서는 자의적인 분배에 대해 찬성하는 내용을 찾아볼 수 없다.

## 02 다양한 정의관의 특징과 적용

### 개념 체크 문제

본문 49쪽

❶ ○  ❷ ○  ❸ ○  ❹ ×  ❺ 중립적, 최대한  ❻ 교정  ❼ 절차  ❽ 배타적, 절대적  ❾ 차등  ❿ 개인선  ⑪ 자유 (혹은 권리)  ⑫ ㄱ, ㄴ, ㅂ  ⑬ ㄷ, ㄹ, ㅁ

본문 51쪽

❶ ○  ❷ ○  ❸ ×  ❹ ×  ❺ 연고적  ❻ 고려해야  ❼ 공동선  ❽ 상호 보완적  ❾ 집단주의  ❿ 자유주의  ⑪ 자아 정체성  ⑫ ㉠  ⑬ ㉡  ⑭ ㉠  ⑮ ㉡  ⑯ ㉡

### 기본 문제

본문 52~53쪽

01 ②  02 ④  03 ⑤  04 ⑤  05 ⑤
06 ①  07 ④  08 ②

## 01
### 노직의 정의관 이해

 ② 노직은 ㉠ 소유 권리로서의 정의를 주장하면서, 정당하게 취득한 재화는 취득한 사람에게 소유 권리가 있다는 ㉡ 취득의 원칙, 타인에 의해 자유로이 양도받은 재화에 대한 정당한 소유 권리가 있다는 ㉢ 이전의 원칙을 제시하였다.

## 02
### 밀의 정의관에 대한 이해

 ④ 제시문은 밀의 주장이다. 밀은 타인에게 영향을 미치지 않는 행위에 대해서는 개인에게 절대적인 자유가 있다고 주장하였다.

 ① 밀은 모든 인간이 천부 인권을 지닌다고 보는 자유주의 사상가이다.

② 밀은 개인의 이익과 공동선을 무관하게 보지 않았으며, 개인의 이익보다 공동선을 선택하는 것이 항상 정의롭다고 간주하지도 않았다.

③ 밀은 자유주의자로 국가가 개인의 도덕적인 삶을 위해 특정한 가치를 강요해야 한다고 보지 않았다.

⑤ 밀은 국가가 개인을 위해 존재하는 수단적 가치를 지닌다고 보았다.

## 03
### 자유주의의 특징 이해

 수행 평가의 문제에서 제시하는 사상은 자유주의이다. 자유주의는 개인선의 실현을 강조하고 개인은 각자 자신의 개성과 가치를 자유롭게 표현할 수 있어야 한다고 본다. ㉤ 자유주의에 의하면 국가는 중립적 입장에서 개인에게 특정한 가치를 강요하지 않고, 개인의 자유로운 삶을 최대한 보장해야 한다.

 ㉠ 제시문은 자유주의의 입장을 담고 있다.

㉡ 자유주의의 입장에 의하면 공동선보다 개인선을 실현하는 것이 정의롭다.

㉢ 자유주의에서는 개인 각자의 개성과 자유로운 표현에 대한 보호를 중시한다.

㉣ 자유주의에서는 국가가 개인의 자유로운 삶에 개입해서는 안 된다고 보아 국가의 중립적 입장을 강조한다.

## 04
### 롤스의 정의관에 대한 이해

 ㉤ 롤스는 직위와 직책에 오를 기회는 누구에게나 열려 있어야 한다는 공정한 기회균등의 원칙을 강조하였다.

 롤스는 공정으로서의 정의관을 주장하면서 원초적 상황에서 정의의 원칙을 도출할 수 있다고 주장하였다. 그가 주장한 정의의 원칙은 평등한 자유의 원칙, 차등의 원칙, 공정한 기회균등의 원칙이다. 특히 차등의 원칙은 사회적 약자를 위한 제도 마련의 기초가 된다는 점에서 의의가 있다.

## 05
### 공동체주의의 특징 이해

 제시문은 공동체주의자인 매킨타이어의 주장이다.

⑤ 자유주의적 정의관에 해당하는 설명이다. 공동체주의적 정의관에 의하면 공동체는 개인선을 보호하는 것 이상의 가치를

지닌다.

오답 피하기 ① 공동체주의는 개인은 공동체를 떠나 존재할 수 없다고 본다.
② 공동체주의는 각 사회의 역사와 문화적 맥락에 따라 옳고 그름의 기준이 달라질 수 있다고 본다.
③ 공동체주의는 개인의 도덕적 판단에 공동체의 전통이 반영될 수밖에 없다고 본다.
④ 공동체주의는 자유주의 방식으로 개인을 독립적인 존재로만 파악하는 것은 현대 사회의 분열의 원인이 된다고 본다.

## 06
### 자유주의적 정의관과 공동체주의적 정의관의 조화의 필요성 파악

정답 찾기 ① 칼럼은 자유주의적 정의관과 공동체주의적 정의관은 개인의 행복 추구와 정의로운 사회를 지향한다는 점에서 조화로운 관계에 있음을 강조하고 있다.

오답 피하기 ② 집단이 개인의 희생을 강요하는 것은 자유주의적 정의관과 공동체주의적 정의관을 조화시키려는 노력으로 보기 어렵다.
③ 자유주의와 공동체주의의 조화와 관련이 없으며, 제시문의 내용으로 보기도 어렵다.
④ 자유주의와 공동체주의 모두 개인의 자유가 제한될 수 있다고 본다.
⑤ 공동체주의의 특징이다. 자유주의와 공동체주의의 조화와 관련이 없으며, 제시문의 내용으로 보기도 어렵다.

## 07
### 샌델의 정의관에 대한 이해

정답 찾기 제시문은 샌델의 주장이다.

ㄱ, ㄴ. 샌델은 정의로운 사회를 만들기 위해서 시민의 적극적인 정치 참여와 활발한 토론으로 공동체의 공동선을 실현하는 것이 무엇보다도 중요하다고 보았다.
ㄷ. 샌델은 공동체주의 입장에서 개인의 정체성은 공동체의 가치와 전통에 의해 형성된다고 보았다.

오답 피하기 ㄹ. 샌델은 공동체주의자로 개인은 국가로부터 특정한 도덕적 가치나 사회적 가치에 대한 권유를 받을 수 있다고 보았다.

## 08
### 공동체주의의 특징 이해

정답 찾기 ㉠은 공동체주의이다.

ㄱ, ㄷ. 공동체주의는 인간의 자아 정체성이 공동체와 분리되어 존재할 수 없다고 보고, 공동체는 개인이 좋은 삶을 살아가는 데 중요한 기반이므로 개인은 공동체의 목적을 내면화하고 자신의 책임과 의무를 이행하여 공동선을 위해 노력해야 한다

고 본다.

오답 피하기 ㄴ. 공동체주의는 사회적 가치를 공동체의 역사적이고 문화적인 소산으로 볼 수 있다고 본다.
ㄹ. 공동체주의는 공동체의 특수성을 중시하면서도 인류의 보편적 가치를 존중하는 태도를 강조한다.

### 서술형 문제
본문 54쪽

Step1   핵심 키워드 파악하기

## 01
### 롤스의 정의의 원칙에 대한 이해

예시 답안 제1원칙은 ( 평등한 자유의 원칙 )(으)로 모든 사람은 평등한 기본적 자유를 최대한 누려야 한다는 것을 의미한다. 제2원칙 중 하나는 ( 공정한 기회균등의 원칙 )(으)로 직위와 직책에 대한 기회는 모든 사람에게 열려 있어야 한다는 것을 의미한다. 제2원칙 중 다른 하나는 ( 차등의 원칙 )(으)로 사회적·경제적 불평등은 혜택을 가장 받지 못하는 사회적 약자에게 최대의 이익이 되도록 편성되어야 정당하다는 것이다.

## 02
### 노직의 정의의 원칙에 대한 이해

(1) 노직
(2) 예시 답안 ( 노직 )은/는 개인이 다른 사람에게 피해를 주지 않고 정당하게 소유물을 취득하거나 양도받았다면 그 사람은 그 소유물에 대해 ( 소유 권리 )을/를 갖는다고 주장하였다. 또한 국가는 취득과 양도의 과정이 정당하지 않아 잘못된 소유가 발생했을 경우에 ( 교정의 원칙 )에 근거하여 분배 과정에 개입할 수 있다고 보았다.

Step2   스스로 답안 작성하기

## 03
### 자유주의와 공동체주의의 입장 비교

문제 접근 갑은 자유주의, 을은 공동체주의의 입장을 가지고 있다.

(1) 갑 - 자유주의 을 - 공동체주의
(2) 예시 답안 자유주의는 국가가 개인의 자유와 권리를 보호하고 증진하는 수단이라고 보기 때문에, 개인선과 공동선이 충돌할 경우에는 개인선을 실현하는 것이 더 중요하다고 본다. 공동체주의는 국가는 개인이 좋은 삶을 살아가는 기반이며 인간의 자아 정체성의 바탕이라고 본다. 이에 의하면 개인선과 공동선이 충돌할 경우에는 공동선을 실현하는 것이 더 중요하다.

## 04
### 매킨타이어가 강조하는 삶의 자세 파악

(문제 접근) 제시문은 매킨타이어의 주장이다.

(예시 답안) 매킨타이어에 따르면 인간은 공동체와 분리되어 존재할 수 없으며, 개인의 정체성은 공동체의 역사 속에 편입되어 있다. 따라서 우리는 유대감을 바탕으로 공동체의 가치와 목적을 내면화하고 공동체의 구성원으로서 자신의 책임과 의무를 이행하면서 공동선을 실현하도록 노력해야 한다.

| 평가 기준 | |
| --- | --- |
| 상 | 매킨타이어가 강조하는 공동체주의적 입장을 명확히 서술한 경우 |
| 중 | 매킨타이어가 강조하는 공동체주의적 입장을 서술하였으나 내용이 다소 미흡한 경우 |
| 하 | 매킨타이어가 강조하는 공동체주의적 입장을 거의 찾지 못한 경우 |

본문 55쪽

## 1등급 도전 문제

01 ④　　02 ②　　03 ②　　04 ⑤

## 01
### 롤스의 정의관 이해

(정답 찾기) 제시문은 롤스의 주장이다.

④ 롤스는 경제적 불평등은 최소 수혜자에게 최다의 이익을 줄 수 있을 때 정당화된다고 보았다. 사회 전체의 이익 극대화를 강조한 사상가는 벤담이다.

(오답 피하기) ① 롤스는 사람들이 무지의 베일을 쓴 원초적 입장에 있을 때 공정한 정의의 원칙을 도출할 수 있다고 보았다.

② 롤스에 따르면 사회 제도는 공정한 조건에서 합의된 정의의 원칙에 의해 규제되어야 하며, 정의의 원칙에 위배되는 사회 제도는 저항받을 수 있다.

③ 롤스는 모든 사람이 기본적 자유를 평등하게 최대한 누리는 것은 정의의 제1원칙에 부합한다고 보았다.

⑤ 롤스에 따르면 원초적 입장에 놓인 사람들은 자신이 최소 수혜자일 가능성을 염두에 두고 정의의 원칙에 합의한다.

## 02
### 공동체주의와 자유주의의 입장 비교

(정답 찾기) 제시문의 '나'는 공동체주의의 입장이고, '어떤 사람들'은 자유주의의 입장이다.

② 공동체주의의 입장에서 자유주의의 입장에 대해 인간은 공동체에서 분리될 수 없으며, 개인의 자아 정체성은 사회적 역할을 수행하면서 형성될 수 있다는 점을 간과한다고 지적할 수 있다.

(오답 피하기) ① 공동체주의에 따르면 인간은 국가에 의해 도덕적 가치를 교육받을 수 있다.

③ 공동체주의는 인간 개개인의 자유와 소유 권리보다 공동선을 중시한다.

④ 공동체주의는 인간을 존엄한 존재로 여기기는 하지만, 어떤 공동체에 의해서도 간섭받을 수 없는 존재로 간주하지 않는다.

⑤ 자유주의는 개인이 자기 선택에 따라 자신이 태어난 공동체를 떠날 수 있는 존재임을 인정한다.

## 03
### 극단적 이기주의의 극복 방안

(정답 찾기) ㉠, ㉣ 극단적 이기주의를 극복하기 위해서는 자신의 권리와 타인의 권리를 모두 존중하는 자세를 가지는 것이 중요하다. 또한 자신의 자유와 권리의 행사는 타인의 자유와 권리를 침해하지 않는 범위에서 이루어져야 함을 인식하고 실천해야 한다.

(오답 피하기) ㉡ 국가 공동체를 위해 무조건적으로 자신을 희생하는 것은 자유주의에서도 공동체주의에서도 인정하기 어려운 태도이다. 전체주의와 같은 집단주의에서 요구할 내용이다.

㉢ 타국을 고려하지 않고 자국만을 고려하는 것은 이기주의적 태도로 극단적 이기주의의 극복 방안으로 볼 수 없다.

## 04
### 자유주의와 공동체주의의 입장 비교

(정답 찾기) ⑤ (가)는 자유주의, (나)는 공동체주의 입장이다. 자유주의 입장에 비해 공동체주의 입장이 갖는 상대적 특징은 '공동체의 전통 계승을 강조하는 정도(X)'는 높고, '개인의 자유로운 선택을 강조하는 정도(Y)'와 '개인에 대한 국가의 중립적 입장을 강조하는 정도(Z)'는 낮다. 따라서 ㉤이 적절하다.

## 03 다양한 불평등 현상과 정의로운 사회 실현

### 개념 체크 문제

본문 57쪽

❶ ○ ❷ ○ ❸ × ❹ ○ ❺ 갈등 관계 ❻ 미친다 ❼ 수도권과 대도시 ❽ 훼손 ❾ 사회적 약자 ❿ 대물림 ⓫ 저해 ⓬ ㄴ, ㅁ ⓭ ㄷ ⓮ ㄱ, ㄹ

본문 59쪽

❶ × ❷ ○ ❸ ○ ❹ × ❺ 공공 부조 ❻ 완화 ❼ 사회 서비스 ❽ 지역 격차 완화 정책 ❾ 역차별 ❿ ㄴ, ㄹ ⓫ ㄱ ⓬ ㄷ

### 기본 문제

본문 60~61쪽

01 ① 　　02 ③ 　　03 ② 　　04 ④ 　　05 ③
06 ⑤ 　　07 ④ 　　08 ④

## 01
### 사회 양극화 현상의 특징 파악

(정답 찾기) ㄱ, ㄴ. 그래프에서는 경제적 격차의 심화로 사회 양극화 현상이 나타남을 알 수 있다. 사회 양극화는 사회 계층 간의 위화감을 고조시키고 갈등을 유발할 수 있다.

(오답 피하기) ㄷ. 국가 차원의 복지 제도는 사회 양극화 현상을 완화하기 위한 제도적 노력으로 볼 수 있다.
ㄹ. 사회 계층의 양극화는 구성원들이 재산을 공동 소유해야만 해결 가능한 것은 아니다. 사회 복지 정책을 통해서도 해결 가능하기 때문이다.

## 02
### 공간 불평등 현상의 특징 파악

(정답 찾기) ③ 우리나라의 경우 급속한 산업화와 도시화로 공간 불평등 현상이 심화되었다고 볼 수 있다.

(오답 피하기) ① 성장 위주의 지역 개발 정책은 우리나라의 공간 불평등 현상의 주요 원인 중 하나이다.
② 제시된 사례는 지역 간 사회적 자원과 제반 시설이 불균등하게 나타나고 있는 공간 불평등 현상을 보여 준다.
④ 우리나라의 공간 불평등 현상은 지역 간의 정치적인 갈등이나 편견을 일으키는 원인이 된다.

⑤ 낙후 지역과 개발 지역 간의 지나친 격차는 낙후된 지역 주민들의 삶의 질을 떨어뜨리고 교육 및 의료와 관련한 삶에 대한 다양한 기회를 제한할 수 있다.

## 03
### 적극적 평등 실현 조치의 사례와 특징 파악

(정답 찾기) ㄴ 사회적 약자를 위한 대학 입학 전형은 사회적 약자의 인권을 보호한다는 차원의 적극적 평등 실현 조치의 일환으로 볼 수 있다.

(오답 피하기) ㄱ 적극적 평등 실현 조치는 사회적 약자의 불리한 조건을 완화하는 데 기여한다.
ㄷ 적극적 평등 실현 조치를 통해 불리한 조건에 있는 사회적 약자에게 실질적인 기회의 평등을 보장해 줄 수 있다.
ㄹ 적극적 평등 실현 조치는 사회적 약자에 해당하는 사람들도 스스로 삶의 조건을 개선하도록 독려할 수 있다.
ㅁ 적극적 평등 실현 조치는 다른 사회 구성원에 대한 역차별을 유발할 수 있다는 점에서 논란이 된다.

## 04
### 사회적 약자에 대한 차별 현상의 특징 파악

(정답 찾기) ㄹ 사회적 약자에 대한 차별의 원인은 문화적, 구조적 환경의 폐쇄성이나 차별을 용인하는 행태 등에 있다.

(오답 피하기) ㄱ 사회적 약자에 대한 차별이란 나이, 신체적 조건, 출신 지역, 성별 등을 기준으로 편견을 가지고 불합리하게 차별하는 것을 말한다.
ㄴ 사회적 약자에 대한 차별은 주로 사회·경제적으로 열악한 위치에 있는 사람들을 대상으로 한다고 볼 수 있다.
ㄷ 신체적 특징이나 성별에 따라 상대방에게 가지는 선입견이나 편견은 차별에 포함된다.
ㅁ 차별 행위는 사회적 약자의 인권을 침해하고 그들의 기본권을 무시한다는 점에서 옳지 않다.

## 05
### 사회 복지 제도의 구분에 대한 이해

(정답 찾기) ③ ㄱ은 공공 부조, ㄴ은 사회 보험, ㄷ은 사회 서비스이다. 공공 부조는 생계가 어려운 저소득 계층이 최소한의 인간다운 삶을 살아가도록 지원하는 것이고, 사회 보험은 개인, 정부, 기업이 보험료를 분담하여 질병, 장애, 노령, 실업, 사망 등 각종 위험에 대비하는 것이며, 사회 서비스는 도움이 필요한 국민에게 상담, 돌봄, 재활 등 다양한 서비스 혜택을 제공하는 것이다.

# 06
## 사회 복지 제도의 실제적 예시 파악

정답 찾기 ⑤ 제시문에는 복지 제도의 혜택을 받는 대상을 넓혀 생계 급여 사각지대에 놓인 사람들의 삶을 보호하고자 하는 정부의 노력이 나타나 있다. 이러한 노력은 저소득 계층의 기본적인 필요를 충족시키면서 그들의 삶을 보호하는 효과를 가져올 수 있다.

오답 피하기 ① 복지 제도는 국가 주도의 사업이다.
② 복지 제도는 사회 양극화의 부작용을 약화시키려는 노력의 하나이다.
③ 복지 제도는 저소득층을 대상으로 하므로 재산을 소유한 사람들만을 대상으로 한다고 볼 수 없다.
④ 복지 제도는 능력을 가진 사람들이 아니라 소득이 충분하지 않은 사람들에게 혜택을 줄 수 있다.

# 07
## 여성에 대한 적극적 평등 실현 조치 파악

정답 찾기 갑, 을, 정. 국회 의원 여성 할당제는 여성에 대한 적극적 평등 실현 조치의 일환이다. 이러한 조치는 여성의 사회적 활동 등에 대한 유리 천장을 해소하는 데 도움을 준다는 점에서 사회에 미치는 영향이 크다. 하지만 남성에 대한 역차별을 일으킬 수 있다는 점에서 사회적 논란이 되기도 한다.

오답 피하기 ㄹ. 여성에 대한 적극적 평등 실현 조치는 남성과 여성의 생물학적 차이를 없애는 것이 아니라 각 성별의 차이를 존중하고 평등하게 대우하는 것이라고 볼 수 있다.

# 08
## 지역 격차 완화 정책의 사례 파악

정답 찾기 갑, 을, 정. 지역 격차 완화 정책으로는 국토의 균형적 발전을 도모하기 위해 소외되었던 지방을 중심으로 개발 계획을 마련하는 것, 공공 기관의 지방 이전을 들 수 있다. 또한 지역 스스로 지역 브랜드를 상품화하거나 지역 축제를 개발하고, 지역 자체의 관광 자원을 개발하는 것도 지역 격차 완화 정책의 시도로 볼 수 있다.

오답 피하기 병. 대도시 중심의 도시 기반 확충 사업은 지역 간 격차를 더욱 심화시키는 결과를 초래할 수 있다.



Step1　핵심 키워드 파악하기

# 01
## 사회 계층과 사회 불평등의 의미 이해

예시 답안 (1) ㉠ - ( 사회 계층 ) ㉡ - ( 사회 불평등 )
(2) ( 사회 불평등 )은/는 그 정도가 심하거나 구조화되면 ( 사회 계층 ) 간의 갈등을 포함한 심각한 사회 불안정과 발전 저하를 유발할 수 있다. 이로 인해 정의로운 사회 실현을 가로막을 수 있게 된다.

# 02
## 공간 불평등 현상의 원인과 영향 파악

(1) 공간 불평등
(2) 예시 답안 ( 공간 불평등 )은/는 1960년대 이후 급속한 산업화와 도시화 과정에서 ( 성장 ) 위주의 지역 개발 정책을 펼침으로써 심화되었다. ( 수도권 )와/과 대도시를 집중적으로 개발하여 비수도권과 농촌 지역에는 인구 유출, 교통망과 편의 시설 부족, 경기 침체 등이 나타나게 되었다.

Step2　스스로 답안 작성하기

# 03
## 다양한 사회 복지 제도의 공통점 이해

문제 접근 (가)는 공공 부조, (나)는 사회 서비스이다.
(1) (가) - 공공 부조, (나) - 사회 서비스
(2) 예시 답안 공공 부조와 사회 서비스는 공통적으로 필요에 따른 분배를 지향한다. 또한 공통적으로 사회 양극화를 완화하고, 사회 구성원들의 기본적 욕구 충족과 인간다운 삶을 보장하기 위해 국가가 지원하는 제도이다.

| 평가 기준 | |
|---|---|
| 상 | (가)와 (나)의 명칭을 정확히 쓰고, (가)와 (나)의 공통점을 명확히 서술한 경우 |
| 중 | (가)와 (나)의 명칭을 정확히 쓰고, (가)와 (나)의 공통점을 서술하였으나 내용이 다소 미흡한 경우 |
| 하 | (가)와 (나)의 명칭만을 정확히 쓴 경우 |

# 04
## 장애인 의무 고용 제도의 긍정적 영향 파악

문제 접근 장애인 의무 고용 제도는 장애인에 대한 적극적 평등 실현 조치이다.

**예시 답안** 장애인 의무 고용 제도는 장애인에게 일을 하고 사회 발전에 이바지할 수 있는 기회를 줌으로써 장애인이 주도적 삶을 살아가고 사회와 소통하며 경제적으로 자립할 수 있도록 도울 수 있다. 이는 장애인의 삶의 질을 높일 뿐만 아니라 사회적 가치와 경제적 효과를 창출하는 데에도 도움이 될 수 있다.

| 평가 기준 | |
| --- | --- |
| 상 | 적극적 평등 실현 조치에 대한 이해를 바탕으로 장애인 의무 고용 제도의 긍정적 영향을 명확히 서술한 경우 |
| 중 | 장애인 의무 고용 제도의 긍정적 영향을 서술하였으나 내용이 다소 미흡한 경우 |
| 하 | 장애인 의무 고용 제도의 긍정적 영향을 거의 서술하지 못한 경우 |

본문 63쪽

## 1등급 도전 문제

01 ⑤　　02 ③　　03 ②　　04 ④

## 01
### 의료 접근성과 관련한 공간 불평등 현상 파악

**정답 찾기** ⑤ 지역 간의 공간 불평등은 국토를 효율적으로 활용하지 못하는 것이다.

**오답 피하기** ① 공간 불평등은 대도시로 인구가 유입되는 이유인 동시에 결과이다.
② 시·도별 종합 병원과의 평균 거리 차이를 비교해 보면 수도권과 비수도권, 대도시와 농촌 지역 간의 사회적 자원이 불균등하게 분포한 공간 불평등 현상을 파악할 수 있다.
③ 제시된 그림을 보면 종합 병원과의 평균 거리가 큰 낙후 지역이 존재한다는 것을 알 수 있다.
④ 지방 도시에 대한 사회 제반 시설 확충은 공간 불평등을 완화하기 위한 대안이 될 수 있다.

## 02
### 소득 격차의 구조화 현상 파악

**정답 찾기** ③ 제시문에서는 소득 격차가 주거 격차, 교육 격차 등으로 이어지고 있음을 지적하고 있다. 이러한 현상이 반복적으로 나타나면서 소득 격차로 인한 사회 계층의 고착화가 심해지고 있는 것으로 볼 수 있다.

**오답 피하기** ① 제시문에 의하면 소득 격차로 인한 사회 양극화 현상이 심각해지고 있다.

② 사회 계층의 구조화가 진행되면 개인의 노력만으로는 사회 불평등을 모두 해소하기 어렵다.
④ 제시문에 의하면 주거의 격차는 교육 불평등에 영향을 주면서 소득 격차로 연결될 수 있다. 따라서 현재의 주거 격차가 개인의 미래 삶에 영향을 줄 수 있다.
⑤ 제시문에 의하면 경제적 격차는 사회 계층 간의 위화감을 조성할 수밖에 없다.

## 03
### 적극적 평등 실현 조치에 대한 입장 파악

**정답 찾기** ② (가)는 사회적 약자의 불리한 삶의 조건을 완화하고 그들의 실질적인 기회 보장의 차원에서 적극적 평등 실현 조치의 필요성을 강조한다. (나)는 적극적 평등 실현 조치가 남성이나 비장애인 등에게 역차별을 일으키므로 바람직하지 않다고 강조한다.

**오답 피하기** ① (가)는 사회적 약자에게 차별적 혜택을 제공하는 조치에 대해 찬성하고 있다.
③ (나)는 적극적 평등 실현 조치의 역차별에 대해 우려하고 있다.
④ (나)는 적극적 평등 실현 조치가 여성이나 장애인과 같은 사회적 약자의 삶의 질을 높일 수 있다는 점을 인정하고 있다.
⑤ 적극적 평등 실현 조치는 주로 국가 차원에서 이루어지는 경우가 많다.

## 04
### 지역 격차 완화 정책의 목적 이해

**정답 찾기** ④ 「국가 균형 발전 특별법」, 「행정 중심 복합 도시 건설 특별법」, '도시 정비 사업을 통한 노후 불량 주택 개량'의 노력은 모두 지역 격차 완화 정책의 예로 볼 수 있다. 이러한 지역 격차 완화 정책은 국토의 불균형적인 공간 불평등을 극복하고자 하는 국가 차원의 시도로 볼 수 있다.

**오답 피하기** ① 사회 복지 제도의 취지로 볼 수 있다.
②, ③ 지역 격차를 심화시킬 수 있는 개발이다. 우리나라의 공간 불평등이 발생한 원인이기도 하다.
⑤ 적극적 평등 실현 조치의 취지로 볼 수 있다.

## 대단원 종합 문제

01 ④　　02 ④　　03 ①　　04 ③　　05 ⑤
06 ④　　07 ③　　08 ⑤　　09 해설 참조
10 ④　　11 ④　　12 해설 참조

## 01
### 정의의 필요성에 대한 이해

**정답 찾기** ④ 정은 정의가 공동체의 발전에 기여한다는 측면에 대해서는 지적하면서도, 항상 개인선보다 공동선을 추구하는 것은 아니라는 점은 모르고 있다.

**오답 피하기** ① 정의는 사회 구성원들이 서로 신뢰하고 협력하는 데 기여한다.
② 정의는 공정한 분배를 가능하게 함으로써 사회 갈등을 줄이는 데 기여한다.
③ 정의는 사회 구성원들의 기본권을 보장하기 때문에 모든 구성원이 인간다운 삶을 실현할 수 있도록 돕는다.
⑤ 정의는 사회 구성원들이 옳음을 실천하는 데 기준이 되며 공정한 분배의 기준이 된다.

## 02
### 아리스토텔레스의 분배적 정의 이해

**정답 찾기** ④ 아리스토텔레스는 가치 있는 재화라고 할지라도 모든 사람에게 동일하게 분배하는 것은 정의로운 것이 아니라고 보았다. 각자의 가치에 비례하여 분배하는 것을 정의로운 것이라고 보았다.

**오답 피하기** ① 아리스토텔레스에 따르면 일반적 정의는 공익을 지향하는 법을 지키는 것이다.
② 아리스토텔레스에 따르면 분배적 정의는 각자의 가치에 비례하여 그에 합당하게 몫을 나누는 것이다.
③ 아리스토텔레스에 따르면 교정적 정의는 손해에 대해 보상하거나 잘못한 만큼을 바로잡는 것이다.
⑤ 아리스토텔레스는 다양한 사회적 가치가 마땅히 받을 만한 사람에게 마땅히 돌아가는 것을 정의롭다고 보았다.

## 03
### 필요에 따른 분배의 특징 파악

**정답 찾기** ㄱ, ㄴ. ㉠은 '필요에 따른 분배'이다. 필요에 따른 분배는 저소득층이나 사회적 약자에 대한 사회적 안전망을 마련하고 불평등을 완화할 수 있다.

**오답 피하기** ㄷ. 각 개인들의 필요한 양을 객관적으로 수량화하기 어렵다는 점은 필요에 따른 분배의 단점이다.
ㄹ. 필요에 따른 분배가 아니라 업적에 따른 분배, 능력에 따른 분배와 관련이 있다.

## 04
### 왈처 정의관의 특징 파악

**정답 찾기** ③ 왈처는 공동체의 맥락과 사회적 가치의 특수성에 따라 다양한 분배의 기준이 적용될 수 있다고 보았다.

**오답 피하기** ① 왈처는 사회적 가치의 특징에 따라 공동체의 역사적 맥락을 고려하는 분배 방식이 적용될 수 있다고 보았다.
② 왈처는 개인이 속한 문화적 특수성에 따르는 분배 기준도 정당성을 가질 수 있다고 보았다.
④ 왈처는 단일한 분배 기준이 모든 영역에 적용되는 것은 옳지 않다고 보았다.
⑤ 왈처는 하나의 사회적 가치는 하나의 고유한 영역에 머무르며, 다른 영역을 침범해서는 안 된다고 보았다.

## 05
### 노직의 정의관에 대한 이해

**정답 찾기** 그림의 강연자는 노직이다.
ㄷ, ㄹ. 노직은 취득의 원칙과 이전의 원칙에 의해 분배된 소유물에 대하여 개인은 배타적이고 절대적인 소유 권리를 갖는다고 보았다.

**오답 피하기** ㄱ. 노직에 따르면 국가는 취득과 이전의 과정이 정당하지 않을 때, 교정을 위해서만 분배 과정에 개입할 수 있다.
ㄴ. 노직은 취득과 이전 과정에서 잘못된 절차에 의한 소유가 발생했을 때에는 국가가 개입할 수 있다고 보았다.

## 06
### 롤스의 정의관에 대한 이해

**정답 찾기** ㄱ, ㄴ, ㄷ. 롤스는 무지의 베일을 쓴 원초적 상황에서 채택되는 정의의 원칙은 공정한 합의의 결과가 되며, 합의 당사자들을 규제한다고 보았다. 무지의 베일을 쓴 사람들은 자신의 타고난 재능, 사회적 지위에 대해서 무지한 상황으로 자신에게 무엇이 유리하고 불리한지를 알지 못한다.

**오답 피하기** ㄹ. 롤스는 무지의 베일을 쓴 사람들은 자신의 우연성을 고려할 수 없으며, 타인의 이익에 무관심하다고 보았다.

## 07
### 공동체주의의 사회적 적용

(정답 찾기) ③ 공동체주의의 입장에서는 세금을 회피하거나 탈세하는 사람들에게 공동체의 구성원으로서 책무를 회피하는 것이라고 비판할 것이다.

(오답 피하기) ① 자유주의자 노직의 입장에서 공동체주의에 제기할 수 있는 비판이다.
②, ④, ⑤ 자유주의의 입장에서 공동체주의에 제기할 수 있는 비판이다.

## 08
### 개인선과 공동선 조화의 필요성 이해

(정답 찾기) ⑤ 목초지의 비극으로 볼 때, 공동선을 고려하지 않고 개인들이 자신들의 이익만을 추구할 경우 공동체뿐만 아니라 자신에게도 손해를 입힐 수 있다.

(오답 피하기) ① 개인이 지나친 자기 이익 추구를 절제하면서 개인선과 공동선을 조화시키는 것은 가능하다.
② 개인이 공동체 전체의 결정에 무조건 따르는 것은 올바른 공동선의 실현 방법이 아니다.
③ 인간은 존엄하지만 개인선을 추구하는 것이 언제나 정당화된다고 볼 수 없다.
④ 개인의 자유를 최대한 제한하는 것은 공동선의 실현을 위한 적절한 방안으로 볼 수 없다.

## 09 선술형
### 자유주의와 공동체주의의 조화를 위한 방안

(문제 접근) 자유주의와 공동체주의는 개인의 행복과 사회의 정의 실현을 추구한다는 점에서 상호 보완적이다.

(예시 답안) ㉠ - 상호 보완적, ㉡ - 개인은 자신의 권리뿐만 아니라 타인의 권리를 존중하고, 공동체 구성원으로서 자신에게 주어진 책임과 의무를 다해야 한다.

| 평가 기준 | |
| --- | --- |
| 상 | ㉠에 알맞은 말을 쓰고, 두 사상의 조화를 추구하는 방안을 타당하게 서술한 경우 |
| 중 | ㉠에 알맞은 말을 쓰고, 두 사상의 조화를 추구하는 방안을 서술하였으나 내용이 다소 미흡한 경우 |
| 하 | ㉠에 알맞은 말만을 쓴 경우 |

## 10
### 적극적 평등 실현 조치에 대한 쟁점 파악

(정답 찾기) ④ 을은 사회적 약자가 받는 차별에 대한 시정 조치인 대학 입학시험에서의 혜택을 부정의한 것으로 보고 있기 때문에 사회적 약자가 받는 차별에 대한 시정 조치를 항상 바람직하다고 보지 않는다.

(오답 피하기) ① 갑은 대학 입학시험에서의 적극적 평등 실현 조치에 대해 찬성한다.
② 갑은 농어촌 출신, 장애인 등과 같이 불리한 조건을 가진 학생들의 실질적 기회 보장을 중시한다.
③ 을은 적극적 평등 실현 조치가 특정 집단의 반대편에 불이익을 주는 것과 같다고 보아 정의롭지 않다고 본다.
⑤ 갑과 을은 모두 사회 구성원들 사이에서 차별은 옳지 않다고 보면서도 적극적 평등 실현 조치에 대해서는 상반된 견해를 보인다.

## 11
### 자유주의 입장과 공동체주의 입장 비교

(정답 찾기) (가)는 자유주의, (나)는 공동체주의이다.
④ 자유주의는 개인을 공동체와 독립적으로 존재하는 개별 존재로 이해한다.

(오답 피하기) ① 자유주의는 개인선을 공동선보다 중시한다.
② 자유주의는 공동체가 개인에게 특수한 가치를 강요해서는 안 된다고 본다.
③ 자유주의는 개인에게 자기 자신의 좋은 삶을 스스로 설계하고 선택할 자유가 있다고 본다.
⑤ 자유주의는 공동체의 사회적, 문화적 전통 속에 정의가 내재되어 있다고 보지 않는다.

## 12 선술형
### 지역 격차 완화 정책의 목적 파악

(문제 접근) 혁신 도시는 지역 격차 완화 정책에 포함된다.

(예시 답안) 국토의 균형적인 개발과 지역 간 공간 불평등 현상의 완화를 목적으로 마련되었다.

| 평가 기준 | |
| --- | --- |
| 상 | 지역 격차 완화와 관련하여 혁신 도시 개발의 목적을 명확히 서술한 경우 |
| 중 | 지역 격차 완화와 관련하여 혁신 도시 개발의 목적을 서술하였으나 내용이 다소 미흡한 경우 |
| 하 | 혁신 도시 개발의 목적을 전혀 파악하지 못한 경우 |

## 수능 유형 문제

01 ④　　02 ⑤　　03 ①　　04 ③　　05 ①
06 ④　　07 ③　　08 ③

## 01
### 사회 복지 제도의 사례 파악

(정답 찾기) 사회 복지 제도에는 사회 보험, 공공 부조, 사회 서비스가 있다.
갑. 국민들의 최저 생활 보장을 위한 국민 기초 생활 보장 제도는 공공 부조에 해당한다.
병. 사회 보험은 일정 수준 이상의 소득이 있는 국민을 대상으로 한다.
정. 장애인 활동 지원 서비스는 사회 서비스에 해당한다.

(오답 피하기) 을. 노인 맞춤 돌봄 서비스는 비금전적 지원을 포함한다.

## 02
### 자유주의의 특징 이해

(정답 찾기) ⑤ 자유주의는 각자의 자유로운 활동과 선택을 중시하고 개인의 사적 소유를 인정하기 때문에, 모든 사람의 재산이 균등하게 분배되어야 한다고 주장하지 않는다.

(오답 피하기) ①, ④ 자유주의는 개인이 각자 존엄한 존재로서 선택권이 존중되어야 한다고 본다.
② 자유주의는 사회 구성원 누구나 자신의 권리를 누릴 자유를 누려야 한다고 본다.
③ 자유주의는 공동선이나 정치적 목적을 실현하기 위해 개인에게 희생을 강요하는 것은 옳지 않다고 본다.

## 03
### 롤스와 노직의 입장 비교

(정답 찾기) 갑은 롤스, 을은 노직이다. 롤스는 공정으로서의 정의를 주장하였고, 노직은 소유 권리로서의 정의를 주장하였다.
ㄱ. 롤스는 정의의 원칙은 가상적 상황에서 합의된 것이어야 한다고 보지만, 노직은 이에 대해 반대하는 입장이다.
ㄴ. 롤스는 정의로운 사회에서도 경제적 격차는 발생할 수 있으며, 정당화 가능하다고 보았다.

(오답 피하기) ㄷ. 롤스는 소유물은 타고난 능력을 기준으로만 분배되어서는 안 된다고 주장하였으며, 우연성을 배제한 원초적 상황에서 채택된 정의의 원칙에 따른 분배를 강조하였다.

ㄹ. 노직은 분배 과정에 부정의가 있으면 국가가 개입하여 이를 조정할 수 있다고 보았다.

## 04
### 공동체주의의 특징 파악

(정답 찾기) ③ 공동체주의에서도 개인의 사적 권리가 있음을 존중하기 때문에, 개인의 사적인 재산 축적 자체를 부도덕하게 보지 않는다.

(오답 피하기) ① 공동체주의는 개인선과 공동선이 충돌할 경우 공동선을 중시해야 한다고 본다.
② 공동체주의는 개인이 공동체에 속해 있을 때 행복을 누릴 수 있다고 본다.
④ 공동체주의는 개인은 공동체가 제시하는 도덕률을 준수해야 한다고 본다.
⑤ 공동체주의는 개인의 정체성은 개인이 속한 공동체의 역사와 사회의 맥락에 따라 이해할 수 있다고 본다.

## 05
### 교정적 정의에 대한 칸트의 입장 이해

(정답 찾기) 제시문을 주장한 사상가는 칸트이다.
① 칸트는 동등성의 원리에 따라 살인자에 대한 사형은 정당하다고 주장하였다.

(오답 피하기) ② 칸트는 시민의 이익 증대와 무관하게 오직 동해 보복 차원에서 사형을 강조하였다.
③ 칸트는 사형이 정당화될 수 있다고 보았다.
④ 베카리아의 입장이다.
⑤ 칸트는 살인자에 대한 사형이 도덕적으로 정당화된다고 보았다.

## 06
### 업적에 따른 분배와 필요에 따른 분배의 사례 파악

(정답 찾기) ㉠은 업적에 따른 분배, ㉡은 필요에 따른 분배이다.
④ 학교가 외부 경시대회 수상자에게 학교의 위상을 높인 결과에 대한 장학금을 수여하는 것은 업적에 따른 분배로 볼 수 있고, 국가가 저소득층에게 기초 생활 수급비를 지급하는 것은 필요에 따른 분배로 볼 수 있다.

## 07
### 소수 집단 우대 정책에 대한 윤리적 쟁점 파악

(정답 찾기) 갑은 소수 집단 우대 정책을 찬성하는 입장, 을은 반대하는 입장이다.

ㄴ. 갑과 을은 모두 차별을 극복하고 평등의 이념을 구현해야
한다고 본다.
ㄹ. 갑은 소수 집단 우대 정책이 정의 구현을 위해 필요함을
강조하고 있고, 을은 소수 집단 우대 정책이 역차별을 일으킨
다고 본다.

오답 피하기 ㄱ. B에 해당한다.
ㄷ. 을은 과거의 잘못을 후손에게 물어서는 안 된다고 본다.

## 08
**필요에 따른 분배와 업적에 따른 분배의 상대적 특징 비교**

정답 찾기 ③ (가)는 필요에 따른 분배를, (나)는 업적에 따
른 분배를 강조하는 입장이다. (가)에 비해 (나)는 '개인의 성
취동기를 강화시키는 분배의 기준을 강조하는 정도'(X)는 높
고, '개인 간 경제적 불평등 완화에 기여하는 분배의 기준을
강조하는 정도'(Y)는 낮고, '개인의 실적이나 성과에 대한 보
상 차원의 분배의 기준을 강조하는 정도'(Z)는 높다. 따라서
ⓒ이 적절하다.

# Ⅲ 시장경제와 지속가능발전

## 01 자본주의의 전개 과정과 경제 체제

### 개념 체크 문제

본문 73쪽

❶ ○  ❷ ×  ❸ ○  ❹ ○  ❺ 상업  ❻ 상업  ❼ 수정
❽ 최소화  ❾ 개입  ❿ 애덤 스미스  ⓫ 대공황  ⓬ ㄷ
⓭ ㄴ

본문 75쪽

❶ ×  ❷ ×  ❸ ○  ❹ ×  ❺ 프리드먼  ❻ 시장
❼ 스태그플레이션  ❽ 시장  ❾ 시장  ❿ 시장, 계획,
혼합  ⓫ ㄱ  ⓬ ㄴ  ⓭ ㄷ  ⓮ ㄱ

### 기본 문제

본문 76~77쪽

01 ④   02 ③   03 ⑤   04 ⑤   05 ①
06 ③   07 ②   08 ①

## 01
**자본주의의 특징 파악**

정답 찾기 자본주의는 사유 재산권을 보장하고 시장 가격에
따라 경제 주체들이 자유로운 경제활동을 하는 것을 특징으로
한다.
ㄴ. 시장에서 개인의 의사에 따라 시장 가격으로 과일과 채소,
육류를 구입하고 판매함으로써 경제 주체들이 자유롭게 경제
활동을 하고 있음을 알 수 있다.
ㄹ. 자본주의에서는 시장을 통해 생산자와 소비자의 의견 교
환이 이루어짐으로써 가격이 결정된다. 즉, 수요 및 공급에 따
라 각종 상품의 시장 가격이 결정된다.

오답 피하기 ㄱ. 제시문과는 거리가 먼 내용이다.
ㄷ. 생산 수단의 대부분이 국유화 또는 공유화되어 있는 것은 사회주의
경제 체제에 대한 설명이다.

## 02
### 대공황 이해

( 정답 찾기 ) 제시된 역사적 사건은 대공황이다.

ㄴ. 산업 자본주의에서 발생한 대공황은 이후 수정 자본주의의 등장 배경이 되었다.

ㄷ. 케인스는 대공황으로 인해 발생한 문제를 해결하기 위해 정부의 적극적인 시장 개입을 강조하였다.

( 오답 피하기 ) ㄱ. 석유 파동으로 인해 스태그플레이션이 발생하였고, 이에 신자유주의가 등장하였다.

ㄹ. 미국의 경우 대공황의 극복을 위해 대규모 재정 지출과 복지 정책의 확대를 실시하였다.

## 03
### 자본주의의 역사적 전개 과정 이해

( 정답 찾기 ) (가)는 산업 자본주의, (나)는 수정 자본주의이다.

⑤ 산업 자본주의는 자유방임주의에 따라 시장에 대한 정부 개입의 최소화를 지향하였다. 반면 수정 자본주의 시기에는 정부의 적극적인 시장 개입이 강조됨에 따라 시장에 대한 정부의 개입이 강화되었다.

( 오답 피하기 ) ① 복지 국가가 등장한 것은 수정 자본주의 시기이다.

② 대공황의 문제를 해결하기 위해 수정 자본주의가 등장하였다.

③ 스태그플레이션의 문제에 직면하면서 정부의 역할을 축소해야 한다는 신자유주의가 등장하였다.

④ 개인의 이익 추구 등에 대해 적절한 정부의 개입이 인정된 시기가 수정 자본주의 시기이다.

## 04
### 정부의 시장 개입에 대한 관점 이해

( 정답 찾기 ) 갑은 정부가 시장에 적극 개입해야 한다는 입장이며, 을은 정부 개입을 최소화하고 시장에 맡기자는 입장이다.

⑤ 정부 개입의 필요성을 주장하는 갑은 시장 기능의 한계인 시장 실패를 강조할 것이다. 반면 정부 개입의 문제점을 주장하는 을은 정부 개입의 부작용과 역기능인 정부 실패를 강조할 것이다.

( 오답 피하기 ) ① 을보다 갑이 케인스의 주장에 더 가깝다.

② 을보다 갑이 불황 시 정부의 적극적인 개입을 주장할 것이다.

③ 갑보다 을이 시장의 자기 조정 능력을 신뢰할 것이다.

④ 갑보다 을이 시장에 대한 각종 규제 철폐에 찬성할 것이다.

## 05
### 자본주의의 역사적 전개 과정 이해

( 정답 찾기 ) (가)는 상업 자본주의, (나)는 수정 자본주의, (다)는 산업 자본주의이다.

ㄱ. 상업 자본주의는 절대 왕정의 중상주의 경제 정책하에서 발전하였다.

ㄴ. 수정 자본주의는 국가가 적극적으로 시장에 개입하여 시장 실패를 해결해야 한다고 보았다.

( 오답 피하기 ) ㄷ. 산업 자본주의는 작은 정부, 수정 자본주의는 큰 정부를 지향하였다.

ㄹ. 자본주의의 발달 과정을 순서대로 나열하면 상업 자본주의 → 산업 자본주의 → 수정 자본주의 순이다.

## 06
### 시장경제 체제와 계획경제 체제의 특징 비교

( 정답 찾기 ) 갑국은 시장경제 체제, 을국은 계획경제 체제임을 알 수 있다. 시장경제 체제에서는 생산 수단의 사적 소유가 인정되어 이윤 추구 동기가 높고, 정부 개입의 정도가 낮다. 반면, 계획경제 체제에서는 원칙적으로 생산 수단의 국유화를 기반으로 경제가 운용되므로 이윤 추구 동기가 낮고 정부 개입의 정도가 높다.

③ 시장경제 체제는 계획경제 체제에 비해 경제적 유인을 중시한다.

( 오답 피하기 ) ① 시장경제 체제는 자원 배분의 형평성보다 효율성을 강조한다.

② 계획경제 체제는 원칙적으로 생산 수단의 국유화를 기반으로 운용된다.

④ 시장경제 체제와 계획경제 체제 모두 자원의 희소성에 따른 경제 문제가 발생한다.

⑤ 시장경제 체제는 계획경제 체제에 비해 시장 가격 기구의 역할을 중시한다.

## 07
### 계획경제 체제의 특징 이해

( 정답 찾기 ) 갑국의 경제 체제는 원칙적으로 생산 수단의 국유화만 인정하며 정부의 명령이나 계획에 의해 모든 경제 문제를 해결하므로 계획경제 체제이다.

② 경제적 유인 부족은 계획경제 체제의 문제점에 해당한다.

( 오답 피하기 ) ① 경기 과열은 시중 통화량이 지나치게 많아져 지속적인 물가 상승 등이 나타나는 것으로 계획경제 체제의 문제점으로 보기 어렵다.

③, ④ 기업 간 담합 발생이나 기업의 과도한 이윤 추구 활동 등은 원칙적으로 생산 수단의 국유화만을 인정하는 계획경제 체제의 문제점으로 보기 어렵다.
⑤ 시장에 의한 자원의 비효율적 배분은 시장경제 체제에서 발생할 수 있는 문제점이다.

## 08
### 경제 체제의 유형별 특징 이해

정답 찾기 시장 원리에 의해 경제 문제를 해결하는 경제 체제는 시장경제 체제이고, 정부의 명령과 계획에 의해 경제 문제를 해결하는 경제 체제는 계획경제 체제이다. 혼합 경제 체제의 경우 시장 원리에 의한 경제 문제 해결과 정부의 명령이나 계획에 의한 경제 문제 해결을 혼용하기 때문에 C는 될 수 없다. 경제 문제 해결에 정부가 적극적으로 개입하지 않는 경제 체제는 시장경제 체제이다. 따라서 A는 시장경제 체제, B는 혼합 경제 체제, C는 계획경제 체제이다.
① 시장경제 체제는 경제 문제를 시장 원리로 해결하며, 계획경제 체제와 혼합 경제 체제는 실업과 같은 경제 문제 해결에 정부가 적극적으로 개입한다. 따라서 ㉠~㉢ 모두 '예'가 적절하다.

오답 피하기 ② 계획경제 체제에서는 경제 문제를 정부의 명령이나 계획에 따라 해결하기 때문에 생산물의 종류와 생산량을 정부가 결정한다.
③ 일반적으로 시장경제 체제보다 혼합 경제 체제에서 분배의 형평성이 높다.
④ 기업의 이윤 추구 동기는 계획경제 체제보다 시장경제 체제에서 강하게 나타난다.
⑤ 시장경제적 요소와 계획경제적 요소를 혼용한 경제 체제는 혼합 경제 체제이므로, (가)에는 해당 내용이 들어갈 수 없다.

### 서술형 문제
본문 78쪽

Step1 핵심 키워드 파악하기

## 01
### 경제 체제의 특징 이해

(1) 자본주의
(2) 예시 답안 ( 자본주의 )은/는 개인이 생산 수단을 포함한 재산을 소유할 수 있는 권리인 ( 사유 재산권 )을/를 보장하며, 경제활동의 자유 및

( 사적 이익 ) 추구가 인정된다. 또한, 대부분의 경제활동은 ( 시장 )을/를 통해 이루어지며 시장에서 다수의 참여자가 자유롭게 경쟁하는 과정에서 시장 가격이 결정되고 상품 거래가 이루어진다.

## 02
### 자본주의의 역사적 변천 과정 이해

(1) (가) - ( 산업 자본주의 )  (나) - ( 수정 자본주의 )
(2) 예시 답안 ( 산업 ) 자본주의는 18세기 중반 영국에서 시작된 ( 산업 혁명 )(으)로 인해 등장했으며, 시장에 대한 정부 역할의 ( 최소화 )을/를 강조하였다. ( 산업 ) 자본주의에서 독점 기업의 횡포로 시장이 제 기능을 수행하지 못하자 자원의 효율적인 배분에 문제가 생겼고, 결국 1929년 ( 대공황 )이/가 발생하면서 이를 계기로 ( 수정 ) 자본주의가 등장하게 되었다. ( 수정 ) 자본주의는 시장에 대한 정부의 ( 적극적 개입 )을/를 강조하였다.

Step2 스스로 답안 작성하기

## 03
### 신자유주의의 특징 이해

문제 접근 1970년대 두 차례의 석유 파동으로 경기 침체와 물가 상승이 동시에 나타나는 스태그플레이션이 발생함에 따라 신자유주의가 등장하였다. 신자유주의는 시장에 대한 정부 개입 축소를 지향하였다.

(1) 신자유주의
(2) 예시 답안 신자유주의는 공기업의 민영화, 노동 시장의 유연화, 복지 축소 등을 추진하였다.

| 평가 기준 | |
| --- | --- |
| 상 | 해당 자본주의의 명칭을 정확히 쓰고, 해당 자본주의에서 추진한 정책 두 가지를 모두 정확히 서술한 경우 |
| 중 | 해당 자본주의의 명칭을 정확히 쓰고, 해당 자본주의에서 추진한 정책 한 가지를 정확히 서술한 경우 |
| 하 | 해당 자본주의의 명칭만 정확히 쓴 경우 |

## 04
### 시장경제 체제와 계획경제 체제의 특징 이해

문제 접근 A는 시장에서 민간 경제 주체 간 자유로운 경쟁을 통해 경제 문제를 해결하므로 시장경제 체제이고, B는 정부의 통제나 계획에 따라 경제 문제를 해결하므로 계획경제 체제이다.

예시 답안 A는 시장경제 체제, B는 계획경제 체제이다. 시장경제 체제에서는 시장 가격에 의해 효율적인 자원 배분이 이루어질 수 있으며, 자유로운 경제활동을 바탕으로 개인의 능력과 창의성이 발휘될 수 있다. 그러나 사

회·경제적 구조와 제도의 문제 등으로 빈부 격차가 발생할 수 있고, 급격한 경기 변동으로 인한 문제점이 발생할 수 있다. 계획경제 체제에서는 정부가 경제 전반을 통합적으로 관리함으로써 국가의 정책 목표를 효과적으로 달성할 수 있으며, 자원이 특정 계층이나 집단에 편중되는 것을 막아 분배의 형평성을 실현할 수 있다. 그러나 개인의 소유권이 인정되지 않고 일한 만큼 분배받지 못해 근로 의욕이 저하되며, 이로 인해 개인의 능력과 창의성이 제대로 발휘되기 어려워 경제활동의 효율성이 떨어질 수 있다. 또한, 정부가 소비자의 다양한 욕구를 모두 반영하여 계획을 세우는 데도 한계가 있다.

| 평가 기준 | |
|---|---|
| 상 | 시장경제 체제와 계획경제 체제의 장단점을 모두 정확히 서술한 경우 |
| 중 | 시장경제 체제와 계획경제 체제의 장단점을 대체로 정확히 서술한 경우 |
| 하 | 시장경제 체제와 계획경제 체제 중 하나의 경제 체제의 장단점만 서술한 경우 |

본문 **79**쪽

## 1등급 도전 문제

01 ④　　02 ②　　03 ④　　04 ③

## 01
### 자본주의의 역사적 전개 과정 이해

정답 찾기 ④ 수정 자본주의는 큰 정부, 신자유주의는 작은 정부를 추구했으므로, 정부의 시장 개입 정도는 수정 자본주의가 신자유주의보다 크다.

오답 피하기 ① ㉠은 산업 자본주의에서 수정 자본주의로 변화하게 된 계기이므로, ㉠에는 '대공황'이 들어갈 수 있다.
② 신자유주의는 공기업의 민영화, 복지 예산 축소를 지향한다.
③ 산업 자본주의에서 수정 자본주의로의 변화는 대공황으로 인해 나타났다.
⑤ 산업 자본주의, 수정 자본주의, 신자유주의 모두 자본주의 경제 체제이므로 사유 재산 제도를 인정한다.

## 02
### 경제 체제의 특징 이해

정답 찾기 ㄱ. ㉠이 '아니요', ㉡이 '예'라면 A는 시장경제 체제이다. 시장경제 체제는 민간 경제 주체의 자율성을 중시

한다.
ㄷ. '경제적 유인의 부족으로 경제적 효율성이 낮습니까?'라는 질문에 '아니요'라고 답하였으므로 A는 시장경제 체제이다. 따라서 두 번째 질문에 대한 답변 ㉡은 '예'가 적절하다.

오답 피하기 ㄴ. '생산 수단의 사적 소유를 인정합니까?'라는 질문에 '예'라고 답하였으므로 A는 시장경제 체제이다. 따라서 첫 번째 질문에 대한 답변 ㉠은 '아니요'가 적절하다.
ㄹ. '시장의 자기 조정 능력을 과소평가합니까?'라는 질문에 '예'라고 답하였으므로 A는 계획경제 체제이다. 계획경제 체제는 원칙적으로 사유 재산권을 인정하지 않으므로 (나)에 들어갈 수 없다.

## 03
### 자본주의의 역사적 전개 과정 이해

정답 찾기 ④ 석유 파동으로 발생한 스태그플레이션을 계기로 등장한 자본주의는 신자유주의이다. 신자유주의는 정부 실패를 보완하기 위해 등장하였다.

오답 피하기 ① 대공황은 독점 기업의 과잉 생산으로 인해 발생하였다.
② 자유방임주의로 대표되는 애덤 스미스의 주장은 산업 자본주의의 이론적 기반이 되었다.
③ ㉢은 수정 자본주의이다. 수정 자본주의의 등장 배경으로는 대규모 독점 기업의 등장을 들 수 있다.
⑤ ㉣은 신자유주의이다. 신자유주의의 등장 배경으로는 복지 확대로 인한 정부의 재정 악화를 들 수 있다.

## 04
### 경제 체제의 특징 이해

정답 찾기 ③ t 시기에는 시장에 대한 정부의 개입이 허용되지 않는 반면 t+1 시기에는 정부가 균형 있는 국민 경제의 발전을 위해 시장에 개입할 수 있으므로, t 시기 대비 t+1 시기에는 시장에 대한 정부의 개입 정도가 높아진다.

오답 피하기 ① t 시기에는 정부의 시장 개입이 허용되지 않으므로 적극적인 경제 정책이 시행되기 어렵다.
② 자원의 희소성은 인간의 욕구에 비해 이를 충족시켜 줄 수 있는 자원이 상대적으로 부족하기 때문에 발생하므로 t 시기 대비 t+1 시기에 자원의 희소성이 감소한다고 단정할 수 없다.
④ t 시기와 t+1 시기 모두 자유와 창의를 기본 원칙으로 하는 경제 질서를 인정하고 있으므로 두 시기 모두 자유로운 경쟁이 보장될 수 있다.
⑤ t+1 시기에는 정부가 국민 경제의 발전을 위해 시장에 개입할 수 있다는 계획경제 체제 요소가 추가되었지만, 자유와 창의를 기본 원칙으로 하는 시장경제 체제가 헌법에 규정되어 있다. 따라서 t 시기와 t+1 시기 모두 계획경제 체제로 운영되었다고 볼 수 없다.

## 02 합리적 선택과 경제 주체의 역할

### 개념 체크 문제

본문 81쪽

❶ × ❷ ○ ❸ × ❹ × ❺ 명시적, 암묵적 ❻ 양의 값 ❼ 독점, 과점 ❽ 비효율적 ❾ 희소성 ❿ 매몰 비용 ⓫ 담합 ⓬ 비대칭성 ⓭ ㄱ ⓮ ㄴ

본문 83쪽

❶ × ❷ ○ ❸ × ❹ ○ ❺ 정부 ❻ 정부 ❼ 윤리적 ❽ 기업가 정신 ❾ 사회적 ❿ ㄱ ⓫ ㄷ ⓬ ㄴ

### 기본 문제

본문 84~85쪽

01 ③  02 ③  03 ④  04 ③  05 ①
06 ④  07 ⑤  08 ②

## 01
### 기회비용과 합리적 선택의 이해

정답 찾기 ㉠은 명시적 비용, ㉡은 암묵적 비용이다. 기회비용은 명시적 비용과 암묵적 비용으로 구성되며, 합리적인 선택을 위해서는 매몰 비용을 고려해서는 안 된다.
③ 일정 현금을 친구에게 무이자로 빌려줄 경우 그 돈을 은행에 예금했다면 얻을 수 있었던 이자는 암묵적 비용에 해당한다.

오답 피하기 ① ㉠은 명시적 비용이다.
② ㉡은 암묵적 비용이다.
④ 명시적 비용과 암묵적 비용은 모두 기회비용에 포함된다.
⑤ 합리적 선택은 편익이 기회비용보다 큰 선택을 말한다.

## 02
### 기회비용과 합리적 선택의 이해

정답 찾기 ㉠은 매몰 비용, ㉡은 기회비용, ㉢은 편익이다. 합리적 선택은 기회비용보다 편익이 큰 선택을 말한다.
ㄱ. ○○ 공항 건설 사업을 계속할 경우 ㉠은 이미 투입되어 회수할 수 없는 비용, 즉 매몰 비용에 해당한다.

ㄴ. 추가 투입 예산은 ○○ 공항 건설 사업을 계속할 경우의 기회비용에 해당한다.

오답 피하기 ㄷ. ○○ 공항 건설로 인해 발생할 이익(편익)보다 추가로 투입해야 할 공사비(기회비용)가 작다면 순편익(편익 − 기회비용)은 양(+)의 값을 갖는다.

## 03
### 기회비용과 합리적 선택 이해

정답 찾기 갑은 회사를 옮길 것인지, 퇴사 후 창업할 것인지 고민하고 있다. 합리적인 선택을 위해서는 각 선택에 따른 기회비용(명시적 비용 + 암묵적 비용)과 편익을 비교하여 기회비용보다 편익이 큰, 즉 순편익이 큰 선택을 해야 한다.
ㄴ. 창업을 선택할 경우 순편익은 월 50만 원(편익 월 1,000만 원 − 기회비용 월 950만 원)이므로 양(+)의 값을 갖는다.
ㄹ. 이직을 선택할 경우 갑은 별도의 지출이 발생하지 않으므로 명시적 비용은 발생하지 않는다.

오답 피하기 ㄱ. 창업을 선택할 경우 순편익은 월 50만 원(편익 월 1,000만 원 − 기회비용 월 950만 원)이고, 이직을 선택할 경우 순편익은 월 −50만 원(편익 월 550만 원 − 기회비용 월 600만 원)이므로 창업을 선택하는 것이 합리적이다.
ㄷ. 창업을 선택할 경우 암묵적 비용은 이직을 선택할 경우 얻을 수 있는 편익인 월 550만 원(월 급여 550만 원)이다.

## 04
### 독과점 문제의 이해

정답 찾기 ③ 시장의 기능이 원활하게 작동하기 위해서는 시장에서의 경쟁이 자유롭고 공정하게 이루어져야 한다. 그러나 독과점 시장에서는 시장 지배력을 가진 공급자들이 이윤을 늘리기 위해 담합을 하여 공급량을 조절하거나 가격을 높게 책정하기도 한다. 제시된 자료는 독과점 기업 간 담합에 대한 내용이므로 (가)에는 '독과점 문제'가 적절하다.

오답 피하기 ①, ②, ④, ⑤ 제시된 자료와는 거리가 먼 내용이다.

## 05
### 시장 실패의 의미 이해

정답 찾기 제시문의 밑줄 친 '이것'은 시장 실패이다.
ㄱ. 외부 효과는 어떤 경제활동이 타인에게 의도하지 않은 이익이나 손해를 주면서도 이에 관한 대가를 받지도 지불하지도 않는 현상을 말한다. 이러한 외부 효과는 시장 실패에 해당한다.

ㄴ. 독과점 문제가 발생할 경우 소비자는 재화나 서비스를 구매하기 위해 더 많은 비용을 내야 하는 문제가 발생한다. 이러한 독과점 문제는 시장 실패에 해당한다.

오답 피하기 ㄷ. 공공재 생산 과잉이 아니라 공공재 생산 부족이 시장 실패에 해당한다.
ㄹ. 정부의 과도한 규제는 시장 실패와 관련이 없다.

## 06
### 외부 효과와 정부의 역할 이해

정답 찾기 외부 효과는 시장경제에서 자원의 효율적 배분을 저해하는 현상이다. 정부는 긍정적 외부 효과에 대해서는 세금 감면 또는 보조금 지급 등을 통해 생산 및 소비를 촉진하고, 부정적 외부 효과에 대해서는 세금 부과 또는 과징금 부과 등을 통해 생산 및 소비를 억제하는 역할을 수행할 수 있다.
④ (나)에서 정부는 보조금을 지급하거나 세금을 감면하여 갑의 집 주변 가꾸기 활동을 독려할 수 있다.

오답 피하기 ① (가)는 부정적 외부 효과, (나)는 긍정적 외부 효과이다.
② (가)는 부정적 외부 효과에 해당한다. 따라서 ○○ 화학의 생산 활동은 사회적 최적 수준보다 많이 이루어지고 있다.
③ (나)에서 갑은 자신의 집 가꾸기 활동으로 타인에게 이익을 주면서도 대가를 받지 않으므로, 갑의 집 주변 가꾸기 활동은 사회적 최적 수준보다 적게 이루어지고 있다.
⑤ (가), (나) 모두 시장에서 자원이 비효율적으로 배분되는 사례인 시장 실패에 해당한다.

## 07
### 소비자 주권과 윤리적 소비의 이해

정답 찾기 소비자의 윤리적 소비 태도는 기업의 윤리 의식에 영향을 미쳐 생산이나 유통 과정에서의 윤리성 제고에 기여할 수 있다. 이처럼 소비자가 소비 행위를 통해 기업이 생산물의 종류나 수량, 생산 방식 등을 선택하는 데 소비자가 결정적인 영향력을 행사하는 것을 소비자 주권이라 한다.
ㄷ. 동물 실험을 통해 생산된 화장품에 소비자들이 반감을 드러내고 구입하지 않음으로써 기업이 동물 실험을 중단한다는 내용을 통해 윤리적 소비는 기업의 생산 방식이나 생산물의 종류까지도 바꿀 수 있음을 보여 준다.
ㄹ. 소비자의 소비 행위가 기업이 생산물의 종류나 수량, 생산 방식 등을 선택하는 데 결정적인 영향력을 행사할 수 있으므로, 기업의 비윤리적 생산이나 유통과 같이 시장경제 체제에서 발생할 수 있는 문제를 해결하는 데 소비자 주권이 중요한 의미를 가짐을 알 수 있다.

오답 피하기 ㄱ. 기업의 목표는 이윤 추구이며, 사익을 추구하는 가운데 공익을 고려해야 하는 것이지 사익보다 공익을 앞세워야 하는 것은 아니다.
ㄴ. 윤리적 소비가 강조된다고 해서 합리적 소비의 중요성이 줄어들고 있는 것은 아니다.

## 08
### 기업과 노동자의 역할 이해

정답 찾기 ② 기업이 존립하지 않으면 노동자의 일자리 확보가 어렵고, 노동자의 정당한 권리가 존중되지 않으면 기업의 불안정성도 높아지므로 상호 동반자 의식이 필요하다. 제시문은 노사 간 동반자 의식을 통해 경제 위기를 극복할 수 있었음을 강조하고 있다.

오답 피하기 ① 기업이 효율성을 최우선 가치로 삼았다면 노동자를 해고하고 구조 조정에 동참했을 것이다.
③ 생산성 증대는 기업의 효율적 운영을 위한 필수적인 요소에 해당하지만 제시문과는 거리가 먼 진술이다.
④ 노동자의 생활 안정도 중요하지만 기업의 존립도 중요하며, 제시문에서는 이 둘 모두를 지켜 내기 위해 기울인 노력이 제시되었다.
⑤ 제시문에서는 노동자들이 기업 경영에 참여하여 경제 위기를 순탄하게 극복해 낸 사례가 제시되어 있으므로 노동자들을 기업의 의사 결정 과정에서 배제해야 한다는 것은 맥락에 어긋나는 내용이다.

### 서술형 문제

본문 86쪽

Step1 핵심 키워드 파악하기

## 01
### 기회비용과 합리적 선택 이해

예시 답안 ○○ 브랜드를 구입할 때의 기회비용은 ( 45,000원 ) = 명시적 비용( 40,000원 ) + 암묵적 비용( 5,000원 )이고, △△ 브랜드를 구입할 때의 기회비용은 ( 30,000원 ) = 명시적 비용( 20,000원 ) + 암묵적 비용( 10,000원 )이다. ○○ 브랜드를 구입할 때의 순편익이 ( 5,000원 )(으)로 양(+)의 값이므로 갑은 ( ○○ 브랜드 )을/를 구입하는 것이 합리적이다.

## 02
### 정보의 비대칭성 이해

예시 답안 제시문에 나타난 시장 실패의 유형은 ( 정보의 비대칭성 )이다. 이는 소비자와 판매자가 가진 ( 정보 )의 양과 질이 달라 ( 자원의 효율적 배분 )이/가 이루어지지 않는 현상을 말한다.

## 03
### 외부 효과의 유형별 특징 이해

**문제 접근**  (가)는 타인에게 이득을 주었음에도 그에 대한 대가를 받지 않았으므로 긍정적 외부 효과이다. 반면 (나)는 타인에게 피해를 주었음에도 그에 대한 대가를 지불하지 않았으므로 부정적 외부 효과이다.

(1) (가) - 긍정적 외부 효과  (나) - 부정적 외부 효과

(2) **예시 답안**  긍정적 외부 효과를 개선하기 위해 정부는 긍정적 외부 효과를 발생시키는 생산자 또는 소비자에게 보조금 지급, 세금 감면 등의 혜택을 제공할 수 있다. 부정적 외부 효과를 개선하기 위해 정부는 부정적 외부 효과를 발생시키는 생산자 또는 소비자에게 세금이나 과징금, 과태료 등을 부과할 수 있다.

| 평가 기준 | |
| --- | --- |
| 상 | 해당 외부 효과의 유형을 정확히 쓰고, 해당 외부 효과를 개선하기 위한 정부의 대책을 모두 정확히 서술한 경우 |
| 중 | 해당 외부 효과의 유형을 정확히 쓰고, 해당 외부 효과를 개선하기 위한 정부의 대책을 어느 하나만 정확히 서술한 경우 |
| 하 | 해당 외부 효과의 유형만을 정확히 쓴 경우 |

## 04
### 독과점 문제의 이해

**문제 접근**  제시된 자료는 독과점의 문제인 불공정 거래 행위의 사례를 나타낸다.

**예시 답안**  제시된 자료에 나타난 현상은 독과점의 문제인 불공정 거래 행위이다. 불공정 거래 행위가 발생하는 경우 공급자 간에 경쟁이 제대로 이루어지기 어렵고 상품의 가격이 높아져 시장에서 자원이 효율적으로 배분되지 않는다. 따라서 이는 시장 실패에 해당한다. 이를 개선하기 위해 정부는 「독점 규제 및 공정 거래에 관한 법률」을 근거로 독과점 기업이 마음대로 가격을 매기지 못하도록 규제하고, 기업 간에 담합이나 불공정한 거래가 있을 경우에는 이를 처벌한다. 또한 공정 거래 위원회를 설치하여 운영함으로써 기업 간 공정하고 자유로운 경쟁을 촉진한다.

| 평가 기준 | |
| --- | --- |
| 상 | 독과점 기업의 불공정 거래 행위가 시장 실패에 해당하는 이유와 이를 개선하기 위한 정부의 노력을 모두 정확히 서술한 경우 |
| 중 | 독과점 기업의 불공정 거래 행위가 시장 실패에 해당하는 이유와 이를 개선하기 위한 정부의 노력을 대체로 정확히 서술한 경우 |
| 하 | 독과점 기업의 불공정 거래 행위가 시장 실패에 해당하는 이유와 이를 개선하기 위한 정부의 노력 중 한 가지만 정확히 서술한 경우 |

본문 **87쪽**

## 1등급 도전 문제

**01** ③   **02** ①   **03** ⑤   **04** ②

## 01
### 기회비용과 합리적 선택의 이해

**정답 찾기**  각 정책을 선택할 경우의 기회비용을 계산해 보면, A 정책을 선택할 경우 발생하는 기회비용은 명시적 비용 500억 원에 암묵적 비용 100억 원(B 정책 선택 시 얻는 편익 500억 원 − B 정책 선택 시 소요 예산 400억 원)을 더한 600억 원이다. B 정책을 선택할 경우 발생하는 기회비용은 명시적 비용 400억 원에 암묵적 비용 50억 원(A 정책 선택 시 얻는 편익 550억 원 − A 정책 선택 시 소요 예산 500억 원)을 더한 450억 원이다.

ㄴ. A 정책으로 인한 순편익은 −50억 원으로 음(−)의 값을 갖는다.

ㄷ. B 정책 선택에 따른 암묵적 비용은 A 정책 선택 시 얻을 수 있는 경제적 이익(편익 550억 원 − 소요 예산 500억 원)이므로 50억 원이다.

**오답 피하기**  ㄱ. A 정책을 선택할 경우 기회비용은 명시적 비용 500억 원에 암묵적 비용 100억 원(B 정책 선택 시 얻는 편익 500억 원 − B 정책 선택 시 소요 예산 400억 원)을 더한 600억 원이다.

ㄹ. A 정책 선택에 따른 순편익은 −50억 원이고, B 정책 선택에 따른 순편익은 50억 원이므로 순편익이 양(+)의 값을 갖는 B 정책을 선택하는 것이 합리적이다.

## 02
### 시장 실패 개선을 위한 정부 대책 이해

**정답 찾기**  ① 불공정 거래에 대한 감독 시행, 부족한 공공 서

비스의 공급, 저공해 차량 구입 시 보조금 지급 등은 불완전 경쟁, 공공재의 부족, 외부 효과 등으로 인한 시장 실패 개선을 위한 정부의 시장 개입에 해당한다.

(오답 피하기) ②, ③, ④, ⑤ 기사에는 제시되어 있지 않은 내용이다.

## 03
### 배제성과 경합성의 이해

(정답 찾기) 학위 논문은 대가 없이 자유로이 사용할 수 있고, 나의 소비로 다른 사람의 소비가 제한되지 않으므로 비배제성과 비경합성을 가지는 재화이다. 특허를 획득한 연구 결과는 대가를 지불하지 않은 사람의 소비를 배제할 수 있고, 여러 사람이 동시에 사용하는 데 불편함이 없으므로 배제성과 비경합성을 가지는 재화이다.

⑤ ㉠은 비배제성, ㉡은 배제성을 가진다는 점에서 차이가 있으나 모두 경합성은 가지고 있지 않다.

(오답 피하기) ① ㉠은 대가 없이 누구나 자유로이 사용할 수 있으므로 비배제성을 가지는 재화이다.

② ㉠은 비배제성과 비경합성을 가지는 공공재이다. 공공재를 도로에 비유하면 '한산한 무료 도로'라고 할 수 있다.

③ ㉡은 배제성과 비경합성을 가지는 재화이다. 무임승차자 문제는 비배제성이라는 특성 때문에 발생한다.

④ ㉡은 배제성을 갖는다는 점에서 공공재의 성격을 가진다고 볼 수 없다.

## 04
### 기업가 정신과 혁신의 이해

(정답 찾기) 기업가 정신은 위험과 불확실성을 무릅쓰고 혁신을 통해 이윤을 추구하는 기업가의 의지를 말한다.

② 기존 제품의 수요가 급증하여 생산 라인을 24시간 가동한 것은 생산 요소의 투입을 늘린 것이다. 이는 기존의 생산 방식에 해당하므로 혁신의 사례로 볼 수 없다.

(오답 피하기) ① 기존 수출국 외에 새로운 국가들을 상대로 수출을 확대한 것은 새로운 시장 개척에 해당한다.

③ 주방용품과 욕실용품을 결합한 새로운 제품을 개발하여 판매한 것은 새로운 제품의 개발에 해당한다.

④ 기존의 부서별 조직 체계를 새로운 팀 방식으로 구조 조정하여 개선한 것은 새로운 경영 조직의 구성 및 운영에 해당한다.

⑤ 친환경적 소비 흐름에 부응하여 무색소의 새로운 천연 과일 음료를 출시한 것은 새로운 제품의 개발에 해당한다.



### 개념 체크 문제

본문 89쪽

❶ ○ ❷ × ❸ ○ ❹ × ❺ ○ ❻ 줄이는 ❼ 줄이는 ❽ 줄이는 ❾ 배당 ❿ 보험 ⓫ 연금 ⓬ 생애 주기 곡선 ⓭ ㄱ ⓮ ㄴ ⓯ ㄷ

본문 90~91쪽

### 기본 문제

01 ② 02 ④ 03 ⑤ 04 ④ 05 ①
06 ③ 07 ① 08 ②

## 01
### 금융 자산의 유형별 특징 이해

(정답 찾기) (가)에는 예금, 채권과 다른 주식의 특징을 구분할 수 있는 질문이, (나)에는 예금과 채권을 구분할 수 있는 질문이 들어가야 한다.

ㄴ. 시세 차익을 기대할 수 있는 금융 자산은 주식과 채권이므로, 해당 질문은 (나)에 들어갈 수 있다.

ㄷ. 이자 수익을 기대할 수 있는 금융 자산은 채권과 예금이므로, 해당 질문은 (가)에 들어갈 수 있다.

(오답 피하기) ㄱ. 배당 수익을 기대할 수 있는 금융 자산은 주식이므로, 해당 질문은 (가), (나) 어디에도 들어갈 수 없다.

ㄹ. 예금자 보호 제도의 적용을 받는 금융 자산은 예금이므로, 해당 질문은 (가), (나) 어디에도 들어갈 수 없다.

## 02
### 자산 관리의 원칙 이해

(정답 찾기) ④ 자산 관리 시 기본적으로 고려해야 할 요소 중 투자한 자산의 가치가 보전될 수 있는 정도를 의미하는 것은 안전성이며, 투자한 자산의 가치 상승이나 이자 수익을 기대할 수 있는 정도를 의미하는 것은 수익성이다. 일반적으로 안전성과 수익성은 상충 관계에 있다.

(오답 피하기) ①, ②, ③, ⑤ 유동성은 투자한 자산을 쉽고 빠르게 현금화할 수 있는 정도를 의미한다.

## 03
### 자산 관리 방법의 이해

(정답 찾기) ⑤ '100 − 나이' 법칙에 따르면 60대의 경우 30대

보다 안전 자산에 투자하는 비율이 더 높아야 한다. 즉, 자산 관리 시 수익성보다 안전성을 더 중시해야 한다.

오답 피하기 ① 제시된 원칙과는 거리가 먼 내용이다.

② '100 − 나이' 법칙에 따르면 나이가 많아질수록 안전 자산에 투자하는 비율이 높아져야 한다.

③ '100 − 나이' 법칙은 소득의 많고 적음이 아니라, 연령대를 기준으로 포트폴리오 구성을 달리해야 한다는 자산 관리 방법이다.

④ '100 − 나이' 법칙에 따르면 나이가 30세인 경우 보유 자산 중 70%를 수익성이 높은 자산에 투자해야 한다.

## 04

### 금융 자산의 유형별 특징 이해

정답 찾기 A는 보험, B는 펀드, C는 연금이다.

④ 펀드는 금융 기관에 자산을 맡겨서 대신 투자하도록 하는 금융 자산으로 자산 운용의 결과 원금 손실이 발생할 수 있다.

오답 피하기 ① 일반적으로 보험은 위험을 관리하기 위해 가입하는 금융 자산으로 가입자의 수익 극대화보다는 사고에 따른 손실 최소화를 목적으로 한다.

② 보험의 유형에는 사망, 상해 등의 인적 위험을 대상으로 하는 생명 보험, 재산적 손해 및 배상 책임 위험을 대상으로 하는 손해 보험 등이 있다. 정기 적금은 저축성 예금에 포함된다.

③ 일반적으로 펀드는 예금보다 높은 수익을 기대할 수 있다.

⑤ 연금은 물가 상승에 의해 자산 가치가 하락할 수 있다.

## 05

### 금융 자산의 유형별 특징 이해

정답 찾기 ㄱ. 주식은 낮은 가격에 사서 높은 가격에 파는 과정을 통해 시세 차익을 기대할 수 있다.

ㄴ. 주가가 계속 올라가는 상황이라면 은행 예금보다는 주식을 보유하는 것이 유리하다.

오답 피하기 ㄷ. 주식은 채권과 달리 이자 수익이 발생하지 않으므로, 이자 수익을 목적으로 한다고 볼 수 없다.

ㄹ. 수익성보다 안전성을 추구한다면 주식보다 예금을 보유하는 것이 유리하다.

## 06

### 재무 설계의 과정 이해

정답 찾기 재무 설계의 과정은 '재무 목표 설정 → 재무 상태 분석 → 재무 계획 수립 → 재무 계획 실행 → 평가 및 수정'으로 이루어진다.

③ (가)는 재무 상태 분석, (나)는 재무 계획 수립, (다)는 재무 목표 설정, (라)는 재무 계획 실행, (마)는 평가 및 수정이다.

따라서 재무 설계의 과정은 (다) − (가) − (나) − (라) − (마)의 순서로 이루어진다.

## 07

### 금융 의사 결정에 영향을 미치는 요인 이해

정답 찾기 ① 금리가 상승하면 이에 따라 이자 소득이 증가할 수 있으므로, 이자 소득을 얻을 수 있는 금융 자산인 예금이나 채권 등에 대한 선호가 높아진다.

오답 피하기 ② 주택과 같은 부동산은 일반적으로 대출을 받아 구입하는 경우가 많다. 금리가 상승하면 대출금에 대한 이자 부담이 증가하므로 주택과 같은 부동산을 구입하는 경우가 증가하기 어렵다.

③ 금리가 상승하면 주식과 같이 위험성 높은 자산보다는 예금, 채권과 같이 안전성 높은 자산에 대한 투자가 증가한다.

④ 금리가 상승하면 대출금에 대한 이자 부담이 증가하므로 새로 대출을 얻는 사람들이 증가하기 어렵다.

⑤ 금리가 상승하면 여유 자금을 현금으로 보관하기보다 은행에 맡기고 이자 소득을 얻으려는 경우가 많아진다.

## 08

### 금융 의사 결정에 영향을 미치는 요인 이해

정답 찾기 ② 환율이 1달러당 1,000원에서 1,200원으로 상승하였다는 것은 달러화 대비 원화 가치가 하락하였음을 의미하고, 이러한 원/달러 환율의 상승은 1달러당 교환되는 원화가 증가하였음을 의미한다.

---

### 서술형 문제

본문 92쪽

Step1 핵심 키워드 파악하기

## 01

### 개인의 금융 의사 결정 변화에 영향을 미치는 요인 이해

예시 답안 정부가 세율을 ( 인상 )하면 개인은 소비와 투자를 줄이고, 세율을 ( 인하 )하면 소비와 투자를 늘린다. 또한 중앙은행이 기준 금리를 ( 인상 )하면 개인은 저축을 늘리고, 기준 금리를 ( 인하 )하면 저축을 줄인다.

## 02

### 예금자 보호 제도의 이해

(1) (가) − ( 예금자 보호 제도 )

(2) 예시 답안 (나) − ( 원금 )와/과 소정의 ( 이자 )을/를 합하여 금융 기관별 ( 1인 )당 ( 5,000만 ) 원까지만 보호되므로 ( 5,000만 ) 원을 초과하는 금액은 보호되지 않습니다.

(다) - 펀드는 ( 예금자 보호 제도 )의 적용 대상이 아니므로 은행에서 판매하는 펀드에 1,000만 원을 투자한 경우 투자금은 ( 보호되지 않습니다 ).



## 1등급 도전 문제

**01** ④　　**02** ⑤　　**03** ②　　**04** ②

---

| Step2 | 스스로 답안 작성하기 |

## 03
### 자산 관리의 원칙 이해

**문제 접근**　고수익·고위험 자산은 수익성이 높지만 안전성이 낮고, 저수익·저위험 자산은 수익성이 낮지만 안전성이 높다.

**예시 답안**　(1) (가)는 수익성, (나)는 안전성이다. 수익성은 투자한 자산으로부터 이익을 기대할 수 있는 정도를 말하며, 안전성은 투자한 자산의 가치가 줄어들지 않고 안전하게 보호될 수 있는 정도를 의미한다.
(2) 일반적으로 수익성이 높은 금융 자산은 그만큼 투자 위험도 커 안전성이 낮지만, 수익성이 낮은 금융 자산은 그만큼 투자 위험이 작아 안전성이 높다.

| 평가 기준 | |
| --- | --- |
| 상 | (가), (나)에 들어갈 자산 관리의 원칙과 그 의미, 금융 자산의 (가)와 (나) 간 관계에 대해 모두 정확히 서술한 경우 |
| 중 | (가), (나)에 들어갈 자산 관리의 원칙과 그 의미, 금융 자산의 (가)와 (나) 간 관계에 대해 대체로 정확히 서술한 경우 |
| 하 | (가), (나)에 들어갈 자산 관리의 원칙과 그 의미, 금융 자산의 (가)와 (나) 간 관계 중 일부만 대체로 정확히 서술한 경우 |

## 04
### 생애 주기 곡선의 이해

**문제 접근**　제시된 자료에서 (가)는 소득 곡선, (나)는 소비 곡선이다.

**예시 답안**　(가)는 소득 곡선, (나)는 소비 곡선이다. 65세 이상 노인에게 기초 연금을 지급하게 될 경우 소득이 증가하게 된다. 이에 따라 노년기의 소득 곡선이 위로 이동하게 된다. 또한 65세 이상 노인의 의료비를 지원하게 될 경우 노년기의 소비 곡선이 아래로 이동하게 되어 A의 면적이 작아진다.

| 평가 기준 | |
| --- | --- |
| 상 | (가), (나)에 해당하는 명칭과 해당 정책이 노년기 소득 곡선과 소비 곡선에 미치는 영향을 모두 정확히 서술한 경우 |
| 중 | (가), (나)에 해당하는 명칭과 해당 정책이 노년기 소득 곡선과 소비 곡선에 미치는 영향을 대체로 정확히 서술한 경우 |
| 하 | (가), (나)에 해당하는 명칭만 정확히 쓴 경우 |

## 01
### 주식과 채권의 비교

**정답 찾기**　채권은 발행 주체 입장에서 채권 소유자에게 이자를 지급해야 하며, 주식은 배당 수익을 기대할 수 있다. 따라서 A는 채권, B는 주식이다.
ㄴ. 일반적으로 채권은 주식에 비해 수익성이 낮고, 안전성이 높다.
ㄹ. 채권은 만기 시 원금과 이자 지급을 약속하는 증서이므로 일반적으로 채권은 주식에 비해 안전성이 높다.

**오답 피하기**　ㄱ. 채권을 발행하는 기관의 신용도가 낮으면 만기 시 원금과 이자를 지급하지 못할 가능성이 높으므로 채권을 통한 자금 조달을 위해서는 더 많은 이자를 지급해야 한다. 따라서 발행 기관의 신용도가 높을수록 채권 금리는 낮을 수 있다.
ㄷ. 주식은 만기가 존재하지 않는다.

## 02
### 자산 관리의 원칙 이해

**정답 찾기**　제시된 자료에서 A는 안전성, B는 수익성, C는 유동성이다.
⑤ (가)에는 유동성에 대한 원칙이 들어가야 한다. 유동성은 보유 자산을 쉽고 빠르게 현금화할 수 있는 정도를 의미한다.

**오답 피하기**　① 일반적으로 채권이 주식보다 안전성이 높다.
② 요구불 예금은 입출금이 자유로운 예금이고 저축성 예금은 요구불 예금에 비해 높은 이자 수익을 기대할 수 있으므로 일반적으로 저축성 예금에 비해 수익성이 낮다.
③ 예금자 보호 제도는 유동성이 아니라 안전성을 높이는 수단이다.
④ 고위험·고수익 자산을 추구하는 투자자는 안전성보다 수익성이 높은 금융 자산을 선호한다.

## 03
### 금융 자산의 특징 이해

**정답 찾기**　일반적으로 금융 자산의 만기가 있고 예금자 보호 제도의 적용을 받는 C는 정기 예금이고, 일반적으로 만기가 있지만 예금자 보호 제도의 적용을 받지 않는 B는 채권이다. 만기가 없고 예금자 보호 제도의 적용을 받지 않는 A는 주식이다.
ㄱ. 주식회사는 주식 투자자들에게 회사 경영을 통해 얻은 수

익 가운데 일부를 배당금으로 지급한다.

ㄹ. 정기 예금, 주식, 채권 중 시세 차익을 기대할 수 있는 금융 자산은 채권과 주식이다.

오답 피하기 ㄴ. 일반적으로 채권은 주식보다 수익성이 낮다.

ㄷ. 정기 예금과 채권은 이자 수익을 기대할 수 있지만, 주식은 이자 수익을 기대할 수 없다.

## 04
### 생애 주기 곡선의 이해

정답 찾기 제시된 그림에서 ㉠은 '소득＜소비', ㉡은 '소득＞소비', ㉢은 '소득＜소비'를 의미한다.

② 30세 이후부터 45세 이전까지 소비보다 소득이 더 크게 증가하므로 갑의 소비 증가율은 소득 증가율보다 낮다.

오답 피하기 ① 30세와 60세에는 갑의 소득과 소비가 같음을 나타내지만 그것이 누적 저축액이 영(0)인 것을 의미하지는 않는다.

③ 45세 이후부터 60세 이전까지 갑의 소득은 소비보다 크므로 갑의 누적 저축액은 증가한다.

④ 45세 이후에는 나이가 많아질수록 소득이 감소하고 소비는 증가한다. 따라서 소득 대비 소비의 비율은 증가한다.

⑤ '㉡＞㉠＋㉢'이라면 갑은 60세 이후 부채를 얻지 않고도 저축한 자금에서 노후 생활 자금을 마련할 수 있다.

## 04 국제 분업과 무역

### 개념 체크 문제

본문 95쪽

❶ ○ ❷ × ❸ ○ ❹ × ❺ ○ ❻ × ❼ 증가
❽ 절대 우위 ❾ 선진국, 개발 도상국 ❿ 규모의 경제
⓫ 무역 ⓬ 특화 ⓭ 이익

### 기본 문제

본문 96~97쪽

01 ⑤ 02 ③ 03 ② 04 ③ 05 ②
06 ④ 07 ⑤ 08 ②

## 01
### 국제 무역의 발생 요인 이해

정답 찾기 ⑤ 나라마다 특화하여 생산하는 제품이 다른 이유는 다른 나라에 비해 더 적은 비용으로 생산 가능한 제품이 다르기 때문이다. 이는 인구, 자연환경, 기술 수준 등의 차이에 의해 나타난다.

오답 피하기 ① 국가마다 제품별 생산비는 서로 다르며, 이는 국제 무역이 발생하는 요인으로 작용한다.

② 국가마다 생산에 유리한 재화를 특화하여 교역하고 있다.

③, ④ 국가마다 자연환경, 노동, 자본 등의 조건이 달라 생산비의 차이가 나타나며, 이로 인해 특화가 이루어진다.

## 02
### 절대 우위와 비교 우위의 이해

정답 찾기 X재 1개 생산의 기회비용은 갑국이 Y재 2개, 을국이 Y재 1/2개이고, Y재 1개 생산의 기회비용은 갑국이 X재 1/2개, 을국이 X재 2개이다.

③ X재 1개를 생산하는 데 필요한 노동자 수는 을국이 갑국보다 적고, X재 1개 생산의 기회비용도 을국이 갑국보다 작다. 따라서 을국은 X재 생산에 절대 우위와 비교 우위를 모두 가진다.

오답 피하기 ① 갑국의 Y재 1개 생산의 기회비용은 X재 1/2개이다.

② X재 1개 생산의 기회비용은 을국이 갑국보다 작다.

④ X재 1개를 생산하는 데 필요한 노동자 수는 을국이 갑국보다 적지만, 양국이 보유한 노동자 수를 알 수 없으므로 X재만 생산할 경우 어떤 국가의 생산량이 더 많은지는 알 수 없다.

⑤ 갑국의 비교 우위 재화는 Y재, 을국의 비교 우위 재화는 X재이므로 양국이 교역할 경우 갑국은 Y재를, 을국은 X재를 수출할 것이다.

## 03
### 비교 우위의 의미 이해

정답 찾기 ② 경영자는 회사 경영과 타자 치는 일 모두 비서보다 잘할 수 있지만 비서를 고용하여 타자 치는 일을 비서에게 맡긴다. 이는 경영자가 회사 경영에 있어 비교 우위를 갖고, 비서는 타자 치는 일에 있어 비교 우위를 갖고 있기 때문이다.

오답 피하기 ①, ③, ④, ⑤ 제시문의 내용과는 거리가 먼 경제 개념이다.

## 04
### 절대 우위와 비교 우위의 이해

정답 찾기 (가)는 절대 우위론, (나)는 비교 우위론이다. 절

대 우위론에 따른 무역이 이루어지기 위해서는 생산비가 낮은 상품이 있어야 한다. 비교 우위론에 따를 경우 절대적으로 생산비가 낮은 제품이 없더라도 상대적으로 생산비가 낮은 제품을 생산하여 무역에 참여할 수 있다.
ㄱ. 절대 우위론에 따라 무역이 이루어졌다면 갑국은 B재 생산에, 을국은 A재 생산에 절대 우위를 가진다.
ㄷ. 비교 우위론에 따라 무역이 이루어졌다면 갑국은 B재 생산에, 을국은 A재 생산에 비교 우위를 가진다.

(오답 피하기) ㄴ. 비교 우위론에 따른 무역이 이루어졌다고 할 경우 제시된 자료만을 가지고 갑국이 A재 생산에 절대 우위를 가지고 있다고 보기 어렵다.

## 05
### 보호 무역의 이해
(정답 찾기) 보호 무역은 국내의 유치산업 보호와 국가 안보, 실업 방지 등을 위해 필요한 경우가 있다.
② 규모의 경제란 생산량 증대에 따라 단위당 평균 비용이 감소하는 현상을 의미한다. 규모의 경제는 자유 무역의 경우에도 실현될 수 있다.

(오답 피하기) ① 자국산 상품에 대해 과도한 보조금 지급 등 상대국의 불공정 무역에 대응하기 위해 보호 무역이 필요한 경우가 있다.
③ 국내의 유치산업을 보호하기 위해 보호 무역이 필요한 경우가 있다.
④ 국가 안보나 보건상의 이유로 보호 무역이 필요한 경우가 있다.
⑤ 수입으로 국내 생산이 감소하여 나타나는 자국민의 실업 문제를 해결하기 위해 보호 무역이 필요한 경우가 있다.

## 06
### 절대 우위와 비교 우위의 이해
(정답 찾기) 갑국의 Y재 1단위 생산의 기회비용은 X재 4단위이므로 X재 1단위 생산의 기회비용은 Y재 1/4단위가 된다. 한편, 을국의 X재 1단위 생산의 기회비용은 Y재 2단위이므로 Y재 1단위 생산의 기회비용은 X재 1/2단위가 된다.
ㄴ. X재 1단위 생산의 기회비용은 갑국이 을국보다 작으므로 갑국은 X재 생산에 비교 우위를 가진다.
ㄹ. 갑국의 경우 X재 1단위 생산의 기회비용은 Y재 1/4단위이므로 X재와 Y재를 1 : 1로 교환할 경우 X재를 수출하는 갑국 입장에서 X재 1단위에 대하여 Y재 3/4단위를 더 받을 수 있으므로 무역의 이익이 발생한다. 한편, 을국의 경우 Y재 1단위 생산의 기회비용은 X재 1/2단위이므로 X재와 Y재를 1 : 1로 교환할 경우 Y재를 수출하는 을국 입장에서 Y재 1단위에

대하여 X재 1/2단위를 더 받을 수 있으므로 무역의 이익이 발생한다.

(오답 피하기) ㄱ. (가)는 'Y재 1/4단위'이다.
ㄷ. 제시된 자료를 통해 두 국가가 각 재화를 생산하는 데 드는 생산비를 파악할 수 없으므로 절대 우위는 알 수 없다.

## 07
### 자유 무역의 이해
(정답 찾기) ㄴ. 자유 무역을 통해 국내에서 생산되지 않는 상품을 구입할 수 있으므로 자유 무역을 하지 않는 경우보다 다양한 상품을 구입할 수 있다.
ㄷ. 자유 무역을 통해 새로운 상품을 들여오게 되면 새로운 아이디어나 선진 기술을 습득할 수 있다
ㄹ. 자유 무역을 통해 국내보다 더 낮은 가격으로 생산되는 외국 원자재를 수입할 수 있어 생산 비용을 낮출 수 있다.

(오답 피하기) ㄱ. 자유 무역을 실시할 경우 자유 무역을 하지 않았던 상황에서 보호받을 수 있었던 유치산업 분야의 기업들이 외국 기업과 경쟁을 해야 한다. 따라서 갑의 주장에 대한 근거로 보기 어렵다.

## 08
### 지속가능발전에 기여하는 국제 무역의 방향 이해
(정답 찾기) ② 제품의 생산 및 운송 과정에서 화석 연료의 사용량을 늘리는 것은 환경에 막대한 부담을 줄 수 있다. 따라서 지속가능한 국제 무역을 위해서는 제품의 생산 및 운송 과정에서 재생 에너지의 사용량을 늘릴 필요가 있다.

(오답 피하기) ①, ③, ④, ⑤ 지속가능한 국제 무역을 위한 대표적인 방법에 해당한다.

서술형 문제

본문 98쪽

**Step1** 핵심 키워드 파악하기

## 01
### 자유 무역의 영향 이해
(예시 답안) 자유 무역이 확대되면 경쟁력을 갖추지 못한 산업은 위축되어 이와 관련된 사람들의 일자리가 ( 축소 )되고 관련 산업이 ( 위축 또는 붕괴 )될 우려가 있다.

## 02

### 비교 우위의 이해

(1) 갑국 - ( Y재 ) 을국 - ( X재 )

(2) **예시 답안** 갑국의 경우 X재 1개 생산의 기회비용은 ( Y재 5/4개 )이다. X재 1개와 Y재 1개를 교환하는 조건이라면 갑국은 자국 안에서 X재를 생산하는 것보다 더 ( 저렴한 비용 또는 적은 비용 )(으)로 X재를 얻을 수 있으므로 갑국은 교환에 응하게 된다.

**Step2 스스로 답안 작성하기**

## 03

### 비교 우위의 이해

**문제 접근** X재 1개 생산의 기회비용은 갑국이 Y재 1/2개, 을국이 Y재 2/3개이고, Y재 1개 생산의 기회비용은 갑국이 X재 2개, 을국이 X재 3/2개이다.

**예시 답안** (1) X재 1개 생산의 기회비용은 갑국이 Y재 1/2개, 을국이 Y재 2/3개이고, Y재 1개 생산의 기회비용은 갑국이 X재 2개, 을국이 X재 3/2개이다. 따라서 갑국은 X재에, 을국은 Y재에 비교 우위를 가진다.
(2) X재 1개당 교환되는 Y재가 1/2개보다 많으면 갑국이 이익을 얻고, Y재가 2/3개보다 적으면 을국이 이익을 얻는다. 따라서 X재 1개당 Y재 2개가 교환되는 조건이라면, 갑국은 이익을 얻지만 을국은 손해를 보게 된다.

| 평가 기준 | |
|---|---|
| 상 | 양국의 각 재화 생산의 기회비용을 정확히 계산하여 비교 우위 품목을 쓰고, 제시된 조건에서 양국 모두 교환으로 인한 이익을 얻는지 여부를 정확히 서술한 경우 |
| 중 | 양국의 비교 우위 품목만을 정확히 쓰고, 제시된 조건에서 양국 모두 교환으로 인한 이익을 얻는지 여부를 정확히 서술한 경우 |
| 하 | 양국의 비교 우위 품목만을 정확히 쓴 경우 |

## 04

### 국제 무역의 확대로 인해 나타나는 문제점 이해

**문제 접근** 국제 무역의 확대로 인해 나타나는 문제점에는 환경 오염, 선진국과 개발 도상국 간, 기업 간 빈부 격차 등이 있다.

**예시 답안** 국제 무역의 확대로 제품의 생산과 운송 과정에서 자원이 고갈되고, 환경이 오염된다. 또한 국제적 경쟁력을 갖추지 못한 기업이나 산업의 기반이 흔들리고 빈부 격차가 커지는 등 경제적 불평등의 문제가 나타난다. 그리고 불공정한 무역으로 현지 노동자의 낮은 임금과 열악한 노동 환경 등의 문제도 나타날 수 있다.

| 평가 기준 | |
|---|---|
| 상 | 국제 무역의 확대로 인해 발생하는 문제점 세 가지를 모두 정확히 서술한 경우 |
| 중 | 국제 무역의 확대로 인해 발생하는 문제점 두 가지를 정확히 서술한 경우 |
| 하 | 국제 무역의 확대로 인해 발생하는 문제점 한 가지를 정확히 서술한 경우 |

**1등급 도전 문제**  본문 99쪽

01 ⑤  02 ⑤  03 ③  04 ④

## 01

### 무역의 이익 이해

**정답 찾기** ⑤ 제시문에서 유럽은 동방 무역을 통해 향신료에 대한 막대한 수요를 해결할 수 있었다. 이를 통해 향신료의 희소성이 감소하여 보다 많은 소비자가 향신료를 소비할 수 있음을 알 수 있다.

**오답 피하기** ① 무역은 해외 선진 기술을 국내로 이전하는 통로의 역할을 할 수 있지만 재화인 향신료의 수입과는 직접적인 관련이 없다.
② 동방 무역을 통해 수요에 비해 부족했던 향신료의 공급이 충족되고 있다는 내용만 제시되어 있다.
③ 무역은 새로운 수요를 창출하여 공급자가 상품의 생산 규모를 늘려 평균 생산비 하락에 따른 이득을 보는 규모의 경제를 가능하게 하지만 제시된 내용과는 관련이 없다.
④ 당시 유럽은 소비되는 향신료를 수입에 의존하고 있으므로 향신료의 수입을 통해 국내외 기업 간의 경쟁이 유발되는 상황은 아니다.

## 02

### 절대 우위와 비교 우위의 이해

**정답 찾기** 제시된 자료를 통해 갑국과 을국의 시기별 각 재화 1kg 생산의 기회비용을 나타내면 다음과 같다.

(단위: kg)

| 구분 | t기 | | t+1기 | |
|---|---|---|---|---|
| | 사과 | 바나나 | 사과 | 바나나 |
| 갑국 | 바나나 5/6 | 사과 6/5 | 바나나 9/10 | 사과 10/9 |
| 을국 | 바나나 11/9 | 사과 9/11 | 바나나 15/12 | 사과 12/15 |

ㄷ. t기와 t+1기 모두 갑국은 사과 생산에, 을국은 바나나 생산에 비교 우위가 있다.

ㄹ. t기에 '바나나 5/6kg<사과 1kg<바나나 11/9kg'의 조건에서, t+1기에 '바나나 9/10kg<사과 1kg<바나나 15/12kg'의 조건에서 교역이 이루어지면 양국 모두 이익을 얻는다.

**오답 피하기** ㄱ. t기에 갑국은 사과 생산에, 을국은 바나나 생산에 절대 우위가 있다.

ㄴ. t기에 갑국의 사과 1kg 생산의 기회비용은 바나나 5/6kg이다.

## 03
### 비교 우위 원리의 이해

**정답 찾기** 빵 1개 생산의 기회비용이 갑국은 옷 1/2벌, 을국은 옷 2/3벌이므로 기회비용이 작은 갑국이 빵 생산에 비교 우위를 가지고 을국은 옷 생산에 비교 우위를 가진다.

ㄱ. 옷 1벌 생산의 기회비용은 갑국이 빵 2개, 을국이 빵 3/2개이다.

ㄷ. 을국은 옷 생산에 비교 우위를 가진다. 따라서 양국 간에 교환이 이루어지면 을국은 옷 생산에 특화하게 되므로 교역 전에 비해 을국의 옷 생산량은 증가한다.

**오답 피하기** ㄴ. 갑국은 빵 생산에 비교 우위를 가진다. 그러나 양국이 보유한 생산 요소의 양을 알 수 없어 각 재화의 단위당 생산비를 비교할 수 없으므로 절대 우위를 판단할 수 없다.

## 04
### 비교 우위와 교역의 관계 파악

**정답 찾기** ㄴ. 을의 진술 중 '기회비용 측면에서 각국이 생산성이 높은 제품에 집중하여 교역한다면'이라는 표현은 비교 우위의 원리를 나타내고 있다.

ㄹ. 을의 주장, 즉 비교 우위의 원리에 따르면, B국에는 A국에 비해 기회비용이 작은 제품이 존재한다.

**오답 피하기** ㄱ. 갑은 절대 우위의 원리에 따라 B국이 A국과 교역하지 않을 것이라고 주장하고 있다.

ㄷ. 절대 우위 원리는 교역 당사자의 생산비에 따라 우열을 가리는 것이다. A국은 B국보다 모든 제품에서 생산비가 더 큰 것이지, 기회비용이 더 큰 것이 아니다.



### 대단원 종합 문제

| | | | |
|---|---|---|---|
| 01 ② | 02 ③ | 03 ④ | 04 ③ |
| 05 해설 참조 | | 06 ② | 07 해설 참조 |
| 08 ⑤ | 09 ④ | 10 ③ | 11 ③     12 ① |
| 13 ② | | | |

## 01
### 자본주의의 역사적 전개 과정 이해

**정답 찾기** ② 산업 자본주의에서 발생한 대공황을 해결하는 과정에서 정부의 적극적인 시장 개입을 강조하는 수정 자본주의가 등장하였다. 이후 석유 파동으로 인해 발생한 스태그플레이션을 해결하는 과정에서 신자유주의가 등장하였다.

## 02
### 합리적 선택의 이해

**정답 찾기** ③ 제시문은 매몰 비용으로 인해 합리적 선택을 하지 못하는 것을 경계하는 내용으로, 이미 지출되어 회수가 불가능한 매몰 비용을 고려하지 않아야 함을 강조하고 있다.

**오답 피하기** ① 제시문과 거리가 먼 진술이며, 합리적 선택은 비용의 최소화, 편익의 극대화를 추구한다.

② 제시문과 거리가 먼 진술이며, 경제 문제 해결에 있어서는 효율성과 형평성 모두를 고려해야 한다.

④ 제시문과 거리가 먼 진술이며, 자원이 희소하기 때문에 어떤 선택을 할 때는 편익과 비용을 비교하여 합리적으로 선택해야 한다.

⑤ 제시문과는 거리가 먼 진술이며, 기회비용은 명시적 비용과 암묵적 비용으로 구성된다.

## 03
### 수정 자본주의의 특징 이해

**정답 찾기** 대공황으로 인해 자유방임주의에 대한 회의론이 확산되고 수정 자본주의로의 변화가 나타나게 되었다. 수정 자본주의는 경제적 자유는 보장하되, 필요에 따라 정부가 경제에 개입하는 것을 허용한다.

④ 수정 자본주의는 정부가 지출을 확대함으로써 각 경제 주체의 경제활동을 촉진하고 고용을 창출하여 유효 수요를 증대시켜야 한다고 보았다.

**오답 피하기** ① 각종 경제 관련 규제를 철폐하는 것은 시장에서 정부의 역할이 축소되는 것이다.

② 정부가 상업을 강력하게 보호했던 것은 산업 자본주의 이전 중상주의 시대의 정책이다.

③ 수정 자본주의는 정부의 시장 개입을 허용하므로 정부의 역할이 확대된다.
⑤ 민간의 자유로운 경제활동 보장이 국부 증진에 기여한다고 보는 것은 자유방임주의이다.

## 04
### 경제 체제의 특징 이해

(정답 찾기) 갑국에서는 민간 경제 주체에 대한 자유로운 경쟁이 보장되며 개인의 능력과 창의성이 적극 발휘되므로, 갑국의 경제 체제는 시장경제 체제임을 알 수 있다.
③ 시장경제 체제에서는 자원 배분 과정에서 시장 가격 기구에 해당하는 '보이지 않는 손'의 역할을 강조하고, 경제활동 과정에서 경제적 유인 체계를 중시하여 경제 주체들의 창의성과 역량 발휘를 제고한다. 시장경제 체제와 달리 계획경제 체제에서는 정부의 결정과 통제에 의한 자원 배분을 강조한다. 시장경제 체제와 계획경제 체제에서는 모두 자원의 희소성에 의한 경제 문제가 발생한다.

## 05 서술형
### 경제 체제의 특징 이해

(문제 접근) 계획경제 체제는 개별 경제 주체의 경제활동의 자유를 제한하고, 정부의 결정과 통제에 의해 자원을 배분하는 경제 체제이다. 이와 달리 시장경제 체제는 정부의 개입과 간섭 없이 개별 경제 주체의 자유로운 의사 결정에 따라 경제활동이 나타나고 자원이 배분되는 경제 체제이다.

(예시 답안) A는 계획경제 체제, B는 시장경제 체제이다. 우리나라의 경제 체제는 시장경제 체제를 기반으로 계획경제 체제의 요소가 가미된 혼합 경제 체제이다.

| 평가 기준 | |
| --- | --- |
| 상 | A, B에 해당하는 경제 체제를 모두 정확히 쓰고, A, B를 사용하여 우리나라 경제 체제의 특징을 정확히 서술한 경우 |
| 중 | A, B에 해당하는 경제 체제 중 하나만 정확히 쓰고, 우리나라 경제 체제의 특징을 대체로 정확히 서술한 경우 |
| 하 | A, B에 해당하는 경제 체제만 모두 정확히 쓴 경우 |

## 06
### 공공재의 특징 이해

(정답 찾기) 밑줄 친 '이것'은 공공재이다. 공공재는 시장의 원리에 맡겨 두면 이윤 추구가 곤란하므로 충분히 공급되지 않

을 가능성이 높다.
② 시장의 원리에 따라 운영되면 이윤 추구에 도움이 되지 않는 공공재 생산을 기업들이 꺼리게 되어 공급 부족이 나타나기 쉽다.

(오답 피하기) ① 공공재는 무임승차가 이루어질 가능성이 높다.
③ 공공재 생산이 이윤 추구에 불리하다고 해서 공공재 생산을 포기하는 것은 바람직하지 않다.
④ 국민이 납부하는 세금을 토대로 공공재 생산이 이루어지나, 국민이 공공재를 구입하기 위해 그 대가로 세금을 납부하는 것은 아니다.
⑤ 기업에 공공재 생산을 맡겨 두면 이윤 추구에 도움이 되지 않는다는 이유로 필요한 양만큼 공급되지 않으므로 자원이 효율적으로 배분되지 않는다.

## 07 서술형
### 노동자의 역할과 책임 이해

(문제 접근) 노동자는 기업에 노동을 제공한 대가로 임금을 받아 경제활동을 하는 경제 주체이다. 노동자의 노동력 없이는 재화와 서비스의 생산이 이루어질 수 없기 때문에 시장경제의 지속가능발전을 위해서는 노동자의 역할이 필수적이다. 그러나 노동자는 경제적으로나 사회적으로 불리한 위치에 있는 경우가 많아 헌법에서 근로(노동) 3권을 보장하고 있다.

(예시 답안) (가)는 단결권, (나)는 단체 교섭권, (다)는 단체 행동권이다. 우리나라 헌법에서 이를 보장하는 이유는 노동자와 사용자가 대등한 위치에서 협상할 수 있도록 보장하기 위해서이다.

| 평가 기준 | |
| --- | --- |
| 상 | (가)~(다)에 해당하는 권리를 모두 정확히 쓰고, 이를 우리나라 헌법에서 보장하는 이유를 '사용자'를 언급하여 정확히 서술한 경우 |
| 중 | (가)~(다)에 해당하는 권리 중 일부만 정확히 쓰고, 이를 우리나라 헌법에서 보장하는 이유를 대체로 정확히 서술한 경우 |
| 하 | (가)~(다)에 해당하는 권리 중 일부만 정확히 쓴 경우 |

## 08
### 정부의 역할과 책임 이해

(정답 찾기) 제시된 기사는 아파트 화장실에서의 흡연으로 인해 이웃들이 피해를 받는 사례가 나타나고 있다. 이는 담배 소비로 인해 부정적 외부 효과가 발생하는 것으로 담배가 사회

적 최적 수준보다 많이 소비되고 있는 것을 의미한다.
⑤ 아파트 화장실 흡연에 대해 과태료를 부과하는 경우 아파
트 화장실에서의 흡연을 줄일 수 있다.

[오답 피하기] ① 담배 생산에 대해 보조금을 지급할 경우 담배 생산이
늘어나게 되어 부정적 외부 효과가 심화될 수 있다.
② 담배 소비에 부과되는 세금의 세율을 낮출 경우 담배 소비가 늘어나
게 되어 부정적 외부 효과가 심화될 수 있다.
③ 기업을 대신해 정부가 담배를 직접 생산하는 것은 부정적 외부 효과
해결을 위한 정부의 역할과 거리가 멀다.
④ 담배 제조 기업들의 자유로운 경영을 보장하는 것은 부정적 외부 효
과 해결을 위한 정부의 역할과 거리가 멀다.

## 09
### 기업의 사회적 책임 이해

[정답 찾기] 시장경제에서 기업은 이윤 극대화를 추구하는 경
제 주체이지만 오늘날 기업의 사회적 책임이 강조되고 있다.
ㄴ. A 사는 제품 생산 과정에서 플라스틱 사용을 최소화하고,
장애인을 적극 고용하는 등 기업의 사회적 책무를 위해 노력
하고 있다.
ㄷ. A 사와 같은 사회적 기업은 사회의 소외 계층에 관심을 갖
고 사회의 소외 계층을 고용함으로써 사회 구성원들의 관심을
제고하는 데 긍정적 영향을 미칠 수 있다.

[오답 피하기] ㄱ. 제시된 사례는 기업이 이윤 극대화를 위해 최선의 노
력을 하고 있는 것과 거리가 멀다.

## 10
### 금융 자산의 유형별 특징 이해

[정답 찾기] ③ 정기 예금, 정기 적금, 채권은 모두 만기 시 이
자 수익을 기대할 수 있다.

[오답 피하기] ① 갑이 보유한 저축성 예금은 2,700만 원이다.
② 정기 예금과 정기 적금은 모두 저축성 예금에 해당한다.
④ 채권은 시세 차익을 기대할 수 있는 금융 상품이다.
⑤ 갑이 보유한 금융 자산 중 예금자 보호 제도의 적용을 받는 금융 자
산은 정기 예금과 정기 적금으로, 갑의 전체 금융 자산 중 90%를 차지
한다.

## 11
### 비교 우위의 이해

[정답 찾기] 갑과 을의 X재 1개 생산의 기회비용과 Y재 1개 생
산의 기회비용을 나타내면 다음과 같다.

| 구분 | 갑 | 을 |
| --- | --- | --- |
| X재 1개 생산의 기회비용 | Y재 1개 | Y재 1/2개 |
| Y재 1개 생산의 기회비용 | X재 1개 | X재 2개 |

따라서 갑은 Y재 생산, 을은 X재 생산에 비교 우위를 가진다.
ㄴ. 을은 X재 1개를 생산하는 데 2시간이 걸리고, Y재 1개를
생산하는 데 4시간이 걸리므로 Y재 1개 생산을 위해서는 X재
2개의 생산을 포기해야 한다. 따라서 Y재 1개 생산의 기회비
용은 X재 2개이다.
ㄷ. 갑은 Y재 생산에 비교 우위를 가지며, Y재 1개 생산의 기
회비용이 X재 1개이므로 X재 2개와 Y재 1개를 교환하는 조건
이라면 갑은 교환에 응할 것이다.

[오답 피하기] ㄱ. 갑은 Y재 생산에 비교 우위를 가진다.
ㄹ. X재 1개와 Y재 1개를 교환하는 조건이라면 을과 달리 갑에게는 이
익이 발생하지 않는다.

## 12
### 생애 주기 곡선의 이해

[정답 찾기] A와 C는 소득보다 소비가 많아 음(−)의 저축이 나
타나고, B는 소득이 소비보다 많아 양(+)의 저축이 나타난다.
ㄱ. B는 양(+)의 저축으로 소득이 소비보다 크기 때문에 나타
난다. 따라서 (가)는 소득 곡선, (나)는 소비 곡선이다.
ㄴ. B는 양(+)의 저축을 의미하는 것으로, 이는 소득이 소비
보다 많은 것을 의미한다. 이 저축은 소득보다 소비가 많아지
는 C를 대비하는 역할을 한다.

[오답 피하기] ㄷ. A와 C의 합이 B의 크기와 반드시 같은 것은 아니다.
ㄹ. 청년기에는 소비보다 소득이 더 큰 폭으로 증가하고 있다. 따라서
소득 대비 소비의 비율이 감소한다.

## 13
### 개인의 금융 의사 결정에 영향을 미치는 요인 이해

[정답 찾기] 갑은 시중 이자율이 지속적으로 상승할 것으로 예
상하고 있고, 을은 시중 이자율이 지속적으로 하락할 것으로
예상하고 있다.
ㄱ. 시중 이자율이 지속적으로 상승하게 되면 금융 투자자가
대출을 통해 투자할 경우 투자 비용이 증가하게 된다. 따라서
갑의 의견이 실현되는 것은 금융 투자자의 대출이 감소하는
요인으로 작용한다.
ㄷ. 시중 이자율이 지속적으로 하락하는 것은 예금에 대한 이
자가 감소하여 은행의 예금액이 감소하는 요인으로 작용한다.

(오답 피하기) ㄴ. 시중 이자율이 지속적으로 상승하는 것은 금융 투자자가 주식보다 예금 투자를 선택하는 요인으로 작용한다.
ㄹ. 시중 이자율이 지속적으로 하락할 경우 대출 시 이자율이 고정되는 것보다 시중 이자율에 따라 변동하는 조건이 유리하다. 따라서 을의 의견을 따르는 금융 투자자는 대출 시 고정 이자율보다 변동 이자율을 선택할 것이다.

## 수능 유형 문제

본문 104~105쪽

01 ②    02 ⑤    03 ③    04 ③    05 ④
06 ⑤    07 ⑤    08 ②

## 01
### 자본주의의 역사적 전개 과정 이해

(정답 찾기) ② (나) 시기는 수정 자본주의이다. 수정 자본주의 시기에는 뉴딜 정책과 같은 국가 주도의 대규모 공공사업이 실시되었다.

(오답 피하기) ① (가) 시기는 신자유주의이다. 산업 시설을 소유한 자본가의 주도로 산업 자본주의가 등장한 것은 산업 혁명 이후이다.
③ (다) 시기는 산업 자본주의이다. 신자유주의는 1970년대 석유 파동 이후 등장하였다.
④ (가) 시기는 신자유주의로, 주요 학자는 프리드먼이며, (나) 시기는 수정 자본주의로, 주요 학자는 케인스이다.
⑤ 자본주의는 (다) – (나) – (가) 순으로 변화하였다.

## 02
### 시장경제 체제와 계획경제 체제의 비교

(정답 찾기) 우리나라의 경제 체제는 시장경제 체제를 기반으로 계획경제 체제의 요소가 가미되었으므로 A는 계획경제 체제, B는 시장경제 체제이다.
⑤ 계획경제 체제와 달리 시장경제 체제에서는 자원 배분 과정에서 '보이지 않는 손'의 역할이 강조되므로 해당 질문은 (다)에 들어갈 수 있다.

(오답 피하기) ① 계획경제 체제와 달리 시장경제 체제에서는 경제 문제 해결에 있어 경제적 유인이 강조되므로 해당 질문은 (가)에 들어갈 수 없다.
② 계획경제 체제와 달리 시장경제 체제에서는 생산 수단의 사유화가 허용되므로 해당 질문은 (나)에 들어갈 수 없다.

③ 계획경제 체제와 달리 시장경제 체제에서는 민간 경제 주체들 간의 자율적인 의사 결정을 중시하므로 해당 질문은 (나)에 들어갈 수 없다.
④ 시장경제 체제와 달리 계획경제 체제에서는 정부가 전적으로 주도하여 경제 문제를 해결하므로 해당 질문은 (다)에 들어갈 수 없다.

## 03
### 기회비용과 합리적 선택 이해

(정답 찾기) 갑과 을의 소고기 김밥 선택에 따른 명시적 비용은 모두 4,000원으로 동일하고, 갑과 을은 모두 소고기 김밥을 선택했기 때문에 갑과 을의 소고기 김밥 선택에 따른 순편익은 모두 양(+)의 값을 가진다.
③ 을은 돈가스 김밥보다 참치 김밥을 좋아하고, 참치 김밥보다 소고기 김밥을 좋아하므로 소고기 김밥 선택에 따른 순편익이 돈가스 김밥 선택에 따른 순편익보다 크다.

(오답 피하기) ① 김밥의 가격이 모두 동일하므로 어떤 선택을 하여도 명시적 비용은 동일하다. 따라서 암묵적 비용에 따라 기회비용은 달라진다. 갑의 경우 소고기 김밥 선택에 따른 암묵적 비용은 '참치 김밥이나 돈가스 김밥 선택에 따른 편익－명시적 비용' 중 큰 것이다. 참치 김밥 선택에 따른 암묵적 비용은 '소고기 김밥 선택에 따른 편익－명시적 비용'이다. 소고기 김밥 선택에 따른 편익이 참치 김밥 선택에 따른 편익이나 돈가스 김밥 선택에 따른 편익보다 크기 때문에 소고기 김밥 선택에 따른 암묵적 비용은 참치 김밥이나 돈가스 김밥 선택에 따른 암묵적 비용보다 작다. 따라서 소고기 김밥 선택에 따른 기회비용은 참치 김밥 선택에 따른 기회비용보다 작다.
② 갑의 경우 소고기 김밥 선택에 따른 암묵적 비용은 '참치 김밥이나 돈가스 김밥 선택에 따른 편익－명시적 비용' 중 큰 것이다. 돈가스 김밥 선택에 따른 암묵적 비용은 '소고기 김밥 선택에 따른 편익－명시적 비용'이다. 소고기 김밥 선택이나 돈가스 김밥 선택의 명시적 비용은 동일하고, 소고기 김밥 선택에 따른 편익이 돈가스 김밥 선택에 따른 편익보다 크기 때문에 돈가스 김밥 선택에 따른 암묵적 비용은 소고기 김밥 선택에 따른 암묵적 비용보다 크다.
④ 갑과 을은 모두 소고기 김밥을 선택했으므로 소고기 김밥 선택에 따른 순편익은 양(+)의 값이지만, 돈가스 김밥 선택에 따른 순편익은 음(－)의 값이다.
⑤ 갑과 을의 소고기 김밥 선택에 따른 명시적 비용은 각각 4,000원으로 같다.

## 04
### 시장 실패 요인의 이해

(정답 찾기) (가)는 정보의 비대칭성, (나)는 공유 자원의 남용, (다)는 부정적 외부 효과의 사례이다.

③ (다)에서 여행객들의 쓰레기 무단 투기는 부정적 외부 효과의 사례이다.

**오답 피하기** ① (가)는 거래 당사자 간 정보의 비대칭성으로 인해 발생한 시장 실패의 사례이다.
② (나)는 공유 자원의 남용으로 인해 자원 고갈의 문제가 발생한 사례이다.
④ (가)만 정보의 비대칭성의 사례이다.
⑤ (나)는 공유 자원의 남용, (다)는 부정적 외부 효과로 인한 과다 거래가 나타나고 있으므로 재화가 사회적 최적 수준보다 적게 거래되는 시장 실패 사례로 보기 어렵다.

## 05
### 금융 자산의 특징 이해

**정답 찾기** ④ 은행 요구불 예금과 채권은 이자 수익을 얻을 수 있는 자산으로 연도별 두 자산 비율의 합은 2022년에 35%, 2023년에 50%, 2024년에 65%로 지속적으로 증가하였다.

**오답 피하기** ① 주식과 달리 요구불 예금은 예금자 보호 제도의 적용을 받는다.
② 금융 자산의 비율은 85%로 지속적으로 유지되고 있으나 갑이 보유한 자산의 규모를 알 수 없으므로 금융 자산의 규모는 알 수 없다.
③ 만기가 있는 자산은 채권이며, 연도별 자산의 규모를 알 수 없으므로 채권의 규모를 알 수 없다.
⑤ 요구불 예금의 비율은 증가하고 주식의 비율은 감소하고 있으므로 안전성보다 수익성을 중시하는 투자 성향이 지속적으로 강화되었다고 볼 수 없다.

## 06
### 생애 주기 곡선의 이해

**정답 찾기** 제시된 갑의 생애 주기 곡선에서 A는 부채, B는 저축에 해당한다. 소득은 t 시점 이후부터 지출보다 많아지기 시작하여 t + 1 시점 이후부터 지출보다 적어진다.
ㄷ. 지출은 t + 1 시점 이후 t+2 시점까지 일정하게 유지되지만 소득은 감소하고 있으므로 소득 대비 지출의 비율은 증가한다.
ㄹ. t 시점과 t + 1 시점 사이에서는 소득이 지출보다 높은 시기이므로 이 기간 동안 누적 저축액은 지속적으로 증가한다.

**오답 피하기** ㄱ. A는 소득보다 지출이 많은 영역에 해당하므로 부채이며, B는 소득이 지출보다 많은 영역에 해당하므로 저축이다.
ㄴ. 지출이 동일하게 유지되고 있으므로 누적 지출액은 지속적으로 증가한다.

## 07
### 절대 우위와 비교 우위의 이해

**정답 찾기** ㄷ. 비교 우위론에 따르면 어느 한 나라가 다른 나라에 비해 모든 재화 생산에 절대 우위가 있을 때에도 무역의 이익이 발생할 수 있으며, 국가 간 교역이 가능하다.
ㄹ. 비교 우위론에 따르면 양국 모두 구역에 따른 이익이 발생하며, 국가 간 자유 무역은 모든 국가에 유리하다.

**오답 피하기** ㄱ. 절대 우위는 동일한 양의 생산 요소를 투입하여 다른 생산자보다 더 많은 양의 재화를 생산하거나, 더 적은 양의 생산 요소를 투입하여 동일한 양의 재화를 생산하는 능력을 의미한다.
ㄴ. 절대 우위론에 따르면 생산의 기회비용기 아니라 생산비가 적은 재화의 생산에 특화하여 교환할 경우 무역의 이익이 발생한다.

## 08
### 국제 무역 관련 자료의 분석

**정답 찾기** 곡물 1kg 생산의 기회비용은 갑의 경우 채소 2kg이고, 을의 경우 채소 1kg이다. 따라서 을은 곡물 생산에, 갑은 채소 생산에 비교 우위를 가진다.
ㄱ. 곡물 1kg과 채소 6kg은 갑이 1주일 동안 생산할 수 있는 재화의 조합이다.
ㄹ. 절대 우위란 동일한 자원으로 더 많이 생산할 수 있는 능력을 말한다. 따라서 갑은 곡물과 채소 생산 모두에 절대 우위를 가진다.

**오답 피하기** ㄴ. 채소 1kg 생산의 기회비용은 갑의 경우 곡물 0.5kg이고, 을의 경우 곡물 1kg이다. 따라서 채소 1kg 생산의 기회비용은 갑이 을보다 작다.
ㄷ. 채소 1kg 생산의 기회비용은 갑이 을보다 작으므로 갑은 채소 생산에, 을은 곡물 생산에 비교 우위를 가진다.

# Ⅳ 세계화와 평화

## 01 세계화의 다양한 양상과 문제 해결 방안

### 개념 체크 문제

본문 109쪽

❶ × ❷ ○ ❸ ○ ❹ ○ ❺ × ❻ ○
❼ 지리적 표시제, 장소 마케팅 ❽ 브라질 ❾ 뉴욕 ❿ 뉴욕
⓫ 지리적 표시제 ⓬ 장소 마케팅(지역 축제) ⓭ 런던, 뉴욕, 도쿄 ⓮ 생산자 서비스업

본문 111쪽

❶ × ❷ × ❸ ○ ❹ × ❺ ○ ❻ 연구소 ❼ 선진국
❽ 선진국 ❾ 아프리카 ❿ 아프리카 ⓫ 오스트레일리아, 뉴질랜드

### 기본 문제

본문 112~113쪽

01 ④ 　 02 ⑤ 　 03 ④ 　 04 ③ 　 05 ②
06 ① 　 07 ⑤ 　 08 ①

## 01
### 세계 도시의 특성 이해

정답 찾기 자료의 ㉠에 들어갈 말은 세계 도시이다. 세계 도시는 세계의 중심지 역할을 하는 도시로, ④ 다국적 기업의 본사, 국제 금융 업무 기능 등이 밀집해 있다.

오답 피하기 ① 도시의 영향력 순위는 평가 기관에 따라 기준이 다르고 순위에도 차이가 있다.
② 세계에서 차지하는 위상은 다국적 기업 본사 입지, 국제기구 등을 통한 세계 여러 지역에 미치는 영향력과 관계가 깊다.
③ 세계 도시는 세계적으로 영향력이 큰 지역인 앵글로아메리카와 유럽에 많이 분포한다.
⑤ 세계 도시는 광고업, 법률업, 금융업 등 생산자 서비스업이 발달하였다.

## 02
### 세계화의 특징 이해

정답 찾기 ㄷ. 경제(㉢) 측면에서의 세계화 양상으로 다국적 기업의 영향력 확대 및 공간적 분업이 이루어지는 현상을 사례로 들 수 있다.
ㄹ. 문화(㉣) 측면에서는 세계화로 개발 도상국 문화보다 자본력이 큰 선진국 문화의 세계적 영향력 확대 현상이 뚜렷하게 나타난다.

오답 피하기 ㄱ. ㉠은 지역화가 아니라 세계화이다.
ㄴ. 정치(㉡) 측면에서 세계화로 국가 간 협력이 증가하였으므로 국제 기구의 필요성이 감소하고 있다고 볼 수 없다.

## 03
### 세계 도시, 뉴욕의 특징 이해

정답 찾기 월스트리트, 국제 연합 본부는 미국의 뉴욕에 있다. 지도에서 A는 런던, B는 도쿄, C는 로스앤젤레스, D는 뉴욕, E는 리우데자네이루이다. 따라서 자료와 같은 특징이 나타나는 도시는 ④ 뉴욕(D)이다.

## 04
### 지역화 사례 분석

정답 찾기 ㄴ. 넓은 갯벌이 발달한 보령이 이 갯벌 환경을 활용하여 머드 세상을 체험할 수 있는 세계적인 축제로 발전시킨 것(㉡)은 지역의 고유한 특성이 세계적 차원에서 가치를 갖게 되었음을 의미한다.
ㄷ. 수많은 외국인 관광객이 머드 축제를 방문할 수 있게 된 것(㉢)은 정보 통신 기술의 발달로 다른 지역의 정보를 쉽게 접할 수 있고 항공 교통 발달로 지역 간 이동에 걸리는 시간이 감소한 것 등과 관계가 깊다.

오답 피하기 ㄱ. 머드 축제(㉠)는 지역화 전략 중에서 지역 축제를 통한 장소 마케팅에 해당한다.
ㄹ. 축제 관련 재단에서 만든 머드를 활용한 상품(㉣)은 다국적 기업 제품의 현지화 사례와는 관련이 적다.

## 05
### 다국적 기업의 공간적 분업 특성 이해

정답 찾기 ㄱ. N사는 본사가 위치한 국가 이외의 국가에 생산 공장이 위치하므로 다국적 기업이다.
ㄷ. N사는 본사와 생산 공장이 서로 다른 지역에 입지하고 있으므로 기능에 따라 공간적 분업을 하고 있다.

오답 피하기 ㄴ. N사의 생산 공장은 인도보다 중국에 많다.

ㄹ. N사의 생산 공장은 미국, 유럽 여러 나라 등 선진국에 비해 상대적으로 인건비가 저렴한 중국, 인도 등 개발 도상국에 많이 입지하고 있다.

## 06
### 세계화의 문제점과 대책 이해

(정답 찾기) ① 선진국이 개발 도상국에 기술 이전 및 경제 원조, 공정 무역을 통한 상호 공존의 무역 지향은 빈부 격차 확대 문제(가)에 대한 대책이다. 문화의 고유성과 다양성 보존, 외래문화를 능동적·비판적으로 수용하는 것은 문화 획일화 현상 (나)에 대한 대책이다.

(오답 피하기) 보편 윤리와 특수 윤리 간의 갈등 해결 방안으로는 보편 윤리를 존중하는 가운데, 각 사회의 특수 윤리를 성찰하는 태도를 갖는 것 등이 있다.

## 07
### 세계화의 문제점 파악

(정답 찾기) ⑤ 언어에서 문화 획일화 현상이 나타난 것은 소수 언어가 소멸한다는 것을 의미한다. 언어가 소멸한다는 것은 그 언어를 사용한 사람들이 오랜 기간 축적한 지혜가 사라질 수 있다는 것을 의미한다.

(오답 피하기) ① 전통문화의 정체성이 약해지는 현상(㉠)의 해결 방안으로 개인이 자국 문화의 정체성을 유지하며 외래문화를 능동적으로 수용 하는 태도를 갖는 것을 들 수 있다.
② 선진국에서 나타나는 문화 보편화(㉡)의 원인으로 개발 도상국이 아닌 선진국의 높은 문화 상품 경쟁력을 들 수 있다.
③ 전 세계적으로 음식, 의복 등의 문화가 비슷해지는 현상(㉢)은 문화 획일화 현상에 해당한다.
④ 전 세계적으로 음식, 의복 등의 문화가 비슷해지는 현상(㉢)에 대한 대책으로 문화 다양성 선언을 채택한 곳은 세계 무역 기구가 아니라 유네스코이다.

## 08
### 보편 윤리와 특수 윤리 간의 갈등 이해

(정답 찾기) ㄱ. 특수 윤리(㉡)는 특정 지역, 종교, 민족 단위에서 공유하는 규범이다.

(오답 피하기) ㄴ. 히잡 착용을 둘러싼 갈등(㉢)은 보편 윤리와 특수 윤리 간의 갈등에 해당하므로 크리스트교와 이슬람교 간의 갈등이 나타나는 국가에서만 발생하는 것은 아니다.

ㄷ. 보편 윤리(㉠)와 특수 윤리(㉡)가 충돌할 때, 세계시민은 특수 윤리(㉡)를 우선시하는 태도가 아니라 특수 윤리를 인정하되 인간의 존엄성이나 자유, 평등 등 인류의 보편 가치를 무시하는 행위까지 특수 윤리로 인정해서는 안 된다.

---

### 서술형 문제
본문 114쪽

> **Step1**    핵심 키워드 파악하기

## 01
### 다국적 기업의 생산 시설 이전 영향 이해

(예시 답안) (가) 국가는 G사가 생산 공장을 국외로 이전하였으므로 일자리가 ( 감소 )한다. 반면, (나) 국가는 G사의 생산 공장 입지로 일자리가 ( 증가 )한다.

## 02
### 세계화에 따른 빈부 격차 확대 문제 이해

(예시 답안) 1980년~2023년에 세계의 부는 큰 폭으로 증가하였는데, 증가한 부의 대부분이 ( 선진국 )에 집중되었다. 이러한 문제를 해결하기 위해서는 선진국과 국제기구들이 개발 도상국에 대한 ( 경제 원조, 기술 이전 ) 등을 통해 개발 도상국이 세계 무대에서 경쟁력을 갖추도록 해야 한다. 또한 세계화로 발생한 이익이 선진국에 집중되지 않도록 ( 공정 무역 )을/를 통해 상호 공존할 수 있는 무역을 지향해야 한다.

> **Step2**    스스로 답안 작성하기

## 03
### 다국적 기업의 공간적 분업 특성 이해

(문제 접근) 다국적 기업은 생산비를 절감하고 시장 개척을 위해 기능별 최적 입지를 찾아 입지한다. 이 과정에서 공간적 분업이 나타나게 된다.

(예시 답안) (가)는 본사, (나)는 연구소, (다)= 생산 공장이다. 다국적 기업의 생산 공장은 생산비 절감을 위해 임금이 낮은 개발 도상국에 주로 입지하지만, 무역 장벽을 극복하거나 시장의 확보를 위해서 선진국에도 입지한다.

| 평가 기준 | |
| --- | --- |
| 상 | (가)~(다)의 명칭을 명확히 쓰고, 다국적 기업의 생산 공장 입지 특성 두 가지를 모두 정확히 서술한 경우 |
| 중 | (가)~(다)의 명칭을 명확히 쓰고, 다국적 기업 생산 공장 입지 특성을 서술하였으나 내용이 다소 미흡한 경우 |
| 하 | (가)~(다)의 명칭만을 명확히 쓴 경우 |

## 04
### 보편 윤리와 특수 윤리 간의 갈등 이해

**문제 접근** 자료 글은 히잡 착용을 둘러싸고 나타난 갈등 사례로, 이는 보편 윤리와 특수 윤리 간의 갈등 사례에 해당한다.

**예시 답안** 각 사회의 특수 윤리를 존중하면서도 그것이 인류의 보편적인 가치를 훼손하지 않는지 비판적으로 살펴보고, 갈등을 해결할 때에는 합리적이고 평화적인 방법을 찾기 위해 노력해야 한다.

| 평가 기준 | |
| --- | --- |
| 상 | 자료에 나타난 갈등을 해결하기 위해 가져야 할 태도를 잘 서술한 경우 |
| 중 | 자료에 나타난 갈등을 해결하기 위해 가져야 할 태도를 서술한 경우 |
| 하 | 자료에 나타난 갈등을 해결하기 위해 가져야 할 태도를 서술하였으나 내용이 미흡한 경우 |

## 1등급 도전 문제

본문 115쪽

01 ④  02 ⑤  03 ②

## 01
### 세계화의 주요 개념 이해

**정답 찾기** (1) 국경을 넘어 세계적으로 생산과 판매 활동을 하는 기업을 다국적 기업이라고 한다. (2) 정치, 경제 등 다양한 측면에서 세계의 중심지 역할을 하는 도시를 세계 도시라고 한다. (3) 삶의 공간이 개별 국가의 국경을 넘어서 전 지구로 확대되어 가는 현상을 세계화라고 한다.

글자판에서 다국적 기업, 세계 도시, 세계화에 해당하는 글자를 각각 지우면 지역화가 남는다. 지역화는 ④ 지역의 생활 양식이나 사회·문화·경제활동 등이 세계적 차원에서 가치를 지니게 되는 현상을 말한다.

**오답 피하기** ① 생산자에게 정당한 가격을 지급하는 제품을 소비자가 구매하는 윤리적 소비와 관련된 개념은 공정 무역이다.
② 국제 연합(UN) 본부가 있고 세계적인 영향력을 가진 증권 시장이 있는 세계 도시는 뉴욕이다.
③ 상품이나 서비스의 생산 및 유통 과정에 필요한 서비스업으로, 금융업, 광고업, 법률업, 회계업, 연구 개발업 등 주로 기업을 대상으로 하는 서비스업을 생산자 서비스업이라고 한다.
⑤ 특정 장소를 상품으로 인식하고 사람들이 선호하는 이미지를 개발하여 지역의 가치를 높이는 홍보 전략을 장소 마케팅이라고 한다.

## 02
### 다국적 기업의 공장 이전 영향 이해

**정답 찾기** ⑤ 베트남은 이 상황의 최대 수혜 국가가 되었다(ⓐ)는 것은 베트남에 새롭게 공장이 입지했다는 것을 의미한다. 베트남에 A사의 공장이 새롭게 입지하였으므로 베트남 제조업에 대한 A사의 영향력이 커지게 된다.

**오답 피하기** ① A사(㉠) 생산 공장의 국제 이전이 인건비가 저렴한 국가로 이동했다는 것을 통해 A사(㉠)가 생산비 절감을 위해 공간적 분업을 하고 있다는 것을 파악할 수 있다.
② A사(㉠)가 베트남의 저렴한 인건비에 주목했고, 베트남이 최대 수혜 국가가 되었다는 것을 통해 A사(㉠)가 생산 공장 입지 선정 시 노동비를 중요한 요인으로 고려하였다는 것을 추론할 수 있다.
③ 다국적 기업인 A사의 공장 이전은 중국에 있던 생산 공장 유출(ⓒ) 사례에 해당한다.
④ 지난 10년 동안 중국 제조업 근로자들이 연간 소득이 3배나 증가(ⓒ)했고 다른 국가(베트남)에 비해 높다는 것을 통해 중국의 저렴한 노동비를 활용한 제품 생산의 장점이 줄어들었다는 것을 추론할 수 있다.

## 03
### 지역 간 경제적 격차 분석

**정답 찾기** 지도는 세계의 국가별 1인당 국내 총생산(GDP)을 나타낸 것이다. ㄴ. 1인당 국내 총생산(GDP) 2,500달러 미만인 국가는 아프리카에 가장 많다.

**오답 피하기** ㄱ. 아프리카는 남아메리카보다 1인당 지역 내 총생산(GRDP)이 적다.
ㄷ. 1인당 국내 총생산(GDP)이 25,000달러 이상인 국가는 아프리카가 아시아보다 적다.

## 개념 체크 문제

본문 117쪽

❶ × ❷ × ❸ ○ ❹ ○ ❺ ○ ❻ 적극적 ❼ 포클랜
드 분쟁 ❽ 상호 의존성, 대화 ❾ 구조적 ❿ 적극적
⓫ 국제 협약 체결 ⓬ ㄱ, ㄴ ⓭ ㄷ, ㄹ, ㅁ

본문 119쪽

❶ ○ ❷ ○ ❸ × ❹ × ❺ ○ ❻ 지향
❼ 비정부 기구 ❽ 있다 ❾ 국제 사회 전체의 이익
❿ 그린피스 ⓫ 국제법, 국제 규범 ⓬ 힘 ⓭ ㄱ, ㄴ, ㄷ
⓮ ㄹ, ㅁ

## 기본 문제

본문 120~121쪽

01 ⑤  02 ⑤  03 ⑤  04 ④  05 ⑤
06 ④  07 ②  08 ②

# 01

## 국제 사회의 특징 파악

정답 찾기 ㉠은 국제 사회이다.
ㄱ. 국제 사회에서는 국가, 비정부 기구 등 다양한 행위 주체
들이 상호 의존적으로 활동한다.
ㄷ. 국가는 국제 사회에서 법적인 지위를 인정받으며 활동하
는 행위 주체이다.
ㄹ. 국제 사회에서 모든 행위 주체를 군사적으로 통제할 수 있
는 권한을 가진 정부는 없다.
오답 피하기 ㄴ. 국제 사회에서는 선진국과 개발 도상국 간의 힘이 동
일하게 행사된다고 할 수 없다.

# 02

## 평화에 대한 갈퉁의 입장 이해

정답 찾기 제시문을 주장한 사상가는 갈퉁이다.
⑤ 갈퉁은 직접적 폭력과 간접적 폭력이 모두 사라져야 진정

한 평화가 실현된다고 보았다.
오답 피하기 ① 갈퉁은 종교와 사상에 의한 차별은 간접적 폭력이라고
보았다.
② 갈퉁은 소극적 평화는 직접적 폭력이 제거된 상태라고 보았다.
③ 갈퉁은 문화적 폭력은 직접적 폭력을 정당화하는 역할을 한다고 보
았다.
④ 갈퉁은 물리적 폭력이 제거되어도 간접적 폭력까지 모두 제거되지
않으면 인간다운 삶을 누릴 수 없다고 보았다.

# 03

## 국제 사회에서 평화가 필요한 이유 파악

정답 찾기 국제 사회의 평화는 인간의 존엄성과 삶의 터전을
보존하고, 자연환경을 지키며, 문화유산을 보존하게 한다.
⑤ 평화는 인류 전체의 다양성을 무시하고 일원화하는 것이
아니다.
오답 피하기 ① 전쟁은 전쟁 당사국 구성원들의 목숨과 삶을 위태롭게
한다.
② 전쟁은 전쟁 당사자뿐만 아니라 다른 나라의 구성원들에게도 극심
한 공포와 고통을 야기할 수 있다.
③ 전쟁으로 인한 환경 황폐화는 인류의 미래 생존과 삶의 질을 위협할
수 있다.
④ 평화는 인류 전체의 인간다운 삶을 유지할 권리와 삶의 질을 보호하
는 데 기여한다.

# 04

## 국제 연합 평화 유지군의 활동에 대한 이해

정답 찾기 ④ 국제 연합 평화 유지군은 전쟁 위험 지역이나
재난 지역에서 인류의 평화를 유지하기 위해 활동한다.
오답 피하기 ① 여러 국가의 구성원들이 참여한다.
② 경제적 이익 창출이 아니라 평화 유지를 목적으로 한다.
③ 강대국의 입장에서 활동하는 단체가 아니라 국제 연합에서 조직한
다국적군이다.
⑤ 비정부 기구가 아니라 국제기구인 국제 연합에서 조직하였다.

# 05

## 다양한 행위 주체들의 구분

정답 찾기 ⑤ (가)는 국제기구, (나)는 비정부 기구, (다)는
국가이다.

## 06
### 국제 사회의 분쟁 해결을 위한 방안

**정답 찾기** 칼럼은 국제 사회의 다양한 분쟁을 제시하고 있다.
④ 국제 사회의 분쟁을 해결하기 위해서는 대화와 공조를 통한 평화로운 방법으로 당사국의 협력을 도모해야 한다.

**오답 피하기** ① 국가 간의 서열을 매기는 것은 국제 사회의 갈등을 일으킬 수 있다.
② 국제 사회의 분쟁은 당사국만의 노력으로 해결하기 힘든 경우가 많다.
③ 경제력을 기준으로 국제 사회에 미치는 영향력을 서열화하는 것은 바람직하지 않다.
⑤ 모든 국가의 주권을 없애고 단일한 세계 정부를 세우는 것은 바람직한 해결 방안으로 볼 수 없다.

## 07
### 칸트의 영구 평화론에 대한 이해

**정답 찾기** 제시문을 주장한 사상가는 칸트이다.
ㄱ, ㄹ. 칸트는 국제 사회의 영구 평화를 실현하기 위해서는 주권을 가진 국가들이 서로를 존중하면서 대화하고 협력하는 자세가 필요하다고 보았다.

**오답 피하기** ㄴ. 현실주의자 모겐소의 입장이다.
ㄷ. 칸트는 국제 평화가 실현될 수 있다고 보았다.

## 08
### 비정부 기구의 특징 파악

**정답 찾기** ㉠은 비정부 기구이다.
ㄱ, ㄷ. 비정부 기구는 국제 사회에서 보편적 가치를 실현하기 위해 활동하고 있으며, 인권, 환경, 보건 등과 같은 영역에서 활동하는 경우가 많다.

**오답 피하기** ㄴ. 세계 무역 기구, 세계 보건 기구는 국제기구의 예이다.
ㄹ. 비정부 기구의 목적으로 볼 수 없다.

---

**서술형 문제** 본문 122쪽

**Step1** 핵심 키워드 파악하기

## 01
### 국제 사회의 다양한 행위 주체 파악

(1) (가) - ( 국제 사면 위원회 ) (나) - ( 그린피스 )
(2) **예시 답안** 두 단체는 모두 ( 비정부 기구 )에 해당한다. ( 비정부 기구 )은/는 개인이나 민간단체를 회원으로 하는 국제 사회의 행위 주체로, 개별 국가의 이익이 아니라 국제 사회 전체의 이익을 위해 활동하며, ( 환경 보호, 인권 보장, 보건 및 의료 지원 ) 등의 보편적 가치를 실현하기 위해 활동하고 있다.

## 02
### 평화에 대한 갈퉁의 입장 이해

(1) 갈퉁
(2) **예시 답안** ( 갈퉁 )은/는 전쟁, 테러, 폭행 등 신체에 직접 해를 가하는 직접적이고 물리적인 폭력이 제거된 ( 소극적 평화 )의 상태뿐만 아니라, 억압과 착취 등 구조적 폭력과 종교와 사상, 언어와 예술 등에 존재하는 문화적 폭력까지 사라진 ( 적극적 평화 )의 상태를 추구해야 한다고 주장하였다.

**Step2** 스스로 답안 작성하기

## 03
### 국가와 국제기구의 특징 비교

**문제 접근** (가)는 국가, (나)는 국제기구이다.
(1) (가) - 국가, (나) - 국제기구
(2) **예시 답안** 국가는 법적 지위인 주권을 가지고 공식적인 활동을 할 수 있는 국제 사회의 행위 주체로, 외교, 국방, 경제 등의 분야에서 자국의 이익을 추구한다. 국제기구는 평화 유지나 경제적, 사회적 협력 등 국제적 목적이나 활동을 위해 노력하는 행위 주체로, 국제 조약이나 규범을 만들기도 하고 분쟁국 간의 중재에 참여하기도 한다.

| 평가 기준 | |
|---|---|
| 상 | (가)와 (나)의 명칭을 정확히 쓰고, 각각의 특징을 명확히 서술한 경우 |
| 중 | (가)와 (나)의 명칭을 정확히 쓰고, 각각의 특징을 서술하였으나 내용이 다소 미흡한 경우 |

## 04
### 국제 사회에서 개인의 바람직한 역할 이해

(문제 접근) 제시문은 세계시민의 일원으로서 개인의 역할이 필요함을 강조하고 있다.

(예시 답안) 개인은 세계시민 의식을 갖추어야 한다. 세계시민으로서 인류의 보편적인 가치를 실현하기 위해 노력하는 태도를 내면화하는 것이 필요하다. 또한 세계 곳곳의 일에 관심을 가지고 참여할 수 있는 실질적인 방법을 찾는 적극성을 갖추어야 한다. 이를 바탕으로 시민 단체에 참여하거나 구호 물품을 보내기도 하고, 후원이나 기부, 봉사나 집회에 참여하여 자신의 의사를 표현할 수도 있다.

| 평가 기준 | |
| --- | --- |
| 상 | 세계시민으로서 개인의 역할을 명확히 서술한 경우 |
| 중 | 세계시민으로서 개인의 역할을 서술하였으나, 내용이 다소 미흡한 경우 |
| 하 | 세계시민으로서 개인의 역할을 거의 서술하지 못한 경우 |

본문 123쪽

## 1등급 도전 문제

01 ④　　02 ④　　03 ②　　04 ⑤

## 01
### 평화에 대한 갈퉁의 입장 이해

(정답 찾기) 제시문을 주장한 사상가는 갈퉁이다.

④ 갈퉁은 직접적 폭력을 제거하는 것만으로는 궁극적 평화를 실현할 수 없다고 보았다. 그는 간접적 폭력까지 모두 제거되어야 진정한 평화가 실현된다고 보았다.

(오답 피하기) ① 갈퉁은 평화를 위한 수단도 평화적이어야 도덕적으로 정당하다고 보았다.

② 갈퉁은 폭력은 생존과 안정에 대한 인간의 기본적인 욕구를 무시하는 것이므로 정당화될 수 없다고 보았다.

③ 갈퉁은 비의도적이고 간접적인 폭력도 폭력이므로 인간의 삶을 위협한다고 보았다.

⑤ 갈퉁은 적극적 평화를 통해 인간 존엄성이 보장되는 인간 안보로 나아가야 한다고 보았다.

## 02
### 국제기구와 비정부 기구의 특징 비교

(정답 찾기) A는 국제기구, B는 비정부 기구이다.

④ 비정부 기구는 국제기구와 달리 국가가 아닌 개인과 민간 단체를 회원으로 한다.

(오답 피하기) ① 두 기구는 모두 국제 평화와 질서 유지에 기여한다.

② 두 기구는 모두 전쟁 중인 국가에 대한 의료적 지원을 하기도 한다.

③ 두 기구는 모두 개별 국가 단위를 초월하여 활동한다.

⑤ 인권 보장과 관련된 국제 규범을 다루기도 하는 것은 국제기구이다.

## 03
### 국제 사회의 행위 주체로서의 바람직한 역할 이해

(정답 찾기) ② 가상 편지를 쓴 사람은 수신자에게 지구촌 동포로서의 실질적 도움을 바라고 있다. 이러한 요청에 의해 수신인은 인도주의적 구호 활동과 같은 다양한 활동에 참여할 수 있을 것이다.

(오답 피하기) ① 지구촌 동포라고 할지라도 자국의 이익을 무시하거나 배척하라고 요구할 수는 없다.

③ 편지글은 수신인의 권리를 희생하라고 요구하지 않는다.

④ 편지글은 참전을 독려하고 있지 않다.

⑤ 편지글은 당사국이 홀로 갈등 해결을 할 수 있다고 주장하는 것이 아니다.

## 04
### 국제 사회의 평화에 대한 상대적 입장 비교

(정답 찾기) ⑤ (가)는 국제 사회는 개별 국가들이 자기 이익에 따라 움직인다는 현실주의적 입장을, (나)는 국제 사회는 대화와 존중을 통해 갈등을 해결할 수 있다는 이상주의적 입장을 가지고 있다. (가)에 비해 (나)는 '국제기구가 평화 실현에 기여한다고 보는 정도(X)'는 높고, '국가 간 국력의 균형을 평화 실현 방법으로 강조하는 정도(Y)'가 낮고, '개별 국가들의 이익 추구를 국제 사회의 원동력으로 보는 정도(Z)'는 낮다. 따라서 적절한 위치는 ㉤이다.

## 03 남북 분단 및 동아시아 역사 갈등과 세계 평화를 위한 노력

### 개념 체크 문제

본문 125쪽

❶ × ❷ × ❸ × ❹ 있다 ❺ 소련 ❻ 필요하다 ❼ 신탁 통치 ❽ 냉전 ❾ 인권 ❿ 요충지 ⓫ ㄱ, ㄷ, ㄹ ⓬ ㄴ, ㅁ ⓭ ㉠ ⓮ ㉡

본문 127쪽

❶ × ❷ × ❸ × ❹ ○ ❺ ○ ❻ 중국 정부 ❼ 선진국 ❽ 공동 역사 교재 ❾ 한류 ❿ ㄱ, ㄴ, ㄷ, ㅁ ⓫ ㄹ ⓬ ㉠ ⓭ ㉡

### 기본 문제

본문 128~129쪽

| | | | | |
|---|---|---|---|---|
| 01 ⑤ | 02 ④ | 03 ⑤ | 04 ④ | 05 ③ |
| 06 ⑤ | 07 ⑤ | 08 ③ | | |

## 01
### 남북 분단의 배경과 북한에 대한 올바른 이해

**정답 찾기** ㄷ. 제시문에서는 분단이 자유주의 진영과 공산주의 진영의 갈등에 따른 국제적 요인과 내부의 이념 갈등으로 인한 국내적 요인이 모두 작용한 결과라고 주장하고 있다.

ㄹ. 제시문에서는 북한이 같은 동포이지만 경계의 대상이기도 하다고 주장하고 있다.

**오답 피하기** ㄱ. 제시문에서는 통일이 불가능하다고 주장하고 있지 않다.

ㄴ. 제시문에서는 남북한이 경쟁과 갈등을 반복했지만 화해와 협력의 시도도 지속하였다고 주장하고 있다.

## 02
### 남북한 이질성 증대에 대한 대처 방안 파악

**정답 찾기** ④ 제시문에서는 남북한의 이질성에 대한 대처가 필요하다고 주장하고 있다. 따라서 남북한이 공유하는 역사와 전통을 바탕으로 상호 간 이해를 증진한다면 이질성 심화를 늦출 수 있다.

**오답 피하기** ① 제시문에서는 이질성 증대에 대한 대처가 필요하다고 주장하고 있다.

② 제시문에서는 남한 사회 내부의 갈등이 사회적 비용을 증가시키고 있다고 지적하고 있다.

③ 북한 주민을 안보 위협으로 간주할 경우 북한 주민을 더 이질적인 존재로 보게 될 것이다.

⑤ 제시문에서는 통일을 위한 대처가 필요하다고 주장하고 있다.

## 03
### 통일의 필요성 이해

**정답 찾기** ⑤ 제시문에서는 통일이 주변국에게 위협적인 국가로 성장하는 계기라고 주장하고 있지 않다.

**오답 피하기** ① 제시문에서는 통일이 이산가족의 고통을 해소할 수 있을 것이라고 주장하고 있다. 이산가족의 고통을 해소하는 것은 인도주의를 실현하는 것이다.

② 제시문에서는 통일이 평화로운 삶을 향유할 수 있게 해 줄 것이라고 주장하고 있다.

③ 제시문에서는 통일이 남북한 간에 자유롭게 오가며 살 수 있는 기회를 줄 것이라고 주장하고 있다.

④ 제시문에서는 통일이 인간의 존엄과 인권 존중이라는 혜택을 누릴 수 있게 해 준다고 주장하고 있다.

## 04
### 분단 비용에 대한 이해

**정답 찾기** ㄴ. 제시문에서는 분단 비용이 경제적 비용뿐만 아니라 비경제적 비용까지 포함한다고 주장하고 있다.

ㄹ. 제시문에서는 분단으로 인해 제한받던 접경 지역 주민들의 권리가 통일이 되면 자유로워질 것이라고 예측하고 있다.

**오답 피하기** ㄱ. 제시문에서는 북한의 도발에 따른 불안도 분단 비용에 포함하고 있다.

ㄷ. 제시문에서는 분단 비용이 소모적이라고 주장하고 있다. 분단 비용이 아닌 통일 비용이 미래를 위한 저축과 투자라고 할 수 있다.

## 05
### 영토 분쟁 지역에 대한 이해

**정답 찾기** ③ A 지역의 명칭은 난사 군도 또는 스프래틀리 군도이다.

**오답 피하기** ① 난사 군도 인근에 석유와 천연가스 등의 자원이 매장되어 있을 수 있다.

② 난사 군도의 주요 해양 지물들을 인접국들이 나누어 실효 지배하고 있다.

④ 난사 군도 주변 여러 국가들이 영유권을 주장하고 있다.

⑤ 난사 군도는 동아시아로 오는 석유 수입선 상당수가 지나는 해상 교통의 요지이다.

## 06

### 세계 평화를 실현하기 위한 노력 이해

( 정답 찾기 ) ⑤ 제시문에서는 우리나라가 높아진 국제 위상에 맞추어 세계 평화를 위해 안보, 재난 문제 등에서 다양한 역할을 해야 한다고 주장하고 있다.

( 오답 피하기 ) ① 제시문에서는 세계 평화를 위해 경제적 지원을 해야 한다고 주장하고 있다.

② 제시문에서는 자연재해나 내전 등의 위기를 겪고 있는 국가들을 지원해야 한다고 주장하고 있다.

③ 제시문에서는 국제 연합 평화 유지 활동에도 참여해야 한다고 주장하고 있다.

④ 제시문에서는 국내의 빈곤 문제를 해결하기 전까지 타국을 원조하지 말아야 한다고 주장하고 있지 않다. 제시문에서는 국제 사회의 인도적 위기나 취약 계층을 대상으로 한 지원을 해야 한다고 주장하고 있다.

## 07

### 일본의 역사 왜곡에 대한 이해

( 정답 찾기 ) ㄷ. 제시문에서는 자국에게 불리한 내용을 부정한다면 갈등이 반복될 수 있으므로 객관적인 내용으로 역사를 기록해야 한다고 주장하고 있다.

ㄹ. 제시문에서는 국제적인 역사는 타국과의 교류와 관계가 포함될 수밖에 없으므로 잘못된 역사 기록에 대해서는 객관적이고 보편적인 관점에서 바로잡아야 한다고 주장하고 있다.

( 오답 피하기 ) ㄱ. 제시문에서는 일본 정부가 자국을 대표한 외교관의 약속을 지켜야 한다고 주장하고 있다.

ㄴ. 제시문에서는 국제적인 역사는 주변국의 의견을 반영하여 기록해야 한다고 주장하고 있다.

## 08

### 역사 갈등 해결을 위한 노력 이해

( 정답 찾기 ) ③ 국제 연대와 교류 과정에서 정부, 지방 자치 단체, 학교, 시민 단체 등이 참여하는 것이 바람직하다.

( 오답 피하기 ) ① 동아시아 관련 국가들이 모여 공동 역사 연구를 바탕으로 공동 역사 교재를 발간하는 것은 바람직하다.

② 공동 역사 연구 과정에서 관련국의 학자, 교사, 시민 단체 등이 참여하는 것이 바람직하다.

④ 학교 간 교류를 통해 젊은 세대들이 교류한다면 상호 이해가 증진될

수 있다.

⑤ 공동 역사 연구와 국제 연대와 교류는 서로의 역사와 문화에 대한 이해를 높여 국가 간 갈등 해소에 도움을 줄 것이다.

서술형 문제　　　　　　　　본문 130쪽

**Step1　핵심 키워드 파악하기**

## 01

### 남북 분단의 국제적 배경 이해

( 예시 답안 ) 한반도는 유라시아 대륙의 공산화된 중국과 태평양의 일본 사이에 위치한 ( 지정학적 ) 요충지였다. 따라서 한반도를 둘러싸고 냉전 체제하의 미국을 중심으로 한 ( 자유주의 ) 진영과 소련을 중심으로 한 ( 공산주의 ) 진영 사이의 대결이 심화되었다.

## 02

### 국가 차원의 세계 평화 기여 방안 파악

( 예시 답안 ) 첫째, 우리나라는 분단 국가이며 군사적 대립을 계속하고 있다. 따라서 남북한이 분단을 극복하고 ( 통일 )을/를 이룩한다면 세계 평화에 기여할 것이다. 둘째, 우리나라는 단기간에 저개발국에서 선진국으로 도약하는 고도의 경제 성장을 실현한 국가이다. 이러한 발전 경험을 바탕으로 경제적으로 어려운 국가들에 ( 해외 원조 )와/과 기술 지원을 한다면 국제적 평화 안보에 이바지할 것이다.

**Step2　스스로 답안 작성하기**

## 03

### 통일을 위해 필요한 자세 파악

( 문제 접근 ) 제시문에서는 모스크바 3상 회의의 결과가 부정확하게 알려지면서 우리 사회 내부의 격렬한 이념 갈등이 발생하여 분단의 한 원인이 되었다는 점을 지적하고 있다.

( 예시 답안 ) 통일을 위해 우리에게 필요한 자세는 첫째, 우리의 문제를 스스로 결정해야 한다는 원칙을 지키는 것이다. 분단 과정에서 우리 민족 문제에 외세가 영향을 끼쳤기 때문이다. 둘째, 정확한 사실 관계를 파악하고 이를 널리 알리는 노력이 필요하다. 통일의 과정에서 다양한 갈등과 논쟁이 발생할 수 있는데 정확한 사실에 기반하여 논의를 하지 않는다면 불필요한 논쟁이 격화될 수 있다. 셋째, 분열을 일으키는 세력을 경계해야 한다. 우리의

목표인 통일보다는 사회적 분열을 통해 이익을 추구하는 세력이 영향력을 확대하지 않도록 해야 한다.

**평가 기준**

| | |
|---|---|
| 상 | 자료를 바탕으로 통일을 위해 필요한 자세를 명확하게 서술한 경우 |
| 중 | 자료를 바탕으로 통일을 위해 필요한 자세를 서술하였으나 내용이 다소 미흡한 경우 |
| 하 | 자료를 바탕으로 통일을 위해 필요한 자세를 매우 미흡하게 서술한 경우 |

## 04
### 세계 평화를 위한 실천 방안 파악

**문제 접근** 국가적 차원뿐만 아니라 개인적 차원에서 세계 평화를 위한 실천을 할 수 있다. 상품 구매 시에 세계에 보다 긍정적인 영향을 끼치는 상품을 선택한다거나 비정부 기구의 회원으로 활동할 수도 있다.

**예시 답안** 세계 평화는 각국 정부의 협력이 필요하지만 세계의 모든 시민들이 동참할 때 더 빨리 실현될 수 있다. 일상에서 소비하는 상품 중에서 더 바람직한 방식으로 생산되고 유통되는 상품을 선택하는 윤리적 소비도 평화 실현을 위한 방법이 될 수 있다. 재난이나 빈곤으로 고통받는 사람들을 위해 구호 물품을 보내거나 현지에서 봉사할 수도 있고, 비정부 기구에 가입하여 후원금을 내고 회원으로 활동할 수도 있다. 중요한 것은 평범한 일상생활에서도 세계 평화에 기여하겠다는 마음을 가지고 보다 바람직한 선택을 하는 것이다.

**평가 기준**

| | |
|---|---|
| 상 | 세계 평화를 위해 일상생활에서 실천할 수 있는 활동을 구체적으로 정확히 서술한 경우 |
| 중 | 세계 평화를 위해 일상생활에서 실천할 수 있는 활동을 서술하였으나 내용이 다소 미흡한 경우 |
| 하 | 세계 평화를 위해 일상생활에서 실천할 수 있는 활동을 매우 미흡하게 서술한 경우 |

본문 131쪽

**1등급 도전 문제**

01 ④　　02 ③　　03 ⑤　　04 ④

## 01
### 통일 방식에 대한 입장 비교

**정답 찾기** ④ (가)는 남북한 정치 지도자의 합의를 통한 즉각적인 통합을 주장하고 있다. (나)는 점진적이고 단계적인 통일을 추진해야 하며, 정치적 통합 이전에 상호 신뢰 관계가 구축되어야 한다고 주장하고 있다. 따라서 (가)의 입장에 비해 (나)의 입장은 '점진적이고 단계적인 통일을 강조하는 정도(X)'와 '정치적 통합보다 상호 신뢰 형성이 앞서야 함을 강조하는 정도(Y)'는 높고, '지도자의 합의를 통한 연방 정부 구성이 우선해야 함을 강조하는 정도(Z)'는 낮다. 따라서 ㉣이 적절한 위치이다.

## 02
### 통일 비용에 대한 이해

**정답 찾기** ③ 칼럼에서는 통일 비용은 체제 통합을 위해 사용하는 한시적 비용이라고 주장하고 있다.

**오답 피하기** ① 칼럼에서는 분단 비용에 경제적 비용과 비경제적 비용이 모두 포함된다고 주장하고 있다.
② 칼럼에서는 분단 비용에 민족의 역량을 소모하는 국방비, 이념 갈등, 전쟁 공포 등이 포함된다고 주장하고 있다.
④ 칼럼에서는 통일 비용이 더 많은 통일 편익을 가져오는 투자라고 주장하고 있다.
⑤ 칼럼에서는 통일 비용이 통일에 대한 회의적인 시각의 근거가 되어서는 안 된다고 주장하고 있다.

## 03
### 바람직한 역사 갈등 해결을 위한 노력 파악

**정답 찾기** ⑤ 그림의 강연자는 보편적인 가치를 기준으로 상대방을 존중하는 자세를 갖추어야 한다고 주장하고 있다. 구동존이(求同存異), 즉 차이점을 존중하면서 공통점을 찾아가는 자세를 강조하고 있다.

**오답 피하기** ① 강연자는 문화 교류를 통해 갈등을 줄일 수 있다고 주장하고 있다.
② 강연자는 두 나라가 공유하는 문화 요소를 바탕으로 공감대를 형성할 수 있다고 주장하고 있다.
③ 강연자는 보편적인 가치를 바탕으로 상호 이해를 높일 수 있다고 주장하고 있다.

④ 강연자는 문화 교류를 바탕으로 서로의 공통점을 찾아갈 수 있다고
주장하고 있다.

## 04

### 북한 주민의 인권 개선에 대한 입장 비교

정답 찾기 ④ 갑은 북한 정권의 인권 개선 노력이 부족하므
로 국제 사회가 개입해야 한다고 주장하고 있지만, 을은 북한
정권이 자국민의 인권을 스스로 개선하게 해야 한다고 주장하
고 있다. 따라서 "국제 사회가 북한 인권 문제 개선을 요구해
야 하는가?"는 핵심 쟁점으로 적절하다.

오답 피하기 ① 갑, 을 모두 보편적 인권에 대한 존중이 필요하다고 본다.
② 갑, 을 모두 북한 정권은 인권 문제를 스스로 해결해야 한다고 본다.
③ 갑, 을 모두 북한 정권이 자국의 인권 상황을 개선해야 한다고 본다.
⑤ 갑, 을 모두 인간은 표현의 자유를 행사할 수 있어야 한다고 본다.

본문 133~135쪽

## 대단원 종합 문제

01 ①　　02 ①　　03 ②　　04 ①　　05 ⑤
06 (1) ㉠ 소극적 평화, ㉡ 적극적 평화 (2) 해설 참조
07 ⑤　　08 ②　　09 ④　　10 ②　　11 ②
12 ④

## 01

### 장소 마케팅, 지리적 표시제의 특성 이해

정답 찾기 ① (가)의 프랑스 에펠탑, 뉴욕의 자유의 여신상과
같은 랜드마크나 아이 러브 뉴욕(I♥NY)과 같은 슬로건은 모
두 장소 마케팅의 사례이다. 다르질링 차, 플로리다 오렌지,
모차렐라 디 부팔라 캄파냐 치즈 등은 모두 지리적 표시제 상
품이다.

오답 피하기 다국적 기업의 제품 현지화는 제품을 판매하는 지역이나
국가의 특성을 토대로 제품을 생산 및 판매하는 것을 의미한다.

## 02

### 다국적 기업의 기능별 입지 특성 이해

정답 찾기 ① 본사, 연구소, 생산 공장을 지역적으로 분리하
여 적절한 장소에 배치(㉡)할 때, 연구소는 주로 선진 기술 습
득에 유리한 지역에 입지한다. 무역 장벽을 극복하고 시장 확
보에 유리한 지역에 입지하는 것은 주로 생산 공장이다.

오답 피하기 ② 본사, 연구소, 생산 공장을 지역적으로 분리하여 적절
한 장소에 배치(㉡)하는 공간적 분업에서 생산 공장은 인건비가 저렴한
개발 도상국에 입지하는 경우가 많다.
③ 다국적 기업이 기업 활동에 유리한 곳을 찾아 산업 시설을 옮기는
것(㉢)으로 인해 관련 산업의 경쟁력이 약한 국가에 입지할 경우 국내
기업이 피해를 볼 수 있다.
④ 다국적 기업이 기업 활동에 유리한 곳을 찾아 산업 시설을 옮기면
(㉢) 산업 시설이 빠져 나가는 지역에서는 실업자의 증가로 지역 경제
가 침체하는 현상이 나타날 수 있다.
⑤ 국경을 넘어 세계적인 규모로 생산 및 유통, 판매 활동을 하는 기업
(㉠)은 다국적 기업이고 본사, 연구소, 생산 공장을 지역적으로 분리하
여 적절한 장소에 배치하는 것(㉡)은 공간적 분업이다.

## 03

### 세계화의 특성 이해

정답 찾기 자료는 하나의 부품 생산에 여러 국가의 공장들이
연결되어 있고, 그중 하나라도 문제가 생기면 그 문제가 연쇄
적으로 확산할 수 있음을 보여 준다. 이를 통해 ② 국가 간 교
류의 증대로 상호 의존성이 높아졌다는 것을 알 수 있다.

오답 피하기 제시된 자료와 ① 상품의 국가 간 이동에 드는 시간이 줄
어드는 것, ③ 세계적으로 영향을 미치는 도시의 중요성이 커진 것, ⑤
다국적 기업의 생산 공장이 주로 개발 도상국에 위치하는 것과는 관련
이 적다.
④ 세계화가 문화적 측면에서 가장 뚜렷하다고 볼 수 없고, 제시된 자
료가 문화와 관련된 내용도 아니다.

## 04

### 세계화의 문제점 이해

정답 찾기 (가)는 세계화로 인한 빈부 격차 확대를, (나)는 문
화 획일화 현상을 나타내고 있다.

오답 피하기 (가), (나) 사례 모두 보편 윤리와 특수 윤리 간의 갈등과
는 관련이 적다.

## 05

### 국제 사회의 역할에 대한 이해

정답 찾기 ⑤ 칼럼은 인도네시아 지역의 인권 문제에 대한
국제 사회의 개입을 촉구하고 있다.

오답 피하기 ① 칼럼은 국제 사회가 인권을 훼손하는 이슬람 지역의
특수성까지 존중해야 한다고 보지 않는다.

② 칼럼은 종교 갈등의 해법을 제시하고 있지 않다.

③ 칼럼은 남녀 차별 문제를 다루고 있지 않다.

④ 칼럼은 이슬람 국가의 인류 보편적 가치에 대한 존중 사례가 아니라, 이슬람 지역에서 일어난 인류 보편적 가치와의 충돌 사례가 제시되어 있다.

## 06 서술형
### 갈퉁의 평화 개념 이해

( 문제 접근 ) 제시문을 주장한 사상가는 갈퉁이다. 갈퉁은 소극적 평화뿐만 아니라 적극적 평화가 실현되어야 진정한 평화가 실현된다고 보았다.

(2) ( 예시 답안 ) 소극적 평화뿐만 아니라 적극적 평화가 실현될 때 인간은 물리적 폭력과 억압과 착취 등에서 모두 벗어나 인간 존엄성을 실현하는 진정한 평화를 누릴 수 있다.

| 평가 기준 | |
| --- | --- |
| 상 | ㉠, ㉡에 알맞은 말을 쓰고, 진정한 평화의 의미를 타당하게 서술한 경우 |
| 중 | ㉠, ㉡에 알맞은 말을 쓰고, 진정한 평화의 의미를 서술하였으나 내용이 다소 미흡한 경우 |
| 하 | ㉠, ㉡에 알맞은 말만을 쓴 경우 |

## 07
### 평화를 위한 원조의 필요성에 대한 이해

( 정답 찾기 ) ㄱ, ㄷ, ㄹ. 그림의 강연자는 싱어이다. 싱어는 공리주의와 세계시민주의의 입장에서 개인은 원조를 통해 절대 빈곤자를 도와야 한다고 주장하였다.

( 오답 피하기 ) ㄴ. 싱어는 도덕적으로 중요한 다른 일을 희생하지 않고 원조해야 한다고 보았다.

## 08
### 국제 사회 행위 주체들의 활동 파악

( 정답 찾기 ) ㄱ, ㄹ. 국제 연합은 국제기구에 속하는 행위 주체이며, 인권 보장이나 의료 지원처럼 한 국가가 하기 힘든 일에 대한 인도적 역할을 수행하기도 한다.

( 오답 피하기 ) ㄴ. 제시문에 의하면 미국도 인도주의적인 제재에 참여하고 있으므로 자국의 이익만을 추구한다고 보기 어렵다.

ㄷ. 비정부 기구도 인도주의적 구호 활동에 참여할 수 있다.

## 09
### 통일 편익에 대한 이해

( 정답 찾기 ) ㄱ. 제시문에서는 통일이 통일 국가의 경제를 활성화시키고 성장시키는 계기를 만들 수 있다고 주장하고 있다.

ㄷ. 제시문에서는 통일이 되면 한반도의 지정학적 요충지로서의 이점을 활용할 수 있다고 주장하고 있다.

ㄹ. 제시문에서는 이산가족의 자유로운 만남도 통일 편익에 해당된다고 주장하고 있다. 즉, 남북한 주민들이 자유롭게 이동하면서 얻을 유·무형의 이익도 통일 편익에 해당된다.

( 오답 피하기 ) ㄴ. 제시문에서는 통일 편익에 분단 비용의 해소도 포함된다고 주장하고 있다. 분단 비용은 분단 체제가 종결되면 없어지는 비용이다.

## 10
### 통일에 우호적인 국제 환경 조성 필요성 이해

( 정답 찾기 ) ② 제시문에서는 통일이 국내적 문제이면서 동시에 국제적 문제이므로 주변국의 지지와 협력을 이끌어 내야 한다고 주장하고 있다.

( 오답 피하기 ) ① 제시문에서는 한반도 주변국이 통일을 지지할 가능성이 없다고 보지 않는다. 제시문에서는 통일 실현을 위해 주변국의 지지와 협력이 필요하다고 주장하고 있다.

③ 제시문에서는 통일 국가가 가져올 경제적 이익 증진을 설득의 근거로 주장하고 있다.

④ 제시문에서는 통일이 국제적 문제이기도 하므로 주변국의 이해와 협력을 유도해야 한다고 주장하고 있다.

⑤ 제시문에서는 통일이 인접국의 안보와 이익에 반하지 않는다는 점을 알려야 한다고 주장하고 있다.

## 11
### 역사 교과서에 대한 입장 비교

( 정답 찾기 ) ② 을은 편협한 국수주의에서 벗어나 보편적 가치를 바탕으로 서로를 존중하며 공존하는 미래 지향적 역사를 만들어야 한다고 주장하고 있다. 따라서 을은 갑에게 평화로운 공존을 위해 보편적 역사 인식이 필요하다고 반론할 것이다.

( 오답 피하기 ) ① 갑은 역사를 자국의 관점에서 보아야 한다고 주장하고 있다.

③ 갑은 역사를 타인의 관점에서 기록해서는 안 된다고 주장하고 있다.

④ 갑은 주변국의 관점을 받아들이기보다 자국의 관점에서 역사를 기술해야 한다고 주장하고 있다.

⑤ 을은 관련된 당사자에 따라 역사를 다르게 기록할 것이 아니라 보편

적 가치를 바탕으로 서로를 존중하는 역사를 함께 만들어야 한다고 주
장하고 있다.

## 12
### 우리나라의 세계 평화 기여 노력 이해

( 정답 찾기 ) ④ 자료에 따르면, 2022년에 우리나라는 상환 의
무가 없는 무상 원조를 가장 많이 하였다.

( 오답 피하기 ) ① 자료에 따르면, 우리나라는 다자 원조, 즉 국제기구를
통한 원조도 하고 있다.
② 자료에 따르면, 우리나라의 2023년 해외 원조액은 2014년보다 증가
하였다.
③ 자료에 따르면, 우리나라는 다자 원조보다 양자 원조를 더 많이 하
고 있다.
⑤ 우리나라는 재정을 투입하는 공적 개발 원조를 통해 세계 평화에 기
여하고 있다.



### 수능 유형 문제

| 01 ④ | 02 ⑤ | 03 ⑤ | 04 ⑤ | 05 ② |
| 06 ③ | 07 ③ | 08 ② | | |

## 01
### 세계 도시 뉴욕, 도쿄, 런던의 특징

( 정답 찾기 ) (가)는 미국의 뉴욕, (나)는 일본의 도쿄, (다)는
영국의 런던이다.
ㄴ. 미국의 뉴욕(가)과 영국 런던(다)의 주민들이 사용하는 주
된 언어는 영어이다.
ㄹ. 세계 도시인 뉴욕(가), 도쿄(나), 런던(다) 모두 생산자 서
비스업이 발달하였다. 생산자 서비스업이란 기업의 생산 활동
을 돕는 서비스업으로, 시장 조사, 연구 개발, 광고, 회계, 컨
설팅 등이 해당한다.

( 오답 피하기 ) ㄱ. 세계의 정치 중심지라고 할 수 있는 국제 연합 본부가
위치하는 곳은 런던(다)이 아니고 뉴욕(가)이다.
ㄷ. 영국의 런던과 일본의 도쿄는 각각 해당 국가의 수도이지만 미국의
뉴욕은 수도가 아니다. 미국의 수도는 워싱턴 D.C.이다.

## 02
### 선진국과 개발 도상국의 빈부 격차 파악

( 정답 찾기 ) (가)는 독일, (나)는 케냐이다.
ㄷ. 독일(가)은 기계 및 자동차, 화학 제품의 수출액 비율이
높고 케냐(나)는 농산품의 수출액 비율이 높으므로 독일은 케
냐보다 수출 상품에서 기술 집약적인 제품이 차지하는 비율이
높다.
ㄹ. 1인당 국내 총생산(GDP) 변화 그래프에서 1974~2022년
에 미국의 1인당 국내 총생산 증가액이 필리핀의 1인당 국내
총생산 증가액보다 많음을 알 수 있다.

( 오답 피하기 ) ㄱ. (가)는 기계 및 자동차, 화학 제품의 수출액 비율이 높
으므로 선진국인 독일, (나)는 농산품의 수출액 비율이 높으므로 개발
도상국인 케냐이다.
ㄴ. 1974~2022년에 독일과 케냐 간의 1인당 국내 총생산 격차는 더 커
졌다.

## 03
### 다국적 기업의 공간적 분업 이해

( 정답 찾기 ) 지도는 다국적 기업 H사의 기능별 입지를 나타낸
것이다. ⑤ 세계 인구 규모 1~3위 국가는 인도, 중국, 미국이
다. 이들 국가에는 연구소와 생산 공장이 모두 입지하고 있다.

( 오답 피하기 ) ① 본사는 아시아(대한민국)에 위치한다.
② 연구소는 미국, 독일 등 선진국뿐만 아니라 중국, 인도 등 개발 도상
국에도 입지하고 있다.
③ 생산 공장이 있는 미국, 중국 등의 국가에는 연구소가 입지하고 있
지만 폴란드, 튀르키예 등에는 연구소가 입지하지 않았다.
④ 생산 공장이 있는 국가는 판매 법인이 있는 국가보다 적다.

## 04
### 북한 주민 지원에 대한 입장 비교

( 정답 찾기 ) ㄱ. 갑은 고통받는 북한 주민에 대한 조건 없는 지
원이 북한 정권이 경계심을 풀고 교류와 협력에 나서는 계기
가 될 수 있다고 주장하고 있다.
ㄷ. 을은 외부에서 지원 상황을 확인할 수 있다면 북한 주민을
지원할 수 있다고 주장하고 있다.
ㄹ. 갑과 을은 모두 고통받는 북한 주민들을 도와야 한다고 주
장하고 있다.

( 오답 피하기 ) ㄴ. 을은 북한 주민을 지원하는 것에는 동의하지만 북한
정권을 지원하는 것에는 반대하고 있다. 그리고 을은 북한 주민들에 대
한 지원 상황을 확인할 수 있다면 원조할 수 있다고 주장하고 있으므로

북한 정권과 북한 주민을 구분하여 지원하는 것이 가능하다고 보고 있다.

## 05
### 평화에 대한 갈퉁의 입장 이해

(정답 찾기) ⓛ 갈퉁은 모든 폭력이 의도적인 것은 아니라고 보았다.

(오답 피하기) ㉠ 갈퉁은 폭력을 직접적인 폭력과 간접적인 폭력으로 구분하여 이해하였다.
ⓒ 갈퉁은 직접적 폭력뿐만 아니라 구조적 폭력과 문화적 폭력과 같은 간접적 폭력도 모두 제거되어야 한다고 보았다.
ⓔ 갈퉁은 진정한 평화는 인간 존엄성을 보장하는 것이어야 한다고 보았다.
ⓜ 갈퉁은 진정한 평화 실현을 위해 구조적 폭력과 문화적 폭력의 제거가 필요하며 이를 실현하기 위해 정치 체제나 생활 양식에 대한 고려가 필요하다고 강조하였다.

## 06
### 평화에 대한 칸트의 입장 이해

(정답 찾기) ③ 칸트는 평화 연맹은 개별 국가의 내정에 간섭해서는 안 된다고 보았다.

(오답 피하기) ① 칸트는 국가들의 이성적인 대화와 상호 협력을 중시하였다.
② 칸트는 국제 사회에서 영구적인 평화 실현이 가능하다고 보았다.
④ 칸트는 전쟁을 유발할 수 있는 국가 간 채권 발행, 상비군 등을 최대한 없애야 한다고 보았다.
⑤ 칸트는 개별 국가가 독립적으로 각자의 공화정 체제를 가질 수 있으며, 국제 사회는 개별 국가의 독립성을 존중해야 한다고 보았다.

## 07
### 국제기구를 통한 영토 갈등과 역사 문제 해결에 대한 입장 비교

(정답 찾기) ③ 갑은 영토 갈등과 역사 문제는 갈등 당사국들의 대화와 협력으로는 해결할 수 없으므로 국제기구의 결정에 따라 결론을 내려야 한다고 주장하고 있다. 반면에 을은 국제기구가 결정을 내리더라도 당사국들이 받아들이지 않을 수 있다고 주장하고 있다. 따라서 "영토 갈등은 국제기구의 결정에 맡기고 따라야 하는가?"는 핵심 쟁점으로 적절하다.

(오답 피하기) ① 갑, 을 모두 영토 갈등과 역사 문제에 대한 관점 차이가 존재한다고 본다.

② 갑, 을 모두 영토 갈등과 역사 문제에 각국의 이해관계가 상이하다고 본다.
④ 갑, 을 모두 영토 갈등으로 인해 당사국 간 갈등이 일어날 수 있다고 본다.
⑤ 갑, 을 모두 영토 갈등과 역사 문제는 객관적 기준을 근거로 해결해야 한다고 본다.

## 08
### 기후변화 대처와 세계 평화의 관련성 이해

(정답 찾기) ② 제시문에 따르면, 기후변화는 환경 재난뿐만 아니라 분쟁과 무력 충돌을 일으킬 수 있으므로 기후변화에 대처하는 것은 평화로운 세상을 만드는 것이라고 볼 수 있다.

(오답 피하기) ① 제시문에서는 기후변화가 국제적인 분쟁과 갈등을 유발할 수 있다고 주장하고 있다.
③ 제시문에서는 기후변화 난민이 경작지와 질 높은 정주 환경을 잃어 이동하는 것이라고 설명하고 있다. 따라서 기후변화 난민을 본래 거주 지역에 머무르게 하는 것은 적절한 해결책이라고 할 수 없다.
④ 제시문에서는 기후변화가 일어나고 있으며 환경 변화뿐만 아니라 국제적 분쟁도 일으킬 수 있다고 주장하고 있다.
⑤ 제시문에서는 기후변화에 대처하기 위한 정책이 실업을 증가시킨다고 주장하고 있지 않다.

# V 미래와 지속가능한 삶

## 01 세계의 인구 변화와 인구 문제

### 개념 체크 문제

본문 141쪽

❶ × ❷ ○ ❸ ○ ❹ × ❺ 사회·경제적 ❻ 높다
❼ 동기 ❽ 낮다 ❾ 산업화 ❿ 자연적 ⑪ 경제
⑫ ㄴ, ㄷ ⑬ ㄱ, ㄹ ⑭ ㉠ ⑮ ㉡

본문 143쪽

❶ × ❷ ○ ❸ ○ ❹ ○ ❺ 유럽 ❻ 유입 ❼ 개발 도
상국 ❽ 초고령 사회 ❾ 아프리카 ❿ 세대 ⑪ ㄷ, ㄹ
⑫ ㄱ, ㄴ ⑬ ㉠ ⑭ ㉡

### 기본 문제

본문 144~145쪽

01 ④　02 ⑤　03 ③　04 ⑤　05 ②
06 ⑤　07 ⑤　08 ⑤　09 ②

## 01

**세계의 인구 변화 파악**

정답 찾기　㉣ 선진국은 산업화가 이루어진 18세기 말에서 20세기 초까지 인구가 빠르게 증가하였다. 출생률의 감소로 인구 증가율이 낮아진 것은 20세기 중반 이후부터이다.

## 02

**세계의 인구 분포 이해**

정답 찾기　ㄷ. 산지나 내륙 지역보다는 하천 및 해안과 가까운 평야 지역에 인구가 집중한다.
ㄹ. 북반구 중위도의 온대 기후 지역에는 인구가 밀집하고 건조 기후나 한대 기후 지역, 산지 지역은 인구가 희박하다. 또한 일자리가 풍부한 대도시와 선진국이 위치한 서부 유럽, 북아메리카 북동부 지역에 인구가 집중한다.

오답 피하기　ㄱ. 세계 인구의 대부분은 북반구에 거주한다.
ㄴ. 인구가 가장 많이 분포하는 대륙은 아시아이다.

## 03

**대륙별 인구 분포 이해**

정답 찾기　2022년 기준으로 대륙별 인구 분포는 아시아, 아프리카, 유럽 순으로 많다. 개발 도상국이 많이 분포하는 아시아와 아프리카는 앞으로도 인구가 증가할 것으로 예상되며, 특히 아프리카의 인구 증가율이 가장 높을 것이다. 반면 선진국이 많이 분포하는 유럽은 인구 성장이 둔화되고 있으며, 향후에는 감소할 것으로 예상된다. 따라서 (가)는 아시아, (나)는 아프리카, (다)는 유럽이다.

## 04

**인구 그래프를 바탕으로 세계의 인구 성장 분석, 추론**

정답 찾기　⑤ 선진국은 출생률이 감소하여 인구 성장의 폭이 크지 않으며, 앞으로의 인구 성장은 개발 도상국이 주도할 것이다.

오답 피하기　① 1900년~1950년보다 1950년~2000년의 인구 증가 폭이 큰데, 이는 개발 도상국들의 산업화가 시작되었기 때문이다.
② 1900년의 세계 인구는 약 16억 명이고 2000년의 세계 인구는 약 61억 명으로 4배 가까이 증가하였다.
③ 2010년의 세계 인구 중 절반 이상이 아시아와 아프리카 두 대륙에 분포한다.
④ 현재의 인구 증가 추세가 유지된다면 2070년까지 세계의 인구는 지속적으로 증가할 것이다.

## 05

**인구 변천 모형 이해**

정답 찾기　㉡은 인구 변천 모형의 2단계로 의학 발달, 생활 수준의 향상으로 사망률은 감소하나 출생률은 높게 유지되어 인구가 폭발적으로 증가하는 초기 팽창 단계이다.

오답 피하기　㉠은 인구 변천 모형의 1단계로 높은 출생률과 높은 사망률로 인구가 정체된다.
㉢은 인구 변천 모형의 3단계로 가족계획, 여성의 사회 활동 증가 등으로 출생률이 감소하고 사망률은 낮게 유지되어 인구가 성장한다.
㉣은 인구 변천 모형의 4단계로 출생률과 사망률이 모두 낮게 유지되어 인구 성장이 정체된다.
㉤은 인구 변천 모형의 5단계이며 저출생·고령화의 심화로 출생률보다 사망률이 높아 인구의 자연적인 감소가 나타난다.

## 06
### 인구 피라미드 이해

(정답 찾기) (가)는 독일, (나)는 나이지리아의 인구 구조이다. 개발 도상국인 나이지리아는 선진국인 독일에 비해 출생률이 높다. 따라서 합계 출산율이 높으며, 유소년층 인구가 많아 유소년 부양비가 높게 나타난다.

(오답 피하기) ㄱ. 나이지리아는 독일보다 의료 기술과 경제 수준이 낮아 기대 수명이 낮다.
ㄴ. 중위 연령은 저출생·고령화 문제를 겪는 독일이 높게 나타난다.

## 07
### 인구 지표 이해

(정답 찾기) (가) 지표는 아프리카, 남부·동남·서남아시아 등에 위치한 개발 도상국에서 높게 나타나는 합계 출산율이다. 기대 수명, 중위 연령, 노령화 지수는 개발 도상국에서 낮게 나타난다.

(오답 피하기) ① 총인구는 인도, 중국이 많다.

## 08
### 저출생의 원인 파악

(정답 찾기) 결혼과 출산에 대한 가치관의 변화, 높은 주택 구입 비용 등으로 출생률이 낮아졌다.

(오답 피하기) 위생 개선과 의료 기술 발달은 사망률 감소의 원인이다.

## 09
### 저출생의 해결 방안 이해

(정답 찾기) 저출생 해결을 위해서는 출산 장려 정책과 같은 정책적 측면과 가족 친화적 가치관 형성 및 양성평등한 성 역할 이해 등의 인식 변화가 필요하다.

(오답 피하기) ① 고령화의 대책으로는 정년 연장, 연금 제도 확충 등이 있다.
③ 인구 과잉의 대책으로는 경제 발전, 인구 부양력 증대 등이 있다.
④ 인구 유출의 대책은 인구 배출 요인 해소 및 흡인 요인 확충 등이 있다.
⑤ 대도시 인구 과밀에 대한 대책으로 중소 도시 육성, 촌락의 생활 환경 개선 등이 있다.

---

### 서술형 문제

본문 146쪽

**Step1  핵심 키워드 파악하기**

## 01
### 선진국과 개발 도상국의 인구 구조 이해

(예시 답안) 선진국은 유소년층 인구 비율이 상대적으로 ( 낮 )고, 노년층 인구 비율이 상대적으로 ( 높 )다. 이에 따라 노령화 지수, 중위 연령, 노년 부양비가 ( 높 )게 나타난다. 개발 도상국은 유소년층 인구 비율이 상대적으로 ( 높 )고, 노년층 인구 비율이 상대적으로 ( 낮 )다. 이에 따라 유소년 부양비가 ( 높 )고 합계 출산율이 ( 높 )다.

## 02
### 세계의 인구 분포 이해

(1) (가) - ( 자연적 )  (나) - ( 사회·경제적 )
(2) (예시 답안) 기후가 온화한 ( 북 )반구 ( 중 )위도의 온대 기후 지역, 평야가 발달하고 물을 얻을 수 있는 하천 및 ( 해안 ) 평야 지역에 인구가 밀집하고, 강수가 부족하거나 기온이 낮아 인간 거주에 불리한 ( 건조 ) 기후, ( 한대 ) 기후 지역 및 산지 지역은 인구가 희박하다. 또한 농업과 공업이 발달한 곳이나 ( 일자리 )이/가 풍부한 대도시에 인구가 집중한다.

**Step2  스스로 답안 작성하기**

## 03
### 세계의 인구 이동 이해

(문제 접근) 최근에는 경제적·정치적 원인에 의한 인구 이동이 활발하다. 경제적 이동은 개발 도상국에서 임금 수준이 높고 고용 기회가 많은 선진국으로의 이동이 많다. 정치적 이동은 정치적 탄압이나 전쟁 등을 피해 다른 국가로 이동하는 것으로 난민의 이동이 대표적이다.

(1) (가) - 경제적 이동  (나) - 정치적 이동
(2) (예시 답안) 경제적 수준이 상대적으로 낮고 문화가 다른 난민이 유입되면서 유럽 국가들에서는 기존 주민들과 이주민들 간의 경제적(일자리 경쟁, 보조금 지급 등)·문화적(종교적 차이, 음식 문화 등) 갈등이 발생할 수 있다.

| 평가 기준 | |
|---|---|
| 상 | (가), (나)의 인구 이동 유형을 쓰고, 유럽 국가들에서 나타날 수 있는 문제점을 서술한 경우 |
| 중 | (가), (나)의 인구 이동 유형을 쓰고, 유럽 국가들에서 나타날 수 있는 문제점을 서술하였으나 내용이 다소 미흡한 경우 |
| 하 | (가), (나)의 인구 이동 유형만 쓴 경우 |

# 04

## 선진국의 인구 문제와 해결 방안 파악

( 문제 접근 ) 제시된 인구 피라미드는 노년층 인구 비율이 높고 유소년층 인구 비율이 낮은 것으로 보아 선진국의 인구 구조이다.

( 예시 답안 ) 선진국은 저출생·고령화 문제를 겪고 있다. 저출생을 해결하기 위한 방안으로는 출산 및 육아 비용 지원, 보육 시설 확충 등의 정책적 측면과 양성평등한 성 역할 이해 확대와 같은 사회적 인식의 변화를 들 수 있다. 고령화를 해결하기 위해서는 노인 관련 연금 제도 강화, 정년 연장 등 정책적 측면과 노년층을 삶의 지혜를 간직한 구성원으로 인정하는 등의 사회적 인식이 개선되어야 한다.

| 평가 기준 | |
| --- | --- |
| 상 | 저출생·고령화 문제를 정확히 쓰고, 해결 방안을 정책적 측면과 사회적 측면에서 모두 서술한 경우 |
| 중 | 저출생·고령화 문제를 정확히 쓰고, 해결 방안을 서술하였으나 내용이 다소 미흡한 경우 |
| 하 | 저출생·고령화 문제만을 명확히 쓴 경우 |

본문 147쪽

**1등급 도전 문제**

01 ④    02 ②    03 ②    04 ⑤

# 01

## 세계 인구의 성장 이해

( 정답 찾기 ) 중앙 및 남아메리카(다)의 인구는 지속적으로 증가하고 있는 데 반해 유럽(라)의 인구는 2020년 이후로 감소 추세에 있다. 2000년에는 유럽의 인구가 중앙 및 남아메리카보다 많았으나 2070년에는 중앙 및 남아메리카의 인구가 유럽의 인구보다 많을 것으로 예상된다.

( 오답 피하기 ) ① 세계의 인구는 1850년~1950년에 약 13억 명이 증가하였고, 1950년~1990년에 약 28억 명이 증가하였다.
② 아시아(가)의 2070년 인구는 세계 인구의 절반 이상일 것으로 예측된다.
③ 유럽(라)에는 산업 혁명의 발상지인 영국이 위치한다.
⑤ 아프리카(나)는 유럽(라)보다 남쪽에 위치한다.

# 02

## 개발 도상국의 인구 문제 이해

( 정답 찾기 ) 개발 도상국은 인구 과잉 문제가 발생하여 식량과 자원 부족에 따른 기아와 빈곤이 나타날 수 있으며, 일자리가 부족하여 실업 문제가 발생한다.

( 오답 피하기 ) 노년층을 위한 사회적 비용 증가와 청장년층 인구 비율 감소로 인한 경제 성장 둔화는 저출생·고령화 문제를 겪는 선진국에서 나타나는 문제이다.

# 03

## 니제르와 일본의 인구 구조 파악

( 정답 찾기 ) 일반적으로 선진국은 의료 기술이 발달하고 생활 수준이 높아 기대 수명이 길고, 자녀에 대한 가치관 변화 등으로 출생률이 낮다. 그에 따라 유소년층 인구 비율이 낮고 노년층 인구 비율이 높다. 개발 도상국은 상대적으로 의료 기술이 발달하지 못하고 생활 수준이 낮아 기대 수명이 짧으며, 전통 문화, 높은 1차 산업 비율, 가족계획 미흡 등으로 합계 출산율이 높다. 그에 따라 유소년층 인구 비율이 높고, 노년층 인구 비율이 낮다. 따라서 A는 노년층 인구 비율이 낮고 유소년층 인구 비율이 높은 니제르이며, B는 노년층 인구 비율이 높고, 유소년층 인구 비율이 낮은 일본이다.
ㄱ. 니제르(A)는 합계 출산율이 높아 인구가 증가하고 있다.
ㄷ. 일본(B)은 인구 변천 모형 상 인구가 감소하는 5단계에 해당하며, 니제르(A)는 아직 4단계에 진입하지 못하였다.

( 오답 피하기 ) ㄴ. 일본(B)의 유소년층 인구 비율은 약 10%, 노년층 인구 비율은 약 30%이다.
ㄹ. 합계 출산율은 니제르(A)가 일본(B)보다 높다.

# 04

## 세계의 인구 이동 이해

( 정답 찾기 ) (가)는 경제적 이동, (나)는 정치적 이동이다.
⑤ 미국은 이주 노동자 유입 인구가 가장 많다.

( 오답 피하기 ) ① 경제적 이동(가)은 상대적으로 소득이 낮은 국가에서 높은 국가로 이동하는 경향이 뚜렷하다.
③ 경제적 이동(가)이 정치적 이동(나)보다 자발성이 강하다.
④ 오세아니아의 오스트레일리아, 뉴질랜드는 유입 인구가 많다.

## 02 에너지 자원과 지속가능한 발전

### 개념 체크 문제

본문 149쪽

❶ × ❷ ○ ❸ ○ ❹ 1차 ❺ 석유 ❻ 산성비 ❼ 자원
❽ 배사 ❾ 자원 민족주의 ❿ ㄱ, ㄹ ⓫ ㄴ, ㄷ ⓬ ㉠
⓭ ㉢ ⓮ ㉡

본문 151쪽

❶ ○ ❷ × ❸ ○ ❹ 인위적 ❺ 불평등 ❻ 국가적
❼ 지열 ❽ 온실가스 ❾ 환경, 경제, 사회 ❿ ㄴ, ㄹ
⓫ ㄱ, ㄷ ⓬ ㉢ ⓭ ㉡ ⓮ ㉠

### 기본 문제

본문 152~153쪽

01 ④   02 ①   03 ⑤   04 ④   05 ④
06 ⑤   07 ⑤   08 ⑤   09 ②

## 01
### 자원의 편재성 이해

정답 찾기 자원은 모든 지역에 균일하게 분포하지 않고 일부 지역에 집중되어 있는 경우가 많은데, 이를 자원의 편재성이라고 한다. 이러한 특성으로 인해 자원을 무기화하여 특정 국가나 민족의 이익을 추구하기도 하는데, 이를 자원 민족주의라고 한다.

④ 첨단 제품의 원료인 희토류를 수출 제한하는 중국의 조치는 자원의 편재성과 관련이 있다.

오답 피하기 ① 자원의 가변성은 자원의 가치가 고정되지 않고 기술적 수준, 경제적 조건 등에 따라 변화하는 특성을 의미한다.
③ 자원의 유한성은 매장량이 한정되어 일정한 시점에는 고갈되는 특성을 의미한다.

## 02
### 세계 1차 에너지원별 소비 구조 비교

정답 찾기 세계 1차 에너지원별 소비량은 석유(31.6%), 석탄(26.7%), 천연가스(23.5%) 순으로 많으며, 이들 화석 에너지

는 전체 에너지 소비량의 80% 이상을 차지하고 있다.

## 03
### 자원의 특징 이해

정답 찾기 자연에 존재하는 자원은 기술적으로 개발이 가능한가, 경제성이 있는가에 따라 구분될 수 있다. 사례 지역은 과거에는 석탄 채굴이 경제성이 있었으나, 최근 생산 원가 부담이 커져 경제성이 낮아졌다. 기술적으로는 개발이 가능하지만 폐쇄를 결정한 것이므로 E에 해당한다.

## 04
### 석유의 특징과 국가별 생산 비율 파악

정답 찾기 (가) 에너지는 미국, 사우디아라비아, 러시아, 캐나다, 이라크 등에서 생산량이 많으므로 석유이다.
④ 석유는 석유 화학 공업의 원료와 내연 기관의 연료로 주로 이용된다.

오답 피하기 ① 화석 에너지 가운데 주로 고기 조산대에 매장되어 있는 것은 석탄이다.
② 천연가스는 냉동 액화 기술의 발달로 이동이 편리해지면서 소비가 증가하고 있다.
③ 석탄은 산업 혁명 시기에 증기 기관의 연료로 사용되면서 화석 에너지 가운데 상용화된 시기가 가장 이르다.
⑤ 천연가스는 석탄과 석유에 비해 연소 시 대기 오염 물질 배출량이 적다.

## 05
### 석탄의 이동 이해

정답 찾기 (가)는 중국, 인도, 인도네시아에서 주로 생산되는 석탄이다.
④ 생산량에 비해 소비량이 적은 인도네시아, 오스트레일리아, 러시아 등이 석탄의 주요 수출국이다.

오답 피하기 ① 에너지 자원 가운데 석유의 소비량이 가장 많다.
② 석탄은 화석 에너지 가운데 비교적 고르게 분포한다.
③ 석유는 서남아시아의 페르시아만에 주로 분포한다.
⑤ 천연가스는 다른 화석 에너지에 비해 가정용, 상업용으로 이용되는 비율이 높다.

## 06
### 기후변화 원인의 이해

정답 찾기 기후변화는 오랜 기간에 걸친 기후의 평균적인 상

태의 변화를 의미하는데, 최근 기후가 지속적으로 온난해지고 있다. 기후변화의 원인은 화산 활동, 태양과 지구의 거리 변화 등과 같은 자연적 요인과 인간의 활동으로 인한 온실가스 배출량 증가, 토지 이용 상태의 변화와 같은 인위적 요인이 있다. ⑤ 오늘날의 기후변화는 인위적 요인의 영향이 크다.

## 07
### 지속가능한 발전을 위한 국제 사회의 노력 이해

( 정답 찾기 ) 지속가능한 발전을 위해 국제적 차원에서 다양한 국제기구가 활동하고 있으며, 기후변화 협약을 체결하는 등의 노력이 이루어지고 있다. 국제 연합(UN)은 기후변화에 관한 과학적 규명과 대응을 위해 기후변화에 관한 정부 간 협의체(IPCC)를 조직하고 운영하고 있다.

( 오답 피하기 ) 세계 보건 기구(WHO)와 국제 연합 인권 이사회(UNHCR)는 주로 사회 분야와 관련이 깊다. 경제 협력 개발 기구(OECD)와 국제 연합 세계 식량 계획(WFP)은 주로 경제 분야와 관련이 깊다.

## 08
### 국가별 1인당 에너지 소비량 비교

( 정답 찾기 ) ⑤ 1인당 에너지 소비량은 주로 선진국이 많고, 저개발 국가는 적게 나타난다.

( 오답 피하기 ) ① 석탄 생산량은 중국, 인도, 인도네시아 등에서 많다.
② 석유 생산량은 미국, 사우디아라비아, 러시아 등에서 많다.
③ 천연가스 생산량은 미국, 러시아, 이란 등에서 많다.
④ 이산화 탄소 배출량은 중국이 가장 많다.

## 09
### 지속가능한 발전 개념의 이해

( 정답 찾기 ) 지속가능한 발전이란 환경 보전, 경제 성장, 사회 안정 및 통합이 균형을 이루는 발전을 의미한다.
② 경제적 효율성만을 추구하기보다 형평성을 고려한다.

**서술형 문제**

본문 154쪽

**Step1  핵심 키워드 파악하기**

## 01
### 기후변화의 원인과 문제점 파악

( 예시 답안 ) 지난 40년간 기후가 지속적으로 ( 온난 )해져 연평균 지표 온도

---

가 과거 10만 년 동안 가장 높은 수준이 되었다. 이러한 기후변화는 주로 ( 화석 에너지 ) 사용 증가에 따른 ( 온실가스 ) 배출량 증가 등 인위적인 요인의 영향이 크다. 그로 인해 여러 가지 문제들이 발생하는데 가뭄, 폭염, 폭설, 태풍, 홍수 등 ( 이상 기후 ) 현상이 나타난다. 또한 빙하와 만년설이 녹아 ( 해수면 ) 상승으로 저지대가 침수 피해를 입는다.

## 02
### 신·재생 에너지의 종류 및 장단점 이해

(1) (가) - ( 신에너지 )  (나) - ( 재생 에너지 )
(2) ( 예시 답안 ) 신 · 재생 에너지는 대체로 ( 화석 에너지 )보다 효율이 떨어져 경제성이 ( 낮은 ) 편이나, 고갈의 우려가 ( 낮고 ) 오염 물질과 이산화 탄소 배출이 ( 적다 ).

**Step2  스스로 답안 작성하기**

## 03
### 지속가능한 발전의 개념 및 제도적 방안 이해

( 문제 접근 ) 지속가능한 발전을 위해서는 환경 · 경제 · 사회 측면의 균형이 필요하며, 이를 위해 국제 · 국가적 차원에서 제도적 방안을 마련하고 있다.

(1) (가) - 지속가능한 발전
(2) ( 예시 답안 ) 이를 위해 환경적 측면에서는 환경 개선 부담금 제도를 마련하였고, 경제적 측면에서는 취약 계층에게 일자리를 확대 제공하며, 사회적 측면에서는 사회 보장 제도(공공 부조, 사회 보험, 사회 서비스)를 시행하고 있다.

| 평가 기준 | |
|---|---|
| 상 | (가)의 명칭을 정확히 쓰고, 국가 차원의 제도적 방안을 각 측면별로 서술한 경우 |
| 중 | (가)의 명칭을 정확히 쓰고, 국가 차원의 제도적 방안을 서술하였으나 내용이 다소 미흡한 경우 |
| 하 | (가)의 명칭만을 명확히 쓴 경우 |

## 04
### 석유와 석탄의 분포와 소비 실태 파악

( 문제 접근 ) 석유와 석탄의 분포 특징과 주요 사용 분야 등의 소비 실태를 파악한다.

( 예시 답안 ) 석탄은 고기 조산대 주변에 주도 분포하며 제철 공업, 화력 발전 등 산업용으로 주로 이용된다. 연소 시 이산화 탄소 및 대기 오염 물질 배출량이 많다.

석유는 신생대 제3기층 배사 구조에 많이 분포하며 가장 사용량이 많은 에

너지 자원이다. 주로 내연 기관의 연료, 합성 섬유 및 고무 등 석유 화학 제품의 원료로 이용된다.

| 평가 기준 | |
| --- | --- |
| 상 | 석유와 석탄의 분포 특징과 소비 실태를 모두 서술한 경우 |
| 중 | 석유와 석탄의 분포 특징과 소비 실태 중 어느 하나의 내용이 다소 미흡한 경우 |
| 하 | 석유와 석탄의 분포 특징과 소비 실태에 관한 서술이 모두 미흡한 경우 |

## 1등급 도전 문제

본문 155쪽

01 ② 02 ② 03 ④ 04 ①

## 01

### 주요 국가의 1차 에너지 소비 구조 비교

정답 찾기 ) A는 미국, 브라질, 인도 세 나라 모두에서 소비 비율이 높은 석유이다. B는 인도의 소비 비율이 높은 석탄이다. C는 미국의 소비 비율이 높은 천연가스이다. D는 브라질의 소비 비율이 높은 수력이다.

오답 피하기 ) ① 천연가스(C)는 냉동 액화 기술의 발달과 수송관 건설로 사용량이 증가하였다.
③ 수력(D)은 빙하 지형과 산지가 발달한 지역, 유량이 풍부한 지역에서 주로 소비가 많다.
④ 석유(A)와 천연가스(C)는 신생대 제3기층의 배사 구조에 많이 매장되어 있다.
⑤ 세계의 1차 에너지 소비량은 석유(A)가 가장 많다.

## 02

### 국가별 주요 신·재생 에너지원별 발전 설비 용량 비교

정답 찾기 ) (가)는 태양광(태양열), 수력의 발전 설비 용량이 다른 나라보다 많은 중국이다. (나)는 상대적으로 지열의 발전 설비 용량 비율이 높고 태양광(태양열)의 발전 설비 용량 비율이 낮은 아이슬란드이다. (다)는 상대적으로 지열과 태양광(태양열)의 발전 설비 용량 비율이 높은 이탈리아이다.

## 03

### 화석 에너지의 용도별 소비 비율 비교

정답 찾기 ) 수송용으로 소비되는 비율이 가장 높은 (나)는 석유이다. (가), (다) 중 수송용으로 소비되는 비율이 높은 (다)

는 천연가스이고, (가)는 석탄이다.
④ 화석 에너지 중에서 석유(나)의 소비량이 가장 많다.

오답 피하기 ) ① 국제 이동량은 석탄(가)보다 석유(나)가 많다.
② 천연가스(다)가 석유(나)보다 연소 시 대기 오염 물질 배출량이 적다.
③ 천연가스(다)가 석탄(가)보다 상용화된 시기가 늦다.
⑤ 석탄(가)의 소비량 비율이 가장 높은 A는 산업용이고, 천연가스(다)의 소비량 비율이 가장 높은 B는 가정·상업용이다.

## 04

### 기후변화 협약의 이해

정답 찾기 ) ㄱ. 기후변화에 대한 대응을 위해 국제 사회는 1992년 브라질 리우데자네이루에서 국제 연합 기후변화 협약(다), 1997년 일본 교토에서 교토 의정서(나), 2015년 프랑스 파리에서 파리 협정(가)을 체결하였다.
ㄴ. 파리 협정은 선진국과 개발 도상국 모두에 온실가스 감축 의무를 규정했다.

오답 피하기 ) ㄷ. 교토 의정서는 선진국의 온실가스 감축 목표치를 규정했다.
ㄹ. 국제 연합 기후변화 협약은 법적 구속력이 없다.

## 03 미래 사회와 세계시민으로서의 삶

### 개념 체크 문제

본문 157쪽

❶ × ❷ ○ ❸ × ❹ × ❺ 갈등 ❻ 사생활 침해 ❼ 부정적 ❽ 미래학 ❾ 브렉시트 ❿ 북극 항로 ⓫ ㄴ, ㄹ ⓬ ㄱ, ㄷ ⓭ ㉡ ⓮ ㉢ ⓯ ㉠

본문 159쪽

❶ ○ ❷ ○ ❸ × ❹ 약화 ❺ 비판적 ❻ 기후변화 대응 전문가 ❼ 세계시민 ❽ 이기주의적 ❾ ㄷ, ㄹ ❿ ㄱ, ㄴ ⓫ ㉡ ⓬ ㉠ ⓭ ㉣ ⓮ ㉢

### 기본 문제

본문 160~161쪽

01 ④ 02 ③ 03 ② 04 ② 05 ④
06 ③ 07 ⑤ 08 ① 09 ④

## 01

### 미래 사회 예측의 이해

( 정답 찾기 ) 불확실하고 복잡한 미래 사회의 문제를 예측하여 위험을 최소화하고 유연하게 대비하여야 하며, 다양한 측면에서 변화 양상을 예측하여야 한다.

( 오답 피하기 ) ㄱ. 미래 사회의 긍정적, 부정적 모습을 모두 예측하여야 대비가 가능하다.

ㄷ. 과거와 현재를 바탕으로 미래 사회의 모습을 예측하고 변화 모형을 제시하는 학문 분야인 미래학이 존재한다.

## 02

### 정치적·경제적 문제에 따른 국가 간 협력과 갈등 파악

( 정답 찾기 ) ③ 정치적·경제적 문제에 따른 국가 간 갈등이 발생할 경우, 국가 간 경쟁이 치열해지며 무역 갈등이 발생하고 지역 간 빈부 격차가 확대될 것이다. 이는 미래 사회의 부정적인 모습이다.

## 03

### 정치적·경제적 문제에 따른 국가 간 협력 사례 이해

( 정답 찾기 ) 지역 무역 협정은 인접국 혹은 일정 경제 권역을 중심으로 국가 간 체결하는 지역 간 경제 통합으로 체결국 간 경제 통합의 심화 정도에 따라 자유 무역 협정, 관세 동맹, 공동 시장, 완전 경제 통합 등으로 구분한다.

② 공정 무역이란 생산자의 노동에 정당한 대가를 지불하는 윤리적인 무역으로, 개발 도상국의 생산자들이 경제적 자립 역량을 키워 지속가능한 발전을 이루도록 돕는다.

## 04

### 과학기술의 발전에 따른 공간과 삶의 변화 이해

( 정답 찾기 ) 교통수단 발달로 공간적 제약이 완화되며, 정보 통신 기술 발달로 초연결 사회로 변화하여 편리한 일상을 영위하고, 로봇·인공지능 기술의 발달로 인간의 역할이 대체되어 삶의 질이 향상되며, 유전 공학의 발달로 난치병 해결 및 평균 수명이 증가하는 것 등은 과학기술의 발전에 따른 긍정적인 변화이다.

## 05

### 세계시민의 유형별 특성 파악

( 정답 찾기 ) 멀리 보는 기린형 세계시민 유형의 특성은 글로벌 이슈와 지구 보편적 가치를 이해하는 지식·이해형 세계시민이다.

날쌘돌이 돌고래형 세계시민 유형의 특성은 지역 사회와 국제 이슈 해결을 위해 적극적으로 활동하는 책임감 있는 행동형 세계시민이다.

( 오답 피하기 ) ㄱ. 사람들과 적극적으로 어울리고 소통하는 소통형 세계시민은 소통하는 코끼리형 세계시민의 특성이다.

## 06

### 세계시민 의식의 이해

( 정답 찾기 ) 마사 누스바움에 따르면 개인은 개인의 자아에서 시작하여 가족, 확대된 가족, 이웃, 지역 집단 등을 넘어 인류 전체까지 확대되고 있다. (가)는 인류, (나)는 국민, (다)는 지역 집단에 해당한다.

## 07

### 생태환경의 변화 이해

( 정답 찾기 ) 지구 온도가 상승하면 기후가 한랭하여 경작이 어려웠던 일부 지역에서 농경이 가능허지고 선박의 북극 항로 이용이 활발해질 수 있다. 발전된 과학기술을 활용하여 생태환경 변화에 대응하고, 과학기술을 활용하여 사라졌거나 멸종 위기에 처한 생물종을 복원할 수 있다는 주장은 생태환경의 변화를 긍정적으로 보는 입장이다.

## 08

### 세계시민으로서 미래 삶의 방향에 대한 이해

( 오답 피하기 ) 세계시민으로서 인류의 보편적 가치에 대한 지식과 깊은 이해를 바탕으로 사회 현상을 비판적으로 분석하는 자세가 필요하며, 직업 선택 시 공동체의 미래에 이바지할 수 있는 가치를 고려해야 한다.

## 09

### 세계시민으로서 미래 삶의 방향에 대한 이해

( 정답 찾기 ) 세계시민으로서 공정 무역이나 사회적 기업 등을 통해 만들어지고 유통되는 제품을 사려고 노력해야 한다.

### 서술형 문제
본문 162쪽

| Step1 | 핵심 키워드 파악하기 |
| --- | --- |

## 01

### 정치적·경제적 문제에 따른 국가 간 협력과 갈등 파악

( 예시 답안 ) 국가 간 교류가 증가하고 상호 의존도가 높아지면서 협력이 강화될 것이다. ( 정치 )적 협력을 통해 국가 간 또는 전 지구적 차원의 문제를

함께 해결하여 분쟁 해결 및 전쟁 위험 감소로 세계 평화를 이룰 수 있다. 자유 무역 확대, 금융 시장 세계화 등을 통해 세계 ( 경제 )이/가 성장하고 생활 수준이 향상될 것이다. 한편, 문화적 차이, 국가 간 대립 등으로 인한 갈등과 분쟁 발생으로 기아와 빈곤이 ( 심화 )될 수 있고, 국가 간 경쟁이 치열해지면서 무역 갈등이 발생하고 지역 간 빈부 격차가 ( 확대 )될 수 있다.

## 02
### 미래 예측 방법의 이해
(1) (가) - ( 시나리오 )  (나) - ( 전문가 )
(2) **예시 답안** ( 시나리오 ) 기법은 다양한 미래를 가정하여 미래의 ( 위험 )을/를 줄이는 장점이 있다. 반면 가능성이 크거나 중요한 ( 시나리오 )은/는 아니지만, 중요할 수도 있는 가능한 ( 시나리오 )이/가 ( 무시 )될 수도 있다는 단점도 있다. ( 전문가 ) 합의법은 익명성이 보장되고 시공간적 ( 제약 )이/가 없으며 점진적 의견 수렴이 가능한 장점이 있다. 반면 대표성을 띠면서 편협하지 않은 ( 전문가 ) 선정 과정이 어렵고, 제한적 의사소통 등의 단점도 있다.

---

**Step2**  스스로 답안 작성하기

## 03
### 세계시민의 개념과 실천 방안 이해
(1) 세계시민
(2) **예시 답안** 국제 사회의 정치적·경제적 문제에 관심을 갖는다. 친환경적인 생활을 한다.

| 평가 기준 | |
|---|---|
| 상 | (가)의 명칭을 정확히 쓰고, 구체적인 실천 방안을 서술함 |
| 중 | (가)의 명칭을 정확히 쓰고, 구체적인 실천 방안을 서술하였으나 내용이 다소 미흡한 경우 |
| 하 | (가)의 명칭만 명확히 쓴 경우 |

## 04
### 미래 사회의 새로운 일자리 파악
**예시 답안** (가) 기후변화에 따라 우리의 일상생활이 어떻게 변화할지 분석하고, 온실가스를 줄일 수 있는 기술을 개발한다.
(나) 정보 통신 기술을 결합하여 심박수, 체온 등을 통해 건강 상태를 감지하거나 위치를 확인할 수 있는 스마트 의류를 개발한다.

| 평가 기준 | |
|---|---|
| 상 | (가), (나) 모두 구체적 역할을 서술함 |
| 중 | (가), (나) 모두 역할을 서술하였으나 내용이 다소 미흡한 경우 |
| 하 | 서술 내용이 (가), (나)와 모두 관련이 없는 경우 |

---

### 1등급 도전 문제
본문 163쪽

01 ③  02 ①  03 ⑤  04 ②

## 01
### 생태환경의 변화에 대한 이해
**정답 찾기** 지구의 기온이 상승하면 얼어서 이용이 쉽지 않았던 북극 항로의 이용 기간이 늘어난다. 또한 기후가 한랭하여 경작이 어려웠던 일부 지역에서 농경이 가능해지고 작물의 한계선이 고위도로 올라간다.

**오답 피하기** ㄴ. 시베리아의 영구 동토층에 얼어있던 메테인과 이산화탄소 등의 온실가스가 대기 중으로 방출되면 지구 온난화가 가속화될 것이다.

## 02
### 미래 사회의 변화 양상 이해
**정답 찾기** 국가 간 정치적·경제적 협력이 강화되면 분쟁 해결 및 전쟁 위험 감소로 세계 평화를 이룰 수 있고, 세계 경제가 성장하고 생활 수준이 향상될 수 있다.

## 03
### 세계시민 의식 평가 문항 이해
**오답 피하기** ㄱ, ㄴ. 세계시민 의식 평가 항목으로는 '아무리 훌륭한 과학기술이라도 그 기술로 인해 고통받는 사람이 일부라도 생기게 된다면 그 기술의 사용은 중단되어야 한다고 생각한다.'와 '공정 무역이나 사회적 기업 등을 통해 만들어지고 유통되는 제품을 사려고 노력한다.'가 있다.

## 04
### 세계시민으로서의 미래 삶에 대한 이해
**정답 찾기** 세계시민으로서 인류 보편적 가치를 이해하고, 올바른 인성과 가치관을 함양하여 과학기술의 올바른 방향을 제시하며, 세계의 환경·경제·사회 문제에 적극적인 참여와 연대를 하여야 한다.

**오답 피하기** 갑. 환경·경제·사회가 조화를 이루도록 지속가능한 발전을 추구하여야 한다.
정. 개방적 태도와 관용적 자세로 다양성을 존중하고 차이를 이해하며 갈등을 해결해야 한다.

## 대단원 종합 문제

01 ⑤　　02 ②　　03 ④　　04 ②　　05 ③
06 ③　　07 (1) 유한성 (2) 해설 참조　　08 ⑤
09 ③　　10 (1) 기후변화(지구 온난화) (2) 해설 참조
11 ②　　12 ④

## 01

### 세계 인구의 지역(대륙)별 변화

**정답 찾기** ⑤ 세계 인구는 지속적으로 증가해 왔다.

**오답 피하기** ① 지역(대륙)별 인구 순위는 1900년에 아시아, 유럽, 아프리카, 북아메리카, 남아메리카, 오세아니아 순이고, 2022년에 아시아, 아프리카, 유럽, 북아메리카, 남아메리카, 오세아니아 순이다.
② 인구 증가는 제2차 세계 대전 이후 개발 도상국이 선진국보다 많았다.
③ 1800년~1900년의 인구 증가는 1900년~2000년의 인구 증가보다 적었다.
④ 1900년~2022년의 인구 증가율은 아프리카가 아시아보다 높다.

## 02

### 인구 변천 모형의 이해

**정답 찾기** 출생률은 인구 변천 모형의 1, 2단계에서 높게 나타나다가 3단계에서 가족계획, 결혼과 출산에 대한 가치관의 변화 등으로 감소한다. 사망률은 인구 변천 모형의 1단계에서 높게 나타나다가 의학 발달, 생활 수준의 향상으로 2단계에서 감소한다. 출생률이 사망률보다 높으면 인구가 자연 증가하여 인구 증가율은 양(+)의 값이 나타나고, 사망률이 출생률보다 높으면 인구가 자연 감소하여 인구 증가율은 음(−)의 값이 나타난다.

## 03

### 세계의 인구 분포

**정답 찾기** ④ 중국 남부, 남부 아시아와 동남아시아 일대는 인구 부양력이 높은 벼농사가 발달하여 인구가 밀집해 분포한다.

**오답 피하기** ① 북반구에 인구의 대부분이 분포한다.
② A는 사하라 사막으로 건조 기후가 나타나 인구가 희박하다.
③ B는 북극해 주변의 냉·한대 기후 지역으로 인구가 희박하다.
⑤ D는 미국 북동부 지역으로 산업이 발달한 도시 지역에 인구가 밀집한다.

## 04

### 선진국과 개발 도상국의 인구 구조 파악

**정답 찾기** 유소년층 인구 비율이 높고 노년층 인구 비율이 낮은 (가)는 니제르, 유소년층 인구 비율이 낮고 노년층 인구 비율이 높은 (나)는 일본이다.
② 일본은 유소년층 인구 비율보다 노년층 인구 비율이 높으므로, 유소년 부양비보다 노년 부양비가 높다.

**오답 피하기** ① 니제르(가)의 유소년층 인구 비율은 50% 미만이다.
③ 일본(나)이 니제르(가)보다 1인당 국내 총생산이 많다.
④ 니제르(가)가 일본(나)보다 청장년층 인구 비율이 낮아 총부양비가 높다.
⑤ 니제르(가)는 아프리카, 일본(나)은 아시아에 위치한다.

## 05

### 지역(대륙)별 유소년층 인구 비율 파악

**정답 찾기** 유소년층 인구 비율은 아프리카가 가장 높고 중앙 및 남아메리카, 아시아, 오세아니아, 북아메리카, 유럽 순으로 낮아지며, 노년층 인구 비율은 반대로 유럽이 가장 높고 북아메리카, 오세아니아, 아시아, 중앙 및 남아메리카, 아프리카 순으로 낮아진다. 대체로 출산율이 높은 지역이 유소년층 인구 비율이 높고, 저출생·고령화로 출산율이 낮은 지역은 유소년층 인구 비율이 낮다.

## 06

### 선진국과 개발 도상국의 인구 정책 및 인구 지표 비교

**정답 찾기** 인구 정책으로 볼 때 (가)는 선진국, (나)는 개발 도상국에 해당한다. 노령화 지수, 기대 수명은 선진국(가)에서 높게 나타나는 인구 지표이고, 유소년 부양비는 개발 도상국(나)에서 높게 나타나는 인구 지표이다.

## 07 서술형

### 자원의 유한성 이해

**문제 접근** 화석 에너지는 고갈 자원이며 현재와 같은 속도로 사용했을 때 자원에 따라 수십~수백여 년 이내에 고갈될 수 있다.
(2) **예시 답안** 에너지를 절약하고, 신·재생 에너지와 같은 화석 에너지를 대체할 새로운 에너지원을 개발하고 활용해야 한다.

| 평가 기준 | |
| --- | --- |
| 상 | (1)을 정확히 쓰고, 해결 방안을 서술한 경우 |
| 중 | (1)을 정확히 쓰고, 해결 방안을 서술하였으나 내용이 다소 미흡한 경우 |
| 하 | (1)만을 명확히 쓴 경우 |

## 08
### 석유의 국제 이동 파악

(정답 찾기) ㄷ. 석유는 세계 에너지 소비 구조에서 소비량 비율이 가장 높은 자원으로, 편재성이 커서 국제 이동량이 많다. ㄹ. 석탄은 중국, 인도, 인도네시아의 생산량이 많고, 천연가스는 미국, 러시아, 이란의 생산량이 많다.

(오답 피하기) ㄱ. 석유는 신생대 제3기 배사 구조에 많이 매장되어 있다. ㄴ. 산업 혁명 당시 주요 연료로 사용된 것은 석탄이다.

## 09
### 화석 에너지의 주요 수출국 비교

(정답 찾기) 석탄(가)의 주요 수출국은 인도네시아, 오스트레일리아 등이다. 석유(나)의 주요 수출국은 사우디아라비아, 미국 등이다. 천연가스(다)의 주요 수출국은 미국, 러시아 등이다.

## 10 서술형
### 기후변화의 이해

(문제 접근) 지난 40년간 기후가 지속적으로 온난해져 과거 10만 년 동안 가장 높은 기온 수준이 되었다.

(2) (예시 답안) 이상 기후로 인한 재산·인명 피해 발생, 해수면 상승으로 저지대 침수, 생태계 교란, 사회 불평등 심화 등

| 평가 기준 | |
| --- | --- |
| 상 | (1)을 정확히 쓰고, 문제점을 서술한 경우 |
| 중 | (1)을 정확히 쓰고, 문제점을 서술하였으나 내용이 다소 미흡한 경우 |
| 하 | (1)만 명확히 쓴 경우 |

## 11
### 세계시민으로서 미래 삶 이해

(정답 찾기) ② 인류 공동체 일원으로서의 소속감을 바탕으로 다름을 인정하고 다양성을 존중하며 차이를 이해하여 갈등을 해결해야 하며, 세계 각지의 다양한 문화와 배경을 가진 사람들을 존중하는 태도를 지녀야 한다.

## 12
### 미래 사회의 예측

(정답 찾기) ④ 세계 경제 포럼(WEF)이 전문가를 대상으로 전 세계가 직면한 장기 위험 요인을 조사한 결과, 기후변화 완화 실패가 가장 심각한 위험으로 예측되었다.

---

### 수능 유형 문제
본문 168~169쪽

01 ④  02 ①  03 ③  04 ④  05 ③
06 ⑤  07 ①  08 ②

## 01
### 인구 변천 모형의 이해

(정답 찾기) A는 출생률, B는 사망률, (가)~(마) 단계는 각각 인구 변천 모형의 1~5단계에 해당한다.
④ 인구 변천 모형 2단계(나)는 사망률은 낮아지지만 출생률이 높아 인구가 증가하며 유소년층 인구 비율이 높다. 5단계(마)는 저출생·고령화로 유소년층 인구 비율이 낮아 2단계에 비해 유소년 부양비가 낮다.

(오답 피하기) ① 2단계(나)의 사망률(B) 하락은 의료 기술 발달과 생활 수준 향상이 원인이다.
② 3단계(다)의 출생률(A) 하락은 결혼과 자녀 양육에 대한 가치관 변화, 가족 계획의 효과가 주된 원인이다.
③ 총인구는 1단계(가)보다 4단계(라)에서 많다.

## 02
### 니제르와 일본의 인구 구조 비교

(정답 찾기) 일본(A)은 노년층 인구 비율이 높고 유소년층 인구 비율이 낮으며, 니제르(B)는 노년층 인구 비율이 낮고 유소년층 인구 비율이 높다.
① 청장년층 인구 비율은 일본(A)이 약 60%, 니제르(B)가 약 50%로 일본(A)의 총부양비가 낮다.

(오답 피하기) ② 일본(A)은 니제르(B)보다 중위 연령이 높다.
③ 일본(A)은 니제르(B)보다 합계 출산율이 낮다.
④ 니제르(B)는 일본(A)보다 기대 수명이 짧다.
⑤ 니제르(B)는 일본(A)보다 노령화 지수가 낮다.

## 03
### 선진국과 개발 도상국의 인구 지표 비교

( 정답 찾기 ) (가) 지표의 상위 5개국은 (나) 지표의 상위 5개국보다 의료 기술 및 생활 수준이 높다. (가)는 기대 수명, (나)는 합계 출산율이다.

## 04
### 니제르와 독일의 인구 자연 증가율 비교

( 정답 찾기 ) 인구의 자연 증가율은 니제르(가)와 같은 개발 도상국이 높고, 독일(나)과 같은 선진국은 낮게 나타난다.
④ 독일(나)은 니제르(가)보다 경제 발전 수준이 높다.

( 오답 피하기 ) ① 니제르(가)는 인구 과잉으로 식량과 자원의 부족 문제를 겪고 있다.
② 독일(나)은 저출생·고령화로 노동력 부족 문제를 겪고 있다.
③ 니제르(가)는 독일(나)보다 노년층 인구 비율이 낮다.

## 05
### 인구의 정치적 이동

( 정답 찾기 ) ③ 시리아, 우크라이나 등에서 정치적 탄압과 전쟁을 피해 난민들이 유럽 연합(EU)의 국가들로 이동하고 있다.

( 오답 피하기 ) ① 과거 영국 청교도의 미국 이주가 종교적 이동의 사례이다.
② 유학 등 교육 기회를 얻기 위한 자발적인 인구 이동이 있다.
④ 임금이 높은 일자리를 얻기 위해 주로 선진국으로의 경제적 이동이 나타난다.
⑤ 태평양의 도서 국가에서는 해수면 상승으로, 사하라 사막 주변의 초원 지대에서는 사막화로 인한 환경 난민이 발생하고 있다.

## 06
### 미래 사회의 생태환경 변화 이해

( 정답 찾기 ) ⑤ 생태환경의 악화를 방지하기 위해 국제적 차원에서 다양한 환경 협약을 체결한다.

( 오답 피하기 ) ① 건조 기후 지역의 과도한 가축 사육은 사막화의 원인이다.
② 화석 에너지 사용량이 많아지면 기후변화의 주요 원인인 온실가스 배출량이 증가한다.
③ 경지 면적 확대 과정에서 생물종 다양성이 감소하고 열대 우림이 파괴되기도 한다.

④ 열대 우림에 분포하는 지하자원의 개발 과정에서 열대 우림이 파괴된다.

## 07
### 화석 에너지의 용도별 소비 비율 이해

( 정답 찾기 ) ① 석유는 수송용 비율이 높고, 석탄은 산업용 비율이 높다. 천연가스는 가정용·상업용 비율이 높다.

## 08
### 지열 발전에 유리한 지역 파악

( 정답 찾기 ) ② 지도에 표시된 미국, 인도네시아, 필리핀, 튀르키예, 뉴질랜드, 아이슬란드, 이탈리아 7개국은 판의 경계에 위치한 곳으로 화산 활동이 활발해 지열 발전에 유리한 국가들이다.

( 오답 피하기 ) ① 태양광(태양열) 발전이 유리한 지역이다.
③ 풍력 발전이 유리한 지역이다.
④ 수력 발전이 유리한 지역이다.
⑤ 바이오 에탄올 생산에 유리한 지역이다.

# Memo

# Memo

개념완성 통합사회 2

정답과 해설

EBS
수학의 왕도
수학 공부의 핵심은
암기도, 양치기도 아닌
개|념|이|해
수학의 왕도
한눈에 쏙 들어오는 시각화 요소로
누구나 개념을 쉽게 이해하는
EBS 수학 기본서
공통수학1
공통수학2
대수
미적분 I
확률과 통계
고교 수학은
EBS 수학의 왕도로
한 번에 완성!
2022 개정 교육과정 완벽 적용 기본서
개념 이해가 쉬운 시각화 장치로 친절한 개념서
기초 문제부터 실력 문제까지 모두 포함된 종합서

# 고1~2, 내신 중점

| 구분 | 고교 입문 | > | 기초 | > | 기본 | > | 특화 | + 단기 |
|---|---|---|---|---|---|---|---|---|
| 국어 | 고등예비과정 | 내 등급은? | 윤혜정의 개념의 나비효과 입문 편 + 워크북 / 어휘가 독해다! 수능 국어 어휘 | | 기본서 올림포스 / 올림포스 전국연합학력평가 기출문제집 / 유형서 올림포스 유형편 | | 국어 특화: 국어 독해의 원리 / 국어 문법의 원리 | 단기 특강 |
| 영어 | | | 정승익의 수능 개념 잡는 대박구문 / 주혜연의 해석공식 논리 구조편 | | | | 영어 특화: Grammar POWER / Listening POWER / Reading POWER / Voca POWER / 영어 특화: 올림포스 고급영어독해 | 단기 특강 |
| 수학 | | | 기초: 50일 수학 + 기출 워크북 / 매쓰 디렉터의 고1 수학 개념 끝장내기 | | | | 고급: 올림포스 고난도 / 수학 특화: 수학의 왕도 | 단기 특강 |
| 한국사 사회 | | | | | 기본서 개념완성 / 개념완성 문항편 | | 고등학생을 위한 多담은 한국사 연표 | |
| 과학 | | | 50일 통합과학 | | | | 인공지능: 수학과 함께하는 고교 AI 입문 / 수학과 함께하는 AI 기초 | |

| 과목 | 시리즈명 | 특징 | 난이도 | 권장 학년 |
|---|---|---|---|---|
| 전 과목 | 고등예비과정 | 예비 고등학생을 위한 과목별 단기 완성 | | 예비 고1 |
| | 내 등급은? | 고1 첫 학력평가 + 반 배치고사 대비 모의고사 | | 예비 고1 |
| 국/영/수 | 올림포스 | 내신과 수능 대비 EBS 대표 국어·수학·영어 기본서 | | 고1~2 |
| | 올림포스 전국연합학력평가 기출문제집 | 전국연합학력평가 문제 + 개념 기본서 | | 고1~2 |
| | 단기 특강 | 단기간에 끝내는 유형별 문항 연습 | | 고1~2 |
| 한/사/과 | 개념완성&개념완성 문항편 | 개념 한 권 + 문항 한 권으로 끝내는 한국사·탐구 기본서 | | 고1~2 |
| 국어 | 윤혜정의 개념의 나비효과 입문 편 + 워크북 | 윤혜정 선생님과 함께 시작하는 국어 공부의 첫걸음 | | 예비 고1~고2 |
| | 어휘가 독해다! 수능 국어 어휘 | 학평·모평·수능 출제 필수 어휘 학습 | | 예비 고1~고2 |
| | 국어 독해의 원리 | 내신과 수능 대비 문학·독서(비문학) 특화서 | | 고1~2 |
| | 국어 문법의 원리 | 필수 개념과 필수 문항의 언어(문법) 특화서 | | 고1~2 |
| 영어 | 정승익의 수능 개념 잡는 대박구문 | 정승익 선생님과 CODE로 이해하는 영어 구문 | | 예비 고1~고2 |
| | 주혜연의 해석공식 논리 구조편 | 주혜연 선생님과 함께하는 유형별 지문 독해 | | 예비 고1~고2 |
| | Grammar POWER | 구문 분석 트리로 이해하는 영어 문법 특화서 | | 고1~2 |
| | Reading POWER | 수준과 학습 목적에 따라 선택하는 영어 독해 특화서 | | 고1~2 |
| | Listening POWER | 유형 연습과 모의고사·수행평가 대비 올인원 듣기 특화서 | | 고1~2 |
| | Voca POWER | 영어 교육과정 필수 어휘와 어원별 어휘 학습 | | 고1~2 |
| | 올림포스 고급영어독해 | 영어 독해력을 높이는 영미 문학/비문학 읽기 | | 고2~3 |
| 수학 | 50일 수학 + 기출 워크북 | 50일 만에 완성하는 초·중·고 수학의 맥 | | 예비 고1~고2 |
| | 매쓰 디렉터의 고1 수학 개념 끝장내기 | 스타강사 강의, 손글씨 풀이와 함께 고1 수학 개념 정복 | | 예비 고1~고1 |
| | 올림포스 유형편 | 유형별 반복 학습을 통해 실력 잡는 수학 유형서 | | 고1~2 |
| | 올림포스 고난도 | 1등급을 위한 고난도 유형 집중 연습 | | 고1~2 |
| | 수학의 왕도 | 직관적 개념 설명과 세분화된 문항 수록 수학 특화서 | | 고1~2 |
| 한국사 | 고등학생을 위한 多담은 한국사 연표 | 연표로 흐름을 잡는 한국사 학습 | | 예비 고1~고2 |
| 과학 | 50일 통합과학 | 50일 만에 통합과학의 핵심 개념 완벽 이해 | | 예비 고1~고1 |
| 기타 | 수학과 함께하는 고교 AI 입문/AI 기초 | 파이선 프로그래밍, AI 알고리즘에 필요한 수학 개념 학습 | | 예비 고1~고2 |